红谷滩年鉴

2024

红谷滩区委办　编

方志出版社
Publishing House of Local Records

图书在版编目（CIP）数据

红谷滩年鉴. 2024 / 红谷滩区委办编.--北京：方志出版社，2024.12.--ISBN 978-7-5144-6370-5

Ⅰ. Z525.64

中国国家版本馆 CIP 数据核字第 2024VA8945 号

责任编辑：王娜
责任校对：张玉霞
责任印制：梅中英
出 版 者：方志出版社
地　　址：北京市朝阳区潘家园东里 9 号（国家方志馆 4 层）
邮　　编：100021
网　　址：http://www.zgfzcb.cn
发　　行：方志出版社图书营销中心（010-67110500）
印　　刷：江西龙莹印务有限公司
开　　本：889 毫米×1194 毫米　1/16
印　　张：21.75
字　　数：809 千字
版　　次：2024 年 12 月第 1 版
印　　次：2024 年 12 月第 1 次印刷
定　　价：268.00 元

《红谷滩年鉴（2024）》编辑人员

主　　　编：万晓娟　　江　龙

副　主　编：邓　骏

执行副主编：罗　玮

编　　　辑：揭淑琴　　徐　卓

彩 页 编 辑：揭淑琴

各撰稿单位审稿人名单

（排名不分先后）

万训坚	王　杞	王　林	王锋海	毛文全	方玫娜	邓　文	邓　聪
占　童	卢　上	卢寿明	叶小群	田　艳	朱永平	伍　辉	刘　玲
刘　筠	刘文皓	刘成忠	刘绘芳	刘道田	刘锡纲	刘殿毅	齐良全
江　岚	江　娜	孙小军	李　丹	李　敏	李琳娜	杨　贞	杨　薇
杨小威	肖洪钰	吴小颖	吴梦琼	邹列列	邹景波	汪卫锋	沈洪禹
宋家俊	张蓓莉	陈　啸	陈　寒	陈小青	林　彤	欧阳玉珍	昌增波
罗　敏	罗亚清	罗富春	周　磊	周兰洪	周惠泽	赵　宇	胡乃嘉
胡信斌	钟昌辉	饶接华	姜　涛	宦凌霄	贺学风	袁文刚	贾　潇
钱　妤	徐　欢	徐　峰	徐慧鹏	高　勤	高赛妹	郭彤烽	唐清源
黄　芳	黄　婧	黄建新	龚伟兵	龚旭辉	龚良俊	龚晓琳	谌鲤强
程　婷	舒慧慧	曾玉萍	曾纪松	谢兴东	雷　明	蔡泽文	蔡定文
熊　剑	熊佳佳	熊承满	熊墨强	魏　伟			

红谷滩数字

◆区域面积:403.2 平方千米(含赣江水域)
◆年末常住人口:65 万人
◆年末户籍人口:46.51 万人
◆地区生产总值:842.02 亿元
◆第一产业:10.6 亿元
◆第二产业:103.33 亿元
◆第三产业: 728.09 亿元
◆一、二、三产业构成:1.26 : 12.27 : 86.47
◆财政总收入:86.15 亿元
◆人均地区生产总值:129717 元
◆地方公共财政预算收入:34.88 亿元
◆地方公共财政预算支出:59.86 亿元
◆社会消费品零售总额:341.53 亿元
◆实际利用外资:10382 万美元
◆实际利用内资:125.76 亿元
◆商品房销售面积:153.1 万平方米
◆医院、卫生院床位数:9071 张
◆医生数(在册医师):6419 人
◆全社会用电量:30.19 亿千瓦时
◆绿化覆盖面积:3730 公顷
◆城区绿化覆盖率:47.25%
◆本外币各项存款余额:3234.27 亿元
◆本外币各项贷款余额:3768.28 亿元
◆城镇居民人均可支配收入:56939 元
◆城镇居民人均消费性支出:35561 元
◆农村居民人均可支配收入:25869 元
◆农村居民人均生活消费支出:19481 元

(资料来源于区统计局等单位)

红谷滩荣誉

荣誉称号
获得荣誉城市 / 单位
荣誉颁授部门

2022 年全国儿童青少年近视防控试点县(市、区)
红谷滩区
教育部

全国维护妇女儿童权益先进集体
红谷滩公安分局红谷滩派出所
全国妇联

2021—2022 年度全国侨联系统“侨胞之家”典型选树单位
卫东街道“鸿之家”“侨胞之家”
中国侨联

慧谷产业园
第八批“新侨创新创业示范基地”
中国侨联

第四批乡村温馨校园建设典型案例学校
红谷滩区生米中心小学
教育部

首批全国健康学校建设单位
红谷滩区腾龙学校
教育部

全国第七届中小学生艺术展演活动优秀组织奖
区教体局
教育部

2023 年度工作突出基层劳动人事争议调解组织
区劳动人事争议调解中心
人社部、全国总工会、全国工商联

全国消防安全专项整治三年行动工作先进大队
红谷滩区消防救援大队
国家消防救援局

县级融媒体中心融合报道典型事例
红谷滩区融媒体中心
新华通讯社新闻信息中心

全省综合考核一类县区第一等次
红谷滩区
省委、省政府

2020—2022 年度全省开放型经济先进单位县(市、区)组一类综合先进单位
红谷滩区
省开放型经济工作领导小组

全省红色物业优秀区
红谷滩区
省委组织部、省住房和城乡建设厅

2022 年度江西省文化产业重点县(市、区)
红谷滩区
江西省文化强省建设工作领导小组

全省民族团结进步示范区
红谷滩区
省委宣传部、省委统战部、省民委

全省优秀健康区
红谷滩区
省卫健委

全省政府系统“五型”政府建设先进集体
区政府办
省“五型”政府建设领导小组

全省无邪教创建示范街道
沙井街道、凤凰洲街道
省委政法委

2023 年度全省统战工作综合考核先进县(市、区)委统战部
区委统战部
省委统战部

江西省政务公开标准化规范化街道
沙井街道
省政府办公厅

全省行政复议工作规范化示范单位
区司法局
省司法厅

省级智慧社区矫正中心
区社区矫正中心
省司法厅

全省“春雷行动”集体二等功
区公安分局
省公安厅

全省金融领域担当作为先进集体
区金融办
省地方金融监督管理局

全省政务服务示范大厅
区政务服务中心
省政务服务办

全省生态文明建设示范乡镇
流湖镇
省生态环境厅

全省综合减灾示范乡镇
卫东街道、沙井街道
省应急管理厅、省气象局、省地震局

红谷滩风景

红谷滩的风景既有大都市的繁华，又不失自然与人文的融合，无论是白天漫步江畔，还是夜晚登高赏景，都能感受到南昌的活力与魅力！

▲ 2023 年 5 月，九龙湖公园卢塞恩小镇　　（九龙湖街道　供图）

党的建设

2023年，红谷滩区深入贯彻新时代党的建设总要求，高标准开展第二批主题教育，组建区委宣讲团，围绕学习宣传贯彻党的二十大精神、习近平总书记考察江西重要讲话精神等专题，开展基层理论宣讲“六进”活动220余场，持续推动党的创新理论“飞入寻常百姓家”。

▲ 2023年1月5日，中国人民政治协商会议南昌市红谷滩区第一届委员会第三次会议召开

（区委宣传部　供图）

▲ 2023年1月6日，南昌市红谷滩区第一届人民代表大会第三次会议召开　（区委宣传部　供图）

▲ 2023年1月19日，中国共产党南昌市红谷滩区第一届纪律检查委员会第三次全体会议召开

（区纪委区监委　供图）

▲ 2023年6月8日，中共红谷滩区委一届八次全体(扩大)会议召开　（区委宣传部　供图）

▲ 2023年6月19日，沙井街道“光荣在党50年”纪念章颁发仪式举行　（沙井街道　供图）

▲ 2023年6月20日，全区领导干部大会召开 （区委宣传部　供图）

▲ 2023年6月30日，红谷滩区生米街道政协委员履职服务站正式揭牌 （生米街道　供图）

▲ 2023年9月18日，全区学习贯彻习近平新时代中国特色社会主义思想主题教育动员会召开

（区委宣传部　供图）

▲ 2023年10月9日，南昌大学与南昌市红谷滩区党委理论学习中心组联学会议召开

（区委宣传部　供图）

▲ 2023年10月28日，红谷滩区委理论中心组学习研讨会召开

（区委宣传部　供图）

产业经济发展

2023年，红谷滩区加强党对经济工作的领导，牢牢把握发展主动权，强化经济运行监测分析，推动经济平稳健康发展。高标准办好2023世界VR产业大会、南昌未来科学城招商推介会等招商活动，推动曼恒江西区域总部、美团江西区域总部等一批大项目签约落地。坚持把做实做强做优实体经济作为主攻方向，坚定不移推进产业建圈强链，纵深推进数字经济“一号发展工程”，推动华胜天成华中区域总部等8个区域总部项目成功落户，全区新增数字经济核心企业438家，总量达5818家，是全市数字经济企业增量最多、集聚度最高的县区。

▲ 2023年1月14日，南昌市“爱尚冬季·钜惠春节”消费季暨红谷滩区“乐购红谷·悦享生活”消费节启动仪式举行

（区委宣传部　供图）

▲ 2023年2月8日，红谷滩区“大抓招商”工作动员大会召开

（区委宣传部　供图）

▲ 2023年4月10日，坐落于红谷滩区的江西省盐业集团股份有限公司在上海证券交易所首发上市

（区金融办　供图）

▲ 2023年4月21日，红谷滩区（未来科学城）招商推介暨重大项目签约大会举行　（区委宣传部　供图）

▲2023年4月21日—23日，第81届中国教育装备展示会在红谷滩区举办 （区文广新旅局 供图）

▲ 2023年5月23日，2023年红谷滩区产融对接会召开 （区金融办 供图）

◀2023年6月16日，红谷滩区鸿鹄智办“叮叮抢单”系统上线启动仪式举行

（区委宣传部 供图）

◀2023年8月7日，红谷滩万达金街获评首批市级夜间经济街

（区商务局 供图）

◀2023年8月31日，省企入昌助力省会引领战略签约仪式在红谷滩会议中心举行

（区商务局 供图）

▲2023年9月26日，南昌市2023年第三季度重大项目推进会举行。图为红谷滩区分会场 （区委宣传部　供图）

▲2023年10月13日，红谷滩区人民政府与中国移动通信集团江西有限公司南昌分公司深化战略合作签约仪式举行

（区委宣传部　供图）

▶ 2023 年 10 月 19—20 日，2023年世界VR产业大会暨元宇宙博览会在红谷滩绿地国际博览中心举办

（区委宣传部　供图）

▶2023年11月10日，南昌市红谷滩区（深圳）数字经济产业推介座谈会签约仪式在深圳市举行

（区商务局　供图）

▶ 2023年12月3日，南昌地铁大厦天虹购物中心开业

（区商务局　供图）

现代农业

红谷滩区现代农业以“小而精、高附加值”为特点，通过科技赋能和产业融合，正逐步形成服务于城市、生态友好、可持续发展的现代农业体系。

▲2023年5月23日，红谷滩区流湖镇红星村鳜鱼养殖丰收　（区委宣传部　供图）

▲2023年7月，红谷滩区流湖镇张仪村村民正在进行“双抢”　（区农业农村局　供图）

▲2023年9月3日，红谷滩区首届辣椒文化节暨流湖辣椒交流活动在红谷滩区流湖镇举办

（区委宣传部　供图）

▲2023年10月16日，南昌市2023年中国农民丰收节暨"两整治一提升"和粮油生产现场会在红谷滩区流湖镇举行

（流湖镇　供图）

▲2023年10月11日，曹城刘家自然村被列为共同富裕样板村建设点位

（流湖镇　供图）

▲2023年4月9日，红谷滩城管执法大队联合周边学校在红谷滩区生活垃圾分类科普体验馆开展垃圾分类系列活动

（区城管执法局　供图）

▶2023年8月，心远中学卧龙校区竣工现场

（区城投公司　供图）

▲2023年8月14日，红谷滩区长天广场获评全市首批13个“席地而坐”城市客厅示范点　　（区城管执法局　供图）

▶2023年10月12日，红谷滩区大力推进“两整治一提升”行动。图为改造后的生米街道感里村七坪自然村

（区委办　供图）

▶2023年10月17日，南昌大道（生米大桥—南昌西收费站）全线通车

（区委办　供图）

▲2023年10月，红谷滩区卫东街道普贤社区幸福食堂开业

（区民政局 供图）

▲2023年10月，红谷滩区卫东街道普贤社区的居民们在幸福食堂用餐

（区民政局 供图）

▲2023年，位于红谷滩区上堡路西岸春风小区的孺子书房（西岸春风分馆）建成

（区委宣传部 供图）

▲2023年11月18日，卫东街道世纪中央城社区开展"红谷滩社保服务进万家——全民参保　共享美好"活动

（区人社局　供图）

▲2023年12月5日，红谷滩区法院开展"法润鸿鹄　相伴成长"审判特色品牌进校园活动　（区法院　供图）

社会文化活动

2023年，红谷滩区开展丰富多彩的群众文化活动，让文化新风走进千家万户，为群众幸福生活增色添彩，促进了传统文化的传承和发展，丰富了社区居民的精神文化生活，增强了社区的凝聚力。

▲2023年2月26日晚，“红谷戏剧”第七届全国话剧优秀剧目展演季在红谷大剧场拉开帷幕　（区委宣传部　供图）

▲2023年5月1日，南昌市首届“金花”户外运动节暨“红谷滩杯”2023年中国桨板公开赛启动仪式在红谷滩区九龙湖公园举行
（区教体局　供图）

▲2023年5月12日，红谷滩区举办防灾减灾晚会

（区委宣传部　供图）

►2023年5月30日，红谷滩区工商联"两个健康"促进行动启动仪式举行　　（区工商联　供图）

►2023年6月10日，中国南昌国际龙舟赛开幕式在红谷滩区九龙湖举行　（区委宣传部　供图）

▲2023年6月10—11日，中国南昌国际龙舟赛在红谷滩区九龙湖举行。图为比赛现场 （区委宣传部 供图）

▲2023年7月8日，"践行二十大，喜看新变化"——文化名家带您看看红谷滩文化创作采风活动举行

（区文广新旅局 供图）

▶2023年7月15日，南昌市千人横渡赣江活动举行

（区委宣传部　供图）

◀2023年8月21—26日，2023年江西省第九届百县青少年足球运动会在赣州市定南县举行。最终红谷滩区队夺得男子组冠军

（区教体局　供图）

▶2023年9月8日，红谷滩区庆祝第39个教师节暨表彰大会举行

（区教体局　供图）

◀2023年9月9日，第六届湘鄂赣皖非物质文化遗产联展“非遗在社区”成果展演暨红谷滩区“大地情深”优秀群众文艺作品巡演活动在红谷滩区举办

（区文广新旅局　供图）

◀2023年9月28日晚，“艺轮明月情 相约红谷滩”2023年红谷滩区国庆中秋文艺晚会在红谷滩区风筝广场举行

（区文广新旅局　供图）

◀2023年10月1日，南昌市国庆烟花晚会在红谷滩区举办

（沙井街道　供图）

◀2023年11月12日，南昌马拉松举行。图为红谷滩区赛段

（区委宣传部　供图）

▶2023年12月4日,红谷滩区第二届机关职工运动会举办。图为拔河现场

（区总工会　供图）

▲2023年12月31日晚,“跨年夜·南昌见——红谷滩跨年Yeah！”大型跨年夜活动在红谷滩区崛起广场举行

（区委宣传部　供图）

编辑说明

一、《红谷滩年鉴》以马克思列宁主义、毛泽东思想、邓小平理论、“三个代表”重要思想、科学发展观、习近平新时代中国特色社会主义思想为指导，坚持辩证唯物主义和历史唯物主义的立场、观点和方法，全面、真实地记录红谷滩区经济建设和社会发展的基本情况，为红谷滩区打造全省“五个中心”建设提供决策依据，为实现红谷滩区经济和社会快速、持续发展提供借鉴，为社会各界人士了解红谷滩区提供资料和信息。

二、《红谷滩年鉴(2024)》记述时限为2023年1月1日至12月31日。

三、《红谷滩年鉴(2024)》采用分类编辑法，设类目、分目、条目三个层次，部分条目下设子分目，条目为基本记述层次。类目划分在2023年卷的基础上略有调整。全书设:特载;特辑;大事记;区情概览;中国共产党红谷滩区委员会;红谷滩区人民代表大会;红谷滩区人民政府;中国人民政治协商会议红谷滩区委员会;中国共产党红谷滩区纪律检查委员会　红谷滩区监察委员会;民主党派·工商联;群众团体;法治;军事;经济管理;南昌未来科学城管委会;农业;产业发展;城乡建设与管理;重大重点工程建设;改革开放创新;教育·体育;文化;卫生健康;社会生活;乡镇(街道)概况;人物·荣誉;附录。

四、《红谷滩年鉴(2024)》统计资料由红谷滩区统计局供稿。凡涉及红谷滩区经济和社会发展的主要数据，以红谷滩区统计局公布的数据为准。部分数据由于四舍五入等原因，导致分项与合计数存在合理范围内误差。每个条目中出现的“同比”或“比上年增长”时，保留第一次出现的“同比”或“比上年”，其余均省略。

五、《红谷滩年鉴(2024)》数字用法、标点符号用法分别采用国家标准《出版物上数字》(GBIT15835-2011)、《标点符号用法》(GBIT15834-2011)，计量单位采用国家技术监督局1993年12月发布的《量和单位》系列国家标准。

六、《红谷滩年鉴(2024)》资料信息由全区各部门及驻区单位熟悉情况的人员撰写，并经撰稿单位负责人审核，由《红谷滩年鉴》编辑部精选精编。为方便读者，《红谷滩年鉴(2024)》设目录、索引检索方式。

目 录

特 载

特 辑

大事记

区情概览

中国共产党红谷滩区委员会

红谷滩区人民代表大会

红谷滩区人民政府

中国人民政治协商会议 红谷滩区委员会

中国共产党红谷滩区纪律检查委员会 红谷滩区监察委员会

群众团体

法　治

军　　事

经济管理

产业发展

城乡建设与管理

重大重点工程建设

教育·体育

文　　化

卫生健康

社会生活

乡镇(街道)概况

人物·荣誉

附 录

索 引

开放创新　团结实干
奋力谱写中国式现代化红谷滩篇章（摘录）

——在区委一届九次全体（扩大）会议上的讲话

红谷滩区委书记　涂晓晖

（2024 年 1 月 4 日）

党的十八大以来，以习近平同志为核心的党中央洞察世情国情党情，着眼实现中华民族伟大复兴，确立习近平新时代中国特色社会主义思想的指导地位，准确把握新发展阶段，完整、准确、全面贯彻新发展理念，加快构建新发展格局，着力推动高质量发展，指明了中国式现代化是强国建设、民族复兴的唯一正确道路，为做好红谷滩各项工作提供了根本方针、根本遵循、根本保证。我们必须以高度的政治自觉、思想自觉、行动自觉，忠诚捍卫“两个确立”、坚决做到“两个维护”，坚定不移沿着习近平总书记指引的方向阔步前进。

2021 年 9 月召开的区第一次党代会，提出了“产业强区、品质提升、创新驱动、内外开放、要素保障、共建共享”的六大战略，全力打造“高端产业集聚区、省会形象展示区、改革创新引领区、扩大开放示范区、优质功能承载区、幸福生活优享区”的奋斗目标。全区上下认真贯彻落实区第一次党代会部署要求，推动各项工作打开了新局面、取得了新成效。实践证明，区第一次党代会确定的思路举措，符合新时代发展要求，符合红谷滩实际，我们必须乘势而上、接续奋斗，一以贯之抓好落实。

2022 年 10 月，习近平总书记在党的二十大报告中明确提出“从现在起，中国共产党的中心任务就是团结带领全国各族人民全面建成社会主义现代化强国、实现第二个百年奋斗目标，以中国式现代化全面推进中华民族伟大复兴”。2023 年 10 月，习近平总书记时隔四年再次亲临江西考察，提出“走在前、勇争先、善作为”的目标要求。2023 年 7 月，省委十五届四次全会提出打造“三大高地”、实施“五大战略”；市委十二届六次全会提出加快推进“一枢纽四中心”建设，以综合实力和发展能级提升全面落实省会引领战略。近期以来，党中央、国务院又密集出台了一系列新政策、新举措，经济社会发展呈现新特征、新趋势。面对新形势、新变化、新要求，我们必须准确识变、科学应变、主动求变，准确把握红谷滩发展的历史趋势、阶段特征、战略路径，加快全面建设社会主义现代化红谷滩。区委召开这次全会，就是要全面贯彻习近平新时代中国特色社会主义思想和党的二十大精神，深入学习贯彻习近平总书记考察江西重要讲话精神，认真落实省委十五届四次、五次全会，市委十二届六次、七次全会精神，推动全区上下进一步开放创新、团结实干，奋力谱写中国式现代化红谷滩篇章。

一、科学研判形势，奋力谱写中国式现代化红谷滩篇章

红谷滩历经二十一载，既取得了前所未有的历史性成就，也面临着复杂严峻的历史性挑战，还迎来了千载难逢的历史性机遇，必须要科学研判“时”与“势”，辩证把握“危”与“机”，进一步瞄定坐标、咬定目标、锁定航标，不断开创全面建设社会主义现代化红谷滩新局面。

（一）准确把握红谷滩发展的历史趋势。进入新时代，踏上新征程，首先要把握红谷滩发展的历史趋势。

红谷滩进入了产业升级期。VR产业、软件和信息技术服务业、产业基金、智能建造、高端会展等新业态蓬勃发展，高端智能制造加速布局，都市现代绿色农业方兴未艾，产业结构迎来重大调整。这一时期，由三产支撑加速向以二产为引擎的一二三产融合转变，由生活性服务业加速向生产性服务业转变，是我区加快形成新质生产力、打造特色优势产业链条和集群、构建现代化产业体系的关键时期。

红谷滩进入了科技爆发期。连续举办六届世界VR产业大会，数字经济核心产业企业达到5818家，总量位居全省第1，数字金融、数字商贸、数字农业、数字政府迅猛发展，院校合作持续深化，科研平台、算力中心加速布局，数字化、网络化、智能化加速演进。这一时期，全球重大前沿技术和颠覆性技术快速突破，创新链、人才链与产业链深度融合，科技研发、场景应用、成果转化迎来爆发增长。

红谷滩进入了城市更新期。经过多轮大调整、大开发、大建设，城市框架迅速拉开，农村空间快速延伸，城市治理发生深刻变化，广大市民对城乡规划、功能品质、公共服务寄予了更高期望。这一时期，城市更新行动、农村人居环境整治行动深入推进，补短板、强弱项、优服务、提品质、建机制将成为城市治理的重要内容，城市治理的科学化、精细化、智能化迈向更高水平。

红谷滩进入了深度融合期。省委、省政府和市委、市政府高位布局，设立红谷滩区，下辖七个街道，划入厚田、流湖，规划建设未来科学城，成立未来科学城管委会，实行“区政合一”的管理体制，我区职能任务、思想理念、机制体制、人员力量发生了巨大变化，正处于深度融合的重要时期。这一时期，思想共识加速凝聚，重点改革加速推进，机制体制加速健全，干部队伍加速强化，开放创新、团结实干成为红谷滩的主旋律。

（二）准确把握红谷滩发展的阶段特征。站在新的历史起点上，红谷滩正处于量质齐升、引育共进、建管兼重、立破并举的关键阶段。

所谓“量质齐升”，就是红谷滩经济总量还不大、产业结构还不优、项目带动还不强，面临着“扩总量”与“提质量”的双重使命，必须坚持高质量发展，坚持以经济建设为中心，深耕优势赛道，扩大有效投资，培育创新动能，加快实现质的有效提升和量的合理增长，地区生产总值2024年突破1000亿元，力争挺进1200亿元，到2025年达到1300亿元。

所谓“引育共进”，就是红谷滩产业发展普遍存在“重链主、轻链条，重投资、轻投产，重奖补、轻引导”的现象，面临着“精引进”与“强培育”的双重挑战，必须聚焦主导产业、瞄准关键赛道，集中资源引进一批具有核心竞争力的优质项目、成长企业，打造一批具有核心竞争力的特色产业链，加快实现产业集群集聚发展。

所谓“建管兼重”，就是红谷滩正处于大开发、大建设、大治理的共存阶段，面临着“快建设”与“精管理”的双重任务，必须统筹好地上与地下、城区与农村、建成区与开发区、现代都市与老旧小区的关系，全面提升功能品质、改善人居环境、践行绿色低碳、健全治理机制、增进民生福祉、深化产城人融合，努力建成一座具有区域影响力的现代化、国际化都市城区。

所谓“立破并举”，就是红谷滩一些工作仍然存在运行不畅、权责不清、力量不足、制度不全等现象，面临着“立机制”与“破惯性”的双重压力，必须进一步解放思想，对标一流、对标先进，加快健全更加科学、高效、务实的机制体制，持续激发全社会干事创业活力，让干部敢为、地方敢闯、企业敢干、群众敢首创。

（三）准确把握红谷滩发展的战略路径。对标对表党的二十大作出的战略部署，落实落细省委十五届四次、五次全会，市委十二届六次、七次全会精神，聚焦“走在前、勇争先、善作为”的目标要求，当前和今后一个时期，红谷滩区的战略定位和奋斗目标是：打造“一区一城”、突出“五大引领”，坚定不移推动高质量发展，奋力谱写中国式现代化红谷滩篇章。

打造“一区一城”，主要是针对红谷滩发展具有的区域定位、特色优势提出的。

一区，就是“首府首区”：红谷滩区位优势明显、要素资源富集、创新动力强劲，是省委实施省会引领战略、做优做强南昌都市圈的“核心区”，是市委加快推进“一枢纽四中心”建设的“主战场”。我们要主动对标省委、市委赋予的战略定位，以更高的政治站位、更高的格局视野、更高的目标要求、更高的工作水平，全力争创全国综合实力百强区、全国科技创新百强区、国家生态文明建设示范区等品牌荣誉，坚决扛起“首府首区”担当，真正干出“首府首区”地位。

一城，就是“未来科学城”：139平方千米未来科学城是省委、市委赋予红谷滩的重大历史使命，是全市未来发展新的重要增长极。我们一定要以“功成不必在我”的精神境界和“功成必定有我”的责任担当，大力弘扬敢闯敢试、敢为人先、埋头苦干的精神，持续干实世界VR产业大会的永久举办地，全力打造全省数字经济创新引领核心区、元宇宙试验区，加快推进“一年起步、三年见效、五年成型、十年筑城”发展目标，致力将未来科学城打造成未来产业策源地、科技创新示范地、产城融合标杆地、内陆开放新高地、机制改革先行地。

突出“五大引领”，主要是聚焦红谷滩发展的历史使命、关键问题提出的。

一是产业升级引领。加快产业优化升级、促进新旧动能转换是高质量发展的重要支撑。要着眼于抢占未来产业发展先机，大力促进数字经济和实体经济深度融合，千方百计支持壮大新技术、新业态、新模式，挖掘创造优势产业的新增长点，巩固优势产业领先地位。集中资源开辟布局新领域、新赛道、新基建，奋力抢占战略性新兴产业发展的制高点，干出新兴产业领跑地位。

二是项目带动引领。项目是增量之源、振兴之本。要牢固树立“项目为王”理念，按照谋划项目抓落地、前期项目抓开工、开工项目抓进度、竣工项目抓达效的思路，着力强化机制保障、要素保障、服务保障，奋力实现工作量、投资量、实物量“三量齐增”，发挥和巩固红谷滩在省市的项目带动引领作用。

三是科技创新引领。科学技术是第一生产力、第一竞争力。要坚持把科技创新摆在发展全局的核心位置，全面推进产学研用一体贯通，全力推动产业链、创新链、人才链、政策链、资金链深度融合，加快构建平台建设、技术攻关、人才引育、研发投入、成果转化等创新机制，奋力打造具有影响力的科创中心。

四是内陆开放引领。改革开放是关键一招，必须坚定不移深化改革、扩大开放，乘势抢抓江西内陆开放型经济试验区深化建设的重大战略机遇，在机制体制改革、区域交流合作、要素高效流动、开放平台建设、营商环境优化等方面先行先试、敢为人先，努力打造新时代内陆地区双向开放的新样板、新标杆。

五是城市治理引领。一流城市要有一流治理，必须坚持“人民城市人民建、人民城市为人民”理念，全面强化基层党组织建设，广泛实施城市更新行动，加快促进公共服务优质均衡发展，扎实推进共同富裕，实现城市繁华与乡村振兴交相辉映，物质富裕与精神富足共同进步，经济发展与生态文明有机统一，努力建成宜居、韧性、智慧的现代都市。

二、突出工作重点，奋力开创经济社会高质量发展新局面

当前和今后一段时期，我们要坚持以习近平新时代中国特色社会主义思想为指导，全面贯彻落实党的二十大和二十届二中全会精神，深入贯彻习近平总书记考察江西重要讲话精神，扎实贯彻中央经济工作会议、省委十五届四次、五次全会，市委十二届六次、七次全会精神，坚持稳中求进、以进促稳，完整、准确、全面贯彻新发展理念，加快构建新发展格局，贯穿“迎难而上、敢作善为，奋力推动经济社会高质量发展”工作主线，实施打造“一区一城”、突出“五大引领”战略，开放创新、团结实干，奋力谱写中国式现代化红谷滩篇章，在全面落实省会引领战略、深入推进“一枢纽四中心”建设中彰显“首府首区”担当。

（一）聚焦功能布局，着力塑造首府首区新竞争力

围绕“一区一城”战略定位，充分发挥各地资源优势，优化区域功能布局，突出示范带动、南北联动、城乡互动、区域协动，加快构建“一城牵引、双轮驱动、九片协同”的区域发展新格局。

“一城牵引”，就是要做大做强未来科学城的主战场、主阵地、主力军地位。高标准推动编制未来科学城概念规划、产业规划，科学布局总部服务区、智慧文旅区、智慧生活区、数字创新区、科教创新区、智能制造区“六大片区”，重点发展数字产业、智能制造“2 + N”产业。深化“区政合一”“管委会 + 公司”管理体制，全面整合资本、科技、人才等优质资源，实现“一区一城”人员共用、资源共享、政策共通。高标准打造高端智能制造产业园，加快导入重大产业项目。加快建设主干路网、学校医院等公共基础设施，超前布局车联网、物联网等相关新基建。

“双轮驱动”，就是要同步加快打造北部金融商务圈、南部数字智造圈。在北部，加快构建以全省金融商务区为核心，商务商贸、法律服务、中介服务、家政服务等现代服务业协同发展的北部金融商务圈；在南部，加快构建以高端智能制造产业园为核心，软件信息、科教应用、文旅会展、现代农业等数字经济融合发展的南部数字智造圈。一北一南，构成支撑全区高质量发展的南北矩阵。

“九片协同”，就是要形成点面支撑、多点发力、错位发展的九片协同格局。支持流湖镇打造“山水田园、都市农业”为主的特色乡镇；支持厚田乡打造“港航物流、生态休闲”为主的特色乡镇；支持生米街道打造“文旅观光、智能制造”为主的特色街道；支持龙兴街道打造“科教融汇、产学协同”为主的特色街道；支持九龙湖街道打造“数智融合、场景应用”为主的特色街道；支持红角洲街道打造“政务为民、校地合作”为主的特色街道；支持卫东街道打造“汽车展销、品质消费”为主的特色街道；支持沙井街道打造“金融商务、夜市经济”为主的特色街道；支持凤凰洲街道打造“文旅融合、滨江风光”为主的特色街道。

（二）聚焦优势赛道，着力塑造经济发展新增长极

坚持把发展经济的着力点放在实体经济上，坚持稳中求进、以进促稳、先立后破，积极抢位发展，善于错位发展，全面推进重点产业链现代化建设“7510”行动计划，发展新质生产力，着力构建体现特色和优势的现代化产业体系。

深耕七大链条。做强三大优势产业链条，聚焦现代金融业，持续夯实区域金融中心核心承载区，全力打造科技金融创新示范区，重点推进江西金控数字金融创新产业园等项目建设，大力引进各类法人金融机构和区域性

总部，加快深化企业上市“映山红行动”升级工程，发展壮大产业基金，力促2026年金融类机构突破1500家、金融业增加值超400亿元。聚焦建筑业，大力引进建筑业央国企全资子公司，加快拉动上下游企业协同发展，积极培育绿色建筑、智能建造新业态，力促2026年建筑业总产值超2000亿元。聚焦商务商贸业，加快推动楼宇经济专业化、高端化、规模化发展。立足“全域大商圈”理念，优化商业布局，提升商圈品质，大力引进知名首店、旗舰店、高端商业综合体，提升改造一批特色高品质街区，积极培育时尚消费品、跨境电商、平台经济、夜间经济、文旅消费、新能源汽车消费等新业态，着力打造全国示范智慧商圈，力促2026年服务业增加值超1000亿元。做大两大新兴产业链条，围绕软件和信息技术服务业，重点发展泛VR、元宇宙、人工智能、信息安全、大数据服务等优势赛道，全力引育数字经济链主企业的区域总部和高成长企业的全国性总部，力促2026年软件业全产业链条营收超200亿元。围绕会展业，主动申办、引进一批规模大、质量高、成效好的全国大型品牌展会项目，积极打造更多具有地方特色的自办展览品牌，全力做好“会展+产业、会展+招商、会展+消费”等文章，力促2026年会展总销售额超1500亿元。做精两大未来产业链条，布局高端智能制造业，优先发展新一代电子信息、高端装备制造等前沿产业，加速推动一批引爆性、引领性项目落地，力促2026年智能制造总产值超200亿元。布局都市现代绿色农业，全力推动农业与数字经济、智能制造、文旅教育等深度融合，支持培育一批都市现代绿色农业示范基地，力促农业总产值2026年超50亿元。

主攻五大集群。打造智能装备集群，加快布局智算中心、超算中心，大力发展XR整机制造，积极抢占第三代半导体产业高地。打造VR产业集群，用好世界VR产业大会成果，加快构建泛VR产业的“产、学、研、用、融”生态圈体系，积极打造VR、泛VR关键核心技术首发首展、应用示范、孵化转化的“世界级VR中心”。打造产业基金集群，重点打造江西国控基金产业园，积极引进各类基金管理机构及投资基金，力争成立100亿元的未来科学城智能制造产业基金，加速推动产业基金规模向2000亿元迈进。打造智能建造集群，深化与建筑头部企业合作，加快布局建筑机器人、轻型造楼机、装配式建筑、建筑产业互联网等前沿赛道，积极建设高端装配式建筑产业园。打造高端商务集群，积极打造中央法务区，重点引育研发设计、检测认证、知识产权、中介服务等生产性服务业。

瞄定高位增长。加快出台重点产业链现代化建设“7510”行动计划，聚焦产业赛道，深化五链融合，集聚优势要素，奋力推动规模以上数字经济核心产业企业营收、规模以上服务业营收、规模以上工业营收年均增长10%以上。

（三）聚焦扩大内需，着力塑造内外循环新引爆点

牢牢坚持“扩大内需这个战略基点”，加快培育完整内需体系，积极融入和服务全国统一大市场建设，大力推动经济增长从投资拉动到消费带动、创新驱动、协同联动转变，努力打造内循环的重要节点和双循环的关键衔接。

全力以赴扩有效投资。牢固树立大抓项目、抓大项目鲜明导向，大力实施项目带动引领攻坚行动，积极争取政府专项债、上级预算等各类资金，充分撬动国有平台资金、产业基金、民间资本，用好用足全市中心城区36%新增建设用地规模布局未来科学城重大政策，三年计划出让3000亩以上经营性用地，加快推进一批重大主导产业项目、重大科技创新项目、重大基础设施项目、重大公共服务项目、重大民生实事项目，确保年年有新增、月月有开工、周周有调度、日日有形象，努力形成“储备一批、建设一批、竣工一批”梯次推进的良好格局，充分发挥有效投资对高质量发展的“定海神针”作用。

千方百计激消费潜力。坚持把恢复和扩大消费摆在优先位置，用好用足国家和省市叠加政策，乘势出台一批专项政策，重点支持住房、汽车、家电、家居等大宗商品消费，大力发展数字消费、绿色消费、健康消费，积极培育智能家居、国货“潮品”等新的消费增长点，大力提振乡村消费，高标准办好烟花晚会、千人横渡赣江、国际龙舟赛、元旦跨年夜等大型节庆赛事活动，持续丰富文旅业态，加快复苏商气、聚拢人气、带旺财气、点燃烟火气，奋力打造区域性消费中心城区。

坚定不移促对外开放。坚持“走出去”与“引进来”双向发力，主动融入“一带一路”、长江经济带、江西内陆开放型经济试验区建设大局，探索建立与粤港澳大湾区、长三角重点城市常态化互动平台，持续深化与南昌都市圈城市、先进地区交流融合机制，广泛开展链主招商、资本招商、平台招商、以商招商，大力支持省市属单位扩大投资，实实在在落地转化一批链主企业的关键性、成长性、战略性子公司或项目平台，努力实现“亿元项目铺天盖地、十亿项目纷至沓来、百亿项目攻坚突破”。

（四）聚焦机制改革，着力塑造创新创造新动力源

改革是发展的根本动力，坚持把深化机制体制改革作为高质量发展的重点和关键，进一步释放潜能，鼓足干事创业的精气神。

强化科技创新机制。加快构建科技企业梯次培育体系，全力培育一批独角兽企业、瞪羚企业、高新技术企业、专精特新企业、科技型中小企业。加快构建以社会投入为主、各类资金共同参与的科技投入体系，力促研究与试验发展（R&D）经费投入强度超省市水平。加快集聚重大创新平台、研发中心，积极创新大院大所大企合作模式，充分发挥国家虚拟现实创新中心、江西求是高等研究

院等平台优势，大力推进一批新型研发机构、重点实验室和企业创新中心建设，推动打造江西创新馆。加快建立科技创新成果孵化转化机制，大力推行“揭榜挂帅”“定向委托”等技术攻关制度，积极推动科技创新成果转化赋能高质量发展。

优化营商环境机制。全面推进营商环境优化升级，不断提升网上可办率、全程网办率，全力打造全省政务服务标杆。全面构建企业常态化沟通联系机制，做精做优企业经济服务平台，促进非公经济“两个健康”，大力支持民营企业发展壮大，着力打造具有红谷滩特色的企业全生命周期服务。高标准完成第五次全国经济普查，大力培育壮大经营主体、“五上”企业，全面、客观、充分反映红谷滩高质量发展实绩。

深化重点领域机制。聚焦主要工作任务，加快构建“区委领导、条块结合、重点突出、要素齐全”的重点工作推进机制。聚焦项目带动引领，持续优化政府投资项目管理办法，加快构建“统一调度、分块负责，全程服务、挂图作战，齐抓共管、督查问效”的项目推进机制，实现项目建设谋划储备、政策支撑、要素保障、协调服务、考核督导环环相扣。聚焦国企国资改革，积极探索国有企业职业经理人制度改革，持续健全按业绩贡献决定薪酬的分配机制和灵活高效的市场化经营机制，加快建立现代企业制度。聚焦财税体制改革，不断完善财政预算、评审、管理机制，持续健全属地财税考核机制，加快打造综合治税数字平台，不断提高财税自动化、智能化、智慧化水平。聚焦征迁安置改革，积极探索“图纸分房”“预分配”等新模式，试点推行“货币化”和“房票”安置办法，加快健全“规划、建设、验收、交付、分配”全流程征迁安置政策体系，全力破解拆迁安置领域历史遗留矛盾风险隐患。聚焦要素保障改革，积极构建“统一化、差异化、精准化、特殊化”的产业政策体系，积极构建政银企交流、产业基金撬动的多层次金融服务体系，积极构建“净地出让、拿地即开工”的土地出让机制，积极构建“尊重历史、尊重事实、解决问题”的历史遗留问题化解机制。

（五）聚焦功能品质，着力塑造现代都市新展示区

加快推进城市治理现代化，下好“绣花”功夫，优化空间结构，提升功能品质，积极打造新时代宜居宜业的现代都市，充分彰显滨江现代都市形象。

构建枢纽节点。紧紧聚焦全市打造综合交通枢纽的战略部署，全力促进复兴大桥、洪州大桥、昌南大桥、南昌绕城高速西二环、昌樟高速改扩建、320国道提升改造等大桥大路建设，加快启动三清山大道南延、九龙大道南延、赣江南大道南延等主干线，全面畅通外循环。全力织密未来科学城内部路网，加快改造城乡干道，深化攻坚“胡子工程”，着力打通“断头路”，全面畅通内循环。全力促进轨道交通线路延伸、新建工程，着力提升南昌西站枢纽服务水平，高标准改造厚田港区码头，努力将红谷滩打造成为集高速、铁路、水运、城市交通于一体的南昌综合交通枢纽核心节点。

完善城市功能。持续实施城市更新攻坚行动，深入开展“城市体检”，强力整治交通堵点、城市积水、空中管线、背街小巷、违章搭建等城市顽疾，全力推进排水单元整治、新型井盖更替、老旧小区提升改造、垃圾中转站改造等攻坚行动，积极化解乡企城等突出问题，加快布局新能源汽车充电设施，合理规划公共停车位，全面补齐设施短板。牢固树立“全生命周期管理”理念，大力推广“物管城市”试点，积极探索小区物业管理机制，持续深化城乡管理作业市场化改革，加快健全城乡运行“一网统管”机制，全面提升城市治理科学化、精细化、智能化水平。

彰显生态品质。全面贯彻落实习近平生态文明思想，牢固树立和践行“绿水青山就是金山银山”理念，积极推进碳达峰碳中和，持续打好“蓝天、碧水、净土”保卫战，深入整改环保督察反馈问题，精准管控“四尘”“三烟”“三气”，着力改善和提升空气质量。深入落实河（湖）长制、林长制，常态化开展前湖水系、乌沙河水系、赣江沿线排口等水系综合治理。深入推进公园绿地建设，高水平打造马咀山生态公园，高标准打造一批“席地而坐”城市客厅示范点、亲水乐园、游船码头、城市公园、绿道、小游园，让蓝天绿水成为省市形象展示区的靓丽底色，让绿色低碳成为高质量发展的鲜明特色。

（六）聚焦乡村振兴，着力塑造现代农村新风景线

流湖、厚田划入后，我区已成为全市第五大农业县区，“三区三线”外的农村面积311.14平方千米，占全区77.2%，农村常住人口5.2万人，占全区8.07%。推动农业农村现代化、带动农民增收致富已成为中国式现代化红谷滩新征程上的重要内涵。

我们必须坚持农业农村优先发展，全面深化乡村振兴战略，纵深推进“两整治一提升”三年行动，加快打造产业兴旺、生态宜居、乡风文明、治理有效、生活富裕的现代农村。

粮食安全是红线。牢牢守住耕地红线，加快建设高标准农田，大力改善流湖大堤涝区、迴栏圩等水利基础设施，鼓励支持土地流转、农机运用、种子培育，进一步提高种粮补贴，持续完善“价格、补贴、保险”保障体系，确保粮食播种面积稳定在22.16万亩以上。

产业发展是关键。启动乡镇国土空间总体规划编制，完善村庄规划编制。合理布局一二三产业发展用地，大力发展村集体经济，持续深化集体资产清产核资、股份合作制改革。做大做强藠头、花生、果蔬种植和猪、牛、羊养殖等优势农业，积极推广航天育种技术及品种，持续挖掘厚田沙漠、流湖温泉等旅游资源，鼓励发展休闲农业、乡村旅游。大力引育农业龙头企业，深耕“预制菜”等潜

力赛道，试点打造一批“种养加”结合农业项目，探索布局建设食品工业园，加快完善冷链物流、电子商务、商标品牌、科学技术等支撑配套，积极拓展“粮头食尾”“农头工尾”产业链条。

乡村建设是基石。持续深化农村人居环境整治提升行动，重点实施农村饮水安全、污水治理、户厕改造、路灯安装等工程，三年时间实现全覆盖。加快构建“村收集—镇转运—区统筹—市处理”的生活垃圾处理模式，建立健全农村环境长效治理机制。加快推进农村道路提升改造行动，尽快实现公交、物流“村村通”。有序推进农民相对集中居住，由点及面打造一批乡村振兴示范村、共同富裕样板村。巩固拓展脱贫攻坚成果同乡村振兴有效衔接，完善防止返贫动态监测和帮扶机制，确保不发生规模性返贫。着力补齐教育、医疗、文化体育等公共服务短板，持续完善村规民约，深入推进移风易俗，不断提升农村精神文明建设水平。

（七）聚焦民生福祉，着力塑造共同富裕新标杆地

坚持把人民立场作为根本立场，把为人民谋幸福作为根本使命，把保障和改善民生作为重要的政治责任，持之以恒、久久为功，扎实推进共同富裕，让全体居民更多更公平地享受改革发展成果。

就业是优先战略。深入实施就业优先战略和更加积极的就业政策，广泛开展就业创业培训，强化创业融资支持，支持经营主体稳岗扩岗，常态化举办百场校招、春风行动、洪漂人才荟等专项招聘系列活动，充分促进高校毕业生、农民工、退役军人等各类群体就业。广泛搭建就业服务平台，持续深化校企地三方交流合作，加快打造覆盖区、乡镇（街道）、村（社区）三级的“就创之家”，积极营造稳就业促创业的良好环境。

民生是基本方向。加快推进南昌学校、行知学校等学校建设，不断加大集团化办学力度，不断优化农村义务教育资源配置，加快发展学前教育、义务教育、特殊教育，持续深化“双减”工作，全面促进教育优质均衡发展。完善三级全民健身设施网络，推进建设体育强区。加快推进三大国家区域医疗中心建设，积极推动南大一附院九龙湖分院、省人民医院九龙湖院区等三甲医院建设，加快建成区公共卫生服务中心，全面推行家庭医生签约服务，实现社区卫生服务全覆盖，构建“15 分钟医疗卫生服务圈”。加快健全“一老一小”服务体系，积极打造以区综合康养中心为核心，社区嵌入式养老院、居家养老服务站点为补充的“15 分钟养老服务圈”。加快健全婴幼儿照护服务体系，加快完善生育支持政策体系，扎实推动人口高质量发展。加快推进文化体制改革攻坚行动，扎实推进孺子书房、农家书屋等阵地建设，持续擦亮江西省文化产业重点区品牌。加快建立健全社会救助体系，切实兜住、兜准、兜好困难群众基本生活保障。深入实施全民参保计划，确保城乡居民医保参保率稳定在 95% 以上，保证困难人员资助参保率 100%。加快推进安置房建设，大力支持残疾人事业发展，深化拓展“尊崇工作法”，争创省级双拥模范县区，全面加强国防动员和后备力量建设，不断提升广大居民的获得感、幸福感、安全感。

安全是发展底线。深入贯彻总体国家安全观，统筹做好政治、意识形态、网络、经济等各领域安全工作。坚持和发展新时代“枫桥经验”和“浦江经验”，加快推进治理能力现代化，全面推进信访工作法治化，创新完善矛盾纠纷多元调解工作机制，打造更多基层治理品牌项目，不断提升社会治理效能。坚持积极防范化解重大风险，全面加强金融、房地产、政府债务等重点领域风险防控，坚决守住不发生区域性系统性风险底线。坚持严打高压态势，严厉打击食药环、电信网络诈骗、非法集资等违法犯罪，切实维护社会治安环境。完善普法守法机制，规范执法司法行为，不断优化法治化营商环境。坚持严格落实安全生产责任制，全面加强危险化学品、道路交通、消防、特种设备、校园、医院等重点行业、重点领域、重点场所的安全监管，全面提升防汛抗旱、森林防火等自然灾害防范能力，坚决防范遏制重特大安全生产事故，确保社会安全稳定。

三、强化政治建设，奋力开启新时代党的建设新征程

奋进新征程、谱写新篇章，关键靠党的领导，关键在人。要坚定不移加强党的全面领导，坚持不懈推进全面从严治党，不断提高党把方向、谋大局、定政策、促改革的能力和定力，带动“四个良好”（良好的政治生态、良好的营商环境、良好的干部作风和良好的社会风气）建设，为高质量发展提供坚强保证。

（一）把政治建设作为第一工程，打牢绝对忠诚的思想根基。党的政治建设是党的根本性建设，决定党的建设方向和效果。要始终把党的政治建设摆在首位。坚持不懈用习近平新时代中国特色社会主义思想凝心铸魂，引导广大党员干部群众深刻领悟“两个确立”的决定性意义，增强“四个意识”、坚定“四个自信”、做到“两个维护”。要精心组织开展主题教育。牢牢把握“学思想、强党性、重实践、建新功”的总要求，把理论学习、调查研究、推动发展、检视整改、建章立制有机融合、一体推进，高标准完成学习贯彻习近平新时代中国特色社会主义思想主题教育，巩固拓展主题教育成果，建立常态化、长效化机制，努力在以学铸魂、以学增智、以学正风、以学促干方面取得实实在在的成效。要更好担当起新时代新的文化使命。要压紧压实各地各单位意识形态工作主体责任，全面落实意识形态工作责任制和网络安全工作责任制，完善负面舆情监测预警处置机制，继续推进网络应急指挥中心示范点建设。持续深化典型选树，不断凝聚文明力量，为全区经济社会高质量发展注入新活力。有效整合

宣传资源，深化宣传矩阵建设，立足“两个结合”讲好中国式现代化的红谷滩故事，持续巩固壮大“自信、发奋、齐心”的主流思想舆论。要加强党对统战工作的全面领导。发挥新型政党制度效能，支持各民主党派积极参政议政、建言资政。大力唱响“红谷情·民族亲”工作品牌，打造民族团结进步“红谷滩样板”。以铸牢中华民族共同体意识为主线，加强民族宗教事务依法管理，切实维护民族宗教领域和谐稳定。推进红谷滩“侨梦苑”建设发展提质升级。要广泛凝聚各方智慧和力量。深化“红谷连心会”品牌打造，用好“四下基层、三访三促”工作机制，引导党员干部深入基层、深入群众、深入企业，密切党群政群干群关系。充分发挥人大、政协优势作用，支持政府、法院、检察院依法、独立开展工作，发挥工会、共青团、妇联、红十字会等人民团体和社会组织作用，推动对台、老干部等各项工作迈上新台阶，团结动员各界人士全面参与中国式现代化红谷滩建设。

（二）把党建引领作为第一抓手，夯实善治善为的基层堡垒。基层党组织是党的执政之基，要把抓基层打基础作为长远之计和固本之策，不断增强基层党组织的政治功能和组织功能。要突出“书记领航”这个“头号工程”。注重顶层设计、突出问题导向，压实党组织书记抓党建第一责任人职责，抓好党（工）委（党组）书记抓基层党建述职评议考核，以“书记领航”破解重点难点问题，深化基层党建“三化”建设，筑牢基层党建阵地。要推进基层党建提质增效。一体推进传统领域和新兴领域党的建设，进一步深化党群服务工作机制，充分发挥党组织战斗堡垒和党员先锋模范作用，推动党建引领基层治理取得扎实成效。坚持把党建工作与业务工作有效融合，不断擦亮“红谷红”党建品牌成色。要抓紧抓实基层组织日常管理。加大日常督导和检查力度，督促基层党组织落实好“三会一课”、主题党日和组织生活会、民主评议党员等组织生活制度，做好党内评优评先，把好党员发展入口关，持续提升党员队伍政治素质。

（三）把实干担当作为第一导向，锻造堪当重任的干部人才队伍。干部人才队伍是事业发展的决定性因素，是能否干实事、干成事的关键。要坚持正确用人导向。落实新时代好干部标准，让具有坚韧信念、优秀品质、突出能力、拼搏状态、勤廉作风的优秀干部脱颖而出。健全优化差异化考核评价体系，实现各项考核一体推进、互认共融，充分运用考核结果。要优化干部队伍结构。坚持老中青梯次配备，加大年轻干部培养，注重优势互补、气质相容，实现领导班子整体功能提升，聚焦数字经济、财政金融、城市建设、招商引资等重点领域，充实一批专业人才，着力提升干部队伍专业化水平，进一步增强各级领导班子活力。要推进人才强区战略。深入贯彻落实市委“每年吸引10万人才来昌留昌创业就业”的决策部署，持续优化我区人才政策，全力做好“区直接联系人才”服务，推动搭建各领域各层级“产学研”平台，深化校地合作人才引育机制，构建完善的引、育、留、用工作链条，吸引更多高端紧缺人才集聚红谷滩、服务红谷滩。

（四）把廉洁从政作为第一准则，营造风清气正的政治生态。良好政治生态关乎人心向背，关系事业兴衰。要始终牢记全面从严治党永远在路上，把严的基调、严的措施、严的氛围长期坚持下去。要全面推动责任传导。持续深化开展政治谈话，加大责任和压力传导力度，严格落实区委关于进一步加强对“一把手”和领导班子监督的责任清单，紧盯“关键少数”，用好“廉情抄告回告”制度，认真落实重点领域“两约谈两承诺一备案”工作制度，不断增强对“一把手”和领导班子监督实效。要持之以恒整治“四风”。紧盯重要节点、重点领域和薄弱环节，用好用实小微权力“监督一点通”平台，锲而不舍落实中央八项规定精神。紧盯影响发展环境背后的干部作风顽疾，坚决纠治不担当、不作为、慢作为、乱作为以及“油松痞”“小鬼难缠”“中梗阻”等不正之风，以严实作风营造优良发展环境。扎实开展“大抓落实年”活动，深入开展作风专项整顿，引导党员干部大力弘扬“脚上有土、心中有谱”的务实作风，反对和防止“摆烂”“躺平”等不良作风，以好作风推动工作善落实。要坚定不移惩治贪腐。始终保持反腐惩恶高压态势，深化运用“四种形态”，扎实有序开展政治巡察，持续深化村（社区）巡察改革，持续聚焦乡村振兴、国资国企、教育医疗、工程建设、征地拆迁、执法司法等领域问题开展专项治理，统筹做好查办案件“前后半篇文章”，一体推进不敢腐、不能腐、不想腐。坚持严管和厚爱结合，落实“三个区分开来”，深入开展暖心关爱回访和澄清正名活动，激发党员干部的积极性、主动性、创造性，引导党员干部秉公用权、依法用权、为民用权，切实当好风清气正政治生态的建设者、守护者。

同志们，红谷滩是一座孕育梦想、拥抱未来的城市。抚今追昔，红谷滩历经了一次又一次历史变革，创造了一个又一个伟大奇迹。展望未来，红谷滩又迎来了新的跨越，踏上了新的出征。我们要责无旁贷肩负起我们这一代人的时代使命，开放创新、团结实干，干出属于我们这一代人的新业绩，努力为这座现代都市带来新气象、创造新辉煌！

让我们更加紧密团结在以习近平同志为核心的党中央周围，坚持以习近平新时代中国特色社会主义思想为指导，深入贯彻党的二十大精神，全面落实省委、省政府、市委、市政府的决策部署，打造“一区一城”、突出“五大引领”，奋力谱写中国式现代化红谷滩篇章，在全面落实省会引领战略、深入推进“一枢纽四中心”建设中彰显“首府首区”担当。

政府工作报告(摘录)

——在红谷滩区第一届人民代表大会第四次会议上

红谷滩区人民政府区长　刘光荣

(2024 年 1 月 10 日)

刚刚过去的 2023 年,是实干奋进、意义非凡的一年。习近平总书记时隔四年再次亲临江西考察,为江西高质量发展把脉定向、指路引航,提出"走在前、勇争先、善作为"的目标要求,让我们深受鼓舞,倍增干劲。省委省政府、市委市政府高瞻远瞩、审时度势,擘画 139 平方千米未来科学城,设立未来科学城管委会,实行"区政合一"运行模式,让我们深感振奋,倍增斗志。

这一年,我们坚持以习近平新时代中国特色社会主义思想为指导,全面学习贯彻习近平总书记考察江西重要讲话精神,扎实推进学习贯彻习近平新时代中国特色社会主义思想主题教育,坚决落实党中央、国务院和省委省政府、市委市政府决策部署,在区委(党工委)的坚强领导下,紧扣"项目为先、实干奋进,争分夺秒拼经济"工作主线,勠力同心,克难攻坚,扎实完成各项目标任务,掀开了高质量发展的崭新篇章。

回顾过去的一年,我们坚持一张蓝图绘到底,统筹抓好了五方面工作:

一年来,我们稳增长、提动力,以一域精彩助大局出彩,经济发展拼出新格局

一是主要指标固本向好。地区生产总值同比增长 4.5% 左右;一般公共预算收入同口径增长 7.4%;固定资产投资同比增长 0.5% 左右;社会消费品零售总额同比增长 6.5% 左右;规模以上工业增加值同比增长 3% 左右;城乡居民人均可支配收入分别同比增长 4% 左右、6.5% 左右。

二是市场主体量质齐升。"五经普"[1]清查单位、个体户分别是"四经普"的 4.5 倍、9.3 倍左右。净增经营主体 1.86 万户,总数达到 9.2 万户。新增"五上"企业[2] 289 家,总数首次突破 1000 家,达到 1030 家,近两年新增数是历年总数的 1.13 倍。江盐集团成为全面注册制实施后首批主板上市企业,上市企业总数达 4 家。省重点拟上市后备企业达 16 家。

三是发展动能蓄势聚力。未来科学城提速建设,管委会实质运行,概念规划基本完成,路网框架全面拉开,首期 416 亩工业用地加速布局,全省首个人工智算中心落地建设。238 个重大重点项目完成投资 455 亿元,新开工项目 82 个,新竣工项目 60 个。消化批而未供土地 5214 亩、批而未用土地 4726 亩、闲置用地 927 亩,新增建设用地 3690 亩,出让经营性用地 822 亩,出让金总额位列全市第 1。发行地方政府专项债 13.06 亿元,位列全市第 1,是去年区属项目的 10.61 倍。

一年来,我们固根基、兴业态,以链条聚势筑转型胜势,产业发展迸发新活力

一是数字经济强链建群。深入推进数字经济做优做强"一号发展工程",新增数字经济核心产业企业 438 家,总数达到 5818 家,保持全省第 1。规上信息传输、软件和信息技术服务业企业总数达到 54 家,营收突破 83 亿元,企业新增数、营收增量均位列全市第 1。华为、美团、浪潮通软、华胜天成、广州视睿、上海曼恒、康之诚、合一云等 8 家链主企业区域总部相继入驻,中国电信南昌数字科技园摘地落户,科大讯飞江西区域总部、蚂蚁集团全国服务共享中心、上海交大南昌人工智能产业基地投入运营。全市数字经济发展综合考核荣获第一等次。

二是现代金融强势扩容。区域金融中心核心承载区功能持续夯实,新引进金融类机构 52 家,总数达到 1354 家,新增数、总数稳居全省第 1。启动建设江西国控基金产业园、江西金控数字金融创新产业园,推动注册 72.6 亿元的南昌和谐安瑞股权投资基金、30 亿元的南昌红谷虚拟现实产业母基金、30 亿元的南昌国晨创新一号股权投资基金,基金规模首次突破千亿,达到 1154 亿元。

三是建筑业强劲增量。深入实施"山海计划"[3],新增建筑业企业 43 家,总数达到 1206 家,总产值首次突破千亿,增速稳居全市第 1。新引进中铁建设集团江西工程有限公司、中铁大桥局南昌智能建造有限公司等 6 家建筑央国企子公司,总数达 11 家,产值占建筑业总产值 45%,拉动上下游 900 余家企业协同发展,间接带动就业人员近 3 万人。

四是现代服务业强韧升级。积极策应烟花晚会、国际龙舟赛、千人横渡赣江、国际马拉松、跨年夜、演唱会等重大活动,重磅推出 300 余场文旅盛宴,投入 6300 万元开展"乐购红谷 · 悦享生活"系列活动,拉动消费超 30 亿元。华润万象天地、地铁大厦天虹购物中心开业运营,红谷滩

金街获评首批市级夜间经济街区,鸿鹄28里·赣江新天地特色商业街区、欧罗巴年轻力中心等3个街区获评首批市级特色商业街区。南昌VR主题乐园成功创建国家AAA级旅游景区、入选全国首批和全省唯一的智慧旅游沉浸式体验新空间培育试点名单,南昌夜赣江"秋水长天"文旅消费集聚区获评省级夜间文化和旅游消费集聚区,规上文化企业数量两年翻一番,总营收跃居全市第1。承办第81届中国教育装备展示会、中国(中部)工业博览会、第三届中国米粉节、江西省首届消费品博览会等55场高端会展,展览面积达133.4万平方米,人数超200万人次,现场交易额超100亿元,带动综合消费超800亿元。

一年来,我们强机制、优服务,以改革动能释发展潜能,创新创造焕发新生机

一是科技创新多点发力。研究与试验发展(R&D)经费投入强度[4]为1.35%,同比增长16.38%。技术合同登记额完成29.2亿元,同比增长160.7%。有效发明专利拥有量3321件,同比增长27.88%,每万人有效发明专利拥有量59.75件,位列全市第2。新增种子独角兽企业[5]1家、瞪羚(潜在)企业[6]6家。新增高新技术企业54家,总数达138家。新增省级"专精特新"中小企业[7]18家,总数达38家。培育科技型中小企业418家,同比增长65.22%,位列全市第1。国家虚拟现实创新中心新增11个实验室、1个中试平台、2个测试平台。江西求是高等研究院启动建设4个研发中心。用友产业园、南昌物联网产业创新中心认定为市级小型微型创业创新示范基地。

二是环境优化多管齐下。持续推进营商环境优化升级"一号改革工程",大力支持民营经济发展,深入实施"暖心护企"行动,兑现惠企资金6.4亿元,留抵退税10.7亿元,"财园信贷通"放贷1.18亿元,普惠金融服务平台为辖区企业授信近150亿元。在全省首创鸿鹄智办"叮叮抢单"系统,窗口服务模式由"坐等点餐"到"主动抢单",窗口办事效率提高50%。在全省率先上线"小赣事"数字人自助政务一体机,实现24小时无人智能办理。全区事项网上可办率100%,全程网办率99.38%,"就近办"月均办件约7800件。卫东街道"楼小助"[8]服务好"大楼宇"。九龙湖街道企业"吐槽大会"获广大企业和中央省市媒体点赞。

三是重点改革多头并进。加快推进未来科学城"区政合一""管委会+公司"机制,组建4个内设机构,设立产投公司。持续健全国有企业薪酬制度管理办法,区城投公司总资产489.09亿元,净资产150.77亿元,企业信用评级稳居AA+级。持续完善重大重点项目全生命周期推进机制,健全一个挂点计划、一张链条图谱、一本问题清单、一套推进机制"四个一"体系。

四是对外开放多元共促。高规格举办2023世界VR产业大会、红谷滩区(未来科学城)招商推介暨重大项目签约大会、红谷滩区(深圳)数字经济产业推介座谈会,积极参与省企入昌助力省会引领战略签约、中国(南昌)电子信息产业发展大会等省市重大活动。全年共签约产业项目超60个,总投资额超260亿元,建发商业综合体、明正集团总部大楼等一批投资20亿元以上产业项目转化落地。外资外贸促稳提质,外贸出口完成42亿元;实际利用外资突破1亿美元,位列全市第1。

一年来,我们补短板、强功能,以建设力度促品质高度,城乡融合绣出新颜值

一是路网框架加速拉开。复兴大桥主线贯通,洪州大桥顺利合龙,南昌绕城高速西二环、昌樟高速改扩建二期、320国道提升改造等枢纽路网全速推进,复兴大道西延、上饶大街涉枫生快速路立交改造等主干路网快速建设,高教园区、VR科创城等片区路网加速成型。南昌大道仅3个月完成改造,明月山大道南延仅1年全线通车。芳雅路、芳林路、天城路等5条断头路提前打通。

二是城市品质加速提升。环境更美,马咀山湿地公园加快推进,碟子湖大道樱花园、九龙湖健康公园、岭北四路街边小游园、怀玉山大道休闲空间精美呈现,风筝广场、中央绿廊等"城市绿肺"成为网红打卡点。建成2个"席地而坐"城市会客厅[9],长天广场被评为全市首批"席地而坐"城市会客厅示范点。设施更新,提升改造7个老旧小区,增亮补亮10条背街小巷,更替1560个城市窨井盖,建成2条新型井盖示范路。新增4个公共停车场、842个停车泊位。新设16座公厕。改造4座垃圾中转站,设置537座分类投放亭,建成22个垃圾分类示范小区,打造全省首个市场化智慧环卫基地。治理更优,打造5个"物管城市"[10]点位,实现1815家沿街店铺燃气智慧化管理,创新共享单车"片长制"管理模式,拆除800余处违章建筑,整治820余处围墙围挡,文明创建、城市管理精细化考核列全市第一梯队。

三是生态基底加速稳固。空气质量稳中向好,PM2.5平均浓度33微克/立方米,空气质量优良率93.2%,稳定达到空气质量国家二级标准。水系治理成效显著,强力抓好前湖水系综合治理,着力优化水质,提升观感,全力守护好"一湖清水"。组织开展潼溪水库生态修复、市政管网缺陷修复,292个赣江入河排污口整治率超80%,278个区管排水单元销号率100%,146个驻区单位排水单元开工率100%、销号率超60%。赣江干流7个断面水质达到地表水二类标准,饮用水源水质达标率100%,水环境治理取得"看得见、摸得着"的变化。问题化解标本兼治,试点推行医废物资转移电子联单制,打通医废物资收集、转运、处置全流程通道。6个黄土裸露生态修复工程全面竣工。72件第二轮省环保督察转办信访件办结率100%。

四是乡村面貌加速改善。深入推进农业农村"两整治一提升"行动[11]，高标准打造1个乡村振兴示范村、18个共同富裕样板村、35个新农村建设村，提升改造19个西二环高速沿线村庄。强力开展农村人居环境"六月攻坚""夏季攻坚"行动，实现涉农自然村"三清三拆"[12]全覆盖，整治各类废弃建筑、猪牛栏、旱厕等约8万平方米，改造户厕400个，流湖镇8个行政村自来水管网基本建成。高水平承办南昌市2023年中国农民丰收节暨"两整治一提升"和粮油生产现场会，新增市级农业龙头企业3家，建设高标准农田1.5万亩，完成水稻总产量1.8亿斤、油菜冬种3.6万亩，守牢粮食安全底线。持续巩固拓展脱贫攻坚成果同乡村振兴有效衔接，落地9个产业帮扶、23个乡村建设项目。

一年来，我们惠民生、暖民心，以实干指数换幸福倍数，社会事业取得新进步

一是民生福祉增厚增实。民生实事精心办结，民生支出44.15亿元，占一般公共预算支出73.7%。19件市区人大代表票决民生实事件件落地。分配安置房30万平方米，安置居民2650户。南昌西站实现地铁免安检，换乘时间节省15分钟以上。就业创业用心服务，创新开展红谷篷友会人才夜市、人才嘉年华等特色招聘活动，组织百场校招232场，发放创业担保贷款超1亿元，新增城镇就业7987人，吸纳1.38万名大学生和技能人才来区创业就业。历史问题悉心化解，妥善解决被征地农民养老保险政策历史遗留问题，为8913名被征地农民拨付财政补贴3706万元。有力防范化解区域经济金融风险，有效解决融创赣江府逾期交房问题，推动祥生府、华南城、新力东园项目全面复工，保交楼攻坚行动成效显著。

二是公共服务优质优品。教育资源持续均衡，招引选调教师449人，新改扩建中小学校、幼儿园18所，新增学位2.27万个。南昌中学、行知中学、南昌学校、行知学校从计划到开工仅3个月，南昌市心远中学卧龙校区、碟子湖教育集团俊采校区秋季开学，万达M区等5所普惠性幼儿园顺利开园，4所配套幼儿园全面竣工。智慧教育平台投入使用。医疗服务持续优质，南昌市洪都中医院二期工程、南昌市第一医院九龙湖分院如期竣工。九龙湖街道鸿玺社区卫生服务站、龙兴街道璜源山社区卫生服务站投入使用。中南大学湘雅医院江西医院、南昌大学附属眼科医院九龙湖分院、区公共卫生服务中心顺利开工。浙江大学医学院附属第一医院江西医院、重庆医科大学附属儿童医院江西医院加速推进。投放除颤仪22台，家庭医生签约率达48.9%。文体生活持续精彩，新建4家孺子书房，10家孺子书房藏书超2.6万册、服务超20万人次。南昌澳世汇文化艺术博览园竣工营业，红谷滩大剧场上演优秀剧目88场。高水平举办"红谷滩杯"群众篮球赛等系列体育赛事。

三是社会保障兜准兜牢。社会事业更加暖心，高标准打造全省首家和谐劳动关系一站式服务中心。区慈善协会揭牌成立。新婚育一站式服务中心对外服务。卫东街道、红角洲街道悦城西社区退役军人服务站成为全市基层服务站规范化建设新标杆。兜底保障更加有力，最低生活保障提高至915元，特困人员供养标准提高至1190元，精简退职人员救济标准提高至730元。累计发放各类补助补贴6666万元。严格落实基本医保、大病保险、医疗救助三重待遇保障，脱贫人口836人、监测对象85人、城乡困难人员8341人参保全覆盖。"红小依"服务品牌入选全省乡村智慧医保十佳优秀创新案例。"江西卫惠保"参保率全市第1。一老一小更加幸福，高标准打造18个社区幸福食堂，获得上级部门和广大居民点赞好评。建成7家社区居家养老服务站、264户家庭养老床位，广泛开展五类老人、80周岁以上高龄老人居家上门服务。建成区级托育综合服务中心，每千人口托位数达3.82个，超全市平均水平。

四是基层治理提质提效。安全生产向稳向好。强力推进打击"两无"非法行为专项治理等"七大行动"[13]，全力做好重点领域安全隐患排查整治，未发生较大及以上安全生产事故。法治建设走深走实。深入开展"八五"普法，巩固提升"法律明白人"培养工程，合法性审核文件312件，行政机关负责人出庭应诉率100%。区矛盾纠纷多元调解中心、反诈中心实体运行，"初信初访"化解有力，"治重化积"成效明显，平安红谷滩建设提质增效。为民服务精细精准。新设立社区居委会14个，公开招聘社区干部166名，打造民政服务站9个。卫东街道红岭花园社区、沙井街道红谷凯旋社区入选南昌高品质型一刻钟便民生活圈。

一年来，我们砥砺奋进，再建新功，斩获了一批省级以上荣誉。红谷滩区获评全国儿童青少年近视防控试点区、全省优秀健康区、全省红色物业优秀区、全省民族团结进步示范区，连续三年入选江西省文化产业重点区。区劳动人事争议调解中心获评全国、全省金牌劳动人事争议调解组织；区消防救援大队获评全国、全省消防安全专项整治三年行动工作先进大队；区教体局获评全国第七届中小学生艺术展演活动优秀组织；卫东街道"鸿之家""侨胞之家"获评全国侨联系统典型选树单位；红谷滩派出所获评全省唯一的"全国维护妇女儿童权益先进集体"。区政府办获评全省政府系统"五型"政府建设先进集体；区金融办获评全省金融领域担当作为先进集体；区政务服务中心获评全省政务服务示范大厅；区公安分局荣获全省"春雷行动"集体二等功；区司法局获评全省行政复议工作规范化示范单位；区社区矫正中心获评省级智慧社区矫正中心；流湖镇获评全省生态文明建设示范乡镇；卫东街道、沙井街道获评全省综合减灾示范乡

镇;沙井街道获评江西省政务公开标准化规范化街道;沙井街道、凤凰洲街道获评全省无邪教创建示范街道;九龙湖街道民政服务站获评全省"六化"乡镇(街道)民政服务站;卫东街道新时代文明实践所获评全省五星级新时代文明实践所,生米街道同乐社区新时代文明实践站获评全省五星级新时代文明实践站;卫东街道人民调解委员会获评省级矛盾纠纷排查化解专项行动先进集体,沙井街道沙井社区人民调解委员会获评全省优秀人民调解组织;凤凰洲街道上滩社区获评省级星级充分就业社区;九龙湖街道博玺社区和博鸿社区获评全省家庭健康服务中心示范点;卫东司法所入选全省社区矫正"十百千万"专项行动中表现突出的集体;7 个社区入选全省"幸福社区"五星社区;21 个社区入选全省第二批绿色社区等。

一年来,我们扎实推进社会事业全面发展,国防教育、国防动员和后备力量建设、拥军优属持续加强。工会、青少年、妇女、儿童、老龄、残疾人、红十字、慈善志愿等事业健康发展。监察、审计、统计、国家安全、人民防空、防灾减灾、科学普及、民族宗教、外事、侨务、对台、档案史志等各项工作取得新成效。

一年来,我们坚持把开展学习贯彻习近平新时代中国特色社会主义思想主题教育与具体工作实践相结合、与政府自身建设相结合,牢牢把握"学思想、强党性、重实践、建新功"总要求,扎实践行"四下基层、三访三促"(14)工作机制,深入开展调查研究,推动主题教育走深走实、见行见效。"问政江西"平台、"12345"热线办结率100%,68 件市区人大代表建议、78 件市区政协委员提案满意率 100%,政务公开水平显著提高,党风廉政建设持续深化,政府作风效能改进改善。

各位代表!红谷滩的进步,根本在于习近平新时代中国特色社会主义思想的科学指引,是党中央、国务院和省委省政府、市委市政府坚强领导的结果,是区委(党工委)团结带领全区人民实干奋进的结果,是区人大、区政协及社会各界监督支持的结果。

在此,我代表区人民政府,向辛勤奋斗在各行各业、各条战线的广大干部群众,向区人大代表和政协委员,向各民主党派、工商联、无党派人士、人民团体和社会各界人士,向所有关心、支持、参与红谷滩建设和发展的各级驻区单位、驻区部队、武警官兵、消防救援队伍指战员,表示衷心感谢!特别是,向奋战在一线的广大基层干部、政法干警、志愿者,致以崇高敬意!

在充分肯定成绩的同时,我们也清醒认识到,当前我区还面临一些困难挑战和短板弱项:一是发展质量仍需提升,产业结构优化依然不快,链主企业引育依然不多,重大项目投资依然不足,科技创新支撑依然不强。二是公共服务仍需完善,农村地区基础设施比较薄弱,生态环保、民生领域、安全生产等还有不少短板。三是作风建设仍需强化,一些干部思想观念还不够解放,创新意识、担当意识、进取意识不够强,优化营商环境任重道远。针对这些问题,我们正在全力破解,今后还将加大力度,切实解决。

名词解释:

(1)"五经普":第五次全国经济普查。

(2)"五上"企业:指五类法人企业,即规模以上服务业企业、规模以上工业企业、限额以上批发零售和住宿餐饮业企业、有资质的建筑业企业、房地产开发经营企业。

(3)"山海计划":"山"代指建筑业央国企子公司;"海"代指建筑业上下游产业链。

(4)研究与试验发展(R&D)经费投入强度:研究与试验发展(R&D)经费与地区生产总值之比。

(5)独角兽企业:具有发展速度快、稀少,备受投资者青睐等属性的企业。认定需同时满足下列条件:①成立时间不超过 10 年;②估值≥10 亿美元;③获得过私募投资,且尚未上市。

(6)瞪羚企业:跨越死亡谷、进入高速成长期的创新创业企业,认定须同时满足增长率与创新能力条件。

(7)"专精特新"中小企业:具备专业化、精细化、特色化、新颖化特征的中小企业。

(8)"楼小助":以党建引领凝聚商圈各类人员、资源,统筹基层党组织、税务、消防、警务等多方力量,打造共建共治共享平台,共同服务楼宇经济发展。

(9)"席地而坐"城市会客厅:指公共场所达到"公共区域无死角、地面路面无积尘、城市家具无污渍、绿化绿地见景致"等标准。

(10)"物管城市":将封闭式小区外围的环卫、绿化等所有城市管理业务统一发包给专业物业管理企业进行管理服务的城市管理模式。

(11)农业农村"两整治一提升"行动:指农村路域环境整治、农村人居环境整治、农业特色产业提升。

(12)"三清三拆":"三清"即清垃圾、清杂物、清沟渠;"三拆"即拆乱搭乱建、拆废旧危房、拆废弃猪牛栏。

(13)"七大行动":包括打击"两无"专项治理行动、压实企业主体责任攻坚行动、完善应急体系建设攻坚行动、强化日常安全监管攻坚行动、重大风险隐患治理攻坚行动、提升公众安全意识攻坚行动、加强应急队伍建设攻坚行动。

(14)"四下基层、三访三促":"四下基层"即宣传党的路线方针政策下基层、调查研究下基层、信访接待下基层、现场办公下基层;"三访三促"即访城乡群众促治理提效、访市场主体促发展提质、访一线干部促作风提升。

红谷滩区扎实开展学习贯彻习近平新时代中国特色社会主义思想主题教育综述

在学习贯彻习近平新时代中国特色社会主义思想主题教育期间，红谷滩区认真贯彻中央部署和省委、市委工作安排，牢牢把握“学思想、强党性、重实践、建新功”总要求，严格对标对表，精心谋划、周密安排，一体推进理论学习、调查研究、推动发展、检视整改、建章立制，在以学铸魂、以学增智、以学正风、以学促干上下真功、见实效，达到了预期目的，取得了明显成效。人民网以《江西南昌红谷滩区：下足“实功夫”，激活“干”动能》为题报道了区委主题教育开展情况。主题教育期间，在各类媒体上稿82条，其中在中央级媒体上稿9条、省级媒体上稿21条、市级媒体上稿52条；在简报上稿15条，其中在省简报上稿3条、市简报上稿12条，有力地宣传了红谷滩区主题教育特色做法。

一、主要做法

（一）抓牢理论学习，把稳思想之舵。牢牢把握理论学习主线，研究细化学习教育安排，多形式、分层次、全覆盖加强理论学习，确保学有成效。一是领导带头，示范引领。县级领导干部发挥“头雁”作用，以“关键少数”带动“绝大多数”。区委第一时间举办县级领导干部主题教育专题读书班、举办6期理论学习中心组专题学习会，并利用辖区高校聚集优势，与南昌大学党委理论学习中心组开展联学等。区委书记带头作专题党课报告，第一时间组织学习习近平总书记考察江西重要讲话精神，迅速掀起学习热潮。区委常委同志到各分管领域、部门等讲专题党课，示范引领全区各级党组织和党员干部读原著、悟原理，进一步增强“四个意识”、坚定“四个自信”、做到“两个维护”。二是创新形式，洗礼思想。综合利用领导干部领学、专家专题辅导讲学、分组研讨研学、红色革命现场实地教学、集中开展自学“五学”模式，组织全区党员深入开展理论学习，扎实推动理论学习学出成效、悟出心得。充分利用辖区牛行车站等红色教育基地和VR中心等科技资源，着力提升理论学习成效。三是分类施策，因人施教。深入践行“8+3”分类指引要求，针对不同领域、不同党员群体，以党支部为主体，采取务实管用方式，开展形式多样的学习活动，推动全体广大党员干部全面系统学、深入思考学、联系实际学，做到“理论学习有收获”。对外出务工经商流动党员，依托微信群，即时开展“线上推学”、交流讨论等，并抓住外出务工人员集中返乡时机，举办返乡流动党员主题教育培训班；对非公企业党员，按照“地域相邻、产业相近、活动便宜”原则，依托新兴领域党群服务活动中心，组织楼宇、园区党员集中学习。对广大团员和青年，依托“青春红谷滩”等线上平台、牛行车站等党性教育基地和“青年之家”等教育阵地多层次开展学习教育。

（二）抓细调查研究，谋求措施办法。着眼解决实际问题，县级领导班子以上率下，深入一线调研，摸清情况、找准问题，提出破解改革发展难题的措施办法。一是精准选题。聚焦产业发展、未来科学城、医疗教育等重难点工作，确立“加大红谷滩区产业引导基金建设力度，破解资本招商能力不足”“如何健全红谷滩区现代化产业体系建设”等32个调研课题，做到既聚焦高质量发展难题，又聚焦急难愁盼问题。二是精细调研。采取“定人、定向、定时、定责”的方式，推动调查研究扎实开展。践行“一线工作法”，深入基层查堵点、破难题，摸清社情民意、解决实际问题。同时，积极践行“四下基层、三访三促”机制，结合“红谷连心会”，带着调研任务，深入企业、区直单位、乡镇街道，走访群众，面对面座谈交流。深入到问题突出和矛盾集中的地方，在项目建设一线、产业发展一线、乡村振兴一线等，通过谈心谈话、查阅资料、随机走访等方式，找问题、谋对策、定方向。集中调研期间，县级领导深入一线实地调研 151 次，现场解决问题 62 个。三是精确施策。坚持突出调研成果转化运用，始终把群众满意作为检验调研成果转化的重要标准，保证成果转化切合实际需要、符合民意。对课题完成情况、问题解决情况及时跟踪回访、督查问效，对在典型案例中出现的新问题，纳入问题清单，强化成果转化，建立调研成果转化运用清单，不断把调研成果转化为对策建议和政策措施。针对调研中发现的产业引导基金起步晚、产业基金资本招商功能未充分凸显等 90 个问题，出台《关于建立资本招商信息沟通机制》《红谷滩区创建文化与金融合作示范区工作实施方案》等政策文件 24 个，90 个问题全部得到解决，取得显著成效。

（三）抓实干事创业，推动高质高效发展。贯通融合主题教育与干事创业，做到推动主题教育与推动发展“两手抓、两促进”，做到既推动经济发展、又增进民生福祉，切实把主题教育成果体现到高质量发展的成效上。一是增强经济发展动能。县级领导围绕经济发展，聚焦全区高质量发展的问题短板，围绕正反典型案例进行研讨剖析，带头深入一线找问题、查根源、寻对策，着力解决经济发展中的难题。坚持把做实做强做优实体经济作为主攻方向，纵深推进数字经济“一号发展工程”和区域金融中心核心承载区的建设，千方百计引投资，书记、区长带头前往上海、深圳等地招商，一体推动招商考察推介。深入实施营商环境优化升级“一号改革工程”，聚焦企业发展难点、痛点，成立线上专班，对涉及企业的重大重点问题开通绿色通道，及时推送、快转快办，进一步优化营商环境，激活市场活力。二是提速提优项目建设。以“自信、发奋、齐心”的精神状态，坚定不移加快重点项目建设，推动经济高质量发展。聚焦年度投资 545.82 亿元的 238 个项目，建立“一项目一链条一清单一专班”和“四级调度”工作机制，坚持“周调度、日调度、有问题随时调度”，构建“统一调度、分块负责，全程服务、挂图作战，齐抓共管、督查问效”的“项目大会战”工作格局。下发函告督办、设置“红黄灯”，强化跟踪督查，倒逼相关责任部门高效解决问题；大力建设南昌未来科学城重大重点项目，通过引育未来通信、未来智造、未来健康“3 + X”高端产业，全力推进省市高校、科研院所集中落户，引入高质量发展“源头活水”。三是持续提升群众获得感。把为民办实事作为重要内容，持续推进民生项目建设。聚焦就业、教育、医疗等突出问题，建立民生项目清单，健全完善破解民生问题的制度机制，解决群众急难愁盼问题。深入开展“三联三亮三服务”（三联：省市区联动联创联建；三亮：党员干部亮身份、基层群众亮需求、服务对象亮评分；三服务：服务基层、服务群众、服务企业），组建党员志愿服务队、党员突击队等，深入基层一线开展志愿服务；强化党建引领，搭起物业党建联建平台，打通党员政治引领和联系服务群众的“最后 100 米”，获评全省红色物业优秀县区；在全省首创鸿鹄智办“叮叮抢单”系统，窗口服务模式由“坐等点餐”到“主动抢单”，窗口办事效率提高 50%；在全省率先上线“小赣事”数字人自助政务一体机，实现 24 小时无人智能办理。

（四）抓严检视整改，破解发展难题。坚持从严从实从细检视整改，着力解决影响发展的突出问题。一是做实一张清单。聚焦发展所需、改革所急、基层所盼、民生所向，通过“开门找、群众提、调研察”等方式，系统梳理调查研究发现的问题、推动发展遇到的问题、群众反映强烈的问题，形成检视问题清单。区党政领导班子确定问题清单 33 条，确定区级层面民生项目 14 项，基层党组织检视梳理问题 670 个，制定整改措施 1661 条。扎实推进“4 + N”专项整治，制定整改措施 35 条，建立“区领导牵头、牵头部门统筹、责任部门参与”的联动整治机制，逐条逐项明确整改目标、整改时限、牵头负责人及责任单位。二是建立三项机制。建立研判、提醒、督导机制，压紧压实党委（党组）书记整改第一责任人职责，定期研判。定期发布“主题教育工作提醒”，开展全覆盖督导巡查工作，抓好责任落实、抓实全程监管、抓紧跟踪督查，确保整改实效。三是坚持五个结合。将检视整改同理论学习、调查研究、推动发展、建章立制、基层党建评议结合起来，持续深化“我为群众办实事”、民情夜访等活动，制定完善相关制度机制，推动整改走向深入。在全国同步开展的“治理重复信访，化解信访积案”专项行动中取得阶段性成效，化解质量与进度位列全市第一方阵，有效推动解决了一批群众反映突出的问题。

（五）抓密组织领导，推进平稳有序。以高度的政治责任感，提前布置，精心谋划，做到主题教育推进节奏平稳、工作有序。一是加强“头雁”引领。注重发挥“头雁”引领效应，区委书记涂晓晖积极履行第一责任人职责，多次批示并带头践行各项规定动作。县级领导干部以身作则，带头把理论学习、调查研究、推动发展、检视整改贯通起来，有机融合、一体推进，示范践行“四下基层、三访三促”工作机制，以“关键少数”带动“绝大多数”。二是加强联络督导。扎实做好上下衔接工作，加大对上联络沟通、对下督促指导频率，及时接收并传达上级精神和工作部署，回应基层疑问。迎接省委督导组专项调研 5 次、

“四不两直”（不发通知、不打招呼、不听汇报、不用陪同接待，直奔基层、直插现场）督导13次。加大对下督导力度，常态化对全区基层党组织开展督导181次。三是加强统筹协调。成立以区委书记为组长的领导小组，抽调干部成立区委主题教育办及6个工作组。根据全区工作实际，制定“施工图、时间表”，按照“每月一调度，每周一小结”的工作要求，统筹推进。召开区委主题教育领导小组会6次、办公室会5次，举办区级层面业务培训5次，下发工作提示28份，确保工作推进有节奏、任务完成有实效。做好宣传引导，通过在“红谷滩发布”“掌上红谷滩”等政务新媒体上开设专栏，教育引导全区党员干部进一步统一思想。同时，做好舆情监测，强化政治把关，全面巡查监测全区政务新媒体账号“主题教育”相关发布信息，确保不出舆情。

二、工作成效

一是聚焦“凝心铸魂筑牢根本”，习近平新时代中国特色社会主义思想更加入脑入心。坚持把深入学习贯彻习近平新时代中国特色社会主义思想作为主题教育主题主线，以学铸魂、以学增智、以学正风、以学促干，做到学思用贯通、知信行统一，引导全区党员干部深入学习领悟习近平新时代中国特色社会主义思想，牢牢把握习近平总书记考察江西重要讲话精神。学习热情持续高涨。邀请党校教授开展专题党课，为全区县级领导干部进行专题辅导；县处级领导、基层党委书记、党支部书记扎实开展党课宣讲。全区干部进一步明确学习贯彻习近平新时代中国特色社会主义思想是新时代新征程开创事业发展新局面的根本要求。第二批主题教育期间，县处级领导讲专题党课29次，基层党委书记、党支部书记开展讲党课595次，全区基层党组织开展学习讨论2790次，轮训党员6442人，通过线上、邮寄等方式发送学习资料1066份，有效推动全区各级党组织和党员理论学习往深里走、往心里走、往实里走。学用结合成效彰显。通过理论大学习、思想大解放，全区干部进一步学懂弄通做实习近平新时代中国特色社会主义思想，运用党的创新理论指导实践、推动工作的能力进一步提高。以经济发展为例，先后有国家级虚拟现实制造业创新中心、中国移动VR创新中心等行业顶级科创平台，一批VR、电子通信、软件和信息服务业龙头企业顺利落户。全区新增数字经济核心企业438家，总量达5818家，全市最多。

二是聚焦“锤炼品格强化忠诚”，忠诚核心忠诚信仰更加坚定不移。教育引导全区党员干部强化政治定力，坚定对马克思主义的信仰、对中国特色社会主义的信念，始终忠诚于党、忠诚于人民；把传承红色基因作为全面从严治党的战略举措，厚植红色文化，引导全区党员干部群众听党话、跟党走、报党恩，不断推动全区党员干部进一步增强“四个意识”、坚定“四个自信”、做到“两个维护”，打造“最讲党性、最讲政治、最讲忠诚”示范区。比如，持续打造“红谷连心会——红心向党”“红声宣讲团”，通过吸纳新时代好少年、社科人才、专家学者，充实宣讲队伍，开展对象化、分众化、互动化理论宣讲，围绕学习贯彻党的二十大精神和第二批主题教育，开展主题教育宣讲60余场，受众1万余人；加强青少年理想信念教育，组织“红色故事我来讲”等主题活动，参与学生4万余人；在牛行车站、南昌舰、建军雕塑广场等党性教育基地深入开展现场教学，传承、发扬红色精神，感悟时代伟力。

三是聚焦“实干担当促进发展”，锐意进取精神状态更加昂扬振奋。以开展主题教育为契机，不断激发全区干部干事创业的热情，以实干担当推动红谷滩区改革发展。紧盯问题，严抓整改整治，以整改成效推动发展。区级层面检视的33个问题（含8个专项整治）全部完成销号，14项民生项目全部完成，全区基层党组织报送的问题清单，销号完成率100%。针对形式主义不正之风、统计造假搞虚假政绩、“两整治一提升”（农村人居环境整治、农村路域环境整治、农业特色产业提升）等方面存在的问题，开展8项专项整治，制定35条措施，并全部完成销号。主题教育期间，征地迁坟、拆迁清表、管线迁改、前期报建等400余个难题得到顺利解决，华南城高铁商务中心城、绿地国博商业2号地块、祥生府、融创文化馆等4个长期停工项目陆续复工。地铁大厦天虹购物中心、江西求是高等研究院一期、百汇中心、华润万象天地金融街店等一批重大项目顺利竣工，点燃了项目建设新引擎，积蓄了高质量发展新动能。2023年新增“五上”企业289家，总数首次突破1000家，达到1030家。

四是聚焦“践行宗旨为民造福”，心系群众的宗旨意识更加牢固树立。全区党员干部牢固树立为人民服务的宗旨意识，自觉同人民群众想在一起、干在一起，真正把好事办到群众心坎上，增强群众获得感、幸福感、安全感。聚焦就业、教育、医疗、托育等民生领域急难愁盼的突出问题，扎实开展“百场校招”活动，创新开展“2023红谷篷友会——星光优企人才夜市”“2023年红谷滩区人才嘉年华”等公益性人才就业主题活动，进一步强化就业帮扶；聚焦南昌西站旅客换乘难点问题，推出地铁换乘高铁“免安检”便民举措，换乘时间节省15分钟以上；聚焦“一老一小”民生关切，大力推进区综合康养中心等项目建设，建立“社区食堂＋居家养老点＋配送入户”多层次助餐服务体系，强力推进建设完成区级公办托育综合服务中心，主题教育期间新增0至3岁婴幼儿托位数620个，超额完成市级下达的年度目标任务；协调推进3大国家区域医疗中心、南昌医学院江西医院等三甲医院建设，深化医联体合作，全力构建“15分钟医疗卫生服务圈”，组织开展“健康红谷滩 中医进万家”等多项医疗名师下基层优质义诊活动，切实把优质、高效、便捷的医疗服务送到百姓家门口，获评全省优秀健康区；加快建设南昌中学、行知中学等，持续推动优质教育落实落地；开展“红谷滩 IN THE SKY 303 音乐嘉年华”系列活动、国庆烟花晚会、南昌马拉松、元旦跨年夜等诸多文旅活动，人民群众满意度和幸福感不断提升。

五是聚焦“廉洁奉公树立新风”，风清气正的作风形象更加巩固提升。结合主题教育，持续推进作风建设，坚决整治形式主义、官僚主义等作风顽疾，持续推进巩固深化作风能力建设与主题教育深度融合，涵养求真务实、清正廉洁的新风正气。聚焦党风廉政建设，在创新廉政教育表达形式、丰富表现载体上下苦功夫，将精品案件与警示教育结合起来，以案为鉴、以案促改，不断筑牢全体干部廉政思想防线。扎实推进违规吃喝、违规收送礼品礼金、违规经商办企业等问题的专项治理，干部作风持续改进。领导班子成员与挂点联系单位、分管部门和属地负责人扎实开展政治谈话，实现对区管领导干部政治谈话“全覆盖”，不断筑牢底线意识。紧盯重点领域和关键环节，以“作风提升年”为抓手，开展“红谷连心，廉聚民心”调研接访行动，并充分利用基层小微权力“监督一点通”平台和亲清鸿鹄“码”上监督，持续抓好各领域腐败和作风问题专项整治，纪律底线得到充分坚守。

理论武装永远在路上。红谷滩区将坚持把学习贯彻习近平新时代中国特色社会主义思想作为“永恒课题”“终身课题”，善学善用、善作善成。继续保持大兴调研之风的“热度”，成为常态化的工作方法、工作状态、工作习惯。将主题教育期间获得的经验启示、建立的制度机制融入各方面工作之中，进一步推动主题教育释放持久效能，达到常态长效，牢固树立人民至上的初心、对党忠诚的忠心、常学常新的恒心、迈向新征程的信心。

（刘凤祥）

项目为先实干奋进争分夺秒拼经济纪实

2023 年，红谷滩区在区委（党工委）的坚强领导下，紧扣“项目为先、实干奋进，争分夺秒拼经济”工作主线，勠力同心。深入实施项目带动战略，围绕“项目为先、实干奋进，争分夺秒拼经济”的工作主线，按照谋划项目抓落地、前期项目抓开工、开工项目抓进度、竣工项目抓达效的思路，奋力实现工作量、投资量、实物量“三量齐增”。全年新开工台商总部半岛中心、国控基金产业园、南昌医学院新校园等 118 个项目，新竣工南昌蚂答、省文印中心等 16 个项目，新复工华南城高铁商务中心城、祥生府、绿地国博商业 2 号地块等 3 个产业项目，项目建设呈现强劲态势。

一年春作首，万事拼为先。新春伊始，“全力拼经济”几个字就传遍了赣鄱大地。一个“拼”字，考验着各地的破局能力。在红谷滩这片充满活力的大地上，广大干群拼字当头，赶进度、拼生产、抢项目、忙招商，以开年“等不起”、放假“闲不了”、开局“慢不得”的姿态奏响了高质量发展的“春之序曲”。全区上下全力以赴强攻一季度，强劲开新局，以开门红促进“季季红”、实现“全年红”。

拼项目，热火朝天。

拼经济的势头，体现在高耸林立的塔吊上。此起彼伏的机器轰鸣声，挥汗如雨的工人们，来回穿梭的工程车辆……放眼红谷滩区各大项目建设现场，建设者们全力奋战，坚守在岗位一线，抢工期、赶进度、保运转，全力推动一季度全区项目建设强劲开局。

复兴大道西延工程项目是南昌“十纵十横”骨干路网的主干道，项目建设内容包括道路、排水、强弱电管道、桥梁、交安设施、绿化及路灯等工程，设置下穿高速公路和铁路桥各 1 座、跨水渠箱涵桥 3 座，项目优化后总投资约为 13.92 亿元。“目前正在开展道路清表、土方平衡、雨污水管道铺设、强弱电管道铺设、箱涵桥架设工作，已完成投资 1.6 亿元。”项目相关负责人介绍，“该项目预计年中部分路段通车，年底全线通车。”（年底已实现全线通车）

火热的又何止复兴大道西延工程项目建设现场。在洪州大桥施工现场，塔吊吊臂挥舞、焊花飞溅，500 余名施工人员正按照工程节点加紧施工；在红谷滩区现代服务产业园施工现场，10 余台塔吊正忙着运送建筑材料，100 余名工人在工地上有序地忙碌着；在凤凰集贸市场升级改造项目施工现场，各类作业声不绝于耳……

抓项目就是抓发展。红谷滩区将构建重大重点项目推进“五个一”体系，即制订一个有效的挂点计划、编制一张精准的链条图谱、形成一本管用的问题清单、构建一套实用的智慧系统、健全一套科学的推进机制，对 249 个重大重点项目逐一细化分解，明确关键节点，力推项目早开工、早建设、早竣工。

拼招商，争先恐后。

招商引资是区域发展的“源头活水”。红谷滩区将力争新引进“152”项目 8 个，其中 50 亿元以上项目 2 个、20 亿元以上项目 6 个；新引进国内外知名服务业项目 4

个;实际利用外资 1 亿美元。

未来科学城将成为红谷滩区重点攻坚区域。将重点布局九龙大道两侧 46.67 公顷(700 亩)数字经济创新引领区建设,打造科学城总部企业聚集区,积极推进引入省创投(云上)数字产业园、中国电信元宇宙应用示范产业园、江苏赛兴专精特新产业园项目、浪潮江西区域总部、新华三江西总部等。

开发建设,招商先行。红谷滩区组队前往北京、南京、广州等地进行招商考察,迅速掀起"大招商、招大商"热潮,并在 3 月举办红谷滩区招商推介暨重大项目签约大会,对红谷滩区进行全方位推介。为寻求商业机遇,助力建设未来科学城,各乡镇(街道)也纷纷向外抛出寻求合作的橄榄枝。比如,生米街道围绕未来科学城的招商特别成立考察团,奔赴上海、苏州,开展招商考察工作,走进上海临港新业坊商业经营管理有限公司、中电华东进出口有限公司、苏州大学等单位考察调研。未来科学城将成为南昌市推进科技创新和智能制造发展的重要平台。

拼环境,宾至如归。

拼经济,能否拼出预期效果,营商环境至关重要。让复杂事项更简单、简易事项更方便、到大厅办理事项更高效、即办事项更快捷。年初,红谷滩区政数局就牵头推出政务服务改革"五张清单",深化"放管服"改革,优化政务服务环境,不断提高红谷滩区政务服务质量和水平,全面提升政务服务便利度和群众满意度。

在深化"放管服"改革、持续优化营商环境重点任务清单中,红谷滩区推出从简政放权、精准规范监管、拓展提升政务服务能力、提高政策落地操作力等四方面,提出 24 项短、中、长期重点任务,持续深化政务服务"一网通办""一事通办""异地通办""一照通办"改革,创新服务方式,提高服务效能。

同时,为了让企业和群众的更多事项就近能办、多点可办、少跑快办,红谷滩区公布了"就近办"政务服务事项调整清单 220 项,其中乡镇(街道)158 项、村(社区)62 项,进一步推动政务服务事项有序向乡镇(街道)延伸、向村居下沉,着力构建"15 分钟政务服务圈"。

智能高效、有温度的政务服务也是红谷滩区矢志追求的方向。全国首台"数字人"小赣事政务服务自助一体机就在红谷滩区政务服务中心亮相,给红谷滩区的企业、群众送来了便捷高效和温暖。

"数字人"小赣事政务服务自助一体机,是"数字人"小赣事的全新应用场景。通过人机交互和系统对接,重构业务流程,将数字人技术与政务服务自助服务终端硬件有效融合,以语音问答方式辅助用户完成事项办理全过程,可以在办件高峰和人工窗口及错时延时服务之外,实现自助服务大厅 24 小时无人智能值守。

"通过语音交互,可由'数字人'小赣事全程指导用户完成基础信息确认、问题答疑、注意事项提醒、电子证照调用、办件进度查询、材料补齐补正等操作。"红谷滩区政数局相关负责人说。

拼人才,开门纳贤。

拼经济,离不开人才的支撑。在红谷滩区举行的"2023 年春风行动暨就业援助月新春专场招聘会"现场,人头攒动。应聘者在各自有意向的企业展位前阅览招聘简章,详细了解各岗位的工作内容,向企业招聘人员咨询薪资待遇、能力要求、发展前景等问题;招聘企业现场负责人认真一一进行答复。

此次招聘会连续举行两天,涉及能源材料、生物医疗、食品工程、金融、机械制造、信息科技等多个行业,煌上煌、VR 产业园、华润万象城、顺丰速运、国信证券、中移铁通、中煤建设等知名企业提供岗位 3000 余个。同时,专门邀请相关专业人士,开启带岗直播线上活动,全面满足求职者的需求。此外,结合省市区出台的一系列助企纾困政策,区人社局在直播现场解答用工企业提出的失业保险稳岗返还补贴、社保补贴、创业担保贷款、社保费缓缴、阶段性降低社保费率等优惠政策相关问题,公布咨询电话,畅通咨询渠道,进一步促进企业积极吸纳退役军人、高校毕业生、失业人员等重点群体就业。

全年红谷滩区共开展"春风行动暨就业援助月"线上、线下招聘会活动 9 场,组织 455 家企业提供就业岗位 15613 个,共吸引 29160 名求职者参与,收到简历 1184 份。

抓工期,促发展。

7 月 17 日,复兴大道西延工程建设现场,摊铺机、压路机等机器正配合工人进行着水稳层施工。复兴大道西延工程西外环铁路桥至明月山大道段水稳层施工已接近尾声,部分道路已经摊铺了沥青。至 2023 年底,复兴大道西延工程主线已实现全线贯通。

复兴大道西延工程西起石埠大道,东至明月山大道,向东连接复兴大桥,全长 6.5 千米,分主线双向六车道加辅路两车道和主线双向八车道两种车道设计,同时设置下穿高速公路和铁路桥各 1 座、跨水渠箱涵桥 3 座。

项目建成后,该大道将成为一条连通赣江两岸的交通要道,对推动红谷滩区未来科学城、新建区九望新城片区开发建设具有重要意义。

与复兴大道西延工程相隔不远处,是红谷滩区流量经济产业园项目。项目建设现场,工人们正紧锣密鼓地进行主体结构施工,确保在 2023 年年底前完成主体结构全面封顶目标。"根据计划,明年 6 月就要交付首批大楼,我们正在倒排工期,全力以赴冲刺项目各建设节点。"红谷滩区流量经济产业园项目相关负责人说。

红谷滩区流量经济产业园规划总占地面积约 3.07

公顷、总建筑面积约20万平方米，共由5栋写字楼和1栋招商服务中心大楼组成。该项目借助南昌高铁西站枢纽带来的便利，将极大地满足周边住户的商业需求和企业商务办公需求，拟建成集办公、商业、公寓于一体的城市综合体。

战高温，保质量。

7月21日，三伏天进入“中伏”，南昌迎来持续的高温考验，户外作业环境变得酷热难当。在昌樟高速公路改扩建二期工程施工现场，土方、挡土墙防护、桥梁桩基、高压电力迁改等工程都在有序推进。

“昌樟高速公路改扩建二期是今年新开工项目，工期紧、任务重。我们已经加大施工班组及机械设备的投入，扩大施工作业面。”昌樟高速公路改扩建二期项目负责人程源说，“面对炎炎夏日的高温天气，我们在加快建设进度的同时，科学调整施工时间，采取错峰防暑和轮换作业、发放防暑降温用品等方式，尽可能避免工人遭遇高温暴晒和疲劳作业。”

昌樟高速公路改扩建二期项目起于枫生快速路李庄山大桥，终于昌西南枢纽，主线全长9.92千米，路面扩改方式以两侧加宽为主，形成宽34米的双向六车道。

同样火热的建设场景也出现在生米花园二期拆迁安置房项目建设现场。这里，塔吊林立、机器轰鸣，建设者们头顶骄阳、脚踏热浪，奋战在施工一线，掀起了一场“战高温、赶进度、保质量、保安全”的建设热潮。

生米花园二期拆迁安置房项目位于九龙大道以东、南宫路以西，总用地面积约12.4公顷，总建筑面积约33万平方米。考虑到天气炎热，为保障工人们的安全和健康，项目部采取“做两头、歇中间”的作息方式错峰作业，避免高温天气导致人员中暑，同时为施工人员配备风油精、清凉油、藿香正气水等防暑降温药品。

“我们抢抓夏季‘黄金期’施工作业，现场每天约有560名工人奋战在一线，确保项目早建成、早投用。项目地下室结构施工已完成30%，其中，A02地块9号楼、10号楼主体结构施工完成了三层，A03地块2号楼主体结构施工完成了四层，整个项目预计在2025年6月竣工。”生米花园二期拆迁安置房项目相关负责人说。

合民意，惠民生。

打通“断头路”，连通“群众心”。在凤凰洲北外滩片区区间支路路网工程——北外滩J路（规划路名）施工现场，工人们正在忙着安装雨污水管道。

北外滩J路是连接赣江北大道与红谷北大道的一条支路，道路总长236.3米，东西走向。因为要配合附近的商业配套建设，该条道路耽误了施工期，一直处于“断头路”状态。红谷滩区住建局将打通该“断头路”的事宜提上日程，并积极推进，2023年年底已实现通车。周边有中唯商业中心、百嘉喜宴酒店、格雷斯精选酒店等企业，经济活跃。打通这条支路，对完善红谷滩中心区路网、提升城市功能和品质、促进经济发展、方便周边居民出行具有重要意义。

安置房建设，关乎千家万户的“安居梦”。生米街道丰都B02地块安置房项目位于生米街道螺丝塘路169号，于2021年3月22日开工建设，规划用地面积2.61万平方米，总建筑面积8.27万平方米。红谷滩城投集团充分发挥专业建管团队力量，精心组织、规范管理，科学调配力量，强化要素保障，确保项目建设按计划如期推进，用一砖一瓦为群众筑起“安居梦”，全力为群众打开幸福生活之门。2023年，丰都B02地块安置房项目迎来重大建设节点，顺利完成五方责任主体验收，正式启动工程竣工验收工作，于9月具备交付条件，至年底，该项目已完工竣备。

在红谷滩区的各个重大重点项目建设现场，每个项目建设进度往前推进一点，红谷滩区完成全年经济社会发展任务的信心和决心就坚定了一分。红谷滩区以“项目为先、实干奋进、争分夺秒拼经济”为主线，干出了项目建设新速度，拼出了经济发展新局面。

（王丽兰）

2023年6月8日，红谷滩区江山云著项目开工

（区发改委　供图）

大事记

1 月

1 日 省委常委、市委书记李红军一行，赴红谷滩区的盒马鲜生地铁万科店、南昌山姆会员商店、南昌华润万象城内和南昌万宝行汽车销售服务有限公司就元旦期间市场消费情况进行专题调研。

4 日 市委常委、政法委书记吴建平一行，赴红谷滩区的九龙湖街道，视察狮子山工程项目。

5 日 省委宣传部常务副部长郭建晖一行，赴红谷滩区的红角洲街道慧谷产业园、云溪花园走访慰问困难企业、低保对象和困难优抚对象。

同日 中国人民政治协商会议南昌市红谷滩区第一届委员会第三次会议开幕。大会审议通过了《政协南昌市红谷滩区第一届委员会第三次会议提案初步审查情况的报告》，并表决通过了《政协南昌市红谷滩区第一届委员会第三次会议决议》。6 日，大会圆满完成各项议程胜利闭幕。

6 日 南昌市红谷滩区第一届人民代表大会第三次会议开幕。区长刘光荣代表区人民政府向大会作政府工作报告。大会提请审议红谷滩区 2022 年国民经济和社会发展计划执行情况和 2023 年国民经济和社会发展计划草案的报告、红谷滩区 2022 年全区和区级财政预算执行情况和 2023 年全区和区级财政预算草案的报告等。7 日，大会闭幕。会议票决确定了 10 项 2023 年区人民政府民生实事项目。

9 日 省住建厅二级巡视员李柞一行，赴红谷滩区方大中心 1902 会议室调研九龙湖祥生府项目“保交楼”进展情况。

11 日 市应急局党委书记、局长吴志强一行，赴红谷滩区的生米街道调研基层应急管理体系和能力建设。

12 日 省总工会副主席向东、省总工会权益维护部部长宋懿非、省总工会权益维护部三级调研员蔡飞鹏等一行到红谷滩区走访慰问一线劳模和困难职工。

同日 市民政局二级调研员邱锐一行，赴红谷滩区的凤凰洲街道凤凰花园社区走访慰问红谷滩区低保对象。

同日 南昌市总工会党组副书记、分管日常工作的副主席熊绍群到红谷滩区开展学习贯彻党的二十大精神宣讲进基层和市总工会春节送温暖活动。

14 日 为进一步加快恢复商业活动，繁荣活跃消费市场，红谷滩区组织开展 2023 年“乐购红谷 · 悦享生活”促消费系列活动，活动包含汽车零售、服装饰品、餐饮酒品等多个板块，投入促消费资金共 1300 万元，预计拉动消费增长 15 亿元。

16 日 在江西省政务服务管理办公室、江西省大数据中心联合主办的 2022 年全省政务数据共享应用观摩会上，红谷滩区政务服务数据管理局报送的《免证办理再升级为民办事再提速》被评为 2022 年全省政务数据共享应用观摩“最佳创新案例”。

19 日 中国共产党南昌市红谷滩区第一届纪律检查委员会第三次全体会议召开。区委常委、区纪委书记、区监委主任帅志主持会议并做工作报告。

26 日 省委常委、市委书记李红军就南昌中学规划建设工作进行专题调研。

28 日 市委常委、常务副市长胡晓海一行，赴红谷滩区实地调研元宇宙 · VR 数字农业示范基地。

30 日 省委常委、市委书记李红军就市第一医院九龙湖分院门诊开业运营情况进行调研。

同日 副市长赵捷一行，赴红谷滩区走访江西省国有资本运营控股集团有限公司。江西国控党委书记、董事长江尚文会见。

2 月

3 日 市委常委、市委统战部部长饶绍清在红谷滩区调研"侨梦苑"建设情况。

6 日 副省长孙洪山莅临红谷滩新龙学校调研春季开学工作。

7 日 省委政法委基层治理处处长文敬峰,省委政法委综合监督处处长、省综治中心主任万东林,省综治中心副主任刘海带队赴红谷滩区调研指导矛盾纠纷多元化调处及信息化平台建设运行情况。

8 日 江西经济管理干部学院党委书记潘晓华一行,赴光荣之家展示馆进行参观。

同日 红谷滩区召开"大抓招商"工作动员大会。区委书记吴江辉出席会议并讲话,区委副书记、区长刘光荣主持会议,区委常委、副区长邱胜,区委常委、常务副区长提名人选江龙,副区长张莲波、熊飞、吴梅萍出席会议。

9 日 市委副书记、市长万广明一行,赴红谷滩区的凤凰花园东区,督导检查深化全国文明城市创建工作。10 日,万广明一行,调研慧谷产业园中小企业。

11—12 日 红谷滩区举办"春风送真情 援助暖民心""赣就有位来"春风行动暨就业援助月新春招聘会活动。

14 日 省妇幼保健院党委书记李增明,党委副书记、院长喻茂林,市医疗保障局二级调研员舒敏强一行,赴江西省妇幼保健院九龙湖院区参加"医疗保障一体化服务中心"揭牌仪式。

15 日 省委常委、市委书记李红军一行,赴红谷滩区就枫生快速路南段提升改造工程规划建设情况进行调研。

15—16 日 市委编办副主任郑钦新,区委常委、副区长邱胜一行,赴广州市黄埔区(广州开发区)考察学习借鉴未来科学城管理机构设置及行政区开发区"区政合一"运行体制等方面的经验做法。

21 日 省工业和信息化厅一级巡视员王亦斌一行,出席江西讯飞人工智能科技有限公司开业仪式。区委书记吴江辉参加仪式并讲话。

23 日 省总工会副主席向东、省总工会权益维护部副部长谭妍等一行,赴红谷滩区开展"县级工会加强年"专项工作调研。

25 日 尹弘、叶建春等省委、省人大常委会、省政府、省政协领导班子成员到南昌市红谷滩区岭北四路街边公园,与省市机关干部和志愿者一起参加义务植树活动。省军区、省法院、省检察院、陆军步兵学院、武警江西总队主要负责人、南昌市四套班子成员、红谷滩区党政班子成员,人大常委会主任,政协主席等参加义务植树活动。

26 日晚 第七届"红谷戏剧暨全国优秀剧目展演季"在红谷大剧场拉开帷幕。来自全国的 7 部优秀剧目将在 2 个月时间里带来 14 场演出。

28 日 市人大常委会党组书记、主任李镇发一行赴红谷滩区红角洲水厂水源地开展《南昌市饮用水水源保护条例》立法调研。

同日 市信访联席办督查三组组长、市委信访局副局长诸虹一行,赴红谷滩区实地督查信访稳定工作。

3 月

1 日 住建部保障司司长曹金彪一行,赴红谷滩区调研岭口路集租房,详细了解项目建设、运营管理等情况。

同日 市人大常委会党组书记、主任李镇发一行,赴红谷滩区的红角洲水厂水源地就南昌市饮用水水源保护开展立法调研。

3 日 省委常委、市委书记李红军一行,赴红谷滩区的南昌 VR 科创城展示中心调研。

6 日 省红十字会党组书记、常务副会长廖志武一行,赴红谷滩区卫东街道新时代文明实践所红十字服务站就基层组织建设工作进行调研交流。

7 日 凤凰家园社区举行凤凰家园新时代文明实践基地暨残疾人就业创业庇护工坊揭牌仪式。此基地是由红谷滩区残联、凤凰洲街道共同打造,融合就业创业、康复训练、"红谷连心会小赣事"服务窗口三位一体的残疾人温馨家园。市残联党组书记、理事长万里菲、区委副书记万晓娟出席仪式。

9 日 省侨联党组成员、副主席罗丽都,省侨联基层建设和权益保障部部长陈宇,省侨联华侨文化交流中心主任李自平,市委统战部副部长、市侨联党组书记、主席麦建宁,市侨联党组成员、副主席许日强一行,赴红谷滩区卫东街道"鸿之家""侨胞之家"参加支部共建共联活动,并为卫东街道"鸿之家""侨胞之家"荣获全国侨联系统"侨胞之家"典型选树单位揭牌。区委常委、统战部部长陈敏出席活动。省侨联与区侨联系统侨务干部、党员志愿者,区侨界群众共 100 余人参加支部活动。

11 日 全市农业农村"两整治一提升"行动现场会活动走进红谷滩区厚田乡闸上村北下自然村,省委常委、市委书记李红军率队察看,市领导余正琨、李镇发、卢伟平、王万征、梅峰、李松殿、饶绍清、江新洪,各县区(开发区、管理局)党政主要领导和市直有关单位主要负责人参加。

13 日 市人大常委会外侨民宗工委主任赵俊一行,赴红谷滩区江西美翻科技有限公司,爱雅口腔医院、香格里拉酒店走访调研侨企经营情况。

14日 市委组织部副部长、“两新”工委书记卢亮昊一行，赴红谷滩区凤凰洲街道调研快递行业党建工作。

16日 区人大对凤凰洲街道、卫东街道、红角洲街道和九龙湖街道的人大代表联络工作站(室)举行集中揭牌仪式。

20日 市委常委、市委统战部部长饶绍清一行，实地调研红谷滩区的凤凰苑小区、凤凰洲体育公园的深化文明创建工作。

21日 省委常委、市委书记李红军一行，调研指导南昌大道西段(生米大桥—南昌西收费站)提升改造工作。

同日 市委常委、常务副市长胡晓海到沙井街道江报路一街区、丰和花园小区、江报路农贸市场等地实地督导文明创建工作。

22—24日 市委统战部副部长，市侨联党组书记、主席麦建宁一行赴山东济南、北京石景山“侨梦苑”开展为期3天学习考察。

24—25日 红谷滩区人大常委会在腾龙学校举办全区第一届人大系统运动会。

29日 市总工会党组成员、副主席、经费审查委员会主任邹循泷一行，赴红谷滩区红角洲环卫所开展走访慰问活动。

30日 红谷滩区慈善协会揭牌成立，将开展安老、扶幼、助学、济困等社会救助，在助力守望相助、关爱特殊群体、回应群众关切等方面发挥积极作用。区委书记吴江辉、区委副书记万晓娟出席揭牌仪式。

31日 市总工会党组副书记、分管日常工作的副主席熊绍群一行，赴红谷滩区调研“县级工会加强年”专项工作。

4 月

1日 南昌驻京联络处主任胡国弟、副主任姚长春，副区长熊飞一行走访信永中和南昌分部，市区两级政府共同开展“暖心护企”走访活动，与信永中和南昌分部主任会计师黄呈南进行亲切座谈交流。

3日 省委统战部副部长、省政府侨务办主任张继钦一行，专题调研红谷滩区“侨梦苑”情况。

4日 省民政厅党组书记、厅长李明生一行，赴红谷滩区天同医养院调研养老服务工作。

6日 省委常委、市委书记李红军就南昌融创乐园运营情况进行调研。

同日 红谷滩区社会科学界联合会在红角洲街道慧谷产业园举行揭牌仪式。区委常委、宣传部部长邓越峰出席活动。

8日 在南昌西站综合服务中心党群服务中心举行西站美途志愿服务队“洪城西站青年志愿服务亭”志愿服务行动上岗仪式。红谷滩区委副书记万晓娟、共青团红谷滩区委书记王宇恬出席仪式。

10日 江西省盐业集团股份有限公司在上海证券交易所首发上市。区委副书记、区长刘光荣出席江盐集团首发上市仪式。

12日 省委政法委副书记毛保国前往红谷滩区综治中心，察看“鸿鹄哨兵”平台建设运转情况。

14日 南昌市“4·15”全民国家安全教育日主题展览在红谷滩区绿地中央广场举办。市委副书记、市委组织部部长余正琨参观展览。

同日 红谷滩区卫健委与省妇幼保健院举行签约仪式。

20日 省委常委、市委书记李红军一行，赴洪州大桥、复兴大桥建设情况进行专题调研。

同日 韩国驻武汉总领事河成柱一行，赴红谷滩区VR产业园，江西讯飞人工智能科技有限公司，VR乐园、科技馆等地开展实地考察。

21日 省委常委、市委书记李红军一行，出席红谷滩区(未来科学城)招商推介暨重大项目签约大会。

同日 市人大常委会党组书记、主任李镇发一行，赴九龙湖社区卫生服务中心调研家庭医生签约服务情况。

同日 市委常委、统战部部长饶绍清一行，赴沙井街道陶家新村督导文明创建工作。

同日 省委宣传部二级巡视员王宜华，意识形态工作处处长黎明曜、副处长王娟一行，赴红谷滩区调研党委落实意识形态工作责任制情况。

25日 副市长赵捷一行，赴红谷滩区VR科创城体验中心开展调研。

26日 副市长彭开先，市政府副秘书长王小文，市民政局党组书记、局长戴闽一行，赴红谷滩区调研养老机构安全生产工作。

28日 全国妇联副主席、书记处书记林怡一行，赴红谷滩区考察调研元宇宙·VR数字农业示范基地。

同日 市委常委、常务副市长胡晓海一行，赴红谷滩区的现代服务产业园项目、南昌技师学院(筹)建设项目、保利文化艺术城项目施工现场调研市重大重点项目建设情况。

同日 省扫黑除恶斗争领导小组办公室赴红谷滩区开展“非法集资”专题调查调研。区委常委、政法委书记唐武主持。

29日 副省长陈敏一行，赴红谷滩区绿地国际博览中心参加2023南昌国际汽车交易会暨新能源车展、2023中国(江西)国际数字互娱数字经济博览会开幕式。市委常委、常务副市长胡晓海，省商务厅副厅长梁小康，省科技厅副厅长陈金桥等领导出席开幕式。

同日 省委常委、市委书记李红军一行，赴红谷滩区的南昌医学院新校区(一期)项目，南昌大学附属眼科医院九龙湖院区项目察看重点教育、医疗项目开工、建设情况。

同日 南昌医学院新校园(一

期)建设项目开工仪式在红谷滩九龙湖片区南昌未来科学城举行。该项目占地面积56.91万平方米,总建筑面积31.03万平方米,总投资约24亿元,可满足1万人办学规模。

5　月

1日　南昌市首届“金花”户外运动节暨“红谷滩杯”2023年中国桨板公开赛启动仪式在红谷滩区九龙湖公园阳光沙滩举行。

4日　省委常委梁桂一行,赴红谷滩区南大附小三分校调研学校党建和学生心理健康教育情况。

同日　南昌市“学习二十大永远跟党走奋进新征程”主题团日暨离队入团仪式示范活动在师大附中滨江分校举行。现场宣读新团员名单,老团员代表为新团员颁发团章、团员证,并佩戴团徽。校团委负责人带领新团员在团旗前庄严宣誓,入团介绍人代表宣读《中国共产主义青年团章程》中有关团员的义务和权利的条款,新团员代表和老团员代表依次发言。

10日　市人大常委会党组书记、主任李镇发一行,赴红谷滩区丰和花园调研地面停车场使用情况。

11日　省委常委、市委书记李红军深入一线,调研督导明月山大道南延、复兴大道西延等未来科学城重点道路建设工作。

同日　省委教育工委副书记郑志军一行,赴红谷滩区调研中小学校领导体制调整和党建工作情况。

同日　山东省潍坊市寒亭区政府副区长魏鹏程一行,赴红谷滩区南昌西站进行实地交流考察。

12日晚　红谷滩区减灾办举办以“防范灾害风险 护航高质量发展”为主题的防灾减灾宣传文艺晚会,用文艺表演的形式普及防灾减灾知识,提高市民的防灾减灾意识。

13日　市委常委、统战部部长饶绍清,副市长龙国英一行,赴红谷滩区九龙湖公园周边实地察看中国南昌国际龙舟赛筹备工作进展,听取市直相关单位和各工作组当前工作进展情况汇报。

同日　市委宣传部、市司法局、市普法办联合全市多家单位在全国法治宣传教育基地——南昌赣江十里法治廉政文化长廊组织开展南昌市2023年“美好生活·民法典相伴”主场活动暨“典亮阵地”行动。

15日　市卫健委副主任卢恬一行,赴红谷滩区督查爱卫组织管理和病媒生物防制工作。

16日　省民政厅副厅长樊胜,副市长彭开先带领各县区一行,赴九龙湖街道博鸿社区、博玺社区开展全省“幸福社区”服务质量提升现场推进会。

17日　副省长孙洪山一行,赴红谷滩区部分灵活就业人员平台企业,调研新就业形态劳动者权益保障情况。

18日　国家民委办公厅副主任董武一行,赴红谷滩区调研民族工作。

同日　湖南省衡阳市石鼓区委副书记、区创建办主任李一帆带领考察组到红谷滩区考察文明城市创建工作。考察组一行参观VR元宇宙数字农业示范基地、VR产业基地党群服务中心、南昌西站、凤凰苑小区、沁园农贸市场、卫东街道新时代文明实践所。

20日　在第33个“全国助残日”来临之际,为深入学习贯彻党的二十大精神,红谷滩区残联在南昌铜锣湾广场开展“红谷连心会”盲人按摩“六进”志愿服务活动,为广大体验者提供免费推拿按摩服务。

22日　红谷滩区党外知识分子联谊会成立大会暨第一次会员大会召开。会上,选举产生新一届理事会、监事会,红谷滩区人大常委会副主任刘琴当选会长。区委副书记万晓娟,区委常委、统战部部长陈敏,区领导刘琴、刘文皓、刘国平等出席会议。红谷滩区各民主党派、工商联、新联会、留联会代表到会祝贺。

23日　丰城市委书记徐结强,市委副书记、市长张书基率党政代表团一行到红谷滩区元宇宙·VR数字农业示范基地,科大讯飞江西总部,鸿鹄里文化艺术空间、华润万象城购物中心、南昌山姆会员商店等城市建设亮点、特色产业发展基地,详细了解近年来红谷滩区经济社会发展情况及产城融合、城市建设管理中的相关经验。

24日　人社部调解仲裁管理司副司长、一级巡视员王志强,人社部调解仲裁管理司调解处处长季金,全国总工会法律工作部副部长朱艳丽,全国工商联法律服务部干部袁堂军一行,赴红谷滩区调研劳动人事争议调解仲裁工作。

27日　市委常委、市委统战部部长饶绍清一行,赴红谷滩区九龙湖实地调研2023中国南昌国际龙舟赛筹备情况。

29日　省政协副主席、省工商联主席谢茹一行,赴红谷滩区流湖镇上房村江西省新赣食用菌科技有限公司调研“万企兴万村”行动开展情况。谢茹通过实地查看、听取介绍、座谈交流等方式,详细了解企业生产经营、产业发展、参与乡村振兴等情况,并围绕“万企兴万村”行动实验项目开展情况以及当前面临的困难问题进行深入交流。

30日　省委常委、市委书记李红军在红谷滩会议中心为全市选调生和党政储备人才讲专题党课,红谷滩区38名党政储备人才和4名选调生参加。区委常委、组织部部长胡军参会。

同日　市委副书记、市长万广明,副市长龙国英一行赴红谷滩区九龙湖街道辖区检查指导防溺水工作。

6 月

1日 “守正创新 美好香港”《中华人民共和国香港特别行政区基本法》及《中华人民共和国香港特别行政区维护国家安全法》展览在南昌T16购物中心开幕，展期至6月20日。省市领导及区委副书记、区长刘光荣出席开幕式并观展。

同日 市委常委、统战部部长饶绍清一行，赴红谷滩区九龙湖，实地踏勘音乐喷泉烟花秀区域，现场查看龙舟赛开幕式区域准备情况，并听取有关工作汇报。

同日 由省医疗保障局、市医疗保障局、区政府主办，区医疗保障局承办的“构筑全民医保 助力幸福江西”医保主题宣传活动在红谷滩区万达广场举行。活动现场通过设置医保咨询台、政策展板、发放宣传册等形式，向广大群众宣传城乡居民参保、城乡居民医疗保险待遇、居民生育待遇、亲情账户激活、电子凭证激活、职工门诊共济等政策。

2日 省委常委梁桂一行赴红谷滩区的江西师范大学附属中学滨江校区，调研学校基础教育合作办学情况。

3日 全市2023年第二季度重大项目集中开工暨市领导调研重大重点项目活动举行。市长万广明讲话。副市长胡晓海主持开工活动。省委常委、市委书记李红军一行，察看南昌中学、行知中学、洪州大桥、复兴大桥、南昌技师学院等部分重大重点项目建设情况。区委书记吴江辉参加。

同日 安利纽崔莱·2023南昌城市定向挑战赛开幕式在红谷滩龙湖音乐喷泉举行，来自全国各地的4000名参赛者参加。9时许，南昌市体育局党组书记、局长杨春宣布挑战赛开始

5日 省委常委梁桂一行赴南昌市第十九中学高中部调研督导高考组考工作。

6日 市委常委、统战部部长饶绍清，市委常委、政法委书记吴建平赴九龙湖公园，组织召开龙舟赛安保维稳工作调度会。区委常委、政法委书记唐武参加。

同日 南昌中学配套九年一贯制学校、行知学校配套九年一贯制学校建设项目集中开工仪式在红谷滩区生米街道南路村举行。行知学校配套九年一贯制学校建设项目位于红谷滩区明月山大道以西、德兴街以南、璜源山路（暂名）以东、山图路以北（JLH802－F02地块）。规划总用地面积6.69万平方米，总建筑面积5.39万平方米。

7日 省委常委、市委书记李红军率队就龙舟赛筹备情况进行调研检查。

8日 省委副秘书长、省委办公厅主任沈谦芳一行，赴红谷滩区实地调研生米大桥与三清山大道立交桥底下内涝问题。

同日 中共红谷滩区委一届八次全体（扩大）会议举行。

9日 “走进‘侨梦苑’共话侨发展”海外高层次人才江西行活动在红谷滩举办。活动为红谷滩“侨梦苑”和海外高层次人才搭建桥梁，提供合作机会，实现互利共赢。区委副书记万晓娟，区委常委、副区长邱胜，区委常委、统战部部长陈敏出席活动。

同日 由市科技局和区政府主办，市科技成果转移转化中心和区科工局承办的“2023年驻昌高校与红谷滩区企业产学研合作对接会”在国家（江西）技术转移人才培训基地会议室召开。南昌大学等3所高校、江西求是高等研究院等3家新型研发机构、10家红谷滩区企业、市科技局成果与合作科、市科技成果转移转化中心和区科工局相关负责人参加会议。会上，高校、新型研发机构与企业面对面交流，了解企业实际需求，探讨产学研合作方向。4家企业与高校达成合作意向并举行签约仪式。

10—11日 由中国龙舟协会为指导单位，江西省体育局、南昌市政府共同举办的南昌国际龙舟赛开幕式在红谷滩区九龙湖举行。此次比赛有40支左右的队伍近600人参赛，参赛队伍分为大南昌都市圈代表队、国际赛队、港澳台代表队和友好城市代表队。比赛设2个项目，分别是12人龙舟200米直道竞速赛和22人龙舟500米联合对抗赛，12人龙舟200米直道竞速赛由各代表队独立参赛，22人龙舟500米联合对抗赛则采取两两组队参赛形式。10日，在进行的22人龙舟500米联合对抗赛中，由江西上饶鄱阳县龙舟队和南昌县虎山龙舟队组成的联队以1分45秒76的成绩夺魁。11日，南昌安义县龙舟队拿下2023中国南昌国际龙舟赛12人龙舟200米直道竞速赛冠军。

13日 省工信厅副厅长江绍龙一行，实地调研国家虚拟现实创新中心，参观体验南昌VR主题乐园。

16日 鸿鹄智办“叮叮抢单”系统上线新闻发布会在红谷滩区市民中心举行。红谷滩区在全省首创政务服务新模式——鸿鹄智办“叮叮抢单”系统。该系统主要功能是综合窗口人员通过“抢单”办理企业群众事项，将综合窗口人员的抢单量和办事好评率等指标纳入个人绩效考核，充分激发综窗人员的主动性和积极性，让窗口服务实现从“坐等点餐”到“主动抢单”的蝶变跃升。区委副书记、区长刘光荣，副区长皮斌出席并启动系统上线仪式。

同日 由南昌市新联会主办，红谷滩区新联会、洋河股份协办的2023年南昌市“同心向未来”暨“我爱天之蓝”健康南昌公益乐跑活动在九龙湖公园成功举办。区委常委、统战部部长陈敏受邀出席启动仪式。

19日 南昌市打击治理电信网络新型违法犯罪督导组赴红谷滩区

开展座谈及实地督导。

20日 市委副书记、市长万广明一行，赴上海建工集团、平安不动产有限公司，就加强南昌基础设施、推动在区项目加快建设进行充分沟通交流。

同日 红谷滩区召开全区领导干部大会，宣布省委、市委关于红谷滩区委主要领导的任职决定。涂晓晖任中共南昌市红谷滩区委委员、常委、书记；吴江辉不再担任中共南昌市红谷滩区委书记、常委、委员的职务，另有任用。

同日 农工党红谷滩区支部举行"党员之家"揭牌仪式，副市长、农工党省委会副主委、市委会主委龙国英出席并为"党员之家"揭牌。区委常委、统战部部长陈敏，区政协副主席、区工商联主席、农工党市委会副主委吴一建出席并致辞。

同日 团省委县域共青团基层组织改革评估调研组一行赴红谷滩区开展县域共青团改革中期调研评估。

28日 市监委会委员张乐洋一行，赴红谷滩区的万达广场地下室检查人防工程。

30日 市委副书记、组织部部长余正琨一行，赴红谷滩区的前湖水库大坝开展前湖水系巡河督导工作。

同日 市委常委、常务副市长胡晓海一行到红谷滩区内的红谷世纪花园社区、供电小区，走访慰问生活困难党员。

同日 红谷滩区老年体育协会揭牌仪式在九龙湖公园真趣园举行。区委书记涂晓晖、区委副书记万晓娟、市老年体协主席陈守国参加。区教体局、各乡（镇）街道相关负责人、区老干部代表、区老年体协班子成员以及来自全区各基层老年体协的代表共计100余人受邀出席。揭牌仪式结束后，现场代表进行以"全民健身·你我同行"为主题的环九龙湖健步行活动。

同日 红谷滩区生米街道政协委员履职服务站举行揭牌仪式。市政协党组书记、主席卢伟平，市政协党组副书记、副主席樊三宝，市政协党组成员、秘书长提名人选、办公室主任徐峰，区委书记涂晓晖出席仪式。

7 月

3日 市委常委，常务副市长胡晓海一行，赴红谷滩区调研查看生米大桥桥下积水点整治情况。

4日 国家统计局服务业司综合规划处处长、一级调研员李卉，综合规划处一级调研员党芮红一行，赴红谷滩区实地调研服务业重点企业发展前景情况。

同日 灌阳县委政法委一行赴红谷滩区的矛盾纠纷多元调解中心参观学习。

5日 市委常委、市纪委书记、市监委主任黄冬生一行赴红谷滩区调研城区公安分局派驻监督改革试点工作。

同日 市委常委、政法委书记吴建平一行，赴红谷滩区实地调研省庄花园安置户不稳定因素。

6日 市直机关工委书记徐强一行赴红谷滩区，开展"引领机关党员干部开展志愿服务的实践和思考"课题调研。

7日 省委常委、市委书记李红军一行赴红谷滩区内的江西管理职业学院、狮子山大道学校（暂定名）等地，实地察看未来科学城重点教育项目建设运行情况。

同日 市委常委、统战部部长饶绍清一行，赴红谷滩区调研查看滨江月季园横渡赣江活动入水点准备工作。

9日 市委副书记、组织部部长余正琨一行，赴红谷滩区流湖镇新塘村委会北堡自然村、柏树村委会胡家村、莲塘村，调研2023年"两类村"项目建设暨村庄环境整治、粮食生产情况。

10日 由省发展和改革委员会、省机关事务管理局、市政府联合举办的"江西省2023年全国节能宣传周启动仪式暨全民健步行活动"在红谷滩区长天广场举行。省委常委、常务副省长任珠峰出席启动仪式并宣布江西省2023年节能宣传周正式启动；省政府副秘书长、省机管局局长严佛元介绍江西省公共机构节能综合监管平台，并宣布平台正式上线；省发改委党组书记、主任王前虎宣读2023年江西省节能宣传周活动方案；市委常委、常务副市长胡晓海致欢迎辞；区委副书记、区长刘光荣，区委常委、常务副区长江龙参加活动。

同日 副市长彭开先一行赴红谷滩区生米街道夏宇村委会高坪自然村、厚田乡詹杨村委会横档罗家自然村等地，调研重点区域村庄环境整治"夏季攻坚"行动和早稻收割工作。

11日 副市长龙国英一行，赴红谷滩区滨江月季园现场调度横渡赣江活动相关工作。

12日 省民政厅党组书记、厅长李明生一行，赴红谷滩区九龙湖街道博鸿博玺社区、红角洲街道润溪村，调研村（社区）经费、人员待遇情况。

13日 省人民检察院党组副书记、副检察长提名人选胡朗民，赴红谷滩区人民检察院调研。

14日 红谷滩区腾龙学校被确定为首批全国健康学校建设单位。

同日 省委常委、市委书记李红军一行，赴红谷滩区调研检查"横渡赣江"列活动筹备情况。

15日 2023年南昌市千人横渡赣江活动开幕式在红谷滩区滨江月季园举行。省委常委、市委书记李红军宣布开幕并鸣枪发令。省内外的2000余名游泳爱好者横渡赣江，从月季园入水点出发，至西湖区朝阳江滩广场起水，全程约2500米。

17日 市司法局党组书记、局

长李国水一行，赴红谷滩区的凤凰洲司法所调研基层司法行政工作。

同日 吉安市青原区政协副主席郭少琴一行，赴红谷滩区政数局开展“相对集中行政许可权改革运行情况，事项划转、人员编制、审批流程、审批与监管、审批网络信息化建设等方面的经验做法”专题调研。

同日 红谷滩区“集中力量再发力 营商环境创佳绩”专项行动诉求交办会顺利召开。区委常委、统战部部长陈敏，区政协副主席、区工商联主席吴一建出席会议。

18日 中国文明网“文明中国”主题采访团赴红谷滩区采访农贸市场及老旧小区改造事宜。

20日 省政协副秘书长吴泉水一行，赴红谷滩区生米街道政协委员履职服务站实地调研，对“赣事好商量·红谷连心会”政协委员履职平台筹建工作开展协商研讨。

22—25日 香港南昌红谷滩同乡会会长林静霞、香港南昌红谷滩同乡会副会长胡雁带领红谷滩旅港乡亲参访团一行30余人，回乡开展联谊考察活动。区委常委、统战部部长陈敏出席有关活动。

24日 市政协副主席黄清玉一行，赴红谷滩区流量经济产业园开展实地调研。

25日 内蒙古自治区政协秘书长狄瑞明一行，赴红谷滩区生米街道委员履职服务站，考察调研委员履职服务站建设和“三有”协商工作并座谈。

26日 国家卫健委人口家庭司副司长杨金瑞一行，赴红谷滩区的鸿玺社区、九龙湖婚庆广场，考察人口出生率、死亡率、托育服务、婚育文化宣传等情况。

同日 “南昌VR主题园智慧旅游沉浸式体验新空间”入选文化和旅游部“第一批全国智慧旅游沉浸式体验新空间培育试点”，系全国首批也是全省唯一入选项目。

27日 江西省人才发展集团有限公司在南昌慧谷产业园正式揭牌成立。副省长夏文勇、省政府副秘书长熊科平、省委人才办主任刘光华、省国资委主任肖云、省国资委副主任卢正大及省人才发展集团主要负责人共同为省人才发展集团揭牌。区委副书记、区长刘光荣参加揭牌仪式。

同日 市政协副主席、民革市委会主委、市检察院副检察长薛有旺一行，赴红谷滩区内的南大二附院红角洲分院，察看南大二附院红角洲分院二期项目扬尘防治等情况。

28日 市总工会三级调研员钟东一行，赴红谷滩区开展2023年“关爱职工 夏送清凉”活动，为建筑工人、快递员、外卖员送去“清凉礼包”。

同日 贵港市政协副主席、党组副书记曾海燕一行，赴红谷滩区的生米街道委员履职服务站，考察学习委员履职管理工作先进经验做法。而后，赴辖区内的南昌西站综合服务中心，调研“红谷连心会·三有来协商”工作。

8 月

1日 省委常委、市委书记李红军一行，赴红谷滩区内的市委党校迁建项目现场，专题调研项目建设情况，并主持召开市委书记专题会议。

同日 省政府副秘书长邵高一行，赴红谷滩区退役军人服务中心，调研军人退役“一件事一次办”工作推进情况。

3日 河北省委政法委考察组，赴红谷滩区的红谷春天小区，实地察看智慧平安小区建设应用情况。

7日 省卫健委二级巡视员操秋阳一行，赴红谷滩区的上房村，实地察看卫生室服务能力建设情况。

8日 南昌铁路运输中级法院分党组书记、院长鄢俊一行，赴沙井街道看望挂职锻炼的青年政法干警并座谈。

9日 市委副书记、组织部部长余正琨一行，赴红谷滩区的凤凰集贸市场，实地督导巩固国家卫生城市工作。

同日 市委政法委副书记杨成、市综治中心主任彭小华一行，赴红谷滩区参加区综治中心矛盾纠纷调解专家库专家聘任仪式，并调研“鸿鹄之智”平台风险预警系统。

11日 副市长赵捷一行，赴红谷滩区内的VR科创城、慧谷产业园，调研国家虚拟现实创新中心、中国移动虚拟现实创新中心。

16日 市财政局党组书记、局长提名人选邓峰一行，赴红谷滩区调研财政工作并座谈。

17日 省委组织部新闻宣传处处长谭卫平、省委《当代江西》杂志社副社长裘强一行，赴红谷滩区内的牛行车站、南昌舰等地，围绕“传承红色基因”主题开展实地调研并座谈。

同日 市委正县级督查专员赖继红一行，赴红谷滩区的马咀山生态公园项目现场，实地调研项目建设情况。

18日 九江市永修县政协党组书记、主席张义红一行，赴红谷滩区矛盾纠纷多元调解中心、红谷滩万达金街等地，实地调研疫情后夜市经济发展情况。

22日 省政府副秘书长，省机关事务管理局党组书记、局长严佛元，赴红谷滩区内的省行政中心九龙广场与九龙大道西边下穿隧道改造工程项目现场等地，调研指导项目建设工作。

同日 市委常委、常务副市长胡晓海一行，赴辖区内的华南城建材大市场、龙岗花园、翠苑路农贸市场等地，实地督导检查巩固国家卫生城市工作。

26日 市委副书记、市长万广明一行，赴红谷滩区凤凰洲街道凤凰花园四期等地，以“四不两直”的方式暗访巩固国家卫生城市工作。

28日 珠海市政协副主席、秘书长李秉勇一行，赴红谷滩区内的生米街道委员履职服务站、南昌西站枢纽党群服务中心，参观考察“红谷连心会·三有来协商”等工作。

30日 市委常委、统战部部长饶绍清一行，赴红谷滩区的秋水广场等地，实地察看烟花晚会观看区及江滩进出口情况。

9 月

3日 红谷滩区首届辣椒文化节在流湖镇拉开帷幕，此次活动是“缤纷乡村风情 遇见宝藏南昌”2023南昌市乡村旅游风情系列活动之一。

4日 副市长彭开先一行，赴红谷滩区的黄泥塘水库、潼溪水库等地，调研水利工作。

同日 青岛市政协调研组一行，赴红谷滩区鹿璟名居社区调研“三风三有”工作。

5日 广西壮族自治区南宁市兴宁区政协四级调研员（原兴宁区政协副主席）谭伟军一行，赴红谷滩区的红谷滩矛盾纠纷多元调解中心、鹿璟名居社区、牛行车站等地，实地调研矛盾纠纷多元化解等工作。

同日 市发改委党组书记、主任雷桥亮一行，赴红谷滩区调研发展和改革工作。区委书记涂晓晖，区委常委、常务副区长江龙出席座谈会。

6日 省委组织部人才处副处长谢吉广，省工信厅软件服务业处处长万长霞、软件服务业处副处长董琳琳一行，赴红谷滩区内的南昌威爱教育科技有限公司、南昌市小核桃科技有限公司等地，实地调研VR产业创新创业优秀人才团队发展情况。

同日 省人大专题调研组一行，赴红谷滩区的九龙湖花园二期小区，实地调研物业管理、垃圾分类等工作。

7日 省委常委、常务副省长任珠峰一行，赴红谷滩区内的科大讯飞江西总部、国家虚拟现实创新中心、省政务服务中心等地，调研“一号发展工程”和“一号改革工程”工作。

同日 省政协社会和法制委员会副主任（省委政法委原副书记、省综治办原主任）张传发一行，赴红谷滩矛盾纠纷多元调解中心实地调研。

8日 省生态环境厅赣北专员办二级调研员刘军一行，赴前湖水系红谷滩区段，实地调研水环境整治情况。

同日 红谷滩区庆祝第39个教师节暨表彰大会举行。会上，刘光荣宣读《关于选树全区教育系统先进代表的决定》，与会区领导为受表彰的先进个人颁奖，部分先进代表进行了发言。

同日 为进一步弘扬中医药文化，大力推动中医药传承和发展，提升群众健康素养，以“健康红谷滩 中医进万家”为主题的红谷滩区中医药文化夜市活动在红谷滩区卫东花园连心广场举行。

12日 中国人民银行江西省分行党委委员、副行长陈锋一行，赴红谷滩区普惠金融服务中心，调研普惠金融相关工作。

13日 人社部法规司副司长、一级巡视员谭超运一行，赴红谷滩区和谐劳动关系一站式服务中心，开展社会保险领域严重失信主体名单管理立法调研。

同日 市人大常委会党组书记、主任李镇发一行，赴凤凰大道等地，实地调研城市窨井盖安全管理工作。

14日 全国政协社会和法制委员会调研组一行，赴红谷滩区的天同医养院、泰康之家·赣园考察调研。

18日 省政府副秘书长、省政务服务办主任李光东一行，赴红谷滩区政务服务中心调研政务服务工作。

19日 省住建厅党组书记、厅长李绪先一行，赴红谷滩区的万达星城东区、绿地悦城F区，实地调研物业及垃圾分类工作。

同日 省人社厅副厅长叶志忠一行，赴红谷滩区和谐劳动关系一站式服务中心，调研红谷滩区和谐劳动关系一站式服务中心运行及根治欠薪工作开展情况。

20日 青海省乡村振兴局党组副书记、副局长谷长伟，省财政厅副厅长刘彤、省乡村振兴局副局长秋立朝一行，赴元宇宙VR数字农业示范基地，实地调研农业产业项目。

21日 市委常委、政法委书记吴建平一行，赴红谷滩区秋水广场等地，实地勘探烟花晚会点位并听取安保交通工作汇报。

同日 市委统战部副部长、市工商联党组书记熊冬燕一行，赴红谷滩区内的航天宏图信息技术股份有限公司调研企业运营情况。

22日 省统计局副局长曾永生一行，赴红谷滩区内的芳华社区、珂曼莱服装店、中移（江西）虚拟现实科技有限公司等地，开展第十四届“中国统计开放日”媒体基层行活动。

同日 市委常委、政法委书记吴建平一行，赴省人民来访接待中心（新址）走访调研。

26日 省委常委、常务副省长任珠峰一行，赴红谷滩区内的南昌西站、南昌长途汽车西站等地，督导检查“双节”交通出行安全工作。

同日 广东省人社厅党组成员、副厅长左孟新一行，赴红谷滩区内的红谷滩和谐劳动关系一站式服务中心、红城投禧悦·雅云项目现场，开展国务院2022年度保障农民工工资支付实地核查工作。

同日 市委常委、宣传部部长李松殿，市委常委、统战部部长饶绍清，市委常委、政法委书记吴建平一行，赴秋水广场等地，实地察看国庆烟花晚会（红谷滩区）指挥部及江岸沿线音响情况。

28 日 省机关事务管理局副局长黄才兰一行，赴红谷滩区九龙广场考察“双节”氛围布置情况。

同日 市委常委、政法委书记吴建平一行，赴红谷南大道南斯友好路等地，实地察看国庆烟花晚会（红谷滩区）安保交通工作。

10 月

5 日 市政府秘书长邹晓东一行，赴南昌西站调研市区“三站一场”周边秩序整治工作。

6 日 省委常委、市委书记李红军一行，赴红谷滩区内的江西金控数字金融创新产业园、江西国控基金产业园调研项目建设情况。

同日 市委副书记、市长万广明一行，赴红谷滩区内的 VR 科创城展示中心、国创中心、慧谷产业园等地，调研世界 VR 产业大会筹备工作。

9 日 市委信访局副局长诸虹一行，赴红谷滩区开展“带案督查”工作。区委常委、政法委书记唐武参加。

10 日 副市长彭开先一行，赴红谷滩区的莲塘村巷口自然村、红岗村曹城自然村、元宇宙 · VR 数字农业示范基地，实地调研农民丰收节日程安排。

11 日 红谷滩区的南昌夜赣江“秋水长天”文旅消费集聚区成功入选第三批省级夜间文化和旅游消费集聚区名单。

13 日 省总工会党组成员、副主席程其瑜，省总工会资产部部长俞瑛，市总工会党组成员、副主席谢芬，市总工会三级调研员陈水平一行，赴红谷滩区工人文化宫调研指导工作。

同日 红谷滩区人民政府与中国移动通信集团江西有限公司南昌分公司深化战略合作签约仪式举行。区委副书记、区长刘光荣，区委常委、副区长邱胜，副区长罗国亮，南昌移动党委书记、总经理贺玲，中移虚拟现实创新中心副总经理揭昕政，南昌移动总经理助理胡丹出席。罗国亮、胡丹分别代表双方签署深化战略合作协议。

14 日 内蒙古自治区兴安盟人大工作委员会副主任李晓光一行，赴红谷滩区长天廉文化主题公园，学习考察居家和社区养老服务事业等方面经验做法。

17 日 省委主题教育第二巡回督导组成员韩祥波，市委主题教育办第三联络小组组长李林、副组长宋吕行一行，赴红谷滩区城投公司督导调研主题教育工作情况。

同日 市红十字会党组书记、常务副会长潘凌一行，赴红谷滩区联泰滨江社区红十字服务站，调研基层组织建设、志愿服务工作等情况。

18 日 市委信访局副局长袁定福一行，赴红谷滩区委信访局实地督查近期重点信访事项并座谈。

19 日 中央广播电视总台副台长、总台编务会议成员姜文波，中央广播电视总台国重实验室虚拟现实视觉呈现技术研究实验室副主任谭阳，中央广播电视总台江西总站党委书记宋大珩、党委副书记郭一淳一行，赴区鸿鹄里艺术中心考察座谈。

同日 省人大社会委主任委员郭建晖率省人大常委会执法检查组一下，赴红谷滩区开展《江西省养老服务条例》执法检查。

同日 市政协党组副书记、副主席樊三保一行，赴红谷滩区内的海康威视南昌科技园调研。

20 日 韩国元宇宙学会会长金宰夏、韩国未来融合研究院院长吴承均一行，赴红谷滩区内的元宇宙农业示范基地、国家虚拟现实创新中心、南昌 VR 科创城展示中心等地考察并座谈。

同日 市委统战部分管日常工作的副部长高革霞一行，赴红谷滩区专题调研民主党派基层组织建设工作并座谈。

23 日 省委主题教育第二巡回督导组成员韩祥波，市委主题教育办第三联络小组组长李林一行，赴红谷滩区督导调研主题教育工作情况。

24 日 市委常委、宣传部部长李松殿一行，赴秋水广场，实地调研红谷滩区跨年活动点位情况。

25 日 省委常委、市委书记、赣江新区党工委书记李红军会见中国铁建股份有限公司总裁、党委副书记王立新一行。双方就南昌瑶湖科学岛、未来科学城等重点片区开发建设等方面进行深入座谈。

同日 市人大常委会副主任万昱原一行，赴红谷滩区恒锦社区人大代表联络工作室，开展联系群众履职活动并座谈。

同日 市委编办主任邹敏琴、副主任郑钦新一行，赴红谷滩区调研机构编制工作。

同日 市中小企业服务局局长陈建军一行，赴红谷滩区内的盈创华兴产业园调研中小企业发展情况并座谈。

26 日 省委主题教育第二巡回督导组占剑、董良云、朱锐等人一行，赴红谷滩区督导调研主题教育工作情况。

30 日 市委常委、统战部部长饶绍清一行，赴红谷滩区南星村谢家垄、红星村曹城刘家自然村、流湖镇县道 057 线等地，调研“两整治一提升”行动情况。

31 日 省委第二巡回督导组组长，省人大农业和农村委员会主任委员江枝英一行，到红谷滩区内的绿地中心、鹿璟名居社区、国家虚拟现实创新中心等地，调研楼宇经济、嵌入式养老机构等情况。

11 月

2日 省政协副秘书长吴泉水一行，赴生米街道委员履职服务站调研省、市、区政协共建委员工作室有关事宜。

同日 南昌市红谷滩区顺利通过省级技术评估，被评为“江西省第三批优秀健康县区”。

3日 市人大常委会副主任，市总工会党组书记、主席刘德辉一行，赴红谷滩区沙井街道职工之家、红谷滩工人文化宫等地，实地调研基层服务阵地建设情况。

3—4日 红谷滩区总工会在区工人文化宫开展“玫瑰书香 悦读南昌”女职工读书系列活动。

4日 省委常委、市委书记、赣江新区党工委书记李红军一行，赴未来科学城，调研重大重点项目建设工作。

7日 市人大常委会一级巡视员王敏，赴红谷滩区世纪中央城幸福食堂开展养老服务调研工作。

8日 省委第二巡回督导组组长、省人大农业和农村委员会主任委员江枝英一行，赴红谷滩区内的复兴大桥、南昌技师学院项目施工现场，实地调研南昌市重大工程项目情况。

同日 市委常委、政法委书记吴建平一行，赴新塘村调研并座谈。

同日 市长万广明以人大代表身份，赴红谷滩区内的丰和小区二区、鄱阳湖小区、红谷世纪花园片区人大代表联络工作站等地，开展人大代表进站活动。

同日 副市长彭开先一行，赴红谷滩区内的感里村宋家自然村、南路村潼溪邓家、VR 元宇宙农业示范基地等地，实地调研农村人居环境整治、油菜种植等工作情况。

9日 副市长彭开先一行，赴红谷滩区内的前湖迎宾馆、梵顿公馆小区，调研前湖片区防洪减灾体系完善提升及巡河督导工作。

10日 市民政局副局长熊印根一行，赴红谷滩区凤凰花园社区调研指导“一老一小”工作。

11日 市委副书记、市长万广明，市委常委、宣传部部长李松殿一行，到红谷滩区内的华润万象城、融创茂等地，调研 2023 南昌马拉松红谷滩区筹备工作。

13日 生态环境部副部长翟青一行，赴核工业 266 大队小区，实地调研小区排水单元整治情况。

14日 市委常委、组织部部长刘建军一行，赴红谷滩区内的前湖迎宾馆一号湾角、曹家桥断面点位、龙兴大街永强渠整治点位等地，实地调研前湖水系整治工作。

15日 市政协副主席、市级林长万敏一行，赴红谷滩区内的龙王庙村、闸上村等地，开展巡林工作并实地调研森林防火、松材线虫病防治工作情况。

同日 市委常委、统战部部长饶绍清一行，赴红谷滩区厚田乡梅花自然村、桐岗自然村等地，调研“两整治一提升”工作。

同日 南昌市公安局红谷滩分局红谷滩派出所荣获全国维护妇女儿童权益先进集体称号。

16日 交通运输部党组成员、副部长徐成光等国务院督查组一行，赴红谷滩区内的世纪中央城社区幸福食堂调研养老助餐服务发展项目。

同日 市委常委、组织部部长刘建军一行，赴红谷滩区绿地中心新兴领域党群人才服务中心调研。

17日 省妇联党组成员、副主席张晓雯一行，赴红谷滩区世纪中央城社区开展宣讲调研活动。

20日 省民政厅党组书记、厅长李明生一行，赴红谷滩区内的腾龙学校、普贤社区儿童之家等地，考察调研流动儿童关爱服务工作。

21日 市纪委副书记、市监委副主任，区委常委、区纪委书记、区监委主任帅志一行，赴红谷滩区内的厚田沙漠生态旅游景区、詹杨村等地，调研主题教育开展及企业发展等情况。

22日 中国计生协家庭服务部生育关怀处处长宋晓飞、国家卫生健康委卫生发展研究中心副主任、研究员甘戈、北京市计生协秘书长梅红光、浙江省湖州市计生协秘书长沈美蓉等一行，赴红谷滩区内的博鸿社区、博玺社区，调研家庭健康服务中心建设及家庭健康促进工作。

同日 省生态环境厅党组书记余正琨一行，赴“271”项目 C04、C07、C08 地块石方工程项目工地，调研华夏艺术谷项目扬尘整治情况。

25日 市委常委、南昌高新区党工委书记王万征，南昌高新区党工委副书记、管委会主任陈艳一行，赴红谷滩区内的南昌中学、南昌市委党校新校区、南昌未来科学城，实地考察南昌未来科学城的建设、发展和招商等工作。

27日 省委常委、市委书记、赣江新区党工委书记李红军一行，赴红谷滩区马咀山及江边湿地生态治理工程现场调研。同日，赴红谷滩区内的浙江大学医学院附属第一医院江西医院、重庆医科大学附属儿童医院江西医院等项目现场，实地调研项目建设推进情况。

同日 市委常委、政法委书记吴建平一行，赴红谷滩区联勤联战指挥中心调研。

29日 副省长、省公安厅厅长袁勤华，省司法厅厅长张强，省公安厅党委委员、副市长、市公安局局长陈鹏辉一行，赴红谷滩区内的江西华邦律师事务所调研党建工作。

30日 市委常委、组织部部长刘建军一行，赴凤凰家园社区走访慰问困难残疾人代表户。

12 月

1 日 省企入昌暨省供销集团总部基地、城市厨房商业综合体项目签约仪式在红谷滩区举行。

同日 红谷滩区庆祝"国际残疾人日"文艺会演活动召开。区委书记涂晓晖出席并接见残疾儿童演员及优秀残疾人代表。

2 日 华东交通大学与红谷滩区委人才工作领导小组联合主办的第二届国际青年学者论坛开幕。华东交通大学党委书记柳和生,区委书记涂晓晖,区委常委、副区长邱胜,区委常委、组织部部长胡军出席。华东交通大学党委副书记肖长春主持。

同日 南昌市地铁大厦天虹购物中心举办开业仪式。省商务厅副厅长梁小康出席并致辞,区委副书记、区长刘光荣出席。地铁大厦天虹购物中心总面积7.7万平方米,位于南昌地铁1、2号线交汇站"地铁大厦",地面主干道世贸路与丰和中大道交界于此。

同日 由区总工会和区直属机关工作委员会联合举办的"聚力红谷滩 建功新时代"红谷滩区第二届机关职工运动会在腾龙学校开幕。此次运动会共设置竞技项目、集体项目、个人趣味项目三大类,有乒乓球、羽毛球、拔河、广播体操、趣味足球等14个比赛项目,兼顾竞技性和趣味性,全区共61支队伍、1917名运动员报名参赛。

4 日 贵州省委常委、贵阳市委书记、贵安新区党工委书记胡忠雄,贵阳市委常委、市委秘书长刘本立一行,赴红谷滩区内的市规划展示中心实地考察。

5 日 "法润鸿鹄 相伴成长"红谷滩区教育系统宪法宣传周暨特色法治文化进校园实践活动启动仪式在南昌师范附属小学红谷滩分校举行。启动仪式上,20名学生诵读《宪法伴我成长》,并在区教体局、区司法局、区人民检察院、区人民法院代表们的引领下共同诵读宪法摘选,并开展"庭审我来了"模拟法庭活动。

同日 省政府办公厅副主任何波生一行,赴红谷滩区内的元宇宙·VR数字农业示范基地、泰康之家·赣园、明月山大道南延项目等地,开展综合督查并座谈。

6 日 湖南省委统战部副部长廖建华一行,赴红谷滩新联会"新联之家"调研。

同日 红谷滩区沙井街道人大代表联络工作站揭牌仪式成功举行。区人大常委会党组书记、主任吴韶宸,党组副书记、副主任吉丽出席,副主任刘琴主持。

6—8 日 红谷滩区赴北京开展南昌市2023—2024年度吸引10万大学生和技能人才到南昌创业就业"百场校招"活动。红谷滩区分别在中国人民大学、中国地质大学(北京)、首都经济贸易大学召开赣籍学子见面会,并与校方建立"赣才归巢"人才工作站,以提供持续的人才交流与支持服务,进一步推动校地合作共同发展。同时,红谷滩区通过精准比对学校专业设置及企业岗位信息,组织江西铜业集团、江西洪都航空工业集团等25家知名企业,提供招聘岗位1168个,涉及制造、IT、市政、教育、金融等多个行业,吸引数千名毕业生和赣籍学子参加。

7 日 省政府投资项目评审中心党委书记、主任李中传,省发改委直属机关纪委专职副书记李正芳、省财政厅经建处副处长王胜东等一行,赴红谷滩区九龙湖街道九龙湖社区卫生服务中心调研江西省基层人工智能辅助智慧医疗系统部署实施情况。

同日 中组部办公厅技术保障处处长、一级调研员颜青一行,赴VR基地党群服务中心等地调研南昌市基层党建信息化平台在基层党组织运用情况。

同日 深圳市坪山区政协经济委主任胡小兵一行,赴红谷滩区内的南昌市小核桃科技有限公司、南昌市一境信息技术有限公司、南昌VR主题乐园等地调研,并就如何做好企业全生命周期精准服务、提升营商环境助力高质量发展等方面进行交流座谈。

8 日 "红谷滩杯"第十一届南昌市青英人才创业大赛决赛及颁奖仪式在前湖迎宾馆举行。共有来自全国各地近400个团队参与报名,赛事分为企业组和初创组2个组别,项目涉及VR、AI、生物医药、数字经济、农业及制造业、互联网及移动物联网等众多领域。最终"核素探测与成像装备产业化"项目和"华夏之音——文曲大模型开启音乐创作新纪元"项目分别获得大赛企业组和初创组的冠军。

同日 "我们的中国梦 文化进万家"——2023年"永不落幕"的百姓大舞台优秀文艺作品展演暨"大地情深"优秀群众文艺作品巡演活动在厚田乡举办。

11 日 省委常委、市委书记、赣江新区党工委书记李红军一行,赴红谷滩区内的地铁大厦天虹购物中心、南昌T16购物中心、南昌武商MALL等地,专题调研商业综合体发展情况。

同日 副省长、省公安厅厅长袁勤华,省政府副秘书长邵高一行,赴红谷滩区内的沙井司法所、世纪中央城社区等地,调研司法所规范化建设、基层社会治理工作等情况。

同日 省人社厅党组书记、厅长蒋斌一行,赴红谷滩区和谐劳动关系一站式服务中心调研根治欠薪工作。

同日 市委常委、统战部部长饶绍清一行,赴红谷滩区内的江西华迪旅游服务有限公司、江西中直新经济产业发展有限公司,走访新的社会阶层人士。

12 日　“树文明新风 向幸福出发”户外集体婚礼举行。活动由区委宣传部、区妇联、团区委联合主办。区委副书记万晓娟出席并致辞。活动现场共有 10 对新人喜结连理。

同日　第二期“书香润政协”读书分享活动在红谷滩区祥云社区党群服务中心举办。区政协副主席、区工商联主席吴一建出席。

13 日　香港特别行政区政府惩教署助理署长吴树勋一行，赴沙井司法所调研沙井司法所规范化建设情况。

18 日　副市长江新洪一行，赴红谷滩区内的昌南大桥施工现场(红谷滩西栈桥)、南昌港厚田港区小洲岸线等地，调研 320 国道征迁工作。

19 日　省关工委常务副主任李贤书一行，赴红谷滩区内的九龙湖街道富源花园社区、厚田乡云溪村等地，实地调研关心下一代活动开展情况及组织架构建设情况。

同日　市司法局党组成员、副局长廖云生一行，赴红谷滩区司法局、区城管执法局、区市监局等地，开展 2023 年度全面依法治市实地督察。

20 日　广州市人大常委会委员、市人大教科文卫委主任委员、市人大常委会教科文卫工委主任冯秋航一行，赴红谷滩区调研科研经费投入结构、投入方式，科技成果转化及作用效益发挥等工作。

21 日　省委第二巡回督导组副组长、景德镇市人大常委会副主任占剑一行，赴红谷滩区内的红岗村曹城自然村、詹杨村胡家自然村，实地督导市级层面专项整治工作。

24 日　省委常委、市委书记、赣江新区党工委书记李红军一行，赴红谷滩区内的复兴大桥调研检查南昌市第十二届迎新健步行活动准备工作。区委书记涂晓晖陪同。

同日　江西金控数字金融创新产业园项目正式开工。该项目建设期内将引进或新设立总规模不低于 50 亿元的基金，重点打造数字金融创新业态集聚区、区块链科技金融创新示范区、数字金融创新研究中心、数字普惠金融创新平台、大数据征信创新应用平台“两区一心两平台”。省委常委、市委书记、赣江新区党工委书记李红军到项目现场，调研项目建设情况。

25 日　省委常委、市委书记、赣江新区党工委书记李红军一行，赴红谷滩区崛起广场等地调研检查跨年夜活动准备工作。

26 日　红谷滩区大中小学思政课一体化建设暨大思政课交流展示活动在育新学校九龙湖新城分校举行。区委副书记万晓娟参加活动并致辞。

28 日　市人大常委会党组书记、主任李镇发一行，赴红谷滩区九龙湖社区卫生服务中心视察家庭医生签约服务工作。

同日　市委常委、组织部部长刘建军一行，赴红谷滩区内的前湖大坝、云溪水前湖入湖口、龙虎山大道(宜春大街到洪州大街)项目施工现场等地，实地察看前湖水系整治、龙虎山大道及军事主题公园还建项目推进情况。

30 日　南昌红谷滩华润万象天地正式开业(于 12 月 24 日起试营业)。项目位于红谷滩区丰和中大道以西，会展路以南，金融大街以东，规划为地下 2 层，地上 4 层(部分 5 层)，毗邻地铁一、二号线换乘站地铁大厦站。以其 12 万平方米的体量包罗了丰富的业态组合，并引进了 90 余家首进品牌，激发红谷滩的消费活力，提升城市商业级次。

31 日　“走复兴大桥 · 看南昌变化”——南昌市第十二届迎新健步行活动举行。省委常委、市委书记、赣江新区党工委书记李红军，市委副书记、市长万广明，市人大常委会党组书记、主任李镇发，市政协党组书记、主席候选人肖玉文等市四套班子领导，揭小健等赣江新区党工委班子成员，与市民群众一起徒步复兴大桥。红谷滩区委书记涂晓晖，区委副书记、区长刘光荣，区委副书记万晓娟等区四套班子领导参加。

同日晚　由红谷滩区委、区政府主办的“跨年夜 · 南昌见——红谷滩跨年 Yeah!”大型跨年夜活动在红谷滩区崛起广场举行。活动现场包括大型激光灯光秀、跨年音乐节以及鸿鹄市集等多项跨年主题活动内容，同时还有跨夜 AR、红仔 IP 等创意内容发布。

(徐　卓)

2023 年 12 月 30 日，南昌红谷滩万象天地盛大开业

(区委宣传部　供图)

区情概览

综　述

红谷滩区为市辖区，隶属于江西省南昌市，位于江西省中北部，赣江西岸，现为江西省委、省政府和南昌市委、市政府所在地，是全省的行政中心、金融中心、商务中心、文化旅游中心、创新中心。区人民政府驻沙井街道绿茵路669号。红谷滩区，古称鸿鹄滩，因水鸟栖息之地而得名，后取谐音演化为红谷滩。2002年，设立红谷滩新区管委会。2020年6月28日，南昌市举行红谷滩区挂牌仪式，红谷滩区正式成为南昌的市辖区。赣江通航，辖区内有105国道、320国道、昌樟高速公路、温厚高速、南流公路、南昌西外环线等公路线路穿境而过，是连接南昌市东西方向、贯穿全省的重要交通枢纽。2023年，红谷滩区下辖1个镇（流湖镇），1个乡（厚田乡），7个街道（生米街道、沙井街道、卫东街道、红角洲街道、凤凰洲街道、九龙湖街道、龙兴街道）。总面积403.2平方千米（其中水域面积29.3平方千米），其中建成区面积102.85平方千米。林地面积5491.72公顷，耕地面积15922.87公顷；森林覆盖率15.03%。辖区常住人口约65万人，户籍人口46.51万人，其中城镇人口33.09万人。地区生产总值842.02亿元，同比增长4.6%。其中，第一产业增加值10.6亿元，增长5.7%；第二产业增加值103.33亿元，增长12.3%；第三产业增加值728.09亿元，增长3.2%。财政总收入86.15亿元。一般公共预算收入完成34.88亿元，同比增长7.4%。一般公共预算支出59.86亿元。固定资产投资同比增长0.3%。实际利用外资1.03亿美元。城镇居民人均可支配收入56939元，同比增长4.1%；农村居民人均可支配收入25869元，增长7.1%。

（徐　卓）

自然地理

【地理位置】　红谷滩区位于江西省中北部、南昌市西北部，赣江下游西岸、鄱阳湖南岸，北接青山湖区、昌北经济技术开发区，东邻东湖区、西湖区，西南靠新建区，北纬28°55′10″—28°74′50″、东经115°55′—115°70′。区内交通便利，105国道、320国道、昌樟高速公路、南流公路、南昌西外环线等公路线路过境，南昌地铁1号线、2号线、4号线穿区而过。辖区内设有南昌西站，昌九城际铁路在此始发。

【地形地貌】　区境狭长，呈南北走向，总面积403.2平方千米。辖区常态地貌以冲积平原、滨湖为主，可开发利用的丘陵、山岗地较多。傍依赣江沿线，拥有前湖、九龙湖、黄家湖、碟子湖等湖泊；多条水渠、池塘遍布全区。

【气候特征】　辖区属于亚热带季风气候，四季分明，气候湿润温和，雨量充沛，日照充足，无霜期长，冰冻期短，年均气温17℃，年降雨量1600—1700毫米。1月多刮偏北风，7月多刮偏南风。春末夏初，天气湿热而多雨；秋末冬初，天气干爽而少雨雪。夏冬季长，春秋季短，年平均气温比相似纬度邻省地区略高，有利于农作物繁育生长。

【水资源】　辖区年降水量充沛，地表水、地下水资源丰富。2023年，境内有外河2条（赣江、乌沙河），内河3条（流湖河、夹河、青山河），湖泊2座（前湖、九龙湖），水系4条（石埠水系、华南城水系、云溪水系、红角洲水系），小（1）型水库3座（霞源坊水库、潼溪水库、铁路水库）。境内河流总长66.2千米。水系长45.8千米，湖泊岸线长30千米。

（段建坤）

生态环境

【概况】 2023年,红谷滩区生态环境局按照上级的工作部署,全面深入开展污染防治攻坚战,认真抓好环保督察问题整改,着力解决群众身边突出生态环境问题。红谷滩区水环境质量稳中有升。全区7个国考、省考断面水质优良比例为100%,赣江干流7个断面持续保持Ⅱ类水质;县级及以上饮用水水源地水质优良率继续保持100%。

【空气环境质量】 2023年,红谷滩区环境空气PM2.5全年累计浓度为33.0微克/立方米,同比上升7.5%,全省排名第105,全市12个县区排名第11;优良率为93.2%,同比上升5.8个百分点,全省排名第105,全市12个县区排名第10。

【水环境质量】 2023年,红谷隧道断面、朝阳水厂断面、西湖生米桥断面、生米断面、经开风顺码头、八一桥断面、红谷滩胜利村断面平均达到地表水Ⅱ类标准,无Ⅴ类及劣Ⅴ类水质断面。集中式饮用水水源水质达到或优于Ⅲ类比例为100%。地下水"双源"水质保持稳定。

【土壤环境质量】 2023年,全区土壤环境质量总体保持稳定,重点建设用地安全利用实现有效保障。完成2个行政村农村环境综合整治。全区城区声功能区站点昼间达标率为87.5%,同比上升12.5个百分点;夜间达标率为62.5%,同比下降6.3个百分点。

(张翼曼)

行政区划

【概况】 红谷滩区位于赣江下游西岸,东临赣江,西靠枫生快速路和西外环高速,南与丰城市接壤,北接英雄大桥和孔目湖大街。下辖1个镇(流湖镇),1个乡(厚田乡),7个街道(沙井街道、卫东街道、生米街道、凤凰洲街道、红角洲街道、九龙湖街道、龙兴街道)。区域面积403.2平方千米(含赣江水域),常住人口约65万人,户籍总人口46.51万人。区政府驻沙井街道绿茵路669号。全区设121个社区居民委员会、79个行政村(含新建经开区代管的璜溪村)、3个管理站、1个农场。

【流湖镇】 流湖镇地处红谷滩区南部、赣江西岸。东连厚田乡,西与新建区石岗镇、西山镇接壤,南至锦江与松湖镇、丰城市相邻,北靠石埠镇、生米街道。下辖27个行政村(车塘村、柏树村、淑溪村、清溪村、北城村、北港村、大岗村、程坊村、邓埠村、地上村、丁坊村、对门村、谷溪村、红岗村、红星村、楼下村、莲塘村、陆林村、南岗村、上房村、庆新村、新塘村、张仪村、义渡村、钟坊村、溪洪村、罗桥村),2个社区居民委员会(汀兰湖社区、桃花源筑社区)。区域面积约122.29平方千米,户籍人口5.75万余人。

【厚田乡】 厚田乡地处红谷滩区南部,位于赣江与锦江交汇处。东与南昌县冈上镇隔江相望,南与丰城市同田乡相邻,西接流湖镇,北连生米街道。下辖18个行政村(厚田村、西门村、梅花村、社林村、谷城村、下坊村、詹杨村、桐岗村、闸上村、象潭村、山水村、龙王庙村、狮子村、木埠村、新洲村、东洲村、三洲村、东屋村)。区域面积约81.59平方千米,户籍人口3.41万余人。

【生米街道】 生米街道位于红谷滩区洪州大桥西桥头,是红谷滩区九龙湖新城的重要组成部分。东临赣江,西接龙兴街道,南与厚田乡、流湖镇为邻,北连九龙湖街道。下辖13个行政村(生米村、东城村、长岗村、朱岗村、南路村、曾港村、胜利村、夏宇村、南星村、相里村、摄溪村、感里村、郡塘村),10个社区居民委员会(同乐社区、为民社区、同泽社区、同悦社区、生米花园社区、同禧社区、同瑞社区、采樵社区、九溪嘉园社区、东城花园社区)。区域面积约66.75平方千米,户籍人口5.93万余人。

【沙井街道】 沙井街道地处红谷滩区中心,是南昌市政治中心。东临赣江,西至枫生快速路和乌沙河,南至世贸路,北至庐山南大道。下辖1个行政村(沙井村),15个社区居民委员会(红谷世纪花园社区、绿茵社区、丰和花园社区、丰和社区、飞虹社区、芳华社区、齐云社区、风华社区、红谷雅苑社区、昌北社区、春晖社区、红谷凯旋社区、沙井社区、庐南社区、芳菲社区)。区域面积约6.78平方千米,户籍人口约4.86万人。

【卫东街道】 卫东街道地处红谷滩区中心区域南部,东临赣江、西至枫生快速路,南至前湖大道,北至世贸路。下辖3个行政村(卫东村,玲口村,渔业村),33个社区居民委员会(卫东社区、普贤社区、沁园社区、万达西区社区、万达星城社区、汇海社区、滨江豪园社区、翠林社区、翠苑社区、红谷春天社区、银都社区、怡园社区、世纪中央城社区、鹿璟名居社区、江信花园社区、丽景社区、香樟社区、飞翔社区、理想社区、红岭花园社区、红岭东社区、盛世经典社区、地中海社区、香域尚城社区、汇景社区、绿地香颂社区、绿湖豪城社区、琴江社区、阿尔法社区、海域香廷社区、香榭社区、紫金园社区、悦府社区)。区域面积约14.81平方千米,户籍人口10.49万余人。

【红角洲街道】 红角洲街道地处红谷滩区中部,江西省行政中心所在地。东临赣江，西至 G320 一线延伸区域，与新建区望城镇接壤，南至沪昆铁路线，北至前湖大道。下辖 6 个行政村（云塘村、润溪村、黄佩村、长埇村、岭北村、双溪村），22 个社区居民委员会（茶园街社区、云溪花园社区、龙岗花园社区、香域滨江社区、梧桐庄园社区、桥郡社区、九龙馨苑社区、站西花园社区、天悦社区、瑞城社区、长云社区、祥荣社区、枫湖社区、瑞都社区、悦城东社区、悦城西社区、华府社区、祥云社区、双云社区、新蓝苑社区、平安东社区、锦园社区），1 个管理站（龙岗渔业管理站）。区域面积约 36.67 平方千米，年末户籍人口 6.17 万余人。

【凤凰洲街道】 凤凰洲地处红谷滩区最北端，是红谷滩连接赣江新区和经开区的“桥头堡”，红谷滩“北端重邑”。东临赣江，西、南至庐山南大道，北至孔目湖大街和英雄大桥西连接线。下辖 1 个行政村（凤凰村），1 个农场（昌北农场），18 个社区居民委员会（凤凰花园社区、凤凰城社区、碟子湖社区、珠江路社区、凤西社区、老北站社区、凤凰家园社区、天赐良园社区、海德堡社区、黄河路社区、星火社区、星科社区、凤翔苑社区、牛行社区、上滩社区、长江路社区、丰和新城社区、香江社区）。区域面积约 12.95 平方千米，户籍人口 4.5 万余人。

【九龙湖街道】 九龙湖街道地处红谷滩区中部。东临赣江，西至狮子山大道和枫生快速路，南至南龙蟠街，北至沪昆铁路线。下辖 4 个行政村（安丰村、富乡村、斗门村、渔业村），16 个社区居民委员会（安丰花园社区、富源花园社区、明珠社区、博鸿社区、博玺社区、博海社区、新琚社区、新琚东社区、南洲社区、广源南社区、广源北社区、礼庄山社区、阁皂山社区、博恩社区、恒锦社区、青原山社区），2 个管理站（源岗管理站、下堡管理站）。区域面积约 21.22 平方千米，户籍人口 3.29 万余人。

【龙兴街道】 龙兴街道地处红谷滩区九龙湖新城西部，江西省重要的高教园区所在地。东至枫生快速路，西与新建区石埠镇接壤，南至南昌绕城高速，北至沪昆铁路线。下辖 6 个行政村（山图村、中堡村、铁路村、青岚村、文青村、璜溪村，其中璜溪村由新建经开区代管），5 个社区居民委员会（璜源山社区、半山禧园社区、文溯社区、创洲山社区、明月山社区）。区域面积约为 40.14 平方千米，户籍人口 2.05 万余人。

（刘杰峰）

人口民族

【概况】 至 2023 年 11 月末，全区户籍总人口 465072 人，比上年末增加 19385 人。其中，男性 235027 人，女性 230045 人；城镇人口 330897 人，比上年末增加 19016 人；乡村人口 134175 人；户籍人口城镇化率为 71.15%，同比增长 1.17%。全年全区出生人数 5129 人，出生率为 11.03‰；死亡人口 499 人，死亡率 1.07‰。

【人口分布结构】 2023 年，从人口的年龄分布看，全区常住人口主要年龄段人数分别为：0—17 周岁人数为 136976 人，占户籍人口总量的 29.45%；18—34 周岁人数为 105287 人，占户籍人口总量的 22.64%；35—59 周岁人数为 167729 人，占户籍人口总量的 36.07%；60 岁及以上人数为 55080 人，占户籍人口总量的 11.84%。

（王莉　黄淑嫱）

【少数民族分布】 红谷滩区是少数民族散杂居地区，以城市民族工作为主。2023 年，红谷滩区有少数民族户籍人口 3323 人，少数民族流动人口约 7000 余人（其中高校学生 5154 人）。除高校外，主要分布在企业、个体经营店。辖区内有清真拉面馆 77 家和新疆牛羊肉（烧烤）经营户 31 家。流动人口来源地越来越广，人数也呈较快增长趋势。少数民族流动人口主要来自新疆、甘肃、青海、四川、内蒙古、广西、云南和贵州。2023 年，红谷滩区荣获第六批全省民族团结进步示范区称号。

（齐　琦）

2023 年红谷滩区人口及其变动情况表

表 1

公安单位	年末总户数（户）	年末总人口（人）									本年度人口变动（人）									
		合计	城镇人口	乡村人口	性别		年龄				出生			死亡			迁入		迁出	
					男	女	0—17 岁	18—34 岁	35—59 岁	60 岁及以上	合计	男	女	合计	男	女	省内迁入	省外迁入	迁往省内	迁往省外
合计	151480	465072	330897	134175	235027	230045	136976	105287	167729	55080	5129	2806	2323	863	499	364	21408	1794	6003	2073
凤凰洲派出所	14221	45025	45025	0	22201	22824	12850	7950	18779	5446	374	188	186	90	54	36	2457	203	936	242
红谷滩派出所	14613	48598	48598	0	24381	24217	12253	9417	19183	7745	356	217	139	101	56	45	2066	242	1332	285

续表 1

公安单位	年末总户数（户）	年末总人口(人)									本年度人口变动(人)									
		合计	城镇人口	乡村人口	性别		年龄				出生			死亡			迁入		迁出	
					男	女	0—17 岁	18—34 岁	35—59 岁	60 岁及以上	合计	男	女	合计	男	女	省内迁入	省外迁入	迁往省内	迁往省外
红角洲派出所	20053	61715	61715	0	31315	30400	20016	13636	22151	5912	831	461	370	51	28	23	4217	358	726	463
生米派出所	22231	59322	21562	37760	29830	29492	18630	15145	19137	6410	772	397	375	146	70	76	2473	208	381	175
九龙湖派出所	12381	32920	29739	3181	16063	16857	11128	8144	10948	2700	575	324	251	40	28	12	3856	245	336	116
卧龙派出所	16	404	404	0	271	133	96	175	112	21	10	6	4	0	0	0	43	13	14	1
沙井派出所	33795	104919	104919	0	51700	53219	31924	19671	41766	11558	1038	568	470	118	70	48	4920	381	1991	613
龙兴派出所	7784	20521	7106	13415	10109	10412	6237	6012	6128	2144	348	169	179	37	17	20	1249	103	103	63
厚田派出所	10539	34122	0	34122	18107	16015	8994	9161	11182	4785	288	169	119	162	94	68	39	10	62	28
流湖派出所	15847	57526	11829	45697	31050	26476	14848	15976	18343	8359	537	307	230	118	82	36	88	31	122	87

城乡居民生活

【概况】 2023 年，红谷滩区城乡居民生活水平整体呈现稳步提升的趋势，城乡居民收入差距有所缩小。全区在经济、招商引资、科教、文旅、医疗卫生健康等多个领域取得显著成就，城乡居民生活水平稳步提升，城乡收入差距也有所缩小。

【经济方面】 2023 年，红谷滩区紧扣“项目为先、实干奋进，争分夺秒拼经济”工作主线，勠力同心，克难攻坚，全区经济社会呈现稳中有进的发展态势。全年规上服务业单位达到 228 家，实现营业收入 283.31 亿元，同比增长 4.4%。重点行业中，道路运输业、商务服务业与电信、广播电视和卫星传输服务是支柱行业，分别占全行业收入的 21.61%、18.77% 与 16.07%。社会工作、娱乐业和广播、电视、电影和录音制作业的增速排名前列，分别同比增长 134.56%、82.96% 和 44.40%，显示出红谷滩区服务业的多元化发展和快速增长。

【招商引资方面】 2023 年，红谷滩区紧紧围绕“项目为先、实干奋进，争分夺秒拼经济”工作主线，立足区位优势和资源禀赋，聚力招大引强，再掀招商引资热潮。全年实际利用外资 10382 万美元，同比增长 414%；实际利用内资 125.76 亿元，同比增长 24.1%，红谷滩区在吸引内外资方面取得显著成效。

【科教方面】 2023 年，红谷滩区持续加大对科技创新投入的支持力度，加大基础创新研究、应用基础研究和前沿研究的投入力度；加大教育投入力度，高标准高质量推进学校建设，不断完善优质资源布局，增加优质教育资源供给。全区共有 138 家高新技术企业家，其中新增 54 家，技术合同登记额达到 29.2 亿元；共有区属义务教育学校 47 所，在校学生 64338 人，教学班 1586 个，专职教师 541 人。显示出红谷滩区在教育和技术创新方面的投入和成果。

【文旅方面】 2023 年，红谷滩区建设大量公共文化场所，并开展丰富的文化活动。至年底，新建 4 家孺子书房，全区共有 10 家孺子书房，免费对外开放藏书超 2.94 万册、服务超 20 万人次。积极开展“百馆千万场 服务来共享”系列群众文化活动，共计 14 场，开展文艺志愿服务共计 48 场。南昌澳世汇文化艺术博览园竣工并营业，红谷滩大剧场上演优秀剧目 88 场。南昌 VR 主题乐园成功创建国家 AAA 级旅游景区，入选全国首批和全省唯一的智慧旅游沉浸式体验新空间培育试点名单，南昌夜赣江“秋水长天”文旅消费集聚区获评省级夜间文化和旅游消费集聚区，规上文化企业数量两年翻一番，总营收入跃居全市第 1 名。

【医疗卫生健康方面】 2023 年，红谷滩区全面加强卫生健康领域民生保障工作，致力打造区域性医疗高地，卫生健康事业呈现蓬勃发展态势。开展“中国南昌国际龙舟赛”“千人横渡赣江活动”“第十二届迎新健步行”“2023 南昌马拉松”等一系列全民健身运动，不仅丰富市民的休闲文化生活，更有力地推动红谷滩区全民健身事业的发展。着力优化医疗资源布局，提升医疗卫生服务能力和质量，打造“15 分钟健康圈”，实施“优质卫生保健全覆盖”，以满足居民的医疗卫生需求。全年共组织开展 13 次重大活动医疗卫生和公共场所安全保障工作，出动救护车 74 辆次、医护人员 255 人次，守护几十万名市民的健康安全。

【城乡居民收支情况】 2023 年，红谷滩区全体居民人均可支配收入

55449 元，比上年增长 4.6%；城镇居民人均可支配收入 56939 元，增长 4.1%；农村居民人均可支配收入 25869 元，增长 7.1%。城镇居民年人均消费支出 35561 元，增长 4.8%，农村居民年人均消费支出 19481 元，增长 6.9%。

（侯　聪　吴　曦）

风景名胜

【概况】　红谷滩区各类人文、生态景观达 20 余处，有绿地中心 303 观光厅、融创主题乐园 2 个国家 AAAA 级旅游景区，南昌工学院工艺美术博览园、融创海洋馆、南昌舰凤凰园景区、厚田沙漠 4 个国家 AAA 级旅游景区；1 个省级旅游度假区——融创文化旅游城、1 个省级旅游风情小镇——绿地卢塞恩小镇；1 条红色旅游线路，包括南昌瓷板画艺术博物馆、廉文化展馆、建军雕塑广场、牛行车站、南昌舰等；还有传说中的许真君得道成仙之地——千年古镇生米镇。赣江西岸，从南到北的各大景点串联成滨江生态长廊，让繁华都市徜徉在“山、江、湖”的自然风光中，尽显生态底色，锻造出一张张闪亮的旅游名片。

【秋水广场】　位于赣江中大道沿江，是一座以音乐喷泉为主题，集旅游、观光于一体的大型休闲广场，于 2004 年 1 月 1 日对外开放。广场倚江而立，总体平面呈月牙形，长 1100 米，宽 110 米，总面积 10 万平方米，其中水池面积 12 万平方米，长 450 米。音乐喷泉分布于水池之中，使之成为亚洲最大的音乐喷泉群之一。喷泉水景运用当今世界先进的球面数码多维旋转技术、数控气爆技术、超高喷技术、变频技术，通过 498 套多种泵喷、20 套高压气爆、1 套激光水幕设备，形成“腾蛟起凤”“繁华锦绣”等 14 种水型，诠释“一江之水，汇聚古今”的主题。通过气爆表演、灯光表演、激光表演等多种表演方式，将音乐、喷泉、灯光进行高科技的组合，使声、光、电等各种元素交相辉映、变幻万千，秋水广场成为国内一流的音乐喷泉。

【建军雕塑广场】　位于红谷滩区凤凰洲市民公园赣江西岸，闽江路与赣江大道交会处附近。广场整体面积为 16 万平方米（南北向 92 米，东西向 828 米）。中心雕塑矗立圆心，通过 19 级同心圆台阶，高 27 米。五角星大门 81 米高正好对应 1927 年 8 月 1 日南昌起义。建军雕塑广场东西轴线上设置 3 组雕塑，以“集结、渡江、起义”为重点和主体，突出八一南昌起义的鲜明特色；南北两侧设置 6 组雕塑，分别展示土地革命时期、抗日战争时期、解放战争时期、社会主义建设时期、改革开放时期以及强军兴军新时期六个不同阶段的人民军队形象，简明又系统地反映中国人民解放军 90 年的光辉发展历程。2017 年 7 月 31 日，南昌建军雕塑广场正式对外开放。

2023 年 1 月，秋水广场

（区委办　供图）

【牛行车站】　“牛行车站”即“南昌车站”位于红谷滩区凤凰洲，是江西第一条客运铁路——南浔铁路通车初期在南昌的终点站。1927 年，八一南昌起义部队从牛行车站进入南昌。依托牛行车站旧址建成的牛行车站及南昌起义展示馆主要展览内容为牛行车站、南浔铁路、八一南昌起义等相关历史。展示馆大门处有一组表现起义军抵达牛行车站的大型雕塑，雕塑中的火车头造型在多媒体演示设备的辅助下，冒出一股股白烟。从左边进入展示馆内部，按照时间脉络展示“南浔铁路 百年沧桑”“起义部队 挺进南昌”“南昌起义 牛行战斗”“红衣军团 八一示威”4 个单元的展览内容。此外，展示馆内还设置体感互动游戏和知识问答游戏。2017 年 7 月 30 日，牛行车站与南昌起义展示馆对外开放。

【南昌舰主题公园】　位于红谷滩区凤凰洲。南昌舰是国产第一代导弹驱逐舰。1977 年 12 月 28 日，广州造船厂开工制造；1979 年 12 月 22 日，下水；1982 年 11 月 15 日，服役于南海舰队；2004 年 6 月 25 日，转隶北海舰队；2016 年 9 月 8 日，在旅顺军港退役降旗后正式移交南昌市人民政府。南昌市人民政府以南昌舰为主体，建成军事主题公园，作为国防教育和爱国主义教育基地。南昌舰共有大小相似约 240 个舱室，满编时舰上可容纳 300 余名官兵，为迎接南昌舰的开放，部分住宿舱室进行了复原，南昌舰上的展板图文并茂地全面展示了南昌舰辉煌的历史。

【南昌 VR 主题园】 位于红谷滩区九龙湖片区南昌 VR 产业基地，是红谷滩区着力打造的文旅 + 科技融合发展的新业态，是一扇面向全球的 VR 旅游体验的窗口，主要包括南昌 VR/AR 科技馆、南昌 VR 主题乐园两大室内场馆。南昌 VR/AR 科技馆建筑面积达 17 万平方米，是全国首个具备 VR/AR 展示的科技馆，全国唯一的 VR/AR 专业科普基地，全国最大的 VR/AR 用户体验数据采集中心。该馆主要以参观展示为主，通过 VR/AR/MR 多重虚拟现实技术，展示 VR 前沿科技，展现江西 VR 产业建设成果。南昌 VR 主题乐园规划面积 13 万平方米，是国内首个将 VR 前沿技术与文化、旅游、娱乐、休闲体验相结合的 VR 体验馆，也是世界上最大的室内 VR 体验馆。乐园结合南昌本土元素，放眼全球，引进国际顶级 VR 游乐设备，给体验者带来全新感受，完美呈现虚拟与现实零误差的游乐环境。

【南昌融创文化旅游城】 坐落于红谷滩区九龙湖畔，占地 160 公顷。该项目于 2013 年 6 月动工建设，2016 年 5 月 28 日正式开业，拥有大型室外主题乐园、国内顶级海世界、电影世界、融创茂、国际度假酒店群、滨湖酒吧街六大业态，是省级旅游度假区。南昌融创乐园（国家 AAAA 级旅游景区）是江西最大规模赣鄱文化主题乐园。项目占地面积 80 余公顷，致力于打造世界级主题乐园。园区以赣鄱文化为主题，规划世外桃源、竹海秘境、云霄仙阁、鄱阳渔家、仙女奇缘、五彩瓷都六大主题区域，建有世界最高、最快、最长的三大过山车，以及 35 项世界顶级游乐设施。南昌融创茂总建筑面积 20 万平方米，由 26 个青花瓷造型建筑组成，兼具大气鲜明的雕塑感造型和青花瓷传统的丰富意蕴和审美，是世界最大的青花瓷建筑商业体。南昌融创海世界（国家 AAA 级旅游景区）占地 36 万平方米，拥有 300 余种海洋生物，28 万尾鱼，拥有蒙特利湾、海洋剧场、冷水海洋、水母馆、热带雨林、360°球幕电影等主题展区。南昌融创酒店群由 5 家酒店组成，有近 2000 间客房、5000 平方米多功能宴会厅、10 万平方米草坪花园，是江西唯一六星级领衔酒店集群。南昌融创电影世界是以“飞越江西”为核心内容，浓缩江西人文地理精华的江西唯一的仿真实景飞行影院。

【九龙湖公园】 位于红谷滩区九龙湖街道南龙蟠街与三清山大道交叉口东北侧，九龙湖公园总面积 100 万平方米，环湖驳岸线总长 10 千米。九龙湖公园在设计上遵循生态、低碳、智慧的理念，突出滨湖特色，彰显新城魅力，形成“缤纷的浪漫主题，探幽的童趣主题，休闲的运动主题，商务的时尚主题”四大主题总体规划布局，打造南昌最璀璨的滨水公园。全园分布多处特色景点：主入口区有主题雕塑，3D 水秀缤纷园有五色花海、深情玫瑰园、婚庆广场，真趣园有彩虹沙滩、多主题儿童游乐场地、阳光大草坪，运动园有森林湿地及适合各年龄层次的运动休闲场地，还打造了拥有多项休闲服务功能的未来空间 · 未时图书馆。

【绿地卢塞恩小镇】 位于红谷滩区九龙湖北，秉承欧洲瑞士卢塞恩小镇的建筑风格，融合九龙湖公园的原生态自然景观，围绕“以文带旅，以旅兴商，以商成文”的打造思路，集文化、旅游、商业、花园、办公于一体，涵盖零售、餐饮、儿童体验、休闲娱乐、文化、酒店等业态，形成全业态、全时段、全客层的品质生活目的地。绿地卢塞恩小镇已创建江西省旅游度假区，是南昌休闲旅游的一张名片。

【绿地 303 观光厅】 设于绿地中央广场双子塔 A1 栋 60 层，是国家 AAAA 级旅游景区。绿地中央广场双子塔高达 303 米，是中部地区最高双塔地标。303 观光厅被誉为南昌“城市观光厅”，集智能、观光、文化、娱乐、展示功能于一体，可以 360 度无死角游览南昌美景，感受“会当凌绝顶，一览众山小”的意境。

【凤凰洲市民公园】 位于红谷滩区凤凰洲片区。该公园南起八一大桥，北至赣江大桥，全长 37 千米，规划总

2023 年 5 月 2 日，“五一”假期热闹的九龙湖公园

（九龙湖街道　供图）

面积约 345 公顷，总投资约 16 亿元。绿化种植面积约 21 万平方米，设计种植桂花、樟树、朴树、樱花等乔灌木 76 种，共 5800 株，矮灌木总面积约 33 万平方米。广场铺装面积约 9 万平方米。设计公厕 4 座，小火车仓库、咖啡厅等配套设施面积约 660 平方米。在规划设计上，按照结合地域特点，彰显地方文化特色，打造魅力滨江景观的思路，形成三横四纵总体规划布局，可概括为“三条脉络，三大节点”。

三条脉络：第一条脉络即以流动的公共空间为特色的绿脉，强化滨河地区界限特色，创造改善周边市民活动的公共空间。第二条脉络即以流动的火车轨道为特色的动脉。以凤凰洲原有的南昌牛行车站为设计灵感，修建一条全长 35 千米的观光火车铁轨，以此串起南昌发展的历史。火车从赣江大桥出发，沿途经过春夏秋冬四季分明的景观带，缓缓开往流动的、观赏多元化的文化景观。第三条脉络即以沿江滨水慢步道为特色的河脉，强化滨河地区景观特色，创造滨河连续景观与参观专用道，形成有序的滨水景观带。

三大节点：第一大节点——牛行车站。以八一南昌起义发生在牛行车站的历史故事为背景，形成以红色文化为特色的接受革命传统教育的基地。第二大节点——亲水广场。充分发挥该节点场地较为开阔、便于集散的特点，形成以市民休闲娱乐广场，四季特色鲜明的花坛为主题的滨水景观节点。第三大节点——沿江绿地。因地制宜，将该狭长的景观带打造成一流线型带状绿地空间，形成沿岸绿带中树木林立、景观错落、林荫步道蜿蜒其中的滨水景观节点，并在河滩地建设栽种近 4 万平方米的滨江湿地公园。

【厚田沙漠景区】 位于红谷滩区厚田乡丰厚收费站旁，是国家 AAA 级旅游景区。拥有沙山沙地，是亚热带最大的风沙化土地，景区东临奔流不息的赣江，西临锦江，集金沙、碧水、蓝天、草原独特景观于一体，全国仅此一处。在这里既能感受北方大漠的粗犷、奔放，又能领略江南水乡的温婉、细腻，是名副其实的“绿洲中的沙漠”“江南第一大漠”。景区内有 20 余个休闲游乐项目。

【南昌工学院工艺美术博览园（南昌市中国工艺美术大师博物馆）】 坐落于南昌工学院内，是国家 AAA 级旅游景区，创建于 2016 年，占地 18 万平方米，是中国唯一一座为 640 位由国家评定的中国工艺美术大师专门建造的特色博物馆，已将 640 位中国工艺美术大师的精品力作尽揽囊中。由 8 个展馆组成，分别为雕塑工艺馆、陶瓷工艺馆、织绣印染工艺馆、金属工艺馆、漆器工艺馆、综合工艺馆、第七届大师专题馆、第八届大师专题馆，各展馆的展示内容集科学性、文化性、体验性、知识性于一体，是将传承中华优秀传统文化与应用型人才培养融为一体的重要基地。博物馆致力于打造成中国工艺美术大师的精品展示基地、绝技传授基地、学术交流基地、教学观摩基地和大师跨界交谊基地。

【江西省文化中心】 位于红谷滩区凤凰洲，由省博物馆、省图书馆、省科技馆组成，总占地面积 1329 万平方米，建设总规模 2475 万平方米，是一座全省投资最多、规模最大、档次最高、功能最强、内容最丰富的公共文化设施。从场馆建设来看，新省博物馆总面积 86 万平方米，由 8 个常设展览和 3 个临时展厅构成，全图景展现江西大历史格局和文化特色；省图书馆总面积 96 万平方米，藏书量 1000 万册，阅览座位 6000 个，日接待读者 2 万人次；省科技馆总面积 8 万平方米，设有全新的儿童科学乐园、特效影院、科普剧场、常设展厅、科学教育活动室、临时展厅，实现江西文化硬件建设的跨越式发展。省文化中心作为赣江两岸文化生态轴线的核心节点，使赣江西岸的景观通廊更为丰满，并与对岸的滕王阁等文化建筑群隔江呼应。省博物馆、省图书馆、省科技馆由北向南排列开来，分别隐喻历史、现在与未来，描绘出文化发展、探索知识的故事与旅程。

（钟　鹤）

2023 年，厚田沙漠景区

（区文广新旅局　供图）

中国共产党红谷滩区委员会

综　述

2023年，红谷滩区紧扣高质量发展主题，把握稳中求进工作总基调，全面、完整、准确贯彻新发展理念，贯穿“项目为先、实干奋进，争分夺秒拼经济”工作主线，团结带领全区广大干部群众，扎实做好稳增长、促改革、调结构、惠民生、防风险、保稳定等各项工作，推动经济社会高质量发展和党的建设取得新成效。

党的建设。深入贯彻新时代党的建设总要求，高标准开展第二批主题教育，组建区委宣讲团，围绕学习宣传贯彻党的二十大精神、习近平总书记考察江西重要讲话精神等专题，开展基层理论宣讲“六进”活动220余场，持续推动党的创新理论“飞入寻常百姓家”。纵深推进城市社区基层党建“三化”提升专项行动，全面展开新兴领域“两个覆盖”攻坚试点，打造党建引领“红色头雁、红色阵地、红色物业”等“红谷红”党建品牌。提拔和进一步使用33名具备“坚韧信念、优秀品质、突出能力、拼搏状态、勤廉作风”的干部，选齐配强各级领导班子。组织开展全区“关键少数”履行“第一责任人”职责和“一岗双责”监督检查，保持整治形式主义、官僚主义的高压态势，严肃查处不担当、不作为、乱作为、假作为等突出问题11起15人次，坚决整治公款吃喝、餐饮浪费、私车公养及其隐形变异问题40起，处理50人次。

经济运行。加强党对经济工作的领导，牢牢把握发展主动权，强化重要指标运行情况监测分析，推动经济平稳健康发展。高标准办好2023世界VR产业大会、南昌未来科学城招商推介会等大项招商活动，推动曼恒江西区域总部、美团江西区域总部等一批大项目签约落地。全区完成地区生产总值840.24亿元，同比增长4.6%；一般公共预算收入完成34.88亿元，同比增长7.4%；社会消费品零售总额完成341.53亿元，同比增长6.0%；城镇、农村居民人均可支配收入分别增长12.5%、6.2%；新引进入统签约项目75个，总投资额334.75亿元。

产业发展。坚持把做实做强做优实体经济作为主攻方向，坚定不移推进产业建圈强链，纵深推进数字经济“一号发展工程”，推动华胜天成华中区域总部等8个区域总部项目成功落户，全区新增数字经济核心企业438家，总量达5818家，是全市数字经济企业增量最多、集聚度最高的县区。紧扣区域金融中心核心承载区建设，累计落户1360家金融机构和企业，汇集全省80%以上的法人金融机构和省级区域性总部。引入IDG资本（国际投资机构）、达晨创投等知名投资机构，推动VR产业母基金等10只基金落地，全区基金规模首次突破千亿元。深入实施“上市企业倍增计划”，加快推进“映山红行动”升级工程，江盐集团成功主板上市。深入开展商贸消费提质扩容行动，举办乐购新车季、品味美食季、家电优享季等多项主题促消费活动，成功举办春节烟花晚会、国际龙舟赛、千人横渡赣江、元旦跨年夜等系列文商旅体活动，激发消费活力。打造南昌夜赣江“秋水长天”国家级文旅消费集聚区，南昌VR主题乐园成功创建国家AAA级旅游景区。承办第81届中国教育装备展示会、中国米粉节等55场高端会展活动，位列全市第1，参展面积超130万平方米。深入实施“请进来、留下来、强起来、带起来”战略，中铁大桥局集团南昌智能建造有限公司、中铁建设集团江西工程有限公司等6家建筑央国企全资子公司先后落地，建筑业总产值首次突破千亿元。

城市建管。坚持人民城市为人民，主动服务复兴大桥、洪州大桥、320国道改线等项目建设，全面完成复兴大道西延、明月山大道南延工程，稳步推进洪州大道快速化、三清山大道等主干路网建设，打通芳林路等5条“断头路”。常态化开展文明创建八大专项整治行动,扎实推进碟子湖大道"彩化"工程,打造全市首批"席地而坐"城市会客厅示范点——长天广场,新增公共停车泊位842个,全面更替城市窨井盖1560个。持续打好"蓝天碧水净土"保卫战,严格落实"河湖长"制,常态化抓好前湖水系管护,区属278个排水单位全部实现销号,空气质量稳定达到国家Ⅱ级标准以上。坚持以"两整治一提升"专项行动为抓手,精心打造1个乡村振兴示范村、18个共同富裕样板村,农村公路"白改黑"实现全覆盖。

民生保障。坚持以人民为中心的发展理念,建立"社区食堂+居家养老点+配送入户"多层次助餐服务体系,丰富婴幼儿照护服务托位供给,推动19件市区人大代表票决民生实事落地落实。严格落实基本医保、大病保险、医疗救助三重待遇保障,提高困难群众救助标准,"江西卫惠保"参保率位列全市第1。创新开展红谷篷友会人才夜市等特色招聘活动,新增城镇就业7987人。高标准打造全市首家多元化调解组织——和谐劳动关系一站式服务中心,办结线下欠薪投诉案件289件,追回工资8615.6万元。加快推进南昌学校、行知学校等11所学校建设,心远中学卧龙校区、碟子湖教育集团俊采校区如期招生,稳步实施义务教育量化积分入学制,推动义务教育优质均衡发展。协调推进3家国家区域医疗中心等省市三甲医院建设,推行区域合作、"两个下沉"分级诊疗等机制。大力推进智慧平安小区等民生项目建设,坚决打击电信网络诈骗、"黄赌毒"、"食药环"等突出违法犯罪行为,优化"三圈工作法",确保社会大局保持和谐稳定。

(李龙龙)

区委常委会工作

【概况】 2023年,红谷滩区委在市委、市政府的坚强领导下,坚持以习近平新时代中国特色社会主义思想为指引,深入学习贯彻党的二十大和习近平总书记考察江西重要讲话精神,树立和践行正确政绩观,围绕"一枢纽四中心"建设,紧扣"项目为先、实干奋进,争分夺秒拼经济"工作主线,奋力推动全区经济社会发展和党的建设取得新成效。

【理论武装入心入脑】 2023年,坚持把学习贯彻习近平新时代中国特色社会主义思想作为首要政治任务,严格落实区委常委会"第一议题"制度,跟进学习习近平总书记重要讲话和重要指示批示精神。科学安排习近平总书记考察江西重要讲话精神等学习主题,组织15次区委理论学习中心组学习,坚定做党的创新理论的坚定信仰者、忠实捍卫者、积极实践者。组建区委宣讲团,迅速开展"学习贯彻习近平总书记考察江西重要讲话精神"宣讲工作,围绕学习宣传贯彻党的二十大精神、第二批主题教育等主题,开展"六进"宣讲活动220余场,累计受众1万余人,优秀经验做法被我省《基层理论宣讲工作动态》报道。用好用活"赣鄱党建云"信息平台,扎实推动各级党组织强化理论学习,受到中组部调研肯定。

【主题教育有声有色】 2023年,按照省委、市委主题教育工作安排,高标准开展好第二批主题教育,第一时间召开主题教育动员会、区委理论学习中心组专题学习会、县处级领导干部专题读书班,区委书记带头作专题党课报告,与南昌大学党委理论学习中心组开展联学,深入践行"8+3"分类指引要求,在全区上下掀起主题教育热潮。抓深调查研究,聚焦未来科学城建设、产业发展等重难点工作,确定32个调研课题,积极践行"四下基层、三访三促"工作机制,制定出台政策文件24个,发现的90个问题全部得到解决,调研成果转化明显。树立和践行正确政绩观,扎实推进"'半拉子工程''形象工程''面子工程'""统计造假搞'虚假政绩'"等4个专项整治和"夜市街区功能不够完善""农村户厕改造进度较为缓慢"等4个自选专项整治工作,制定整改措施35条,建立"区领导牵头、牵头部门统筹、责任部门参与"的联动整治机制,已全部完成销号。全区基层党组织检视梳理的670个问题全部销号,完成率100%。红谷滩区主题教育工作被人民网、省委主题教育领导小组办公室工作简报等报道刊发,省委第二巡回督导组在全市主题教育总结会议上给予肯定。

【意识形态守住守牢】 2023年,严格落实意识形态和网络意识形态工作主体责任,深入学习贯彻习近平文化思想,牢牢把握意识形态工作主动权。建立区委意识形态专项巡察人才库,全年开展2轮意识形态专项巡察,对全区96个党组织开展实地督查并反馈意见,制定出台《红谷滩区进一步加强意识形态工作责任制评价工作的试行办法》,全年对724名干部在任用(提拔、评优评先)前出具个人意识形态工作鉴定意见,密切关注意识形态领域新情况新动向。开展宗教领域"两个专项"行动,依法依规查处基督教非法组织"南昌城市甘霖家教会"非法传教活动等。严格落实网络应急值班制度,红谷滩区网络应急指挥中心成功获评全省县级网信办应急指挥中心规范化建设示范单位。

【党的建设得到新加强】 2023年,区委领导班子全面贯彻新时代党的建设总要求,始终把党的政治建设摆在首位。严格落实党建工作责任制,召开党建工作领导小组会、党委(党组)书记抓基层党建工作述职评议等,压紧压实各级党组织书记抓好党建工作责任。全面推行"书记领航"工程,组织开展"年中巡看"活动,新打造党群服务阵地16个，相关工作做法受到省委组织部《全省基层组织建设工作情况通报》肯定。深化党建引领乡村振兴和城市基层治理，做好2个软弱涣散村（社区）党组织整改工作，推进在职党员进社区报到工作，推动红色物业党建联建工作，圆满完成新兴领域“两个覆盖”攻坚试点任务，市直机关深化“三联三亮三服务”引领党员志愿服务现场推进会在区召开，获评全省“红色物业优秀县区”。同时，依托“红谷连心会”党建服务平台，深入基层一线走访、调研、座谈，收集问题建议1935个，办结销号率93%。有效破解一批营商环境、城市建管、民生服务等领域难题。在此基础上，整合各领域党建资源，注重党建创新集成，推出“红谷红”党建品牌，为南昌市“洪城红”品牌增添红谷滩成色。

【树牢正确用人导向】 2023年，认真落实党管干部、选贤任能制度，全面贯彻落实《推进领导干部能上能下规定》，坚持把政治标准放在第一位，全面树立重实干、重担当、重基层的用人导向，提拔和进一步使用34名具备坚韧信念、优秀品质、突出能力、拼搏状态、勤廉作风等特质的干部，全区干部队伍进一步优化。大力实施人才强区战略，出台《红谷滩区人才政策“三项机制”实施办法（暂行）》，推动红谷滩区人才政策落实落地，强化人才政策追踪问效保障机制。建立“区直接联系人才”队伍，汇聚高层次人才57名，举办国情研修班，引导人才筑牢思想根基、提升政治素养、激发爱国热情。

【注重党风廉政建设】 2023年，全面履行党风廉政主体责任，巩固拓展落实中央八项规定成果，召开全区干部作风建设推进大会，以主动出击的姿态时刻防范“四风”隐形变异新动向，严肃查处违反中央八项规定精神问题等各类作风问题37起、处理47人次。严惩贪腐，持续深化拆迁、教育、国企、工程等重点领域腐败治理，全年给予党纪政务处分124人次，留置3人次，查处了鞠某、曹某某等严重违纪违法案件，并分片区、分领域召开警示教育大会，切实增强拒腐防变的思想自觉和行动自觉。高标准完成2轮区委政治巡察，扎实推进政治谈话、政治画像工作，实现对区管领导干部政治谈话“全覆盖”，不断强化“一把手”和领导班子监督，推动全区“关键少数”切实履行好“第一责任人”职责和“一岗双责”。

【经济增长稳中有进】 2023年，区委领导班子积极克服疫情防控转段后的经济下行压力和各种不利因素，紧扣高质量发展主题，争资金、促投资、推项目，经济发展稳中向好。加强党对经济工作的领导，牢牢把握发展主动权，强化重要指标运行情况监测分析，推动经济平稳健康发展。全年地区生产总值同比增长4.6%，一般公共预算收入同口径增长7.4%，固定资产投资同比增长0.3%，社会消费品零售总额同比增长6.3%，城乡居民人均可支配收入分别同比增长4.1%、7.1%。加强市场主体培育，第五次全国经济普查清查单位、个体户分别是第四次全国经济普查的4.5倍、9.3倍左右，净增经营主体1.86万户，总数达到9.2万户，新增“五上”企业289家，总数首次突破1000家，达到1030家，江盐集团成为全面注册制实施后首批主板上市企业。

【产业发展协调推进】 2023年，纵深推进数字经济“一号发展工程”，全省首个智算中心落地建设，新增数字经济核心产业企业438家，总数达到5818家，持续保持全省第1。规上信息传输、软件和信息技术服务业企业总数达54家，营收突破83亿元，企业新增数、营收增量均位列全市第1。持续深化区域金融中心核心承载区建设，新引进金融类机构58家，总数达到1360家，新增数、总数稳居全省第1。江西国控基金产业园、江西金控数字金融创新园等项目加快建设，VR产业母基金成功组建，全区基金规模首次突破千亿元，达到1154亿元。总部经济持续壮大，成立楼宇经济促进会，严格落实“六个一”楼宇管理制度，打造更多的创新楼宇、特色楼宇和亿元楼宇。立足打造“建筑强区”目标，新引进中铁建设集团江西工程有限公司、中铁大桥局南昌智能建造有限公司等6家建筑央国企子公司，总数达11家，新增建筑业企业43家，总产值首次突破千亿元，达到1094.95亿元，同比增长14.18%，位居全市第2。深入开展商贸消费提质扩容行动，高标准承办好烟花晚会、国际龙舟赛、千人横渡赣江、国际马拉松、跨年夜等文商旅体活动，举办“乐购红谷·悦享生活”系列促消费活动，充分挖掘消费潜力，激发消费活力。地铁大厦天虹购物中心（简称地铁天虹）、万象天地盛大开业，赣江新天地商业街获评首批省级高品质美食街区，万达金街获评首批市级夜间经济街区称号，全年共引进首店品牌10家（江西首店知名品牌9家，知名零售品牌门店1家），特色街区、夜间经济、“四首”经济等新业态蓬勃发展。连续三年荣获全省文化产业重点县（市、区）称号，南昌VR主题乐园项目成功获评智慧旅游沉浸式体验新空间培育试点，为全国首批、全省唯一入选项目，并成功创建国家AAA级旅游景区，规上文化企业数量两年翻一番，总营收跃居全市第1位，全年承办高端会展55场，位列全市第1。

【项目建设加压奋进】 2023年，牢固树立“项目为王”理念，9个项目发行专项债超13亿元，位列全市第1，创历史新高。出让土地10宗，总面积56.73公顷，成交价款总额54.7亿元，在全市房地产市场排名第1。聚焦年度投资545.82亿元的

238 个项目，落实“四个一”和“四级调度”工作机制，江西国控基金产业园等 82 个项目新开工建设，地铁天虹等 60 个项目竣工投产，跑出了项目建设“加速度”。

【抓服务促营商环境提优】 2023 年，区委领导班子以改革动能释发展潜能，创新创造焕发生机活力，不断塑造发展新动能新优势深入推进营商环境优化升级“一号改革工程”。制定出台《2023 年红谷滩区“暖心护企”优化营商环境行动方案》，推出“五张清单”，全区事项网上可办率达 100%，全程网办率 99.38%。在全省首创鸿鹄智办“叮叮抢单”系统，窗口服务模式由“坐等点餐”到“主动抢单”，窗口办事效率提高 50%，获评江西省推进政府职能转变和数字政府建设典型案例，南昌市县区唯一；在全省率先上线“小赣事”数字人自助政务一体机，实现 24 小时无人智能办理，推动政务服务从“能办”向“好办”“易办”“快办”变革。创新推出“吐槽大会”，形成“街道吹哨、部门报到”的响应机制，获广大企业和中央省市媒体点赞好评。

【抓改革促深化改革提速】 2023 年，未来科学城建设正式启动，管委会、产投公司组建到位，“区政合一”“管委会 + 公司”模式加快推进。紧盯制约发展的问题，找准全面深化改革的突破口，科技体制改革等十大攻坚行动稳步推进，征迁安置、国资国企等重点领域改革成效明显，12 项市级以上改革试点有声有色，创新开展乡镇（街道）基层探索和创新的改革项目，80 项年度改革举措如期完成，改革与发展深度融合、同频共振。坚持创新驱动发展，研究与试验发展（R&D）经费投入强度为 1.35%，同比增长 16.38%；技术合同登记额完成 29.2 亿元，增长 160.7%，总量和增速均全市靠前。全年新认定科技型中小企业 404 家，增长 59.7%，位列全市第 1。

【抓开放促招商引资提效】 2023 年，高规格举办 2023 世界 VR 产业大会、红谷滩区（未来科学城）招商推介暨重大项目签约大会、红谷滩区（深圳）数字经济产业推介座谈会，健全“洽谈签约、落地服务、跟踪问效、履约兑现”项目全生命周期服务体系，全年共签约产业项目 75 个，总投资额超 330 亿元，华为区域总部、中国电信元宇宙、建发九龙观唐、明正总部大楼等项目完成摘地。外贸出口完成 42 亿元，实际利用外资突破 1 亿美元，位列全市第 1。红谷滩区委获评 2020—2022 年度全省开放型经济先进单位县（市、区）组一类综合先进单位。

【基础设施进一步完善】 2023 年，区委领导班子坚持人民城市人民建，人民城市为人民理念，补短板、强功能、提品质、优环境，城乡融合呈现新面貌。牢牢把握交通“先行官”定位，主动服务复兴大桥、洪州大桥、320 国道改线、西二环等重要交通工程，复兴大道西延、上饶大街涉枫生快速路立交改造等主干路网快速建设，高教园区、VR 科创城等片区路网加速成型，南昌大道仅 3 个月完成改造，明月山大道南延 1 年就实现全线通车，芳雅路、芳林路、天城路等 5 条断头路提前打通，拥堵指数明显下降，交通通行效率有效提升。

【城市品质进一步提升】 2023 年，全面推行“三全三化”保洁模式，深入开展“马路本色”行动，深化文明城市创建，打造 5 个“物管城市”点位，创新共享单车“片长制”管理模式，文明创建考核大幅进步，城市管理精细化考核位列全市第一梯队。扎实推进碟子湖大道“彩化”工程，打造全市首批“席地而坐”城市会客厅示范点——长天广场，新增公共停车场 4 个，公共停车泊位 842 个，全面更替城市窨井盖 1560 个，建成新型井盖示范路 2 条，打造全省首个市场化智慧环卫基地，充电桩、公厕、垃圾中转站等设施设备有序建设，公共基础设施短板逐步补齐。

【生态环境进一步优化】 2023 年，扎实推进省级生态文明试验区创建，积极稳妥推进碳达峰碳中和，严格落实河（湖）长制、林长制，持续打好“蓝天碧水净土”保卫战，空气质量稳定达到国家Ⅱ级标准以上。强力抓好前湖水系综合治理，扎实推进“治理十条”落实，市政管网缺陷修复、碟子湖大道污水干管改造等工程有序推进，区属 278 家排水单位全部实现销号。深化滨江风光带建设，马咀山生态湿地公园雏形初现，碟子湖大道樱花园、怀玉山大道休闲空间等精美呈现，风筝广场、中央绿廊等“城市绿肺”管护全面升级，高质量发展的“含绿量”不断提升。

【农村面貌进一步改观】 2023 年，坚持农业农村优先发展，深入实施乡村振兴战略，高水平承办南昌市 2023 年中国农民丰收节暨“两整治一提升”和粮油生产现场会，建设高标准农田 1000 公顷，完成水稻总产量 9000 万千克、油菜冬种 2400 公顷，守牢粮食安全底线。以“两整治一提升”行动为抓手，精心打造 1 个乡村振兴示范村、18 个共同富裕样板村和 35 个新农村建设村，加快推进西二环高速沿线环境整治，深入实施农村“厕所革命”，稳步推进农村道路“白改黑”，强力开展农村人居环境“夏季攻坚”行动，乡村“颜值”不断刷新。全区 78 个村集体经营性收入达到 1.54 亿元，村平均收入 210 万元，全市排名靠前。

【民生福祉满意更多】 2023 年，坚持以实际行动兑现民生承诺，19 件市区人大代表票决民生实事落地落实。加强就业帮扶，扎实开展“百场校招”，创新开展红谷篷友会人才夜市、人才嘉年华等特色招聘活动，新增城镇就业7987人，高标准打造全市首家和谐劳动关系一站式服务中心，为5368名劳动者追回工资8615.6万元。聚焦“一老一小”民生关切，大力推进区综合康养中心等项目建设，建立“社区食堂＋居家养老点＋配送入户”多层次助餐服务体系，丰富婴幼儿照护服务托位供给，老有所养、幼有所育服务体系加速形成。严格落实基本医保、大病保险、医疗救助三重待遇保障，全面提高困难群众救助标准，“红小依”服务品牌入选全省乡村智慧医保十佳优秀创新案例，“江西卫惠保”参保率位列全市第1。南昌西站地铁换乘“免安检”正式投入试运行，换乘时间节省15分钟以上，极大提高通行效率。

【社会事业底子更厚】 2023年，扎实推进南昌学校、行知学校、狮子山学校等11所学校建设，心远中学卧龙校区、碟子湖教育集团俊采校区如期开班办学。投资1亿元推进智慧教育项目建设，稳步实施义务教育量化积分入学制和“三维三度”教师分层分类培训改革，积极创建全国青少年近视防控示范县区，推动义务教育优质均衡发展。协调推进3家国家区域医疗中心、未来科学城南大一附院等省市三甲医院建设，全力打造高端医疗名片。推行建立区域合作、“两个下沉”分级诊疗、上下“融合融通”等机制，完成8个公立性基层医疗机构中医馆建设，获评省级优秀健康县（区）。高标准建设4个孺子书房，成功举办2023年群众篮球赛、首届“金花”户外运动节暨“红谷滩杯”2023年中国桨板赛公开赛等系列赛事，及迎春花市、风筝节、艺术展等多场特色活动，得到广泛关注和好评。

【基层治理成效更显】 2023年，加快推进基层治理能力现代化，坚持和发展新时代“枫桥经验”，通过市域社会治理现代化省级试点验收，依托区矛盾纠纷多元调解中心，唱响了“鸿鹄连心桥、调解‘520’”特色调解品牌，《专家联手破难题“四诊”并举解纷争》被中央政法委《长安》杂志刊登，并入选省委政法委“新时代‘枫桥经验’江西实践先进典型”。在全市率先开发“鸿鹄哨兵”风险智辅决策平台，大力推进智慧平安小区、天网等项目建设，常态化开展扫黑除恶斗争，坚决打击电信网络诈骗、“黄赌毒”、“食药环”等突出违法犯罪行为，妥善解决了被征地农民养老保险政策等一批历史遗留问题，初信初访”化解有力，“治重化积”成效明显，平安红谷滩建设提质增效。严格落实安全生产责任制，扎实开展安全生产重大事故隐患专项排查整治行动，加强对建筑施工、能源用电、特种设备、消防安全等重点领域安全监管，召开岁末年初安全防范工作暨冬春火灾防控安排部署会，专题部署“九小场所”消防安全专项排查整治工作，全区安全形势总体平稳有序，未发生生产安全事故。

（帅　嵩）

2023年中共红谷滩区委常委会会议一览表

表2

会议时间	会次	会议内容
1月18日	一届区委第四十二次常委会	传达学习习近平总书记同党外人士座谈并共迎新春时的重要讲话精神，全国、全省宣传部长会议精神，省第十四届人大第一次会议和市第十六届人大第三次会议精神，省政协十三届一次会议、市政协十五届三次会议精神，二十届中央纪委二次全会、省纪委十五届三次全会、市纪委十二届三次全会精神及红谷滩区贯彻落实意见；审议区政府党组《红谷滩区关于加快推进区域金融中心核心承载区建设的若干政策》；听取《区检察院党组2022年度工作报告》；审议区纪委区监委、区委组织部有关事项
1月30日	一届区委第四十三次常委会	审议区委组织部有关事项
2月8日	一届区委第四十四次常委会	传达学习习近平在学习贯彻党的二十大精神研讨班开班式上的讲话精神、习近平在中共中央政治局第二次集体学习时的重要讲话精神；听取《区法院党组2022年度工作报告》；审议区政府党组《关于对JLH702－A06地块签订土地储备合同变更协议并支付资金的请示》《关于续签〈红谷滩区“三合一”养护市场化服务项目委托协议〉的请示》《2022年开放型经济工作考核表扬方案》《关于恳请同意红谷滩区凤凰洲片区A06－01地块土地出让设置业态条件的请示》《关于恳请同意红谷滩区九龙湖片区JLH704－L10地块土地出让设置业态条件的请示》
2月17日	一届区委第四十五次常委会	审议区委组织部有关议题

续表2

会议时间	会次	会　议　内　容
2月24日	一届区委第四十六次常委会	传达学习中共中央政治局会议精神、安远事件的相关批示指示精神；听取区委政法委《全区政法工作汇报》；审议区政府党组《关于处置还建房公建商铺的请示》《关于红谷滩区卫东街办、沙井街道2023年部分老旧小区综合提升改造工程的请示》、区委组织部有关事项
3月12日	一届区委第四十七次常委会	传达学习二十届二中全会精神，习近平总书记在中共中央政治局第三次集体学习时的讲话精神，全国、全省、全市统战部长会议精神，《江西省平安建设条例》，省市整治形式主义为基层减负有关会议精神；审议《区委整治形式主义为基层减负专项工作机制方案》、区委组织部《全市2022年度乡村振兴模范党组织推荐名单》、区政府党组《红谷滩区关于建设全省数字经济创新发展引领核心区的扶持办法》《红谷滩区人民政府 中国电信股份有限公司江西分公司合作协议书》
3月26日	一届区委第四十八次常委会	传达学习习近平出席中国共产党与世界政党高层对话会议时的重要讲话精神，十四届全国人大一次会议精神，政协第十四届全国委员会第一次会议精神，全国、全省、全市网信办主任会议精神，省委巡视工作领导小组《关于进一步推进市县巡察工作高质量发展的意见》；听取区委组织部2022年度主要工作和2023年工作打算汇报；审议区委宣传部《关于召开区委网信委第三次会议的请示》、区政府党组《关于审议南昌市红谷滩区本级财政资金审批管理办法的请示》《南昌市红谷滩区2023年度专场招聘事业单位工作人员实施方案》、区总工会《红谷滩区2023年南昌市五一劳动奖和南昌市工人先锋号候选人及单位》；审议区委编办有关事宜
4月17日	一届区委第四十九次常委会	听取省纪委省监委的有关处分决定
4月22日	一届区委第五十次常委会	传达学习习近平总书记在出席学习贯彻习近平新时代中国特色社会主义思想主题教育工作会议时的重要讲话精神，习近平对内蒙古阿拉善左旗一露天煤矿坍塌事故重要指示精神和全省、全市安全生产电视电话会议精神，习近平关于巡视工作重要讲话和全国、省、市巡视巡察工作会议精神，全省巩固拓展脱贫攻坚成果同乡村振兴有效衔接重点工作调度会精神，全市新兴领域党群共建工作部署推进会精神；审议区委办公室《中共红谷滩区委常委会2023年工作要点》、区政协党组《2023年度区政协协商和民主监督工作计划》、区委巡察办《2023年度红谷滩区委巡察工作要点》、区委信访局《关于做好2023年全面推进信访重点工作的实施意见》；审议区委组织部有关事项
4月25日	一届区委第五十一次常委会	审议区委组织部有关事项、区纪委区监委提交的有关事项；审议区纪委区监委《关于制定开展“六小”“三不”行为专项整治工作方案》
4月28日	一届区委第五十二次常委会	传达学习《关于青海省6名领导干部严重违反中央八项规定精神问题查处情况及教训警示的通报》
5月9日	一届区委第五十三次常委会	传达学习二十届中央财经委员会第一次会议精神；审议《关于恳请同意在红谷滩区九龙湖片区JLH603－A04、JLH603－B01、B02、B03地块设置业态条件的请示》；审议区政府党组《关于红谷滩区全国文明城市创建常态长效体制机制相关方案》《关于区城投公司设立全资子公司产投公司相关事宜的请示》《红谷滩区规范事业单位人员 机关工勤人员工资津贴补贴实施方案》《关于洪州大道(明月山大道—三清山大道)快速化改造工程相关事宜的请示》《九龙湖新城城市综合管廊一期存量资产盘活项目实施方案》
5月20日	一届区委第五十四次常委会	传达学习习近平总书记重要文章《加快构建新发展格局 把握未来发展主动权》精神、中共中央办公厅《关于规范地方党委政策性文件制定工作规定》；审议区委办公室《关于成立红谷滩区城投公司临时领导小组的通知》、区棚改专项巡察整改工作领导小组办公室《市委棚改第一专项巡察组巡察反馈意见整改工作实施方案》

续表 2

会议时间	会次	会　议　内　容
6 月 4 日	一届区委第五十五次常委会	传达学习习近平总书记在中共中央政治局第五次集体学习时的重要讲话精神、全省党校（行政学院）校（院）长会议精神；审议区委办公室《关于在全区大兴调查研究的实施方案》、区政府党组《关于处置转让政府投资建设停车场经营权的请示》《关于处置还建房江报路 690 号富华小区 13#农贸市场的请示》《关于实施南昌大道（生米大桥—320 国道）道路提升改造工程的请示》《南昌市红谷滩区 2023 年公开选调事业单位工作人员实施方案》《南昌市红谷滩区创建省级生态区工作实施方案》
6 月 8 日	一届区委第五十六次常委会	审议《关于提请审议红谷滩区厚田乡撤乡设镇行政区划调整的请示》
6 月 16 日	一届区委第五十七次常委会	审议区考核办《关于确定 2022 年度全区综合考核结果等次评定的请示》
6 月 25 日	一届区委第五十八次常委会	审议区委组织部有关议题
6 月 27 日	一届区委第五十九次常委会	审议区委组织部有关议题
7 月 17 日	一届区委第六十次常委会	传达学习习近平总书记在二十届中共中央政治局第六次集体学习时的重要讲话精神，习近平总书记同团中央新一届领导班子成员集体谈话时的重要讲话精神，习近平总书记在全国文化传承发展座谈会上的重要讲话精神，全市深化拓展整治形式主义为基层减负、规范接待和紧急信息报送工作会议精神，全市 2023 年民族宗教工作领导小组第一次会议和市委统一战线工作领导小组 2023 年民族宗教工作专题会议暨“两个专项”工作推进会精神；审议区委宣传部《关于开展“以学促干”理论宣讲活动的通知》、区委办公室《关于调整区委领导班子成员分工的请示》、区政府党组《关于实施红谷滩区农村水利基础设施提升改造工程项目的请示》《关于实施新建区流湖大堤涝区排涝能力建设项目的请示》
7 月 24 日	一届区委第六十一次常委会	审议区委组织部有关议题
8 月 9 日	一届区委第六十二次常委会	传达学习 7 月 24 日中共中央政治局分析研究当前经济形势和经济工作会议精神，省委十五届四次全体（扩大）会议、市委十二届六次全体（扩大）会议精神，全国、全省政法领导干部学习贯彻习近平新时代中国特色社会主义思想锻造政法铁军专题研讨班精神；听取红谷滩区贯彻落实意见汇报，全国、全省、全市“扫黄打非”工作会议精神，全省新时代文明实践中心建设暨移风易俗工作现场推进会，全国红色基因传承示范区建设推进会会议精神；审议区纪委区监委《2022 年小微权力“监督一点通”平台运行情况并研究 2023 年推广应用实施方案》、区政府党组《关于区城投公司 2023 年债券发行计划的请示》《关于区城投公司竞买红谷滩区管廊资产的请示》《2022 年度全区国有资产管理情况综合报告（书面）》《2022 年度企业国有资产管理情况专项报告》《2022 年度全区行政事业性国有资产管理情况专项报告》和《2022 年度全区自然资源国有资产管理情况专项报告》；审议区委组织部《全市 2023 年度乡村振兴担当作为好支书推荐名单》
8 月 12 日	一届区委第六十三次常委会	审议区委组织部有关议题
8 月 15 日	一届区委第六十四次常委会	传达学习习近平总书记在四川考察时的重要讲话精神；审议区考核办 2023 年度省对市县综合考核指标责任分工表、2023 年度市对县区综合考核指标责任分工表
8 月 22 日	一届区委第六十五次常委会	传达学习中共中央政治局常务委员会会议精神；审议区政府党组《红谷滩区规范公务员工资津贴补贴实施方案》《关于恳请继续实施流湖镇安置房项目的请示》
8 月 29 日	一届区委第六十六次常委会	审议区委组织部有关议题

续表 2

会议时间	会次	会　议　内　容
9 月 5 日	一届区委第六十七次常委会	传达学习中共中央政治局 8 月 31 日常务委员会会议精神；审议区政府党组《关于审议慧谷产业园 3#后续事宜的请示》《红谷滩区 2023 年上半年安全生产工作情况汇报》《红谷滩区 2022 年财政决算及 2023 年上半年预算执行情况的报告》《2023 年红谷滩区重大重点项目计划表》《2023 年红谷滩区重大重点项目区"四套班子"领导挂点计划》《红谷滩区 2023 年上半年国民经济和社会发展计划执行情况的报告》《关于推进全区中小学教师"区管校聘"管理体制改革的实施意见》
9 月 17 日	一届区委第六十八次常委会	传达学习习近平总书记关于巩固拓展脱贫攻坚成果同乡村振兴有效衔接重要讲话精神及国家、省、市有关会议精神；听取红谷滩区 2023 年上半年全区巩固拓展脱贫攻坚成果同乡村振兴有效衔接工作情况报告，中央、省委、市委主题教育会议精神；听取红谷滩区贯彻落实意见；审议区委主题教育工作组《中共红谷滩区委关于在全区深入开展学习贯彻习近平新时代中国特色社会主义思想主题教育的工作方案（审议稿）》《中共红谷滩区委关于成立区委学习贯彻习近平新时代中国特色社会主义思想主题教育领导小组及组成人员任职的通知（审议稿）》《红谷滩区学习贯彻习近平新时代中国特色社会主义思想主题教育动员大会方案（审议稿）》
9 月 20 日	一届区委第六十九次常委会	审议区委组织部有关议题
10 月 14 日	一届区委第七十次常委会	传达学习习近平总书记在二十届中共中央政治局第八次集体学习时的讲话精神、习近平总书记对宣传思想文化工作的重要指示精神和全国宣传思想文化工作会议精神、习近平总书记对新时代办公厅工作的重要指示以及全国党委和政府秘书长会议精神、全国全省全市组织工作会议精神、《基层党组织（党员）主题教育"8 + 3"分类指引》文件精神；审议区考核办《关于进一步健全综合考核指标推进机制的通知》《红谷滩区 2023 年度综合考核实施意见》及 5 个实施方案；审议区委组织部《红谷滩区退出领导岗位干部抽调管理实施办法（试行）》《红谷滩区科级领导班子和领导干部平时考核工作方案（试行）》及区政府党组《关于恳请审议向祥生府项目提供借款的请示》
10 月 17 日	一届区委第七十一次常委会	专题传达学习习近平总书记在进一步推动长江经济带高质量发展座谈会上的重要讲话精神；听取江西省委省政府工作汇报和习近平总书记考察江西时的重要讲话精神；研究红谷滩区贯彻落实意见
10 月 31 日	一届区委第七十二次常委会	传达学习习近平总书记在二十届中共中央政治局第九次集体学习时的重要讲话精神；审议区委办公室《红谷滩区学习贯彻习近平总书记考察江西重要讲话精神的工作方案》《关于调整区领导挂点联系指导乡镇街道及村社区管理站农场工作安排的通知》、区政府党组《关于恳请审议区城投公司参与竞拍 JLH503 - C06 地块相关事项的请示》《关于恳请审议区城投公司增加资本金的的请示》及区纪委区监委有关事项。
11 月 8 日	一届区委第七十三次常委会	传达学习中央主题教育工作推进会精神，全省、市主题教育办主任座谈会精神及《关于走好新时代党的群众路线建立"四下基层、三访三促"工作机制的实施意见（试行）》；听取红谷滩区委主题教育工作开展情况及下一步工作打算情况汇报
11 月 16 日	一届区委第七十四次常委会	传达学习习近平总书记在中央金融工作会议上的重要讲话精神、习近平总书记同全国妇联新一届领导班子成员集体谈话时的重要讲话精神和中国妇女第十三次全国代表大会精神、习近平总书记在看望参加政协会议的民建工商联界委员时的重要讲话精神；听取红谷滩区贯彻落实意见情况汇报、全市信访工作联席会议精神、红谷滩区贯彻落实意见情况汇报、2023 年全面依法治市工作推进会精神；审议区政府党组《红谷滩区凤凰洲、沙井、卫东、红角洲、九龙湖片区停车位存量资产盘活项目实施方案》《关于恳请实施红谷滩区城乡供水一体化建设项目的请示》
11 月 23 日	一届区委第七十五次常委会	听取区政府党组《2023 年度全区巩固拓展脱贫攻坚成果同乡村振兴有效衔接工作情况汇报》

续表 2

会议时间	会次	会 议 内 容
11 月 29 日	一届区委第七十六次常委会	传达学习 11 月 27 日中央政治局会议精神、全市主题教育调研成果转化暨整改整治工作调度会精神;听取区委主题教育办《关于区委主题教育领导小组及其办公室有关人员的调整方案》《关于在学习贯彻习近平新时代中国特色社会主义思想主题教育中开展区级层面专项整治的工作方案(审议稿)》及区政府党组《关于全区五经普工作情况的汇报》;审议区政府党组《关于关于区城投公司投资建设智算中心项目相关事宜的请示》《关于〈轨道建设 1— 4 号线资金筹措(筹措用地收储框架)协议〉的请示》、区委办公室《区委 2023 年 12 月区委重点工作安排》、区委组织部《区法学会第一次会员代表大会相关事宜》;套开党政联席会:审议区政府党组《关于恳请同意红谷滩区红角洲片区 HJZ702 - 002 地块设置业态条件的请示》《关于恳请同意红谷滩区中央商务局 B - 25 - 2 地块设置土地出让业态条件的请示》
12 月 9 日	一届区委第七十七次常委会	传达学习习近平总书记考察上海、江苏盐城时的重要讲话精神;听取团区委《全区团员和青年主题教育开展情况汇报》;审议区政府党组《关于红谷滩区属企业负责人薪酬制度改革的意见(修订稿)》《红谷滩区属国有企业负责人经营业绩考核及薪酬水平审定暂行办法(送审稿)》《红谷滩区 2023 年地方政府债务限额以及 2023 年区级预算调整方案(草案)》《关于区城投公司竞买红谷滩区停车场收益权的请示》;听取区委组织部《红谷滩区基层党建工作情况汇报》、区委办公室《红谷滩区 2022 年度高质量发展奖评选表彰方案》及区委组织部有关事项
12 月 17 日	一届区委第七十八次常委会	传达学习习近平总书记在中央经济工作会议上的重要讲话精神、全市主题教育相关会议精神;审议区人大常委会党组《关于召开红谷滩区第一届人民代表大会第四次会议的相关事项的请示》、区政府党组《红谷滩区进一步推进企业上市挂牌高质量发展若干扶持政策》《红谷滩区关于打造区域金融中心核心承载区的实施方案》《红谷滩区关于加快推进区域金融中心核心承载区建设的若干政策》《〈红谷滩区国民经济和社会发展第十四个五年规划和二〇三五年远景目标纲要〉实施情况中期评估报告》《关于恳请审议区城投公司受让资产抵偿债务的请示》;套开区党政联席会:审议区政府党组《关于恳请同意中心区 B - 13 - 2 - ①地块土地出让设置业态条件的请示》
12 月 27 日	一届区委第七十九次常委会	传达学习习近平总书记在中央农村工作会议上的重要讲话精神、县区综合考核工作推进会议精神;审议区委办公室《关于表彰 2022 年度红谷滩区高质量发展建设先进集体和先进个人的决定》、区委组织部《红谷滩区法学会第一届理事会会长、副会长候选人建议人选名单》

(燕晶晶)

决策部署

【概况】 2023 年,红谷滩区委常务委员会坚持以习近平新时代中国特色社会主义思想为指引,深入学习贯彻党的二十大和习近平总书记考察江西重要讲话精神,树立和践行正确政绩观,围绕“一枢纽四中心”建设,紧扣“项目为先、实干奋进,争分夺秒拼经济”工作主线,作出重要决策部署,奋力推动全区经济社会发展和党的建设取得新成效。

【深入开展企业连心活动】 2023 年 3 月 29 日,经区委、区政府同意,区委办公室、区政府办公室印发《“红谷连心会”暨统计服务到基层、进企业活动方案》。要求县级领导干部带头,通过重点访谈、集体座谈等形式,深入企业开展统计政策宣讲,了解企业诉求、回应群众关切、解决企业困难,进一步密切党群、干群、政企关系。

【大兴调查研究】 2023 年 6 月 16 日,经区委同意,区委办公室印发了《关于在全区大兴调查研究的实施方案》。以县级领导为主,围绕 12 个方面内容,推动开展战略性、对策性、前瞻性、跟踪性、解剖式、督查式调研,明确了 6 个步骤、12 个具体环节,并提出了加强组织领导、完善工作机制、强化工作统筹、改进调研作风、营造浓厚氛围等工作要求,切实以高质量调查研究推动实现高质量发展。

【健全经济运行监测机制】 2023年8月15日，区委、区政府印发《关于健全完善全区经济运行监测机制的通知》，为准确把握经济运行态势，分析研判经济形势，更好实现质的有效提升和量的合理增长，建立全区经济运行监测机制。确定监测范围，成立工作领导小组，下设经济运行监测专班和8个监测组，建立市场主体（项目）摸排、工作目标清单、指标模拟预报、运行动态监测、跟踪督导问效等5个机制，制定5项保障措施，推动经济运行在合理区间。

【加强基层小微权力监督】 2023年8月23日，经区委、区政府同意，区委办公室、区政府办公室印发《红谷滩区基层小微权力"监督一点通"平台推广应用实施方案》，决定在全区范围推广应用小微权力"监督一点通"平台，聚焦与群众日常生产生活密切相关的教育、医疗、住房、社保、民政等领域，形成事项清单，为群众提供对基层小微权力监督的便捷渠道，让干部感受到监督、习惯被监督，让群众知道有监督、参与监督，增强监督在基层治理中的效能。

【扎实开展主题教育】 2023年9月12日，区委印发《关于在全区深入开展学习贯彻习近平新时代中国特色社会主义思想主题教育的工作方案》，从深刻领会重大意义、精准把握总体要求、强化目标导向和问题导向、突出抓好县级领导班子和领导干部主题教育、抓实基层党组织主题教育、精心组织实施6个方面对深入开展学习贯彻习近平新时代中国特色社会主义思想主题教育进行部署和安排，牢牢把握"学思想、强党性、重实践、建新功"的总要求，坚持理论学习、调查研究、推动发展、检视整改、建章立制等重点措施有机融合、一体推进。

【强化领导干部考核】 2023年10月18日，经区委同意，区委办公室印发《红谷滩区科级领导班子和领导干部平时考核工作方案（试行）》。为深入贯彻落实习近平总书记"考察识别干部，工作要下在平时"的指示精神，全面客观正确掌握科级领导班子和领导干部的日常表现和工作实绩，对考核时间、考核范围、考核原则、考核内容、考核方式和程序等内容进行细化明确，进一步提升了干部考核的精准度。

【深入学习习近平总书记考察江西重要讲话精神】 2023年11月2日，区委印发《红谷滩区学习宣传贯彻习近平总书记考察江西重要讲话精神的工作方案》，围绕全面传达学习、广泛宣传宣讲、深入学习研讨、抓好贯彻落实4个方面，部署19项具体任务，召开区委常委会、全区领导干部大会、区委理论学习中心组专题学习会等专题学习，并组建区委宣讲团分地区、分领域开展宣传，在全区上下营造了浓厚的学习宣传贯彻氛围。

【表彰评选先进】 2023年12月13日，经区委、区政府同意，区委办公室、区政府办公室印发《红谷滩区2022年高质量发展奖评选表彰方案》，决定表彰在全区2022年经济社会高质量发展中做出重要贡献的企业、单位和个人，共设立高质量发展先进企业、争先创优奖、护航先锋奖三大类，以及疫情防控先进集体、个人专项奖励，共评选出先进集体50个、先进个人100人，在全区上下营造了你追我赶、比学赶超的浓厚氛围。

（帅　嵩）

区委中心组理论学习

【概况】 2023年，红谷滩区四套班子领导干部注重政治理论学习，组织15次理论学习中心组学习会，紧紧围绕学习贯彻习近平新时代中国特色社会主义思想主题教育，深入学习领会习近平新时代中国特色社会主义思想、党的二十大精神、习近平总书记考察江西重要讲话精神、习近平经济思想、习近平文化思想，习近平总书记关于从严治党、党的自我革命、意识形态、网络强国、安全生产、棚户区改造、依法治国、民族宗教、数字经济、健康中国、国防教育、调查研究、中国式现代化、树立和践行正确政绩观、基层治理等方面重要论述；学习贯彻习近平新时代中国特色社会主义思想主题教育工作会议精神、习近平总书记主持召开进一步推动长江经济带高质量发展座谈会重要讲话精神、习近平总书记在中央金融工作会议上的重要讲话、习近平总书记在主持召开中央全面深化改革委员会第三次会议上的重要讲话等。区委常委领导依次围绕主题进行中心发言。

【2022年度民主生活会集中学习研讨会】 2023年1月18日，红谷滩区委理论学习中心组专题学习会召开。吴江辉指出要深入学习贯彻习近平新时代中国特色社会主义思想，全面准确学习领会党的二十大精神，切实把思想和行动统一到党中央精神上来，进一步提高认识、统一思想、增强自觉，打牢开好民主生活会的思想基础。区委书记吴江辉主持会议并讲话，区委班子成员参加。

【深入学习习近平总书记关于意识形态的重要论述和关于网络强国的重要思想】 2023年3月4日，红谷滩区组织召开区委理论学习中心组（扩大）会议。会议深入学习贯彻党的二十大精神及党的二十届一中、二中全会精神。认真学习领会习近平总书记关于意识形态工作的重要论述和关于网络强国的重要思想，引导全区上下自觉把思想和行动统一到习近平总书记重要讲话精神上来，统一到党中央决策部署上来，牢牢守住意识形态阵地，切实维护网络意识形态领域安全。会上，省委网信办政策法规处一级调研员李新金围绕“网络意识形态”授课。区四套班子成员、区法检两长；区委各部门、区直各单位、各人民团体、区属企事业单位主要负责人，乡、镇（街道、管理处）党政主要负责人参加。

【“赶考”之路】 2023年3月26日，红谷滩区委理论学习中心组学习研讨会议召开，会议深入学习贯彻党的二十大和全国两会精神，学习习近平总书记关于中国式现代化的重要论述摘编，聚焦“赶考”主题，聚焦“3·23”赶考日，牢记“三个务必”（务必不忘初心、牢记使命，务必谦虚谨慎、艰苦奋斗，务必敢于斗争、善于斗争），全面准确把握好中国式现代化的中国特色和本质要求，深刻认识新的赶考之路上的种种风险挑战，以自信、发奋、齐心的精神状态全面建设社会主义现代化红谷滩。区委书记吴江辉主持会议并讲话。区委副书记万晓娟，区人大常委会主任吴韶宸，区政协主席陶国强等区委理论学习中心组成员出席会议。

【学习关于平安中国建设的重要指示精神和关于安全生产的重要论述】 2023年4月22日，红谷滩区召开区委理论学习中心组（扩大）会议暨江西省平安建设条例专题学习会，深入学习贯彻落实党的二十大精神和习近平总书记关于平安中国建设的重要论述，学习《江西省平安建设条例》，牢固树立总体国家安全观，促进红谷滩区和谐稳定的整体水平提升，打造全区共建共治共享社会治理新格局。江西财经大学王柱国教授作专题授课。区委书记吴江辉，区委副书记、区长刘光荣，区委副书记万晓娟，区政协主席陶国强，区“四套”班子成员，各乡、镇、街道，区委各部门、区直各单位、各人民团体、驻区各单位、区城投公司主要负责人参加学习。

【学习贯彻习近平新时代中国特色社会主义思想主题教育工作会议精神】 2023年5月20日，红谷滩区委理论学习中心组集中学习研讨会举行。会议的主要任务是深入学习贯彻习近平新时代中国特色社会主义思想主题教育工作会议精神，以及习近平总书记在中共中央政治局第四次集体学习和视察江西重要讲话精神，深刻认识开展主题教育的重大意义，牢牢把握主题教育的根本任务、目标要求和重要内容，自觉把思想和行动统一到党中央决策部署上来，切实打牢主题教育思想理论基础，做到以学铸魂、以学增智、以学正风、以学促干。区委书记吴江辉主持会议并讲话，区委副书记万晓娟等区委理论学习中心组成员出席会议。

【专题学习《中国共产党章程》】 2023年6月27日，红谷滩区委理论学习中心组召开专题学习会议，专题学习《中国共产党章程》，交流学习体会、锤炼党性修养、砥砺责任担当，为全面建设社会主义现代化红谷滩提供坚强保障。会上，与会人员观看《奋斗新的伟业 新征程上党旗飘扬》。区委书记涂晓晖主持会议并讲话。区委副书记万晓娟，区人大常委会主任吴韶宸等区委理论学习中心组成员参加学习。

【棚改问题巡察整改专题民主生活会会前学习研讨】 2023年7月14日，红谷滩区委常委班子棚改问题巡察整改专题民主生活会会前学习研讨会议召开。会议的主要目的是，深入学习领会习近平总书记关于棚户区改造工作的重要指示批示精神，全面贯彻落实党中央、国务院、省委、省政府和市委、市政府关于棚改（旧改）工作的决策部署，坚持问题导向和目标导向，强化全面从严治党的政治责任，扎实推进市委棚改专项巡察反馈问题整改落实，以高度的政治自觉、思想自觉、行动自觉捍卫“两个确立”、做到“两个维护”，为开好专题民主生活会打牢坚实的思想基础。区委书记涂晓晖主持会议并讲话。区委副书记万晓娟等区委常委参加会议，区政协主席陶国强出席会议。

【理论学习中心组（扩大）会议暨健康中国发展战略专题讲座】 2023年8月12日，红谷滩区举办区委理论学习中心组（扩大）会议暨健康中国发展战略专题讲座，深入学习党的二十大精神、习近平经济思想和习近平总书记关于发展数字经济的重要论述，贯彻落实中央、省委和市委关于数字经济工作的各项部署要求，深刻认识数字经济在推动经济社会发展、构筑竞争优势中的积极作用，准确把握构建新发展格局的重要要求，聚焦未来科学城建设和产业布局，奋力在实施数字经济战略上抢占先机，为红谷滩区高质量发展注入新动能。江西省爱国卫生与健康宣传促进中心党支部书记、三级主任医师万德芝作专题授课，区委书记涂晓晖，区委副书记、区长刘光荣，区人大常委会主任吴韶宸，区政协主席陶国强，区四套班子成员出席会议。

【深入学习贯彻习近平经济思想】 2023年8月31日，红谷滩区召开区委理论学习中心组（扩大）会议，深入学习贯彻党的二十大精神、习近平经济思想、省委十五届四次全会精神及市委十二届六次全会精神，学习贯彻落实国家、省、市关于第五次全国经济普查的部署要求，深刻认识第五次全国经济普查的重大意义和深远影响，积极担当、勇于作为、全力以赴，坚决完成第五次全国经济普查各项工作任务。市统计局党组成员、副局长胡强围绕第五次全国经济普查进行授课，区委书记涂晓晖、区委副书记万晓娟、区政协主席陶国强等区四套班子成员出席会议。

【学习领会习近平新时代中国特色社会主义思想、习近平总书记关于主题教育系列重要讲话和重要指示精神】 2023年9月19日，红谷滩区委理论学习中心组集中学习研讨会召开。会议深入学习领会习近平新时代中国特色社会主义思想、习近平总书记关于主题教育系列重要讲话和重要指示精神。涂晓晖强调，习近平总书记在学习贯彻习近平新时代中国特色社会主义思想主题教育工作会议上的重要讲话，深刻阐述了开展主题教育的重大意义、目标要求和重点措施，为我们开展好主题教育提供了科学指引和根本遵循。全区上下要自觉把思想和行动统一到中央和省委、市委部署要求上来，紧扣"学思想、强党性、重实践、建新功"的总要求，努力在以学铸魂、以学增智、以学正风、以学促干方面取得实实在在的成效。区委书记涂晓晖主持会议并讲话。区委副书记、区长刘光荣，区委副书记万晓娟，区人大常委会主任吴韶宸，区政协主席陶国强等区委理论学习中心组成员出席会议参加学习。

【区委与南昌大学党委理论学习中心组联学会议召开】 2023年10月9日，红谷滩区委与南昌大学党委理论学习中心组联学会议召开，深入学习贯彻党的二十大精神，学习贯彻习近平总书记视察江西重要讲话精神和关于中国式现代化的重要论述，为更好服务省委十五届四次全会提出的打造"三大高地"、实施"五大战略"的部署，按照率先"作示范、勇争先"的要求，加快推进"一枢纽四中心"建设，进一步加强校地交流，服务区域高质量发展。南昌大学党委书记罗嗣海主持会议并讲话，区委书记涂晓晖出席会议并讲话。南昌大学党委理论学习中心组成员、红谷滩区委理论学习中心组成员、中科院创业投资管理有限公司董事长吴乐斌等有关代表出席会议。中科院创业投资管理有限公司董事长吴乐斌以《产教融合典范的解析及其启迪》为题进行授课。

【深刻领会习近平总书记考察江西重要讲话精神】 2023年10月28日，红谷滩区委理论学习中心组学习研讨会举行，深入学习习近平新时代中国特色社会主义思想，深刻领会习近平总书记考察江西重要讲话精神，以及对江西工作系列重要讲话、重要指示精神，解放思想、开拓进取、扬长补短、固本兴新，把"走在前、勇争先、善作为"的目标要求融入全区各项工作中来，在全省打造"三大高地"、实施"五大战略"，在全市"一枢纽四中心"建设中实干奋进、担当作为，谱写中国式现代化红谷滩篇章。会上，大家一起观看中央电视台《新闻联播》播放的习近平总书记在江西考察、主持召开进一步推动长江经济带高质量发展座谈会的新闻片，重温习近平总书记在江西考察时的生动场景。区委书记涂晓晖主持会议并讲话。区委副书记、区长刘光荣，区政协主席陶国强等区委理论学习中心组成员出席。

【围绕"关于树立和践行正确政绩观、推动高质量发展"和"学习运用浙江'千万工程'经验"开展专题学习】 2023年11月23日，红谷滩区召开区委理论学习中心组集体学习研讨会，深入学习习近平总书记考察江西重要讲话精神和习近平总书记关于树立和践行正确政绩观、推动高质量发展的重要论述，围绕"关于树立和践行正确政绩观、推动高质量发展"和"学习运用浙江'千万工程'经验"开展专题学习。积极抢抓省会引领战略和未来科学城开发建设等重大机遇，巩固优势、补齐短板，推动全区经济社会高质量发展。区委书记涂晓晖主持会议并讲话。省委宣传部、市委组织部、市委宣传部有关负责人到会指导。区委副书记万晓娟、区人大常委会主任吴韶宸、区政协主席陶国强，区委理论学习中心组成员出席会议。

【理论学习中心组（扩大）会议暨习近平法治思想专题辅导报告会召开】 2023年12月14日，红谷滩区召开区委理论学习中心组（扩大）会议暨习近平法治思想专题辅导报告会，深入学习贯彻习近平新时代中国特色社会主义思想，深入学习习近平法治思想，进一步引导全区广大党员领导干部学习领会习近平法治思想的重大意义和丰富内涵，切实增强推进全面依法治区的思想自觉、政治自觉、行动自觉，为红谷滩区高质量发展提供坚强有力的法治保障。省高级人民法院研究室副主任颜凌云作专题授课。区委书记涂晓晖主持会议并讲话。区委副书记万晓娟、区人大常委会主任吴韶宸、区政协主席陶国强等区委理论学习中心组成员出席。

【深入学习习近平总书记关于基层治理的重要论述和关于"四下基层"的重要指示批示精神】 2023年12月25日，红谷滩区委理论学习中心组集中学习研讨会举行，深入学习贯彻习近平新时代中国特色社会主义思想和党的二十大精神，深入学习习近平总书记关于基层治理的重要论述和关于"四下基层"的重要指示批示精神，进一步深化运用"四下基层"工作方法，走好新时代党的群众路线，为全区经济社会高质量发展凝心聚力、筑牢根基。区委书记涂晓晖主持会议并讲话。区人大常委会主任吴韶宸等区委理论学习中心组成员出席。

（付俊炜）

督查与信息

【概况】 2023年，红谷滩区委办公室聚焦“一枢纽四中心”建设，把握稳中求进工作总基调，强化问题导向、坚持督办一体、持续跟踪问效，紧盯时间节点加大工作力度和调度频次，督促相关地区和部门单位严格落实主体责任，全力全速推进问题整改清仓见底。同时，严格对照经济社会发展各项重点目标、指标、任务督查指导，确保全年工作圆满收官。

【开展督查督办工作】 2023年，区委督查室围绕中央、省委、市委决策部署和区委各项目标任务以及区委主要领导指示批示精神，聚焦全区产业发展、城市建管、农业农村、民生实事等重要工作，发挥督查“利剑”作用，狠抓工作落实。坚持每日梳理研判，对区委主要领导指示批示、会议纪要明确事项、上级督查督办等重点事项，逐条逐项筛选甄别，形成督办事项清单。建立“日常+专项”协同监督机制，日常实行滚动督查，对事项进行滚动跟踪、台账管理，做到件件有回音、事事有着落。对于重点督办项目，组建督查小组，开展“两整治一提升”、前湖水环境综合治理、复兴大道西延、明月山大道南延等市政路网建设，行知学校、狮子山学校等项目建设，马咀山生态公园等20余项专项督查，时刻关注、研究、跟踪进展情况，并适时开展“回头看”，推动一批问题加速落实。全年共接收省、市督办件56件，其中涉及省委、市委领导指示批示29件；落实市委督查室口头交办事项96项。梳理督办区委主要领导指示批示341件、会议纪要48件，编发进展情况25期、督查专报12期。有力地推动了“城区雨污管网分离”等12个历史遗留问题的整改销号工作。同时，坚持将“解民忧、凝民心、聚民意、促发展”作为工作重点，高质量做好民声通道和人民网“领导留言板”办件的处理工作，区委办荣获“2023年度人民网网上群众工作民心汇聚单位”称号（全省仅有7个县区获评）。全年累计督办民声通道诉求和意见建议492件、人民网“领导留言板”书记留言473条，江西省儿童医院停车难有效解决的案例入选2023年人民网领导留言板精选案例，并受到人民网、江西电视台等新闻媒体的宣传报道。

【编报党委信息】 2023年，区委办公室围绕区委中心工作及重点难点问题，及时、全面、准确采编信息，不断提升信息报送质量及水平。全年累计编发《红谷滩每周要情》48期。上报省委办公厅的信息504条、市委办公室的信息1106条。其中，1条信息被中办采用，40条信息被省委办公厅采用，79条信息被市委办上报至中办、省委办，172条信息被市委办公室采用；编报的《基层反映我省职业教育发展存四方面问题与不足》《调研反映盘活工业园区闲置低效用地存“三难”》《调研显示我省小微企业生产经营恢复向好但仍面临投资难回款难成本增等困难》等问题建议类信息被省领导批示，《淄博烧开火爆背后的“流量密码”》获市委主要领导批示。全年红谷滩区委信息报送总得分2740.5分，在县区中排名全市第4。

（杨　娟　徐　卓）

2023年中国共产党红谷滩区委员会印发文件选目一览表

表3

文号	时间	文件标题
红谷发〔2023〕1号	2023年1月31日	中共红谷滩区委 红谷滩区人民政府关于印发《关于红谷滩区属企业负责人薪酬制度改革的意见》的通知
红谷发〔2023〕2号	2023年2月27日	中共红谷滩区委关于调整区委领导班子成员分工的通知
红谷发〔2023〕3号	2023年5月11日	中共红谷滩区委关于印发《区委常委会2023年工作要点》的通知
红谷发〔2023〕4号	2023年6月1日	中共红谷滩区委关于认真做好市委棚改第一专项巡察组巡察反馈意见整改工作的通知
红谷发〔2023〕5号	2023年6月30日	中共红谷滩区委 红谷滩区人民政府关于2022年度综合考核结果的通报
红谷发〔2023〕6号	2023年7月31日	中共红谷滩区委关于调整区委领导班子成员分工的通知
红谷发〔2023〕7号	2023年8月23日	中共红谷滩区委 红谷滩区人民政府印发关于健全完善全区经济运行监测机制的通知
红谷发〔2023〕8号	2023年9月15日	中共红谷滩区委 红谷滩区人民政府关于成立红谷滩区对台工作领导小组及调整“红谷连心会”活动领导小组等议事协调机构相关组成人员的通知

续表 3

文号	时间	文件标题
红谷发〔2023〕10 号	2023 年 9 月 22 日	中共红谷滩区委关于印发《关于在全区深入开展学习贯彻习近平新时代中国特色社会主义思想主题教育的工作方案》的通知
红谷发〔2023〕11 号	2023 年 9 月 22 日	中共红谷滩区委关于成立红谷滩区委学习贯彻习近平新时代中国特色社会主义思想主题教育领导小组及组成人员任职的通知
红谷发〔2023〕12 号	2023 年 11 月 3 日	中共红谷滩区委关于印发《红谷滩区学习宣传贯彻习近平总书记考察江西重要讲话精神的工作方案》的通知
红谷发〔2023〕13 号	2023 年 11 月 9 日	中共红谷滩区委 红谷滩区人民政府关于调整区领导挂点联系指导乡镇街道及村社区管理站农场工作安排的通知
红谷发〔2023〕14 号	2023 年 12 月 4 日	中共红谷滩区委关于成立红谷滩区“项目为先、实干奋进，争分夺秒拼经济”作风提升年活动领导小组的通知
红谷发〔2023〕15 号	2024 年 1 月 9 日	中共红谷滩区委 红谷滩区人民政府关于表彰 2022 年度红谷滩区高质量发展建设先进集体和先进个人的决定

（陈颖慧）

全面深化改革

【概况】 2023 年，红谷滩区委全面深化改革委员会（以下简称深改委）坚决贯彻习近平总书记关于全面深化改革重要论述和中央、省委、市委关于全面深化改革的决策部署，在全市率先将乡镇街道纳入全区改革“大盘子”，研究部署 82 项改革举措、17 项重点改革举措，纵深推进全面深化改革攻坚行动，着力形成更多原创性、引领性、标志性的红谷滩改革成果。

【全面深化改革委员会第七次会议召开】 2023 年 3 月 26 日，区委书记、区委深改委主任吴江辉主持召开区委全面深化改革委员会第七次会议，区委深改委副主任、委员，各专项小组组长、副组长和牵头单位负责人参加会议。会议听取区教体局关于《红谷滩区创新实施义务教育阶段五类后（含五类）生源量化积分入学》等 8 个改革项目谋划情况的汇报。会议强调，要深化认识提站位，深入学习贯彻党的二十大关于全面深化改革的重要决策部署，在更高起点上推进红谷滩改革工作走深走实。要科学精准早谋划，瞄准打造“改革创新引领区”目标，着力打通改革痛点、堵点。要协同联动快推进，持续优化“深改委—改革办—专项小组—牵头单位—参与单位”五级主体责任链条抓改革机制。要强化督导促落实，定期对各单位改革工作推进情况进行实地督查，确保各项改革举措有序推进。要瞄准一流树品牌，积极主动争试点，积极主动创品牌，积极主动促转化，切实把改革成果转化为制度优势。

【全面深化改革委员会第八次会议召开】 2023 年 5 月 9 日，区委书记、区委深改委主任吴江辉主持召开区委全面深化改革委员会第八次会议，区委深改委副主任、委员，各专项小组组长、副组长和牵头单位负责人参加会议。会议传达学习中央、省委、市委深改委会议精神，通报 2022 年省市全面深化改革工作考评结果，听取 2023 年基层探索和创新的改革项目汇报，审议通过了“两规则一细则”。会议强调，认识要有“高度”，以改革的生动实践捍卫“两个确立”，做到“两个维护”。谋划要有“深度”，精心谋划一批打基础利长远的特色改革项目。推进要有“速度”，严格按照既定的“时间表”和“路线图”，有力有序推进各项工作。宣传要有“广度”，积极宣传推介红谷滩区改革成果。督导要有“力度”，推动各项任务的落实落地。

【全面深化改革委员会第九次会议召开】 2023 年 11 月 8 日，区委书记、区委深改委主任涂晓晖主持召开区委全面深化改革委员会第九次会议，区委深改委副主任、委员，各专项小组组长、副组长和牵头单位负责人参加会议。会议传达学习中央、省委深改委会议精神，听取基层探索和创新的改革项目，及改革攻坚行动推进情况汇报，审议通过《红谷滩区全面深化改革工作考核办法》。会议强调，要强化改革思维，在对标对表中坚定方向。围绕产业转型、政务服务等重点领域，出实招、出硬招、出新招、出好招。要强化攻坚思维，在担当实干中加快推进。加快推进 180 项改革任务，确保实现预期成效。要强化创新思维，在勇闯新路中擦亮品牌。加快推进全国儿童青少年近视防控等试点，推动形成可复制、可推广的红谷滩经验。要强化系统思维，在协同联动中高效落实。构建层级清晰、协作有序、左右联动的改革工作格局，推动改革任务到点验收、对账销号。

【全面深化改革委员会第十次会议召开】 2023 年 12 月 20 日，区委书记、区委深改委主任涂晓晖主持召开区委全面深化改革委员会第十次会议，区委深改委副主任、委员，各专项小组组长、副组长和相关单位负责人参加会议。会议传达学习中央、市委深改委会议精神，听取各改革专项小组 2023 年度改革工作计划推进情况汇报，研究讨论全面深化改革典型事件及 2024 年基层探索和创新的改革项目，审议通过《红谷滩区委全面深化改革委员会工作规则》《红谷滩区委全面深化改革委员会专项小组工作规则》《红谷滩区委全面深化改革委员会办公室工作细则》。会议强调，要争分夺秒强推进，奋力冲刺交答卷。加快推进垂钓信息化管理等改革试点，推动改革举措落地见效。要对标对表抓落实，锚定目标勇争先。全面梳理特色亮点，确保在全省、全市考核中取得更好成绩。要建章立制提效能，夯基垒石促长效。认真梳理总结经验做法，选树一批可信可学、可追可及的改革创新标杆。要凝心聚力早谋划，乘势而上开新局。科学谋划、探索实施一批具有红谷滩元素的改革举措，助推全区经济社会高质量发展。

【推进重点领域改革】 2023 年，聚焦经济和生态文明体制、民主法制领域、文化体制、社会体制、党的建设制度、纪检监察体制、农业农村体制七大领域，深化七大领域重点改革。推进经济体制和生态文明体制改革。深入推进双“一号工程”，推动数字经济“产业链、创新链、资金链、人才链和政策链”五链融合，健全完善综合治税、项目推进、拆迁安置等机制，助推经济高质量发展。推进民主法制领域改革。建立选题机制，深化“红谷连心会”党建服务平台打造。探索打造全过程人民民主实践基地，推进民生实事项目人大代表票决工作制度化、规范化、常态化。深化基层民主协商“三有”工作机制，创新开展“三有”进企业协商活动，深化“侨梦苑”项目建设。推进文化体制改革。深化两中心融合，加速完善文化基础设施，完成 4 个孺子书房建设，全区应急广播系统纳入市级平台。建立金融支持文化产业发展的长效机制，合作搭建文化金融服务平台，设立文化产业基金，推动文化与金融深度融合。推进社会体制改革。在全省率先探索高校专属网格和属地基础网格“两个网格”融合共建，打造全省首个高校智慧警务室。推进执法司法监督体系建设，深化“情指一体化”运行机制，创新电信网络诈骗预警劝阻模式。深化法院多元纠纷解决机制改革，打造“物业法庭”特色工作品牌。推进党的建设制度改革。加强退出领导岗位干部管理，开展新兴领域开展党的组织和工作覆盖攻坚行动试点，分层分类做好党组织建立工作，实现新兴领域党建全面覆盖。出台《红谷滩区人才政策“三项机制”实施办法(暂行)》，建立人才政策兑现主办等三项机制，人才工作合力显著增强。推进纪律检查体制改革。落实重点领域“两约谈两承诺一备案”工作制度，用好廉情抄告回告制度，扎实推进公安派驻改革试点工作，探索推进区属企业纪检监察体制改革。推动室组地片区协作联动，深入推进信访举报、线索收集高效运转，实现巡察、审计、纪检监察三类监督贯通融合。推进农业和农村体制改革。探索天然水域垂钓规范管理新模式，扎实推进“四个一”建设。深入实施“两整治一提升”专项行动，打造 18 个共同富裕样板村和 1 个乡村振兴示范村。深化种业振兴发展改革，全力推广航天育种。

(李龙龙)

组织工作

【概况】 2023 年，红谷滩区委组织部深入落实习近平总书记视察江西重要讲话精神和全国、省、市组织工作会议精神，全面践行新时代党的建设总要求和新时代党的组织路线，聚焦“项目为先、实干奋进，争分夺秒拼经济”工作主线，积极做好理论武装、选贤任能、强基固本、育才聚才等重点工作，努力把组织力量、组织优势转化为发展动力、发展优势，全区组织工作质效取得新进展。

【深入开展第二批主题教育】 2023 年，深入扎实开展第二批学习贯彻习近平新时代中国特色社会主义思想主题教育。深入践行“8 + 3”分类指引要求，采取务实管用方式，综合利用领导干部领学、专家专题辅导讲学、分组研讨研学、红色革命现场实地教学、集中自学等方式，扎实推动全体党员“理论学习有收获”。积极践行“四下基层、三访三促”工作机制，结合“红谷连心会”活动，带着调研任务，下沉到项目建设、产业发展等一线，找问题、谋对策；聚焦发展所需、改革所急、基层所盼、民生所向的突出问题，系统梳理调查研究发现的问题、推动发展遇到的问题、群众反映强烈的问题，形成检视问题清单，完成问题整改；建立研判、提醒、督导机制，对课题完成情况、问题解决情况及时跟踪回访、督查问效。

【加强领导班子和干部队伍建设】 2023 年，牢固树立重品德、重才干、重担当、重实绩的选人用人导向，围绕全方位推进高质量跨越式发展选用干部，择优选配能攻坚、敢担当、善作为的干部充实到产业发展、重点项目建设、信访、招商引资、城市建管等一线岗位，既为推进党的事业发展提供“源头活水”，又激励广大干部聚焦高质量发展、防范化解重大风险、推进乡村振兴等中心工作。建立健全区管干部人选推荐机制，拓宽识人视野和选人用人渠道，掌握一批实绩突出、表现优秀的科级干部和一般干部。着力破除论资排辈、平衡照顾、求全责备等观念，大力选拔使用适应红谷滩区需要的各类优秀干部，把“有干劲、有思路、有办法、有活力”的“四有”优秀年轻干部充实到领导岗位。把基层和一线部门作为培养干部的“练兵场”，有组织、有计划地把干部放到基层一线锻炼，让干部在实践中砥砺意志、积累经验、增长才干。同时，加强与上级部门沟通联系，积极搭建实践实干平台。

【提升干部监督管理质效】 2023年，认真落实股级干部职务任免审批备案机制，批复股级干部任免18人，同意任职备案15人，批复学校正职人选8人，批复学校副职人选20人。制定出台《红谷滩区科级领导班子和领导干部平时考核工作方案（试行）》《红谷滩区退出领导岗位干部抽调管理实施办法（试行）》。对22家单位开展选人用人专项检查。建立健全年轻干部培养管理工作机制，优化培养举措和工作路径，会同区委信访局等单位贯彻落实“建立新进公务员、优秀年轻干部到信访岗位锻炼制度”。做深做实新录用公务员政治素质考察，全年招录公务员30名。印发《红谷滩区公务员和事业单位干部平时考核融合实施暂行意见》《南昌市红谷滩区公务员年度考核奖实施方案（试行）》，进一步完善平时考核和激励机制。统筹用好职务职级两种手段，稳妥推进公务员职级晋升工作。严格执行公务员转任、调任操作办法。

【党建引领赋能乡村振兴】 2023年，对全区78个村（含按村换届的社区）按照星级评定要求开展村班子届中分析评估工作，按照“四个一”要求做好2个软弱涣散村（社区）党组织的整改工作。不断深入推进“三年强村计划”，搭建“蓝青结对”帮扶平台，通过强村联系弱村，进行结对帮扶；组织全区村党组织书记、集体经济带头人学习培训。

2023年11月29日，红谷滩区组织系统“学思想、铸忠诚、强本领，争当新时代组工标兵”大比武活动业务知识竞答举行

（区委组织部　供图）

出台《党建项目经费管理办法》，重点用于支持党群服务中心阵地建设、改造升级等。持续派强用好驻村第一书记和工作队，加强驻村干部日常管理，联合区乡村振兴局常态化深入54个村开展督查暗访。

【城市基层治理】 2023年，辖区社区全部建立党建引领下的居委会、业委会、物业服务企业协调共治机制，依托社区网格，建立居民理事会、恳谈会等议事平台，协商解决小区治理问题600余个。实施“书记领航”工程，推进重点党建工作落地落实。规范全区村（社区）党组织书记备案流程，调整村（社区）党组织书记42名。打造“红谷红”城市党建品牌。制定出台《红谷滩区各党（工）委党建工作平时考评实施方案（试行）》《市区联动，合力推动红谷滩区城市基层党建工作提质增效的实施意见》。

【扎实推进新兴领域党建攻坚工作】

2023年，深入开展新兴领域“两个覆盖”集中攻坚行动，作为全市新兴领域“两个覆盖”攻坚行动试点县区，对3万余条数据进行摸排，基本摸清试点街道“两新”组织信息，为省市开展数据摸排提供了经验参考。依托市级数据，以网格为单位，采取上门实地走访为主、电话调查为辅等方式，摸清全区1795家重点非公企业、167家社会组织以及11个个体工商户重点区域基础信息。深入推进党群共建工作，坚持“党建带群建、群建促党建”，联合区群团组织，在全区1973个新兴领域重点攻坚对象中组建党组织或群团组织，选派党建工作指导员322人，实现重点攻坚对象“两个覆盖”全覆盖。深入推进示范点打造工作，实行“一街道一示范点”“一行业一示范点”，以楼宇、专业市场、商圈为重点，打造VR基地、新地中心等区域性新兴领域党群服务中心，直接辐射服务非公有制企业1000余家，示范带动全区新兴领域党建攻坚工作。

【机关(企、事业)领域党建工作】 2023年,深入打造模范机关、“四强”党支部,深化在职党员“三联三亮三服务”,指导全区50个区直单位与69个社区开展结对共建活动。组织机关股室长、窗口服务单位负责人持续开展“将心比心、终端检验”活动。深入开展“支部牵头干,部门马上办”,通过公开“发榜”,以党建引领国有企业高质量发展。积极推进中小学校领导体制调整工作,公办中小学领导体制调整完成率93.9%。

【党员队伍建设】 2023年,把严党员发展质量关,吸收预备党员103名。为全区65名老党员颁发“光荣在党50年”纪念章。在全区选树7名2023年度“新时代赣鄱先锋”。在全区各乡镇(街道)设立青年人才党支部。建立区党徽党旗“三规范”工作联席会议机制,常态化开展基层党组织标准化规范化建设“回头看”工作。做好流动党员摸排、教育管理工作,依托国庆、中秋“双节”契机,举办返乡流动党员主题教育培训班。精心组织2023年度优秀“三级书记讲党课”和优秀“微党课”评选活动,择优选送参加全市评选视频28个。

【推动干部培训提质增效】 2023年,常态化开设中青年干部政治理论培训班,为年轻干部加强政治理论学习、提升自身素质提供平台。组织开展全区科级及以下干部参加学习贯彻党的二十大精神网络专题培训、全区基层一线党员学习贯彻党的二十大精神专题培训、红谷滩区第三期中青年干部政治理论培训、区直机关党组织书记示范培训、全区组织员(党务工作者)党的二十大精神培训暨党建业务知识“联考”以及入党积极分子(党员发展对象)培训、全国村党组织书记和村民委员会主任视频培训、全区村(社区)党组织书记培训、全区党代表履职能力和党性教育培训等。

【优化人才“引育用留”全链条】 2023年,组织全区青英归巢实习生开展红谷滩区“洪漂人才荟暨青英归巢看红谷 聚才引智促发展”主题活动举办“洪漂人才荟”红谷篷友会——星光优企人才夜市招聘会9场。举办“数字经济与VR产业发展”人才高级研修班、虚拟现实与智慧建造高级研修班和第一期“区直接联系人才”国情研修班。出台《红谷滩区人才政策“三项机制”实施办法(暂行)》,强化人才政策追踪问效保障机制。建立人才工作“每月一报告、一通报、一例会”制度。全力推进书记领衔人才工程项目发展,完成江西人才数智产业园项目建设。出台《红谷滩区关于建设全省数字经济创新引领核心区的扶持办法》。加大对省“双千计划”“洪城计划”等人才的跟踪服务力度,兑现相关扶持资金220余万元。兑现区内金融机构高管个人及高管团队奖励资金1357.97万元。走访慰问百余名辖区行业优秀人才,激发干事创业热情。全年共组织“百场校招”活动230场,签约人数1.38万人。建立人才工作站9个,开展见面会12场。

【高质量发展综合考核工作】 2023年,及时调整区委综合考核委组成人员,成立综合考核指标推进工作专班。印发《关于进一步健全综合考核指标推进机制的通知(试行)》,根据市级发出的预警信息,对16家单位进行督办和跟进。不定期调研督导考核权重较大和考核指标排名靠后单位,采取“解剖麻雀、发现问题、推进工作”的方式全面掌握指标情况,提高工作推进的精准度。坚持“考人”与“考事”、“平时考核”与“年度考核”、“省市考核”与“区级考核”三个相结合,将综合考核结果作为领导干部选拔任用、培养教育、管理监督、激励约束的重要依据,与区管领导班子和领导干部年度考核评优“挂钩”。红谷滩区荣获省委、省政府2023年度市县综合考核“第一等次”。

(陈　娇)

宣传工作

【概况】 2023年是学习贯彻党的二十大精神开局之年,是学习贯彻习近平新时代中国特色社会主义思想主题教育开篇之年,做好宣传思想工作意义重大。红谷滩区始终坚持以习近平新时代中国特色社会主义思想为指导,扎实开展学习贯彻习近平新时代中国特色社会主义思想主题教育,牢牢把握“学思想、强党性、重实践、建新功”的总要求,聚焦“七个着力”,稳步推进理论武装、意识形态、新闻宣传、文化传播、网络安全综合治理、融媒作品创作等各项工作,全区宣传思想工作不断焕发新面貌、取得新成效、迈上新台阶。

【理论宣传活力迸发】 2023年,紧跟学习贯彻习近平总书记考察江西重要讲话精神市委宣讲团报告会脚步,组建区委宣讲团,迅速开展红谷滩区“学习贯彻习近平总书记考察江西重要讲话精神”宣讲工作,在2周内以14场深入基层、深入群众一线的宣讲引导广大干部群众坚定信心、奋勇向前。持续打造“红谷连心会——红心向党”“红声宣讲团”,通过吸纳新时代好少年、社科人才、专家学者充实宣讲队伍,开展对象化、分众化、互动化理论宣讲,全年围绕学习贯彻党的二十大精神和第二批主题教育,开展“六进”宣讲活动200余场,其中主题教育宣讲60余场,受众1万余人次,优秀经验做法相关稿件被省《基层理论宣讲工作动态》采用,推荐的宣讲作品在省市基层理论微宣讲比赛中分获全市一等奖、全省三等奖,在全区掀起学习宣传贯彻习近平总书记考察江西重要讲话精神热潮。

【活化学习教育形式】 2023年,深化线下理论培训,开展全覆盖式学习教育。开设红谷滩区宣传思想文化战线干部培训班、“学习贯彻习近平文化思想”培训班2期,组织征集“学习贯彻党的二十大精神”、红谷滩区主题征文2次,不断筑牢基层思想文化阵地,提升宣传思想文化干部队伍理论武装、舆情处置、新闻发布等多方面业务水平。畅通线上学习渠道,在“红谷滩发布”微信公众号开设“主题教育”“争分夺秒拼经济”“项目为先”“未来科学城”“乡村振兴”等重点主题专栏31个,有效借助主题教育官网、“学习强国”学习平台、江西干部网络学院等平台资源,提升干部理论学习水平,为认真做好第二批主题教育、习近平文化思想、习近平总书记考察江西重要讲话精神的学习宣传贯彻工作提质增效。

【对外宣传扎实有力】 2023年,聚焦经济、文化建设等核心议题,通过精心策划与对接,全年在《人民日报》等中央、省市媒体累计刊发报道2400余篇,提前完成年度任务。其中,在央媒上稿1076分,完成量占全年任务的110.2%,总体排名位居全市第三;在省级媒体上稿489条,提前完成全年任务要求,总体排名位居全市第二。加强海外账号运营,国际传播实现新突破。推出《筑梦红谷滩》等双语作品,提升红谷滩区在海外的影响力,海外媒体平台上稿量、点赞量和互动量同比增长显著。联合新华社用英文、葡文和韩文宣传2023世界VR产业大会,在海外媒体平台上稿4条。

【融媒发展走深走实】 2023年,始终坚持在“融”字上做文章,强化各种宣传要素深度融合、各类资源充分共享、各类媒介互联互通。“红谷滩发布”微信公众号共发布稿件1588条,总阅读量达542.72万人次,在“掌上红谷滩”App发稿3.36万条,在“智慧红谷滩”的微博发稿3604条,做到重点工作日日发。同时,重点突破优秀融媒作品创作短板弱项,狠抓作品创作,打造的精品视频作品先后获得江西省融媒体中心举办的市县融媒体优秀原创作品双月赛一等奖1项、二等奖4项,获2022年度南昌新闻奖1项。红谷滩区融媒体中心获评“县级融媒体中心融合报道典型事例”“品牌海外融合传播案例”,进一步扩大红谷滩区对外影响力和知名度。在全省年度县级融媒体中心评估中列全省12,全市第4。

【创新报道策划机制】 2023年,定期召开选题会,确保宣传重点与时俱进,季度选题会制度化。组织召开数字经济、2023年世界VR产业大会等相关主题选题会议4次,推出系列深度报道,受到主流媒体广泛关注。组织中央、省市媒体开展4次特色采风活动,涵盖农业、科技、文化等多个领域,有效展示红谷滩区的多元魅力。深入开展学习贯彻习近平新时代中国特色社会主义思想主题教育宣传报道,大力展现红谷滩区开展主题教育的行动举措与工作成效。主题教育期间,全区对外宣传上稿共计83条,其中在中央媒体上稿10条、省级媒体上稿21条。新闻发布规范化常态化。全年成功召开20次新闻发布会,完成全年考核任务的200%,及时回应社会关切,更好展现红谷滩区的政务透明度。持续壮大通讯员队伍,不断加强通讯员队伍建设,组织相关培训、实训3次,切实提升了新闻宣传队伍的采编能力,为红谷滩区的新闻宣传提供坚实的人才保障。

【新兴媒体宣传成效显著】 2023年,围绕争分夺秒拼经济等中心工作,有针对性地加大供稿力度,推出一系列有深度、有影响的新闻报道。在人民网等中央媒体上稿2000余篇,大网上稿排名位列全市第一方阵。《打好引才组合牌,吸引人才与红谷滩双向奔赴》等稿件登上人民网、新华网等中央网络新闻媒体,单篇阅读总量达1000万人次以上,营造了红谷滩区爱才识才用才的正面形象。通过典型选树,组织人民网等媒体对辖区学子赵建军“背母求学”事迹进行集中采访,培育网络文明新风尚;全年在新浪微博、今日头条等平台,通过主动设置议题,发布红谷滩区正面信息,涉区正面话题在新浪微博同城话题榜上榜26次;组织参与“创四优”“好评中国”网络精品征集等活动,发表《推进移风易俗,倡导文明新风》等时评文章50余篇。至年底,区属“两微一端”共发布稿件超过3.8万条,总阅读量达600万人次。通过调整运营策略,以实时直播、慢直播和原创作品推广等举措,实现“红谷滩发布”抖音平台账号粉丝量年增长71.3%,多条稿件阅读量和播放量超10万人次。

【网络正能量强劲充沛】 2023年,共开展3次网络名人线下活动,见证并参与红谷滩区发展建设。红谷滩区网络名人数量增长至16名,比2020年翻了三番,涵盖微博和抖音等各平台,时政和旅游等各领域,图文和视频各形式。在“来南昌爱上红谷滩”南昌市网络名人行(红谷滩专场)活动中,创新“1+N”话题宣传模式,“1”是主话题“来南昌爱上红谷滩”,“N”是结合活动点位同步推出“南昌红谷滩有多出片”等多个子话题,完成推送新闻报道、新媒体作品90余篇,在网络平台累计发布相关信息280余条,活动全网话题总浏览量超1亿次,互动量超5.8万次,网络舆论生态向上向好。

【社会宣传氛围浓厚】 2023年，充分利用112个新媒体平台矩阵，以及辖区内500余块电子显示屏、实体雕塑、宣传栏、围挡围墙等载体做好全年各项重点工作、主题活动、节庆节点的社会氛围宣传工作。聚焦主题宣传，营造良好氛围。在全区充分利用电子大屏、电子走字屏、宣传栏、围挡围墙等载体，不间断刊播宣传标语，为南昌市迎春烟花晚会、中国南昌国际龙舟赛、南昌市横渡赣江系列活动、南昌市国庆烟花晚会、南昌国际马拉松赛等重大节庆活动宣传造势。全年共开展习近平总书记考察江西重要讲话精神、春节节日氛围营造、禁燃禁放、《中华人民共和国国防教育法》颁布施行22周年、巩固卫生城市、电动自行车管理条例、南昌经济发展系列视频、密码法宣传、五四青年节主题"感人瞬间"微视频、回音壁文明创建服务平台等34项主题宣传工作。同时，通过开展公益广告常态化巡查，督促各乡镇、街道对老旧、破损、脏污、过时等公益广告进行集中清理，共清理4218处各类公益广告，在全区营造了文明和谐的社会氛围。

【大力传承红色基因】 2023年，试点打造现场教学点。融合红色旅游资源，运用VR等现代化科技手段，在牛行车站打造红色文化现场教学点，技术重现历史场景，让体验者以历史人物的身份参与其中，实现与历史的对话，增强"历史认同感"；开展基层示范点探索，打造祥云社区红色文化现场教学点，广泛开展以红色为主题的宣传教育活动，探究VR沉浸媒介对红色基因传承的作用。全年2个现场教学点共接待参观团体场次77次，接待人数约2900人。深化红色文化铸魂育人。依托新时代文明实践中心（所、站），广泛开展全民国防教育，开展形势政策宣传教育类宣讲160余场，累计受众4000余人。深入开展群众性主题宣传教育活动，在"红色故事我来讲""党的故事我来讲""讲红色故事 续红色血脉"等主题活动中，总参与学生数4万余人次。在"红色故事我来讲"主题演讲大赛活动中，1个作品荣获省级二等奖，2个作品荣获优秀视频奖；在"爱我国防"主题演讲大赛活动中，2个作品荣获市级一等奖，1个作品荣获市级三等奖。

（杨文涛）

网络信息管理

【概况】 2023年，红谷滩区深入学习贯彻习近平总书记关于网络强国的重要思想，着力推动管网治网提质增效，创新工作举措、深化协同治理、全面整治乱象，网络工作体系不断完善，网络生态持续向好，管网治网取得积极成效。为提升红谷滩区发展首位度和综合竞争力，加快全面建设社会主义现代化红谷滩提供强大网上舆论支持、可靠网络安全保障和有力信息化支撑。

【加强网络安全管理】 2023年，对全区党政机关和辖区企业网络资产进行摸底并登记造册，对全区政务网终端IP进行实名登记。对漏洞和木马及时通报并督促整改；指导政数局升级改造机房环控系统，规范档案管理系统的运行维护管理工作，改造机房基础环境；开展政务网异常IP日常监测和专项检查，对IP流量异常单位主要负责人和工作人员进行约谈，至年底，未出现重大网络安全事故。

【开展专项整治行动】 2023年，开展清朗·从严整治"自媒体"乱象、清朗·清理网上制售假证、清朗·2023年春节网络环境整治、假国企整治等10次专项整治行动。与上级网信部门、区公安分局网安大队等部门协作，不定期开展网络安全执法检查，严厉打击网络违法犯罪行为。至年底，约谈互联网企业负责人1次，关闭违法违规网站6家，联合公安分局对自媒体平台账号负责人行政拘留1次。以强有力的实际行动切实维护网络空间安全。

【开展网络宣传活动】 2023年，举办第十届"国家网络安全宣传周"启动仪式暨网络安全应急演练活动。区委书记、区网信委主任涂晓晖宣布启动，在全区范围内开展钓鱼邮件和实网攻击演练，提升全区网络安全综合防御能力和应急处置水平，在人流量大的公共场所进行网络安全宣传，指导全区各单位开展主题日活动100余场；在"全国网络普法行江西站"活动期间，通过播放案例视频、发放宣传折页、体验VR眼镜等形式，将普法集市开进公园和园区，向企业员工和周边居民宣传《中华人民共和国网络安全法》《中华人民共和国个人信息保护法》等法律法规知识，邀请全国各省市网信办主任及网络名人进行参观考察，活动得到市委网信办表扬并行文下发感谢信。

【加强党对互联网行业的全面领导】 2023年，成立红谷滩区互联网行业综合党委，联合江西仟得文化传播有限公司党支部开展主题党日活动，推动主题教育学习向互联网企业延伸。组织慧谷创意产业园党支部在全省互联网企业党组织书记示范培训班上作交流发言。推荐红谷滩区一名新媒体从业人员参加2023年全市首届新兴领域"洪城红'最美'人物"活动并入选。指导和督促区块链企业及时履行区块链备案手续，成功备案1家企业。

【开展网站和应用系统IPv6升级改造工作】 2023年，积极与省市网信办沟通，推动属地网站、IPv6规模部署及应用和重点单位流量提升工作进一步深化。每月一调度，推动辖区公有制企业和私营企业网站

100%完成改造任务。举办IPv6升级改造工作培训会，邀请技术专家结合红谷滩区实际进行专题授课，为推动红谷滩区数字经济创新引领提供信息化保障。

【推动数字化建设】 2023年，开展数字政府优秀案例和数字乡村建设应用方案征集评选活动。评选出3个数字政府优秀案例，并在全区进行通报表扬，推进政府管理和社会治理模式创新；面向全社会征集数字乡村解决方案45个，建立数字乡村建设案例库，遴选出15个可复制借鉴的数字乡村建设应用场景和典型案例进行宣传推广，推动优秀方案在红谷滩区落地实施；深入挖掘全区数字乡村运用场景优秀案例，指导的区医保局“红小依”智慧医保项目获评2023年江西省数字乡村创新发展优秀案例。

（陈亚军）

统一战线工作

【概况】 2023年，红谷滩区委统战部在区委、区政府的坚强领导下，深入学习贯彻落实习近平新时代中国特色社会主义思想和习近平总书记关于做好新时代党的统一战线工作的重要思想、考察江西重要讲话精神，牢牢把握新时代爱国统一战线的历史方位和使命任务，压实主体责任，夯实基层基础，扎实推动全区统战工作高质量发展。红谷滩区获评全省民族团结进步示范区；区委统战部获评全省统战工作综合考核先进县（市、区）委统战部、全市统战工作综合考核先进县（区）委统战部、全市统战宣传信息工作先进单位；《民主党派基层组织建设存在的问题及对策建议》获评“2023年度全省统战优秀调研报告”，《多元化融合 互嵌式发展——红谷滩区以“五融模式”唱响“红谷情·民族亲”工作品牌》获评“2023年度全省统战工作品牌”；区民宗局获评全省民宗系统信息工作先进集体、全市民宗系统信息工作先进集体、“红石榴”项目建设先进单位。

【完善大统战工作格局】 2023年，组织召开全区统战工作会议1次、区委统战工作领导小组会议2次、全区民族宗教工作领导小组会议2次，研究部署各领域统战工作。区委对有关乡镇（街道）、社区（村）和区直单位开展《中国共产党统一战线工作条例》执行情况专项督查检查，对发现的问题明确具体整改时限。开展全区各乡镇、街道和领导小组各成员单位统战委员（分管领导）、村（社区）统战联络员（网格员）统战专题培训，提升“区、乡镇（街道）、村（社区）”三级统战干部业务能力，夯实统战工作基层基础。全力保障民主党派、民族宗教、统战团体等活动（工作）经费，以及“民主党派之家”、“侨梦苑”、铸牢中华民族共同体意识实践中心、区新联会“五大实践创新基地”、双向联络站等阵地的建设及第二届“秋水知心”诵读晚会经费。

【凝聚思想政治共识】 2023年，围绕习近平总书记考察江西、“五一口号”发布75周年和主题教育等重要时间节点、重大工作安排，召开党外人士学习贯彻习近平总书记考察江西重要讲话精神座谈会、纪念“五一口号”发布75周年座谈会，举办民主党派和党外知识分子培训班、新的社会阶层人士培训班，承办南昌市第二届“秋水知心”诵读晚会，组织开展“寻美红谷滩”视频音频征文大赛、书画摄影展系列活动，支持区各民主党派、无党派人士和党外知识分子、新的社会阶层人士开展“凝心铸魂强根基、团结奋进新征程”主题教育，赴江西甘祖昌干部学院、上饶方志敏故居等红色教育基地开展理想信念教育。

【搭建凝心聚智平台】 2023年，先后建成民盟、民建、农工党、民进4个民主党派之家，1个区党外知识分子之家，搭建凝聚共识的“同心桥梁”，履职尽责的“智慧平台”，服务成员的“温馨港湾”。民盟红谷滩区支部盟员之家的改造提升得到民盟省市领导的高度评价，区党外知识分子之家建设得到中央统战部领导肯定。积极打造“五强”新联会，构建区级新联会、街道（园区）双向联络站、会员企业新联工作站3级新联会网络；精准服务新联会4类会员；提升建设区新联会“五大实践创新基地”，面向全区的社会新阶层人士开展政策宣讲、法律服务、创业帮扶等特色活动50余次。11月10日，全国新阶层人士联谊组织建设推进会与会代表参观了区新联会数字经济实践创新基地并给予了充分肯定。基地获得南昌市第一个县区级新联会省级“六好”实践创新基地。打造统战大讲堂、红谷知心读书分享会、秋水知心诵读晚会、鸿鹄读书会、鸿鹄大讲堂等学习品牌，着力加强统战成员的思想政治教育和工作能力提升。

【依法管理民宗事务】 2023年，持续唱响“红谷情·民族亲”工作品牌，建好普贤邻里中心“VR+民族体验中心”，举办第二届“红谷情·民族亲”微摄影（视频）大赛、第二届“红谷情·民族亲”民族舞林大赛、“情满中秋 礼赞国庆 红谷情民族亲”民族团结文艺会演等活动20余场；联合金九福古钱币博物馆举办“人民币上的多民族文化融合”展览；制作民族团结宣传片；评选表彰区委组织部等5家单位为第二批全区民族团结进步示范单位和韩海明等12人为“优秀红石榴志愿者”。红谷滩区被评为全省民族团结进步示范区，红谷三小被评为第三批全市民族团结进步示范单位。红谷滩区与新疆墨玉县缔结民族团结友好县区。撒拉族青年韩海明荣获第八届南昌市道德模范和“南昌好人”称号。开展宗教领域“两个专项”行动，依法依规查处非法宗教活动3起。举办宗教教职人员政策法规培训班、民宗干部培训班，提升宗教工作“三支队伍”能力水平。推进“五好”宗教活动场所创建工作，红谷滩区天花宫获评全省“五好”宗教活动场所。召开红谷滩区民宗工作校地联席会议，加强与驻区高校的联动沟通。南昌市清真寺荣获“百所示范“宗教活动场所称号。

【围绕中心服务大局】 2023年，先后6次召开党外人士情况通报会、座谈会，通报红谷滩区科技创新、乡村振兴工作、经济运行等情况，畅通党外人士知情明政、建言资政渠道。服务保障民进市委会对红谷滩区开展的优化营商环境民主监督工作。支持全区各民主党派、工商联、知联会围绕科技创新、乡村振兴等领域开展调研，形成8篇调研成果。召开区委、区政府主要领导与非公有制企业座谈会。结合“入企走访连心”活动，举办“红谷连心会”暨“政企恳谈会”23次，全年受理解决企业诉求31条，企业诉求收集数量和办结率在全市位于前列，在全市做企业诉求办理经验交流授课。全区统战系统主动融入全市、全区招商引资工作大局，全年累计上报统战系统招商线索11条，完成签约落地项目3个，投资金额总计54亿元。深入开展“万企兴万村”行动，引导民营企业助力乡村振兴，江西省新赣食用菌有限公司开展食用菌产业扶贫项目，困难户年分红人均近4000元；江西靖叶生态农业科技有限公司打造简钰居项目，每年带动红星村集体经济收入增收10万元以上；江西仟得文化传播有限公司、客家源酒楼帮销代销农副产品，工商联系统直接采购帮扶22万元、帮助销售16万元、旅游帮扶73万元农副产品。

【精准服务扩大交流】 2023年，港澳台方面，打造“红谷情·同胞亲”赣港澳台青少年交流活动品牌，首次举办“红谷情·同胞亲”红谷滩旅港乡亲回乡联谊活动。香港青少年红色之旅江西行和香港青年“闪闪红心·江西行”活动先后走进红谷滩“侨梦苑”。全年走访港澳台代表人士14位。侨务方面，擦亮侨梦苑品牌，2次接待北美江西专家会交流考察团，依托“侨梦苑”，举办招商引智新春推介会、“走进‘侨梦苑’共话侨发展”海外高层次人才江西行系列活动。走访侨企26家，协助解决诉求6件；开展代侨探亲活动2批次，共走访22人，发放慰问金9960元。慧谷产业园荣获第八批“中国侨联新侨创新创业示范基地”称号。中央统战部九局局长刘春锋考察调研“侨梦苑”，充分肯定了红谷滩区“侨梦苑”建设工作。

【传播统战好声音】 2023年，省委常委、统战部部长黄喜忠在《多元化融合 互嵌式发展——红谷滩区以“五融模式”唱响“红谷情·民族亲”工作品牌》专报上，批示肯定红谷滩区打造的“红谷情·民族亲”工作品牌。擦亮“侨梦苑”海外统战工作品牌，向中央统战部、省委统战部报送了《“五梦”同步，全面升级，积极探索“侨梦苑”建设发展的创新之路》专报。至年底，在中央、省级、市级媒体上稿共计250篇，其中中央级54篇、省级136篇、市级媒体60篇，信息采用创历史新高，较好地传播了红谷滩统战好声音。

【加强党外干部培养选拔】 2023年，出台《关于建立区委组织部、区委统战部、区人民法院、区人民检察院联席会议制度的意见》，召开党外干部培养选拔工作联席会议和区委组织部、区委统战部、区人民法院、区人民检察院联席会议，研究、部署党外干部的培养选拔工作。制定《2023年度红谷滩区统战系统教育培训计划》，举办红谷滩区党外人士专题培训班（5月24—26日），邀请专家学者解读党的二十大精神、习近平总书记关于做好新时代党的统一战线工作的重要思想；举办2期红谷滩“统战大讲堂”，其中特别邀请省政协原副主席刘晓庄做“从十个‘问对’感悟统战法宝”的专题授课；选派2名党外干部参加南昌市党外干部调训；加大党外干部的实践锻炼力度，在优秀年轻干部队伍中统筹考虑党外干部。区人大常委会、区政府、区政协领导班子均按要求配备党外干部。法检两院各配备1名党外副职，在区科工局、区民政局、区统计局、区金融办、区医保局、区中小企业局等政府组成部门中配备党外班子成员。区政协专委会配备党外干部实现新突破，2名党外正职也全部配备到位。

（曾　欣）

对台工作

【概况】 2023年，红谷滩区在市委的坚强领导和市委台办的精心指导下，认真贯彻落实中央对台工作方针政策和中央、省、市对台工作要求，围绕中心、服务大局，聚焦重点、主动作为，推动对台招商、对台交流、对台宣传、对台服务持续健康发展，充分发挥思想促统、感情促统、经济促统、文化促统四个抓手的重要作用，社会影响力进一步增强。

【开展对台经贸活动】 2023年，立足区位资源优势，主动加强与市台协、市台联的沟通联系，多渠道摸排台商投资信息，积极参加江西（东莞）招商引资推介会、海峡两岸产业合作区南昌产业园（昆山）推介活动，深入挖掘有效经贸信息。先后对接康师傅华中区、合隆羽绒制品有限公司、东联融资租赁有限公司等一批台资企业，接待上海嘉彭健康管理咨询有限公司、仲利国际融资租赁有限公司(上海)等一批台资企业。新增台商投资项目2个。

【深入推进交流交往】 2023年,助力市台协、市台联完成换届工作。坚持以情促融,积极参加市台协、市台联各类活动,主动对接邀请台商、台企、台胞到红谷滩区参观考察,实地感受红谷滩区的发展。4月下旬,市台协一批会员单位到红谷滩区参访VR产业基地、元宇宙农业示范基地。8月中旬,第十届海峡两岸(南昌)青年学生交流营50余名台籍青年学生与大陆籍青年学生参观南昌VR主题乐园。

【真情服务台企台胞】 2023年,成立区级涉台法官审判工作室。扎实开展服务台企走访活动,大力宣讲习近平总书记在江西考察时的重要讲话精神,广泛宣传各级惠台政策,了解台企发展现状,先后协调解决COCO奶茶办公场所租赁、安植雅口腔门诊证件办理、旺旺过期食品处理等问题以及台胞商业纠纷、民事纠纷等系列问题,获得台胞台企肯定。

【扎实开展涉台教育活动】 2023年,大力开展涉台教育"三进"活动,广泛宣传新时代党解决台湾问题的总体方略和习近平总书记对台工作重要论述。在全市先行先试打造(紫金园)社区涉台教育基地,充分调动社区居民力量,聘请一批客座讲师,组建一支涉台教育小小讲解员队伍,先后组织举办"两岸一家亲·教育心连心"读书会、"两岸一家亲·走进宝岛台湾"宣讲会、台湾女婿茶话会"话台湾"等系列活动。

(蒋苗苗)

政策研究

【概况】 2023年,在红谷滩区委的坚强领导下,区委办坚持以习近平新时代中国特色社会主义思想为统领,深入学习贯彻党的二十大精神和习近平总书记考察江西重要讲话精神,紧扣区委各项决策部署,高质量完成一批重要文稿起草、方案拟制、纪要撰写等工作,助力决策部署迅速落地。

【重要文稿起草】 2023年,区委办聚焦中心、辅助决策,当好"参谋员",组织干部学习上级重要会议文件精神、精品文稿、旁听会议等,经常总结讨论,提高文稿材料思想性和指导性。材料起草时,集体讨论文稿的审题立意、结构布局,充分吸取部门意见建议,力求参到点子上,谋在关键处。高质量起草区委主要领导在区委经济工作会议、全区领导干部大会、全区主题教育动员部署会等重要会议活动文稿140余篇。其中,《凝心聚力担使命 奋楫扬帆新征程》《解放思想 开拓进取 奋力谱写现代化红谷滩新篇章》《持续发力管出习惯 久久为功抓出成效 为"争分夺秒拼经济"提供坚强作风保障》等文章在《决策参考》、工作动态上进行刊发。

【会议纪要撰写】 2023年,区委办全程旁听区委书记主持召开的各类会议,记录会议内容,整理、撰写并下发121份会议纪要,助力全区各项重点工作有序开展。同时,深度融入全区中心重点工作,积极参与烟火晚会、国际龙舟赛、横渡赣江、主题教育等重大活动,协助做好方案、汇报、纪要等文字材料的起草。加强与其他部门的沟通联动,协助其他部门,总结红谷滩区经济社会发展中的新情况、新经验、新做法,向市委报送各类专报34篇,其中《关于中国南昌国际龙舟赛举办情况的报告》等获省委常委、市委书记李红军批示。

(钟　萍)

老干部服务

【概况】 2023年是全面贯彻落实党的二十大精神的开局之年。红谷滩区老干部工作在市委老干部局的关心指导下,在区委、区政府的高度重视下,坚持以习近平新时代中国特色社会主义思想为指导,全面贯彻党的二十大精神,深入落实习近平总书记视察江西重要讲话精神,聚焦"项目为先、实干奋进,争分夺秒拼经济"工作主线,积极抓好离退休干部党的建设、服务管理、作用发挥、老年教育和关心下一代工作。

【压实离退休党建工作】 2023年,定期组织离退休党支部书记学习研讨会,深入学习党的二十大精神、全国两会精神、习近平总书记视察江西重要讲话精神等,收集老干部体会文章和意见建议38篇。注重加强离退休党员党性观念,组织部分县级退休干部、各离退休党支部书记召开离退休干部党纪法规学习会,发放《离退休干部党纪法规学习资料(摘编)》手册,集中观看警示教育片。先后举办座谈会、培训班、学习会,助推老干部工作。举办全区老干部工作业务培训班,重点解读政治待遇、生活待遇和信息宣传等内容;组织离退休党员干部在八大山人和陈云故居开展"话传统、谈复兴、聚力量"专题调研活动。进一步推动主题教育活动走深走实。坚持"形式多样、内容多彩、联学多元",持续推进离退休干部党员认真开展主题教育。

【提升管理服务水平】 2023年,落实好参加重大会议活动、通报情况、阅文待遇、参观学习等制度。向老干部通报情况1次,组织老干部参加区党代会、区两会等重要会议、重大活动3次。认真落实离退休干部

“五必访”工作责任制，对老干部实行一月一联系、一季一走访、一事一商议，架起关心关爱离退休干部“连心桥”。为全区7名离休干部建立服务台账，实施一人一策、动态管理、精准服务，共提供政策宣传、家政服务、精神慰藉、医疗保健等服务20余次。为离退休干部发放生日券，看望生病住院的离休干部和县级以上退休干部，走访慰问困难老党员，把党的温暖送进老干部心中。

【打造学习活动阵地】 2023年，建示范化标准化离退休干部党组织活动阵地，打造红谷滩区“洪城红·老党员驿站”。依托区党群服务中心、区老年大学、区老干部服务中心，坚持“精准、共享、兜底”理念，打造全区开放式共享式离退休干部党员活动场所示范中心，并为全区离退休干部党员开展活动提供规范化阵地。巩固和提高老年教育办学质量，优化教学管理。红谷滩区老年大学进一步加大社区教学点建设力度，共开设119个街道级和社区教学班(其中有8个镇、街道级和74个社区教学点)，涵盖声乐、舞蹈、时装、瑜伽、太极、越剧、书法、旗袍秀、手工插花等9个专业，学员5000余名。

【关心下一代工作】 2023年，红谷滩区“双百工程”活动结对帮扶共7200对，其中扶贫助学1920对，帮教帮学5280对，全区共投入帮扶资金261万元，其中区级财政70万元，乡、镇、街道级财政21万元，村居级170余万元。全区共建立关爱援助团217个、队伍641人，关爱报告团11个、宣讲队伍40人，大学生辅导站170个、队伍321人，“五老”关爱团178个，关爱队伍达350人。持续抓好家规家训示范点建设，通过示范引导，鼓励社区居民家庭自订家训家规，推广家校协同育人机制，全区近2000户自订家规家训。同时，积极发挥“五老”的作用，深入学校、社区开展青少年防溺水宣传教育，开展“童心向党·强国有我”和“四史”主题教育宣讲报告497场，服务青少年3.06万人次。

（朱　燕）

机构编制

【概况】 2023年，红谷滩区委机构编制委员会办公室(以下简称区委编办)在市委编办的精心指导和区委编委的坚强领导下，坚持党建引领，聚焦机构编制部门主责主业，以自身建设为入手点，以服务发展为立足点，推动经济民生工作与机构编制业务工作相互融合。按照“严控总量、统筹使用、有减有增、动态平衡、保证重点、服务发展”的思路，坚持问题导向，立足“编制吃紧”“人少事多”“小马大车”现状，守牢编制总量“红线”，深入挖潜编制资源，探索灵活多元用工方式，调整优化用工结构，有效保障全区机关单位用工及时有效、适岗使用高效、管理规范长效，助力红谷滩区走稳高质量发展之路。

【推动编制资源一线倾斜】 2023年，根据南昌市人民政府《关于同意红谷滩区增设街道行政区划调整的批复》精神，红谷滩撤销红角洲管理处、凤凰洲管理处、九龙湖管理处，设立红角洲街道、凤凰洲街道、九龙湖街道；从生米街道析出增设龙兴街道，针对新设街道基层管理治理力量薄弱、人员编制紧缺的问题，加大基层行政编制倾斜力度，统筹全区77名行政编制配给4个新设街道。以抓基层抓基础抓民生抓服务为导向，着力提升基层便民服务水平，通过“减上补下”，将有限的编制资源用在“刀刃”上，全区乡镇街道便民服务中心共核定事业编制169名，有效保障基层民生服务事业编制。结合综合行政执法改革，坚持把事权下放与编制下放紧密结合，通过对上争取、全区统筹，核定乡镇街道行政执法事业编制共171名，破解“基层看得见管不着”“执法一线无人”等难题。

【创新构建科学城体制机制】 2023年，红谷滩区以未来科学城提速建设为抓手，深入推进数字经济做优做强“一号发展工程”。积极响应市委、市政府“南延西拓”的号召，加快布局南昌未来科学城建设，大力推动“1+3+X”产业发展，致力于打造“高端产业集聚区”。为确保科学城高效运转、快速发展，区委编办在机构和体制机制建立上扎实推进。为加强南昌未来科学城建设的组织机构力量，多次向上请示汇报，最终正县级规格机构南昌未来科学城党工委、管委会得以批复设立。

【做好事业单位法人年度报告公示工作】 2023年，为进一步加强事业单位监督管理，规范事业单位法人有序运行，红谷滩区委编办坚持提前安排、主动作为、严格审核，多措并举做好事业单位法人年度报告公示工作。全区有130家事业单位进行法人年度报告公示，完成39家事业单位法人设立变更工作，完成1个单位的党政群机关统一社会信用代码赋码发证工作。

【深化机构改革纵深发展】 2023年，持续巩固深化机构改革成果，不断优化党政机构职能，调整政府部门设置，完善党政机构体系。将“区住房和城乡建设局”承担的人民防空等相关职能调整至“区发展和改革委员会”。为保障中央、省委、市委指示政令的安全畅通，将区委办保密机要职责划出，单独设立区委保密机要局，加挂南昌市红谷滩区国家保密局、南昌市红谷滩区国家密码管理局牌子。为加强疾病预防控制体系改革，在区卫生健康委员会加挂区疾病预防控制局。在区教体局内设机构加挂“校外培训机构监管股”、在区委宣传部所属事业单位加挂“区社科联”、在区劳动人事争议仲裁院加挂“区劳动人事争议调解中心”、在区卫健委内设机构加挂“区卫健行业党建工作指导委员会办公室”牌子等；在区委办增设事业单位“区民情家访服务中心”，增设由区委政法委代管的群团“法学会”。

【保障专业人才用编需求】 2023年，为促进区域经济发展，区委编办多方调剂编制，接收市党政储备人才5名；面向社会公开招录公务员31名；推荐选拔优秀事业单位工作人员10名；专场招聘事业单位工作人员78名；公开选调事业单位干部72名；妥善安置军队转业干部、退役士兵和退出消防员。为推动教育事业高质量发展，给予教育灵活用编、灵活机构设置权限，增设豫章初级中学、丽景路小学、九龙湖新城第三小学、凤凰俊采学校、卧龙初级中学、特殊教育学校，变更勤学路学校；成立长江路幼儿园、扬帆幼儿园、临江第二幼儿园、香江路幼儿园。全年共支持招聘引进283名教师。为加强区属中小学校校级领导管理，进一步明确校级行政领导职数；为保障学校合法设立，结合学校现有编制情况，对红谷滩区中小学教职工编制进行动态调整。为推动全区卫生事业全面均衡发展，设立区计划生育协会、区妇幼保健院、卫东社区卫生服务中心。同步调整区部分卫生医疗机构编制数。支持基层医疗机构人才培养，开设编制使用“绿色通道”，全方位支持卫生部门加大医疗技术人才和疾病控制专业人才引进力度，支持招聘卫生专业技术人员48名。

（凌　霄）

保密工作

【概况】 2023年，红谷滩区压紧压实保密工作责任制，常态化加强保密日常管理和宣传教育，深入开展保密督促检查，重点推进基层规范化建设，全区保密工作呈现总体向好的发展态势。

【保密工作责任制落实】 2023年，区委领导带头落实保密工作责任，区委常委会会议学习传达保密工作内容成为常态。区委保密委员会运转有序，及时召开区委保密委员会会议，传达学习习近平总书记关于保密工作的重要指示批示精神及上级保密委员会会议精神，研究部署本年度保密工作重点事项。

【保密日常管理】 2023年，围绕关键节点，对重点场所开展保密环境安全检测。督促指导各单位提高工作认识，加强对《派生国家秘密定密管理暂行办法》的学习，做好派生定密事项的全流程保密管理。印发《关于进一步加强社交媒体管理的通知》，进一步细化对官方社交媒体信息发布审查和个人社交媒体使用管理的要求。

【保密督促检查】 2023年，结合区委巡察及全区进驻式保密检查，实现了对全区各单位保密实地督查的全覆盖，并将检查的“触角”延伸至村（社区）。坚持保密检查与工作指导“一体两面、共同推进”的原则，既注重在检查过程中做好业务指导和答疑解惑，又为基层单位开展深度自查提供支持。同时，列明问题清单，明确整改时限和要求，督促各单位如期完成整改任务。

【基层规范化建设】 2023年，对标基层规范化建设工作要求，再次向各乡镇（街道）拨付保密规范化建设工作经费。至年底，全区9个乡镇（街道），已有8个完成保密工作室的硬件打造，基层保密工作硬件水平得到质的提升。同时，指导基层逐步健全保密制度和工作流程，先后梳理一批制度及台账模板，各单位依照实际情况进行具体调整，初步形成一整套保密工作制度体系。

（罗　静）

区直机关党的建设

【概况】 2023年，红谷滩区直机关工委在区委的坚强领导下，在区委组织部的具体指导下，聚焦“项目为先、实干奋进，争分夺秒拼经济”工作主线，扎实开展主题教育，大力创建“四强”党支部，深入开展政治机关、模范机关建设，不断擦亮机关党建品牌，以高质量机关党建助力全区高质量发展，为全面建设社会主义现代化红谷滩提供坚强保证。

【思想政治建设】 2023年，坚持以开展学习贯彻习近平新时代中国特色社会主义思想主题教育为主线，认真落实“8＋3”分类指引要求，引领和推动全区各机关党组织和广大党员做到以学铸魂、以学增智、以学正风、以学促干。指导全区各机关党组织抓紧政治理论学习，抓牢党的二十大精神培训，抓实党内政治生活，充分利用“三会一课”、“主题党日”、“学习强国”学习平台、“双周大讲堂”、“赣鄱党建云”等学习载体，促进机关干部提高政治素养，在市委党校成功举办红谷滩区2023年度区直机关党组织书记示范培训班。

【推动机关党建高质量发展】 2023年，聚焦融入融合，服务中心工作。组织全区47个区直机关围绕“党建创新、工作创优、服务创效”三个方面，开展“一机关一品牌 一支部一特色”党建品牌创建工作。涌现出区委办“红谷连心会”、区政数局“红谷智小二”帮办代办、区城管执法大队“党建‘红’引领城管‘蓝’”、区人民法院“清单式”党建管理模式等14

个党建品牌。“一项目一支部”做法在《全省基层组织建设工作情况通报》“打造模范机关专刊”上进行刊发，区执法大队“党建红引领城管蓝‘五度工作法’绘就红谷滩城管执法高质量发展新画卷”做法获评全市机关党建“十佳优秀案例”，区政数局“党建＋政务服务‘愉快办’”在江西新闻客户端进行了报道。围绕机关党建职责，通过优化组织强基础，党建月例会提素质，模范机关选树宣传激活力，“四强”党支部建设树标杆等方式方法，夯实机关党建工作基础。全年指导成立党支部12个，补选改选党支部班子成员41名；召开9次“机关党建月情分析工作例会”；评选出14个2022年度打造模范机关工作先进单位和首批10个“四强”党支部；制定并印发《区直机关加强政治机关建设、深化模范机关打造、创建“四强”党支部的实施意见》等27个文件。结合第二批主题教育和“8＋3”分类指引要求，深化“三联三亮三服务”“将心比心、终端检验”等活动。全年800余名在职党员与69个社区开展结对共建，党员报到率96%。组织开展文明创建、环境卫生整治、法治宣传等志愿服务活动560余次。全区在职党员进社区工作得到市直机关工委的高度肯定，并于12月在红谷滩区召开全市现场会。组织全区机关股室长、窗口服务单位负责人开展办事流程“大体验”，10个窗口单位开展“将心比心，终端检验”专项活动，参与党员干部160人次，收集群众诉求、意见建议55条，发现问题32个，精简办事流程16项，解决问题31个，问题办结率96.88%，架起了干群“连心桥”。

【抓好党员队伍建设】 2023年，坚持重拳整作风、机关优作风，大力开展作风提升年活动，加强作风督查，做到检查不间断，持续引领区直机关转作风提效率树形象。印发月工作提示，在全区机关干部作风建设“4＋X”专项整治中就机关中层突出的“怕慢假庸散”“中梗阻”及形式主义、官僚主义作风顽疾整治问题进行排查。加强督查，采取“四不两直”（不发通知、不打招呼、不听汇报、不用陪同接待，直奔基层、直插现场）的方式开展明察暗访，全年督查77次。对专项整治开展“回头看”，确保督查工作落实落地，震慑到位。全年发现并反馈48个问题，已全部完成整改。

（徐俊君）

档案工作

【概况】 2023年，红谷滩区档案馆在区委的坚强领导下，在市档案局、市档案馆的精心指导下，深入学习贯彻习近平总书记关于做好新时代档案工作的重要指示精神和习近平总书记考察江西重要讲话精神，牢记“为党管档、为国守史、为民服务”的职责使命，围绕中心、服务大局，真抓实干、主动作为，全力推动档案工作取得新成效，为全区高质量发展贡献档案力量。至年底，累计完成录入馆藏文件级电子目录7万条，数字化文件扫描82万幅。馆藏档案总数为71182件，数字化率100%。

【基础业务建设】 2023年，推进档案规范化建设，加强对各立档单位基础业务规范指导，督促各单位按规范标准开展文书档案整理、数字化等工作，对区检察院、区机管中心、凤凰洲街道等32家单位提供“一对一”业务指导，有效提高了各单位档案移交规范化水平。抓好机关、企事业单位档案规范化管理创建活动，至年底，全区已获得等级评定单位7家。其中，区公安分局为省特级单位，区消防大队为省一级单位，区委办、区法院、沙井街办、生米街办、凤凰洲街办5家单位为省三级单位。举办全区档案业务培训班，全区各部门各单位档案工作人员共计65人参加培训。

【档案法治建设】 2023年，履行档案行政管理职能，严格落实新修订档案法，对14家单位进行档案行政执法抽查，送达14份《档案行政执法监督检查意见书》，明确整改任务和整改时限，持续跟踪督促各项问题整改，确保问题真改、实改、改到位。档案工作纳入平安建设等有关考评体系。参加全区行政执法业务培训班，提升档案执法人员业务素质和执法水平。

【增强档案安全意识】 2023年，把档案安全工作作为一项重要任务抓实抓牢，持续强化档案安全红线意识和底线思维，切实履行档案安全管理主体责任，坚决筑牢档案安全屏障。全年对档案室进行改造提升，新增视频监控、温湿度控制器等硬件设施，持续提升安防能力。常态化开展档案安全隐患排查，落实月度巡检机制，特别是加强节假日期间及汛期档案安全检查，确保档案安全万无一失。加强档案实体安全管理，完善档案安全管理制度，健全突发事件应急预案，定期开展监控维护及库房清洁。做好档案数据异质备份工作，有效提升档案信息数据安全等级。

【档案查询利用服务】 2023年，全年共接待档案利用者43人次，利用档案919件次，为广大干部群众在查档取证、项目建设、组织人事、拆迁安置、工作查考等方面提供档案原始佐证资料，充分发挥了档案在服务中心、服务发展等方面不可替代的凭证作用。

【档案宣传活动】 2023年，以“6·9”国际档案日、“12·4”全国法制宣传日为主线，通过“线上线下”多种形式开展档案宣传。线上，组织干部群众参与省档案局、省档案馆和大江网联合开展的“档案里的江西红色故事”展播活动，响应国家档案局举办的“奋进新征程 兰台谱新篇”主题征文活动，运用“掌上红谷滩”App 发布宣传文章、室内电子显示屏滚动播放宣传海报等多样化的宣教活动，提高群众参与度，扩大活动影响力。线下，6 月 9 日，联合市档案局、市档案馆、团市委、市史志办共同在市青少年宫举办“奋进新征程，兰台谱新篇——豫章大地英雄谱”主题展览，通过图文并茂的形式，集中展示新民主主义革命时期，在南昌大地上为共产主义远大理想奋斗终身的 14 位先烈们的英勇事迹，吸引近万人现场参观。在红谷世纪花园开展“12・4”全国法制宣传日档案宣传进社区活动，集中对档案法律法规、档案业务知识和档案服务社会、经济方面进行全面宣传，受宣群众 200 人次。

（童鹤捷）

史志工作

【概况】 2023 年，红谷滩区档案馆（史志研究室）史志工作在区委、区政府和省、市史志部门的正确领导下，坚持以习近平新时代中国特色社会主义思想为指导，深入贯彻党的二十大精神，按照“为党管档、为国守史、为民服务”的职责要求，立足工作目标，服务中心大局，不断推进史志工作高质量发展，较好地完成了全年各项工作。

【《红谷滩年鉴（2023）》编纂出版】 2023 年，根据全区经济社会发展情况及特色亮点工作，编纂并出版《红谷滩年鉴（2023）》。该书设立特载、特辑、大事记、区情概览等 28 个类目。其间，年鉴编纂人员通过参加第八期全国年鉴主编培训班、2023 年度全省地方志工作会议暨业务骨干培训班等线上线下培训以及学习借鉴往年其他省市精品年鉴和江西省其他地市精品年鉴等方式，努力提升语言表述、配图选择、类目拟定等年鉴编纂水平，如期完成《红谷滩年鉴（2023）》的编写出版工作，全书字数达 82.2 万字。

【编纂《红谷滩大事记》】 2023 年，通过部门联动等方式，每周收集区级重要接待、重大活动、重要荣誉、工作动态等资料，确定以领导视察、重要会议、重要活动、重要发文、媒体关注、重要荣誉、县区动态为条目的党史大事记结构，逐月编辑 12 期，共 23.22 万字，真实记载全区发生的大事、要事、特事。

【扎实开展史志宣传教育工作】 2023 年，为深入学习宣传贯彻党的二十大精神，践行习近平总书记视察江西时提出的“推进红色基因传承”重要要求，红谷滩区在建立红色基因传承联席会议制度的基础上，由联席会议办公室制定印发《红谷滩区落实全国红色基因传承示范区建设 2023 年重点工作安排》，明确推动红色基因入脑入心、构建红色基因宣传格局、开设红色基因教育专栏等九大类共 40 项工作任务。红谷滩区档案馆（史志研究室）围绕全市、全区红色资源，通过电话调研、实地调研、网络检索等方式，扎实开展红色基因建设打造、推广传承等调研分析工作，因地制宜提出针对性意见建议，并形成《关于全市红色基因传承研究方面的调研报告》。该报告从南昌市红色基因传承建设工作情况、红谷滩区红色基因传承建设工作情况、存在的问题、基层建议四方面展开论述，全文共计 3232 字。

（徐　卓）

党校工作

【概况】 2023 年，红谷滩区委党校（区行政学校）以《中国共产党党校（行政学院）工作条例》《干部教育培训工作条例》为指导，深入学习贯彻党的二十大精神、习近平总书记视察江西重要讲话精神、习近平总书记关于党校工作的重要论述以及中央和省市区相关会议、文件精神，坚持党校姓党、从严治校的准则和要求，突出主业主课，狠抓办学质量。集中资源力量抓好党的理论教育、党性教育和专业化能力培训，更好发挥干部培训作用，真正把党校打造成领导干部掌握看家本领、提高党性修养、弘扬优良作风、增强履职本领的重要阵地。

【提升干部教育培训质效】 2023 年，持续改进提升教育培训质效，着力培养政治过硬、适应新时代需求、具备领导社会主义现代化建设能力的高素质干部队伍。全年共完成各级各类培训班 12 批次，培训学员累计近 1600 人。转变教育培训方式。依托江西干部网络学院的支持，1—3 月，以网络专题班的形式，完成区管干部学习贯彻党的二十大精神的全员轮训，培训干部 800 余人。4 月 23—28 日，协助区委组织部完成全国村党组织书记视频培训班红谷滩区分会场 82 人的培训；承办全区村（社区）党组织书记、大学生专干示范培训班，117 名学员顺利毕业。向社会培训资源“借力”。针对党校自身无培训场地，市委党校培训档期紧张的实际情况，积极与慧谷产业园培训基地等地进行沟通与联系，取得支持，顺利完成 2 期入党积极分子培训班、2 期党员发展对象培训班、1 期基层一线党员及党务工作者二十大精神暨业务能力提升班、1 期党代表履职能力和党性教育提升培训班、1 期“两新”党组织书记培训班等培训任务，培训学员 568 人。依托上级党校支持。作为南昌市委党校的分校，红谷滩区委党校积极依托市委党校优质的培训资源，组织完成红谷滩区第 3 期中青年干部政治理论培训班(学制1个月)、2023年新录用公务员初任培训班、第2期党员发展对象培训班等班次。

【优化教学布局】 2023年,坚持科学构建理论教育和党性教育模块,保障理论教育和党性教育课时占总课时比达70%。将学习贯彻习近平新时代中国特色社会主义思想放在首位,通过专家辅导、现场教学、读原文、小组研讨、撰写学习心得等多种方式,全面系统学、及时跟进学、深入思考学、联系实际学。将"坚持不懈用习近平新时代中国特色社会主义思想凝心铸魂"列为主体班的开班第一课,充分发挥其引领作用;分专题学习习近平总书记关于党的建设、文化思想、依法治国、统一战线、生态文明、安全生产等方面的重要论述,保障学习的系统性、全面性;举办专题研讨班,通过集中授课、现场教学、分组讨论、外出调研等方式,帮助学员从历史与现实、理论与实践的双维视角,深刻把握习近平新时代中国特色社会主义思想深邃的理论源泉和深厚的文化底蕴。

【推进教学创新】 2023年,在主体班培训中,坚持综合运用讲授式、案例式、模拟式和体验式等多种教学方法增强培训实效,提升学员推动高质量发展的政治能力、战略眼光和专业水平。立足增强学员理想信念,设置《从南昌起义感受斗争精神,看凤凰涅槃坚守不变初心》的现场教学、《永葆中国共产党人初心本色》的双讲式情景教学等丰富的政治理论课程;立足拓宽学员工作视野,组织学员实地参观罗亭镇乡村振兴示范点和光明社区基层治理示范点;立足学员党性锤炼,组织学员赴"小平小道"、方志敏烈士纪念园参加革命传统教育和赴廉文化馆进行党风廉政教育。

【推出有分量的研究成果】 2023年,坚持以习近平新时代中国特色社会主义思想为引领,扎实推进理论研讨和调查研究工作。组织开展理论探讨专题会,全年形成《论新形势下基层党校如何真正担好"为党育才"历史重任》《试论新时代新形势下意识形态领域斗争的机遇和挑战》等理论研讨文章共6篇,其中《论新形势下基层党校如何真正担好"为党育才"历史重任》荣获全市党校(行政学院)系统"为党育才 为党献策干部教育事业高质量发展"理论研讨会三等奖、全省社会科学学术年会"为党育才 为党献策干部教育培训高质量发展"专题分会优秀论文三等奖。紧紧围绕全区中心工作、社会热点难点问题及新兴事物,与主体班学员一道深入开展调查研究,撰写《关于红谷滩区进一步强化数字经济产业人才队伍的思考》《推进我区现代都市农业发展的思考与对策》《红谷滩区基层社会治理之矛盾风险防范化解路径调研》《关于红谷滩区新时代文明实践工作的思考》4篇较高质量的调研文章。

【发挥党建引领作用】 2023年,积极参与全区文明创建、扫雪除冰、防汛防灾、安全排查等中心工作,始终做到顾大局,听指挥、讲奉献。尤其在协助挂点社区"创文""保卫"、防汛防灾工作中,党员干部做到闻令而动、坚守岗位,遵守纪律,全力配合,顺利完成了组织交与的每一次排查和整治任务。在帮助社区创建全国文明城市工作中,校班子成员率先垂范,党员干部身先士卒,教职员工紧随其后,充分展示了党校干部教师良好的作风和形象。积极发挥党员先锋模范作用,关心关注困难群众,定期走访结对帮扶动态监测户。积极参与挂点社区文明祭扫、垃圾分类等宣传活动。

【推动主题教育走深走实】 2023年,牢牢把握"学思想、强党性、重实践、建新功"的总要求,围绕以学铸魂、以学增智、以学正风、以学促干四个方面,一体推进理论学习、干事创业、检视整改各项任务。用好原汁原味"沉浸自学"、学思践悟"拓展研学"、示范带动"班子领学""三种形式",在理论学习中"凝心铸魂";练就为党育才、为党献策、为党传音的"三项内功",在干事创业中提升本领;解答好自身建设的"填空题"、检视整改的"纠错题"、推动发展的"问答题""三道考题",持续在整改整治中锤炼作风,主题教育取得阶段性成效,宗旨意识得到增强、机关作风得到改善、履职能力得到提升。依托"红谷连心会",在优化营商环境工作中,向挂点社区及辖区内的企业开展安全生产、经济普查等政策宣讲活动;在落实区委"服务企业大走访"活动中,逐个了解企业诉求。

【做实经常性纪律教育】 2023年,注重日常,坚持把纪律规矩挺在前面。坚持把纪律作风建设作为全面从严治党的有效手段,着力强化守纪如铁的自觉性。及时组织党员干部教师观看警示教育片、召开警示教育活动暨党风廉政建设工作会,以案示警,以案为戒。注重对党员的日常督查,加强与党员的谈心交流,随时掌握党员的思想状况和工作情况。强化经常性纪律教育,让党员干部知敬畏存戒惧守底线。开展学习党的二十大、新党章集体备课活动,集体学习新修订的《中国共产党章程(修正案)》内容,根据《中国共产党章程(修正案)》内容及时修改完善课件资料。突出重点,坚持把制度建设贯穿始终。进一步完善考勤、请销假、休假、外出报备制度,健全和细化考勤管理制度,突出制度执行,强化制度约束,设置签到表,严格履行上下班签到程序。制定《中共红谷滩区委党校(区行政学院)教职工绩效考核工作方案》,进一步明确岗位职责,量化目标管理,压实工作任务，调动教职工积极性和主动性，切实提升工作效能。把握关键，坚持把群众利益摆在首位。

（陶 瑞）

精神文明建设

【概况】 2023年，红谷滩区精神文明建设工作在区委、区政府的坚强领导下，坚持以习近平新时代中国特色社会主义思想为指导，认真学习宣传贯彻党的二十大精神，坚持以社会主义核心价值观为引领，深入推进群众性精神文明创建活动，积极培育和践行社会主义核心价值观，着力提升精神文明建设水平，不断营造崇德向善的社会风尚。

【宣传先进典型】 2023年，通过树立典范弘扬正能量，不断培育文明和谐新风尚。由红谷滩区推荐的林峰获评第一季度"南昌好人"，韩海明获评第二季度"南昌好人"，陈文斌、韩海明荣获"第八届南昌市道德模范"称号；创建全国文明校园1个（南昌二中）、全国文明校园先进学校2所（红谷滩区第一小学和豫章师范学院），省级文明校园5个、市级文明校园22个、区级文明校园33个；红谷滩区4人获评2023年度南昌市"新时代好少年"，40人获评区级"新时代好少年"。积极开展"红声宣讲团，'声'入人心"活动，建立由道德模范、身边好人、文明家庭、新时代好少年等先进典型榜样人物组成的"红声宣讲团"，通过"大讲堂""微宣讲""故事会"等群众喜闻乐见的形式，深入各新时代文明实践中心（所、站）、机关、企业、学校、园区开展理论宣讲和事迹宣讲，全年组织各类先进典型开展宣讲活动83场。

【开展文明实践活动】 2023年，坚持以新时代文明实践中心为载体，以群众需求为导向，发挥优势、突出特色，全面开展新时代文明实践中心建设工作，已建成新时代文明实践中心（1个）、所（9个）、站（17个）。其中，"2所19站"获评全省星级新时代文明实践所、站，受到百姓的普遍认可。全区220余支文明实践队伍依托新时代文明实践各类阵地，开展理论宣讲、市民教育、文化文艺、移风易俗等各类活动1.4万余场，全区超21万人次参与，在首届江西省文明实践社会化志愿服务项目大赛中红谷滩区"小小志愿者+"项目获评一类项目，"我来教您用手机"、VR救护员公益培训志愿服务项目获评二类项目。组织开展的"小小志愿者""情暖红谷滩 点亮微心愿"等形式多样的文明实践活动，已成为这座城市文明底色上最亮丽的一抹色彩。

【深入推进移风易俗】 2023年，深入发挥红谷滩区移风易俗乡风文明三年专项行动联席会议制度作用，印发《红谷滩区开展移风易俗乡风文明三年专项行动"全面改善年"十项活动方案》《深入开展农村婚嫁彩礼专项治理的实施细则》等文件，移风易俗制度保障更加有力。多种举措开展移风易俗活动，积极参与"江西省文明城镇创建巡礼"活动，红谷滩区红角洲润溪村拍摄的巡礼片在文明江西等网络平台刊播展示；通过打造移风易俗示范村、集体婚礼示范县，移风易俗阵地建设更加坚实，红谷滩区获评2023年省级"移风易俗集体婚礼"重点示范县，九龙湖渔业村获评全市首批移风易俗乡风文明建设工作示范村；举行以"树文明新风 向幸福出发"为主题的户外集体婚礼，积极参与全省移风易俗"五个100"系列群众推荐评议活动，红谷滩区推荐的朱春燕荣获全省"好媳妇"称号，卢霞、万桂新荣获全省"好家庭"称号。

【传承红色基因】 2023年，红谷滩区持续深入推进红色基因传承工作，通过多种渠道，采取有效措施，全力推进红色基因传承各项工作在红谷滩区取得明显成效。开展"学'四史'讲故事"为主题的"红色故事我来讲""党的故事我来讲""讲红色故事 续红色血脉""爱我国防演讲比赛""国防万映"等系列主题活动，其中在全省中小学开展的"红色故事我来讲"活动评选中，红谷滩区荣获二等奖1个、优秀视频2个；南昌市第二中学被省教育厅确定为江西省"红色基因传承示范校"培育创建试点学校；南昌大学附属小学红谷滩分校被省教育厅评为"2023年中小学国防教育示范学校"；在2023年度全省中小学《习近平新时代中国特色社会主义思想学生读本》《红色文化》教学比赛中，红谷滩区荣获一等奖3个、三等奖3个；在江西省教育厅关于全省中小学幼儿园红色、绿色和古色文化教育活动评选活动中，红谷滩区荣获集体视频一等奖1个，获评先进学校1所、先进个人1人、先进单位1家。

【深化文明城市创建】 2023年，调整优化区创建指挥部组织架构，设立综合协调组、材料问卷组、作风问责组3个工作组，组建市容环境创建工作部、社区小区创建工作部、农业农村创建工作部等17个创建工作部，由牵头部门分管区领导调度各工作部工作。开发利用"红谷行"系统，集"任务发布—督查审核—审核派发—反馈整改情况"于一体，提高问题采集督查整改效率，实现创建点位全覆盖。加强日常督导，严格督查问效，将创建工作开展情况纳入创建执行力考核并实施奖惩。

（李 琳）

信访工作

【概况】 2023年，红谷滩区信访系统在区委、区政府的坚强领导下，坚决贯彻落实习近平总书记关于加强和改进人民信访工作的重要思想，推动各项决策部署真正落地见效，围绕“贯彻二十大、落实新条例、开创新局面”工作主线，扎实推进全区信访工作质效“四大提升”行动，推动化解了一大批信访突出问题，信访形势总体保持平稳，在省、市高质量考核中位列全市第一方阵，并获评全省信访工作示范县（区）。全区信访总量14816件（人）次。其中，国家局登记1193件（人）次，占比10.08%；省局登记884件（人）次，占比7.47%；市局登记1903件（人）次，占比16.08%；区本级登记7855件（人）次，占比66.37%。

【信访问题分析】 2023年，群众反映突出的问题主要集中在房地产、征地拆迁、劳动和社会保障、教育4个领域。其中，房地产领域问题占比26.69%，发生群众来访167批1665人次，主要反映项目停工、延期交房、产证办理、虚假宣传、房屋质量及物业管理等方面问题；征地拆迁领域问题占比27.43%，发生群众来访422批1711人次，主要反映拆迁安置不到位、征地款未及时发放、强拆强征要求赔偿、要求享受人均50平方米安置政策等问题；劳动和社会保障领域问题占比19.91%，发生群众来访292批1242人次，主要反映拖欠民工工资、市政项目拖欠工程款以及社保等问题；教育领域问题占比8.11%，发生群众来访92批506人次，主要反映学区划分、转学入学、师资配置、学校建设等问题。

【信访工作高位推动】 2023年，区委区政府系统谋划、高位推动信访工作，区委常委会、区政府常务会4次研究部署信访工作，审议出台《关于做好2023年全面推进信访重点工作的实施意见》等3个指导性文件。区委书记涂晓晖就信访工作先后5次做出批示，并带头开展接访下访活动；区委副书记、区长刘光荣多次听取信访形势汇报，专题调度沙井农贸市场拆迁安置等信访突出问题。全区信访工作形成以上率下、齐抓共管的良好氛围，全年县级领导接访调度信访案件56件，化解44件，农村自建房、安置房漏水、下水管网改造、防疫补贴等一大批群众反映强烈的热点难点问题得到有效解决。

【信访问题源头治理】 2023年是信访问题源头治理三年攻坚行动开局之年。红谷滩区通过强化“接诉即办”工作模式，建立初次信访台账清单，按照3日内受理、10日内办结的要求，通过精准流转、规范受理、调查处理、答复反馈、评价回访、督查督办六步闭环方法，压实首办责任、压缩办理时限、压紧工作流程，以最快速度推动群众合理诉求“一次性”解决到位。5月，举办全区信访系统业务培训班，邀请市委信访局相关科室负责人就来访接待原则和方法、网上信访基础业务及要点、初次信访办理提质增效等工作进行专题讲授，信访工作人员对进一步规范信访办理程序方面有了更加清晰的认识。同时，乡镇、街道深入推进信访工作联席会议实体化运行，统一由党（工）委书记任第一召集人，坚持定期排查矛盾纠纷、召开全体会议等制度。基层党政主官约访接访常态化，信访基层基础建设再上台阶。

【信访积案多元化解】 2023年，各地各部门进一步巩固三年来“治重化积”专项工作成果，不断总结完善经验做法，针对化积案、治重访工作，始终按照“三到位一处理”（群众诉求合理的解决问题到位、诉求无理的思想教育到位、生活困难的帮扶救助到位，行为违法的依法处理）和“三不限三重新”（不限原领导表态、不限原调查结论、不限原处理意见，重新进行调查、重新进行认定、重新进行处理）要求，积极化解问题，推动重复信访“案结事了”、信访群众“事心双解”。国家局三批交办的160件信访积案全部化解，办理质量与数量位列全市第一方阵。针对房地产、征地拆迁、劳动保障等重点领域信访突出问题，成立十大工作专班，分别由分管区领导挂帅，区直有关部门牵头，各乡镇（街道）主抓，相关部门配合，建立常态化联调联动机制，信访突出问题得到妥善化解。

【信访工作责任落实】 2023年，区信访工作联席办对化解力度不大、存在信访上行风险的，累计下发工作提示函3份、风险警示函20份、信访督办函15份、问责建议函2份。针对个别属地信访突出问题，区委政法委、区委信访局、区公安分局组成工作专班，先后3次实地督导，查找问题产生根源，并对信访程序规范、包案责任落实、证据收集固定等方面现场进行指导。

（易　理）

红谷滩区人民代表大会

综　述

2023年，红谷滩区人大常委会坚持以习近平新时代中国特色社会主义思想为指导，认真学习党的二十大精神，全面贯彻落实习近平总书记考察江西重要讲话精神，坚定拥护“两个确立”、坚决做到“两个维护”，始终坚持党的领导、人民当家作主、依法治国有机统一，切实履行宪法法律赋予的各项职责，在开展学习贯彻习近平新时代中国特色社会主义思想主题教育、践行全过程人民民主、传承红色基因中走在前、勇争先、善作为，完成全年各项目标任务。

加强党的领导。区人大常委会党组把学习领悟习近平新时代中国特色社会主义思想、党的二十大精神、习近平总书记考察江西重要讲话精神作为“第一议题”，列为“第一议程”。区委坚持和加强对人大工作的全面领导，召开区委常委会专门听取工作汇报，区委主要领导到区人大开展专题调研。区人大常委会党组全面贯彻中央、省、市、区委全会精神，深入基层讲党课12次，挂点乡镇（街道）、村（社区），在重大重点项目、巩固脱贫攻坚成果、文明创建、龙舟赛、烟花表演等涉及改革发展的中心工作中主动担当。

开展第二批主题教育。把握“学思想、强党性、重实践、建新功”的总要求，落实“四下基层、三访三促”工作机制，一体推进理论学习、调查研究、推动发展、检视整改、建章立制，在学深悟透上下功夫、在知行合一上求实效。主题教育开展期间，共举行专题读书班、理论学习中心组学习等学习交流10次。区人大常委会班子成员聚焦全过程人民民主、家庭医生签约、社区食堂等9个方面调研内容，开展调研20余次，形成9份调研报告，推动一批有价值、有分量的调研成果转化。

提升理论水平。深入研究阐释习近平新时代中国特色社会主义思想、习近平法治思想，聚焦发展全过程人民民主、坚持和完善人民代表大会制度，加强重大理论和现实问题研究，提升人大理论研究质量和水平。向省、市人大报送理论研究课题并获奖，其中，《贯彻二十大报告精神 做实街道人大代表联络工作站的模式调查研究》《加强基层立法联系点建设 大幅度提高法治水平》两项课题在省人大评审中获奖，三项课题分别获评市人大二级课题、优秀课题。

助推高质量发展。围绕打造“一枢纽四中心”和全区中心工作，强化监督职能，加大对“一府一委两院”的监督力度。办好为民实事，深化“红谷连心会”和“传承红色基因，帮助身边‘谢大娘’”实践活动，推动社区食堂、农村饮用水安全项目建设，办成一批利民惠民的实事。各乡镇人大主席团、街道人大工委组织开展代表视察调研、执法检查、评议监督等活动，发挥代表主体作用，践行和发展好全过程人民民主。

支持代表履职。做好服务保障，推进星级代表联络站“建管”提升工作，确保全区9个基层单位联络站（室）全覆盖，支持和保证人大代表进站履职。帮助代表提高履职能力，当好党和国家联系人民的桥梁。全年共办结一届三次会议收集到的代表建议92件，满意和基本满意率达100%；开展视察调研，累计320余名各级人大代表参加实践活动，开展代表进站活动41次、专题调研36次。组织代表参加全国人大组织的2023年第五期地方人大干部培训班，赴成都、重庆学习社区养老食堂的经验和做法。

做好备案审查工作。区人大常委会高度重视备案审查工作，将备案审查工作作为依法履职行权的重点工作来抓，全年接收区人民政府和乡镇人大主席团报送备案审查的规范性文件17件，其中区人民政府报送规范性文件4件，乡镇人大主席团报送决议13件。区人大常委会向市人大常委会报送备案审查材料31件。4月,在区一届人大常委会第十三次会议上,听取和审议《关于2022年度规范性文件备案审查工作情况的报告》。

视察重大重点项目建设。10月17日,区人大常委会组织省、市、区人大代表对全区重大重点项目建设情况开展专项视察,实地察看江西求是高等研究院、心远中学卧龙校区、明月山大道南延项目、VR科创城等项目的建设情况。随后,召开专题汇报座谈会,传达学习习近平总书记考察江西重要讲话精神,听取区人民政府关于全区重大重点项目建设情况的汇报,部分市、区人大代表踊跃发言,提出了有针对性的意见建议,相关职能部门作了表态发言。

加强自身建设。履行全面从严治党政治责任,制定落实全面从严治党主体责任清单,常态化开展警示教育,严格执行工作纪律。区人大常委会把人大干部培养选拔使用纳入全区干部队伍建设总体规划,安排人大干部同本级党政等部门干部之间的双向交流。优化区人大各专(工)委组成人员知识、年龄和专业结构,配齐配强各乡镇人大主席和主席团成员、各街道人大工委主任和组成人员。安排区委办、街道2名干部到人大机关任职,选拔干部到区直部门、乡镇(街道)任职。

重要会议

【概况】 2023年,红谷滩区人大常委会共召开1次人民代表大会、8次常务委员会会议、12次主任会议,传达学习贯彻习近平新时代中国特色社会主义思想、党的二十大精神和习近平总书记考察江西重要讲话精神,听取和审议有关单位工作情况报告,讨论和决定全区政治、经济、文化等各方面重大工作事项,审议并通过全区有关情况议案,认真研究部署人大各项工作,切实履行工作职责。

【红谷滩区第一届人民代表大会第三次会议】 2023年1月6—7日,红谷滩区第一届人民代表大会第三次会议在前湖迎宾馆召开。会期2天。会议补选红谷滩区第一届人民代表大会财政经济委员会、社会建设委员会主任委员、红谷滩区第一届人民代表大会常务委员会委员;票决确定10项2023年区人民政府民生实事项目;表决通过《关于红谷滩区人民政府工作报告的决议》《关于红谷滩区人大常委会工作报告的决议》《关于红谷滩区2022年国民经济和社会发展计划执行情况与2023年国民经济和社会发展计划的决议》《关于红谷滩区2022年全区和区级财政预算执行情况与2023年全区和区级财政预算的决议》《关于红谷滩区人民法院工作报告的决议》《关于红谷滩区人民检察院工作报告的决议》。

【区一届人大常委会会议】 2023年,红谷滩区人大常委会共召开8次常务委员会会议。

1月5日,区人大常委会召开第十一次会议。会议审议通过《红谷滩区第一届人民代表大会第三次会议相关方案》《红谷滩区第一届人民代表大会第三次会议相关办法(草案)》《红谷滩区人民代表大会常务委员会工作报告(送审稿)》《关于2022年度区人大代表履职积极分子的通报》《红谷滩区2022年政府工作报告(送审稿)》《南昌市红谷滩区人民法院2022年工作报告》《南昌市红谷滩区人民检察院2022年工作报告》《红谷滩区2022年地方政府债务限额以及2022年区级预算调整方案(草案)(第三次)》《关于红谷滩区2022年全区和区级财政预算执行情况与2023年全区和区级财政预算(草案)的报告》《红谷滩区2022年国民经济和社会发展计划执行情况与2023年国民经济和社会发展(草案)的报告》《红谷滩区人民政府2022年度人大代表票决的民生实事项目完成情况暨2023年度人大代表票决的民生实事候选项目形成情况的报告》,表决通过人事任免议案。

2月24日,区人大常委会召开第十二次会议。会议听取《南昌市红谷滩区2022年度法治政府建设工作报告》《区监察委员会对区人大常委会〈关于区监察委员会整治群众反映强烈问题工作报告的审议意见〉研究处理情况的报告(书面)》《区人民政府对区人大常委会〈关于视察我区高效设施农业基地建设情况的审议意见〉研究处理情况的报告》并进行满意度测评;听取《区人民政府关于贯彻〈中华人民共和国退役军人保障法〉情况报告的审议意见研究处理情况的报告》;审议通过《区人民政府关于我区2021年度财政收支审计情况工作报告的审议意见研究处理情况的报告(书面)》《红谷滩区人民政府关于2021年度财政收支审计整改情况的报告》《区人民政府对区人大常委会〈关于区人民政府数字经济产业推进工作情况报告的审议意见〉研究处理情况的报告》并进行满意度测评;表决通过人事任免议案。

4月27日,区人大常委会召开第十三次会议。会议听取《关于2022年规范性文件备案审查工作情况的报告》;审议通过《关于我区2021年度国有资产管理情况综合报告和行政事业性国有资产管理情况的专项报告的审议意见研究处理情况的报告》并进行满意度测评;听取《红谷滩区人民检察院公益诉讼检察工作情况的报告》;表决通过人事任免议案。

6月8日,区人大常委会召开第十四次会议。会议审议通过《关于提请审议红谷滩区厚田乡撤乡设镇行政区划调整的决议》。

6月20日，区人大常委会召开第十五次会议。会议表决通过相关决定。

8月17日，区人大常委会召开第十六次会议。审议通过《红谷滩区人民政府关于医疗保障工作情况的报告》《红谷滩区乡村振兴工作情况报告》《南昌市红谷滩区人民政府关于2022年度全区国有资产管理情况综合报告（书面）》《南昌市红谷滩区人民政府关于2022年度企业国有资产管理情况专项报告（书面）》《关于对区人大常委会〈关于区人民检察院公益诉讼检察工作情况报告的审议意见〉研究处理情况报告》《南昌市红谷滩区人民法院民商事审判服务优化营商环境工作情况报告》《区人大常委会执法检查组关于检查〈中华人民共和国未成年人保护法〉贯彻实施情况的报告》《红谷滩区人民政府关于文化产业工作情况的报告》；表决通过人事任免议案。

10月26日，区人大常委会召开第十七次会议。会议听取《2023年红谷滩区“一府两院”上半年工作情况和下半年主要工作情况报告》《红谷滩区第一届人大常委会代表资格审查委员会关于红谷滩区第一届人民代表大会代表资格的审查报告》；审议通过《区人民政府关于我区2023年上半年国民经济和社会发展计划执行情况的报告》《2023年全区重大重点项目工作报告》《区人民政府关于2022年度区本级预算执行和其他财政收支的审计工作报告》《区人民政府关于2022年财政决算和2023年上半年预算执行情况的报告》《区人民政府关于我区2022年度国有资产管理情况综合报告和企业国有资产管理情况专项报告的审议意见研究处理情况的报告》，并进行满意度测评；听取《〈区人民法院关于民商事审判工作服务优化营商环境工作情况报告的审议意见〉研究处理情况的报告》《〈区人民政府关于文化产业发展工作情况报告的审议意见〉研究处理情况的报告》，并进行满意度测评；表决通过人事任免议案。

12月26日，区人大常委会召开第十八次会议。会议听取《关于〈中华人民共和国残疾人保障法〉执法检查的报告》《红谷滩区人民代表大会常务委员会工作报告（征求意见稿）》；审议通过《红谷滩区2023年地方政府债务限额以及2023年区级预算调整方案》《红谷滩区人民政府关于2022年度区本级预算执行和其他财政收支审计报告的审议意见研究处理情况的报告（书面）》，并进行满意度测评；听取《红谷滩区人民政府关于2022年度区本级预算执行和其他财政收支审计查出问题整改情况的报告》《关于红谷滩区第十四个五年规划实施情况中期评估报告》《红谷滩区人民政府对区人大常委会〈关于红谷滩区乡村振兴工作情况的报告的审议意见〉研究处理情况的报告》《红谷滩区人民政府〈关于我区医疗保障工作情况报告的审议意见〉研究处理情况的报告》《关于召开红谷滩区第一届人民代表大会第四次会议的决定》，并进行满意度测评；表决通过人事任免议案。

【区一届人大常委会主任会议】 2023年，红谷滩区人大常委会共召开12次主任会议。

2月23日，区一届人大常委会召开第二十四次主任会议。会议听取《南昌市红谷滩区2022年度法治政府建设工作报告》《区人民政府对区人大常委会〈关于视察我区高效设施农业基地建设情况的审议意见〉研究处理情况的汇报》《区人大常委会关于〈区人民政府数字经济产业推进工作情况的审议意见〉研究处理情况的报告》《关于我区贯彻实施〈中华人民共和国退役军人保障法〉情况审议意见研究处理情况的报告》；讨论提请审议《区人民政府〈关于我区2021年度财政收支审计情况工作报告的审议意见研究处理情况的报告〉（书面）》，并进行满意度测评；讨论提请审议《区人民政府关于2021年度财政收支审计整改情况的报告》《〈关于区监察委员会整治群众反映强烈问题工作报告的审议意见〉研究处理情况的报告》及人事议案。

3月10日，区一届人大常委会召开第二十五次主任会议。会议听取《关于2022年规范性文件备案审查工作情况的报告》《关于核拨2022年度人大宣传奖励经费的请示》；讨论提请审议《红谷滩区人大常委会2023年工作要点（送审稿）》《关于听取和审议红谷滩区人民检察院公益诉讼工作情况报告的方案（草案）》《红谷滩区人民政府关于我区2021年度国有资产管理情况综合报告和行政事业性国有资产管理情况的专项报告的审议意见研究处理情况的报告》，并进行满意度测评。

4月20日，区一届人大常委会召开第二十六次主任会议。会议讨论提请审议《我区医疗保障工作情况报告的工作方案》《关于红谷滩区人民检察院公益诉讼检察工作情况的报告》《我区2023年上半年国民经济和社会发展计划执行及重大项目建设情况报告的工作方案》及人事议案。

6月8日，区一届人大常委会召开第二十七次主任会议。会议讨论提请审议《区人民政府关于提请审议红谷滩区厚田乡撤乡设镇行政区划调整的议案》。

6月20日，区一届人大常委会召开第二十八次主任会议。会议讨论提请审议相关议案。

6月29日，区一届人大常委会召开第二十九次主任会议。会议讨论提请审议《红谷滩区人民政府关于医疗保障工作情况的报告》《红谷滩区人民法院民商事审判工作服务优化营商环境工作情况报告的方案（草案）》《红谷滩区人民法院民商事审判服务优化营商环境工作情况报告》《关于区人民检察院公益诉讼检察工作情况报告的审议意见研究处理情况报告》《关于开展〈中华人民共和国未成年人保护法〉执法检查的实施方案(草案)》《红谷滩区乡村振兴工作情况报告的工作方案(草案)》《我区国有资产管理情况综合报告(书面)与我区2022年度企业国有资产管理情况专项报告的工作方案(草案)》《我区2022年区级决算及2023年上半年财政预算执行情况报告的工作方案(草案)》《我区2022年度区本级财政预算执行和其他财政收支审计工作报告的工作方案(草案)》《区人民政府关于红谷滩区第十四个五年规划纲要实施情况中期评估报告的工作方案(草案)》。

7月27日,区一届人大常委会召开第三十次主任会议。会议讨论提请审议《红谷滩区人大常委会2023年上半年工作总结及下半年工作打算》。

8月10日,区一届人大常委会召开第三十一次主任会议。会议讨论提请审议《关于开展〈中华人民共和国残疾人保障法〉执法检查的工作方案(草案)》《关于区人民法院民商事审判工作服务优化营商环境工作情况报告的初审意见》《关于检查〈中华人民共和国未成年人保护法〉贯彻实施情况的报告》《关于文化产业发展工作情况报告的方案(草案)》《关于文化产业发展工作情况的报告》《红谷滩区乡村振兴工作情况报告》《关于2022年度全区国有资产管理情况综合报告(书面)》《区人民政府关于2022年度企业国有资产管理情况专项报告》《2023年区"一府两院"向区人大常委会通报上半年工作情况的方案(草案)》以及人事议案。

8月25日,区一届人大常委会召开第三十二次主任会议。会议讨论提请审议《2023年红谷滩区"人大代表活动月"工作方案(草案)》《红谷滩区第一届人民代表大会补选代表候选人名单》。

10月20日,区一届人大常委会召开第三十三次主任会议。会议讨论提请审议《关于我区2023年上半年国民经济和社会发展计划执行情况的报告》《2023年全区重大重点项目工作报告》《关于2022年财政决算和2023年上半年预算执行情况的报告》《关于2022年度区本级预算执行和其他财政收支的审计工作报告》《关于我区2022年度国有资产管理情况综合报告和企业国有资产管理情况专项报告的审议意见研究处理情况的报告》《关于听取和审议我区2023年1—11月财政预算执行和2024年预算初步安排情况报告的工作方案》《关于开展2022年度区本级预算执行和其他财政收支审计查出问题整改情况满意度测评的实施方案》《〈关于民商事审判工作服务优化营商环境工作情况报告的审议意见〉研究处理情况的报告》《〈关于文化产业发展工作情况报告的审议意见〉研究处理情况的报告》《关于组织区人大代表视察我区民族团结进步创建工作的工作方案(草案)》《2023年红谷滩区"一府两院"上半年工作情况和下半年主要工作安排》《红谷滩区第一届人大常委会代表资格审查委员会关于红谷滩区第一届人民代表大会代表资格的审查报告》及人事议案。

11月24日,区一届人大常委会召开第三十四次主任会议。会议讨论提请审议《南昌市红谷滩区人大财政经济委员会(常委会预算工作委员会)财经、预算审查监督咨询专家库管理办法(讨论稿)》《南昌市红谷滩区人民代表大会财政经济委员会(常委会预算工作委员会)联系代表制度(讨论稿)》《关于开展2023年区人大代表履职先进分子推荐活动的通知》《关于我区医疗保障工作情况报告的审议意见研究处理情况的报告》《关于开展〈中华人民共和国残疾人保障法〉执法检查的报告》《区人大常委会〈关于红谷滩区乡村振兴情况报告的审议意见〉研究处理情况的报告》。

12月20日,区一届人大常委会召开第三十五次主任会议。会议讨论提请审议《红谷滩区2023年地方政府债务限额以及2023年区级预算调整方案(草案)》《红谷滩区人民政府关于2022年度区本级预算执行和其他财政收支审计报告的审议意见研究处理情况的报告》《红谷滩区人民政府关于2022年度区本级预算执行和其他财政收支审计查出问题整改情况的报告》《关于2022年度审计查出问题整改督办情况的报告(书面)》《关于红谷滩区第十四个五年规划实施情况中期评估报告》《红谷滩区人大常委会工作报告(征求意见稿)》以及人事议案。

重要活动

【概况】 2023年,红谷滩区人大常委会充分发挥人大在发展全过程人民民主、保障人民当家作主中的重要作用,在服务大局中勇担新使命,在守正创新中主动作为,以高质量人大工作推动经济社会高质量发展。

【区委主要领导走访调研区人大常委会机关】 2023年7月10日,区委书记涂晓晖到区人大常委会走访调研,了解区人大各个部门的运行情况,召开座谈会,听取区人大常委会对区委今后各项工作的意见和建议。区人大常委会党组书记、主任吴韶宸就全区人大工作情况作了汇报。涂晓晖强调,区人大常委会领导班子是一个政治站位高、大局意识强、工作作风实的好班子。自成立以来,打造红谷滩人大工作品牌,对推动红谷滩区经济社会发展、民生福祉提升及民主政治建设作出很大的贡献。

【持续开展"帮助身边'谢大娘'"实践活动】 2023年,区人大常委会持续深入推进"传承红色基因,帮助身边‘谢大娘’”实践活动，将实践活动列为主题教育正面案例，从解决一个问题到破解一类难题、从帮扶一个对象到帮扶一个群体，力求在根源上解决群众困难。人大代表聚焦推进家庭医生签约服务，破解由医疗资源不平衡引发的看病难、看病贵问题；聚焦“两整治一提升”问题，推进农村人居环境整治、农村路域环境整治、农业特色产业提升。全年各级人大代表共帮扶身边“谢大娘”376 人次，解决实际困难和问题 330 余个。

【召开全区人大工作推进会】 2023 年 7 月 27 日，区人大常委会召开 2023 年上半年工作推进会，总结上半年工作，研究部署下半年工作。区人大常委会党组书记、主任吴韶宸主持会议并讲话。区人大常委会全体班子成员出席会议。会议听取各乡（镇、街道）人大和区人大各委办上半年工作总结和下半年工作打算。区人大常委会领导结合分管工作、挂点片区及实际情况进行工作部署。会议指出，半年来，区人大常委会坚持以习近平新时代中国特色社会主义思想为指导，学习贯彻党的二十大精神，不负人民重托，厚植为民情怀，在服务高质量发展、激发代表活力、自身建设等方面持续发力，各项工作取得新成效。会议强调，下半年，区人大常委会及机关要鼓足干劲，干在一线、冲在前线，为奋力开创红谷滩现代化建设新局面贡献人大的智慧和力量。

【建设基层立法联系点】 2023 年，根据省市人大常委会设立基层立法联系点的工作安排，区人大常委会不断拓宽人民群众有序参与立法的途径，推进建设基层立法联系点，使立法更接地气、更具实效。5 月，九龙湖街道被批准为省十四届人大常委会基层立法联系点；8 月，卫东街道世纪中央城社区和江西慧谷互联商业运营管理有限公司被批准为市十六届人大常委会基层立法联系点。

【推进数字人大建设】 2023 年，按照省市“数字人大”建设的有关要求，红谷滩区人大常委会推进“数字人大”3.0 版建设，出台《红谷滩区数字人大管理办法》，对区人大机关干部和人大代表信息等基础数据全部进行录入。将数字化技术与人大行权履职深度融合，实现了线上“民情直通”，进一步畅通了听民声、察民情、知民意连心渠道。实现“数字人大”小程序和“赣政通”平台注册率达 100%，位列全市第一。

【参加南昌市第十六届人民代表大会四次会议】 2024 年 1 月 15 日，南昌市第十六届人大四次会议在前湖迎宾馆国际会议中心开幕。红谷滩区代表团 39 名代表，肩负着人民的期盼与重托，满怀激情参加南昌市十六届人民代表大会第四次会议，共提出各类代表意见建议 41 条。市政府主要领导参加分组审议，讨论审议“一府两院”工作报告。

【举办区一届人大第一次运动会】 2023 年 3 月 24—25 日，为展示全区各级人大代表、人大干部的良好精神风貌，增强人大代表、干部职工身体素质，提高人大队伍的凝聚力和战斗力，红谷滩区人大常委会举办区一届人大第一次运动会。200 余名省、市、区、镇乡人大代表、人大工作者组成的 10 个代表队同台较量，展示个人体育竞技水平，检验团队协作能力。

【展示全区人大系统形象】 2023 年，区人大常委会及机关多层次、全方位加强对人大制度和人大工作的宣传，全年在人民网、新华网客户端、中国江西网、省市人大新闻网、《时代主人》《南昌人大》各级报刊、网站和微信公众号上稿 420 余篇。推荐市人大代表履职积极分子 6 人，评选区人大代表履职先进分子 40 人。接待省市人大调研考察 26 次、外地人大来访交流 8 次。

监督工作

【概况】 2023 年，红谷滩区人大常委会坚持围绕中心、服务大局，聚焦上级决策部署，充分发挥监督职能优势，切实增强监督实效，以高质量监督护航高质量发展。

【监督“一府一委两院”依法履职】 2023 年，听取和审议关于文化产业工作情况、优化营商环境工作情况等报告，保证宪法、法律、法规和上级人大及其常委会决议、决定在本行政区域的遵守和执行。组织代表走访丰和营造、江西赣彩等多家企业，协调财政、税务等部门，帮助解决企业发展难题；视察红谷滩区郡塘村楼下新村、南星村南坛自然村“两整治一提升”改造项目、“三清三拆”准备工作及 320 国道改道南星段征迁工作；实地调研风华社区天城路“断头路”以及鄱阳湖宿舍、警苑小区老旧小区、丰和花园小区地面停车场等情况。

【监督保障经济发展】 2023 年，听取和审议《关于红谷滩区 2022 年全区和区级预算执行情况与 2023 年全区和区级预算草案的报告（审议稿）》《红谷滩区 2022 年国民经济和社会发展计划执行情况与 2023 年国民经济和社会发展计划草案的报告（审议稿）》《红谷滩区人民政府关于 2022 年度全区国有资产管理情况综合报告》《红谷滩区人民政府关于 2022 年度企业国有资产管理情况专项报告》《关于红谷滩区 2023 年上半年国民经济和社会发展计划执行情况的报告》《2023 年全区重大重点项目工作汇报》《南昌市红谷滩区人民政府关于 2022 年财政决算及

2023年上半年预算执行情况的报告》《红谷滩区人民政府关于2022年度区本级预算执行和其他财政收支的审计工作报告》《红谷滩区2023年地方政府债务限额以及2023年区级预算调整方案(草案)》《〈红谷滩区国民经济和社会发展第十四个五年规划和二0三五年远景目标纲要〉实施情况中期评估报告》;听取和审议《红谷滩区人民政府关于2022年度区本级预算执行和其他财政收支审计查出问题整改情况的报告》,对15个单位整改情况进行满意度测评。推进预算联网监督系统建设,并进行评审验收。

【监督推进乡村振兴战略实施】 2023年,听取和审议开展乡村振兴工作情况的报告,持续推进农村人居环境整治、农村"厕所革命",助推全区19个乡村实现全面提升;乡镇人大监督视察77个自然村农村人居环境治理情况,提出意见建议。区人大常委会班子调研察看数字农业、高效设施农业、乡村旅游休闲农业及现代种业等重点领域建设情况;对流湖镇春耕生产情况进行调研,形成调研报告为区委决策提供参考,推动金融助农政策落实。

【监督推进执法检查】 2023年,区人大常委会发挥基层立法联系点作用,配合省市人大开展立法调研,对贯彻实施《中华人民共和国未成年人保护法》《中华人民共和国残疾人保障法》情况进行执法检查,配合市人大常委会开展《中华人民共和国农产品质量安全法》《中华人民共和国安全生产法》《宗教事务条例》《江西省宗教事务条例》实施情况的监督检查。

人事任免

【概况】 2023年,红谷滩区人大常委会坚持党管干部和依法任免干部相统一原则,认真执行干部任前审查、法律考试、投票表决和宪法宣誓等制度,按照规范程序和办法,共任免地方国家机关工作人员31人次。其中,任命22人次,免去5人次,接受辞职4人次,顺利实现组织意图。全年区人大常委会组织开展补选区人大代表2次、区一届人大代表4人,补选市人大代表2次、市十六届人大代表2人;接受3人辞去市人大代表职务、10人辞去区人大代表职务。

【人事任免名单】 区第一届人民代表大会常务委员会第十二次会议通过,决定任命:江龙为红谷滩区人民政府副区长;夏贤平为红谷滩区人大常委会农业和城乡建设环境保护工作委员会主任;熊强为红谷滩区人大常委会生米街道工作委员会主任;李森为红谷滩区人大常委会红角洲街道工作委员会主任;王璠为红谷滩区人大常委会凤凰洲街道工作委员会主任;简耀华为红谷滩区人大常委会九龙湖街道工作委员会主任;胡俊华为红谷滩区人大常委会龙兴街道工作委员会主任;李忠云为红谷滩区人大常委会办公室副主任;肖丽萍为南昌市红谷滩区人民法院审判员。决定免去:仇海泉、杨雨晨的红谷滩区人民政府副区长职务;夏贤平的红谷滩区人大常委会办公室主任职务。

区第一届人民代表大会常务委员会第十三次会议通过,决定任命:刘玲为红谷滩区人大常委会沙井街道工作委员会副主任;熊俊鹏为红谷滩区人大常委会卫东街道工作委员会副主任;杨骥为红谷滩区人大常委会生米街道工作委员会副主任;杨羽为红谷滩区人大常委会红角洲街道工作委员会副主任;胡华丽为红谷滩区人大常委会凤凰洲街道工作委员会副主任;何曦玮为红谷滩区人大常委会九龙湖街道工作委员会副主任;曾玉萍为红谷滩区人大常委会龙兴街道工作委员会副主任;卢瑾萍为红谷滩区民政局局长;高虹为南昌市红谷滩区人民检察院副检察长、检察委员会委员、检察员;万怡佳为南昌市红谷滩区人民检察院副检察长、检察委员会委员、检察员;彭世聪为南昌市红谷滩区人民检察院检察员。决定免去:夏季的南昌市红谷滩区人民检察院副检察长、检察委员会委员职务;杜迎春的红谷滩区人民检察院检察委员会委员职务;熊林的红谷滩区民政局局长职务。决定接受杜迎春辞去南昌市红谷滩区人民检察院检察长职务的请求。

区第一届人民代表大会常务委员会第十六次会议通过,决定任命:陈羽为红谷滩区人民政府副区长。决定接受吴梅萍辞去红谷滩区人民政府副区长职务的请求。

区第一届人民代表大会常务委员会第十七次会议通过,决定接受姜卫民辞去南昌市红谷滩区人民法院院长职务的请求。

区第一届人民代表大会常务委员会第十八次会议通过,决定任命:徐辉为南昌市红谷滩区人民政府副区长。决定接受皮斌辞去红谷滩区人民政府副区长职务的请求。

代表履职

【概况】 2023年,红谷滩区人大常委会始终坚持代表主体地位,密切人大代表同人民群众的联系,以高质量代表工作践行全过程人民民主,保障代表为民用权、为民履职、为民服务。

【组织开展人大代表增补选工作】 2023年,区人大常委会组织开展补选区人大代表2次,补选区一届人大代表4人;补选市人大代表2次,补选市十六届人大代表2人。接受3人辞去市人大代表职务,10人辞去区人大代表职务。

【提升代表履职能力】 2023年，组织代表参加全国人大组织的“2023年第五期地方人大干部培训班”，赴成都、重庆市学习社区养老食堂的先进经验和做法。各乡镇（街道）人大组织本团代表集体学习习近平新时代中国特色社会主义思想、党的二十大精神和习近平总书记考察江西重要讲话精神。全年区人大常委会组织全体代表学习培训3次，参加省市组织的代表培训，举办区人大系统信息宣传工作培训班。

【开展“人大代表活动月”主题活动】 2023年，组织全区各级人大代表开展学思想、听民声、访民情、解民忧等“人大代表活动月”主题活动，区人大常委会领导班子成员和各乡（镇）、街道党政主要领导全员参加主题活动，并现场解决人民群众关心的热点、难点问题。全年全区累计316名各级人大代表参加主题活动，其中省代表1名、市代表20名、区代表172名、乡（镇）代表123名。开展代表进联络站活动41次，各级代表172人进站开展“双联”活动。开展专题调研16次、视察24次。

【搭建代表履职平台】 2023年，按照就地就近原则，合理布局，建成人大代表联络工作站（室）12个，高标准推进区人大代表之家建设。开展“软硬件”建设，将代表联络工作站工作经费列入财政预算，全年打造省级五星级人大代表联络站4个。全年区人大常委会依托代表活动平台载体，深化“双联”工作机制，区人大常委会组成人员联系代表、代表联系群众170余次，帮助解决问题120余个。

【督办代表意见建议办理】 2023年，区一届人大三次会议期间共收到代表建议92条。其中，转交政府办公室89件，转交区委组织部2件，转交区法院1交。代表建议涵盖高质量发展、生态环境保护、社会民生保障、“一枢纽四中心”建设等方面。区政府办及相关承办单位高度重视人大代表建议办理工作，扎实抓好办理工作，政府及其职能部门强化领导、落实责任、加强统筹、严格审核、优化流程，努力提升建议提案办理水平，架起与群众交流、沟通的重要桥梁，取得较好成效。

民生实事票决

【概况】 2023年，红谷滩区人大常委会不断创新探索践行全过程人民民主、坚持和完善人民代表大会制度，认真执行民生实事项目人大代表票决制。经红谷滩区人大一届三次会议大会票决，产生2023年十大民生实事项目，于12月全部完成，并在区人大一届四次会议上对2023年十大民生实事项目进行测评，满意和基本满意率均超过97%，最高达99%。

【十大民生实事票决名单】 2023年1月，经区人大代表票决，红谷滩区2023年十项区政府实事项目得到确定，即打通断头路及交通堵点项目、基础教育建设项目、棚户区及老旧小区改造项目、垃圾中转站改造项目、农业农村“两整治一提升”项目、家庭医生签约及基层卫生服务项目、智慧停车场项目、孺子书房建设项目、黄土裸露部分生态修复项目、智慧燃管平台建设项目。围绕这十项民生实事，红谷滩区人大常委会实施全方位、全链条、全过程监督，积极支持、参与、推动项目，确保民生实事不走样、真惠民，持续推动解决群众身边急难愁盼问题，交上满意民生答卷。

【开展民生实事项目专项监督】 2023年，区人大常委会采取“全年一计划、每月一督查、每周一报表、年度一评议+挂图作战”的举措，推进民生实事项目人大代表票决制工作规范化、常态化。成立11个民生实事监督工作小组，按照“一事一小组、一季一督查、半年一报告”的要求，组织开展“民生实事项目落实情况”专项监督活动18次，实现对市、区两级人大代表票决民生实事项目19个大项49个子项的全过程监督。人大代表跟踪督办由“事后跟进”变为“全程参与”，如将推进城乡供水一体化建设项目列为主题教育反面案例，推动流湖镇8个行政村饮水工程提升改造项目，保障群众饮水安全。

【推动民生实事落地见效】 2023年，区人大常委会全面推行民生实事项目人大代表票决制，将“群众想什么”与“政府干什么”精准对接，在项目征集、决策、监督、评价等环节听民声、聚民智、解民忧，深入项目现场，进入人大代表联络工作站（室）履职，通过调研走访、接待群众等方式征集社情民意，对民生实事项目实施情况进行全过程监督和满意度测评。

（梁玉祥）

红谷滩区人民政府

综 述

2023年,红谷滩区政府坚持以习近平新时代中国特色社会主义思想为指引,紧紧围绕省委省政府、市委市政府和区委的重要部署,紧扣“项目为先、实干奋进,争分夺秒拼经济”工作主线,上下一心、团结奋进,扎实做好了稳经济、兴产业、促创新、优品质、惠民生等各领域工作,经济社会高质量发展取得实实在在的成效。

经济发展拼出新格局。主要指标固本向好。地区生产总值同比增长4.5%左右;一般公共预算收入同口径增长7.4%;固定资产投资增长0.5%左右;社会消费品零售总额增长6.5%左右;规模以上工业增加值增长3%左右;城乡居民人均可支配收入分别增长4%左右、6.5%左右。市场主体量质齐升。“五经普”清查单位、个体户分别是“四经普”的4.5倍、9.3倍左右。净增经营主体1.86万户,总数达到9.2万户。新增“五上”企业289家,总数首次突破1000家,达到1030家,近两年新增数是历年总数的1.13倍。发展动能蓄势聚力。未来科学城提速建设。238个重大重点项目完成投资455亿元,新开工项目82个,新竣工项目60个。消化批而未供土地347.6公顷、批而未用土地315.07公顷、闲置用地61.8公顷,新增建设用地246公顷,出让经营性用地54.8公顷,发行地方政府专项债13.06亿元。

产业发展迸发新活力。数字经济强链建群。深入推进数字经济做优做强“一号发展工程”,新增数字经济核心产业企业438家。规上信息传输、软件和信息技术服务业企业总数达到54家,营收突破83亿元。全市数字经济发展综合考核荣获第一等次。现代金融强势扩容。新引进金融类机构52家。启动建设江西国控基金产业园、江西金控数字金融创新产业园,基金规模首次突破千亿元。建筑业强劲增量。深入实施“山海计划”,新增建筑业企业43家,总产值首次突破千亿元。新引进6家建筑央企、国企子公司。现代服务业强韧升级。积极策应全市重大活动,推出300余场文旅盛宴,投入6300万元开展“乐购红谷·悦享生活”系列活动,拉动消费超30亿元。规上文化企业数量两年翻一番,总营收跃居全市第1。承办55场高端会展,展览面积达133.4万平方米,人数超200万人次,现场交易额超100亿元,带动综合消费超800亿元。

创新创造焕发新生机。科技创新多点发力。研究与试验发展(R&D)经费投入强度为1.35%,增长16.38%。新增种子独角兽企业1家、瞪羚(潜在)企业6家、高新技术企业54家、省级“专精特新”中小企业18家。培育科技型中小企业418家。环境优化多管齐下。持续推进营商环境优化升级“一号改革工程”,深入实施“暖心护企”行动,兑现惠企资金6.4亿元,留抵退税10.7亿元,“财园信贷通”放贷1.18亿元,普惠金融服务平台为辖区企业授信近150亿元。重点改革多头并进。加快推进未来科学城“区政合一”“管委会+公司”机制,组建4个内设机构,设立产投公司。持续健全国有企业薪酬制度管理办法,区城投公司总资产489.09亿元,净资产150.77亿元,企业信用评级稳居AA+级。对外开放多元共促。高规格举办2023世界VR产业大会等重大活动。全年共签约产业项目超60个,总投资额超260亿元,外资外贸促稳提质,外贸出口完成42亿元;实际利用外资突破1亿美元,位列全市第1。

城乡融合“绣出”新颜值。路网框架加速拉开。复兴大桥主线贯通,洪州大桥顺利合龙,南昌绕城高速西二环、昌樟高速改扩建二期、320国道提升改造等枢纽路网全速推进,复兴大道西延、上饶大街涉枫生快速路立交改造等主干路网快速建设,高教园区、VR科创城等片区路网加速成型。芳雅路、芳林路、天城路等5条断头路提前打通。城市品质加速提升。环境更美，马咀山湿地公园加快推进，建成2个“席地而坐”城市会客厅。设施更新，提升改造7个老旧小区，增亮补亮10条背街小巷，更替1560个城市窨井盖，建成2条新型井盖示范路。新增4个公共停车场、842个停车泊位。新设16座公厕。改造4座垃圾中转站，设置537座分类投放亭，建成22个垃圾分类示范小区。治理更优，打造5个“物管城市”点位，实现1815家沿街店铺燃气智慧化管理，拆除800余处违章建筑，整治820余处围墙围挡，文明创建、城市管理精细化考核列全市第一梯队。生态基底加速稳固。空气质量稳中向好，PM2.5平均浓度33微克/立方米，空气质量优良率93.2%，稳定达到空气质量国家二级标准。水系治理成效显著，强力抓好前湖水系综合治理，组织开展潼溪水库生态修复、市政管网缺陷修复。赣江干流7个断面水质达到地表水二类标准。问题化解标本兼治，试点推行医废物资转移电子联单制。6个黄土裸露生态修复工程全面竣工。72件第二轮省环保督察转办信访件办结率100%。乡村面貌加速改善。深入推进农业农村“两整治一提升”行动，高标准打造1个乡村振兴示范村、18个共同富裕样板村、35个新农村建设村，提升改造19个西二环高速沿线村庄。持续巩固拓展脱贫攻坚成果同乡村振兴有效衔接，落地9个产业帮扶、23个乡村建设项目。

社会事业取得新进步。民生福祉增厚增实。民生实事精心办结，民生支出44.15亿元。19件市区人大代表票决民生实事件件落地。就业创业用心服务，组织百场校招232场，发放创业担保贷款超1亿元，新增城镇就业7987人。历史问题悉心化解，为8913名被征地农民拨付财政补贴3706万元。有效解决融创赣江府逾期交房问题，推动祥生府、华南城、新力东园项目全面复工。公共服务优质优品。教育资源持续均衡，招引选调教师449人，新改扩建中小学校、幼儿园18所，新增学位2.27万个。医疗服务持续优质，南昌市洪都中医院二期工程、南昌市第一医院九龙湖分院如期竣工。九龙湖街道鸿玺社区卫生服务站、龙兴街道璜源山社区卫生服务站投入使用。中南大学湘雅医院江西医院、南昌大学附属眼科医院九龙湖分院、区公共卫生服务中心顺利开工。浙江大学医学院附属第一医院江西医院、重庆医科大学附属儿童医院江西医院加速推进。投放除颤仪22台，家庭医生签约率达48.9%。文体生活持续精彩，新建4家孺子书房。社会保障兜准兜牢。社会事业更加暖心，高标准打造全省首家和谐劳动关系一站式服务中心。兜底保障更加有力，最低生活保障提高至915元，特困人员供养标准提高至1190元，精简退职人员救济标准提高至730元。累计发放各类补助补贴6666万元。“一老一小”更加幸福，高标准打造18个社区幸福食堂，建成7家社区居家养老服务站、264户家庭养老床位。建成区级托育综合服务中心。基层治理提质提效。安全生产向稳向好。强力推进打击“两无”非法行为专项治理等“七大行动”，全年未发生较大及以上安全生产事故。法治建设走深走实。深入开展“八五”普法，巩固提升“法律明白人”培养工程，合法性审核文件312件，行政机关负责人出庭应诉率100%。为民服务精细精准。新设立社区居委会14个，公开招聘社区干部166名，打造民政服务站9个。

（蔡　煜）

区政府党组、全体（扩大）会议

【概况】 2023年，红谷滩区政府共召开2次党组会议、9次区政府党组（扩大）会议、1次全体（扩大）会议。会议传达学习习近平总书记近期重要讲话和重要指示批示、习近平总书记在四川考察时的重要讲话、习近平总书记在进一步推动长江经济带高质量发展座谈会上的重要讲话、习近平总书记在江西考察时和听取江西省委省政府汇报时的重要讲话、习近平总书记在中央金融工作会议上的重要讲话、习近平总书记在深入推进长三角一体化发展座谈会上的重要讲话、省委十五届四次全体（扩大）会议和市委十二届六次全体（扩大）会议等精神，要求全区政府系统认真学习领会，将上级精神落实到具体工作，全力推动经济社会高质量发展。区政府党组书记、区长刘光荣主持。区政府党组成员、未来科学城管委会工委委员、区政府组成人员及有关部门主要负责人出席。

【区政府党组第1次会议】 2023年1月19日召开。会议审议并原则同意区政府办提交的《红谷滩区人民政府关于区政府领导分工的通知（送审稿）》。会议确定，鉴于近期人事安排调整，同意区政府办提交的《红谷滩区人民政府关于区政府领导分工的通知（送审稿）》，由区政府办负责，根据会议意见作进一步修改完善，履行审签程序后，以区政府党组名义报区委备案。

【区政府党组第2次会议】 2023年2月4日召开。会议审议并原则同意区政府办提交的《红谷滩区人民政府领导班子2022年度工作总结（送审稿）》。会议确定，根据年度考核工作要求，同意区政府办提交的《红谷滩区人民政府领导班子2022年度工作总结（送审稿）》，由区政府办负责，根据会议意见作进一步修改完善，履行审签程序后，以区政府党组名义报区委组织部。

【区政府党组第3次(扩大)会议】 2023年3月17日召开。会议审议并原则同意区人社局提交的《关于提请审议丁忠女等44人职务任免的请示》。会议确定,根据中共红谷滩区委(红谷干字〔2023〕12号)文件精神,同意区人社局提交的《关于提请审议丁忠女等44人职务任免的请示》,丁忠女等42人由区人社局会同区政府办,依法依规办理相关手续,任免时间从2023年2月起算;卢瑾萍、熊林等2人任免由区人社局会同区政府办,以区政府党组名义提请区人大常委会审议。

【区政府党组第4次(扩大)会议】 2023年7月29日召开。会议传达学习习近平总书记近期重要讲话和重要指示批示精神。会议确定,全区上下要深入学习贯彻习近平总书记近期重要讲话和重要指示批示精神,坚定不移推动各项工作落实落地。一要加快优化产业结构。在做大做强现代金融、商贸消费、文旅会展等基础上,推动软件信息、高端智能制造等产业招大引强,不断抢抓产业新赛道,增强产业发展后劲。二要加快推进生态建设。加快推进马咀山湿地公园、鱼目山周边区域提升改造等一批生态环境治理工程建设,加强垃圾中转站分类功能,坚决打赢大气污染防治攻坚战,深入推进农业农村"两整治一提升"行动,全力创建国家生态文明建设示范区。三要加快挖掘文化资源。大力继承和发扬英雄城红色文化底蕴和赣商文化历史底蕴,与时俱进、做大做强南昌网红城市品牌,创新打造更多元化更具引爆性的网红IP。四要加快推进改革发展。持续深化体制机制改革,不断提升对外开放、校地合作、区域协同发展水平,加快补齐农业农村发展短板,积极推动城市更新行动,有力推进国企改革和历史遗留问题化解。五要加快实施耕地保护。牢记粮食安全"国之大者",坚决扛起耕地保护和粮食安全的政治责任,坚决遏制耕地"非农化",严格管控"非粮化",牢牢守住耕地红线,持续推进高标准农田建设,全力提升耕地质量。会议传达学习省委十五届四次全体(扩大)会议精神。会议确定,全区上下要持续深入学习省委十五届四次全体(扩大)会议精神,吃透核心要义,把准重大部署,创造性抓好贯彻落实。传达学习中共南昌市纪委《关于我市营商环境领域干部作风问题及教训警示的通报》。会议确定,全区上下要深入学习贯彻习近平总书记关于优化营商环境的重要论述,坚决落实党中央和省市区委各项安排部署,切实加强自身廉洁建设,规范政商交往,增强"亲""清"意识,守牢纪律红线和法律底线。会议审议并原则同意区政府办提交的《红谷滩区人民政府关于区政府领导分工的通知(送审稿)》。会议确定,鉴于近期人事安排调整,同意区政府办提交的《红谷滩区人民政府关于区政府领导分工的通知(送审稿)》,由区政府办负责,根据会议意见作进一步修改完善,履行审签程序后,以区政府党组名义报区委备案。

【区政府党组第5次(扩大)会议】 2023年8月12日召开。会议传达学习习近平总书记在四川考察时的重要讲话精神。会议确定,全区上下要深入学习贯彻习近平总书记在四川考察时的重要讲话精神,因地制宜做好各项工作。一是提档升级现代产业。深入落实制造业重点产业链现代化建设"1269"行动计划,充分挖掘红谷滩区区域科创高地的比较优势,强化创新驱动发展,加强校地合作、院所合作,加快数字经济应用示范推广,在科技创新和科技成果转化上同时发力,全力推动产业提能升级。二是提质增效城乡发展。要强化大抓项目的鲜明导向,坚定不移狠抓重大项目建设,持续推进城市功能品质更新,深化创文巩卫,加大民生领域支出,不断完善城市客厅公共基础设施。要全面统筹做好生态文明建设、乡风文化传承和乡村振兴,持续推进农业农村"两整治一提升"行动,扎实做好省级生态文明示范区创建工作,加快建设和谐秀美乡村。三是提前谋划主题教育。政府系统要坚持提前学习、提早谋划、深入调研,推动主题教育高标准推进、高质量落实。要大兴调查研究之风,坚持问题导向,紧扣主题教育总要求,到基层去、到群众中去,问计于民、问政于民,以深化调查研究推动解决发展难题,用实际工作成效推动主题教育走深走实。会议传达学习市委十二届六次全体(扩大)会议精神。会议确定,全区上下要持续深入学习市委十二届六次全体(扩大)会议精神,抓好贯彻落实。一是强化思想认识。全区政府系统要把学习好、宣传好、贯彻好市委十二届六次全会精神摆在今后一段时期的突出位置,深刻领会全会精神实质和核心要义,真正做到学懂弄通做实,确保市委各项决策部署在红谷滩落地见效。二是强化工作落实。要坚定不移围绕"项目为先、实干奋进,争分夺秒拼经济"工作主线,对标红军书记提出的"九个推动",千方百计推动省市重大重点项目建设,加快构建现代化产业体系,协同做好城市功能品质提升和乡村振兴,全面推进生态、文化、旅游、民生等各项事业繁荣发展,加快建设社会主义现代化红谷滩的步伐,在全市打造"一枢纽四中心"进程中展现首府首区担当。三是强化作风保障。要持续深化纠治"四风",大力倡导"脚上有土,心中有谱"的务实作风和"事不过夜,案无积卷"的效率意识,养成雷厉风行、立决立行、马上就办的良好习惯,发扬"钉钉子"精神,俯下身子服务基层、服务群众、服务项目,及时发现和解决基层干部群众在实际工作中遇到的困难和问题,做细做实指挥、协调和服务工作,确保各项工作落到实处。

【区政府党组第 6 次(扩大)会议】 2023 年 8 月 26 日召开。会议传达学习习近平总书记在中共中央政治局常务委员会关于研究部署防汛抗洪救灾和灾后恢复重建工作会上的重要指示精神。会议指出,全区上下要深入学习贯彻习近平总书记关于防汛抗洪救灾工作的重要论述,全面落实全省全市安全防范工作电视电话会议精神,结合红谷滩区实际,抓紧抓实抓细防汛救灾、安全生产等各项工作。一要树牢底线思维。坚持人民至上、生命至上,加强科学研判和分析预警,主动防范应对,坚决克服经验主义、惯性思维,不折不扣做好防汛救灾、安全防范工作。二要突出问题导向。紧盯重点领域、关键环节,认真检视防汛救灾工作中的短板弱项,扎实做好红谷滩区 32 个重点防汛内涝点等薄弱环节排查除险,确保问题隐患整治全覆盖。三要压实安全责任。严格落实安全生产工作责任制,坚决扛起安全稳定的政治责任,常态化开展各领域风险隐患大排查大整治,着力为经济社会高质量发展营造和谐稳定的社会环境。会议传达学习习近平总书记在全国生态环境保护大会重要讲话和首个全国生态日重要指示精神。会议确定,全区上下要深入践行习近平生态文明思想,坚定不移贯彻落实党中央决策部署,正确认识全区生态文明建设面临的形势和任务,始终从“国之大者”的高度,站在全局的角度,扎实推进生态环境保护相关工作。一要强化思想认识。主动适应当前生态环境保护工作面临的新形势、新要求,进一步提高加强生态环境保护的政治自觉、思想自觉,切实增强保护生态环境的使命感、责任感和紧迫感。二要强化督察整改。采取有力举措,高质量完成第二轮省生态环境保护督察反馈问题整改,并按流程销号交账,定期开展“回头看”,确保整改到位、及时销号。三要强化重点攻坚。聚焦空气环境质量排名靠后、建筑工地管控不够精细、群众油烟投诉较多、驻区单位排水单元整治进度偏缓等问题,动真碰硬,加速推进,聚力攻坚,推动红谷滩区生态文明建设和环境保护不断取得新成效。

【区政府党组第 7 次(扩大)会议】 2023 年 9 月 16 日召开。会议传达学习习近平总书记在黑龙江省考察时召开新时代推动东北全面振兴座谈会上的重要讲话精神。会议确定,全区上下要深入学习习近平总书记在黑龙江考察时的重要讲话精神,主动对标对表,结合红谷滩区实际,认真抓好贯彻落实。一要大力推进科技创新。深刻领会把握以科技创新推动产业创新的重要要求,加快落实全省“1269”行动计划,瞄准未来科学城主战场,大力培育壮大智能制造、软件研发等战略性新兴产业,积极构建现代化产业体系。二要坚决保障粮食安全。深刻领会把握发展现代化大农业的重要要求,加强水利基础设施建设,加大耕地保护力度,强化执法监督检查,严格占补平衡,严守耕地红线,严防耕地“非粮化”“非农化”,坚决扛稳粮食安全重任。三要持续优化营商环境。深刻领会把握进一步优化政治生态、营造良好营商环境的重要要求,加快推进“赣政通”2.0 平台建设,全面拓展“秒批快办”“免证办”“网上办”“就近办”“不见面办”服务范围,加快构建亲清统一的新型政商关系,全力打造市场化、法治化、国际化营商环境。会议传达学习习近平总书记致全国优秀教师代表的信《大力弘扬教育家精神 为强国建设民族复兴伟业作出新的更大贡献》。会议确定,全区上下要深入学习贯彻习近平总书记致全国优秀教师代表的信精神,切实增强抓好教育工作的责任感和使命感,不断提升人民群众的幸福感和获得感。一要积极创办人民满意的“好教育”。坚决扛牢“首府首区”责任担当,着力提升教学质量,充分保障教育公平,不断唱响“学在红谷滩”教育品牌,争当南昌打造教育强市的先行示范区。二要积极培养身正学高的“好老师”。要把教师队伍建设作为基础工作,不断优化教师管理与结构配置,稳步推进中小学教师“区管校聘”管理体制改革,着力培养和造就一支师德高尚、业务精湛、结构合理、充满活力的教师队伍。三要积极营造尊师重教的“好氛围”。要旗帜鲜明地支持教育、关心教育,持续加大教育经费投入力度,着力为教育办实事、为教师解难事、为学生做好事,全面营造“党以重教为先,政以兴教为本,民以尊教为荣,师以从教为乐,生以成才为志”的良好氛围。

【区政府党组第 8 次(扩大)会议】 2023 年 10 月 14 日召开。会议传达学习习近平总书记对新时代办公厅工作的重要指示及全国党委和政府秘书长会议精神。会议确定,全区上下要认真学习习近平总书记对新时代办公厅工作的重要指示及全国党委和政府秘书长会议精神,深刻领会、坚定执行,确保办公室各项工作始终沿着总书记和党中央指引的方向前进。一要迅速抓好学习,切实提高政治站位。要充分认识办公室系统在党和政府治理体系中的特殊地位和重要职责使命,从忠诚“两个确立”、做到“两个维护”的高度,强化政治站位,坚定不移抓好贯彻落实,坚持不懈做好新时代办公室工作,不断增强全区政府系统和办公室系统的政治判断力、政治领悟力、政治执行力。二要坚定抓好落实,切实提高服务本领。要持之以恒加强办公室系统的政治教育、素质教育和作风教育,不断锤炼办公室系统对党和政府忠诚、对工作和人民负责的思想境界,不断增强办公室系统“三办三服务”的本领能力,做到以点带面促提升、以面带全促发展,确保政府系统高效运转。

三要坚持抓好常态，切实提高发展效能。要重点围绕未来科学城建设、经济运行、招商引资和重大项目建设、城市建管、“两整治一提升”、营商环境、民生实事等，多去调研、当好参谋，多向沟通、做好协调，多线督导、抓好落实，切实发挥好办公室系统“联系上下、协调左右、沟通内外”的中枢作用，全力服务全区各项重点工作高质高效推进。会议传达学习习近平总书记在进一步推动长江经济带高质量发展座谈会上的重要讲话精神。会议确定，全区上下要深刻领会讲话精神，以高度的政治自觉，强烈的责任担当，抓实抓细各项工作。一要狠抓学习领会，加快推动创新驱动发展。要积极抢占科技前沿和新兴产业赛道，出台政策措施，做强要素保障，全面深化校地合作、校企合作，鼓励高校毕业生和青年人才在区就业创业，切实把科研优势、人才优势转化为经济优势、社会优势、发展优势，加快推动创新驱动发展。二要狠抓工作落实，加快推动区域协调发展。深刻理解习近平总书记关于促进区域协调发展的重要要求，聚焦全市加快推进“一枢纽四中心”建设，主动融入大南昌都市圈发展格局，统筹推进全区与未来科学城、数字经济与实体经济、未来产业与传统产业、城市建管与乡村振兴等领域发展，促进区域协调全面发展。三要狠抓统筹兼顾，加快推动生态安全发展。牢固树立“一盘棋”思想，坚定不移走生态优先、绿色发展之路，统筹推进生态环保、安全生产、防化风险等工作，深入开展前湖水系治理、生态示范区建设、安全生产整治等专项行动，以生态为底、安全为基，推动实现经济社会高质量发展。

【区政府党组第9次（扩大）会议】2023年10月24日召开。会议传达学习习近平总书记在江西考察时和听取江西省委省政府汇报时的重要讲话精神。会议确定，全区上下要认真学习习近平总书记在江西考察时的重要讲话精神，主动对标对表，抓好贯彻落实，切实做到精神入脑入心、方向不偏不倚、工作落实落细。一要在深入学习中走在前。要把学习宣传贯彻习近平总书记考察江西重要讲话精神作为当前和今后一个时期全区政府系统的首要政治任务和头等大事。各政府班子成员要率先垂范、示范引领，结合主题教育讲党课、下基层、做调研要求，积极深入基层一线宣讲，面对面同基层干群开展互动交流，迅速掀起学习热潮，全力推动习近平总书记在江西考察时的重要讲话精神在红谷滩区落地生根。二要在履职尽责中勇争先。各政府班子成员要结合主题教育要求，把调查研究与完成中央、省、市及区委安排部署的重点工作和当前任务结合起来，围绕党中央、国务院和省市提出的重点任务、重点举措、重要政策、重要要求，持续在巩固提升、拓展深化、突破出彩上下功夫，确保条条落实、件件落地、事事见效。三要在推动发展中善作为。要重点围绕经济运行、项目建设、招商引资、民生实事等重点工作，持续发力，久久为功，确保圆满完成年度任务。要聚焦未来科学城开发建设、现代产业体系构建、科技创新驱动发展、城市更新和乡村振兴等方面，坚定信心，善作善成，持续抓项目、兴产业、补短板，不断增强综合实力、夯实发展支撑、蓄积发展动能，奋力谱写中国式现代化红谷滩篇章。会议审议并原则同意区政府办提交的《关于红谷滩区政府领导班子成员分工调整的通知（送审稿）》。会议确定，鉴于近期人事安排调整，结合班子成员个人成长经历，同意区政府办提交的《关于红谷滩区政府领导班子成员分工调整的通知（送审稿）》，由区政府办负责，根据会议意见进一步修改完善，履行审签程序后，以区政府党组名义报区委备案。会议审议并原则同意区人社局提交的《关于贾永龙同志职务任免的请示》。会议确定，根据中共红谷滩区委（红谷干字〔2023〕48号）文件精神，同意区人社局提交的《关于贾永龙同志职务任免的请示》，由区人社局会同区政府办，依法依规办理相关手续，任免时间从2023年9月起算。

【区政府党组第10次（扩大）会议】2023年11月18日召开。会议传达学习习近平法治思想。会议指出，习近平法治思想内涵丰富、论述深刻、逻辑严密、系统完备，是马克思主义法治理论中国化时代化的最新成果，是中国特色社会主义法治理论的重大创新发展，对推进全面依法治国、加快建设社会主义法治国家具有重大的现实意义和深远的历史意义。会议强调，全区上下要认真学习领会习近平法治思想，必须吃透基本精神、把握核心要义、明确工作要求，做到然于胸、融会贯通。一要带头学法作表率。要充分发挥领导干部“关键少数”的示范带动作用，做到先学一步、学深一层，强化责任传导，学深悟透领导干部应知应会党内法规和国家法律，以法治约束自己的言行。二要依法行政树形象。要牢固树立法治思维，着力提高运用法治思维和法治方式开展工作的本领，坚持在法治之下想问题、作决策、办事情，全面提高工作法治化、规范化水平，推动建设更高水平法治政府。三要增强能力抓落实。要切实转变执法理念、改进执法方式，加强执法能力建设，进一步规范履行重大行政决策咨询论证、风险评估、合法性审查等程序规定，做到依法决策、依法行政，营造良好的法治环境，推动各项工作在法治轨道上高效落实。会议传达学习习近平总书记在中央金融工作会议上的重要讲话精神。会议强调，全区上下要认真学习习近平总书记在中央金融工作会议上的重要讲话精神，紧紧围绕“走在前、勇争先、善作为”的目标要求，深入推进区域金融中心核心承载区建设，奋力开创金融工作新局面。一要强化党对金融工作的全面领导。坚决贯彻落实党中央关于金融工作的决策部署和省市工作要求，把党的领导贯穿于金融工作的各方面、全过程，坚持政治过硬、能力过硬、作风过硬标准，持续锻造忠诚干净担当的高素质专业化金融干部人才队伍。二要提升金融服务实体经济质效。紧紧围绕建设“区域金融中心核心承载区”“科技金融创新示范园”等重点任务，加速形成以产业发展集聚金融资源，以金融资源促进产业发展的良性循环，加快推动国控基金产业园和金控数字金融创新产业园建设，做好科技金融、绿色金融、普惠金融、养老金融、数字金融五篇大文章，助力实体经济转型升级和稳定增长。三要积极稳妥防范化解金融风险。健全市场化、法治化、常态化处置机制，持续压降新发案件风险，推进存量风险出清，守牢不发生区域性金融系统性风险底线。充分运用省金融风险监测预警平台，强化多部门联合监管力度，严厉打击非法金融活动，持续巩固提升良好金融生态。

【区政府党组第11次（扩大）会议】 2023年12月16日召开。会议传达学习习近平总书记在深入推进长三角一体化发展座谈会上的重要讲话精神。会议强调，全区上下要认真学习习近平总书记在深入推进长三角一体化发展座谈会上的重要讲话精神，主动对标对表，抓好落实落地。一要坚持科技创新引领。聚焦产业发展，坚持把科技创新作为主动力，支持引导企业加强科技创新、技术改造、设备更新，持续培育壮大“五上”企业、高新技术企业、独角兽企业、瞪羚企业等，紧跟前沿科技谋划布局新兴产业、未来产业，加速推动产业链创新链深度融合。二要主动融入发展大局。要围绕江西内陆开放型经济试验区建设，用好用活首府首区优势，敢于善于先行先试，持续优化营商环境，持续扩大开放格局，在“双向开放、惠通四方”的大文章中找准自身角色定位，主动对接服务长三角一体化发展，深化机制对接、平台承接、产业链接，积极承接长三角地区产业梯次转移，不断扩大内陆型开放格局，拓展发展新空间，培育发展新动能。三要夯实安全发展基础。要以“时时放心不下”的责任感，统筹好发展和安全，认真抓好道路交通、建筑施工、城镇燃气、消防等重点领域安全生产工作，深入推进赣江沿岸、前湖水系等关键区域生态环境治理，做好安保维稳、信访源头治理、隐形债务处置、保交楼等重大风险防范化解，持续擦亮现代化红谷滩建设的平安底色、生态底色、和谐底色。会议传达学习习近平总书记在上海考察和返京途中在江苏盐城考察时的重要讲话精神。会议强调，全区上下要深入学习贯彻习近平总书记在江苏盐城考察时的重要讲话精神，因地制宜、不折不扣抓好落实。一要深入学习领会。要学深悟透习近平总书记重要讲话精神，完整、准确、全面贯彻新发展理念，把学习贯彻习近平总书记重要讲话精神与贯彻落实“走在前、勇争先、善作为”的目标要求结合起来，真正将学习成果转化为推动红谷滩高质量发展的新思路、新方法、新举措。二要明确目标任务。始终把发展作为第一要务，立足习近平总书记考察江西提出的目标要求，围绕构建现代化产业体系、扩大内陆型开放、推进乡村振兴等关键领域，高标准抓好落实，全力推动省、市各项决策部署在红谷滩区不折不扣落地生效，为全省发展大局作出更大贡献。三要主动担当作为。要围绕年初制定的各项目标任务，全力以赴推进未来科学城建设、经济运行监测、重大项目建设、城市建管、乡村振兴等重要工作，坚持不懈抓好安全生产、生态环保、基层治理、防范化解重大风险等关键领域，确保全年各项工作圆满收官。

【红谷滩区政府1次全体（扩大）会议】 2023年12月24日召开。会议审议并原则同意区政府办提交的《政府工作报告（送审稿）》。会议指出，《政府工作报告（送审稿）》从经济发展拼出新格局、产业发展迸发新活力、创新创造焕发新生机、城乡融合绣出新颜值、社会事业取得新进步等方面对2023年的工作进行系统总结，集中展示全区2023年度荣获的省级以上荣誉，科学提出奋力推进未来科学城大开发、现代产业大升级、经济循环大畅通、双向开放大提效、现代都市大更新、农业农村大蝶变、社会事业大发展等目标任务，并就进一步明确要全面提升政府治理现代化水平，是一个求真务实、凝聚力量、催人奋进的好报告。会议要求，全区政府系统要在前期征求意见的基础上，结合省委省政府、市委市政府和区委区政府的最新决策部署，由区政府班子成员各自牵头，分别就分管领域召集部门对《政府工作报告（送审稿）》再次进行专题研究，对2023年的工作再梳理，对2024年的工作再谋划，对所获的荣誉再盘点，对统计的数据再核准，对《政府工作报告（送审稿）》进行再次修改、补充、完善，力求报告更加充实、简练、准确，全面客观、真实准确反映红谷滩区经济社会发展情况。会议确定，根据区一届人大第四次会议要求，同意区政府办提交的《政府工作报告（送审稿）》，由区政府办负责，根据会议意见进一步修改完善，履行审签程序后，报区委常委会审议，审议通过后提请区人大会议审议；审议并原则同意区发改委提交的《红谷滩区2023年国民经济和社会发展计划执行情况和2024年国民经济和社会发展计划（草案）的报告（送审稿）》，由区发改委负责，根据会议意见进一步修改完善，履行审签程序后，报区委常委会审议，审议通过后提请区人大会议审议；审议并原则同意区财政局提交的《红谷滩区2023年全区和区级预算执行情况与2024年全区和区级预算（草案）的报告》，由区财政局负责，根据会议意见进一步修改完善，履行审签程序后，报区委常委会审议，审议通过后提请区人大会议审议。

（谭　欣）

区政府常务会

【概况】 2023年，区政府共召开35次常务会议。区政府党组书记、区长刘光荣主持。会议学习习近平总书记系列重要讲话和批示精神，传达贯彻全国、省、市有关会议精神，听取和审议区政府各部门有关工作情况报告、汇报，研究讨论有关工作意见，办法、计划、规划、方案、预案、请示等，部署落实政府各项工作要求，作出相应各项决定。区政府组成人员出席。区委、区政府、区纪委监委职能部门主要负责人，乡镇、街办等主要负责人及区政府法律顾问列席。

【区政府第1次常务会议】 2023年1月16日晚上，区政府第1次常务会议召开。会议传达学习习近平总书记在中央政治局民主生活会上的重要讲话精神、《中华人民共和国反有组织犯罪法》、全省"两会"精神、省委经济工作会议、市委经济工作会议精神；听取2022年度全区政务公开工作情况报告；审议并原则同意区城管执法局提交的《关于恳请同意续签〈红谷滩区"三合一"养护市场化服务项目委托协议〉相关事宜的请示》《关于恳请同意卫东街办、沙井街办2023年部分老旧小区综合提升改造工程的请示》《关于恳请同意批复赣江市民公园四期景观绿化工程初步设计及概算的请示》、区城投公司提交的《关于参与竞拍C－8地块相关事项的请示》。

【区政府第2次常务会议】 2023年1月19日，区政府第2次常务会议召开。会议传达学习叶建春省长对民政工作批示精神；听取2022年度全区安全防范工作情况报告、研究部署春节期间重点工作；审议并原则同意区城投公司提交的《关于恳请同意区城投公司组建区公务用车管理服务中心服务项目的请示》《关于恳请同意区城投公司为江西航天红源农业科技有限公司提供融资担保的请示》、区财政局提交的《关于处置还建房公建商铺的请示》、区教体局提交的《关于审议〈关于做好红谷滩区义务教育阶段学生校内课后服务工作实施方案（送审稿）〉的请示》《关于审议〈红谷滩区公办中小学集团化办学实施方案（送审稿）〉的请示》《关于恳请同意区教体局与豫章师范学院、豫章中学、师大附中合作办学的请示》、区卫健委提交的《关于恳请同意红谷滩区卫生健康系统补充编外聘用医务人员的请示》、区政数局提交的《关于恳定同意政府采购2023—2025年度区政务服务大厅行政审批前端综合事务外包服务的请示》、区住建局提交的《关于恳请同意赣地佳苑建设项目招标有关事项的请示》《红谷滩区"迎新春·惠民生 红动暖春购房节"活动实施方案（送审稿）》、区公安分局提交的《关于恳请解决红谷滩公安分局业务技术用房暨执法办案中心项目勘察设计费用的请示》。

【区政府第3次常务会议】 2023年2月4日，区政府第3次常务会议召开。会议传达学习叶建春省长在省政府第一次全体会议上的讲话精神；听取全市一季度经济运行精彩开局座谈会议精神；审议并原则同意区应急管理局提交的《关于恳请同意购置消防水车和运兵车的请示》《关于恳请同意招聘红谷滩区专业森林消防大队司机的请示》、区城管执法局提交的《关于恳请批准马咀山及江边湿地生态治理工程立项的请示》、区人社局提交的《红谷滩区2022年度接收万益雯等18名政策性安置人员的建议（送审稿）》《关于恳请同意高标准打造就业创业服务中心的请示》、区交警大队提交的《关于恳请同意对红谷滩交警大队一中队办公营房提升改造的请示》、区商务局提交的《关于恳请同意签订〈南昌市红谷滩区人民政府 中国电信股份有限公司江西分公司合作协议书〉的请示》《2022年开放型经济工作考核结果表扬方案（送审稿）》、区自然资源规划分局提交的《关于恳请同意调剂耕地占补平衡指标的请示》。

【区政府第4次常务会议】 2023年2月19日，区政府第4次常务会议召开。会议审议并原则同意区财政局提交的《南昌市红谷滩区本级财政资金审批管理办法（送审稿）》、区卫健委提交的《〈关于成立红谷滩区健康县区建设工作领导小组〉〈红谷滩区2022—2023年健康县区建设项目方案〉（送审稿）》、区科工局提交的《红谷滩区关于建设全省数字经济创新发展引领核心区的扶持办法（送审稿）》、区教体局提交的《南昌市红谷滩区全民健身实施计划（2021—2025）（送审稿）》《关于恳请同意红谷滩区4所小区配套幼儿园提升改造的请示》《关于恳请同意启动红谷滩区南昌中学配套九年一贯制学校等7所学校建设的请示》、区商务局提交的《2023年红谷滩区"乐购红谷·悦享生活"促消费活动实施方案（送审稿）》《关于恳请同意红谷滩区红角洲片区HJZ402－A10－01、02地块土地出让设置业态条件的请示》、红角洲街道提交的《关于恳请启动红谷滩区红角洲街道党群服务中心项目建设的请示》、流湖镇提交的《关于恳请解决流湖

2023 年 2 月 19 日，红谷滩区人民政府 2023 年第 4 次常务会召开
（区政府办　供图）

镇“邹家山”征迁补偿资金的请示》、区自然资源规划分局提交的《关于恳请同意变更南昌轨道集团有限公司土地收储范围事宜的请示》、区金融办提交的《关于恳请同意兑现江西裕民银行股份有限公司优惠政策奖励的请示》、区住建局提交的《关于恳请同意杨岐山大道（龙兴大街—复兴大道）道路排水工程相关事宜的请示》。

【区政府第 5 次常务会议】 2023 年 3 月 4 日，区政府第 5 次常务会议召开。会议传达学习党的二十届二中全会精神、省委农村工作会议精神、《江西省平安建设条例》、南昌市迎接食安城创建国家评价验收工作调度会议精神并听取区市场监管局汇报红谷滩区迎检工作部署；审议并原则同意区民政局提交的《南昌市红谷滩区红白理事会工作制度（暂行）（送审稿）》《关于恳请通过将红谷滩区红白理事会相关经费纳入财政预算的请示》、区农业农村局提交的《红谷滩区统筹整合资金推进高标准农田建设实施方案（送审稿）》、区文广新旅局提交的《红谷滩区促进文化产业发展扶持办法实施细则（送审稿）》。

【区政府第 6 次常务会议】 2023 年 3 月 12 日，区政府第 6 次常务会议召开。会议审议并原则同意区商务局提交的《关于恳请调整红谷滩区凤凰洲片区 A06－01 地块土地出让业态条件的请示》。

【区政府第 7 次常务会议】 2023 年 3 月 16 日晚上，区政府第 7 次常务会议召开。会议传达学习习近平总书记在中央政治局第三次集体学习时的讲话精神、全国两会精神和全省、全市领导干部会议精神；审议并原则同意区住建局提交的《红谷滩区城市功能与品质再提升行动方案（送审稿）》、区住建局提交的《关于恳请同意洪州大道（明月山大道—三清山大道）快速化改造工程相关事宜的请示》、区人社局提交的《南昌市红谷滩区 2023 年度专场招聘事业单位工作人员实施方案（送审稿）》、区土储分中心提交的《关于恳请同意中顺 B－25 地块签订土地储备合同并支付收储资金的请示》、区城管执法局提交的《关于恳请批准实施智慧燃管平台建设项目的请示》《关于恳请实施南昌大道（生米大桥—320 国道）道路提升改造工程的请示》、区城投公司提交的《关于恳请同意区城投公司设立产投公司相关事项的请示》。

【区政府第 8 次常务会议】 2023 年 3 月 28 日，区政府第 8 次常务会议召开。会议审议并原则同意区科工局提交的《南昌市红谷滩区“专精特新”企业培育示范基地项目合作协议（送审稿）》《南昌市红谷滩区人民政府与北京华胜天成科技股份有限公司战略合作协议（送审稿）》、区财政局提交的《关于恳请转让政府投资建设停车场经营权的请示》《关于恳请处置还建房江报路 690 号富华小区 13#农贸市场的请示》、区金融办提交的《南昌市红谷滩区人民政府与中航信托股份有限公司合作协议（送审稿）》、区住建局提交的《关于恳请同意抚州大街西延（现复兴大道西延）穿跨越西环线工程由南昌铁路局代建并由其采用邀请招标确定施工单位的请示》《关于恳请授权九龙湖新城城市综合管廊一期存量资产盘活项目实施机构等相关事项的请示》、区商务局提交的《红谷滩区商务局与明正集团股份有限公司项目合作协议书（送审稿）》。

【区政府第 9 次常务会议】 2023 年 3 月 30 日晚上，区政府第 9 次常务会议召开。会议传达学习全国疫情防控工作会议精神及听取区卫健委汇报下一步疫情防控工作建议，传达学习《国家乡村振兴局关于落实党中央国务院 2023 年全面推进乡村振兴重点工作部署的实施意见》和 2023 年全省乡村振兴局长会议精神；审议并原则同意区政府办提交的《2023 年红谷滩区〈政府工作报告〉重点工作责任分工方案（送审稿）》、区教体局提交的《红谷滩区助力南昌市打造全国篮球示范城市工作实施方案(送审稿)》、区财政局提交的《关于恳请同意"财园信贷通"放贷企业名单及额度的请示》、区民政局提交的《关于恳请同意追加南昌西二环高速沿线红谷滩区范围内散埋坟墓迁移整治经费预算的请示》、流湖镇提交的《关于申请流湖镇人居环境卫生保洁工作设备维护经费的请示》、区农业农村局提交的《红谷滩区2023年农业农村"两整治一提升"行动"两年大变化"和新农村建设实施方案(送审稿)》《红谷滩区西二环高速沿线环境整治提升工作实施方案(送审稿)》、区城管执法局提交的《关于恳请批准实施商联中心同心广场建设工程立项的请示》《关于恳请批准实施垃圾中转站提升改造(一期)工程立项的请示》。

【区政府第10次常务会议】 2023年4月12日晚上,区政府第10次常务会议召开。会议听取区应急管理局全区3月安全生产工作形势汇报;审议并原则同意区农业农村局提交的《关于审议红谷滩区"两整治一提升"项目立项的请示》、区城管执法局提交的《关于恳请实施岭北四路街边小游园项目的请示》《关于授权红谷滩区停车位存量资产盘活项目实施机构等相关事项的请示》、区商务局提交的《红谷滩区招商顾问聘请管理办法(送审稿)以及第一批招商顾问的请示》《关于恳请同意在红谷滩区九龙湖片区JLH603-A04、JLH603-B01、B02、B03地块设置业态条件的请示》、区科工局提交的《关于审议云上江西等六家企业兑现2020及2021年度红谷滩区VR政策的请示》、区教体局提交的《南昌市红谷滩区合作办学若干规定(送审稿)》《关于恳请启动2023年红谷滩区学校改建项目的请示》、区人社局提交的《关于恳请同意〈红谷滩区事业单位人员(含机关工勤人员)2022年度考核等次〉的请示》、区司法局提交的《关于恳请解决基层司法辅助人员不足的请示》、区民政局提交的《关于恳请同意授权区民政局审批特别救助的请示》。

【区政府第11次常务会议】 2023年4月19日晚上,区政府第11次常务会议召开。会议传达学习2023年全国全省全市"扫黄打非"工作会议精神;听取区委(区政府)信访局全区信访工作形势汇报;审议并原则同意区教体局提交的《红谷滩区义务教育阶段五类后(含五类)生源量化积分入学实施细则(试行)(送审稿)》、区人社局提交的《红谷滩区规范事业单位人员、机关工勤人员工资津贴补贴实施方案(送审稿)》、区公安分局提交的《关于审议区公安分局报废更新10辆一般执法执勤车辆的请示》《关于审议区公安分局报废更新1辆特种执法执勤车辆的请示》、区财政局提交的《关于设定2022年度区属国有企业财务指标考核目标值的请示》。

【区政府第12次常务会议】 2023年4月25日晚上,区政府第12次常务会议召开。会议传达学习《质量强国建设纲要》和南昌市质量大会会议精神;审议并原则同意区卫健委提交的《红谷滩区巩固国家卫生城市创建成果常态长效工作实施方案(送审稿)》、区发改委提交的《2023年红谷滩区重大重点项目计划表(送审稿)》《2023年红谷滩区"暖心护企"优化营商环境行动方案(送审稿)》、区科工局提交的《关于恳请同意〈南昌市红谷滩区科技和工业信息化局 江西思贤数据科技有限公司投资合作协议书〉的请示》、龙兴街办提交的《关于恳请同意拨付龙兴街道2021、2022年度拆迁资金的请示》、区住建局提交的《红谷滩区"美好安家·焕新出发·红谷滩嗨购好房节"活动实施方案(送审稿)》《九龙湖新城城市综合管廊一期存量资产盘活项目实施方案(送审稿)》《关于恳请同意南昌市红谷滩区赣江北大道匝道工程及红谷南大道跨水桥工程相关事宜的请示》、区人社局提交的《关于恳请批准招聘南昌市红谷滩区2023年基层就业公共服务专岗人员的请示》。

【区政府第13次常务会议】 2023年5月13日,区政府第13次常务会议召开。会议审议并原则同意区委信访局提交的《关于做好2023年全面推进信访重点工作的实施意见(送审稿)》、区政府办提交的《红谷滩区规范公共场所外语标识工作方案(送审稿)》、区人社局提交的《红谷滩区解决被征地农民养老保险政策历史遗留问题的办理意见(送审稿)》《南昌市红谷滩区2023年公开选调事业单位工作人员实施方案(送审稿)》、区城管执法局提交的《关于红谷滩区城市范围内禁止放养家畜家禽的通告(送审稿)》、区农业农村局提交的《关于恳请同意红谷滩区农村水利基础设施提升改造工程委托区城投全资子公司南昌市红谷市政开发有限公司作为代建单位的请示》《关于恳请同意红谷滩区迴栏圩涝区排涝能力建设项目委托区城投全资子公司南昌市红谷市政开发有限公司作为代建单位的请示》《关于恳请同意新建区流湖大提涝区排涝能力建设项目委托区城投全资子公司南昌市红谷市政开发有限公司作为代建单位的请示》《关于恳请同意实施2023年红谷滩区高标准农田建设项目的请示》《红谷滩区2023年巩固拓展脱贫攻坚成果和乡村振兴第二批项目库、资金分配方案和年度项目实施计划(送审稿)》、流湖镇提交的《关于恳请同意流湖镇红星村黄港头自然村乡村振兴示范村项目立项的请示》《关于恳请解决流湖镇西二环高速苗木处置工作经费的请示》、区住建局提交的《关于恳请授权红谷滩城市投资集团公司为南昌未来科学城北区(西部组团)片区综合开发项目实施主体的请示》《关于恳请同意国网南昌市红谷滩区供电公司申请保电政策性奖励的请示》、区财政局提交的《红谷滩区规范公务员工资津贴补贴实施方案(送审稿)》。

【区政府第14次常务会议】 2023年5月20日,区政府第14次常务会议召开。会议传达学习《江西省人民政府工作规则》和省委常委、市委书记李红军在全市警示教育大会上的讲话精神,全市巩固拓展脱贫攻坚成果同乡村振兴有效衔接一季度调度会精神;审议并原则同意区生态环境局提交的《南昌市红谷滩区创建省级生态区工作实施方案(送审稿)》《南昌市红谷滩区推进入河排污口排查整治工作方案(送审稿)》、流湖镇提交的《关于恳请继续实施流湖镇安置房项目的请示》、区文广新旅局提交的《关于恳请同意2023年应急广播系统建设项目的请示》、区住建局提交的《关于恳请同意南昌市红谷滩区昌樟高速改扩建二期高压电力设施防护工程相关事宜的请示》、区委宣传部提交的《关于恳请同意与〈人民日报〉签署合作协议的请示》、区科工局提交的《关于恳请结算VR基地紫光云资源2021年10月至2022年10月年度协议保底费用的请示》。

【区政府第15、16次常务会议】 2023年6月6日晚上,区政府第15、16次常务会议召开。会议传达学习习近平总书记在中共中央政治局第五次集体学习时的重要讲话精神;审议并原则同意区民政局提交的《关于红谷滩区厚田乡撤乡设镇行政区划调整的意见(送审稿)》、区文广新旅局提交的《关于恳请同意2023年孺子书房建设项目的请示》、区农业农村局提交的《关于恳请实施红谷滩区西二环高速环境整治提升项目的请示》、区教体局提交的《关于恳请启动红谷滩区K9学校等4所学校建设的请示》《关于恳请同意红谷滩区已完成装修的2所幼儿园运营方式的请示》《关于恳请同意2023年区教育系统设备采购的请示》、区商务局提交的《关于恳请同意〈九龙湖商业综合体项目合作协议书〉的请示》、区城管执法局提交的《关于恳请同意完善区住建局移交道路的补栽补亮工程的请示》《关于恳请批准实施南昌市红谷滩区九龙湖健康公园立项的请示》《关于恳请同意2023年草花种植及养护采购单位的请示》、区科工局提交的《关于审议国家虚拟现实创新中心物理空间使用相关事宜的请示》、区城投公司提交的《关于恳请同意区城投公司竞买红谷滩区管廊资产的请示》《关于恳请同意区城投公司2023年债券发行计划的请示》。

【区政府第17次常务会议】 2023年6月15日,区政府第17次常务会议召开。会议听取区交警大队汇报全区1月至5月道路交通领域安全生产工作形势,区消防救援大队汇报全区2023年全区上半年消防安全工作形势;审议并原则同意区民政局提交的《关于恳请同意打造红谷滩区婚育全程一站式服务中心的请示》、区商务局提交的《关于恳请同意巨博亚环球商业中心项目合作协议书的请示》、区教体局提交的《关于恳请同意红谷滩区教体局与南昌市第二中学合作办学协议的请示》、区消防救援大队提交的《关于恳请招录政府专职消防队员的请示》、区住建局提交的《关于恳请同意人武部库室改造相关事宜的请示》《关于恳请同意红谷滩区赣江南大道南延段道路排水工程赣州大道至南外环段相关事宜的请示》、区卫健委提交的《关于恳请拨付市疾控中心2021年2022年度剩余部分人员工作补贴经费及工作补偿经费的请示》、区重大重点项目推进中心草拟的《2023年红谷滩区重大重点项目领导挂点计划方案(送审稿)》。

【区政府第18次常务会议】 2023年6月18日,区政府第18次常务会议召开。会议传达学习江西省纪委办公厅警示教育相关的两个文件精神;审议并原则同意区城管执法局草拟的《红谷滩区"三合一"市场化监督管理绩效考核办法(送审稿)》、提交的《关于恳请批准南昌市红谷滩区中央绿廊街景提升项目(碟子湖—沙井路段)立项的请示》,区残联草拟的《红谷滩区残疾人就业保障金征收工作实施方案(送审稿)》、提交的《关于恳请同意选聘残疾人专职干事的请示》,区城投公司提交的《关于恳请同意向祥生府项目提供借款的请示》。

【区政府第19次常务会议】 2023年7月1日,区政府第19次常务会议召开。会议传达学习中央民族工作会议、全国宗教工作会议、省委民族工作会议暨全省宗教工作会议、市委民族工作会议暨全市宗教工作会议精神,传达学习《中华人民共和国安全生产法》;审议并原则同意区人武部提交的《关于恳请同意乡(镇、街道)基层武装部基层治理规范化建设的请示》、区交警大队草拟的《红谷滩区道路交通安全综合治理工作方案(送审稿)》、区财政局草拟的《红谷滩区关于进一步规范"财园信贷通"工作实施方案(送审稿)》、区教体局草拟的《江西省2023年中小学教师招聘红谷滩区教师招聘工作实施方案(送审稿)》《红谷滩区2023年面向全国公开引进教育人才工作方案(送审稿)》《关于推进全区中小学教师"区管校聘"管理体制改革的实施意见(送审稿)》《关于恳请同意2023年红谷滩区学校改建项目消防设计审查及验收的请示》、区政数局提交的《关于恳请启动红谷滩区"窗网"融合政务服务云平台建设项目的请示》、区公安分局提交的《关于恳请同意南昌市公安局红谷滩分局采购红谷滩区VR智慧平安小区项目维保事宜的请示》、区金融办提交的《关于恳请同意向南昌一亿中流信息科技有限公司兑现政策补贴资金的请示》、区发改委提交的《关于恳请同意南昌市红谷滩区发改委投资项目中介机构评审服务采购工作的请示》。

【区政府第20次常务会议】 2023年7月16日，区政府第20次常务会议召开。会议传达学习习近平总书记同团中央新一届领导班子成员集体谈话及重要讲话精神、《中共中央、国务院关于加强禁毒工作的意见》《省委 省政府关于加强禁毒工作的意见》；听取区生态环境局汇报全区大气污染防治工作；审议并原则同意区人武部提交的《关于恳请同意增配5名区聘人员的请示》、流湖镇提交的《关于恳请同意启动流湖镇温泉地块征地迁坟安置墓地（龙岗山公墓）一期建设项目的请示》、区退役军人事务局提交的《关于恳请解决一级伤残士兵魏国辉同志医疗费用的请示》、生米街办提交的《关于申请建设生米街道地宫式公益性骨灰堂的请示》、区消防救援大队提交的《关于恳请同意南昌市红谷滩区市政消火栓建设项目立项的请示》、区城管执法局提交的《关于恳请批准政府采购红谷滩区2023—2025年城市管理网格巡查服务的请示》、区机关事务管理中心提交的《关于恳请同意区机关事务管理中心组织实施2023—2025年度机关食堂服务外包项目的请示》《关于恳请同意区机关事务管理中心组织实施2023—2025年度机关大楼物业服务项目的请示》。

【区政府第21次常务会议】 2023年7月29日，区政府第21次常务会议召开。会议传达学习《全国、全省政法领导干部学习贯彻习近平新时代中国特色社会主义思想锻造政法铁军专题研讨班精神》《叶建春同志在省政府集体学习暨上半年经济形势分析会上的讲话》《江西省制造业重点产业链现代化建设“1269”行动计划（2023—2026年）》；审议并原则同意区政府办草拟的《区政府带头开展调查研究 推动高质量发展的工作方案（送审稿）》、区农业农村局草拟的《关于进一步规范农村宅基地和建房审批管理的通知（送审稿）》、区城管执法局提交的《关于恳批准启动2023年红谷滩路域环境整治暨农村公路“白改黑”项目的请示》、区金融办提交的《关于恳请同意江西金控数字金融创新产业园项目在红谷滩区招标监管并采用EPC方式公开招标的请示》《关于审议兑付江西省盐业集团股份有限公司政策奖励的请示》《关于恳请同意兑现德勤华永会计师事务所（特殊普通合伙）南昌分所优惠政策奖励的请示》《关于恳请同意兑现中航信托股份有限公司优惠政策奖励的请示》、区交警大队提交的《关于审议全面推进文明交通治理行动违法抓拍设备的请示》、区财政局提交的《〈2022年度全区国有资产管理情况综合报告（书面）〉〈2022年度企业国有资产管理情况专项报告〉〈2022年度全区行政事业性国有资产管理情况专项报告〉和〈2022年度全区自然资源国有资产管理情况专项报告〉》。

【区政府第22次常务会议】 2023年8月12日，区政府第22次常务会议召开。会议审议并原则同意区民政局草拟的《红谷滩区2023年面向社会公开招聘社区工作者实施方案（送审稿）》、区科工局提交的《南昌市红谷滩区人民政府 中国移动通信集团江西有限公司南昌分公司深化战略合作协议的请示》、流湖镇提交的《关于恳请同意建设红谷滩区流湖镇区域性养老服务中心项目的请示》、区中小企业局提交的《关于恳请同意对红谷滩区企业经济服务平台进行前期开发费用结算、回购并继续改造的请示》、区卫健委提交的《关于恳请同意设立红谷滩区龙兴街道璜源山社区卫生服务站及相关建设的请示》。

【区政府第23次常务会议】 2023年8月26日，区政府第23次常务会议召开。会议传达学习习近平总书记关于巩固拓展脱贫攻坚成果同乡村振兴有效衔接重要讲话精神及国家省市有关会议精神；听取2023年上半年全区巩固拓展脱贫攻坚成果同乡村振兴有效衔接工作情况报告、全区五经普工作进展情况汇报、全区2023年上半年安全生产工作情况汇报；审议并原则同意区政数局草拟的《关于红谷滩区首席数据官的实施方案（送审稿）的请示》、区发改委草拟的《关于红谷滩区2023年上半年国民经济和社会发展计划执行情况的报告（送审稿）的请示》、区科工局提交的《关于审议南昌市红谷滩区科技和工业信息化局 江西时刻互动科技股份有限公司投资合作协议书的请示》《关于提请审议慧谷产业园3#楼后续事宜的请示》、区机关事务管理中心提交的《关于申请拨付事业单位公务用车经费的请示》、区商务局提交的《关于恳请审议拨付物联网产业创新中心项目服务费用的请示》、区城管执法局提交的《关于审议实施南昌市红谷滩区鱼目山体育公园项目的请示（送审稿）》、区财政局提交的《关于红谷滩区2022年财政决算及2023年上半年预算执行情况的报告》。

【区政府第24次常务会议】 2023年9月2日，区政府第24次常务会议召开。会议听取全区五经普工作开展情况汇报；审议并原则同意区委统战部草拟的《关于以铸牢中华民族共同体意识为主线 推进新时代民族工作高质量发展的实施方案（送审稿）》、区政府办草拟的《关于国务院2023年重点工作跟进落实分工方案（送审稿）的请示》、区城管执法局提交的《关于审议实施南昌市红谷滩区城运路绿化用地配套设施用房项目的请示（送审稿）》、区科工局提交的《关于审议南昌市红谷滩区科技和工业信息化局 广州视睿电子科技有限公司投资合作协议书的请示》《关于审议南昌市红谷滩区科技和工业信息化局 上海康之城电子商务有限公司投资合作协议书的请示》《关于审议南昌市红谷滩区科技和工业信息化局 美团科技有限公司投资合作协议书的请示》《关于审议紫光摩度奖补资金兑现事宜的请示》《关于审议紫光摩度教育全国总部项目补充协议书(二)的请示》。

【区政府第25次常务会议】 2023年9月16日,区政府第25次常务会议召开。会议传达学习近期国家、省健康中国战略精神并研究部署2023年健康红谷滩工作,传达学习国家、省卫生健康体改工作会议精神并研究部署2023年红谷滩区医改工作;听取全区五经普工作开展情况汇报;审议并原则同意区退役军人事务局提交的《关于红谷滩区2023年度符合政府安排工作退役士兵和退出消防员安置工作的请示》《关于红谷滩区2023年度营职及以下、专业技术职务军队转业干部安置工作的请示》、区住建局提交的《关于申请拨付九龙湖综合性住房小区工程款的请示》、区城投公司提交的《关于提请审议区城投公司盘活管廊资产相关事项的请示》、区委统战部提交的《关于恳请追加统战工作经费的请示》、区科工局提交的《关于申请拨付江西求是高等研究院4500万元运营经费的请示》、区城管执法局提交的《关于审议增加红谷滩区南昌大道生米大桥至320国道段提升改造工程项目预算的请示(送审稿)》、区商务局提交的《关于恳请同意兑现海康威视南昌科技园项目2022年度协议资金的请示》。

【区政府第26次常务会议】 2023年9月29日,区政府第26次常务会议召开。会议听取全区五经普工作开展情况汇报;审议并原则同意区发改委提交的《关于审议红谷滩区关于持续推进营商环境优化升级"一号改革工程"2023年行动方案(送审稿)的请示》、区农业农村局提交的《关于审议红谷滩区2024年巩固拓展脱贫攻坚成果和乡村振兴项目库和年度项目实施计划的请示》、区卫健委草拟的《南昌市2023年卫生技术人员公开招聘红谷滩区卫生专业技术人员招聘工作实施方案(送审稿)》、区教体局草拟的《关于审议红谷滩区加快建设全国儿童青少年近视防控试点区工作方案(送审稿)的请示》、区人社局草拟的《关于规范红谷滩区机关事业单位工作人员社会保险个人缴费工资项目有关问题的通知(送审稿)》、区金融办提交的《关于恳请同意建设银行南昌分行新办公大楼装修项目在红谷滩区招标监管的请示》。

【区政府第27次常务会议】 2023年10月12日晚上,区政府第27次常务会议召开。会议审议并原则同意区城投公司提交的《关于提请审议区城投公司参与竞拍JLH503－C06地块相关事项的请示》。

【区政府第28次常务会议】 2023年10月14日,区政府第28次常务会议召开。会议传达学习《南昌市数字经济促进条例》《江西省行政规范性文件管理办法》;审议并原则同意区司法局草拟的《关于恳请同意红谷滩区人民政府行政应诉工作规则(送审稿)的请示》、区住建局提交的《关于恳请同意红谷滩区苗圃征收补偿办法的请示》《关于恳请同意南昌市红谷滩区崇礼路和吴家路新建道路工程相关事宜的请示》、区纪委区监委提交的《关于恳请区政府同意红谷滩区2023年面向社会公开招聘全区村(社区)监察联络员的请示》、区农业农村局提交的《关于审议红谷滩区城乡供水一体化建设项目的请示》、区科工局提交的《关于提请审议聘请第三方专业机构对国家职业教育虚拟仿真示范实训基地项目二期8亿元专项债全流程及资金拨付等进行监管的请示》、区城管执法局提交的《关于审议红谷滩区凤凰洲、沙井、卫东、红角洲、九龙湖片区停车位存量资产盘活项目实施方案(送审稿)的请示》。

【区政府第29次常务会议】 2023年10月24日,区政府第29次常务会议召开。会议审议并原则同意区科工局提交的《关于提请审议开展2022—2023年度红谷滩区数字经济产业扶持政策奖补资金申报工作的通知(送审稿)的请示》、区机关事务管理中心提交的《关于提请审议南昌市红谷滩区区直机关公务人员周转住房管理办法(送审稿)的请示》、九龙湖街办提交的《关于提请审议九龙湖街道一批次安置回迁方案(送审稿)的请示》、区人社局提交的《关于提请审议红谷滩区流湖镇、厚田乡划转人员邱梦婷等12名同志政策性安置的请示》、区城投公司提交的《关于提请审议区城投公司投资建设智算中心项目变更相关事项的请示》《关于提请审议区城投公司增加资本金的请示》、区教体局提交的《关于提请审议红谷滩区教育系统青年成长营(后备干部)培养合作协议的请示》、区城管执法局提交的《关于提请审议增加红谷滩"三合一"养护经费预算的请示》。

【区政府第30次常务会议】 2023年11月2日,区政府第30次常务会议召开。会议审议并原则同意区发改委提交的《关于提请审议〈红谷滩区国民经济和社会发展第十四个五年规划和二〇三五年远景目标纲要〉实施情况中期评估报告(送审稿)的请示》、区司法局提交的《关于提请审议红谷滩区法治政府建设实施意见(2023—2025年)(送审稿)的请示》、区农业农村局提交的《关于提请审议红谷滩区农业产业发展项目申报及管理指南(试行)(送审稿)的请示》、流湖镇提交的《关于提请审议拨付温泉大道、和谐大道工程项目复工资金的请示》、区教体局提交的《关于提请审议启动南昌市红谷滩区新龙学校教学能力提升项目的请示》、区商务局提交的《关于提请审议红谷滩区凤凰洲片区 A04－02－01 地块设置土地出让业态条件的请示》、区科工局提交的《关于提请审议同意出让红谷滩区九龙湖片区 JLH1703－A10－02 地块的请示》。

【区政府第 31 次常务会议】 2023 年 11 月 18 日，区政府第 31 次常务会议召开。会议传达学习《关于加强耕地保护的意见》；审议并原则同意区教体局提交的《关于提请审议红谷滩区优化农村义务教育资源配置“1＋4”工作方案（送审稿）的请示》、区农业农村局提交的《关于提请听取 2023 年度全区巩固拓展脱贫攻坚成果同乡村振兴有效衔接工作情况报告的请示》、区委宣传部提交的《关于提请审议红谷滩区创建文化与金融合作示范区工作实施方案（送审稿）的请示》、区城投公司提交的《关于提请审议区城投公司参与竞拍 JLH1703－A10－02 地块相关事项的请示》、区自然资源和规划分局提交的《关于提请审议南昌轨道交通集团有限公司变更土地收储范围事宜的请示》《关于提请审议南昌轨道交通集团有限公司收储红谷滩区约 88 亩土地事宜的请示》《关于提请审议轨道建设 1—4 号线资金筹措（筹措用地收储框架）协议的请示》《关于提请审议同意巨汇博亚环球商业中心项目合作协议书的请示》《关于提请审议同意红谷滩区红角洲片区 HJZ702－002 地块设置业态条件的请示》《关于恳请同意红谷滩区中央商务区B－25－2地块土地出让设置业态条件的请示》、区财政局提交的《关于提请审议红谷滩区 2023 年地方政府债务限额以及 2023 年区级预算调整方案（草案）的请示》。

【区政府第 32 次常务会议】 2023 年 11 月 23 日，区政府第 32 次常务会议召开。会议审议并原则同意区卫健委提交的《关于提请审议红谷滩区卫生健康服务能力全面提升三年行动计划（2023—2025）（送审稿）》、区城管执法局提交的《关于提请同意签订红谷滩区卫东、凤凰部分老旧小区改造工程强电改造三方协议的请示》《关于提请审议马咀山及江边湿地生态治理工程生态补偿相关事宜的请示》、区自然资源和规划分局提交的《关于提请审议南昌市红谷滩区 2023 年度第一批次农民建房建设用地的请示》、龙兴街办提交的《关于提请审议拨付龙兴街道 25 户企业评估（审核）资金的请示》、区财政局提交的《关于提请审议红谷滩区属企业负责人薪酬制度改革的意见（修订稿）的请示》《关于提请审议红谷滩区属国有企业负责人经营业绩考核及薪酬水平审定暂行办法（送审稿）的请示》、区科工局提交的《关于提请审议南昌市红谷滩科技和工业信息化局 江西北斗云智慧科技有限公司投资合作协议书的请示》、区公安分局提交的《关于提请审议红谷滩公安分局新增员额辅警经费的请示》、区住建局提交的《关于提请审议解决丰和花园部分拆迁户少面积问题的请示》、区城投公司提交的《关于提请审议区城投公司竞买红谷滩区停车场收益权的请示》《关于提请审议南昌市赣江新天地假日酒店项目提升改造工程启动建设及公开招标事宜的请示》、区商务局提交的《关于恳请同意江西省供销集团项目合作协议的请示》。

【区政府第 33 次常务会议】 2023 年 12 月 3 日，区政府第 33 次常务会议召开。会议审议并原则同意区民政局提交的《关于提请审议南昌市红谷滩区基本养老服务清单（送审稿）的请示》、区发改委提交的《关于提请审议南昌市红谷滩区粮食应急预案（修订版）的请示》、区金融办提交的《关于提请审议南昌市红谷滩区进一步推进企业上市挂牌高质量发展若干扶持政策（送审稿）的请示》《关于提请审议南昌市红谷滩区关于打造区域金融中心核心承载区的实施方案（送审稿）的请示》《关于提请审议南昌市红谷滩区关于加快推进区域金融中心核心承载区建设的若干政策（修订版）的请示》《关于提请审议南昌市红谷滩区关于加快推进区域金融中心核心承载区建设的若干政策（修订版）的请示》、区人社局提交的《关于提请审议 2023—2024 年红谷滩区新时代和谐劳动关系创建示范“和谐劳动关系单位”培育共同行动工作方案（送审稿）的请示》、区生态环境局提交的《关于提请审议南昌县人民政府 红谷滩区人民政府 西湖区人民政府赣江（生米大桥段）流域上下游横向生态环保补偿协议（送审稿）的请示》、区商务局提交的《关于提请同意南昌市红谷滩区人民政府与杭州海康威视数字技术股份有限公司签订〈项目补充协议〉的请示》《关于提请同意南昌市红谷滩区商务局与江西乐家婚庆服务有限公司签订〈项目合作协议书〉的请示》《关于提请同意中心区 B－13－2－①地块土地出让设置业态条件的请示》《关于提请同意拨付兑现南昌市红谷滩区 2022 年度外贸事业发展专项资金的请示》、区自然资源和规划分局提交的《关于提请审议调剂耕地占补平衡指标的请示》。

【区政府第 34 次常务会议】 2023 年 12 月 16 日，区政府第 34 次常务会议召开。会议传达学习《习近平对低温雨雪冰冻灾害防范应对工作作出的重要指示精神》《中共南昌市委办公室 南昌市人民政府办公室关于切实厉行节约坚持过紧日子的通知》；审议并原则同意区财政局提交的《关于提请审议切实厉行节约坚持过紧日子的通知（送审稿）的请示》、区卫健委提交的《关于提请审议红谷滩区健康影响评估制度建设工作方案（送审稿）的请示》、区科工局提交的《关于提请审议拟兑现 2022—2023 年度区级数字经济产业扶持政策奖补资金的请示》《关于提请审议兑现2022年度红谷滩区支持科技创新高质量发展奖励办法部分条款的请示》、区商务局提交的《关于提请审议拨付2022年红谷滩区促进商贸消费提质扩容的若干政策措施奖励资金的请示》、区文广新旅局提交的《关于提请审议调整乡镇（公社）老放映员生活补助标准的请示》、区农业农村局提交的《关于提请审议2022年冬种扩面提质增效补贴资金的请示》、区人社局提交的《关于提请审议〈传达全省推进"5+2就业之家"建设现场会会议精神及红谷滩区贯彻落实意见（送审稿）〉的请示》《关于提请审议2023年教育系统吴思雨等27名同志政策性安置方案的请示》、区城管执法局提交的《关于提请审议红谷滩区分散式污水设施运营管理相关事宜（送审稿）的请示》、区机关事务管理中心提交的《关于提请审议红谷世纪花园B1区B1政府办公大楼续签房屋租赁合同及区政府立体塔库租赁协议的请示》、区城投公司提交的《关于提请审议区城投公司受让资产抵偿债务的请示》。

【区政府第35次常务会议】 2023年12月25日，区政府第35次常务会议召开。会议传达学习中央经济工作会议精神、《中共中央办公厅 国务院办公厅关于进一步加强矿山安全生产工作意见》《中华人民共和国行政复议法》；审议并原则同意区政府办提交的《关于提请审议红谷滩区"12345"政务服务便民热线运行管理办法（送审稿）的请示》、区发改委提交的《关于提请审议2024年红谷滩区人民政府人大票决民生实事候选项目（送审稿）的请示》、区农业农村局提交的《关于提请审议红谷滩区全域推进农村环境整治工作方案（送审稿）的请示》《关于提请审议实施红谷滩区2023年农村生活污水治理实施方案（送审稿）的请示》《关于提请审议实施红谷滩区潼溪水库生态补水工程的请示》、区城管执法局提交的《关于提请审议实施崛起广场景观提升工程项目的请示》、区自然资源和规划分局提交的《关于提请审议南昌市红谷滩区2023年度第三批次农民建房建设用地的请示》、区民政局提交的《关于提请审议南昌市红谷滩区九龙湖街道阁皂山社区更名为狮子山社区的请示》、区交警大队提交的《关于提请审议2021—2023年红谷滩区交通设施维护项目签订延期补充协议的请示》、区科工局提交的《关于提请审议〈南昌市红谷滩区科技和工业信息化局与北京华胜天成科技股份有限公司合作协议书〉的请示》。

（谭　欣）

人事管理

【概况】 2023年，红谷滩区人力资源和社会保障局牢牢把握"民生为本，人才优先"工作主线，立足本职工作。开展事业单位公开招聘和人员聘用工作，完善事业单位岗位设置；严格日常工资福利业务审核；规范办理退休程序；安置随军家属；管理博士工作站；做好专业技术职务聘任（续聘）工作；完成区划调整人员转隶等工作。不断深化人事制度改革，创新人才引进机制，优化人才发展队伍，推动人事工作稳步前进，为全区经济发展提供人才智力支撑。

【事业单位公开招聘】 2023年，严格审核招聘计划、规范资格审查内容、规范考试流程，认真做好事业单位公开招聘和公开选调工作。通过向社会公开招聘事业单位工作人员71人；公开选调事业单位工作人员78人。落实政策性安置57人。向社会公开招聘中小学、幼儿园教师216人，同时引进调入区外教师52人。招聘编外人员196人，其中区直单位22人、街道135人、卫生系统39人。指导教育系统招聘编外教师153人，协助区民政局招聘社区干部170人。

【事业单位岗位设置和人员聘用】 2023年，进一步完善事业单位岗位设置，做好事业单位岗位设置政策指导、监督管理和核准备案工作。全年受理并核准73家事业单位岗位设置变更和15家新增事业单位岗位设置工作。同时，根据《事业单位人员管理条例》等文件规定，为全区424名事业单位工作人员办理聘用合同续签鉴证，聘用合同解聘鉴证业务工作。

【工资福利审核审批】 2023年，完善工作措施，夯实工作基础，扎实做好事业单位工作人员工资审核审批工作，确保工资政策全面贯彻落实。办理全区事业单位工作人员调入、调出、技能等级晋升、职务晋升、辞职等工资审批项目共9000余人次。完成34名机关工勤人员工资晋级晋档。

【规范办理退休程序】 2023年，通过提前通知即将到龄退休人员、到龄退休次月停发在职工资及每月通报上月未及时办理到龄退休人员等多项措施，督促红谷滩区各事业单位严格按照到龄时间及时办理到龄人员退休手续，并主动与财政统发对接，确保事业单位工作人员到龄即退工作顺利进行，全年共办理全区事业单位到龄退休手续40人。

【随军家属安置】 2023年，贯彻国家就业安置政策，坚持社会就业为主、内部安置为辅，鼓励扶持自主择业创业，不断提高随军家属就业安置质量和水平。根据《南昌市退役军人移交安置工作领导小组办公室关于下达南昌市2023年退役军人及随调家属县区安置计划的通知》要求，结合退役军人事务工作实际，优先安置随军家属4人。

【专业技术人员职称评定】 2023

年，开展中高级职称评审工作，全区共申报推荐654人，其中6人通过正高级职称评审，138人通过副高级职称评审，219人通过中级职称评审。完成中级职称认定71人，初级职称认定497人。

【专业技术职务聘任（续聘）】 2023年，根据《关于做好2023年南昌市事业单位专业技术职务聘任工作的通知》，做好事业单位工作人员岗位续聘工作，加强对专业技术人员、工勤技能人员以及管理人员的管理。开展全区事业单位高（中）级专业技术职务聘任、续聘工作，统一规范全区专业技术职务聘任手续，全年共为463人办理首聘，为557人办理续聘手续。

【博士工作站管理】 2023年，组织开展博士科研创新中心综合评估工作，红谷滩区南昌工学院、南昌虚拟现实研究院股份有限公司在全市21家博士科研创新中心评估工作中并列第一，被评估为“优秀”等次。根据《南昌市博士后（博士）科研工作资助专项资金管理办法》，红谷滩区拨付博士（博士后）科研工作资助补助资金29.5万元。全年共引进博士人才12人，至年底，3人出博士工作站，9人在博士工作站。

【区划调整人员转隶】 2023年，根据《中共南昌市委机构编制委员会关于新建区部分区划调整相关机构编制事项的通知》文件精神，根据“编随事走、人随编走”原则，稳妥有序推进流湖镇人员转隶划转工作，严把“入口关”，共接收人员539人，其中在职人员329人、退休人员166人、遗属补助44人。

【以乡情吸引学子“归巢”】 2023年，积极开展“五个一”返乡学子对接活动。摸排责任高校江西籍学子24672人，属地南昌籍学子1952人，推送信息1952条，发放书信1952封，走访返乡学子1952人。组织召开10场交流座谈会；举办2场专场招聘会，意向签约16人，已签约12人。创新开展形式多样、内容丰富的返乡参观体验活动，带领返乡学子参观南昌市规划展示中心、元宇宙VR数字农业示范基地、江铃五十铃汽车有限公司装配车间、江西省博物馆、江西省图书馆、江西省科技馆等地，让学子们感受到回乡发展的归属感、在家门口择业的幸福感、建设桑梓的获得感。

【做好新时代“侨文章”】 2023年，留学人员创业园红谷滩园区新增入园企业12家，孵化毕业企业12家，在孵企业共26家，涉及流量经济、数字经济、文化创意、生态环保、生物科技、健康服务、VR/AR科技等多个领域。园区设立“为侨服务”综合窗口，从注册资金、租赁补贴、企业增值税和所得税等方面进行奖励，为侨商、侨资企业、侨资项目提供工商、税务、法律、政策等多方面的侨务信息咨询。帮助入园企业引进高端人才，打造留学人员回国创业和海外高层次人才聚集的重要基地。

【强化人才队伍建设】 2023年，全力以赴做好急需紧缺人才引进、高层次人才培育工作。共引进建筑、电子信息、教育等领域省外人才2996名，新增1348人，其中博士8名、硕士462名、本科1288名、大专1238名，并为8名博士创建省级人才信息库个人账户。获批国务院专家库成员2人、省高技能人才2人、省级技能大师工作室1家、市政府特殊津贴2人、市“双高”人才2人，获批市级高技能人才培训基地1家、洪城工匠1人，助推了技能传承与创新的延续，推动了人才队伍的结构优化。

【优化人才服务举措】 2023年，深入实施人才强区战略，不断优化人才服务体系建设，构建聚才兴才“强磁场”。积极办理人才住房补贴审批67件，审批高层次人才免费医疗体检共13件。举办“打造人才磁场，智汇海外英才”政策宣讲会系列活动10余场，对涉及留学人员创新创业方面的人才补贴、企业社保补贴等政策进行详细解读，实现政策服务“零距离”。

（涂冬英　徐昌柳）

外事工作

【概况】 2023年，红谷滩区政府办在区委、区政府的坚强领导下，坚决贯彻落实中央、省、市和区委区政府决策部署，切实履行部门职责，全面提升接待服务水准，不断加强涉外服务能力，以实际行动助推红谷滩区高质量发展。充分发挥外事职能优势，以建设外向型经济强区为目标，加快涉外经济发展步伐。

【夯实外事工作基础】 2023年，为加强对全区外事工作的领导，红谷滩区外事办由副区长罗国亮担任分管领导，区政府办主任王云华为总牵头，区创新发展中心副主任龚伟兵为副主任，并确定外事专员，做到责任明确，有序开展外事工作，负责全区外事工作的领导和协调工作。同时，积极参加省、市组织的多场外事工作培训，提升思想政治素质和业务水平，为全区外事工作的顺利开展打下坚实基础。

【做好外邀申办工作】 2023年，严格把握邀请政策新变化，认真做好对外邀请工作。为保障外籍人员到红谷滩区从事科技、经贸等方面的往来，促进疫情后企业复工复产，按照上级有关要求，积极主动做好指南咨询工作，并及时提醒区内企业政策调整内容，减轻企业负担。同时，明确工作程序，邀请核实需经过工作人员初审、分管领导复审、主要领导终审三道程序，强化服务，提高核实效率，持续做好邀请函受理工作，确保外邀工作顺利开展。至年底，共接受企业相关政策咨询13次，为5家企业16批34人次办理对外邀请手续，涉及多个国家和地区。有效保障全区企事业单位在经贸、科技等领域对外交往活动良好有序进行。

【做好外事接待工作】 2023年，积极开展对外交流，认真配合省、市外办做好外事接待工作。在工作中将“外事无小事”理念贯彻始终，做到提前制定接待方案，充分熟悉来宾背景，严格确定考察、参观地点，既让来宾了解红谷滩区情况、突出优势和特色，同时注意保密和对外影响，确保各团组的顺利出访。全年顺利开展韩国驻武汉总领事河成柱（HA SUNG JU）一行考察红谷滩区VR产业园、中俄“长江—伏尔加河”地方合作理事会嘉宾参访VR产业园等多场重要接待工作，并取得圆满成功。

【优化涉外服务管理】 2023年，做好规范公共场所外语标识工作。在前期充分全面调研基础上，制定《红谷滩区规范公共场所外语标识工作方案》，并已经区政府2023年第13次常务会审议通过；召开红谷滩区规范公共场所外语标识工作推进会；至年底，共收集问题标识500余条，并下发至责任单位要求按期整改。认真做好APEC（亚太经合组织）商务旅行卡审核转报工作，主动服务全区外向型企业，迅速受理、及时办结企业的申请，并做好市级申办APEC商务旅行卡“白名单”企业推荐工作。认真做好涉外参观点的建设工作，已申报VR主题乐园作为红谷滩区涉外参观点。

（杨骐祯）

合作交流

【概况】 2023年，红谷滩区政府完成各级党政代表团、考察组到红谷滩区考察交流、政务接待工作25批次；全年县级以上领导干部带队外出招商考察、调研学习88人次，科级干部外出招商考察、学习培训96人次；配合市合作交流办完成2023“九龙湖国际龙舟赛”友城邀请嘉宾接待工作、2023年世界VR产业大会嘉宾接待相关工作。

【赴上海招商考察】 2023年4月10日，区委副书记、区长刘光荣在沪参加江盐集团首发上市仪式，随后率队开展招商考察，对相关企业进行走访调研。考察团首先前往上海证券交易所参加沪深交易所主板注册制首批企业上市仪式，见证A股历史性时刻；随后实地走访了上海康之诚电子商务有限公司、美团上海总部基地，同企业开展座谈，推介红谷滩区，希望政企双方深入合作，实现互利共赢，共同发展。

【赴北京招商引资】 2023年9月11日，红谷滩区委书记涂晓晖率招商小分队在北京开展招商引资活动，实地走访企业、考察项目，推动优质项目落户红谷滩区。副区长熊飞陪同。涂晓晖一行先后走访考察北京爱奇艺科技有限公司、北京保利剧院管理有限公司、中科院创业投资管理有限公司以及新华三集团有限公司，与企业负责人深入交流，宣传推介红谷滩区，就推动项目落地、拓展合作领域、寻求共赢发展等事项与企业进行深入交流。

【接待南昌高新区考察团一行】 2023年11月25日，市委常委、南昌高新区党工委书记王万征，南昌高新区党工委副书记、管委会主任陈艳率党政代表团到红谷滩区，就南昌未来科学城的建设、发展和招商等工作进行考察。红谷滩区委书记涂晓晖，红谷滩区委副书记、区长刘光荣陪同。考察团一行先后前往南昌中学、南昌市委党校新校区和南昌未来科学城实地考察。随后举行南昌高新区、红谷滩区工作交流座谈会，会上王万征、涂晓晖分别代表高新区、红谷滩区致辞。

【赴上海开展招商引资活动】 2023年12月13—14日，区委副书记、区长刘光荣带队赴上海开展招商引资活动，深入考察走访企业，洽谈合作事宜。副区长熊飞陪同。刘光荣一行先后走访孚腾资本、联仁健康、裕芯电子、远东宏信等企业，围绕现代金融、智能制造等主导产业开展精准招商，深入洽谈合作项目，并举办南昌大学上海校友会企业家专题推介活动，向10余家企业代表推介红谷滩区正在重点打造的未来科学城，邀请企业到区投资兴业、共促合作、共谋发展。

（杨骐祯）

2023年红谷滩区人民政府印发文件选目一览表

表4

文号	时间	文件标题
红谷府发[2023]1号	1月4日	红谷滩区人民政府关于李丹同志职务任免的通知
红谷府发[2023]2号	1月20日	红谷滩区人民政府关于区政府领导分工的通知

续表 4

文号	时间	文件标题
红谷府发[2023]3 号	2 月 3 日	关于印发《红谷滩区公办中小学集团化办学实施方案》的通知
红谷府发[2023]4 号	2 月 3 日	关于印发《关于做好红谷滩区义务教育阶段学生校内课后服务工作实施方案》的通知
红谷府发[2023]5 号	1 月 19 日	红谷滩区"迎新春·惠民生 红动暖春购房节"活动实施方案
红谷府发[2023]6 号	2 月 21 日	关于印发《2023 年红谷滩区"金花"户外运动节实施方案》的通知
红谷府发[2023]7 号	3 月 13 日	红谷滩区统筹整合资金推进高标准农田建设实施方案
红谷府发[2023]8 号	3 月 4 日	关于印发《2023 年红谷滩区"乐购红谷·悦享生活"促消费活动实施方案》的通知
红谷府发[2023]9 号	3 月 21 日	红谷滩区人民政府关于丁忠女等同志职务任免的通知
红谷府发[2023]10 号	3 月 22 日	南昌市红谷滩区人民政府关于通报表扬美华建设等 77 家建筑企业的决定
红谷府发[2023]11 号	3 月 24 日	关于印发《南昌市红谷滩区全民健身实施计划(2021－2025)通知
红谷府发[2023]12 号	3 月 10 日	红谷滩区人民政府关于认真做好第五次全国经济批普查工作的通知
红谷府发[2023]13 号	3 月 28 日	红谷滩区人民政府关于印发《红谷滩区关于建设全省数字经济创新引领核心区的扶持办发》的通知
红谷府发[2023]14 号	3 月 28 日	红谷滩区人民政府关于印发红谷滩区预拌混凝土生产企业布点方案的通知
红谷府发[2023]15 号	3 月 30 日	关于印发红谷滩区关于加快推进区域金融中心核心承载区建设的若干政策(试行)
红谷府发[2023]16 号	3 月 28 日	红谷滩区 2022 年国民经济和社会发展计划执行情况与 2023 年国民经济和社会发展计划
红谷府发[2023]17 号	4 月 19 日	《南昌市红谷滩区本级财政资金审批管理办法》定稿
红谷府发[2023]18 号	4 月 20 日	南昌市红谷滩区人民政府关于开展第三次土壤普查的通知
红谷府发[2023]19 号	4 月 25 日	红谷滩区招商顾问聘请管理办法
红谷府发[2023]20 号	5 月 7 日	红谷滩区人民政府关于印发《红谷滩区农业产业发展专项资金使用办法》的通知
红谷府发[2023]21 号	5 月 6 日	关于红谷滩区政府融资平台优化升级初步方案
红谷府发[2023]22 号	5 月 5 日	红谷滩区"美好安家·焕新出发·红谷滩嗨购好房节"活动实施方案
红谷府发[2023]25 号	5 月 25 日	关于成立红谷滩区地方债务情况摸查工作专班的通知
红谷府发[2023]26 号	7 月 6 日	红谷滩区人民政府关于印发红谷滩区 2023 年度安全生产责任书的通知
红谷府发[2023]27 号	7 月 25 日	关于废止《红谷滩区人民政府关于印发红谷滩区关于大力发展物联网产业的扶持政策(试行)的通知》
红谷府发[2023]28 号	7 月 12 日	关于同意设立红角洲街道双云等 14 个社区居委会的批复
红谷府发[2023]29 号	8 月 15 日	红谷滩区人民政府关于调整区政府领导分工的通知
红谷府发[2023]30 号	9 月 13 日	关于印发《2023 年红谷滩区重大重点项目计划表》的通知
红谷府发[2023]31 号	9 月 26 日	关于授予李峰武同志"见义勇为先进分子"荣誉称号的决定
红谷府发[2023]32 号	11 月 13 日	关于贾永龙同志职务任免的通知
红谷府发[2023]33 号	11 月 16 日	关于审议南昌市红谷滩区区直机关人员周转住房

续表 4

文号	时间	文件标题
红谷府发[2023]34 号	12 月 5 日	关于授予艾青、王槐等 7 名同志“见义勇为先进分子”荣誉称号的决定
红谷府发[2023]35 号	12 月 22 日	关于印发南昌市红谷滩区关于打造区域金融中心核心承载区的实施方案的通知
红谷府发[2023]36 号	12 月 23 日	关于公布红谷滩区区级文物保护单位保护范围的通知

政务服务和政务信息化建设

【概况】 2023 年，红谷滩区政务服务数据管理局(以下简称区政数局)坚持党建引领政务服务，紧紧围绕省双“一号工程”，不断增强政务服务能力，提升政务服务群众满意度，强化数据赋能，优化营商环境，努力打造彰显首府首区担当的政务服务品牌。获评全省首批政务服务示范大厅、全省政务信息化先进集体，获全市优秀政务服务场所、政务数据共享优秀单位、赣政通工作优秀单位、政务信息系统集约化建设优秀单位、网络安全保障优秀县区、政务外网建设和运维优秀县区等荣誉称号。全年收到企业、群众赠送的锦旗、表扬信 381 次，相关工作举措被中央、省、市各级媒体采纳 740 条。

【推动政务服务提速增效】 2023 年，聚力打造鸿鹄智办政务服务品牌，实现制度创新和技术赋能双轮驱动。牵头推出政务服务改革“五张清单”，制定出台深化“放管服”改革持续优化营商环境重点任务清单、涉企经营许可事项改革清单，公布实施行政许可中介服务事项清单、行政备案事项清单、第二批“就近办”政务服务事项清单，助力经济社会发展。推出首批政务服务事项口语化清单，从办事群众角度出发，立足群众最常用、最实用的事项，以口语化的表达对政务服务事项名称进行逐个“翻译”，涵盖人社、医保等常用的各类政务服务事项 1043 条，有效破解企业群众“看不懂”“找不到”“易混淆”的问题，为企业和群众带来周到贴心的办事体验。深入推进基层基础政务服务建设，持续推动一窗系统乡镇延伸，推进“就近办”，打造“十五分钟政务服务圈”，更新事项清单、二维码、宣传海报、办事指南、宣传展板；组织开展审批服务执法示范点创建工作，九龙湖街道被确定为省级示范点。全年全区事项网上可办率达 100%，全程网办率达 99.38%，实现 264 项政务服务事项异地通办，共办理“就近办”清单事项 152 项 84767 件，极大地增强企业群众办事满意度和获得感。

【打造全省政务服务标杆】 2023 年，规范窗口工作人员作风，提升行政服务质量和效率。全省首创“叮叮抢单”系统，窗口服务实现从“坐等点餐”到“主动抢单”的蝶变跃升，开创了政务服务新模式，全年总办件近 3 万件，窗口办事效率提高 60%，获评江西省推进政府职能转变和数字政府建设典型案例。开启综窗服务派驻新模式，在九龙湖街道试行政务大厅综窗服务人员派驻模式，由区政务服务大厅向街道便民服务中心窗口派驻工作人员，开启“大综窗 + 服务派驻”“管家 + 专家”的政务服务改革新征程，推动政务服务向基层延伸。创新开展政务督查体验，组织开展区党政主要负责人(“一把手”)走流程活动，区委区政府主要领导、分管区领导及业务主管部门的负责人参与督查体验。全年共组织政务服务督查体验活动 12 次，发现并整改问题 58 个。打造“勤廉窗口”提质升级，针对群众“办不成”的事，在区政务服务大厅设立“红谷帮您解难题”服务台，已帮助企业群众解决难办事 31 件；针对跑一次没办成业务的群众或企业进行电话回访，电话回访企业群众 75 次，满意率 100%。

【促进惠企政策落地见效】 2023 年，统筹、协调区各行业主管部门优化审批流程、压缩兑现时限，提升兑现质效，不断增强企业的群众获得感及满意度。强化平台监管，积极对接平台技术支撑，规范录入上架政策事项，及时协调配置兑现流程，协调配置惠企事项兑现流程 113 项；强化业务能力，定期组织业务培训，兑现交流等活动，不断提升各部门惠企专员业务水平及平台操作能力，组织各类业务培训 10 余场，进一步夯实政策兑现基础；强化制度监督，针对兑现资金及兑现流程，与区财政局协调建立对账机制，每月核对各部门惠企资金拨付情况，及时跟进惠企资金兑现流程，同步建立预警提醒机制，针对兑现流程预到期事项做好拨付提醒。全年惠企政策兑现窗口受理各类惠企事项 17250 件，兑现政策奖励资金 3.39 万元。

【深入推进数字政府建设】 2023 年，强化数字化改革，推动数字机关建设。动态更新政务数据资源，依托市政务数据共享交换平台，编制基于云服务的信息资源目录，实现数据动态更新，让数据标准化、可共享交换。荣获全省政务数据共享应用观摩“最佳创新案例”。拓展“前店后厂”政务服务模式，重点推动红谷滩区主动办、红谷滩区帮代办、红谷滩区数据驾驶舱、红谷滩区惠企政策、红谷连心会、红谷滩机房登记、红谷滩安全处置等8个政务应用接入“赣政通”平台，有效提升政府内部协同办公能力。推进数据归集共享，紧扣资源供需，编制信息资源目录，依托全市统一“政务云”和市政务数据共享交换平台，实现信息化项目集约化管理，让数据标准化、可共享交换。已注册437个数据资源目录，挂接资源1218条，数据更新率100%。建立完善首席数据官制度，在全市各县区中率先出台《红谷滩区首席数据官的实施方案》，设立“两官一员”，统筹推进数据普查登记、标准执行、质量管理、共享开放、开发利用和安全管控等工作，构建边界清晰、任务明确的职能体系。规范中介超市管理，全面落实“一网选中介”，开展中介服务自查自纠，深入排查11种违规情形，做好内部整改。至年底，全区有127家中介机构、40家项目业主入驻，发布427个项目采购，成交金额约1666.8万元。

【筑牢网络信息安全屏障】 2023年，切实扛起网络安全责任，持续完善安全管理举措。筑实安全“防火墙”，全年共开展机房巡检128次，网络故障处理893次，技术维护支撑332次，成功抵御各类网络攻击279.84万次。织密治理“一张网”，坚持科学化、规范化管理，每月对管辖机房进行一次安全风险大排查，将漏洞发现情况、类型分析、修复结果、工作开展等月度情况进行梳理并形成详细的安全月报，报送区主要领导。对各政务网络连接单位进行不良行为实时检测，及时阻断发现的不良行为，并对出现不良行为的个人进行点对点技术指导。激发技术“新动能”，率先对接入单位完成全区政务网办公电脑的IP地址和MAC地址绑定，提高网络的稳定性；完成对区政府机房动环系统改造，部署安全大脑网络应用层病毒防护与入侵防护设备，筑牢网络安全防线。

（任　彦）

机关事务管理

【概况】 2023年，红谷滩区机关事务管理中心紧紧围绕区委、区政府的中心工作，坚持“勤俭办一切事业”的工作原则，紧扣“服务和保障”职能，变作风、凝心聚力。不断健全机关事务各项管理制度，推进后勤服务保障工作规范化、标准化；不断压实安全生产责任，有力保障全区党政机关高效运转；不断发挥示范引领效应，持续推进节约型机关创建，在2023年全省公共机构节能考核中评为优秀。

【公共机构节能创优】 2023年，红谷滩区单位建筑面积能耗同比下降25%，人均能耗下降14.18%，人均用水下降4.48%，全区共计80家公共机构完成了节水型机关创建工作。在全区公共机构推广节能改造项目，九龙湖街道、卫东街道和龙兴街道实施了既有建筑节能改造项目；红角洲街道、凤凰洲街道和龙兴街道完成中央空调、厨房设备等重点用能设备的节能改造；区教体局引进企业投资建设区属学校分布式光伏项目，装机容量约6045千瓦，预计年发电量约600万千瓦时。

【加强公务用车管理】 2023年，制定出台《红谷滩区区直机关公务用车平台管理暂行办法》，建立长效机制，规范公务用车管理，加强公务车辆安全管理，每月进行一次车辆安全检查，定期组织安全行车教育学习。全年累计派单1.17万次，行车里程计58.03千米。

【完善办公用房管理】 2023年，为进一步规范党政机关办公用房使用管理规定，积极开展党政机关办公用房信息统计摸底工作，理清区党政机关办公用房使用情况；与全区各区直单位签订《办公用房协议书》，整合调剂党政机关办公室12间，面积达312.5平方米。制定出台《南昌市红谷滩区区直机关公务人员周转住房管理办法》，组织实施区直机关公务人员周转住房保障工作。

【提高后勤服务水平】 2023年，严格按照中央八项规定的要求，厉行节俭，杜绝铺张浪费。全程监管原材料的采购、验收等过程；积极开展“文明餐桌”“光盘行动”等活动，倡导文明节约用餐，抵制“舌尖上的浪费”。完善并严格落实大楼各项安全管理制度，坚持每月进行一次安全检查，严格执行24小时值班制度和来访人员登记制度，确保安全管理牢固无隙；坚持12小时不间断清扫保洁工作，确保垃圾及时、彻底拖运。

（吴晗丹　徐鑫楚　屈明华　朱建平　曾祥建　高中庆）

中国人民政治协商会议红谷滩区委员会

综　述

2023年是全面贯彻中共二十大精神的开局之年。在中共红谷滩区委的坚强领导下，中国人民政治协商会议红谷滩区委员会坚持把习近平新时代中国特色社会主义思想作为统揽各项工作的总纲领，深入学习领悟、认真贯彻落实习近平总书记考察江西重要讲话精神，锚定“走在前、勇争先、善作为”的目标要求，发挥专门协商机构作用，努力践行全过程人民民主，以丰硕厚实的高质量履职答卷，为全面建设社会主义现代化红谷滩作出政协贡献。

政治引领定方向，同心向党团结奋进的基础更为牢固。区政协常委会凝心铸魂，主动接受党对政协工作的全面领导，以政治建设为统领大力推进政协党的建设，确保人民政协事业始终沿着正确方向发展。突出思想理论武装。始终把学习摆在突出位置，通过区政协党组会议、主席会议、常委会会议、专题辅导等多种形式，系统组织学习习近平新时代中国特色社会主义思想、党的二十大精神、政协理论以及全国、省、市两会精神，以理论学习增进思想认同，以思想武装促进工作提质增效，引导全体委员和区政协各参加单位深刻领悟“两个确立”的决定性意义，增强“四个意识”、坚定“四个自信”、做到“两个维护”，筑牢团结奋进的思想政治基础。牢牢把握政治方向。始终把坚持党的领导作为政协工作的“核心轴”，区政协全体会议、常委会专题协商会议等重要会议、重大活动邀请党政领导出席；区政协的年度协商计划，报经区委常委会批准同意后组织实施；调研、视察、民主监督报告等协商成果及时向区委、区政府报送，区委、区政府领导批示认真抓好督导落实，确保政协履行职能与全区工作大局同心同向、同频共振。广泛凝聚各界共识。始终把团结民主作为政协工作的“主旋律”，把协调关系、凝聚共识贯穿于履行职能的各个环节，着力加强与各民主党派、工商联、人民团体和无党派人士的经常性联系，全年走访政协委员50余人次，主动征求委员对政协工作的意见建议，不断增进与各界人士的团结联谊，努力凝聚思想上的最大公约数。

深谋良策促发展，建言资政服务大局的工作更富成效。区政协常委会始终把服务发展作为政协工作第一要务，明确协商议政和调查研究重点，因时因势组织履职活动，努力思“破题”之计、寻“解题”之法、行“答题”之道。协商议政高质高效。立足专门协商机构定位，锚定党政关心的“发展大事”和群众关注的“身边小事”，充分发挥“重要阵地、重要平台、重要渠道”作用。围绕“加强城市水环境治理和保护”“夯实群众体育基础，推动全民健身运动”“切实做好新时代学校民族团结进步教育工作”等年度协商议题，充分发挥专门协商机构“专”的优势，针对全区经济社会发展中面临的新情况，组织政协委员、专家学者深入基层调查研究。同时，进一步完善民主评议区直（驻区）部门工作机制，对区民政局和区商务局开展民主评议，收集意见建议11条，提出改进措施15条，帮助被评议单位进一步优化作风、改进工作。提案办理量质齐升。充分发挥提案在委员履职中的抓手作用。在区政协一届三次会议上通报表彰10件优秀提案，区委、区政府和区政协主要领导及区政协班子成员领衔督办10件重点提案，有力提升了提案“提”“办”双方的积极性。一届三次会议提案立案84件，提案所述意见建议被采纳或所反映问题得到解决的50件，列入计划拟采纳或拟解决的19件，因政策或条件所限暂时难以落实，已向委员作合理解释说明的15件，办复率100%。信息宣传有声有色。

围绕政协主责主业，完善优化区政协宣传工作考核方案，充分发挥委员主体作用，坚持从多维度、多角度展示红谷滩区基层民主协商的具体实践，深入发掘委员履职故事，《杨小龙：乡村振兴的“头雁”》《李燕：会长大的教室》《邱丽辉：十九载的教育心路》等一批生动的委员故事先后被国家级、省级媒体报道，《徐菁：情系学子，用心“提灯”》荣获2023年度《江西政协报》通讯员好作品。全年区政协共计上稿375篇，其中国家级媒体51篇、省级媒体242篇、市级媒体82篇，宣传信息工作在全市各县区中排名第一。

挺膺担当守初心，反映民情善解民忧的作用更加彰显。区政协常委会坚持建言资政和凝聚共识双向发力，充分发挥人民政协团结统战功能，协助党委政府做好宣传政策、释疑增信、凝聚人心的工作，化解矛盾春风细雨，促进和谐润物无声。擦亮“‘三有’（有事多商量、有事好商量、有事会商量）解民忧”协商品牌。出台《红谷滩区“委员进企业 协商助发展”主题活动方案》，组织召开南昌绿地国际博览中心专场协商会，为办展企业解决实际困难；在南昌西站综合服务中心“三有”协商平台，开展让遗失证件“回家”、南昌西站旅客免安检换乘地铁等系列协商活动，取得实实在在的社会效果，走出一条“党委领导、政府支持、政协搭台、各方参与、服务群众”的基层协商民主创新实践之路，赢得上级政协的充分肯定。依托全区搭建的141个协商议事平台，全年开展“三有”协商369次，解决各类问题335件，推动基层协商议事更接地气，更聚人气，取得实实在在的成效。2023年，全市基层民主协商“三有”活动现场会暨务虚会在红谷滩区召开，区政协作经验交流发言。发挥社情民意“直通车”效能。把反映社情民意信息作为联系群众、履职为民的基础载体，不断健全机制、建强队伍，紧紧围绕群众所思所想所盼，向党委政府反映基层真实情况，提出真知灼见。深化“三联三亮三服务”活动，全区800余名党员进社区、进企业、进窗口开展志愿服务。通过持续讲好红谷滩“三风”故事，保持“三风”活动媒体宣传热度。坚守“人民政协为人民”宗旨。区政协机关挤出经费80万元，帮助32个村（社区）解决一批实际问题。各乡镇街道政协工作联络组积极组织政协委员为辖区困难老人做实事、做好事，为困难大学生捐资助学、慰问基层一线工作人员及困难群众等，累计捐资捐物90余万元，“为民办实事”办到群众心坎上。

强基固本增效能，自身建设履职尽责的成效更加提升。区政协常委会牢记习近平总书记“为国履职、为民尽责”的殷切嘱托，狠抓制度约束和“两支队伍”建设，充分发挥委员主体作用，把政协工作向前推、往深做、朝实干，进一步激发委员队伍的内生动力和区政协机关干部的生机活力。创新引领，履职平台亮点纷呈。生米街道政协委员履职服务站正式建成，作为全区首家委员联系服务群众的基层平台，该服务站规划合理、分区完善、功能全面，成为基层政协工作的样板站、旗舰站和“群众身边的政协”，有力带动厚田乡、流湖镇、沙井街道、九龙湖街道等委员履职服务站的建设，夯实政协基层基础，得到省市政协的高度肯定。以上率下，争先创优氛围浓厚。区政协班子带头落实“四下基层、三访三促”（“四下基层”，即宣传党的路线、方针、政策下基层，调查研究下基层，信访接待下基层，现场办公下基层。“三访三促”，即访城乡群众促治理提效、访经营主体促发展提质、访一线干部促作风提升）机制，带动区政协各参加单位和广大政协委员更好地服务经济发展、服务民生改善。同时，努力打造让党放心、人民满意的模范机关，加强常委会建设、充实专委会人员、优化政协机关力量，确保各项工作务实严谨、规范高效运行，政协干部培养渠道通畅、实现双向流动。区政协机关获评全区高质量发展建设争先创优一等奖，荣获第十九届南昌市文明单位称号；机关党支部荣获全区“打造模范机关工作先进单位”称号；离退休党支部被评为全省离退休干部“示范党支部”。知行合一，主题教育扎实有效。牢牢把握“学思想、强党性、重实践、建新功”的总要求，坚持“三个实实在在”推动主题教育走深走实。区政协领导班子深入企业、深入一线，全面深入了解基层情况，总结经验，查找工作短板，推进查摆的16个问题逐一整改销号，做到以学铸魂、以学增智、以学正风、以学促干。

（胡华峰）

重要会议

【概况】 2023年，区政协共召开全体委员会议1次，常务委员会会议5次，主席会议16次，学习传达习近平重要讲话精神、学习贯彻习近平新时代中国特色思想主题教育、全国两会和中央、省、市政协工作会议等会议精神，听取有关工作情况报告，审议通过有关草案等，及时研究部署政协各项工作，推动工作贯彻落实，助推红谷滩区经济发展。

【政协红谷滩区第一届委员会第三次会议】 2023年1月5—6日，政协南昌市红谷滩区第一届委员会第三次会议召开。区委书记吴江辉、区长刘光荣等领导出席大会开幕式，听取大会交流发言，与委员们共商发展大计，共谋治理良策。吴江辉在闭幕会上发表讲话。会议审议批准区政协主席陶国强代表政协红谷滩区第一届委员会常务委员会所作的工作报告；审议批准区政协副主席吴一建代表政协红谷滩区第一届委员会常务委员会所作的提案工作情况报告。委员们列席红谷滩区第一届人民代表大会第三次会议，听取、讨论并赞同刘光荣所作的区政府工作报告；讨论并赞同区人民法院工作报告、区人民检察院工作报告和其他报告。

【政协红谷滩区第一届委员会第七次常委会】 2023 年 1 月 6 日，政协红谷滩区第一届委员会第七次常委会召开。区政协主席陶国强主持。副主席邓万清、刘文皓、田艳、吴一建、刘国平、罗贤明、魏小根，秘书长熊健峰及区政协一届常务委员会委员出席，区政协各委办主任和各政协工作联络组组长列席。会议听取各组对政府“两个报告”《政府工作报告》及其他报告讨论情况的汇报；审议通过《政协南昌市红谷滩区第一届委员会第三次会议决议（草案）》《政协南昌市红谷滩区第一届委员会第三次会议提案初步审查情况的报告（草案）》。

【政协红谷滩区第一届委员会第八次常委会】 2023 年 3 月 20 日，政协红谷滩区第一届委员会第八次常委会召开。区政协主席陶国强主持。副主席邓万清、刘文皓、田艳、吴一建、刘国平、罗贤明、魏小根，秘书长熊健峰及区政协一届常务委员会委员出席，区政协各委办主任和各政协工作联络组组长列席。会议学习习近平总书记重要讲话精神及全国两会精神；审议通过《2023 年红谷滩区政协常委会工作要点（草案）》《红谷滩区委员进企业·协商助发展“三有”主题活动方案（草案）》《政协红谷滩区一届三次会议提案审查情况报告》；审议通过有关人事议题。

【政协红谷滩区第一届委员会第九次常委会】 2023 年 8 月 10 日，政协红谷滩区第一届委员会第九次常委会召开。区政协主席陶国强主持。副主席邓万清、刘文皓、田艳、吴一建、刘国平、罗贤明、魏小根，秘书长熊健峰及区政协一届常务委员会委员出席，区政协各委办主任和各政协工作联络组组长列席。会议传达学习习近平总书记对网络安全和信息化工作重要指示精神，以及省委十五届四次全体（扩大）会议、市委十二届六次全体（扩大）会议精神及卢伟平主席在市政协十五届十一次常委会讲话精神；通报全区 2023 年上半年经济社会发展情况及下半年工作打算；最后区政协党组书记、主席陶国强讲话。

【政协红谷滩区第一届委员会第十次常委会】 2023 年 12 月 13 日，政协红谷滩区第一届委员会第十次常委会召开。区委副书记、区长刘光荣出席，区政协主席陶国强主持。副主席邓万清、刘文皓、吴一建、刘国平、罗贤明、魏小根，秘书长熊健峰及区政协一届常务委员会委员出席，区政协各委办主任和各政协工作联络组组长列席。会议传达学习习近平总书记考察江西重要讲话精神；审议通过《关于接受王明珠同志请求辞去政协红谷滩区第一届委员会社会法制和民族宗教委职务的决定（草案）》《关于接受王明珠同志请求辞去政协红谷滩区第一届委员会委员的决定（草案）》《中国人民政治协商会议红谷滩区第一届委员会人事任免名单（草案）》《中国人民政治协商会议南昌市红谷滩区第一届委员会增补委员名单（草案）》。

【政协红谷滩区第一届委员会第21—36次主席会议】 2023 年，政协红谷滩区第一届委员会第 21—36 次主席会议召开。区政协主席陶国强主持，副主席邓万清、刘文皓、田艳、吴一建、刘国平、罗贤明、魏小根，秘书长熊健峰出席。区政协各委办主任列席。

第 21 次主席会议，1 月 6 日召开。会议审议通过《政协南昌市红谷滩区第一届委员会第三次会议提案初步审查情况报告（草案）》《政协南昌市红谷滩区第一届委员会第三次会议决议（草案）》。

第 22 次主席会议，3 月 8 日召开。会议传达学习中国共产党第二十届委员会第一次全体会议公报、习近平总书记对深入开展学雷锋活动重要指示、习近平总书记在学习贯彻党的二十大精神开班式上的重要讲话及在中共中央政治局第三次集体学习时的重要讲话精神；审议通过《红谷滩区政协一届三次会议提案审查情况报告》《2023 年区政协常委会工作要点》《区政协宣传信息工作办法（试行）》《2023 年基层民主协商“三有”工作安排》、政协红谷滩区一届三次会议费用有关事宜、拨付第一季度工作经费和“三风”经费有关事宜。

第 23 次主席会议，4 月 20 日召开。会议传达学习习近平总书记重要讲话精神；讨论研究《区政协 2023 年度重点提案督办工作安排（草案）》《红谷滩区 2023 年上半年“有事多商量、有事好商量、有事会商量”经费安排（草案）》《红谷滩区 2023 年度“兴家风、淳民风、正社风”经费安排（草案）》《厚田乡桐岗村三风文化建设方案》；拨付第二季度工作经费有关事宜。

第 24 次主席会议，5 月 6 日召开。会议传达学习习近平总书记重要讲话精神、全区“六小”“三不”整治行为专项工作动员部署会精神；讨论研究 2023 年度乡镇（街道）政协委员履职服务站建设有关事宜；研究区政协机关精神文明创建工作。

第 25 次主席会议，6 月 7 日召开。会议讨论研究厚田乡撤乡设镇行政区划调整有关事宜。

第 26 次主席会议，6 月 16 日召开。会议传达学习习近平总书记关于民族宗教工作有关精神；讨论研究 2023 年委员培训（于都长征学院）有关事宜、2023 年第三季度宣传工作经费有关事宜。

第 27 次主席会议，8 月 24 日召开。会议讨论研究推荐职级晋升人选有关事宜。

第 28 次主席会议，9 月 20 日召开。会议传达学习中央、省、市、区学习贯彻习近平新时代中国特色社会主义思想主题教育动员部署会议精神；讨论研究区政协机关学习贯彻习近平新时代中国特色社会主义思想主题教育工作方案、区政协领导班子主题教育问题清单。

第 29 次主席会议，10 月 17 日召开。会议传达学习贯彻习近平总书记视察江西重要讲话精神；讨论研究区政协班子主题教育正面及反面典型案例、政协机关党支部开展主题教育相关要求。

第 30 次主席会议，11 月 3 日召开。会议传达学习贯彻习近平总书记近期重要讲话精神；讨论研究拨付第四季度工作经费和项目经费、委员服务群众经费安排、2024 年度项目经费预算、2023 年度反映社情民意信息工作经费安排、2023 年度宣传信息工作经费安排等有关事宜。

第 31 次主席会议，11 月 9 日召开。会议传达学习习近平总书记重要讲话精神；讨论研究王浩为市政协委员有关事宜；讨论研究《关于省市区政协共建委员工作室的工作方案》、关于市委主题教育检视问题整改销号有关事宜；研究精神文明创建工作相关事宜。

第 32 次主席会议，11 月 24 日召开。会议传达学习贯彻习近平总书记重要讲话精神；讨论研究关于 2021 年度公务员绩效奖金清算补发有关事宜、2023 年度书香政协经费安排有关事宜。

第 33 次主席会议，11 月 29 日召开。会上，区政协班子成员依次发言，分享调研成果、调查研究方面存在问题及整改措施；最后，区政协党组书记、主席陶国强作总结发言。

第 34 次主席会议，12 月 13 日召开。会议审议通过《关于接受王明珠同志请求辞去政协红谷滩区第一届委员会社会法制和民族宗教委职务的决定（草案）》《关于接受王明珠同志请求辞去政协红谷滩区第一届委员会委员的决定（草案）》《中国人民政治协商会议红谷滩区第一届委员会人事任免名单（草案）》《中国人民政治协商会议南昌市红谷滩区第一届委员会增补委员名单（草案）》。

第 35 次主席会议，12 月 19 日召开。会上，按照市委、区委关于开展政治谈话加强对“一把手”和领导班子监督的工作部署，由区政协党组书记、主席陶国强对区政协班子成员开展政治谈话；最后，区政协班子成员进行表态发言。

第 36 次主席会议，12 月 20 日召开。会议讨论研究区政协一届四次全体会议相关情况。

（胡华峰）

提案工作

【概况】 2023 年，全区广大政协委员、政协各参加单位和政协各专门委员会，始终围绕区委、区政府中心工作，深入践行“人民政协为人民”和“一线工作法”，深入调查研究，积极建言献策，积极通过提案，履行政治协商、民主监督、参政议政职能，共提交提案 110 件，经审查，立案 84 件，占提案总数 77.36%；转为其他方式处理 26 件，占提案总数 23.64%。至年底，所有立案提案办复率和满意率均为 100%。经各承办单位及各方面努力，提案成果得到有效运用，许多意见建议已体现到相关政策和举措中，充分发挥政协提案在发展全过程人民民主、推动经济社会发展中的优势和作用。

【为推动产业提质增效出实招】 2023 年，委员们立足自身实际，发挥专业特长，聚焦经济高质量发展，围绕推动产业发展等问题，深入一线调查，精心做好研究，提出了许多富有建设性的意见建议。关于优化“专精特新”专板建设，提升资本市场服务实体经济质效的建议，区金融工作办公室深入推进企业上市“映山红行动”，强化上市后备企业培育，支持“专精特新”中小企业做大做强，精准储备上市后备企业 21 家，其中“专精特新”企业 7 家。关于立足创新推动 VR 集约化发展的建议，区科技和工业信息化局加速促进 VR 与 5G、大数据、云计算、人工智能等新技术、新产业在红谷滩区的融合发展，至年底，全区打造 VR 产业技术创新平台 17 个、公共服务平台 16 个，已拥有省级、市级 VR 技术应用“揭榜”项目 44 个，有力促进了 VR 产业发展。关于打造现代都市农业，助力红谷滩乡村振兴的建议，区农业农村局在流湖镇推动“产业强镇”项目，出台《红谷滩区农业产业发展项目申报及管理指南》等文件，成立乡村大学生创新创业协会，举办 2 期高素质农民培训班，培训人数 100 余人，有力助推红谷滩区现代农业发展。

【为提升基层治理水平献良策】 2023 年，委员们围绕全面依法治区、建强应急管理队伍等方面提出了中肯的意见建议，为提升相关职能部门管理服务水平发挥积极作用。关于建立劳动维权“一站式”调处平台，畅通劳动者维权途径的建议，区人力资源和社会保障局于 5 月正式成立区和谐劳动关系一站式服务中心，实行“一窗受理”、分类导入、分流处理，为全区广大劳动者提供劳动关系一站式服务，赢得广泛好评。关于以社区为单位筹备和建立义务志愿者和义务消防员的建议，区应急管理局牵头整合现有灾情信息员、安全生产管理员、气象信息员等队伍，实现基层应急管理“多员合一”，全区各乡镇、街道及各行政村、社区均成立了应急救援队伍。关于加强基层工作人员心理健康关怀的建议，区卫健委整合医院、教育等多部门资源，成立红谷滩区社会心理人才库，区民政局制定社区工作清单，明确14项社区依法履行职责事项清单、45项协助政府工作事项清单、20项出具证明清单，助推社区减负增效。

【为增强城市建管实效聚共识】 2023年，委员们围绕优化全区人居环境开展深入调研，助推城市功能品质持续提升。关于推进老旧小区改造长效管理的建议，区住房和城乡建设局研究出台《2023年红谷滩区城镇老旧小区改造工作实施方案》，明确各职能部门和属地分工；加强对注册在辖区物业服务企业的信用评价和考核运用，鼓励各业主委员会或物业管理委员会充分利用小区车位收费等方式创造新盈利点，用于补充物业费或维修基金，为老旧小区长效管理提供资金支持。关于提升市政设施，展现城市“精致精美”，建立排水网治理信息化管控系统等建议，区城市管理和综合执法局每日对建成区车行道路实施机械化清扫、冲洗，确保城区道路机械化清扫率达95%以上，完成了赣江市民公园五期停车场等3个公共停车场的建设，建立全区市政排水管网地理信息化系统和智慧排水监管平台，实现排水管网智能监管。

【为提升群众幸福指数建诤言】 2023年，委员们认真践行“人民政协为人民”和“一线工作法”，助推一批民生问题的解决。关于举办一所区属特殊学校的建议，区教育体育局在充分摸排全区适龄残疾儿童数量的基础上，针对性地制定了《红谷滩区特殊教育学校发展规划》，通过对标国内一流特殊学校标准，推进校园建设，与豫章师范学院特殊教育学院签署合作办学协议，构建现代化的学校管理体系。红谷滩区特殊教育学校招收首批残疾儿童。关于加快发展养老服务业，满足老年人多元化养老需求的建议，区民政局在落实对养老机构运营补助和建设补助的基础上，加强对养老机构护理员的培训。至年底，全区共有专业养老服务公司8家，服务老年人0.6万余人。

（梅彦武）

社情民意信息及宣传工作

【概况】 2023年，红谷滩区政协向省政协办公厅、市政协提案委共报送社情民意信息408篇，其中区直报省127篇，区报市281篇，市报省112篇；《关于推动网络货运成为数字物流发展“杠杆”的建议》等60篇信息被省政协报送至全国政协，《关于公办义务教育学校配置午休课桌椅的建议》等2篇信息被全国政协采用；《完善医保个人账户改革措施提高群众“获得感”》等9篇信息由省政协报送至省委，《让社会力量更好参与应急管理工作》等2篇信息被省委采用；《道路通畅，让展会服务更有“力量”》等4篇信息作为社情民意专报被市政协采用。同时，编报区级社情民意专报8期，并得到区委区政府主要领导签批。区政协社情民意信息工作在省级考核中位列全省各县（区）第13，在市级考核中位列各县（区）第3，被评为2023年度全省、全市反映社情民意信息工作先进单位。区政协宣传工作紧紧围绕全区政协事业发展，全面保障区政协主席会、常委会日常工作、提案办理、建言资政、民主协商等日常工作的宣传，在各级媒体上广泛正面报道政协工作情况，在省市重要媒体、政协系统媒体发出好声音，推动全区政协事业提质增效。全年区政协共上稿375篇，其中上稿国家级媒体51篇、省级媒体243篇、市级媒体81篇，宣传信息工作在全市各县区中排名第一。获得2023年度宣传信息工作先进单位、“三风”宣传工作先进单位；焦裕彬荣获全市政协宣传工作先进个人、《江西政协报》优秀通讯员；生米街道邓莹莹撰写的《汇聚“政”能量，“协”力勇担当——红谷滩区生米街道政协工作侧记》荣获新闻宣传优秀作品三等奖。

【推进反映社情民意信息工作】 2023年，加强组织领导，把反映社情民意信息工作摆在重要位置。高度重视反映社情民意信息工作，主要领导亲自调度、亲自安排，时时关注社情民意信息工作进展情况，多次召开社情民意信息工作调度会，提出建议和要求并亲自动手撰写多篇社情民意信息；分管副主席带头示范，反复强调社情民意信息工作的重要性，主动催稿约稿，约谈后进，压实责任，到乡镇街道调研视察也不忘调度社情民意信息工作情况；区政协办认真对社情民意信息进行收集登记、整理审核、编发报送，每月对社情民意信息报送及采用情况进行统计。每月督促办理进展情况，社情民意信息工作稳步推进。

【发挥政协专委会基础作用】 2023年，提高队伍建设，夯实反映社情民意信息工作的基础力量。充分发挥政协委员的主体作用，积极联系沟通委员，组织好委员培训并根据委员的工作岗位、个人专长和界别特点等主动约稿邀稿，引导委员主动反映社情民意信息，不断增强委员参与社情民意信息工作的积极性和责任感。发挥专委会的基础作用，区政协各专委会把反映社情民意信息贯穿于专委会的各项工作之中，纳入重要工作安排并作为体现和转化专委会工作成果的重要渠道。

【注重社情民意信息质效】 2023年，在保证社情民意信息报送数量的同时，十分注重信息报送质量，坚持质量优先。下发《关于进一步加强和改进反映社情民意信息工作的通知》，明确反映社情民意信息工作的报送任务和撰写要求，并附上优秀社情民意信息范例供参考参照。坚持每月公布信息报送要点，为各报送单位及委员提供信息撰写导向，要求聚焦选题，突出工作特色，真实反映人民群众关心关注的热点难点问题，提出具有实操性的意见建议，确保信息报送质量。

【高位推动宣传信息工作】 2023年，区政协主要领导高度重视宣传信息工作，根据每年的工作规划，对宣传工作提要求、定方向。牵头负责宣传信息领导小组工作，根据每年的工作特点，及时调整宣传信息工作方案，保证政协宣传思想工作始终在党的领导下，与政协中心工作的步调一致。区政协办自觉提高政治站位，将目标压力转化为工作动力，及时报告工作推进情况、存在的问题及原因，在主席会上形成“部署—落实—改进—反馈”的工作闭环。同时，主席会成员带队发挥良好示范带动作用，稳步推进政策宣讲进基层、民主评议进机关、提案办理回头看工作，各政协联络组跟进落实，为宣传工作筑牢现实基础。

【新闻宣传量质双升】 2023年，将政协宣传思想工作列入年度宣传工作的重要内容。推出《只争朝夕强使命 团结奋斗谱新篇》《用心用情用力当好新时代政协“答题人”》等一批有深度、有内容的报道，全面展示区政协机关、各乡镇街道政协工作联络组、政协委员立足本职、履职尽责的精神风貌，积极营造社会各界重视政协、支持政协工作的良好氛围。

【全视角展示政协工作】 2023年，通过互联网赋能政协宣传思想工作，在《江西日报》、《南昌日报》、南昌电视台等“报、刊、网、微、端”等媒体阵地积极刊发政协全体会议、重大活动、委员视察等即时性报道，确保政协工作开展到哪里，宣传信息工作就推进到哪里。《企业“吐槽大会”提升营商环境》《红谷滩区沙井街道政协工作组组织政协委员开展“法治宣讲进企业，增强员工法治观念”》《红谷滩区开展“三风”“三有”进企业主题活动》等重点稿件、拍摄的《歌曲：新时代的政协人》等影视作品重点展示全区政协系统围绕中心大局、打造中国式现代化红谷滩样板的作为和担当。实现互通互融、矩阵传播、共同发力，为巩固和加强政协新闻舆论阵地建设、打造一流政协媒体拓展新维度、丰富内涵。

【新闻信息量更具立体感】 2023年，为推进落实区政协委员履职“六个一”和界别群众“三项联系”工作，推出《金融助力未来科学城建设 南昌市红谷滩区政协出真招》《政协委员进基层 博爱牵手暖童心》《政协委员发力 助推小区改造》《邱丽辉：十九载的教育心路》等新闻稿件，聚焦专题协商推出《“书记委员面对面”专题协商会》《“委员区长面对面”专题协商会》等系列热度高、效果好、影响大的时政新闻，广泛号召广大政协委员进一步增强使命意识、发挥主体作用，广泛凝聚社会各界共识，为经济社会高质量发展贡献政协的智慧和力量。

（古　杰　焦裕彬）

“三风”“三有”工作

【概况】 2023年，红谷滩区政协扎实做好“三风”（兴家风、淳民风、正社风）工作和基层民主协商“三有”（有事多商量、有事好商量、有事会商量）活动。开展“三风”榜样人物推荐评选工作，推动“三风”示范点建设。切实把基层民主协商“三有”活动作为发挥政协专门协商机构作用的重要平台，提高站位、全力推动、健全机制、注重实效，推动政协协商与基层协商有机融合，广泛开展“红谷连心会·‘三有’来协商”活动。全年开展“三有”协商369次，解决各类问题335件。

【扎实做好“三风”工作】 2023年，坚持“三风”工作持续发力、久久为功。常态高效开展形式多样、群众喜闻乐见的“三风”活动，以党风政风带家风促民风。创新开展“三风”“三有”进企业，拉近委员与企业的联系，共同助力企业发展。扎实开展“三风”榜样人物推荐评选工作，赵建军获评2023年度南昌市“三风”榜样人物。继续投入专项资金，完成厚田乡桐岗村、龙兴街道铁路村吴家水库吴家自然村“三风”示范点建设，推动“三风”示范点位建设。持续保持“三风”宣传热度，省、市媒体“三风”相关报道300余篇次，营造良好舆论氛围。

【延伸协商领域】 2023年，出台《红谷滩区“委员进企业 协商助发展”“三有”主题活动方案》，组织召开南昌绿地国际博览中心专场协商会，为办展企业解决实际困难；在南昌西站综合服务中心“三有”协商平台，开展让遗失证件“回家”、南昌西站旅客免安检换乘地铁等系列协商活动，取得实实在在的社会效果。红谷滩区在全市首推政协委员“三进”（委员进社区、委员进机关、委员进企业基层）活动，将政协委员引入不同领域，切实推动基层民主协商全方位开展。

【开展协商活动】 2023年，深入践行“人民政协为人民”的工作理念，着力做好群众关心的“岗位、园位、学位、床位、车位、厕位”等“急难愁盼”问题的协商。如：“三有”协商助力VR科创城引进高新技术企业、进企业协商推动全民健身高质量发展、政协委员参与体验式政务督查协商推动政务服务提质增效、生米街道共商4个自然村“两整治一提升”专项行动、红角洲街道九龙馨苑社区协商推动新能源车充电桩安装、流湖镇上房村协商解决留守儿童托管问题、凤凰洲街道协商助推凤凰花园还建房小区提升改造、九龙湖街道广源北社区协商破解双职工家庭寒暑假期看护难等。

（漆春云　吕梦萦）

委员履职

【概况】 2023年，红谷滩区政协紧紧围绕政协委员履职服务中心工作，积极履行职能，先后组织政协委员到乡镇街道、企业开展调研视察活动。同时，通过其他单位到红谷滩区学习考察，做“懂政协、会协商、善议政、守纪律、讲规矩、重品行”的政协委员。

【组织委员考察调研】 2023年5月24日，安排部分常委、委员到流湖镇、生米街道就《乡村振兴暨委员联络服务站》进行调研。7月21日，组织政协常委、各委办主任及相关工作人员前往前湖水系点位（妈妈湖湿地）、南昌市心远中学卧龙校区、中建三局建设项目工地3个地方开展视察活动。

【接待外地政协委员到红谷滩区考察】 2023年4月12日，接待万年县政协党组副书记、副主席张晓文等一行14人就提案审查、办理成果转化运用、反映社情民意信息工作进行学习考察与座谈，并安排公务接待。5月17日，接待大连市中山区政协党组副书记、副主席乔兵等一行6人就特色街区对城市消费拉动情况、关于红谷滩区贯彻落实《关于加强和改进新时代市县政协工作的意见》情况进行学习考察，并安排公务接待。7月17日，吉安市青原区副主席郭少琴等一行6人就集中行政许可权改革运行、事项划转、人员编制、审批流程、审批与监督、审批网络信息化建设等方面情况进行交流学习，并安排公务接待；7月25日，接待内蒙古自治区十二届政协秘书长、内蒙古人民政协理论研究会会长狄瑞明一行7人到生米街道政协委员履职服务站调研，并在现场开展座谈；7月26日，配合市政协做好安徽铜陵市政协课题组一行11人到南昌考察，点位安排在生米街道政协委员履职服务站，市政协党组副书记、副主席樊三宝等4人陪同；7月28日，配合市政协做好广西贵港市政协党组副书记、副主席曾海燕等 一行5人到南昌市考察，考察生米履职服务站委员履职管理工作方面的经验和做法、考察西客站调研“红谷连心会·‘三有’来协商”等工作，市政协二级调研员秦三友等2人陪同。8月28日，接待珠海市政协副主席、秘书长调研李秉勇等一行9人，考察生米履职服务站、西客站“红谷连心会·‘三有’来协商”工作。9月4日，接待青岛市政协副秘书长陈月敏一行9人考察生米履职服务站工作；9月5日，接待南宁市兴宁区政协谭伟军四级调研员等一行7人学习矛盾纠纷多元化解的工作经验。12月7日，接待深圳市坪山区政协经济委主任胡小兵一行6人学习如何提升营商环境等工作，参观未来科学城；12月15日，接待上饶市广丰区政协副主席邱参政等一行8人学习社情民意信息工作。

（熊淑华）

民主监督

【概况】 2023年，红谷滩区政协为贯彻落实区委《关于进一步加强和改进人民政协民主监督工作的实施意见》文件精神，制定红谷滩区政协2023年民主评议区直部门实施方案，并召开区政协民主评议区直（驻区）部门工作动员部署会。

【开展民主评议监督工作】 2023年，坚持以习近平新时代中国特色社会主义思想为指导，深入学习宣传贯彻党的二十大精神，遵照《中国人民政治协商会议章程》有关规定，牢牢把握人民政协性质定位，充分发挥人民政协专门协商机构作用，更好地履行人民政协民主监督职能，丰富民主监督内容和形式，通过对区直有关部门进行民主评议，达到“总结经验、找出差距、帮助整改、促进工作”的目的。成立民主评议区直（驻区）部门工作领导小组，对区商务局和区民政局进行民主评议，广泛听取和收集社会各界、各单位和部门、服务对象及上级业务主管部门对被评议部门的意见和建议，真实反映被评议部门的工作情况。围绕评议内容，深入调查了解，对被评议部门作风方面存在的主要问题要评深评透，切中要害，促进群众反映强烈的热点难点问题得到有效解决。

（胡华峰）

中国共产党红谷滩区纪律检查委员会　红谷滩区监察委员会

综　述

2023年，红谷滩区纪委区监委始终坚持以习近平新时代中国特色社会主义思想为统领，认真贯彻落实党的二十大精神，对标“作示范 勇争先”和“走在前 勇争先 善作为”的目标要求，结合“项目为先、实干奋进，争分夺秒拼经济”作风提升年活动，以开展主题教育和教育整顿为抓手，扎实推进“深学习强素质”“实调研强作风”“抓落实强担当”三项行动，全区纪检监察工作高质量发展不断取得新成效。红谷滩区的高质量监督、社区巡察试点、营商环境、暖心回访等工作被中央和省级媒体持续关注。

强化政治引领，扎实开展主题教育和教育整顿。坚持把学习教育贯穿主题教育、教育整顿全过程，健全完善并严格执行“第一议题”制度，先后传达学习17次。严格抓好学习教育，深入实施“4+3+1”学习机制，成立青年干部理论学习小组，开创“线上+线下”鸿鹄系列学习专栏，全年累计开展“每天纪法微课堂”学习200余次。扎实开展检视整治，梳理出3个方面36项任务，组织开展三轮自查自纠。认真开展政治思想谈话235人次，政治家访93人次，梳理岗位风险点155个，起底清仓、收集问题线索24条。认真做好巩固提升，坚持“当下改”与“长久立”相结合，不断完善干部管理监督体制。积极开展“我为教育整顿献一策”活动，围绕“五学”（学党的创新理论、学上级决策部署、学党纪国法条规、学纪检监察业务、学被监督单位业务）、“五清”（把政治生态摸清、把特色亮点搞清、把短板弱项弄清、把群众诉求探清、把问题对策举措理清）、“五比”（比干劲、比效率、比业绩、比勤廉、比认可），制定和完善“十严禁”，打探案情、过问案件、说情干预，审查调查保密，“零报告”等6项规章制度。

突出政治监督，坚定践行“两个维护”。始终做到国之大者心中有数，聚焦政治监督具体化精准化常态化，围绕习近平总书记强调的政治监督“三看”要求，聚焦“项目为先、实干奋进，争分夺秒拼经济”工作主线，紧盯党的二十大精神、习近平总书记考察江西重要讲话精神贯彻落实，梳理形成2023年政治监督基础任务清单，细化3个方面30项具体内容及对应监督重点，同

2023年9月1日，红谷滩区纪委区监委“红谷连心　廉聚民心”调研接访日活动举行

（区纪委区监委　供图）

时制定个性化政治监督清单，做到“一单位一清单”。扎实推进政治谈话、政治画像工作，实现区管干部全覆盖。扎实有效开展“三重一大”决策制度执行监督检查，累计开展监督检查1119次，发现并督促问题整改221个。常态化实施廉情抄告回告机制，累计发出廉情抄告89份，收到回告88份，全区正气清风更加充盈。

扛牢监督首责，压紧压实“两个责任”。积极协助区委出台加强区管“一把手”监督和区委、区政府及其班子成员同级监督及其责任清单，对全区“关键少数”履行“第一责任人”职责和“一岗双责”等情况进行监督检查，全年累计查处履行“两个责任”不力问题11起，处理12人，累计回复党风廉政意见1819人次，提出否定性意见2人次。聚焦治理重点领域，深入开展统计造假、医疗系统、乡村振兴、高标准农田等领域专项治理，查处问题96起109人次。严格落实《关于在全区范围内开展工程领域专项监督的整治方案》，以“两约谈两承诺一备案”为抓手做好专项监督。以公安派驻试点为契机，推动各派驻组主动监督，试点以来处置问题线索19件，同比上升111%，其中主动发现问题线索2条，立案4人，上升100%；给予党内严重警告4人，运用第一种形态处理36人，有力推动区公安分局党委从严、从紧、从实管党治警。

靶向纠治“四风”，持续涵养新风正气。巩固拓展落实中央八项规定成果，开展“四风”问题专项整治，严肃查处违反中央八项规定精神问题等各类作风问题34起，处理44人次。聚焦营商环境优化，完善政商交往“正面、负面、倡导”3个清单，开展行政执法审批领域破坏营商环境问题专项整治，用好亲清鸿鹄“码”上监督“二维码”，靶向纠治“中梗阻”“小鬼难缠”“散慢拖”等突出问题，严肃查处涉及行政执法、政务服务等营商环境中腐败和作风问题57起78人次。配合开展“项目为先、实干奋进，争分夺秒拼经济”作风提升专项监督，坚决纠正、严肃查处不担当、不作为、乱作为、假作为等问题。

站稳人民立场，深入推进勤廉建设。始终坚定不移站稳人民立场，深化“一线工作法”和“最多访一次”工作机制，常态化开展“红谷连心 廉聚民心”调研接访行动，充分发挥小微权力“监督一点通”平台作用，精准细化涉及村（居）小微权力基础清单4个大类22项，形成“22+13”小微权力监督事项清单，同时推出亲清鸿鹄“码”上监督二维码，聚焦村级事项公开六大板块工作、86个项目内容信息，平台累计受理群众投诉1349件，已办结1346件，办结率达99.78%。推进实施“勤廉窗口”建设提升年行动，着力推动将“办不成事窗口”打造成“不办事窗口”。开设“监督护航经济发展”“鸿鹄·清风时评”等线上专栏，充分发挥长天廉文化馆、红谷滩廉洁文明家风馆等教育基地作用，教育党员干部知敬畏、存戒惧、守底线。

保持惩腐震慑，一体推进“三不腐”。始终坚持把办案的重心放到提质量、增效率、强效果上，坚持实施由班子成员牵头的“室·组·地”片区协作办信办案机制，通过“室·组·地”片区协作监督办案立案共251件，成案率由同期30.59%上升至79.94%。坚持紧盯重点领域以点带面惩腐肃贪，有效震慑拆迁安置领域历史乱象，有力规范工程项目等重点领域的行为，有力查处国企领域等违法案件。做深做实案件查办“前后半篇文章”，常态化开展“每月一座谈”、案件质量评查等工作，协助区委召开全区性及各行业领域的警示教育，累计拍摄制作《将自我革命进行到底》等5部警示教育片，发挥身边人身边事的惩治警示震慑效应。开展“暖心关爱回访激励担当作为”专项行动，强化对受处分人员的教育、管理、监督、关心、激励、帮扶工作。

深化政治巡察，更加彰显利剑震慑。常规巡察、专项巡察、社区巡察“三箭齐发”、同向发力。制定《2023年度红谷滩区委巡察工作要点》《红谷滩区以农村“三资”管理为抓手探索巡纪联动新模式工作推进方案》等制度。至年底，一届区委已开展六轮巡察，覆盖对象39个，覆盖率60%；覆盖村（社区）113个，覆盖率61.08%。厘清了10年来红谷滩区征地、拆迁、安置等方面的资金使用基本情况，发现问题线索20条，止损挽损近1.61亿元，推动中堡、山图等17个村（站）5300余套房屋安置工作。充分运用“四看”标准、“五个1+7”工作模式等经验成果，持续扩大社区巡察覆盖面。认真做好巡视巡察反馈问题整改及监督推动工作，针对前5轮巡察反馈的2068个问题，已整改1914个，整改率达92.55%，移交的问题线索，已立案27件，初核59件，谈话函询7件，给予22人党纪政务处分。

强化自身建设，锻造过硬纪法铁军。始终把学深悟透习近平新时代中国特色社会主义思想作为常委会会议“第一议题”、干部教育“第一课题”。结合“深学习、实调研、抓落实”工作要求，深入推进“三项行动”。持之以恒抓实队伍建设“一把手工程”，一体化推进业务人才培养，培优建强纪检监察干部队伍，全年累计提拔科级干部4人，任命3名年轻干部为机关内设科室负责人，分层级、分批次完成全部人员的监察官首次确认工作。认真落实纪法素养提升专项行动和一体化干部培养部署要求，深入开展“以老带新”“师傅带徒弟”“到监督检查、审查调查、巡视巡察一线学”工作，完善“五个一”实战实训。积极完善纪检监察干部能力指数评价机制和干部“一线”表现档案，共组织80余人次参加市级以上培训，积极选派15名干部参与“杭培”“北培”。积极参与各类评优评先活动，区纪委区监委获得“红谷滩区2022年度打造模范机关工作先进单位”称号，审理室获得“红谷滩区2023年五一巾帼标兵岗”荣誉称号，4人获得市级和区级表彰，高素质专业化纪检监察铁军持续锻造。

（胡　勤）

重要会议和活动

【概况】 2023年，全区纪检监察工作认真贯彻落实中央、省、市纪委全会精神，召开区纪委一届三次全会，部署党风廉政建设和反腐败工作。并召开多次相关工作部署会议精神，研究纪检监察工作，监督推动党中央重大决策部署、习近平总书记考察江西重要讲话精神和重要指示批示精神在红谷滩区落实落细，全力推进新时代红谷滩区纪检监察工作高质量发展，全区风清气正政治生态不断巩固发展，呈现积极向上向好态势。

【区纪委一届三次全会】 2023年1月19日，区纪委一届三次全会召开，全面贯彻习近平新时代中国特色社会主义思想，深入学习贯彻党的二十大精神，按照二十届中央纪委二次全会、省纪委十五届三次全会、市纪委十二届三次全会和区委一届七次全会部署要求，总结回顾2022年全区纪检监察工作，研究部署2023年工作。区委书记吴江辉出席并讲话。他强调，要深刻把握坚定不移推进全面从严治党的战略部署，努力在革命性锻造中把各级党组织建设得更加坚强，不断增强自我净化、自我完善、自我革新、自我提高能力，一刻不停推进全面从严治党，着力构建更加风清气正健康向上的政治生态，为奋力谱写第二个百年奋斗目标的红谷滩新篇章提供强大的政治引领和坚强的政治保障。市纪委监委有关人员到会指导。区委副书记、区长刘光荣，区委副书记万晓娟，区人大常委会主任吴韶宸，区政协主席陶国强等区四套班子领导，区法检“两长”出席。区委常委、区纪委书记、区监委主任帅志主持会议并作工作报告。

【全区新任区管干部廉政谈话会】 2023年2月14日，红谷滩区纪委区监委召开新任区管干部廉政谈话会，对2022年2月以来区委新提拔、交流和进一步使用的区管领导干部进行集体谈话。区委常委、区纪委书记、区监委主任帅志出席会议并指出对新任职领导干部进行集体廉政谈话，是落实全面从严治党、强化党内监督的一项重要制度安排，也是加强教育监督管理、督促廉洁履职尽责的一项重要举措，充分体现组织对干部成长的关心关爱。党员干部要从违纪违法典型案例中汲取教训、引以为戒，既要牢牢守住廉洁底线，又要主动担负职责使命，做到严于律己、严负其责、严管所辖，以优异成绩回报党组织的信任和重托，为全面推进社会主义现代化红谷滩做出更大的贡献。要以党的二十大精神为指引。要坚决扛起管党治党政治责任。要站稳人民立场。要自觉以严的基调和标准要求自己。要注重家教家风。会前，区纪委区监委组织参会人员观看警示教育片《寸步不让 一严到底》，集体签订廉政承诺书，3名新任区管领导干部代表在会上作了表态发言。会后，新提拔和进一步使用人员进行廉政知识测试。

【区纪委理论学习中心组集体学习研讨会暨区纪委班子民主生活会】 2023年2月6日，区纪委召开理论学习中心组集体学习研讨会暨区纪委班子民主生活会。区委常委、区纪委书记、区监委主任帅志主持会议并讲话。会议强调，要坚持以党的二十大精神为指引，深刻领悟“两个确立”的决定性意义，自觉担负好“两个维护”特殊使命，牢固树立“保持领先领跑姿态、彰显首府首区担当”的工作理念，为全面推进社会主义现代化红谷滩提供坚强保障。全区纪检监察机关要坚持不懈用习近平新时代中国特色社会主义思想凝心铸魂。要围绕贯彻落实党的二十大战略部署和中央、省、市、区工作要求强化政治监督。要把严的基调、严的措施、严的氛围长期坚持下去。要牢记打铁必须自身硬，班子成员要带头发扬彻底的自我革命精神。会前，班子成员认真学习党的二十大报告、党章、习近平总书记重要讲话精神，学习电视专题片《“赶考”路上》以及省、市、区下发的典型案件教训警示通报等资料，并进行学习研讨。

【全区警示教育大会】 2023年2月2日，全区教育系统暨重点领域警示教育大会召开，区委常委、区纪委书记、区监委主任帅志出席会议并讲话。会议强调，全区教育系统和重点领域要深刻汲取相关典型案件教训，切实把自己摆进去、把工作摆进去、把职责摆进去，主动在思想上划出红线、在行为上明确界限，真正敬法畏纪、遵规守纪，不负党和人民的重托。区政府党组成员、副区长吴梅萍出席会议并讲话。会上播放《一刻不停推进反腐败斗争》警示教育专题片，传达学习省、市、区典型案例通报精神，通报教育系统及相关重点领域存在的突出问题，区教体局主要负责人作表态发言。会议指出，要坚持以习近平新时代中国特色社会主义思想为指导，深入贯彻落实党的二十大和习近平总书记关于全面从严治党的重要论述，全面落实中央和省市纪委全会精神，深化运用一体推进“三不腐”重大方针方略，充分发挥反面典型警示震慑作用，以刀刃向内的勇气和自我革命的精神，教育引导全区教育系统和重点领域的党员干部做深做实案件查办“后半篇文章”，全力修复净化政治生态，不让查办案件的代价和成本白付。要深刻认识全面从严治党的重大意义，全面剖析问题

2023 年 2 月 2 日,红谷滩区教育系统暨重点领域警示教育大会召开
（区纪委区监委　供图）

根源,以坚定的信仰信念信心培根铸魂。要层层压实"一把手"和党委主体责任。要永葆为民情怀,着力解决好人民群众的急难愁盼问题。要持续优化营商环境,时刻保持对"腐蚀""围猎"的警觉。

【纪检干部队伍教育整顿动员部署会议】 2023 年 3 月 14 日,全区纪检监察干部队伍教育整顿动员部署会议召开,传达学习全国、全省、全市纪检监察干部队伍教育整顿动员部署会议精神和区委有关要求,部署相关工作。区委常委、区纪委书记、区监委主任帅志出席会议并指出,开展教育整顿,是党中央部署的重大政治任务,是坚定捍卫"两个确立"、坚决做到"两个维护"的必然要求,是坚持全面从严治党、推进纪检监察干部队伍自我革命的具体举措,是推动纪检监察干部紧跟时代步伐、忠诚履职尽责的现实行动。全区纪检监察干部要深刻认识这次教育整顿的重要性、必要性、紧迫性,自觉接受刻骨铭心的革命性锻造和深入灵魂的精神洗礼,做到政治上真自觉、思想上真认账、行动上真落实,着力打造忠诚干净担当、敢于善于斗争的纪检监察铁军。要准确把握目标任务,抓住学习教育这个根本,紧盯检视整治这个要害,把握巩固提升这个关键。要以严的要求和实的举措推动教育整顿取得成效。要防止搞形式主义、走过场,着力解决实际问题。

【理论学习中心组(扩大)学习会】 2023 年 4 月 25 日,区纪委召开理论学习中心组(扩大)学习会,深入学习党章和党的二十大关于《中国共产党章程(修正案)》的决议,区委常委、区纪委书记、区监委主任帅志主持并讲话。会议强调,纪检监察机关是政治机关,因党而生、为党而战、兴党而强,要自觉用习近平新时代中国特色社会主义思想统领纪检监察一切工作,更加深刻领悟"两个确立"的决定性意义,更加自觉担负"两个维护"重大政治责任,为实现新时代新征程党的使命任务提供坚强保障。会议按照"3 + X"模式进行,第一阶段是干部自主学习党章和党的二十大关于《中国共产党章程(修正案)》,第二阶段是集体前往江西省党性党风党纪教育馆参观学习,第三阶段是聆听江西省委党校副校长、教授潘泽林专题授课,"X"即召开理论学习中心组学习会,会上部分人员分别围绕学习主题作了交流发言。党章是党的根本大法,是立党、治党、管党的总章程,是全党必须遵循的总规矩。要把学习党章作为政治必修课。要坚持以严的基调强化正风肃纪。要以彻底的自我革命精神加强自身建设。区纪委区监委班子成员;各乡镇、街道、区城投公司纪(工)委书记;区委巡察机构副科级以上领导干部,各派驻纪检监察组、委机关各部门负责人参加学习。

【全区巡察工作会议暨巡视巡察整改推进会】 2023 年 4 月 26 日,全区巡察工作会议暨巡视巡察整改推进会召开。会议深入学习贯彻习近平总书记关于巡视工作重要讲话和全国巡视工作会议暨二十届中央第一轮巡视动员部署会、全省巡视巡察工作会议暨十五届省委第三轮巡视动员部署会、全市巡察工作会议暨十二届市委第四轮巡察动员部署会精神,对全区巡察工作做出部署。区委书记、区委巡察工作领导小组组长吴江辉出席并讲话。区委副书记万晓娟主持会议。区人大常委会主任吴韶宸,区政协主席陶国强和在家区党政班子成员出席会议。会议指出,要强化政治担当。要发挥巡察"利剑"作用。要坚决站稳人民立场。要聚焦改革发展任务。要强化整改落实。要以务实作风推进整改工作。要以大局意识查找整改问题。要以负责态度紧盯整改环节。要以系统观念看待整改质效。会上,区委常委、区纪委书记、区监委主任、区委巡察工作领导小组常务副组长帅志传达党中央和省委、市委关于巡视巡察工作新部署新要求,通报全区落实省委、市委巡视巡察反馈问题整改进展情况。生米街道、红角洲街道、九龙湖街道、区住建局、区城投公司 5 个单位党组织负责人就巡视巡察整改工作分别作表态发言。

【理论学习中心组(扩大)集体学习研讨会】 2023年9月22日,区纪委召开理论学习中心组(扩大)集体学习研讨会,深入学习领会习近平新时代中国特色社会主义思想、习近平总书记关于主题教育系列重要讲话和重要指示批示精神。市纪委副书记、市监委副主任,区委常委、区纪委书记、区监委主任帅志主持并讲话。区纪委区监委班子成员,区委巡察机构副科以上领导干部,各派驻纪检监察组负责人,区纪委区监委机关各部门负责人及副科级以上领导干部参加会议。会前,委班子成员及科级干部认真自学了学习材料。会上,委班子成员围绕会议主题,紧密结合思想和工作实际,谈认识体会、使命责任、思路打算、落实举措,进一步夯实了开展主题教育的思想基础。帅志指出,习近平总书记关于主题教育系列重要讲话和重要指示精神,从新时代新征程党和国家事业发展全局的战略高度,深刻阐述开展主题教育的重大意义和目标要求,对主题教育各项工作做出全面部署,为全党开展主题教育提供根本遵循。全区各级纪检监察机关要从坚定拥护"两个确立"、坚决做到"两个维护"的政治高度,紧扣"学思想、强党性、重实践、建新功"总要求,一体推进理论学习、调查研究、推动发展、检视整改,以全面从严治党新成效引领保障经济社会高质量发展。要落实以学铸魂,夯实思想根基;要坚持以学增智,提升能力本领;要把牢以学正风,涵养新风正气;要立足以学促干,开创发展新局。

【"监督一点通"平台推广应用工作推进会议】 2023年9月5日,全区基层小微权力"监督一点通"平台推广应用工作推进会议召开。会议深入学习贯彻中央和省、市关于基层小微权力"监督一点通"平台推广应用的相关要求,并对下一步工作进行部署。区委副书记万晓娟出席会议并讲话。市纪委副书记、市监委副主任,区委常委、区纪委书记、区监委主任帅志出席会议并通报情况。区委常委、常务副区长江龙主持会议。会议指出,要提高站位,充分领会平台推广的重要意义。开展基层小微权力"监督一点通"平台推广应用工作,是贯彻落实党的二十大精神的重要举措,是维护群众利益的实际行动,是深化基层治理的有效载体。各单位要以高度的政治自觉和思想自觉,切实抓好平台推广应用各项工作,切实加强对基层小微权力的监督,促进监督下沉落地、融入基层治理。要把握重点,推动平台应用各项工作有序推进;要切实抓好平台全面推广普及应用工作;要聚焦目标,协同发力确保平台使用取得实效。各单位要将平台推广应用工作与全区重点工作结合起来,推动各项工作提质增效,严格遵守保密工作有关规定,加强信息发布审核,对涉及群众投诉信息等内容妥善处理,坚决防止泄密问题发生。会上流湖镇党委、区城管局党组和卫东街道纪工委主要负责人分别作表态发言。

(胡　勤)

党风廉政建设

【概况】 2023年,红谷滩区纪委区监委始终坚持以习近平新时代中国特色社会主义思想为统领,对标"作示范 勇争先"和"走在前 勇争先 善作为"的目标要求,紧扣红谷滩区发展大局,全区党风廉政建设和反腐败工作不断取得新成效。

【"红谷连心 廉聚民心"调研接访】 2023年,开展"红谷连心 廉聚民心"调研接访行动。一方面,倾听民声。将全区划分为六大片区,成立9个调研接访工作组,派出纪检监察干部200余人次,通过摆台设点接访、集中交流座谈、个别重点访谈的"一设点、二座谈、三入户"等形式,认真听取群众反映的问题和诉求。另一方面,有信必回。构建"访+判+转+回"全流程问题线索快速分流办理机制,主动开展回访工作,及时听取反映人意见建议,着力降低重信重访发生率。至年底,累计发放宣传手册8000余份,接待群众3500余人,受理群众举报62件,收集意见建议260余条,现场解答问题650个。

【"四风"专项整治】 2023年,巩固拓展落实中央八项规定精神成果,严格落实节日廉情监督制度,以主动出击的姿态时刻防范"四风"隐形变异新动向。开展"四风"问题专项整治,派出督查组,通过实地走访、明察暗访等方式,对易发多发的违规公款吃喝、收受礼品礼金、在隐蔽场所接受宴请、"舌尖上的浪费"、以电子红包和快递物流方式"隔空送礼"、公车私用、违规操办婚丧喜庆等问题开展监督。严守关键节点,紧盯节假日等重要时间节点,持续聚焦违反中央八项规定精神和节日值班值守规定的问题,精准查处整治公款吃喝、私车公养等隐形变异问题。针对违反中央八项规定精神、酒驾醉驾、违规经商办企业等突出问题,加大违纪违法典型案件通报曝光力度。全年全区共查处形式主义、官僚主义问题8个,处理11人次,查处享乐主义、奢靡之风问题22个,处理28人次。

【压实"两个责任"】 2023年,坚持专项整治和常态化整治相结合,以问题解决带动各领域整治成效巩固。严查党员干部和公职人员酒驾醉驾以及背后的"风腐"问题,全年共查处酒驾醉驾问题15人次。始终加强对全区重点工程的监督,着力防范工程领域的不正之风和腐败问题,出台《区纪委区监委关于在全区范围内开展工程领域专项监督的整治方案》,对工程建设项目审批、招投标、资金拨付和验收等环节实行“全周期管理”。通过列席会议、专项检查等方式累计开展“三重一大”决策制度执行监督943次，发现并督促问题整改181个。常态实施廉情抄告回告机制，督促解决全面从严治党“难点”“堵点”问题，推动“四项责任”落实落地，全年全区各单位落实抄告、回告单36件。

（胡　勤）

监督执纪

【概况】 2023年，区纪委区监委和全区各级纪检监察机关认真贯彻中央、省、市纪委和区委决策部署，不断增强“四个意识”、坚定“四个自信”、做到“两个维护”，围绕“国之大者”忠诚履职尽责，发挥监督保障执行、促进完善发展作用，全力推动新时代纪检监察工作高质量发展。

【推进政治监督具体化精准化常态化】 2023年，围绕党的二十大精神贯彻落实，梳理形成全年政治监督基础任务清单，细化3个方面30项具体内容及对应监督重点，同时督促各乡镇街道纪（工）委、各室组和区城投公司纪委根据被监督单位职责使命、权力运行特点、廉政风险管控等对监督清单进行再细化，制定个性化政治监督清单，做到“一单位一清单”。扎实开展全区政治谈话、政治画像工作，针对性指差距、点责任、提要求，实现区管科级干部监督全覆盖，推动全区正气清风更加充盈。

【工程领域专项监督】 2023年，红谷滩区纪委区监委聚焦利益诱惑大、廉政风险高、腐败问题易发多发的工程建设领域，通过现场查看、查阅资料、听取情况、开展约谈等方式，对工程建设项目审批、招投标、资金拨付和验收等环节出现的苗头性、倾向性等一般性问题进行监督检查，防范化解廉洁风险，堵塞管理漏洞。紧盯工程建设重点领域、重要岗位、关键环节，构建区纪委监委+职能部门+中介机构+建设施工单位联防联控的工作机制，根据《“两约谈两承诺一备案”监督办法》，全过程监督项目实施单位履职承诺情况，助推“勤廉工程”建设提质增效全年对全区668个项目进行备案，开展廉政谈话796人次、廉洁谈话726人次，严肃处理工程领域36名相关责任人。

【行政执法领域损害营商环境专项监督】 2023年，红谷滩区纪委区监委积极回应群众期盼，紧盯行政执法领域执法不公、执法不严，态度蛮横、粗暴执法，久拖不办、不作为、慢作为等一系列作风诟病，聚焦重点领域和突出问题，找准切入点，积极整合监督力量，督查督办和严查快处双管齐下，“点题式”推进整治。聚焦城管执法领域开展整治。紧盯城管执法部门“执法不规范、执法方式僵化、简单粗暴、逐利执法、执法寻租、不作为慢作为”等问题开展重点督查、整治。通过下沉一线实地走访、聚焦企业群众反映、查阅执法台账档案等方式，实行重点督查、重点整治。聚焦公安执法领域开展整治。以公安派驻监督试点为契机，常态化开展扫黑除恶斗争，推动整治“村霸”，对群众反映的公安执法人员“有案不受、有案不立、立而不侦”等信访问题进行跟踪研判，紧抓执法办案环节，紧盯接处警、受立案、调查取证等执法执勤重点环节，将监督前置。聚焦项目监管执法领域开展整治。紧盯基层工程项目、重大重点工程项目等关键环节，聚焦发现并查处相关项目监管执法部门日常检查走过场、执法不透明、执行规定打折扣、吃拿卡要等问题，严查工程监管中的形式主义、官僚主义问题。专项整治以来，全区共查处行政执法领域问题39起，批评教育帮助和处理54人次，其中党纪政务处分40人次。

（胡　勤）

审查调查

【概况】 2023年，红谷滩区纪委区监委坚持以习近平新时代中国特色社会主义思想为指导，认真贯彻落实中纪委、省纪委、市纪委工作要求，依纪依法全面履行审查调查工作职责，不断提升工作质效。一体推进“三不腐”，坚持无禁区、全覆盖、零容忍，坚持重遏制、强高压、长震慑，保持反对和惩治腐败强大力量。

【一体推进“三不腐”】 2023年，始终坚持把办案的重心放到提质量、增效率、强效果上，努力实现“三个效果”合一和“三不腐”一体推进。常态化坚持实施由班子成员牵头的“室·组·地”片区协作办信办案机制，既均衡了力量，快查了线索、提升了质效，更锻炼了干部。累计通过“室·组·地”片区协作监督办案累计立案251件，成案率由同期30.59%上升至79.94%。坚持紧盯重点领域以点带面惩腐肃贪。在基层征地拆迁领域以丁玉斌、朱宗南案为突破口，有效震慑了拆迁安置领域历史乱象，督促九龙湖片区对违规拆迁安置6万余平方米进行整改，及时中止违规行为，避免政府“买单”，并有力推进了省委巡视问题整改。在教育及工程领域以邓某案查处为切入点，在全区教育系统及重点领域开展警示教育，有力规范了工程项目等重点领域的行为。在国企领域以鞠某、曹某某案查处为着力点深化治理，查处区城投公司下属子公司总经理曹某涉嫌严重违法案件。做深做实案件查办“前后半篇文章”，常态化开展“每月一座谈”、案件质量评查等工作，协助区委召开全区性及各行业领域的警示教育，全年累计拍摄制作《将自我革命进行到底》等5部警示教育片，并及时分片区、分领域召开警示教育大会，发挥身边人身边事惩治警示震慑效应。

【“暖心关爱回访 激励担当作为”专项行动】 2023年，创新开展受处分人员回访教育工作。出台《关于对受处分人员开展暖心回访激励担当作为的暂行办法》，对全区受党纪政务处分并在处分影响期内的人员开展教育、管理、监督、关心、激励、帮扶等工作，促使受处分处理干部真正转化思想、转变态度，实现从“有错”向“有为”转变，营造干事创业浓厚氛围，全年共回访教育帮助103人次。

（胡　勤）

巡察工作

【概况】 2023年，区委巡察机构以习近平新时代中国特色社会主义思想为指导，全面贯彻落实党的二十大精神和习近平总书记考察江西重要讲话精神，深入开展主题教育和教育整顿。坚持把“两个维护”作为巡察根本任务，全面落实中央、省委、市委、区委关于巡视巡察工作的决策部署，坚守政治巡察定位，不断推动巡察工作向深拓展、向专发力、向下延伸。全年在中央纪委国家监委网站、《中国纪检监察报》，省纪委省监委网站、市纪委市监委网站、廉洁南昌微信公众号各上稿1篇；中央电视台新闻联播报道《构建党统一领导 全面覆盖 权威高效的监督体系》，采用红谷滩区巡察素材；红谷滩区“全力推进巡视巡察整改常态化长效化”相关工作情况在南昌电视台每日新闻中播出。

【聚焦“两个维护”强化政治监督】 2023年，区委坚决扛稳抓牢巡察工作主体责任，把巡察工作作为履行管党治党政治责任的重要抓手，纳入区委常委会年度工作要点。召开区委常委会及时传达学习习近平总书记关于巡视工作重要讲话和全国、省、市巡视巡察工作会议精神并研究部署巡察工作12次。区委书记认真落实第一责任人责任，严格审阅每轮巡察工作方案，召开书记专题会3次，逐一听取各巡察组情况汇报，就巡察工作提出明确要求。区委巡察工作领导小组切实履行领导责任，及时召开全区巡察工作会议、巡察工作领导小组会、巡察整改推进会，传达上级巡视巡察工作新精神新要求，听取巡察情况汇报，调度巡察整改具体事项，研究部署巡察工作。

【高质量推进巡察全覆盖】 2023年，坚持目标导向，聚焦被巡察党组织履行党的领导职能责任，对23个单位、5个街道、70个村（社区）党组织开展两轮巡察。通过在民政系统采取上下联动巡察，在“征迁”领域采取专项巡察，在“服务发展”“巩固基层治理”“农村三资管理”领域采取常规巡察等方式，推动巡察有形覆盖与有效覆盖相结合、相统一。两轮巡察共发现普遍性倾向性问题1981个，问题线索61件，其中涉及“一把手”问题线索1件，涉及其他科级干部问题线索3件。至年底，全区65个区管单位党组织共巡察39个，覆盖率60%；185个村（社区）党组织共巡察113个，覆盖率61.08%。

【开展房屋征迁安置专项巡察】 2023年，围绕房屋征迁安置过程中存在的责任、作风、腐败问题，对生米街道党工委、红角洲街道党工委、九龙湖街道党工委开展专项巡察，发现涉及贯彻执行上级征地拆迁政策随意、征迁安置主管监管履职不够有力等普遍性倾向性问题114个，发现问题线索20条。向廉政账户上缴资金324.83万元，向区财政账户上缴资金1.58亿元。

【做实做细巡察整改“后半篇文章”】 2023年，书记专题会、区委常委会坚持听取每轮巡察整改综合情况汇报，区委书记对巡察反馈、督办、整改提出明确要求。区领导带队反馈28人次，传导压实整改政治责任。召开全区巡视巡察整改推进会，通报全区各单位落实省委巡视、市委提级巡察以及区委巡察整改进展情况，对整改工作做出部署。区纪委区监委、区委组织部依据职能对相关责任单位落实巡察发现问题的整改情况进行监督。区委巡察机构会同区纪委区监委有关室部，派出3个督查组，就全区历年上级巡视巡察及区委历轮巡察整改工作进展情况进行两次全面督查。至年底，一届区委第1至第5轮巡察反馈的2068个问题，已整改2019个，整改率达97.63%，推动被巡察党组织完善制度机制135个。

（胡　勤）

民主党派·工商联

综　述

2023年,红谷滩区共有民主党派基层组织6个,即中国国民党革命委员会南昌市红谷滩区总支部(以下简称民革红谷滩区总支,下设2个支部)、中国民主同盟南昌市红谷滩区支部(以下简称民盟红谷滩区支部)、中国民主建国会南昌市红谷滩区支部(以下简称民建红谷滩区支部)、中国民主促进会南昌市红谷滩区支部(以下简称民进红谷滩区支部)、中国农工民主党南昌市红谷滩区支部(以下简称农工党红谷滩区支部)、九三学社南昌市红谷滩区支社(以下简称九三学社红谷滩区支社)。共有成员207人,其中具有中级以上职称92人,占成员总数的44.4%。各民主党派成员中,有县区人大代表13人、省政协委员1人、市政协委员10人、区政协委员56人。

全区各民主党派结合学习贯彻中共二十大精神和中央统战工作会议精神,不忘合作初心,履行政治协商民主监督参政议政职责,推动多党合作事业发展。全年各民主党派、工商联参加区委、区政府召开的不同形式协商会、座谈会,对区委、区政府重要工作和一些重大问题等提出意见建议。5月9日,区委召开全区"科技创新和乡村振兴"党外人士情况通报会。10月26日,区委召开党外人士学习贯彻习近平总书记考察江西重要讲话精神座谈会与全区"文旅产业融合发展"党外人士情况通报会。11月6日,区委召开党外人士座谈会,通报全区经济发展情况,区委书记涂晓晖主持会议并听取民主党派、工商联、知联会、新联会主要负责人的意见建议。

各民主党派积极参与区委统战部组织的"党委出题、党派调研、政府采纳、部门落实"活动,围绕中心工作,聚焦重点领域,深入开展调研,全年形成8篇调研成果。12月7日,区委召开"党委出题、党派调研、政府采纳、部门落实"调研成果汇报会,区委书记涂晓晖出席会议并讲话,区政府分管领导出席会议并点评,区直相关部门负责人参加会议,并对报告涉及本部门的问题进行回应交流。党外人士积极撰写提案、议案,为党委政府决策提供参考。在市区两会期间,各民主党派提出有价值的提案、议案80余件,社情民意信息220余条。

各民主党派扎实开展"凝心铸魂强根基 团结奋进新征程"主题教育,积极参加区委统战部组织的学习贯彻中共二十大精神专题座谈会、谈心会、"统战大讲堂"活动,各基层组织召开专题学习会和工作推进会,结合各自界别特色,分别开展形式多样的主题教育活动,加大宣传力度,巩固教育成效。

在社会服务中,各民主党派发挥自身优势,形成各自不同的特色品牌活动。民革红谷滩区总支开展"送法进企业""送法进社区""关爱留守儿童"和"博爱·牵手"系列服务活动;民盟红谷滩区支部开展"弘扬中华美德、关爱老人健康"活动;民建红谷滩区支部开展"心系教育,情暖校园"爱心捐赠等活动;民进红谷滩区支部开展"红烛微光"系列活动;农工党红谷滩区支部开展"中医文化进校园"活动;九三学社红谷滩区支社开展"暑期公益课堂"活动。全年全区各民主党派共开展60余次社会服务活动。

2023年红谷滩区各民主党派基本情况一览表

表5　　单位:人

党派	人数	基层组织情况	领导班子
民革	44	1个总支(含2个支部)	主委:蔡泽文 副主委:周丽敏(女)、邓梓莹(女)、王志明
民盟	28	1个支部	主委:肖洪钰(女) 副主委:王国强
民建	37	1个支部	主委:田艳(女) 副主委:童燕华、张焕(女)
民进	48	1个支部	主委:卢瑾萍(女) 副主委:刘康
农工党	24	1个支部	主委:刘绘芳(女) 副主委:罗成
九三学社	26	1个支社	主委:刘文皓 副主委:高群(女)、杨薇(女)

(贺新兴)

中国国民党革命委员会南昌市红谷滩区总支部

【概况】 2023年,民革南昌市红谷滩区总支认真学习贯彻中共二十大会议精神,按照新时代参政党工作要求,立足民革界别特色,开展"凝心铸魂强根基、团结奋进新征程"主题教育,围绕区委、区政府中心工作,相关工作稳步推进并取得优异成绩。总支部连续两年以满分成绩获2022年度、2023年度民革全市综合工作先进支部,下设第一、二支部均获2023年度民革全市示范支部工作先进集体,13名党员分获南昌青年五四奖章、南昌市政协优秀履职委员、南昌市代表履职积极分子等24项荣誉。

【思想建设】 2023年,开展"凝心铸魂强根基 团结奋进新征程"主题教育,不断凝聚党员永远跟党走、"肝胆相照、荣辱与共"思想共识,因主题教育日活动成绩突出,获评"2023年度民革全省'凝心铸魂强根基 团结奋进新征程'主题教育日活动先进基层组织"。开展政治理论学习宣传活动13次,重点组织党员学习习近平总书记在党外人士座谈会讲话、习近平总书记考察江西时的重要讲话精神以及《当经济工作的几个重大问题》等会议精神,开展纪念"五一口号"发布75周年学习纪念活动。组织党员参加市委统战部及各民主党派联合开展的"贯彻二十大 同心强省会"知识竞赛和全市各民主党派"贯彻二十大 同心强省会"征文活动,5名党员获奖。

【组织建设】 2023年,共发展党员3人,平均年龄33.33岁。其中,具有民革界别特色3人,占100%。选派党员5人次参加区委统战部组织的区各民主党派、党外知识分子培训班。强化廉洁自律,专题学习《民革中央纪律处分条例(试行)》。揭建刚、徐一新、王晚成等13名党员分别荣获南昌市代表履职积极分子、南昌市政协优秀政协委员称号、南昌市"五四"青年奖章等24项荣誉。

【参政议政】 2023年,共开展集体调研3次,形成《关于遏制红谷滩区耕地"非粮化"生产的调研报告》。该调研成果向红谷滩区委作专题汇

2023年5月12日,民革南昌市红谷滩区总支部慰问九龙湖社区卫生服务中心医护人员

(区民革　供图)

报，并受邀参加民革江西省委会成立70周年参政议政沙龙交流。向市、区两级人大、政协报送建议和提案15件，从刑事合规前移的必要性及如何保障企业行政合规开展等角度进行论述，形成《关于在我区构建企业行政合规制度的建议》调研成果，在区政协一届三次会议上作大会书面交流，并在红谷滩区"党委出题、党派调研、政府采纳、部门落实"活动中获评优秀。2篇集体提案、1篇个人提案获评区政协一届一次、二次会议优秀提案，邓梓莹获评优秀政协委员，王志明荣获提案办理先进个人称号。撰写提交社情民意信息，向区政协报送社情民意24篇，向民革南昌市委会报送14篇。其中，2篇报送至省政协，1篇报送至全国政协并被采纳，内容涉及民生、经济、法治等多领域。

【社会服务】 2023年，全年开展"送法进企业""送法进社区""关爱留守儿童"等"博爱·牵手"系列服务活动18次。党员赴辖区用友、慧谷等产业园及绿地双子塔等楼宇，送法进企业、进楼宇，帮助企业防范化解经营风险，赴南昌市老年大学、新龙学校、南师附小城区学校及新洲小学、三洲学校等乡村学校，关爱帮扶留守儿童。送法进社区，提升群众反诈防骗能力，守住人民群众钱袋子。

（王志明）

中国民主同盟南昌市红谷滩区支部

【概况】 2023年，中国民主同盟南昌市红谷滩区支部委员会在民盟市委会、区委统战部的关心、支持和领导下，开展一系列参政议政、思想建设、组织发展、民主监督等活动，发挥了参政党的作用、强化了自身组织建设、提升支部凝聚力，为红谷滩区实现高质量发展作出应有的贡献。荣获南昌民盟2023年度盟务工作优秀集体称号。

【思想建设】 2023年，组织盟员召开多次会议，专题学习中共二十大、民盟省委会及民盟市委会历次全会等会议精神。开展纪念"五一口号"发布75周年学习纪念活动。在民盟南昌市委会、红谷滩区委统战部的支持下，邀请省政协原副主席、民盟江西省委会原主委刘晓庄作"从十个'问对'感悟统战法宝"专题讲座。组织部分盟员集中观看爱国电影《望道》，组织盟员参加全市统战系统庆祝中国共产党成立102周年文艺会演等，有效提高支部盟员的思想政治觉悟。

【组织建设】 2023年，在民盟市委会和区委统战部的大力支持和关心下，支部全年吸收3名新进盟员，分别为周莉、陈桢楠及李思佳，进一步丰富支部盟员层次和队伍。至年底，支部共有盟员28人，其中副科级1人、区人大代表1人，区政协委员8人。

【参政议政】 2023年，积极反映社会关注的热点和难点问题，围绕国计民生问题及区委、区政府的中心工作，深入调查研究，积极履行参政议政职能。全年提交各级人大建议及政协集体和个人提案12件，提案《发挥资源集聚优势，打造全省智慧中央法务区》在市政协第十五届三次大会上作书面发言。积极提交各类社情民意20余条。同时，认真深入开展调研，《关于提升慢性病医疗保障水平的调研报告》被选中作为2023年度民盟江西省委会参政议政调研课题的立项课题；调研文章《打造现代都市农业 助力红谷滩乡村振兴》在2022年度红谷滩区"党委出题、党派调研、政府采纳、部门落实"调研活动中荣获"优秀调研成果奖"。

【社会服务】 2023年年初，赴红角洲街道双溪村开展"迎新春 送温暖"走访慰问贫困户活动，切实将党和民盟组织的关心关怀送到群众心中。10月21日，联合承办"弘扬中华美德、关爱老人健康"大型社会服务活动。此外，支部盟员积极开展多种形式的送教下乡活动，多次为红谷滩区厚田乡受困儿童送上趣味课程和爱心资助。

【民主监督】 2023年，在区政协的组织下，开展对区民政局的民主监督，分别赴南昌市民政局、红谷滩区民政局、部分养老服务机构及社区开展民主评议及现场监督，形成成熟的民主评议报告，于12月13日在区政协常委会上进行汇报。

（吴 杨）

中国民主建国会南昌市红谷滩区支部

【概况】 2023年，民建红谷滩区支部以学习宣传贯彻习近平总书记关于加强和改进统一战线工作的重要思想和考察江西重要讲话精神为主线，深入开展"凝心铸魂强根基、团结奋进新征程"主题教育，进一步凝聚思想共识，坚决捍卫"两个确立"、做到"两个维护"。把"走在前、勇争先、善作为"目标要求贯彻落实到"思想政治建设、组织建设、履职能力建设、作风建设和制度建设"五大建设工作中，全面推进各项工作，围绕南昌"一枢纽四中心"发展定位，助力中国式现代化红谷滩建设。支部获评2023年度"全省民建先进集体"、2023年度全市民建"综合工作先进基层组织"，并在组织建设、主题活动、思想建设、社会服务4个单项工作中获评全市民建“先进基层组织”。张焕荣获2023年度“民建全省优秀会员”称号，陈益学、熊星蕊、刘凯、李大卫、陈毛毛、刘新斌、汪伟、熊文8人荣获2023年度“全市优秀会员”称号。

【思想教育】 2023年，民建红谷滩区支部以思想建设为核心，坚持正确的政治方向，采取多种形式加强思想政治建设，筑牢共同思想政治基础。深入开展“凝心铸魂强根基、团结奋进新征程”主题教育，民建中央副主席、民建江西省委会主委孙菊生深入红谷滩区支部调研指导主题教育工作。深入学习贯彻习近平新时代中国特色社会主义思想，召开支部主题教育动员会、学习座谈交流会，组织会员参加网上知识竞赛、同心大讲堂、理论课题研究、征文等活动，1篇征文获全市各民主党派“贯彻二十大 同心强省会”征文活动二等奖，2人获“贯彻二十大同心强省会”网上知识竞赛三等奖。参观“中国革命根据地红色货币”展，接受红色教育。深入学习贯彻习近平总书记考察江西重要讲话精神，组织会员赴景德镇、婺源学习调研。全年在各大媒体上稿信息38篇，其中上稿中央级1篇、省级10篇、市级16篇。

【组织建设】 2023年，民建红谷滩区支部开展会员活动48次，进行会员走访、会员思想状况调研，全面掌握会员的工作情况和思想动态。开展面对面谈心活动，交流“双岗”履职和思想情况，听取会员对加强基层组织建设的意见建议。组织会员观看“学习贯彻中共二十大精神文艺会演”、“秋水知心”诵读会、参加“同心欢乐跑”等活动，进一步增强团结奋进的信心和决心。共发展5名新会员、转入1名会员（区政府副区长陈羽），10余人次参加各类培训。至年底，支部共有会员37人，其中市政协委员2人、区政协委员11人（其中新建区政协委员1人）、区人大代表1人。会员陈毛毛被中证资本市场法律服务中心聘为公益调解员（江西辖区）。

【参政议政】 2023年，民建红谷滩区支部围绕南昌市、红谷滩区经济、社会的发展情况，深入开展实质性的调研活动，多层次、多角度、多渠道了解情况，提出高质量可操作性的意见建议，供党委、政府决策参考。支部班子成员和骨干会员先后参加区委统战部组织的协商会、情况通报会、座谈会等，根据会议主题发言，积极建言献策。调研方面，支部调研课题《大力推进建设未来科学城 打造科技创新高地》获民建省委会调研课题立项，入选民建市委会重点课题，获评红谷滩区“党委出题、党派调研、政府采纳、部门落实”活动优秀调研成果。市政府主要领导对该调研报告给予批示肯定，并批转有关职能部门研究及采纳相关建议。报告提出的“首席数据官制度”建议在全市范围内落地。履行职能方面，提交区政协一届三次会议集体提案2件、委员个人提案10余件，1篇发言材料入选为区政协会议口头大会发言、1篇入选为书面发言。提交市政协十五届三次会议个人提案2件（其中1件获评优秀提案），《关于加快推进公共数据共享开放平台建设的建议》被市委会采纳为集体提案，《激活数据要素 构建数字经济发展核心竞争力》被省委会采纳为省政协联组民建界别发言。社情民意方面，支部通过各种渠道上报社情民意信息40余篇，其中2条被省政协采用、1条被民建省委会采用、5条被市政协采用、10条被民建市委会采用。其中，会员刘凯撰写的《关于进一步加强船舶污染物治理的建议》先后被民建市委会、省委会、省政协采用，主委田艳撰写的《中药材价格异常上涨危害中医药健康发展》先后被民建市委会、省委会采用。

【社会服务】 2023年，民建红谷滩区支部充分发挥支部资源特点和自身优势，选择合适的社会服务项目，组织开展力所能及的、有价值、有影响的社会服务活动。全年共开展社会服务活动13次，会员及会员企业向社会捐资、捐物、捐书，参与各类公益活动，总计捐赠达18.93万元。

2023年9月6日，民建红谷滩区支部未来科学城课题组与相关市直部门开展座谈调研

（区民建 供图）

其中，支委陈益学、会员刘凯积极参加民建市委会助力乡村振兴产业项目“稻子熟了”活动，共认领生态农田 0.27 公顷；支委陈益学通过省民建同心思源基金，定向捐赠 7 万余元用于均衡教育，获得良好社会反响。组织会员整合资源开展慰问帮扶、认领微心愿、助力均衡教育、进社区进行普法宣传，以及法律咨询进企业进行政策研读和专业培训等活动。捐建的生米中心小学“音乐教室”录制的表演节目在参加省民建同心思源基金“宜业尚品杯音乐响起我的家乡”乡村音乐教室文艺表演大赛中获一等奖。积极参与招商引资工作，与民建绵阳市委会会员企业家对接招商，会员刘凯、主委田艳先后向市委会报告菌草项目线索、空天动力项目线索，副主委张焕及区招商部门相关人员参加由民建江西省委会、南昌市委统战部、民建南昌市委会主办的粤港澳大湾区电子信息产业推介会，助力红谷滩区招商引资工作。

（张　焕）

中国民主促进会南昌市红谷滩区支部

【概况】　2023 年，民进红谷滩区支部在区委、区政府和民进南昌市委会的领导下，紧紧围绕红谷滩区中心工作，严格按照区委统战部的工作要求，狠抓支部建设，积极建言献策，扎实开展各项活动，支部各项工作取得新成效。有会员 48 人，其中，教育文化出版主体界别 23 人，占比 47.92%；科级干部 5 人，担任部门领导职务 5 人，担任部门中层干部 8 人；本科及以上学历 46 人，占比 95.83%；共有市政协委员 1 人、区人大代表 2 人、县区级政协委员 14 人。在市区两会期间，共提出有价值的提案、建议 18 件，在各级平台提交社情民意信息 42 条。支部被评为“民进市委会反映社情民意信息工作先进集体”，谢燕芳、肖亚军、蔡芹被评为“民进市委会反映社情民意信息工作先进个人”。卢瑾萍、肖亚军、徐菁 3 位会员被评为“红谷滩区优秀政协委员”。

【思想建设】　2023 年，深入学习宣传中共二十大会议精神，结合“学习贯彻习近平新时代中国特色社会主义思想”主题教育，深入学习领会习近平总书记考察江西重要讲话精神；及时组织开展《中共中央统战工作条例》、《民进新会章》、民进十三大会议精神、民进中央相关部署和民进省委会关于“作风建设”主题年实施方案和相关学习资料的学习；及时组织各级两会精神的学习，切实提高广大会员的政治理论素养和参政议政能力。深入开展“凝心铸魂强根基、团结奋进新征程”活动，以各类爱国主义活动为契机，结合开展主题教育活动。5 月 24—26 日，卢瑾萍一行 6 人赴萍乡甘祖昌干部学院参加全区民主党派和党外知识分子培训班学习；7 月 28—29 日，组织全体会员赴上饶市方志敏的故乡开展“凝心铸魂强根基、团结奋进新征程”坚定理想信念学习教育培训活动等，取得良好效果。8 月 25 日，组织开展“学习会史会章，弘扬优良传统”活动，组织会员参加民进中央赴江西考察学习教育专题讲座，举办“民进先贤故事会”，邀请会员分享民进小故事等学习活动 11 次，传承民进先贤在与中国共产党风雨同舟、荣辱与共中形成的宝贵精神财富。

【组织建设】　2023 年，聚焦班子建设。支委班子以身作则，强化学习，切实提高自身综合素质，积极主动参加市委统战部、民进市委会、区委统战部组织的各类活动和会议 15 次。聚集平台打造。支部“会员之家”装饰期间，多次邀请会员回家认门，一起打扫卫生，动手布置，提出意见和建议并进行完善，举办“开明读书社 · 好书阅读分享会”、会员夜访围坐交流会、民进故事分享会等系列活动。10 月 24 日，支部“会员之家”正式揭牌投入使用。会员之家共分为光辉历程、会史纵览、开明书社、科普展馆、民进艺苑、会议室六大区域，拟将其打造成为支部的会史学习之地、风采展示之地、会员集聚之地，成为全体会员凝聚共识的同心桥梁，履职尽责的智慧平台和服务会员的温馨港湾。聚焦队伍培养。积极抓好骨干会员、后备干部队伍建设和培训工作，全年参加各类培训 30 余人次，吸纳 4 名年轻新会员入会，其中 1 名机关干部、3 名教师，进一步增添支部活力。

【参政议政】　2023 年，高度重视并及时参加“市长 · 委员面对面活动”、区委区政府召开的党外人士座谈会、情况通报会、征求意见会等政治协商活动，精心做好交流汇报。立足教育文化界别自身优势和特色，充分整合会内人才智力资源，多次与省妇联对接家庭教育资源及蒲公英公益阅读资源，走访相关企业和部分重点项目参观，开展课题调研活动。全年完成《关于大力推进红谷滩区夜市街区建设的建议》《关于健全完善我区中小学生心理健康教育的调研报告》《关于关于进一步优化营商环境、助力重大重点项目建设推进的建议》3 篇高质量调研报告并上报，为市区高质量发展献计献策；卢瑾萍的《习总书记长江情》、徐菁的《情系学子、用心提灯》等文章，分别在民进中央网站、《江西日报》、省民进网站、省政协报等新闻媒体刊载，展现会员的良好精神风貌。着力做好建言献策。围绕党委政府的中心工作，反映百姓急难愁盼、社会热点焦点，提出切实可行的建议 40 余篇，其中卢瑾萍撰写的《关于调整 2023 年体育中考项目的建议》《对燃放烟花爆竹解禁后的几点建议》、肖亚军撰写的《关于提高未来科学城区域交通规划建设标准的建议》被省政协采纳，谢燕芳撰写的《关于民营科创类中小微企业信用修复以缓解融资困难的几点建议》、肖亚军撰写的《关于进一步优化营商环境、助力重大重点项目建设推进的建议》等一批社情民意分别上报省、市相关部门。支部获得民进南昌市委会年度“社情民意信息工作先进集体”称号，会员谢燕芳、肖亚军、蔡芹获得民进市委会社情民意信息工作先进个人称号，徐菁撰写的新闻稿获市政协年度好新闻一等奖，卢瑾萍、徐菁、陶泽宇分别获得市委统战部征文二、三等奖，肖亚军撰写的提案获得“区政协委员优秀提案奖”，肖亚军荣获“区政协信息宣传工作先进个人”称号。在本职岗位中，徐菁荣获“江西省学科带头人”称号，并获得全省思政课比赛一等奖；谢燕芳荣获“红谷滩区三八红旗手”“市委统战部招商引资专项工作先进个人”称号；周翠获聘“南昌市优秀青年骨干教师”“红谷滩区优秀校长”；熊继萍、邱瑶琳指导的作品、节目等分别获得市、区相关比赛的一等奖等。

【社会服务】 2023 年，共开展各类社会服务活动 15 次，彰显民进组织的社会责任担当。传播爱心公益理念。春节期间，组织会员开展新春茶话会，在座谈交流学习同时，由会员们书写新春对联，并将对联和祝福送到社区孤寡老人家中；重大节假日期间，分别走访慰问文青村等地 4 户困难群众，并送上慰问金、慰问品和节日祝福等。践行为民服务宗旨。坚持帮扶中小学生和弱势群体，持续组织支部接对助学帮困，深入开展“名师下乡，好书进村”等活动，切实为民办好事、办实事。先后组织会员到云溪学校、红岭学校等地开展送教和中小学心理健康咨询活动，会员徐菁、熊继萍等多次赴校园为学生们送上精彩生动的思政课、书法课等。打造品牌服务活动。支部与社区共建，利用会员资源优势为社区居民提供中医义诊、法律援助、中小学生心理辅导等服务，同时不断创新和开展社会服务品牌“红烛微光”系列活动。在六一国际儿童节期间，开展困难儿童小微心愿认领活动，6 名会员认领 10 个“微心愿”；重阳节，与卫东街道新时代文明实践所在红岭学校联合主办的“红烛微光”主题宣传活动；走进云溪学校开展“红烛微光·职业启蒙进校园”公益讲座活动；牵头组织“红烛微光·幸福社区中老年人广场运动歌舞比赛”等一系列活动。

（肖亚军）

中国农工民主党南昌市红谷滩区支部

【概况】 2023 年，农工党红谷滩区支部坚持以习近平新时代中国特色社会主义思想为指导，在红谷滩区委和农工党南昌市委会的正确领导下，在区委统战部的关心指导下，团结带领广大党员，认真学习贯彻中共二十大精神，紧紧围绕区委、区政府的中心工作，切实加强思想建设、组织建设、自身建设，广泛参与社会服务活动，积极建言献策，发挥党派作用，为红谷滩区经济社会发展作出了积极贡献。6 月 20 日，支部“党员之家”举行揭牌仪式。至年底，支部共有党员 24 人，其中研究生及以上学历 4 人，占 16%；本科学历 17 人，占 71%；中级职称 4 人，副高职称 4 人；市政协委员 3 人，区人大代表 1 人，区政协委员 8 人；副县级干部 1 人，正科级干部 1 人，副科级干部 1 人。

【思想建设】 2023 年，坚持把学习贯彻习近平新时代中国特色社会主义思想作为首要政治任务，深入学习贯彻中共二十大精神、习近平总书记考察江西重要讲话精神。3 月 30 日，支部召开学习全国两会精神专题会暨组织生活会，会上学习中共二十届二中全会公报、习近平在学习贯彻党的二十大精神研讨班开班式上的重要讲话、第十四届全国人民代表大会第一次会议政府工作报告、中国人民政治协商会议第十四届全国委员会第一次会议工作报告。认真组织开展“凝心铸魂强根基、团结奋进新征程”主题教育活动。通过班子带头学、骨干跟进学、全体党员及时学，真正把“两个确立”“两个维护”践行到思想自觉、政治自觉、行动自觉上，推动学习贯彻活动走深走实、见行见效，真正成为中国共产党的好参谋、好帮手、好同事。

【组织建设】 2023 年，开展支部主委会议和党员组织生活会，加强学习，推动工作，利用多种形式和途径先后选派 12 名骨干党员参加省委会、市委统战部的培训，提高党员履职能力。积极吸纳体制内和新的社会阶层人士，不断优化党员队伍专业结构和年龄结构，全年新发展党员 4 名，谈心走访党员 14 人次。支部被农工党江西省委会授予“全省优秀基层组织”称号；被农工党市委会授予招商引资专项行动“项目服务优秀基层组织”“全面先进基层组织”“组织建设工作先进基层组织”“参议议政工作先进基层组织”称号；被红谷滩区政协授予“反映社情民意信息工作先进单位”称号；被区委统战部授予“宣传信息工作先进单位”称号。

【参政议政】 2023 年 1 月，农工党红谷滩区支部共有 10 名党员分别作为市区政协委员、区人大代表分别参加南昌市第十五届政协会议和红谷滩区第一届人民代表大会、政协会议。吴一建提交的《建筑退线区停车管理的思考》荣获南昌市政协2023年度委员建言"金点子";邱丽辉《关于优化教育教学环境,切实为教育发展赋能的建议》的提案荣获南昌市政协2023年度优秀提案、《邱丽辉:十九载的教育心路》文章在江西政协报上发表。至年底,形成调研文章1篇;提交社情民意51篇、市级个人提案7篇、区集体提案1篇、区书面发言1篇、个人提案7篇、人大建议2篇。举办社会活动8次、各类组织生活会10余次。

【社会服务】 2023年,依托民主党派界别优势和专业资源,积极参加社会服务活动,体现公益"温"度。3月3日,在九龙湖九龙明珠社区开展"健康生活在南昌,洪城农工在行动"学雷锋活动;联合农工党洪都中医院支部持续推进中医瑰宝"八段锦"进校园活动。3月23日,联合农工党南昌市歌舞团支部走进红谷滩区龙兴街道青岚村,举办"我们的中国梦·文化进万家"戏曲进乡村活动,为当地村民朋友送上文化大餐。6月5日,开展"世界环境日"主题活动。12月29日,支部在"党员之家"开展"传承中医文化 坚定文化自信"迎新年活动。并且积极组织党员参加"我为大方下一单"消费帮扶活动。

【党员风采】 2023年,支部党员们以"作示范,勇争先"的干劲在参政议政及本职领域发挥党员的先锋模范作用,取得不俗成绩。刘绘芳被农工党南昌市委会授予"参政议政工作先进个人"称号;罗成被评为"全省优秀党务工作者"、红谷滩区"优秀公务员""优秀政协委员";邱丽辉荣获农工党南昌市委会"全面先进个人"、区政协"反映社情民意信息工作先进个人"、"2023年度好新闻奖"、区统战系统"宣传信息工作先进个人"等;张颖琪荣获农工党南昌市委会"组织建设工作先进个人"、红谷滩区"优秀公务员"称号;王自强荣获"社会服务工作先进个人"称号,吴婷婷获评红谷滩区2023年度"优秀政协委员",李柄云获评区政协2023年度"宣传工作先进个人",曾晔获评区统战系统"宣传信息工作先进个人";刘莉琴、林丽萍分别荣获南昌市、红谷滩区"优秀教育工作者"称号。

(邱丽辉)

九三学社南昌市红谷滩区支社

【概况】 2023年,九三学社红谷滩区支社秉承"爱国、民主、科学"的宗旨,以建设高素质参政党为目标,深入学习贯彻习近平新时代中国特色社会主义思想,高标准高质量贯彻落实习近平总书记视察江西重要讲话精神,深入学习习近平总书记关于加强和改进统一战线工作的重要思想,认真贯彻党的二十大精神及《中国共产党统一战线工作条例》精神。立足本职工作、充分发挥参政议政功能,为全区经济社会建设与发展出谋划策。支社荣获"先进基层组织""组织建设先进基层组织"等称号。至年底,九三学社红谷滩区支社共有成员26人。其中,80后社员18人,硕士研究生以上学历或中级以上职称人员15人,省、市政协委员1人,区人大代表2人,区政协副主席1人,常委1人,委员7人。

【思想建设】 2023年,积极参与各级组织的"凝心铸魂强根基 团结奋进新征程"各类主题活动,并主动承办市委会组织的参观许德珩纪念"五一口号"发布75周年活动,"凝心聚魂强根基 团结奋进新征程"乒羽赛。积极组织社员参加"贯彻二十大 同心强省会"网上知识竞赛,以及纪念"五一口号"75周年知识竞赛,不断增强与党同心同德、同心同向、同心同行的政治自觉和行动自觉。被区委统战部评为2023年统战宣传信息工作先进单位。

【组织建设】 2023年,新发展社员3名,其中1名政府机关界别、1名医卫界别、1名新的社会阶层人士界别;外地转入1名,且非公有制经济人士中级职称比例达到100%。社员王叶光、冯辰、邓四波、周俊荣获2022—2023年度全省优秀社员称号,为南昌市各基层支社人数第一;社员付刚被授予第十二届"南昌青年五四奖章"荣誉称号,社员付刚、周俊被聘任为南昌市法治督察员,社员戴继翔被聘任为南昌市人民检察院第八届特约检察员,社员王叶光被聘任为南昌市政协书画院理事。

【参政议政】 2023年,在区政协一届三次全会上提交并立案《关于加强我区高质量专利申请和保护的建议》《关于破解我区老旧小区改造的难点问题的建议》2件集体提案,占集体提案总数的10.53%,占党派集体提案总数的22.22%,此外还有个人提案10件,立案9件。由社员杨薇撰写的《关于破解我区老旧小区改造的难点问题的建议》集体提案被政协列为重点督办提案。社员杨薇撰写的《关于提高中小学师生的急救自救技能的建议》获评区政协优秀提案,社员冯辰撰写的《网络平台"擦边涉黄"需进一步加强监管》获评区优秀社情民意信息,社员邓四波、付刚获评反映社情民意信息工作先进个人。

【社会服务】 2023年,为深入贯彻市委"项目为先、实干奋进,争分夺秒拼经济"工作要求,主动服务社员企业,有效发挥支社桥梁纽带作用。2月11日,九三学社红谷滩区支社一行前往社员企业——江西诚建建筑工程集团有限公司,了解社员企业发展现状和发展需求,并召开座谈会。3月1日，九三学社省、市、区三级领导、走访调研社员创办的江西海默技术股份有限公司，并看望支社社员付刚。7月16日晚，九三学社红谷滩支社助力暑期公益课堂，支社社员雷冲为家长和孩子们分享阅读知识。

（杨　薇）

红谷滩区工商业联合会

【概况】　2023年，红谷滩区工商业联合会在区委、区政府和区委统战部的坚强领导和精心指导下，全面贯彻落实党的二十大精神，贯彻落实习近平总书记关于新时代民营经济统战工作重要指示批示精神，推动民营企业稳进提质，强化对企业的服务引导，带领民营企业坚守实业、做精主业，为红谷滩区经济发展助力赋能。

【红谷滩区临川商会成立】　2023年2月11日，红谷滩区首家异地商会——南昌市红谷滩区临川商会成立大会暨“三请三回”招商推介会在泰耐克酒店召开。临川区领导、红谷滩区领导、在南昌的临川籍乡贤领导、各地抚州籍商协会代表及商会全体会员等近300人出席会议。会议审议通过《南昌市红谷滩区临川商会章程（草案）》《南昌市红谷滩区临川商会会费缴纳及管理办法（草案）》，并选举产生商会第一届领导班子。该商会的成立，在南昌市红谷滩区和抚州市临川区之间架起合作之桥、友谊之桥、发展之桥，给在南昌的临川籍企业家们搭建一个共叙乡情、共享资源、共谋发展的沟通交流平台。

【首届民营企业家运动会举办】　2023年3月1日，红谷滩区工商联在南昌国际体育中心网球馆举办“动感红谷滩、活力网球行、共画同心圆”首届民营企业家运动会。市工商联党组成员、副主席陈东飞出席并致辞，区政协副主席、工商联主席吴一建宣布运动会正式开幕。区工商联（总商会）执委代表及直属商会、异地商会的会员代表，区委统战部、区妇联、区侨联机关干部和区新联会共计130人参加。

【红谷滩区非公有制经济组织委员会党员大会召开】　2023年3月17日，红谷滩区非公有制经济组织委员会党员大会顺利召开，来自红谷滩区工商联及各直属商会党组织的全体党员参加会议。大会传达学习中共中央总书记、国家主席、中央军委主席习近平参加全国政协十四届一次会议民建、工商联界联组会的重要讲话精神和全国两会精神，选举产生红谷滩区非公有制经济组织委员会委员、副书记、书记。

【“商会之家”启动仪式举行】　2023年4月26日，红谷滩区工商联举行“商会之家”启动仪式，区政协副主席、区工商联主席、区总商会会长吴一建，区总商会兼职副会长刘耀祖、杨华，区新生代商会、区临川商会、区青原商会、区浔商会、区井冈山商会、区上高商会、区北京商会（筹）等班子成员参加。

【民营经济代表人士暨“专精特新”中小企业负责人培训班举办】　2023年5月8—10日，在省社会主义学院举办红谷滩区民营经济代表人士暨“专精特新”中小企业负责人培训班。培训班通过专题讲座、现场教学、分享心得体会等多种形式进行，内容丰富全面，涵盖党的二十大精神、全国两会精神解读，民营经济高质量发展研究以及“专精特新”企业发展等相关内容。培训班还组织学员赴新余市学习民营经济党建工作，开展企业家理想信念教育活动，不断提升企业家领导力与综合素质能力。

【“两个健康”促进行动启动仪式举行】　2023年5月30日，以非公“社”彩、初绽“邮”你、红谷“联”心为主题的红谷滩区工商联“两个健康”促进行动暨“五大社团”活动启动仪式在国体中心举行，红谷滩区委常委、统战部部长陈敏，红谷滩区政协副主席、工商联主席吴一建，红谷滩区委统战部副部长、区工商联党组书记孙圆圆，邮储银行南昌市分行营业部总经理杨峥，非公有制经济企业家代表共计120余人参加。与会领导为红谷滩区工商联“会员之家”揭牌，并举行五大社团（网球社、羽毛球社、插花社、茶艺社、瑜伽社）授旗仪式。此次社团活动在全省首次举办，是红谷滩区的创新之举，也是国体中心与各社会团体深度合作助力体教融合发展多元化的重要举措。

【“家乡情·家乡行”工作部署会召开】　2023年10月17日，红谷滩区召开“家乡情·家乡行”专题工作部署会，进一步凝聚思想共识、明确目标任务、落实职责分工，确保高标准、高质量、高效率完成各项工作。区政协副主席、工商联主席吴一建出席并讲话，全区相关单位和各乡镇（街道）分管领导参加会议。

（张俊杰）

群众团体

红谷滩区总工会

【概况】 2023年，红谷滩区总工会扎实推动“县级工会加强年”“产业工人队伍建设改革”“三大提升工程”“集中建会入会攻坚行动”等重点工作，全面推进新时代工会工作高质量发展。红谷滩区总工会被评为2022年度打造模范机关工作先进单位；红谷滩区“法院＋工会”劳动争议诉调对接工作室被评为全市五星级工作室；红谷滩区职工代表队在全市职工工间操、演讲比赛中分别荣获一等奖的好成绩。

【坚持党对工会工作的全面领导】 2023年，坚定不移加强党的政治建设，切实把讲政治贯穿工会工作全过程、各方面。坚决执行向同级党委和上级工会请示报告制度，认真贯彻落实区委和上级工会决策部署。上半年区委常委会审议通过区总工会关于省、市五一劳动奖的选树推荐工作，区委、区政府主要领导听取区总工会关于职工疗休养、第二届机关职工运动会等相关工作汇报并予以肯定和支持。同时召开政府与工会联席会议，积极争取区政府在区工人文化宫建设、产业工人队伍建设改革等方面的支持。

【深化产业工人队伍建设改革】 2023年，召开推进新时代产业工人队伍建设改革协调小组会议，积极开展红谷滩区产业工人队伍思想状况调研，选定江西美翻科技有限公司、江西诚韬科技有限公司、南昌市微轲联信息技术有限公司为产改试点单位。组织开展2023年“中国梦·劳动美”——红谷滩区“最美职工”“五一巾帼标兵岗”“五一巾帼标兵”“女创业带头人”的评选活动。连续五年协办、承办省、市虚拟（增强）现实职工职业技能竞赛；举办2023年红谷滩区“鸿鹄杯”首届职工网络安全技能大赛；组织开展“携手小康”职工技能培训，参与职工435人。罗文华劳模创新工作室被评为市级示范点，新职业数字产业实训基地被授予“南昌市工会劳动技能实训基地”称号。

【推动“县级工会加强年”专项工作】 2023年，为强化政治引领，开展劳模宣讲6场、职工主题阅读7场、文艺演出进基层活动3场。承办2023年“劳动筑梦·奋斗出彩”南昌市职工演讲比赛，不断引导广大职工群众听党话、跟党走。联合打造全省首家劳动关系多元调处服务机构——红谷滩区和谐劳动关系一站式服务中心；搭建“人社＋工会＋法院”劳动争议调解工作室，切实维护劳动领域政治安全；为强化制度机制，联合印发《关于在新兴领域开展党的组织和工作覆盖攻坚行动试点方案》，成立红谷滩区新业态新就业群体党建带工建工作小组。作为红谷滩区协调劳动关系三方委员会成员单位，共同推动建设劳动关系和谐示范点、企业用工体检等工作。举办2023年红谷滩区基层工会干部业务培训班，完成156人的培训任务；为强化服务阵地，红谷滩区工人文化宫（位于红谷滩区凤凰中大道929号吉成大厦第三层，总面积2159.37平方米）于10月开始投入运营、对外开放。打造户外劳动者“爱心驿站”9个，大力推动沙井街道职工之家打造基层职工服务阵地示范点，同时重点扶持九龙湖街道职工之家建设。“红谷滩区总工会”微信公众号累计近万人关注，在省、市主要媒体上稿6篇。

【切实提升职工生活品质】 2023年，持续开展职工保障服务，召开全区困难职工建档部署会，帮扶各类职工群体600余人，发放各级各类慰问金近66万元。开展“夏送清凉”走访慰问高温一线职工1750人。推动职工参加互助保障累计199.74万元。组织市、区181名职工参与疗休养活动。选定南昌市微轲联信息技术有限公司等3家企业开展塑造幸福生活环境企业试点工作；持续开展女职工关爱行动，积极开展职工生育“二孩三孩”慰问活动，发放“二孩三孩”慰问大礼包464份。开展女职工瑜伽、古筝、插花等活动，累计400名女职工参加。举办千余人的“会聚良缘 唱响鸿鹄”单身职工联谊活动。持续丰富职工精神文化生活，主办“同台挑战 共创精彩”第一届“卫东杯”职工中式台球联赛；主办红谷滩区第二届机关干部职工运动会；区工人文化宫在试运营期间开设秋季“职工大学堂”共20个门类的普惠性兴趣课程。

【实施集中建会入会攻坚行动】 2023年，为加大攻坚行动力度，组织召开全区建会入会集中攻坚行动调度会，制定下发《红谷滩区总工会关于2023年全面开展集中建会入会攻坚行动的通知》。至年底，新建工会组织74家，新发展工会会员6904人；完成实名录入工会组织886家，完成率102.5%；实名录入会员34368人，完成率130.3%，两项任务完成率均排名前列。为加快新就业群体建会入会，推行“重点建、行业建、兜底建”模式，广泛吸纳新就业形态劳动者入会。至年底，新增各类新就业形态劳动者会员3863人。为加强“六有六规范”（“六有”：有依法选举的工会主席，有独立健全的组织机构，有服务职工的活动载体，有健全完善的制度机制，有自主管理的工会经费，有会员满意的工作绩效；“六规范”：队伍建设规范化、组织机构规范化、履行职能规范化、制度机制规范化、职工之家建设规范化、工作绩效规范化）示范点建设，制定下发《关于继续对全区基层工会组织“六有六规范”建设工作实行奖励补助的通知》，评定用友产业园（南昌）工会联合会等3家工会为“六有”工会示范点，红谷滩城市投资集团有限公司工会委员会等3家工会为“六规范”工会示范点。

（李　超）

共青团红谷滩区委员会

【概况】 2023年，共青团红谷滩区委（以下简称团区委）坚持“党管青年”原则，以县域共青团基层组织改革为契机，结合区域实际特点及青年发展实际需求，在引领凝聚青年、组织动员青年、联系服务青年等方面持续发力，积极发挥共青团的桥梁纽带作用，打造优势互补、共建共享的“青春共同体”，为青年成长成才搭建更广阔的实践舞台，推动红谷滩共青团事业实现新发展。先后获得全市共青团工作先进单位、全市少先队工作先进单位、全市贯彻落实《江西省中长期青年发展规划（2018—2025年）》先进单位等荣誉称号。

【强化思想政治引领】 2023年，团区委坚持党的领导，深入开展团员和青年主题教育。向区委常委会专题汇报团员和青年主题教育开展情况，组织召开全区团员和青年主题教育工作推进会，指导全区团支部完成“4+1”专题学习100%覆盖。组织团员和青年开展“学习新思想，争做好青年”读书学习沙龙，依托牛行车站与南昌起义展示馆、南昌市规划展示中心等开展主题团日活动，教育引导团员和青年了解南昌的革命历史、建设成就和发展方向。举办“学习党的二十大，唱响青春新时代”主题歌咏比赛，教育引导广大青年干部职工坚定信念跟党走、砥砺奋进谱新篇。承办南昌市“学习二十大 永远跟党走 奋进新征程”主题团日暨离队入团仪式示范活动，不断增强对团员和队员身份的归属感、认同感。举办“争做新时代好队员”第二届红领巾讲解员风采大赛，引导少先队员传承红色基因。组织开展全区“两红两优”、优秀少先队集体和个人评选活动并积极参与省市各项评选活动。全面开展“红领巾奖章”争章活动，构建阶梯式激励评价体系。

【全力推进改革攻坚】 2023年，将县域共青团改革相关内容纳入区委全面深化改革委员会2023年工作要点，推动改革工作走深走实。完善考核评价机制，召开全区基层团组织书记述职评议会议、全区学校共青团和少先队工作述职评议会议。联合印发《关于加强全区新兴领域党群共建工作的实施方案》，不断扩大新兴领域团组织覆盖面，并完成阿里巴巴公司青年之家和科大讯飞公司青年之家阵地打造。严格落实积分入团、评议入团和分批入队有关要求，规范化开展入团入队仪式，不断提高团员和队员的光荣感。全年累计发展团员515名、少先队员8613名。举办红谷滩区“青马工程”暨团干部素质能力提升培训班，有效提升团干部能力素养。用好智慧团建系统平台，强化对团组织和团员的日常管理，学社衔接、升学衔接、团员教育评议、团支部对标定级等工作完成率均为100%。

【拓展志愿服务形态】 2023年，积极构建“高校+社区”志愿服务新模式，深入开展社区青春行动，常态化组织南昌大学、江西科技师范大学等高校青年学子走进社区开展各类志愿服务活动。与南昌航空大学团委共建“青春志愿行，共筑邻里情”大学生进社区服务项目，由各学院分别挂点对接一个社区，引导团员和青年积极投身基层治理，在奉献社会、服务群众中锤炼思想、锻炼成长。积极助力中国南昌国际龙舟赛，联合南昌工学院团委组织青年志愿者90余人在赛会期间提供保障服务，共同营造文明有序的赛事环境。组织青年志愿者开展“河小青”巡河护河行动和“青春志愿行，温暖回家路”“文明出行、志愿有我”“垃圾分类齐行动,美好环境靠大家”主题活动,用实际行动践行志愿服务精神。

【护航青年成长发展】 2023年,召开落实《江西省中长期青年发展规划(2018—2025)》实施工作局际联席会议第三次全体会议,营造关心青年、支持青年发展的良好氛围。举办红谷滩区“青马工程”暨“新时代赣鄱乡村好青年”培训班,进一步提高青年的思想政治素养和实践发展能力。依托“青英归巢”社会实践项目,为青年学子提供学习锻炼的机会,联合区委组织部(区委人才办)、区人社局举办“青英归巢看红谷,聚才引智促发展”主题活动,引导返乡学子关心家乡变化、投身家乡建设。联合市委组织部、团市委、市中小企业服务局举办第十一届“红谷滩杯”南昌市青英人才创业大赛,为创业青年搭建沟通交流和展示平台,助力青年发展型城市建设,吸引更多青年来昌创业就业。关注青年婚恋交友,先后举办“青春遇见你,爱在红谷滩”和“树文明新风,向幸福出发”集体婚礼,倡导文明婚俗新风尚。

【保障青少年合法权益】 2023年,联合区法院开展“弘扬宪法精神,相伴成长守护少年的你”宪法宣传活动,引导未成年人增强法律意识、树牢法治观念。在生米街道同乐社区设立“12355”青少年服务站,开展“珍爱生命,快乐成长”青少年自护教育大讲堂、“12355青春自护·平安春节”主题活动,引导青少年树立健康向上的人生观。持续推进童心港湾项目建设,完善留守儿童关爱服务体系,构建“1+1+N”常态化服务队伍,植入“守护童心,伴爱成长”关爱留守儿童项目,每月常态化进驻童心港湾点位开展主题活动,切实打通关爱和服务留守儿童的“最后一公里”。实施“科普研学行·启迪科创梦”科普研学项目,组织乡村儿童先后前往八一起义纪念馆、滕王阁、融创海洋世界等地参观学习,帮助他们开阔眼界、增长见识。全年共开展6期活动,覆盖乡村儿童260人次。在九龙湖未时图书馆举办“童心创造·启迪未来”鸿鹄科普小课堂17期,参与青少年500余人次。

(彭　玲)

红谷滩区妇女联合会

【概况】 2023年红谷滩区妇女联合会(以下简称区妇联)在区委、区政府的正确领导下,紧贴妇女实际,坚持服务全区工作大局,切实履行好引领联系服务职能,扎实做好妇女思想政治引领、家庭家教家风建设、妇女维权发展服务等工作,有力推动全区妇女儿童事业创新发展。荣获“南昌市三八红旗集体”称号。

【强化思想政治引领】 2023年,组织区、镇、村三级妇联干部学习习近平总书记考察江西重要讲话精神、习近平总书记同全国妇联新一届领导班子集体谈话时的重要讲话和中国妇女十三大会议精神,专题学习《习近平走进百姓家》《习近平关于妇女儿童和妇联工作论述摘编》,团结引领全区广大妇女悟于学、感于心、践于行。三八妇女节期间,表扬了40名红谷滩区三八红旗手、15个红谷滩区三八红旗集体,号召全区广大妇女以先进典型为榜样,学习她们信念坚定、爱党爱国的政治品格,学习她们坚守岗位、敬业奉献的奋斗精神。组织三八红旗手、最美家庭、巾帼志愿者、妇联干部和执委等,面向基层妇女常态化开展“赣鄱红色娘子军”宣讲活动,推动党的创新理论走进妇女群众身边。充分发挥红谷滩区新时代文明实践志愿服务总队巾帼志愿服务队作用,广泛发动妇联干部、执委、蒲公英妈妈、巾帼志愿者等参与新时代文明实践中心建设,进一步深化巾帼志愿服务关爱活动。

【深化家庭家教家风建设】 2023年,为进一步贯彻落实好“发挥妇女在弘扬中华民族家庭美德、树立良好家风方面的独特作用”的指示精神,在全区开展内容丰富、形式多样的“弘扬巾帼美·涵养好家风”系列活动,内容涵盖反家暴、茶文化、当好孩子健康成长的守护人、魅力职场形象塑造与商务礼仪、党的二十大精神宣讲、爱绿护绿、构建成长型亲子关系、母婴健康课堂、传统民俗体验九大内容。举办表扬2022年度红谷滩区最美家庭活动,共计评选出50户红谷滩区最美家庭,进一步展示红谷滩区家庭风采,传承家庭好家风。定期开展进社区、进农村、进学校“陪伴的力量”活动,通过举办知识讲座、开展服务咨询、家庭教育宣讲等活动,引导广大家长树立正确的家庭教育理念,提高家庭教育的能力,“依法带娃”理念进一步深入人心。联合区委宣传部、团区委举行“树文明新风 向幸福出发”户外集体婚礼,大力弘扬中华民族传统美德和优良家风,积极倡树新时代文明婚俗新风尚。围绕群众关心的高价彩礼、铺张浪费、大操大办、人情攀比等问题,开展“移风易俗我先行 文明新风进万家”系列主题活动。

【开展妇女维权主题活动】 2023年,组织引导巾帼公益律师深入社区开展法律咨询指导、婚姻家庭关系调适、邻里纠纷调解等,为群众提供近在身边的服务。围绕“建设法治红谷滩·巾帼在行动”主题,向广大妇女普及民法典、反家庭暴力法、妇女权益保障法、未成年人保护法、家庭教育促进法、江西省家庭教育促进条例等法律法规,将法治宣传与维权服务送到基层、送到广大妇女身边，引导妇女尊法学法守法用法。开展婚姻家庭矛盾纠纷大排查大化解有效预防"民转刑"案件专项行动。在"11·25"国际反家庭暴力日来临之际，开展形式多样的主题活动，重点普及《中华人民共和国反家庭暴力法》《中华人民共和国妇女权益保障法》等法律知识。畅通信访渠道，发挥"12338"妇女维权公益服务热线作用，为妇女群众提供维权服务及心理疏导。进一步健全信访工作机制，完善信访工作流程，全年共接待来访来电案件314起，办结率100%。

【关爱妇女健康】 2023年，开展"把爱带回家，春节送温暖""把爱带回家、平安志愿行"暨"防疫健康包"发放等系列关爱妇女儿童活动。组织发动妇女群众参加"洪城巾帼悦享生活系列活动"、"异地搬迁巾帼讲堂"线上课堂、乡村振兴·新蓝领职业技能培训班及家政进社区免费培训等活动，为妇女就业创业赋能。开展城镇困难妇女"两癌"免费检查、适龄女生HPV疫苗免费接种宣传及"女性健康知识进社区——关爱女性健康，加速消除宫颈癌行动"宣传月活动提升妇女健康水平。

【开展儿童关爱活动】 2023年，常态化开展"鸿鹄伴飞"系列儿童关爱活动，用心用情用力解决与少年儿童息息相关的实际问题。组织区、镇、村三级妇联及红谷滩区女企业家协会等社会爱心力量，联动走访慰问全区180余名留守儿童困难儿童。面向流湖镇、厚田乡留守儿童、困难儿童，通过采取寓教于乐、乐教乐学的方式，开展关爱留守儿童系列主题教育活动共计163场；采取入户走访、安全知识讲座、发放传单、张贴海报、横幅等形式，面向家长和儿童开展防溺水安全教育活动185场次；开展交通安全、消防安全、防烫伤等"平安小课堂"进校园活动15场次；开展"防拐卖、防性侵、防诈骗、防校园暴力"为主题的安全教育活动20场；开展儿童心理健康教育主题宣讲活动30场，为100个留守儿童家庭进行"一对一"关爱帮扶。

【推动党建与妇建工作有机融合】 2023年，举办全区基层妇联干部培训班。从深入学习贯彻党的二十大精神，妇联干部如何办好"贴心事"、当好"娘家人"，新形势下如何维护妇女儿童合法权益三方面开展系统授课，进一步提升了基层妇联干部的综合素质和履职能力。坚持党建带妇建、妇建促党建，扎实推进新经济组织和新社会组织的妇联组织建设，实现"哪里有党组织，哪里就有妇联组织"，在89家"两新"组织中建立妇联或妇委会。指导、督促村（社区）规范建设妇女儿童之家8个。召开以"争分夺秒拼经济"为主题的座谈会，引导女企业家们感党恩、听党话、跟党走，做诚信、守法的经营者。4月12日，红谷滩区女企业家协会成立大会暨第一次全体会员大会胜利召开。组织开展"绽放她精彩 追梦新时代"系列活动，为女企业家的成长赋能。

（勒嘉微）

红谷滩区科学技术协会

【概况】 2023年，红谷滩区科学技术协会（以下简称区科协）围绕区委、区政府中心工作，发挥党和政府联系科技工作者的桥梁和纽带作用，履行"四服务"（为科技工作者服务、为创新驱动发展服务、为提高全民科学素质服务、为党和政府科学决策服务）职责，不断开创科协工作新局面。红谷滩区和市科协等单位联合承办的"2023年南昌市暨红谷滩区全国科普日主场活动"获评中国科协"2023年全国科普日优秀活动"，区科协获评中国科协"全国科普日优秀组织单位"。

【扎实开展主题教育】 2023年，成立区科协主题教育领导小组和办公室，制定主题教育工作方案，明确任务分工，细化具体安排，保证工作落实落细。召开主题教育领导小组办公室专题会议3次，开展专题学习21次，深入红色教育基地学习4次，学习典型案例30余次，讲授专题党课6次，研讨交流20余次，班子成员撰写心得体会12次。班子成员实地调研20余次，现场研究解决问题3个，检视问题2个，修订完善2项制度。

【强化思想政治引领】 2023年，落实"第一议题"制度，持续深入学习党的二十大、习近平总书记考察江西重要讲话精神等最新理论成果，及时跟进学习习近平总书记最新重要指示批示精神。利用机关例会、党组理论学习中心组学习会等，组织集体学习《中国共产党章程》，《习近平新时代中国特色社会主义思想专题摘编》，《习近平著作选读》第一卷、第二卷，《习近平谈治国理政》，引导党员干部读原著悟原理。开展政治理论宣讲进学校、进社区、进企业志愿活动30余场，引导广大青少年、社区居民特别是科技工作者传承红色基因、赓续红色血脉。

【推进基层科协组织建设】 2023年，发挥企业（园区）科协在推动技术创新、促进科技交流、提高员工科学素质、举荐创新人才、激发创新热情和创造活力等方面的作用。完成紫光摩度教育科技有限公司等19家企业科协组建。指导龙兴街道成立龙兴街道科协并召开第一次代表大会，实现全区乡镇街基层科协组织全覆盖。完成区老科协组建和重要人员备案。

【营造关爱人才成长环境】 2023年，联合区融媒体中心，拍摄《致敬科技工作者》视频，利用"红谷滩发布""科普红谷滩"微信公众号、视频号等新媒体向广大科技工作者献上节日祝福。邀请区委分管领导走访慰问优秀科技工作者及创新团队代表，增强科技工作者自豪感、获得感、认同感。联合江西省研究型医院学会及慧谷产业园、物联网产业中心、盈创华兴产业园科协联盟开展“健康科普进科技园区”活动，为一线科技工作者健康“把脉护航”。

【举荐优秀科技工作者】 2023年，推荐的国家虚拟现实创新中心主任周建国、南昌市微轲联信息技术有限公司董事长刘耀祖荣获2023年南昌市“最美科技工作者”称号，举荐的南昌凤凰城上海外国语学校课程中心主任、全国高级科技辅导员杨小仁荣获南昌市“科学家精神宣讲团”首批成员称号。国家虚拟现实创新中心主任周建国同时荣获2023年江西省“最美科技工作者”称号，全省仅20名。南昌市微轲联信息技术有限公司董事长刘耀祖、研发总监熊奎荣获江西省企业“创新达人”称号。

【加强企业创新发展服务】 2023年，申报的南昌虚拟现实检测技术有限公司周立伟院士工作站升级为省级院士工作站。同时，做好江西洪工高科有限公司王涌天教授团队专家工作站的跟踪服务工作。整理科协系统创新服务资源，宣传惠企和人才政策。联合市科协，邀请省市知名专家深入爱园农业发展有限公司、新赣食用菌科技有限公司生产基地，到田间地头调研和指导企业生产管理，协调解决企业在技术合作、产品开发等方面的痛点难点问题。联合区农业农村局开展2023年红谷滩区农民技能大赛，引导和激励广大农民学技能、练本领，助力乡村振兴。

【完成省市高质量考核工作】 2023年，贯彻落实省市区全民科学素质行动规划纲要实施方案的任务要求，加强与乡镇、街道和成员单位的协同配合，推动全民科学素质各项任务的落实。完成省市高质量发展综合绩效考核工作，2023年度“科普和科学素质建设”考核工作继续保持省市第一方阵。

【广泛开展科普宣传活动】 2023年，组织辖区内9个乡镇、街道900余人开展全民科学素质提升培训。联合团区委打造鸿鹄科普小课堂、鸿鹄科普研学系列活动，培养辖区青少年“学科学、爱科学”的浓厚兴趣。联合区委宣传部开展“VR科普进校园”活动，为生米、流湖、厚田20余所村小学生送去前沿VR体验。2023年南昌市暨红谷滩区全国科普日主场活动获评中国科协“2023年全国科普日优秀活动”。在全国科普日活动期间，全区共上传活动数达260余场，位列全市第三，荣获中国科协“全国科普日优秀组织单位”称号。

【加强科普教育基地建设】 2023年，支持科普教育基地建设，鼓励有条件的高校、科研院所、企事业单位建设科普教育基地。推动科普场馆与博物馆、文化馆等融合发展，努力构建服务科学文化素质提升的现代科技馆体系。指导融创海洋馆等15家市级科普教育基地开展评价工作，推荐VR元宇宙农业示范基地等4个单位新申报市级科普教育基地。金九福钱币博物馆被评为市级优秀科普教育基地，南昌工学院工艺美术大师博物馆获评市级“科普教育示范基地”。完成厚田中学校园科技馆、凤凰家园社区科技馆建设。南昌市青少年宫流动科技馆红谷滩站年服务青少年2万余人次。

【推进科普志愿者队伍建设】 2023年，大力发展科普场馆、科普基地、科技出版、新媒体科普、科普研究等领域专职科普人才队伍。科普中国宣传员注册人数6200余人，科普中国传播量50万余次，位列南昌市第二。6000余人科技志愿者、70余支服务队在中国科技志愿服务平台注册。联合区教体局开展青少年科技辅导员骨干培训班，培训科技辅导员60余人。

（邓亚琼）

红谷滩区归国华侨联合会

【概况】 2023年，红谷滩区归国华侨联合会（以下简称区侨联）围绕“服务经济发展、依法维护侨益、拓展海外联谊、积极参政议政、弘扬中华文化、参与社会建设”六大职能，探索新形势下联系和服务侨界群众的方式方法，咬定一次侨代会确立的“强基固本争创一流”工作目标，认真履职尽责，各项工作稳步落实，自身建设逐步加强，为侨服务稳步推进。卫东街道“鸿之家”“侨胞之家”获评全国侨联系统“侨胞之家”典型选树单位，徐静思、徐鹏荣获“全国归侨侨眷先进个人”称号，侨企江西省映尚科技公司荣获“2023年中国VR50强企业”称号、“2023年世界VR产业大会VR/AR创新奖”两项大奖，区侨联先后获评南昌市第十九届文明单位、全区统战宣传信息工作先进单位。

【创新侨界政治引领方式】 2023年，结合实际，制定《红谷滩区侨联兼职副主席轮职制度（试行）》，开展入侨企巡讲活动5次，侨联专兼职主席发挥个人专长，密切联系本职工作，重点宣讲党的二十大精神、习近平总书记考察江西讲话精神和区委一届九次全会精神。区侨联结合“中秋话文明 · 国庆暖侨心”联谊活动，专题传达学习第十一次全国归侨侨眷代表大会精神；结合走访侨企，在小溪传媒有限公司开展省第九次侨代会精神宣讲活动；结合业务培训，在红谷滩区侨界骨干培训班上，学习传达省第九次侨代会精神。

【加强基层侨联组织建设】 2023年，新一轮摸排数据显示，红谷滩区华侨、外籍华人、归侨、侨眷身份人员在册人数从原来的716人增至1279人，增长率为78.63%，实现较大幅度增长；基层侨联组织逐步扩大，龙兴街道新成立侨胞侨属联谊会，红角洲街道根据区划调整改组侨胞侨属联谊会班子，生米街道成立侨胞侨属联谊小组，基层组织三年全覆盖计划完成85%；涉侨法律服务组织日益多元，在原有“红谷滩侨联京师侨法服务站”“红谷滩侨检联络站”的基础上，区侨联与区法院对接，启动建立《涉侨纠纷在线诉调对接工作机制》，面向侨企、侨界群众提供法律咨询、法律援助等服务。

【强化基层侨联阵地建设】 2023年是区侨联实施基层建设三年行动计划关键年，按照中侨联《关于新时代加强基层侨联组织建设的指导意见》和南昌市侨联《关于开展市级基层侨联组织示范点创建活动的实施方案（试行）》规定，突出“党建带侨建”特色，对卫东街道“鸿之家”“侨胞之家”进行完善提升；完善原丰和新城社区“侨胞之家”功能配置，提升改造为凤凰洲街道“侨胞之家”；高规格打造九龙湖街道“侨胞之家”。

【为侨服务办实事】 2023年，组织实施代侨探亲“一季一帮扶”行动，开展“春风暖侨·代侨探亲”活动，在春节前夕，走访慰问25户相对困难归侨侨眷；开展“情暖中秋·代侨探亲”活动，走访慰问子女旅居国外的归侨侨眷5户；开展“暖侨敬老·代侨探亲”活动，在重阳节走访22户高龄归侨侨眷。开展“侨企大走访”活动，在春节期间，走访慰问15户资深侨企和留创园初创企业代表；9中旬至10月中旬，集中开展“侨企服务月”活动，了解企业发展状况，送去暖企纾困政策资料100余份，解决问题3个；全年共走访30余家企业，召开“红谷连心会”企业座谈会9次。发挥“侨法”服务功能，丰富“侨法服务站”和“检侨联络站”志愿服务方式，认真履行维护侨群权益职责，在慧谷产业园和丰和新城侨胞之家举办2期侨法知识专题讲座；在线上网络平台举办2次公益普法讲座；与省侨联法顾委合作，分别在卫东街道和凤凰洲街道辖区开展2次“侨法进社区”学雷锋法律咨询系列志愿活动，发放法律宣传手册500余份、现场咨询服务群众160余人次。

【主动服务经济社会发展】 2023年，树立“大侨务”工作理念，构建以侨为桥、以侨联侨、以内联外、内外联动的工作格局。召开“2023年红谷滩区侨联招商引资专项行动工作座谈会”和招商引资工作调度会，向海外客商专题推介南昌未来科学城项目2次、接待客商来访8批次，参加市侨联组织的赴上海、昆山招商活动，向8家在外侨资企业推荐红谷滩区；报送招商引资线索11条，其中报送重大重点项目线索2条，完成落地项目1个。做好侨界人士建言献策工作。组织侨界人大代表、政协委员积极撰写议案、提案、建议13件，为红谷滩区发展建言献策。凝聚侨心奉献社会，以“侨暖童心·快乐星球”儿童节为主题，开展“万册侨心 共沐书香”图书捐赠活动，为星火社区读书角赠送儿童读物260余本；以“平安建设暖侨心”为主题，联合省中文传媒集团为丰和新城社区捐赠涵盖党建法治文化类书籍200余册；全年红谷滩侨界人士积极参与侨爱心活动，向教育、卫生、文体、扶贫等各项事业捐助61万元，切实履行“参与社会建设”工作职责。

【举办传统节日联谊活动】 2023年，在沙井街道举办“凝聚侨心庆五一·汇聚侨力谱新篇”群众汇演、在九龙湖街道举办“明月照九州·侨情联四海”双节晚会、在凤凰洲街道举办“暖侨敬老·爱在重阳”文艺演出等活动，传承中华优秀传统文化，以心聚侨、以情联侨，营造传统佳节侨胞爱国爱家亲情联谊浓厚氛围。同时，组织开展“书香侨联·致敬祖国”读书活动、“中秋话文明·国庆暖侨心”文艺沙龙活动、“共架连心‘侨’体验未来生活”联谊活动等文化传承系列活动10余个。

【组织跨区中华文化交流】 2023年，先后组织各乡镇街道侨务干部、侨联委员、侨胞侨属联谊会负责人赴吉安市峡江县金坪民族乡开展忆侨史访侨乡联谊活动；参观考察荣获“中国华侨国际文化交流基地”称号的中国吉州窑博物馆和安义古村侨文化交流基地；分别接待高安市侨联、浮梁县侨联、海外江西人文化商务交流团、马来西亚江西总会、泰国江西商会等地客人参观考察红谷滩区。

【开展侨校文化传承合作活动】 2023年，以侨会友与驻区学校进行文化传承合作交流，组织南昌市第二十六中学、南昌启华双语学校、江西师大附中滨江校区参加“第二十四届世界华人学生作文大赛”，共发动近1000名高中学生参加初赛，评选出98篇作文参与复赛，经“第二十四届世界华人学生作文大赛”组委会评选，在红谷滩区参赛学生中获得一等奖学生3个、二等奖学生18个、三等奖学生5个。

（黄荣广）

红谷滩区文学艺术界联合会

【概况】 2023年，红谷滩区文学艺术界联合会(以下简称区文联)通过对各文艺团体会员、文艺工作者和新文艺组织、新文艺群体履行团结引领、联络协调、服务管理、自律维权基本职能,发挥在行业建设中的主导作用。团结引导全区文艺家和文艺工作者,以服务经济社会发展和推进“文化强市”建设为己任,以“出作品、出人才、出影响力”为目标,以推进自身深化改革为抓手,围绕中心抓主责、服务大局干主业,发挥联系文艺界的桥梁和纽带作用。所属文艺家协会共6个,分别是作家协会、戏剧家协会、书法家协会、诗词协会、舞蹈家协会、江夏文史研究会,至年底,会员共有236人,其中国家级会员6人。

【创作文艺精品】 2023年,聚焦精品创作,重视文艺评奖,重点扶持精品项目,区文联组织各协会会员积极参与各大文化活动赛事,获取良好成绩,区文联在省级或省级以上平台中发表29篇文艺作品,获得市级以上评奖、赛事奖励作品19篇,其中华亮的《红光》入选为2023年江西省文联文艺精品创作扶持项目,胡昂的《红色书家》系列作品、李良东的《满江自豫章阻风吴城山作》入选第一届“江西省文艺创作奖”名单,原创舞剧《第一面军旗的故事》获批2023年度江西文化艺术基金小型剧一般项目资助签约项目。

【培养文艺人才】 2023年,培育文艺人才,发挥专业人才队伍的示范效应,通过采风创作、座谈交流、专题研讨等多种形式,为各文艺工作者提供学习交流的机会,发掘培养文艺新人,大力推出优秀文艺作品,全年红谷滩区文艺人才获得省市级以上文艺类奖项19件。

【举办重大文艺活动】 2023年,坚持用艺术形式展现红谷滩发展的生动场景。围绕弘扬中华优秀传统文化,烘托中国南昌国际龙舟赛赛事氛围,举办“九龙英雄汇”文旅系列活动之“篇篇粽叶情,句句爱国心”诗文朗诵会、“讴歌新时代,庆端午佳节”书法作品展、全民健身广场舞大赛等活动。围绕党的二十大精神,举办“赣墨抒情怀”群众书画作品展征稿、“践行二十大·喜看新变化——文化名家带您看看红谷滩”文化创作采风等活动,不断把学习宣传贯彻党的二十大精神引向深入。围绕文化惠民,点亮群众幸福生活,举办2023年“百馆千万场 服务来共享”——“永不落幕”的百姓大舞台优秀文艺作品展演等活动,通过文艺演出的形式寓教于乐,真正将服务百姓落到实处。围绕重大节庆和纪念日,积极配合和参与迎春花市、融创大湖烟花秀、风筝艺术节、国庆烟花秀、“跨年夜 南昌见——红谷滩跨年YEAH!”等活动,为广大市民和游客朋友们带来震撼视觉盛宴。

【开展文艺志愿服务活动】 2023年,围绕中心,服务大局,把深入生活搞创作与扎根基层服务群众结合起来。开展“书法进万家、春联贺新春”、喜迎元旦暨书画名家雅集等活动,组织书法家协会文艺工作者深入基层为广大居民写春联、送祝福,赠送春联8000余副。全年开展“传承雷锋精神 接力志愿服务”“全民阅读 共享书香”世界读书日和“传承红色精神,共献绿色力量”等29场志愿服务活动,围绕居民群众所想所需,为居民群众送去贴心的服务。

(陈子璇)

红谷滩区残疾人联合会

【概况】 2023年,红谷滩区残疾人联合会(简称区残联)在区委区政府坚强领导下,认真履行“代表、服务、管理”职能,以“精准助残、精细惠残、精心扶残”为工作主线,着力解决残疾人最关心、最直接、最现实的康复服务、教育就业、组宣文体、信访维权、残疾人家庭无障碍改造等工作,强化服务意识,转变工作观念,主动对接服务,扶残助残取得较好工作成效。全区设区级残联1个,乡镇(街道)残联9个,残疾人专门协会5个,残疾人艺术团(红萌艺术团)1个。至年底,全区有持证残疾人5123人,其中视力残疾521人、听力残疾447人、言语残疾68人、肢体残疾2641人、智力残疾715人、精神残疾611人、多重残疾120人。

【精准康复服务】 2023年,围绕提升精准康复服务水平,努力实现残疾人“人人享有康复服务”目标。实施残疾人康复工程,为有需求的残疾儿童和持证残疾人提供精准康复服务,并督导各项残疾人康复救助项目补贴发放到位,实现残疾人康复服务率100%。推进精神障碍患者服药救助全覆盖,在全区开展持证精神障碍患者服药需求摸底筛查,实现有服药需求的精神障碍患者药费补助全覆盖,推出精神障碍持证患者服药救助申请零资料、审批零门槛、领药零等待惠残便民服务。完成残疾人家庭医生签约服务,依托社区卫生中心,持续推进残疾人家庭医生签约服务工作,做到签约一人、履约一人、做实一人,为残疾人提供全方位、全周期的健康服务。不断提升残疾人辅具服务质量,做好残疾人适配基本型辅助器具货币化补贴工作,开展2023年度“阳光伴我行”集善明门儿童轮椅项目。

【残疾人创业就业教育培训】 2023年,做好残疾人种养殖业扶持工作,扶持1户残疾人种植苗木项目。全面落实残疾人教育帮扶政策,全年帮扶省级高校贫困残疾新生2人,资助金额0.7万元;帮扶市级贫困残疾学生1名,贫困残疾人家庭子女学生12名，合计发放助学补助金1.65万元。举办就业技能培训班，开展手工编织培训班和中式面点培训班，共有50名残疾人学员完成培训任务并结业。积极推进困难重度失能残疾人照护和托养工作，促进残疾人日间照料和托养服务工作可持续发展，全面摸清残疾人接受托养照护服务情况，全年拨付运营补贴资金26.6万元，圆满完成2023年度困难重度失能残疾人评定工作。按比例就业年审系统已审核企业171家，安置残疾人324名。组织举办残疾人专场招聘会，全年共举办残疾人专场就业招聘会3场，100余家单位（企业）提供了173个就业岗位，实现就业8人。打造南昌盲人按摩品牌，大力扶持盲人按摩，支持盲人创业就业，促进“五统一”盲人按摩机构规范管理，全年扶持“五统一”盲人按摩机构1家，组织辖区内盲人按摩技师志愿者开展“红谷连心会”盲人按摩“六进”志愿服务活动7次。

【残疾人基层组织建设】 2023年，发挥残疾人专门协会作用，组织开展以红谷滩区残联红萌艺术团为主的公益文艺演出10余场，组建以区盲人协会5名有才艺懂乐器的残疾人为主的“扶光乐队”，并在12月3日的“国际残疾人日”、春节等节日开展演出。打造政务服务帮办代办残疾人“小赣事”专窗，开设“一件事一次办”扶残助残“小赣事”专窗，负责残疾证办理、惠残政策咨询以及预收“两项补贴”材料的工作。完善“红谷惠残小赣事”小程序，将残疾人助残惠残工作、“红谷手译”、残疾人电子档案、街道社区残联工作人员网格管理纳入网上管理平台。

【保障残疾人权益】 2023年，深入推进无障碍建设工作，实施困难残疾人家庭无障碍改造，为111户困难残疾人家庭实施个性化改造服务；组织无障碍建设义务监督队开展无障碍建设巡查12次，切实维护残疾人合法权益。联合市残联开展“南昌残友·法治学堂”送法助残宣讲会。推动“红谷滩区残疾人法律援助通道”落地，与区司法局联合开展“法援惠民生 关爱残疾人”法律援助品牌建设。落实残疾人意外伤害保险试点工作，全年为全区符合条件的4925名残疾人免费购买意外伤害保险。做好残疾人机动车燃油补贴发放工作，全年共发放残疾人机动轮椅车燃油补贴182人。做好残疾人走访慰问工作，春节慰问困难残疾人家庭400户，大病救助27户，发放慰问金共25.4万元。

【残疾人宣传文化体育活动】 2023年，加强残疾人宣传工作，努力营造良好的社会氛围。利用微信公众号新媒体平台，大力宣传残联重点工作、残疾人创业就业典型，畅通渠道让广大残疾人及时了解到最新的救助政策及申请流程，不断营造关心关爱残疾人，支持残疾人事业的社会氛围。全年开展文艺演出宣传活动10余场，利用报纸广播电视等媒体报道残疾人事业7次，在公众号以及“掌上红谷滩”平台发布工作信息79条。积极选报残疾人体育人才，组织残疾人参加体育活动。

【第32个“国际残疾人日”公益文艺演出】 2023年12月1日，开展主题为“采取统一行动，为残疾人并联合和依靠残疾人挽救和实现可持续发展目标”庆祝第32个“国际残疾人日”公益性文艺演出，区领导接见并慰问残疾人演员。公益性文艺演出充分展示了红谷滩区残疾人丰富多彩的文化艺术底蕴，展现了残疾人群体热爱祖国、热爱生活、奋发向上、自强不息的精神风貌，体现了社会各界关爱残疾人、关心残疾人事业的良好氛围，提升了红谷滩区残障人士的获得感、幸福感、安全感。

（陈文斌）

红谷滩区红十字会

【概况】 2023年，红谷滩区红十字会笃学笃行习近平总书记考察江西重要指示精神、关于群团工作重要论述和对红十字事业重要指示批示精神，遵循“保护人的生命和健康”红十字运动宗旨，认真贯彻落实区委、区政府决策部署和省、市红十字会工作要求，着力推动红十字会依法依章程开展工作，切实增强红十字系统透明度和公信力。用心用情做好人道救助，提升应急救护普及程度，增强人道服务实力和能力，加强红十字精神传播。找准工作切入点、结合点、着力点，发挥好在人道领域的助手和联系群众的桥梁纽带作用，有力推动区红十字事业持续快速发展。

【第一届理事会第二次会议召开】 2023年3月17日，红谷滩区红十字会第一届理事会第二次会议召开，更换、增补第一届理事会理事26人、常务理事13人。会议审议通过《关于〈红谷滩区红十字会工作报告〉的决议》《关于〈红谷滩区红十字会（本级）2022年1—12月接受捐赠款物收支情况报告〉的决议》。

【基层组织建设】 2023年，持续扩大红十字会基层组织覆盖面，成立社区红十字会17个；批复团体会员3个，发展个人会员1437人（其中青少年会员545人），发展志愿者132人；建设申报市级基层组织示范点1个，建设区级基层组织示范点4个。深化“五红回炉”（红十字会基层组织建设、“红基工程”建设、“文明实践＋红十字人道伴行”行动、“红心行动”、“洪城一起红”），全面实现红十字服务事项融入乡镇（街道）便民服务中心，打通服务群众的“最后一公里”。积极利用基层阵地开展红十字知识传播、应急救护知识培训、健康安全教育、养老服务、人道救助、志愿服务等工作，为群众提供贴心服务。

【提升人道资源动员能力】 2023年，接受社会各界捐赠款物54.76万元，其中通过网络筹资36.62万元，辖区1.04万人次参与捐赠。围绕“红十字救在身边”“红十字生命教育”品牌活动，依托腾讯公益平台，在“5·8”人道日、“99公益日”期间，策划发起“红十字救在洪城”“一家一个救生圈”“洪城红乡村振兴”网络筹资项目17个。在南昌市第二届“洪城红”乡村振兴公益项目大赛中获三等奖2个、优秀奖3个。全区7个乡镇（街道）获评“南昌市2023年乡镇（街道）红十字会网络众筹优秀单位”。

【扩大人道救助规模】 2023年，持续推进“博爱送万家”“一家一个救生圈”等公益项目，资助辖区困难家庭中小学生42名，发放救助金5.04万元。发放温暖箱35个，走访慰问30户困难群众、4名遗体器官捐献者家属、1名造血干细胞捐献者。资助困难家庭大学新生9名，发放助学金4.5万元；发放维C多肽营养粉540罐（18箱）。积极跟进“小天使基金”“天使阳光基金”救助项目，帮助6名白血病患儿申请“小天使基金”、2名心脏病患儿申请“阳光天使基金”，为1户遗体器官捐献困难家庭申请“生命光彩”基金。助力乡村振兴与扶贫工作的有效衔接，持续对结对帮扶的3户困难户开展走访、跟踪工作。助力老年健康，开展养老普及培训11场，培训552人；举办红十字养老护理员专场培训，培训护理员60名；建设“博爱助老”试点社区1个。

【提升急救知识技能普及水平】 2023年，增强备灾救灾能力，切实保障人民群众生命财产安全，在秋水广场下水点开展防溺水应急救援演练。举办红十字赈济救援业务培训，培训志愿者40余人。结合“5·12”全国防灾减灾日，基层红十字会组织地震应急疏散演练3场。通过“一家一个救生圈”项目，向各乡镇（街道）发放救生圈、防溺水宝典238套。深入开展“惠民救护百千万”工程，举办救护员持证培训19场，培训救护员1121人；开展应急救护知识普及性培训48场次，培训8152人。通过广泛征求意见，在公共场所投放8台“救命神器”——AED（自动体外心脏除颤仪），同步培训设点单位救护员81人。为群众提供更加安全有效的急救保障。

【开展“三献”宣传推动工作】 2023年，开展“三献”（献血、捐献造血干细胞、捐献遗体器官）宣传活动，围绕“世界红十字日”“无偿献血日”等节点，组织无偿献血10场，无偿献血量达7.86万毫升。发展中华骨髓库造血干细胞志愿者4人。开展以“生命之约·大爱传递”为主题的宣传季系列活动9场，788名志愿者进行人体器官捐献志愿登记，实现遗体、器官捐献各1例。

【强化人道文化传播】 2023年，为大力弘扬“人道、博爱、奉献”的红十字精神，普及红十字运动相关知识，积极践行群团宣传教育引导群众的先进性要求，组织区红十字会“江小红”宣讲团进学校、乡镇、社区、机关、企业开展红十字运动知识、应急救护知识宣讲19场，通过“红谷滩区红十字会”微信公众号发布工作动态、红十字运动知识等信息100余篇。其中，在中国红十字会总会、省市红十字会系统、红谷滩区融媒体和自媒体上上稿42篇。

【开展志愿服务活动】 2023年，区红十字会志愿者积极践行“人道、博爱、奉献”的国际红十字精神，结合“5·12”全国防灾减灾日、“世界急救日”等节点，深入居民群众当中开展“生命教育·救在身边”志愿服务活动，围绕“生命教育·人道伴行”主题，组织开展学雷锋志愿活动18场次，开展“生命·遇见”清明缅怀纪念活动6场，开展第15个全国防灾减灾日活动9场，开展“数字赋能·救在身边”主题宣传活动7场。红谷滩区南丁格尔志愿护理服务队开展志愿服务活动100余场，服务群众1.2万余人次。1人荣获全省“最美南丁格尔志愿服务者”称号，南昌章金媛爱心奉献团（南昌南丁格尔志愿服务团）获评年度全市优秀红十字志愿服务组织，“红十字医路相伴·关注老人骨健康”项目获评年度全市优秀红十字志愿服务项目，5名志愿者获评年度全市优秀红十字志愿者。

【依法治会】 2023年，印发《关于修订〈中共南昌市红谷滩区红十字会党组关于“三重一大”事项集体决策制度实施办法〉的通知》，完善《红谷滩区红十字会物资管理制度》，参与《江西省红十字会监事会监督工作指引》编撰工作。认真落实内部监督机制，监事会针对AED管理制度和AED持证救护员培训开展专项监督，有效提升AED管理水平。对2022年红十字应急救护培训开展专项监督1次。围绕红十字服务事项融入乡镇（街道）便民服务中心、“红基工程”、“红心”行动、“文明实践+红十字人道伴行”深度融合等重点工作落实情况开展联合监督检查2次。聘请第三方机构对捐赠财产（含互联网众筹募资）的收入和使用情况进行审计，并通过“红谷滩区红十字会”微信公众号等平台，主动“晒账单”，发布接受捐赠公示9次。

（王　莉）

法　治

政法委与综治

【概况】　2023年，红谷滩区政法机关严格对标中央、省委、市委关于政法工作的各项决策部署，严格落实区委关于政法工作的具体安排，围绕建设更高水平的平安红谷滩、法治红谷滩的目标，按照“防风险、保安稳、抓治理、促改革、优服务、强队伍”工作方针，全力推进政法工作高质量发展，加快推进政法工作现代化。12月28日，省委常委、政法委书记罗小云对红谷滩区校地两个网格融合共建工作作出批示：科师大与红谷滩区委政法委联合起来，以校园安全管理为切入点，探索建立“两个网格”（属地基础网格与专属网格）为主体的平安校园建设模式，全方位全覆盖排查、预防、化解可能出现的校园矛盾和涉稳隐患，是坚持和发展新时代“枫桥经验”在江西省又一鲜活实践。经验做法《“双网”融合融出基层治理“新模式”——红谷滩区探索高校“专属网格”与属地“基础网格”融合共建》被《江西日报》采用；经验做法《专家联手破难题“四诊”并举解纷争》被中央政法委《长安》杂志刊登，并获评新时代“枫桥经验”江西实践先进典型，得到省委政法委通报表扬和授牌。

【夯实机关政治建设】　2023年，常态化落实“第一议题”制度，长效化运用“五学联动”机制，建立驻点联系乡镇（街道）工作机制，“大学习大宣传大调研大实践年”活动取得显著成效，依托“红谷连心会”、民情夜访、企业大走访、驻点联系等载体，开展基层调研38次，切实为基层、群众和企业解决了一批难题。深入贯彻落实政法工作条例、省委实施细则和市委实施办法，推动完善了涵盖请示报告、政治督察、执法监督、纪律作风督查巡查等12项制度在内的政治建设制度体系，针对中央和省、市督导调研、督察巡查反馈的26个问题，落实53条整改措施，有效夯实了坚定拥护“两个确立”，坚决做到“两个维护”的思想、政治、行动根基。

【平安建设】　2023年，坚持把稳定作为压倒性的首要任务，圆满完成省市行政中心、南昌西客站、秋水广场等重点目标和习近平总书记考察江西、迎新烟花晚会、南昌国际龙舟赛、横渡赣江游泳比赛、国庆烟花晚会、南昌国际马拉松、迎春烟花晚会等重大活动的安保维稳任务300余个，得到市委主要领导的批示肯定；加强对社区矫正对象、刑满释放人员的管理，无一人脱管漏管；妥善化解女性失地农民养老保险、华南城楼盘项目停工等一批重大涉稳事件；对国家信访局在“治重化积”专项工作中3批交办的160件信访积案全部化解，办理质量与进度位列全市第一方阵，切实打好了各类风险防控主动战、整体战。

【深化基层社会治理】　2023年，把纵深推进基层社会治理现代化，作为建设更高水平平安红谷滩、法治红谷滩的重要路径，着力在治理能力、治理手段创新上持续发力，不断提升社会治理效能，开创了“红谷滩之治”的新局面。4月，高标准通过市域社会治理现代化省级试点验收；在全市率先成立区矛盾纠纷多元调解中心，唱响了“鸿鹄连心桥、调解‘520’”特色调解品牌，受理矛盾纠纷案件10563件，调解成功10487件，调解率99.58%，得到市委常委、政法委书记吴建平的批示肯定；建成智慧平安小区26个、智慧平安校园13所，打造平安志愿者“一镇（街道）一品牌”10个；12月，在全区举办政法基层基础“十大项目”巡看评比活动，区检察院打击治理电信网络犯罪工作、沙井派出所社会矛盾风险排查综合系统等“十大项目”脱颖而出，切实迈出基层治理现代化的新步伐。

【拓展法治服务保障】 2023年，聚焦电信网络诈骗、“黄赌毒”、暴力违法犯罪等危安问题，组织开展电诈宣防“万人大决战”“春雷”“初夏护安”等系列行动，探索与高校共建反诈预警平台，共破获各类案件166起，破案率同比上升147.76%；健全完善扫黑除恶斗争常态化“2+20+N”制度机制体系，强力处置行业乱象、扰乱市场秩序问题115个；在全市率先成立区法学会，组建40余人的首席法律咨询专家库，努力打造服务全区法治实践高端平台；推动政法各单位立足自身职能优势，在慧谷产业园、用友产业园、VR产业园等地创设检察联系点、法院法律服务站、公共法律服务工作站。辖区社会治安环境、法治化营商环境进一步优化，全年共受理法律援助案件173件，解答法律咨询500余件，服务群众和企业600余人。

【深化政法领域改革】 2023年，围绕影响执法司法质效和公信力的突出问题，重点从执法规范化改革、司法公正化改革、业务科技化改革三个方面入手，推出11项改革项目，具化为21项改革举措。区委政法委探索实施与江西科技师范大学“两个网格”融合共建项目，成为全区唯一参选省级探索和推广类的改革试点项目；区公安分局深化“情指一体化”运行机制，全年共接报警情47310余起，帮助群众找回失踪老人、小孩63人；区法院深化物业多元纠纷解决机制改革，诉前成功调解物业案件1151件，同比增长31%；区检察院构建未成年人检察综合履职模式，聚焦未成年人犯罪案件中发现的社会公益问题，开展公益诉讼监督13件，促进堵漏建制。区司法局开展律师事务所示范等级评定工作，优化对律所及其从业人员的规范管理，政法工作现代化红谷滩实践的新路子愈加显现。

【夯实基层平安基础】 2023年，坚持以平安江西基层基础建设提升年活动为契机，着力在配齐配强基础力量、落实落细重点任务、优化实化工作平台、建立健全制度机制上下功夫，不断夯实基层基础。配齐乡镇（街道）政法委员9人、综治专干和网格员等1144名，聘请员额制辅警820名、“鸿鹄义警”350名、司法辅助人员285名；完成7个一级乡镇（街道）综治中心、90个一级社区综治中心、41个一级村综治中心、14个二级村综治中心的等级化创评工作；强化网格化服务管理，按需科学整合多个职能部门进网格，进一步规范网格管理事项，开展网格员“线上+线下”培训8场200人次；搭建VR智慧综合应用平台、“智慧矫正中心”；大力推进社区（村）警务室建设，全年共建成134个社区（村）警务室，73名社区（驻村）民警任社区（村）“两委”班子；完成15人以上的公安派出所“两队一室”建设和基层司法所6个公共法律服务工作站“两化”建设，基层平安创建的各类要素保障更加充实有力。

【强化政法队伍建设】 2023年，深入落实《中共中央关于新形势下加强政法队伍建设的意见》精神，常态化开展政治督查、纪律作风督查巡查、政治轮训和政法干警政治素质项目化考核评价工作，组织政法干警赴赣州于都开展2期政治轮训；重大事项请示报告40余件；全区政法干警交流轮岗120余人次；系统性地开展违反防止干预司法“三个规定”、新时代政法干警“十个严禁”、涉法涉诉信访和“顽瘴痼疾”大起底、大排查、大整治活动，运用执纪监督“四种形态”处理干部5人，办理涉法涉诉信访案件7件39人；结合主题教育问题整改工作，针对影响队伍形象的“庸懒散拖”等问题，开展“4+X”（“油松痞、小鬼难缠、中梗阻”、脱离群众和漠视侵害群众利益问题4项共性问题专项整治，以及结合行业系统特点开展个性问题专项整治）作风专项整治行动，政法干警素质能力进一步提升，纪律作风进一步好转。以思想教育、解决问题、严肃纪律为抓手，以治理“庸懒散拖”问题为突破口，切实加大正风肃纪力度，以优良的作风推进政法队伍建设，维护社会大局稳定、促进社会公平正义、保障人民安居乐业。

（王川川）

法治政府建设

【概况】 2023年，红谷滩区司法局以法治政府建设示范创建为引领，加快推进政府治理体系和治理能力现代化，有序推动政府各项工作在法治化轨道上运转，为全区经济社会高质量发展提供坚强的法治保障。为切实增强人民群众的法治获得感和幸福感，全力推动“有法帮你”法律服务品牌打造，积极构筑“八大工作体系”，持续构建“大法治”工作格局，助力法治红谷滩建设。

【强化法治政府建设组织领导】 2023年，全面落实国家工作人员学法用法制度，常态化开展“习近平法治思想大学堂”活动，扎实推进法治政府示范创建工作，建立以区委书记任组长、区长任常务副组长、部分有关区领导为副组长的示范创建领导小组，并设置8个工作组，每组均明确一名牵头区领导和牵头单位。强化法治督查效能，实现乡镇、街道党政主要领导年度“述法”全覆盖，建立红谷滩区法治督查指引、提醒、警示制度，扎实开展法治建设实地督查，推动法治政府建设各项任务落地落实。

【全面高效履行政府职能】 2023年，深化“放管服”改革。认真落实行政许可事项清单制度，全区21个部门共制定635个行政许可事项实施规范，完成422个行政许可事项办事指南编辑工作。6月，在全省首创政务服务新模式——鸿鹄智办“叮叮抢单”，全区政务服务事项网上可办率为100%，全程网办率为99.38%。制定《红谷滩区关于持续推进营商环境优化升级“一号改革工程”2023年行动方案》，配套出台五大专项行动方案，形成“1＋N”优化营商环境政策体系。在全省政务数据共享应用观摩会上，区政务服务数据管理局报送的《免证办理再升级为民办事再提速》被评为全省政务数据共享应用观摩“最佳创新案例”；红谷滩区荣获“南昌市2022年度政务数据共享优秀单位”称号。

【巩固依法行政制度体系】　2023年，全面规范行政决策程序，出台《红谷滩区人民政府办公室关于进一步规范区政府常务会议管理工作的通知》。制定《2023年红谷滩区重大行政决策事项目录》并通过政府网站对外发布。加强行政规范性文件监督管理，加强对规范性文件的动态监督管理，全年合法性审核政府部门文件312件，废止规范性文件37件。

【严格规范公正文明执法】　2023年，推行涉企行政执法“四张清单”实施包容审慎执法，全区16家执法单位完成“首违不罚”“轻微不罚”清单的制定，全区各行政执法部门开展涉企执法检查1273次，同比减少34次。举办2023年度行政应诉能力建设及行政执法业务工作培训班，开展全区行政执法人员法治素养测试。开展行政执法专项监督检查，重点检查执法单位落实行政执法责任制和责任追究制度情况、乡镇综合行政执法工作情况、重点领域执法情况及2023年度案卷制作等情况。

【加强行政权力监督制约】　2023年，落实向区委、区人大报告年度法治政府建设情况制度，印发《红谷滩区人民政府行政应诉工作规则》，举办行政败诉案件约谈会，将行政机关负责人出庭应诉和履行法院生效裁判制度落实情况纳入全面依法治区考核，区政府相关负责人出庭应诉率达100%。提升“12345”热线服务水平，全年接到热线转办件74329件，按期办结率98.58%。红谷滩区获评2022年度南昌市社会信用体系建设工作优秀县区。

【完善矛盾纠纷多元化解机制】　2023年，不断强化人民调解组织建设，全区共创建人民调解协会1个、人民调解委员会190个，其中行业性、专业性调委会5个。筛选50名专家建立调解专家库，着力培育“吴悦苏”金牌调解室，至年底，累计排查各类矛盾纠纷7244件，调解成功7160件，化解率98.8%。持续改进完善行政复议工作，制定《行政复议案件调解办理规程》等16个工作制度，全年共收到行政复议案件92件，收案量同比增长148.6%，法定期限内结案率达100%，区司法局获评全省行政复议工作规范化示范单位。加大公共法律服务体系标准化规范化建设力度，建成9个公共法律服务工作站和179个工作室，智能法律服务终端乡镇（街道）覆盖率100%，村（社区）法律服务工作室覆盖率33%。广泛开展全民普法工作，健全完善普法责任清单、领导干部学法清单、重要普法节点提示单、重点任务督办单、履行普法责任评价书的“四单一书”制度体系；积极组织开展法治宣传活动110余场，覆盖群众2万余人次。推进“法律明白人”实践平台建设，在每个乡镇、街道设置一个实践站，在每个村（社区）设置一个服务工作岗。

（徐卓雅）

公　安

【概况】　2023年，南昌市公安局红谷滩分局（以下简称分局）以全面贯彻落实党的二十大精神为统领，以推进公安工作现代化为主线，以开展“三大专项行动”为牵引，深入开展“春雷”“初夏护安”“夏季治安打击整治”“暖冬”等系列行动，全力以赴防风险、保安全、护稳定、促发展，有力地维护省会核心城区安全稳定。辖区社会治安呈现“三升三降”的良好态势，即破获刑事案件数、刑事拘留、抓获网逃人数同比分别上升68%、82%、59%，电信网络诈骗发案、治安案件受理、信访件同比分别下降11%、22%、19%。“2301”“2302”重大警卫任务得到中办高度肯定，烟花晚会、VR产业大会、南昌马拉松等大型活动安保工作得到省市领导批示肯定。分局荣获2023年度市局绩效考核第一名、省委省政府“党的二十大维稳安保工作成绩突出集体”、全省“春雷行动”集体二等功，41个集体203名个人立功受奖。沙井派出所获“全国维护妇女儿童权益先进集体”“全省新时代‘枫桥经验’江西实践先进典型”等荣誉称号，龙兴派出所、卫东派出所荣立集体二等功，涌现出一等功获得者于锐等一大批先进典型。

【政治引领把牢方向】　2023年，始终把政治建警放在首位，坚持不懈用党的创新理论武装全警，组织召开民主生活会、党委理论学习中心组学习会和“第一议题”学习会46次，深入开展学习贯彻习近平新时代中国特色社会主义思想主题教育，一体推进理论学习、调查研究、推动发展、检视整改、建章立制等重点措施的落实，广泛开展政治轮训和政治教育、英模教育，持续加强对习近平总书记系列重要讲话、重要训词精神，以及党的二十大和二十届二中全会精神的学习，引导全警深刻领悟“两个确立”的决定性意义，坚决做到“两个维护”。全面加强党对公安工作的绝对领导，严肃党内政治生活，严格执行《中国共产党政法工作条例》，及时向市局党委、区委区政府请示报告重要工作、重大案件。强化政治督查、政治谈话、政治考核，对科所队班子特别是“一把手”开展政治谈话134人次，履责约谈35个党支部，确保党中央决策部署在红谷滩公安落地见效。

【安保维稳妥善高效】 2023年，始终把维护政治安全作为首要任务，坚持总体国家安全观，深入开展反渗透、反颠覆、反恐怖等斗争，坚定维护国家政权安全、制度安全、意识形态安全，全面筑牢政治安全防线。扎实开展矛盾纠纷排查化解专项行动，创新研发全市首个矛盾纠纷排查综合系统，建立派出所融调解中心与区矛调中心、乡镇综治中心每日小结、每周研判、每月会商的联动机制，排查化解各类矛盾纠纷1.09万起，化解率达98%，考核成绩市局第一。依托分局智慧综合管控平台和省行政中心智能周界预警系统，持续做强三队一所(直属一、二、巡逻处突大队和卧龙派出所)快反机动队，严格落实“1、3、5分钟”处置机制，推动信息预警、引导劝离、现场处置等环节无缝衔接。总结固化近年来重大活动安保工作成功经验做法，强化指挥调度、警力布防、保安管理、硬件配套、后勤保障，完善部门合作、警种协同、区域联动等机制，完成“2301”“2302”等警卫任务51个、绿地国际博览城各类展会、国体各类演唱会，以及省委省政府主要领导走访调研保障等重大活动及政务性活动安保任务265个，其中烟花晚会、龙舟赛、跨年夜等大型活动11场，确保了绝对安全。

【违法犯罪打深打透】 2023年，以常态化扫黑除恶斗争为牵引，深入推进“云剑”“长风”“初夏护安”“夏季行动”等专项行动，对各类突出违法犯罪始终保持严打高压态势。破获2起10年前性侵害积案，省厅发来贺电。创新未成年人违法犯罪“路地联勤”(地方公安机关与铁路公安机关之间的合作机制)、“三色预警”得到副省长、省公安厅厅长袁勤华表扬。“现案快破”综合考核成绩和追赃挽损金额位列市局第一。认真落实“四专两合力”(专题研究、专门队伍、专案攻坚、专业技术，抓好内部合力、促成外部合力)工作要求，优化整合资源，全力推进分局反诈中心实体运行。常态化推进分局、派出所、警务区三级预警劝阻体系，压实精准预警联动劝阻责任，保护人民群众“钱袋子”。成功劝阻1万余人，防范电信网络诈骗案件59起，直接避免群众资金损失200余万元，资金预警预后被骗率由5.75%下降至0，创新的“二查一核”(一查线上电话劝阻情况、二查见面视频，线下回访核实)预后失败案例剖析倒查机制经验做法在全市推广。加强线索研判，开展大案攻坚，实施全链条生态打击，损失金额在50万元以上的电诈案件实现全破，全市首例电信网络诈骗开发App窝点案件成功告破。统筹推进“昆仑”等专项行动，依法严打非法捕捞、非法采矿、毁林占地等各类涉生态环境领域违法犯罪，深化行刑衔接机制，联合区农业农村局、区市场监督管理局、区生态环境局等单位开展社会面联合大清查、大整治行动16次，打掉2个非法倒卖假酒的犯罪团伙，成功破获一起涉案金额达300万元的贩卖运输假烟案。

【立体防控守护平安】 2023年，深入开展社会治安集中整治，持续强化社会治安防控。组建分局女子巡逻队，招录250名专职巡防员，设置18个夜间综合卡点、30条巡逻线路，持续开展“见警察、见警灯、见警车”行动，着力提升公众安全感、公安满意度。构建“街面巡查+视频巡逻”双向互补模式，共出动巡逻警力8万余人次，巡逻盘查3万余人次，抓获各类违法犯罪人员230余人，形成强大震慑。加大对行政中心、金融网点、校园医院、水电油气等重点单位、要害部位的安全保卫，排查整治安全隐患，督促落实主体责任，完善人防、物防、技防设施，指导844家内保单位开展安全防范、消防演练121次。专项整治南昌西站周边拉客乱象，训诫“喊客拉客”人员3000余人次，行政处罚20余人次。深入推进“新型警力护校园”专项行动，创新开启“警校家+N”护校模式，派出“护学岗”警力8200余人次，牢牢守住校园安全。深入开展防溺水“一堂课”活动，组织民警856人次，走进130所校园授课488次，覆盖学生6.67万人、家长3.97万人，发送安全提示短信约29.21万条，悬挂电子横幅298条；开展日常巡查1.17万人次，发动社会力量开展巡查1.07万人次，全面筑牢防溺水安全防线。

【重拳出击整治隐患】 2023年，严整治安突出问题，着力净化社会治安环境。加大对酒店、网吧、酒吧、KTV、洗浴等娱乐场所的清查整治力度，实行打击、管控“两轮驱动”，大力整治发卡招嫖、“网约房”涉黄涉赌等突出治安问题，共办理涉黄涉赌刑事案件14起，查处涉“黄赌”类行政案件24起，黄赌警情保持低位运行态势。全面推进文明养犬工作，保障公民健康和人身安全，维护社会公共秩序。共查处“养犬”类案件400余起，收容流浪犬541条，在社区、市民公园、商业街等开展文明养犬宣传60余次，发放各类宣传资料1.2万余份。会同政府相关部门，着力抓好小学校或幼儿园、小医院、小商店、小餐饮场所、小旅馆、小歌舞娱乐场所、小网吧、小美容洗浴场所、小生产加工企业“九小”场所常态化消防安全监管，共检查“九小”场所8924次，发现整改消防隐患1397处，下发整改通知书1.08万份。加强对辖区寄递物流企业的治安管理，组织属地派出所，联合邮管局、治安支队检查寄递物流企业93家，发现并整改安全隐患30起，对全区二级以上10家医院进行安全隐患排查，下发整改通知书7份。

【便企利民服务大局】　2023年，以“云端”“猎狐”“歼击”等专项行动为抓手，严厉打击非法集资、合同诈骗、传销、洗钱等经济违法犯罪，完善“企业安静日”等制度，刑事处理胡某非法经营案犯罪嫌疑人21名，成为江西省第一起全链条打击的新型期货领域犯罪案件；破获江西省首例新型“借贷式工具人”贷款诈骗案件，抓获犯罪嫌疑人8名，冻结房产、商铺83套。紧扣发展大局，积极服务重大项目建设，协助属地党委政府完成征地拆迁安置、涉楼盘、学区问题等安保工作50余次。联合相关部门，有效处置工地项目欠薪纠纷、“闹访”事件160余起，助力涉稳楼盘交楼工作顺利开展。扎实推进根治欠薪“护薪360”专项行动，为5368名农民工追回被拖欠工资8925.6万元。严格落实省厅、市局进一步优化营商环境助力企业高质量发展25条、28条措施，落实“一次性告知”制度和“只跑一次”制度，开通延时错时服务，提供“一门一厅”“一网通办”“就近办”服务。在沙井派出所设立全省首个“一站式”综合服务窗口，实现161项政务服务事项“一窗通办”，在全省会议上介绍经验。率先在全省开展派出所办理边境证件业务及省内异地首办居民身份证业务试点工作，设立军人退役“一件事一次办”户政窗口、“助企服务专窗”，提供“一站式”服务。

【改革创新提升战力】　2023年，坚持科技赋能、情报先导、资源共享，依托VR智慧综合应用平台，着力打造“风险防控全面精准、指挥调度高效顺畅、警务数据融合共享、警种优势合成作战、网上网下同步应对”的“情指行”一体化运行机制，将全区智能视频探头、“110”车载监控、4G执法记录仪、警务通手机、手持电台、巡逻车定位等接入分局智慧综合应用平台，通过坐标定位、融合通信技术，实现警情、警力、视频资源一图展示和调度。建立多警种合成作战机制以及日研判、周分析、月会商工作机制，对重大案件做到快速反应、科学处置、及时跟踪、闭环运行，快速精准处置一系列容易造成不良影响的案件10余起。

【夯实基础强化保障】　2023年，全面贯彻落实《加强新时代公安派出所工作三年行动计划（2023—2025年）》，强化“八个一”勤务机制常态运行，启动派出所“主防”改革，推动15人以上的派出所全部完成“两队一室”（社区警务队、案件办理队、综合指挥室）建设，配备社区民警数占派出所民警总数的40%以上。在龙兴派出所开展派出所退出“大轮班”模式改革试点工作，通过“洪城义警”App，组织“红谷义警队”，协助民警共同开展群防群治工作560余次，出动“红谷义警队”1680人次，不断推动基层警务深度融入基层社会治理。投入2000余万元，完成卧龙派出所、红角洲派出所、凤凰洲派出所、巡逻处突大队、反恐训练基地、刑侦大队生米中队、省信访局屯警用房等地的建设和改造，有序推进分局业务技术用房暨执法办案中心建设；报废更新执法执勤车辆11辆，新购入应急指挥车1辆、执法巡逻艇2艘，打造全省首个警务装备信息化示范派出所，经验做法获全省推广。

【严优并举锻造铁军】　2023年，以驻局纪检监察体制改革为契机，压紧压实层级管理责任链条，推动落实各级党委（党组）主体责任、书记第一责任人责任和班子成员“一岗双责”的责任落实清单，运用监督执纪“四种形态”批评教育帮助和处理62人次，其中运用“第一种形态”处理58人次。扎实推进作风建设“4+X”、跑风漏气违规放贷等专项整治工作，定期组织开展分局党委班子成员履责约谈和家访监督活动。围绕全国两会安保、“三大专项行动”等中心工作，检查基层所队90个次，暗访窗口单位25个次，推动整改问题36个，纪律作风持续向好。坚持政治上激励、工作上支持、生活上关心，新提拔二级副科11人，二级副科交流任职2人；扎实做好45人次职级晋升、3人退休前高级警长职级晋升、1人高级警长选升以及290人次警衔晋升、晋级晋档工作；选派4人上挂市局锻炼。组织分局1227名工会会员开展健康体检、春游、秋游等活动，走访慰问功模、援疆、患重大疾病民警辅警及因公牺牲民警家属、退休干部等100余人次，发放慰问金12.8万元，暑假期间为分局75名民警的未成年子女提供免费托管，先后启用分局老干部活动中心、训练基地，队伍活力不断迸发。

（谢云天）

检　察

【概况】　2023年是全面贯彻落实党的二十大精神的开局之年，红谷滩区检察院聚焦“走在前，勇争先，善作为”的目标要求，忠诚履行法律监督职责，自觉为大局服务，为人民司法，为法治担当，各项检察工作在稳步落实中取得新进展。荣获“全国检察机关打击治理洗钱违法犯罪工作成绩突出集体”“全省先进基层检察院”“全省检察机关信息工作先进集体”等称号16项，14名干警荣获“全省检察机关信息工作优秀个人”“全省检察机关案件管理业务标兵”“全省业务能手”等称号19项。

【深化政治建检】 2023年，深入开展学习贯彻习近平新时代中国特色社会主义思想主题教育，一体推进理论学习、调查研究、推动发展、检视整改、建章立制，组织开展政治轮训、集中研讨、实地参观教学等学习活动47次，开展专题调研13项，办理民生实事14件。认真贯彻《中国共产党政法工作条例》，向区委、区委政法委和市检察院党组请示报告重大事项21次。积极打造“红心向党”党建品牌，推动党建与业务深度融合，用“党旗红”凝聚奋进力量，被评为红谷滩区打造模范机关工作先进单位。

【维护国家安全和社会稳定】 2023年，共办理审查逮捕案件582件766人、审查起诉案件692件920人，办案数同比上升27.9%。严厉打击影响人民群众安全感的犯罪，共批捕故意杀人案件2件2人，起诉抢劫、强奸、放火等暴力犯罪案件31件37人，“盗抢骗”等多发性侵财犯罪案件107件121人，“黄赌毒”等妨害社会管理秩序犯罪案件28件34人。认真落实《中华人民共和国反有组织犯罪法》，深入摸排线索，积极开展法治宣传，推动常态化扫黑除恶斗争走深走实。

【贯彻宽严相济刑事政策】 2023年，统筹处理好“宽”与“严”、“惩”与“防”的辩证关系，做到宽严有据，罚当其罪，确保案件办理效果。全年刑事案件不捕率51.6%、不诉率26.4%、诉前羁押率32.9%，认罪认罚从宽制度适用率89.1%，确定刑量刑建议采纳率95.8%，一审服判息诉率96%。逐案开展羁押必要性审查，对社会危险性较小、主动退赃赔偿达成谅解等情形及时变更强制措施12人。联合区公安分局推进“非羁码”应用，实现对非羁押人员的“云上”监督、“码上”管理，进一步降低非羁押风险、提升管理效能。坚持抓前端、治未病，充分发挥检察建议职能作用，以检察履责“我管”促职能部门依法“都管”。

【履行反腐败检察职责】 2023年，进一步完善监检衔接机制，坚持受贿行贿一起查，起诉贪污受贿案件2件2人、行贿案件2件2人、渎职侵权案件1件1人。同步审查贪污贿赂犯罪赃款去向，依法追诉熊某洗钱案，追缴违法所得425万元。持续深化招投标领域乱象整治，依法打击串通投标、行贿索贿、操纵招投标结果等腐败行为，起诉9件13人，推动追赃挽损3600万元，有力维护公平有序市场秩序，助力全市、全区重点项目建设。

【营造法治化营商环境】 2023年，深化落实全省“一号改革工程”部署，起诉制假售假、非法经营、合同诈骗等破坏市场经济秩序犯罪案件58件92人，追赃挽损4008万元。办理涉案金额8720万元的胡某等人非法从事期货代理服务一案，起诉2名主犯，追诉其他合伙人、代理商26人。加大对企业内部腐败的打击力度，办理职务侵占、挪用资金等犯罪案件15件19人，助力企业良性发展。深化对辖区企业的服务保障，以检察联系点、检侨联络站为依托，积极开展“百名检察官进千企”活动，先后走访民企、侨企81家，开展法治宣传、提供法律咨询、解决实际问题45件次。

【助力防范化解金融风险】 2023年，坚持依法打击、社会稳控、追赃挽损同步推进，妥善办理非法吸收公众存款、贷款诈骗等金融犯罪案件16件30人，助力防范化解金融风险。办理王某等5人骗取银行贷款一案，涉案金额3100万元，联合公安机关开展释法说理，引导犯罪嫌疑人主动退赃2470万元。坚持“一案双查”、深挖彻查，从24件上游犯罪案件中发现并办理洗钱案件8件，涉案金额6400万元，反洗钱工作质效稳居全省前列。坚持多方联动、形成合力，联合区金融办、区市场监管局、区公安分局、区法院建立风险防控联席会议、金融案件线索移送、青年干部双向交流培养等工作机制，聘请区金融办业务专家担任“特邀检察官助理”，推动构建金融犯罪全链条一体化打击和治理体系。

【推动网络空间依法治理】 2023年，坚持分层分类处置，全链条纵深打击电信网络诈骗及其关联犯罪，起诉116件165人；对情节较轻或受骗、胁从参与帮助电信网络犯罪的从宽处理，不起诉36件52人。提前介入、高效办理“缅北”回流人员涉诈案件16件16人，从严从快批捕14件14人。最大限度追赃挽损，完善协作机制，强化联动配合，为群众挽回损失314万元。全面梳理近年来全区电信网络犯罪案件办理情况，发布全省首份《电信网络犯罪检察白皮书(2021.4—2023.4)》，针对性提出治理建议，进一步提升网络犯罪治理实效。网络犯罪检察工作获评全区政法基层基础十大优秀项目一等奖。

【化解信访矛盾】 2023年，深入践行新时代“枫桥经验”“浦江经验”，充分发挥“12309检察服务中心”作用，巩固深化“群众信访件件有回复”，对89件群众来信来访，均在七日内进行程序性答复，三个月内答复办理过程或结果。发挥领导带头作用，包案办理首次刑事申诉、立案监督及重复访等案件13件，已全部化解。深化检察听证制度，重点针对拟不起诉、信访等可能存在争议的案件开展听证155件，实现定分止争、案结事了。

【关爱保护未成年人健康成长】 2023年，加强未成年人综合司法保护，对侵害未成年人犯罪坚持“零容忍”，依法严惩性侵、暴力伤害未成年人案件11件11人。对涉罪未成年人坚持“保护、教育、管束”一体落实，共办理未成年人犯罪案件68件85人，不捕率61.1%、不诉率51.6%、附条件不起诉率34.5%。开展帮教42人，封存犯罪记录15条，发出“督促监护令”17份。构建未成年人检察综合履职模式，聚焦办案中发现的适龄少年辍学，部分商家违规雇用童工，向未成年人出售烟酒、提供文身服务等问题，开展公益诉讼监督13件，促进堵漏建制。以“小红伞”未检工作室为依托，组织检校共建活动6次，法治副校长授课28次，推动法治进校园工作不断深化。

【依法保护特定群体合法权益】 2023年，加强国防利益和军人军属合法权益保护工作，与武警江西总队南昌支队建立“六项机制”，常态化开展沟通联络、党团共建、联动普法，助力强军建设。加强劳动者权益保护，综合运用刑事追诉、检察建议等职能手段，帮助207名农民工追回工资183.9万元。加强妇女权益保护，起诉性侵、家暴、侮辱诽谤等侵犯妇女生命健康、人身自由、人格尊严犯罪案件20件26人。开展公益诉讼守护“她”权益专项监督，立案5件，推动整治母婴机构、美容机构经营管理乱象。进一步规范司法救助工作机制，开展救助82件，发放救助金78.6万元，加大对因案致生活陷入困境者的关怀和帮助。

【传播检察声音】 2023年，以群众需求为导向开展选题创作，在“两微一端”发布普法宣传作品1560篇，被中国长安网、正义网等市级以上媒体转发109篇，制作的未成年人保护宣传片《孤勇者·未检版》获评中央政法委第七届“三微”比赛一等奖，反诈宣传视频被正义网评为全国新媒体优秀作品。加入410个社区网格群、小区居民群，覆盖群众10万余人，创新开展网络直播、有奖竞答等检民互动活动，让“检察好声音”真正融入百姓朋友圈。“红谷滩检察”微信公众号月度影响力多次位居全省检察系统首位，“依托新媒体打开法治宣传新格局”经验做法被评为首届法治时代创新论坛2023年法治宣传教育创新案例。

【推动刑事检察提质增效】 2023年，加强刑事立案和侦查活动监督，与区公安分局建立检察官“常驻+轮值”、24小时沟通、办案数据共享机制，进一步发挥侦查监督与协作配合机制作用，监督立案37件，监督撤案8件，纠正漏诉37人，纠正违法通知书采纳率100%。加强刑事审判监督，对认为确有错误的刑事裁判提出抗诉5件。完善与法院交流会商机制，检察长列席区法院审委会3次，进一步强化法检良性互动，提升办案质效。加强刑事执行监督，开展社区矫正集中大点验、社区矫正巡回检察等监督检查活动30次，对发现的脱管漏管等问题及时予以纠正。以大数据赋能法律监督，自主研发和应用7个法律监督模型，提升线索发现、类案监督能力和效果。“同一辩护人为两名以上关联被告人辩护”监督模型获省检察院采纳。

【做优做实民事行政检察】 2023年，构建全方位、多元化法律监督格局，综合运用检察建议、提请抗诉等方式，对法院生效裁判、执行活动等21件案件开展监督。加强与市司法局、南昌铁路运输检察院、区法院的沟通联系，积极参与行政复议、行政非诉执行、行政生效裁判监督阶段的争议化解，成功化解行政争议案件2件。加强行政执法与刑事司法“反向衔接”，对应接受行政处罚的被不起诉人，提出检察意见，移送行政主管机关处理76件，共同做好不起诉“后半篇文章”。

【公益诉讼检察工作取得新成效】 2023年，坚持“双赢多赢共赢”的办案理念，针对居民区消防安全、公共场所无障碍环境建设、市民出行安全等方面存在的问题，通过与职能部门磋商、促请主动履职，再以检察建议督促落实等方式，推动公益损害问题在诉前得以解决。共开展诉前磋商18件，发出诉前检察建议39份，采纳率、整改回复率均为100%。采取“检察建议+调研报告”的办案模式，对辖区耕地抛荒、“非粮化”、耕地占用税征收问题立案4件，相关职能部门、属地乡镇高度重视，积极履职，共整治耕地360公顷，追缴耕地税700余万元。在依法办案的同时深入开展调查研究，撰写遏制耕地“非粮化”调研报告提交区人大、区政府，当好“法治参谋”。

【深化全面从严治检】 2023年，开展纪律作风督察和检务督察18次、警示教育15次、廉政谈话32人次。完善司法办案廉洁风险防控机制，严格落实防止干预司法“三个规定”，填报“三个规定”等重大事项107件，切实推进廉洁司法。坚持严的总基调，严格执行中央八项规定及其实施细则精神，扎实开展作风专项整治，深入落实新时代政法干警“十个严禁”，做到真管真严、敢管敢严、长管长严。

（杨强盛）

法 院

【概况】 2023年，红谷滩区法院共受理各类案件38814件，已结案36747件，人均结案1531.13件。荣获“2022年度全国法院十佳天平号”“全省法院信息工作先进集体”“2022年度群众满意度先进单位”等集体荣誉称号11项，获“全国‘百个巾帼好网民故事’”“全省法院群众工作能手”“全省法院基层基础工作先进个人”等个人荣誉称号11项。

【优化法治化营商环境】 2023年，深化府院联动，推动破产案件提速增效，共受理破产案件31件，结案29件。运用破产和解举措，挽救困难企业，促成3家企业与债权人达成和解，企业破茧重生、恢复经营。通过追缴股东出资、资产清算等破产举措，追回劳动者工资2.27万元。定期召开区破产府院联动工作领导小组会议，专题汇报区法院破产审判工作情况，审议通过并拨付破产援助资金30万元。延伸司法服务，“零距离”服务辖区企业。在辖区9个乡镇街道分别设立营商服务法官工作站，成立江西省首个“企业合规法官工作站”，引导企业诚信经营，帮助企业防范经营风险，开展企业合规法官走访9次，26家企业主动签订诚信经营信用承诺书。

【防范化解金融风险】 2023年，共受理金融案件13854件，审结13170件，标的额84.61亿元。执结金融案件10791件，执行到位金额30.56亿元。开展“门诊式”速裁，庭审时间相比传统方式缩短了70%以上，相关做法被江西新闻联播宣传报道。开展“赣鄱利剑”涉金融案件专项执行行动，重点对360件涉农商行金融案件攻坚清理，执行到位金额7000余万元，涉金融案件执行工作质效，得到市主要领导的高度肯定。九江银行某支行与李某、厦门某股权投资管理合伙企业（有限合伙）等金融借款合同纠纷执行案，入选为全省法院2023年涉金融执行案件十大典型案例。召开保险合同纠纷案件审判经验交流会暨保险合同纠纷案件审判白皮书新闻发布会，发布《保险合同纠纷案件审判白皮书》。开展金融案件巡回审判4次，实地走访调研金融机构36次，诉前化解各类金融、保险等纠纷案件2100余件。

【完善重点领域治理】 2023年，助力法治政府建设，协同行政机关完善执法机制，审查行政非诉执行案件70件。与南昌铁路运输法院建立行政诉讼巡回审判庭审联合保障机制及行政诉讼多元化解联合机制，协同推进行政诉讼纠纷实质性化解工作。加强生态环境保护，审理非法捕捞水产品罪、非法占用农用地罪等环境资源保护案件9件52人，司法协作守护长江经济带。强化社会共同参与，邀请4名人民陪审员组成7人制合议庭，妥善审结江某某等10人鄱阳湖水域非法捕捞案，该案例入选为全省法院人民陪审员参审十大典型案例。坚持“抓前端，治未病”，针对金融和房地产等领域纠纷，向有关部门发送司法建议7份，重点领域协同治理大格局形成。

【严惩刑事犯罪】 2023年，受理刑事案件478件，审结444件，结案率92.89%，法定审限内结案率97.95%。贯彻实施《反有组织犯罪法》，扫黑除恶斗争常态化开展。守住人民群众“钱袋子”，审结电信网络诈骗、养老诈骗等犯罪案件81件135人。守护人民群众生命安全，审结故意伤害、聚众斗殴、强奸等暴力犯罪案件14件22人。营造公平有序经济环境，审结非法吸收公众存款罪案件9件22人、非法经营罪案件17件29人。保障公民个人信息安全，审结侵犯公民个人信息犯罪案件8件33人。惩教结合，运用宽严相济刑事政策挽救失足在校学生，对杜某某等3名大学生帮助信息网络犯罪活动罪依法宣告缓刑。

【稳妥处理民事纠纷】 2023年，受理民商事案件21153件，审结20190件，结案率95.45%，法定审限内结案率100%。弘扬社会主义核心价值观，妥善审结朱某等7人诉涂某等3人排除妨害纠纷一案，保障民生项目有序推进。促进维护家庭关系和谐，审结婚姻家庭、继承纠纷案件466件，线上发出南昌市首份全省统一制式离婚证明书，全年共审核、发送47份，实现线上申请100%发送。打造“法护鸿鹄”少年审判特色品牌，营造平安校园环境，实现区属中小学法治副校长进校园全覆盖，开展法治进校园等普法活动31次，受益师生4500余人次。联合江西日报社《新法治报》、区检察院、区教体局等媒体、单位开展模拟法庭进校园法治文化特色实践活动，助力青少年法治教育。

【加大执行攻坚力度】 2023年，受理各类执行案件17029件，结案15916件，结案率93.46%，执行到位金额43.77亿元，受理案件数位列全省基层法院第一名。推进网络司法拍卖，挂网拍卖标的物1088件，成交金额4.76亿元，为当事人节省拍卖佣金2053.89万元。保持失信惩戒高压态势，对规避执行、拒不履行的被执行人罚款291人次118.77万元，司法拘留、拘传135人次，移送追究拒执罪13案13人，发布失信被执行人名单9342人次，限制高消费1.78万人次，促使被执行人主动履行6.04亿余元，助力167家企业、726个自然人实现信用修复。

【推动矛盾纠纷多元化解机制建设】

2023年，开展集约化诉前调解，为群众提供专业高效的诉前调解服务。化解各类矛盾纠纷3184件。推动物业纠纷就地化解、专业化解工作模式，对接南昌市物业协会，吸收专业人员加入诉前调解团队，化解物业纠纷21件，开展物业案件巡回审判3次。参与地方矛盾纠纷多元化解机制建设，与区矛调中心联合开展“人民调解＋司法确认”，化解各类纠纷550件，其中撤诉255件，调解228件，司法确认67件。强化金融纠纷诉源治理，在兴业银行南昌分行设立全省首家入驻银行类金融机构的诉前调解工作室，化解金融纠纷13件。

【保障弱势群体合法权益】 2023年，积极维护农民工合法权益，审结追索劳动报酬等纠纷案件483件，涉诉标的3088万元。法检协作助力弱势群体维权，高效审结农民工讨薪案在内的各类检察机关支持起诉案件7件。充分发挥国家司法救助民生关怀职能，为符合条件的弱势群体缓减免诉讼费35.41万元，办理国家司法救助案件79件，累计救助82人93.2万元。联动区公安分局、社区、村委会开展反家暴普法宣传、家庭教育指导4次，发出区法院首份人身安全保护令，筑牢反家暴“保护墙”，切实保护妇女儿童权益。

【推进现代化诉讼服务体系应用建设】 2023年，持续加强在线诉讼服务工作，进一步方便人民群众行使诉讼权，处理人民法院在线服务小程序网上立案申请8702件、人民法院网上保全系统保全申请1405件、律师服务平台立案申请1.3万件。深化无纸化办案模式，全年收转各类材料6.47万次，扫描材料225.45万张，电子签名3.71万次，跨域材料收转872次，形成无纸化卷宗2.31万件，无纸化结案案件2.18万件。全力推进电子送达工作，发送各类送达任务33.38万次，其中电子送达19.67万次，电子送达适用率95.27%，电子送达成功率77.09%。

【落实司法责任制】 2023年，强化审判监督管理，紧盯节点办案，通过日报、周报、月报统计分析案件办理流程，共发布日报249期、周报49期、月报12期。全面落实院庭长监督管理职责，强化院庭长对“四类案件”的监管，共监管各类案件1295件。加强对案件审限的管理，全年无超审限案件，审限内结案率达98.54%。严格执行新的审判质效管理指标体系，以审判质量、效率、效果有机统一作为目标导向，减少程序空转、促进矛盾实质化解。

【统一法律适用标准】 2023年，制定《关于加强类案及关联案件审理工作的意见》，源头把控类案及关联案件分案。探索批量案件示范裁判，通过首案判决方式，妥善处理江西昊达置业有限公司等29批群体诉讼案件。积极主动运用法答网，共在法答网提问145个，通过疑难问题分析请教，提升了法官审判业务能力水平，促进法律准确统一适用。规范组织化行权，召开专业法官会5次，交流讨论各类案件23件，召开审判委员会18次，研究讨论重大疑难案件67件。

【加强互联网司法体系建设】 2023年，全面落实人民法院在线诉讼、在线调解、在线运行“三大规则”，完善远程视频系统、金融简案快办服务平台、集约立案系统等配套设施。稳定运行“收转发e中心”，实现上诉案件卷宗无纸化移送，上诉案件平均移送时间较上一年度减少5天。推进政法跨部门大数据平台建设，实现网上换押等功能，提升刑事案件办理、移送执行的效率。构建金融审判智审新模式，探索“现场办”转向“掌上办”，提升金融审判效率，速裁案件平均审理期限缩短了40%以上。

【强化政治素质】 2023年，严格落实“第一议题”制度，坚持以习近平新时代中国特色社会主义思想为指导，全面贯彻党的二十大精神和习近平法治思想，深入学习贯彻习近平总书记考察江西重要讲话精神，开展党组理论学习中心组学习17次、党支部集中学习23次、主题党日活动12次，举办政治轮训2次。扎实推进主题教育，设立党员示范岗8个，梳理整改整治问题2个，提出整改措施7条。深化党建责任“清单式”管理模式，以列清单明确目标任务、盯清单强化过程控制，深化模范机关打造，擦亮模范机关政治本色，荣获区2022年度“打造模范机关工作先进单位”称号。

【抓实业务素质】 2023年，注重干部招录培养，选拔调入、省考招录年轻干部25人，建立新录用公务员导师帮带制，选派干警到信访局跟班学习，举办教育培训20场，覆盖1770人次，提升了干警综合能力素质。强化法学理论研究，参与法学会组织的法治论坛，获得中部崛起法治论坛一等奖、长江中游城市群法治论坛二等奖、苏区法治论坛三等奖，并获得省法院学术讨论会优秀奖，一篇案例入选《江西法院案例选》。加强同高校之间交流合作，与江西科技师范大学合作共建实习基地，推动司法实践与法学研究互促共赢。

【提高职业道德素质】 2023年，切

2023年5月9日，红谷滩区人民法院驻用友产业园（南昌）“企业合规法官工作站”揭牌成立

（区法院　供图）

实加强党风廉政建设，召开全面从严治党暨党风廉政建设和反腐败工作会议，签订党风廉政建设责任书，院党组专题研究党风廉政工作2次。严格执行防止干预司法“三个规定”、新时代政法干警“十个严禁”等铁规禁令，“有问必录、应报尽报”已成常态，填报“三个规定”1079条。持续改进司法作风，开展日常督察150次，教育提醒7人次。筑牢监督智能化“防火墙”，通过“赣法廉韵”平台，对违纪违法问题易发多发领域和节点全方位防控，红灯预警19条、黄灯预警2609条。常态化开展警示教育，召开警示教育大会5次，传达学习上级文件精神和违纪违规案例通报12次。

（陈文杰）

司法行政

【概况】 2023年，红谷滩区司法局全面落实省委、市委、区委会议部署、开拓进取、担当作为，坚持以党的政治建设为统领，推动全区司法行政系统政治建设得到新加强、法治建设开创新局面、服务大局取得新成效、维护稳定展现新作为、深化改革迈出新步伐。区司法局先后获得“全省行政复议工作规范化示范单位”等4项荣誉称号，4人获省级表彰，1人获市级表彰。

【统筹依法治区工作】 2023年8月，制定印发区委全面依法治区委员会工作要点及全面依法治区重点任务责任分工表，成立专项工作领导小组，召开区委全面依法治区委员会会议，全面总结年度工作开展情况，实现乡镇（街道）党政主要负责人年终述法全覆盖，10月，开展习近平法治思想大学堂百名讲师千场宣讲基层行进社区活动，共60余人参加活动。

【强化行政执法监督力度】 2023年，进一步强化行政执法监督工作，规范行政执法行为，提高行政执法部门办案质量和水平，促进依法行政。全年共收到合法性审查文件312件，其中规范性文件4件、一般性文件308件，向市政府、区人大报送备案4件，报备率、报备及时率、报备规范率100%。深化行政执法信息公示，全年公示行政执法年度检查计划74个、各类案件733件，同比增加230件。推行涉企轻微行政违法行为“首违不罚”“轻微不罚”清单制定工作，全区各行政执法部门开展涉企行政执法监督1273次，同比减少34次。不断提高行政复议、行政应诉工作质效，全年共收到行政复议案件94件，受理49件，已全部办结。3月撰写的2022年行政应诉工作报告获区委书记吴江辉批示；6月，召开行政败诉案件约谈分析会，存在败诉案件的5家单位主要负责人依次进行表态发言，行政机关负责人出庭应诉率达100%。

【法治宣传做实做细】 2023年，推行“谁执法谁普法”工作责任制，健全完善“四单一书”制度体系。组织开展“法律明白人”线上集中培训，发放“法律明白人”工作马甲、袖章、徽章等各2000份，推动“法律明白人”主动亮明身份，发挥作用。积极推动全区各乡镇、街道法治文化阵地建设及民主法治示范村（社区）创建工作。组织全区各单位积极参与国家安全法、民法典等网络竞赛答题活动。共吸引2000余人次参与答题。配合重要时间节点创新活动开展方式，5月，结合民法典宣传月开展“美好生活 · 民法典相伴”普法夜市进社区主题活动，活动得到上级单位充分肯定。

【法律服务提质增效】 2023年，持续加大基层司法行政投入力度，共投入60余万元对凤凰洲司法、九龙湖司法所、流湖司法所开展标准化改造。降低法律援助门槛，扩大法律援助事项，全年共受理法律援助案件508件，指派法律援助律师508人次，律师值班364次，解答法律咨询1650件，接听省“12348”公共法律服务热线4200个，服务群众5600人，开展法律援助宣传活动82场，发放手册3600余份。“有法帮你”初见成效，制作“有法帮你”宣传海报560份，“有法帮你”宣传便民服务卡1.16万张，开展“有法帮你”宣传活动18场，发放宣传品2400余份。严格审核律师管理各项业务，至6月，完成辖区内103家律师事务所、2186名律师的年检初审工作，办理各类律师、律师事务所执业业务1811件。10月，举办2023年度做党和人民满意的好律师培训班，全区112家律师事务所、210名律师参与。

【人民调解落地基层】 2023年，积极推进人民调解进基层，共调处矛盾纠纷1726件，开展排查纠纷978次，排查发现纠纷598件，预防纠纷发生205件。10月，举办红谷滩区2023年度全区人民调解、行政调解培训班，全区215名调解工作骨干参与。充分发挥派驻民警安全保障作用，不断规范社区矫正集中宣告及分类教育工作。至年底，全区共出具委托调查评估报告162份。无一人脱管漏管，安全形势良好。红谷滩区智慧社区矫正中心接受省厅实地考核验收并被评定为2022年度省级智慧社区矫正中心。

（姜　涵　胡钰哲　陶端远
周　璐　张强　艾菲　雷鹏飞）

军事

人民武装

【概况】 2023年，红谷滩区人民武装部（以下简称区人武部）党委坚持以习近平新时代中国特色社会主义思想和习近平强军思想为指导，深入学习贯彻党的二十大精神，按照警备区党委决策部署，着重在首抓政治引领、实抓练兵备战、精抓兵员征集、细抓基层治理、狠抓安全管理上下功夫，各项工作、全面建设取得新的发展进步，被警备区表彰为军事训练先进单位，并连续三年获得全省征兵工作“五率”（报名率、上站率、合格率、择优率、退兵率）量化考评中等体量县区第1名。

【坚持党对军队绝对领导】 2023年，把学习贯彻党的二十大精神与党内主题教育、军队教育实践活动一体筹划、统筹推进、有机融合，按照时间轴线、区分层级领域制订工作推进计划表，分专题分层级抓理论灌输，党委会坚持第一时间跟进学习习主席最新讲话和重要批示指示精神，定期组织理论学习心得体会和专题研讨成果展评，打造“党旗引领军旗”主题文化墙，参加警备区、省军区第四届红色故事会主题演讲比赛分别获第一名、第四名，参加警备区优秀政治教员比武获得第二名，组织官兵到小平小道纪念馆、江西经管学院无人机飞行学院等参观见学，将主题教育向后备力量拓展，不断固牢官兵思想政治根基。

【坚持党管武装】 2023年3月，红谷滩区在区政府召开全区党管武装工作会议，区领导吴江辉、刘光荣、江龙、黄小明、熊锋、黄水根及各乡、镇、街道党（工）委主要负责人参会。会议由区长刘光荣主持，会上书面传达警备区党委六届九次全体（扩大）会议和第七次党代会精神，各乡（镇、街道）党（工）委书记进行党管武装工作述职，区委书记吴江辉作重要讲话。全面落实双重领导、双向兼职、党委议军、工作述职、现场办公等制度，将党管武装工作纳入经济社会发展总体规划、党政部门工作职责和党政领导绩效考评体系。始终保持对党管武装和国防后备力量建设投入的连续性，做到保障标准不降、支持力度不减，全力保障武装工作有力有序有效开展。

【持续推进政治整训落实】 2023年，持续推进政治整训常态化制度化，开展意识形态领域形势分析、思想辨析工作，定期走访公安、国安、网信等部门，完善协作机制，加强信息沟通。严格日常管理监督，组织官兵学习典型案例通报、观看警示教育录像，组织典型案例讨论辨析，用反面典型拉紧红线底线。

【持之以恒正风肃纪】 2023年，根据军委国防动员部、省军区纪委扩大会议精神，区人武部纪委坚持作风建设常抓不懈，紧盯重要时间节点开展作风督查。党委、纪委书记带头上纪律党课，扎实开展党性教育、道德教育、纪律教育、法治教育、反腐败教育，加强新时代廉洁文化建设，按规定要求组织观看警示教育片，传达学习违纪违法人员忏悔录、案例通报等教育材料，形成惩治震慑、制度约束、提高觉悟合力。将住房、用车、喝酒、军地交往等基层风气常态化整治活动与国动部“五查五纠”“学生军训、油料、财务、工程、采购”等专项领域清理整治捆在一起抓，制订总体计划安排和工作清单，区分领域详细制定实施细则，各类整肃治理情况见底、问题见底、整改见底。持续畅通民主监督渠道，公布公示举报电话，常态组织民主对话会、官兵恳谈会，紧盯征兵、慰问、评功评奖等涉及群众切身利益的事项开展作风督查。

【严密组织开展军事训练活动】 2023年，严格按纲施训、严密组训、依法治训，严格落实党委议战议训制度，扎实开展首长机关指挥技能和业务基础训练，落实军事职业教育学习任务，提升国防动员业务能力素质。严密组织民兵常态化轮训和挂钩联训，参加"一个过程"拉动演练集训；着眼民兵新域新质力量建设需求，组织民兵开展"岗位大练兵、业务大比武"活动；先后4次接受省市两级民兵军事训练检查验收和临机拉动点验，有效提升遂行任务能力，在年度南昌市练兵备战综合检查考评中取得第二名。扎实开展学生军训，严格按照学生军训教官初选面试、培训、考核、资质认证等步骤，选拔民兵学生军训教官，顺利完成年度学生军训任务。

【扎实开展年度征兵工作】 2023年，坚持征兵与就业双向赋能、融合增效，紧盯征兵"五率"考评，突出强化征兵专班统抓、强化精准发动引领、强化军内军地协同、强化落地落实力度、强化廉洁红线底线五项措施，通过军地各部门通力协作、严格把关，按照"两无"要求，持续为部队输送优质兵员。联合红谷滩区政府兑现《红谷滩区鼓励大学毕业生参军入伍措施办法》奖励政策，取得江西省征兵工作先进单位"两连冠"，并且连续3年获得江西省征兵中等体量第一名，无责任退兵和廉洁问题。

【编实建强民兵队伍】 2023年，站在国家安全和发展的高度，纵深推进民兵调整改革，健全领导机构、调整力量布局、优化体系结构、创新评估方式，高标准、高质量完成民兵整组任务。前期深入推进动员准备，围绕优存量、增数量、提质量，开展潜力普查和重点专项核查，为实施精准动员、有效动员、快速动员提供数据支撑。人武部根据潜力实际进行编配人员，党员比例、退伍军人比例、新质力量比例均达到相关要求，并在省直单位和驻赣央企对口编组民兵分队，军地联合对红谷滩区民兵工作进行验收。

【加强基层基础建设】 2023年，以贯彻"基层治理规范化建设"活动为牵引，大力提升改造人武部机关各类库室（营院）、民兵应急连以及下属各乡（镇、街道）基层武装部战备库室，按标准配齐各类战备物资器材。扎实开展"基层规范化建设提质升级"活动，以推动沙井武装部建设为牵引，以点带面，全面规范基层"两库一室一站"建设，巩固深化基层武装部规范化建设成果。从进、出、训、管、用等7个方面，对专武干部进行培训、使用和管理，组织新任专武干部和民兵骨干参加省市区三级培训。

【加强人才队伍建设】 2023年，在警备区党委机关支持下，引进文职人员2名，在红谷滩区委区政府支持下，公开招聘退役本科毕业生5名作为专职民兵教练员，并协调区委组织部考察配备9个基层武装部部长，使武装工作有人抓、有培养对象、有发展支撑。落实专武干部和民兵干部资格认证制度，建立完善专武干部、民兵干部例会和集中办公制度机制，着力打造一支专业、精干、高效的专武干部和民兵干部队伍。严格落实党组织运行各项制度，加强党员教育、管理、监督和服务工作。做好党内关怀帮扶工作，基层党组织战斗堡垒作用坚强有力，党员队伍先锋模范作用突出。

【乡村振兴工作成效突出】 2023年，全面落实脱贫攻坚衔接乡村振兴工作，经常性走访贫困户，帮助协调解决住房、饮水、用电等实际困难。11月，区人武部政委到帮扶点南门分场详细了解区人武部2023年帮扶项目情况，现场听取负责人汇报近几年脱贫攻坚和乡村振兴情况，对分场的"世外桃源"等重点项目的建设、宣传氛围的营造、硬件设施的提升改造等方面进行交流。全年人武部先后投入经费15万余元，用于南门分场补充生活水源工程项目建设，解决群众生活水源季节性短缺问题。

【双拥工作扎实有力】 2023年，围绕促进地方和军队的改革与建设，根据全国双拥工作会议精神，采取多种形式，开展双拥宣传教育，强化全民国防教育，宣传和推广双拥先进经验和先进典型，激发军民的爱国热情，营造良好的双拥氛围。区人武部因地制宜，抓住七一建党节、八一建军节、端午节、中秋节等时机，对解放军、武警、民兵预备役人员及其亲属开展形式多样的慰问活动，看望优抚对象中的特困户，竭尽所能地帮助解决实际困难，把组织的关心关爱传递到基层。

【狠抓安全管理工作】 2023年，牢固树立"安全靠建、管理要严"理念，以开展"五查五纠"清理整治活动和"百日安全活动"为牵引，搞好警示教育，强化底线思维，强化教育管理。坚决落实党委主体责任、纪委监督责任和行业部门廉政主管责任，党委正副书记带头贯彻落实习近平主席重要决策指示，形成到底到边的从严治党整体合力。紧盯重点环节，深入搞好安全形势分析，突出抓好兵员征集、整组训练、基层规范化建设等活动的安全管控，常态落实每周五下午"五清零"制度，及时消除安全隐患。

（刘　宽）

人防工作

【概况】 2023年，红谷滩区人民防空办公室（以下简称区人防办）在区委、区政府的指导下坚持"长期准备、重点建设、平战结合"的工作方针，积极响应全省高质量发展主题，较好地完成国防体制改革、各项国防潜力调查和目标防护、国防动员宣传、人防工程维护管理、力量储备等各项工作，确保人防工程日常维护和安全管理责任得到落实，配合市人防办做好疏散集结点建设以及防空警报工作，普及宣传人民防空基本知识、人民防空法律法规工作。

【加快推进国动体制改革】 2023年，根据有关文件精神，明确区国防改革按照"先立后破、不立不破""只能加强、不能削弱""编随事走、人随编走"的原则推进，抓好改革落实，坚持自上而下、分步实施，统筹推进各阶段改革任务。区编办参照执行并下发《关于调整区发改委区住建局部分机构编制要素的通知》，确保国防（人防）工作由区住建局划转至区发改委后国防体制改革和人民防空工作有序平稳衔接，同时制作并启用区国防动员办公室、区国动委联合办公室等印章。至年底，陆续完成区国动办的揭牌、"三定"方案的制定等工作；召开红谷滩区国动委第一次全体会议；出台区国防动员委员会工作规则等三项制度；成立区国防动员事务中心等，加强国动系统工作人员配备数量，国动及人防工作力量得到进一步加强。区委、区政府高度重视国防动员工作，将国防动员工作纳入年度对乡镇（街道）高质量发展综合考核指标，进一步推动红谷滩区国防动员工作高质量发展。

【完善潜力调查统计工作】 2023年，开展国防动员潜力调查统计工作，旨在全面了解和评估红谷滩区在国防动员重要战略资源、后备力量等方面的能力，在军地有关部门的配合下，陆续完成各类重要经济目标保护方案、民兵潜力调查、重要战略资源等潜力调查工作。同时，完善各项国防动员潜力调查数据库，筑牢红谷滩区国防动员工作坚实基础。

【落实人防工程标识标牌设置工作】 2023年，加快推进人防工程标识标牌设置工作。针对存在问题的地下人防标识牌进行部分制作更换，进一步完善人防基础设施。督促新建项目开发商及物业做好后期人防维护管理工作，并根据要求落实人防工程维管责任书的签订及提交维护管理手册工作。人防工程标志的设置，增强了人民群众对人防工程的识别和了解，便于群众战时迅速就近疏散掩蔽和平时躲避自然灾害、应急疏散掩蔽等提供更加便捷、醒目、可靠的引导。至年底，全区结建人防工程已全部按要求完成人防工程标识标牌设置悬挂工作。

【开展人防工程专项检查】 2023年，为进一步加强全区人民防空工程的防护效能和使用效能，推进人民防空工程安全隐患排查与整治工作。以日常巡查、季度性检查、带问题抽查的方式多次对全区人防工程开展检查，重点检查人防工程安全生产、设备维护、结构拆改等情况，建立人防工程维护管理台账，消除安全生产隐患。

【规划建设人防疏散集结点】 2023年，按照上级要求，建设完成赣江市民公园四期人防疏散集结点。该集结点按照平战结合的原则，平时作为社会公益场所，服务于本身原有功能，在遇空袭时，由政府批准启用。人防疏散集结点主要为人群提供应急安全疏散通道，缓解交通压力以及提供必要的物资支持。

【完善防空硬件设备配置】 2023年，为提高国民的防空意识，通过属地协调和支持，在全区范围内增装30台防空警报器，进一步扩大防空警报器的覆盖范围，同时对防空警报器进行日常维护和监测，确保其在长时间内可靠运行。

【强化人防队伍作战能力】 2023年，按照政府统筹、部门指导、属地配合的原则，以属地为单位组建人防专业队伍，涵盖人防治安、抢险抢救、医疗救助、通信运输等专业。高度重视专业队的训练工作，制订并实施科学合理的训练计划，提升队员的实战能力。通过模拟多样化威胁、多样性任务的实战化演练，确保其在面临各类威胁恐吓事件时能够快速、果断地处置。

【协调处理信访工作】 2023年，信访主要表现在辖区内地下人防车位开发商租赁价格过高，不但一次性收取十几万元不等的租赁费，还存在每个月额外收取管理费的情况，开发商及物业由于市场不景气，部分通过提高车位包括人防车位价格来增加盈利，造成广大业主与开发商矛盾不断，群众对于人防车位的使用权、收益权不清晰，致使发生矛盾后不断通过信访来进行维权。针对逐渐增多的信访情况，在区信访局的协调支持下，区人防办与区住建局及属地街办、物业及业主多次进行会谈，现场核实上访户情况及周边环境后，相关信访回复处理意见均已反馈至信访本人，平台信访处理情况良好。全年处理人防信访投诉问题53起，未发生1起安全事故。

（葛　松）

退役军人事务

【概况】 2023年，红谷滩区退役军人事务局深入贯彻习近平总书记关于退役军人工作重要论述，深入推行"尊崇工作法"，精心谋划，创新举措，全区退役军人服务保障体系进一步完善，完成退役军人移交安置任务，扎实做好退役军人就业创业扶持工作，顺利完成"三年争一流"年度任务。荣获全市退役军人移交安置、就业创业、军休服务管理工作先进单位称号，退役军人工作在全省、全市年度高质量考核中获评满分。

【加强退役军人组织领导】 2023年，红谷滩区加强退役军人组织领导，推动退役军人事务和双拥工作实现新突破。召开区委退役军人事务工作领导小组全体会议1次、全区双拥工作领导小组全体会议1次、区政府常务会研究退役军人工作2次、全区退役军人事务专题会议6次，退役军人事务的组织领导保障更加有力。

【加强退役军人服务保障体系建设】 2023年，按照退役军人服务机构建设及退役军人工作“五有”（有机构、有编制、有人员、有经费、有保障）全覆盖要求，全面推进区、乡镇（街道）、村（社区）三级退役军人服务保障体系建设，全市退役军人事务系统基层服务站规范化建设现场观摩会议在红谷滩区举办。推进退役军人服务专干选聘工作，多名社区退役军人服务专干全部上岗，并同步出台《红谷滩区退役军人服务专干管理办法》，举办为期3天的退役军人综合业务能力提升培训班，“尊崇”服务力量更加夯实。

【促进退役军人安置就业】 2023年，开展移交安置满意行动。持续优化退役军人移交接收服务流程，实行军人退役“一件事一次办”模式，简化办理程序，完成退役士兵接收工作，完成转业士官、转业干部年度岗位安置任务。开展退役士兵档案整理工作，对辖区内退役军人人事档案进行全面摸底造册，将档案进行数字化整理。开展就业创业提升行动。采取政府推动、市场引导、社会支持相结合的方式，鼓励和扶持退役军人就业创业，举办2场退役军人招聘会，积极推进双信华兴退役军人创业孵化基地建设。

【推进双拥共建工作】 2023年，区领导利用重要节日开展常态化走访慰问驻区部队和军烈属、老战士、困难退役军人，各级退役军人事务部门开展定期走访慰问重点优抚对象活动，并开展民兵训练、新兵欢送、过境部队、立功送喜报等系列活动24次，促进军地共建融合。全年接收随军家属2人，积极协调落实部队官兵关注的子女教育优待政策，认真组织退役士兵开展适应性岗前培训，免费职业技能培训等工作，尽快破解“三后”（后路、后院、后代）难题。积极推进社会化拥军，夯实双拥创建基础。

2023年11月28日，南昌市退役军人事务局、红谷滩区退役军人事务局举行市级、区级退役军人创业孵化基地授牌仪式

（区退役军人事务局　供图）

【落实优待抚恤政策】 2023年，严格落实优待抚恤政策，发放重点优抚对象补助资金、义务兵优待金等各类资金，组织重点优抚对象短期疗养，开展重点优抚对象免费健康体检活动。全面推进退役军人建档立卡和优待证申领发放工作。在春节、八一建军节期间走访优抚对象和驻区部队，为退役军人发放年画，发送慰问短信。广泛动员社会力量参与双拥工作，为退役军人提供各类专属优惠便捷服务，让尊重退役军人、尊崇军人职业成为社会共识。

【加强军人军属荣誉激励和权益保障】 2023年，开展清明祭扫活动，组织参加“9·30”烈士纪念日活动，开展革命英烈后代关爱行动。开展评选区级“最美退役军人”“最美军嫂”活动，评选出“最美退役军人”和“最美军嫂”，用榜样的力量激励退役军人发挥模范带头作用，展现新时代退役军人风采。建立常态化服务联系工作机制，用心用情着力维护退役军人的合法权益。

【推动退役军人开展志愿服务活动】 2023年，深入开展八一讲堂进校园（社区）活动，充分运用鸿鹄老兵宣讲团，讲好红色故事、传承红色基因。充分发挥区级“鸿鹄老兵宣讲团”及驻区“军嫂宣讲团”的作用，深入社区、学校、企业等开展思政教育，覆盖对象3000余人次。动员优秀退役军人深入南昌心远中学等学校开展“国防教育进校园、军事体验润少年”军事训练周主题活动，受到各界一致好评。积极动员军创企业及退役军人开展困难帮扶、思想帮扶等志愿活动，募集资金帮扶困难退役军人。

（夏　婷）

经济管理

宏观经济调控

【概况】 2023年是全面贯彻落实党的二十大精神的开局之年，是实施“十四五”规划承上启下的关键之年，是全面建设社会主义现代化国家奠定基础的重要一年。红谷滩区坚持以习近平新时代中国特色社会主义思想为指导，在区委的坚强领导和区人大的监督支持下，高标准高质量推动各项重点工作，主要经济指标增幅持续回稳向好，社会大局和谐稳定。地区生产总值增长4.6%；一般公共预算收入预计同口径增长7.4%；固定资产投资增长0.3%；社会消费品零售总额增长6.3%；规上工业增加值增长0.8%；实际利用外资突破1亿美元；外贸出口完成38.73亿元；城镇、农村居民人均可支配收入分别增长4.1%、7.1%。

【持续激发市场活力】 2023年，红谷滩区研发经费投入强度从1.16%提高到1.35%。创新主体持续壮大，新入库404家科技型中小企业，目标完成率位居全市第1；新认定高新技术企业54家；新认定独角兽、瞪羚企业7家，新认定数较上年增长75%，种子独角兽继2019年认定1家后取得新突破。48家中小企业成功认定为2023年省级创新型中小企业，18家企业成功认定为2023年省级“专精特新”中小企业，目标完成率180%。技术合同登记成交额达29.2亿元，同比增长160.7%；推荐提名省科学技术奖14项，推荐数量增长100%。每万户市场主体商标拥有量2050.71件，有效发明专利累计达3321件，“万人发明拥有量”达59.75件。

【数字经济加速布局】 2023年，全区数字经济核心产业企业达5818家，新增438家，总量和增量均为全市第1；规上信息传输、软件和信息技术服务业新增企业15家，总数达45家，营收突破84亿元，营收增量位居全市第1。蚂蚁集团全国服务共享中心、科大讯飞江西区域总部于2023年投产运营，推动浪潮通软江西总部、美团江西区域总部等8个区域总部项目落户。

【现代金融蓬勃发展】 2023年，新引进德邦证券、国贸期货、和谐瑞安股权投资基金等金融机构和企业58家，累计落户各类金融机构和金融服务企业1360家，汇集全省80%以上的法人金融机构和省级区域性总部，初步形成全牌照、多层次的区域金融服务体系。全区新增上市企业1家（江盐集团）、新三板创新层挂牌企业2家（时刻互动、格如灵）、股改企业2家（格如灵、博美环保），区金融办荣获全省金融领域担当作为先进集体称号。启动建设江西国控基金产业园、江西金控数字金融创新产业园，推动注册基金规模首次突破千亿元，达到1181亿元。

【建筑产业持续壮大】 2023年，新引进中铁建设集团江西工程有限公司、江西奎安建设工程有限公司等6家中央与国有建筑企业全资子公司，红谷滩区注册全资子公司的中央与国有建筑企业达到11家，产值占建筑业总产值的42.36%。建筑业“五上”新增企业43家，全区建筑业总产值超1000亿元，增速排名全市前列。

【精准扩大有效投资】 2023年，全力推进总投资2823.77亿元，年度计划投资545.82亿元238个区重大重点项目，构建了“统一调度、分块负责，全程服务、挂图作战，齐抓共管、督查问效”的“项目大会战”工作格局。华润万象天地金融街店、江西求是高等研究院一期等60个项目竣工并陆续交付；江西金控数字金融创新产业园、建发商业综合体等82个项目新开工建设，保利文化艺术城、流量经济产业园等100余个项目加速推进;华南城高铁商务中心城、绿地国博商业2号地块等5个长期停工项目实现复工。全区18个省大中型项目投资完成率为122.8%,6个省重点建设项目投资完成率为133%,108个市重大重点项目投资完成率为110%,8个市重点推进项目投资完成率为132%,项目建设均实现年度目标。

【持续释放消费潜力】 2023年,投入1900万元开展“乐购红谷·悦享生活”促消费品牌活动,带动消费超15亿元。成功举办迎新春烟花晚会、中国南昌国际龙舟赛、千人横渡赣江、国庆烟花晚会等重大活动。地铁大厦天虹、华润万象天地开业运营。赣江新天地商业街区成功获评全省首批省级高品质美食街区,万达金街获评南昌市第一批市级夜间经济街区。成功举办第81届中国教育装备展、中国(中部)工业博览会等55场展会活动,展览面积超133万平方米,参展参观人数超200万人次,现场交易额超100亿元,带动综合消费超800亿元。

【全面畅通要素保障】 2023年,抢抓国家政策机遇,成功争取红谷滩区凤凰洲体育公园等中央预算内投资计划项目3个、资金4875万元。已发行专项债红谷滩区雨污管网及污水处理综合改造工程、九龙湖片区起步区生米镇朱岗村拆迁安置房建设项目等项目9个,共发行专项债券13.06亿元。落实稳经济系列政策措施,累计为企业减税降费超10亿元。提升政策兑现速度,“惠企通”平台累计兑现政策奖励金额超3.39亿元。深入推广省、市普惠金融服务平台,全区注册企业357家,实现放款金额11.49亿元。组织政银企融资对接活动超7次,解决融资金额1550万元。全年获批新增建设用地246公顷;征收集体土地358.73公顷,位居全市第1;累计供应土地28宗304.33公顷,其中出让土地8宗,总面积54.67公顷,成交价款54.38亿元,位居全市第1;批而未用、批而未供、闲置土地等存量土地消化任务均超额完成,位居全市前列,为高质高效推进全区项目建设提供了充足的要素保障。

【营商环境持续优化】 2023年,推进落实《红谷滩区关于持续推进营商环境优化升级“一号改革工程”2023年行动方案》。全省首创鸿鹄智办“叮叮抢单”系统,率先上线全省首台“小赣事”数字人自助政务一体机,开辟24小时无人值守智能自助政务服务大厅新应用场景。率先发布全省首批政务服务事项口语化清单,有效解决部分政务服务事项看不懂、找不到、易混淆等问题,促进群众办事便利。创新“一件事就近办”,实施“四个延伸”,全区事项网上可办率为100%,全程网办率为99.38%,“就近办”月均办件约7800件,基本实现“网上办、就近办、不见面、不求人”。区财政实现与中小微企业签订政府采购合同总金额超3.62亿元,占总金额的98%。全区各级领导干部深入开展“红谷连心会”企业大走访活动,为企业送政策上门。

【招商引资持续发力】 2023年,瞄准华为、阿里、科大讯飞、海康威视等已落户链主企业,紧密跟踪上下游生态伙伴,精准实施链主招商。48次赴长三角、粤港澳大湾区等发达地区招商考察,对接华胜天成华中区域总部、新华三阅动数字产业孵化园等项目100余个,全年新引进项目及总投资额超全市平均水平,优强产业项目数量和投资总额居省市前列。办好2023世界VR产业大会、南昌未来科学城招商推介会等系列招商活动。成功引进互联网百强美团江西区域总部、大数据行业龙头上市公司华胜天成华中区域总部等数字经济知名企业,落户中铁建设集团江西工程有限公司等5家知名建筑类企业,促进了总出让面积超20公顷、总投资额超百亿元江西省金控数字金融创新产业园、建发九龙观塘、明正集团总部等供地类项目摘牌。省外引进人才2996人,其中博士8人、硕士462人、本科1288人,人才招引稳步提升。

【改革攻坚持续深入】 2023年,深化国资国企改革,区财政统筹资金超9亿元,支持区城投做大做强,企业信用评级一直维持AA+,各项经营指标持续向好,市场化实体化改革成效显著。出台《2023年度红谷滩区属国有企业综合考核实施方案》等规范性管理制度文件,健全国有企业管理制度,促进区属国有企业规范良性发展。完成支出标准体系建设,制定区级支出标准体系建设工作方案。强化支出标准在预算编制中的应用,发挥支出标准体系在预算管理中的长期性、稳定性和基础性作用。利用金融商务区优势,积极开展与政策性金融机构合作,实现首个资产盘活项目九龙湖综合管廊一期存量资产盘活项目变现。“十四五”中期评估报告如期完成。

【市场主体持续壮大】 2023年,持续优化营商环境,加快培育和壮大市场主体,为红谷滩区高质量跨越式发展赋能。新增经营主体3.67万户,总量达9.13万户。全区累计新增“五上”企业289家,总数达1057户,位居全市前列。切实做好第五次全国经济普查,提前谋划单位清查工作,形成区属名录底册,提前组织“两员”上户清查,为正式清查打好基础。

【城市建设更加完善】 2023年,完善未来科学城洪州大道快速化、明月山大道、复兴大道、三清山大道等重点城市主干道建设。大力建设南昌中学、行知中学、健康职业学院、技师学院等项目周边道路。谋划未来科学城科教 研发区、数字创新区的路网配套,重点谋划推进狮子山大道南延、杨岐山大道南延、宜春大街西延、上饶大街西延、临川街西延、会仙坛街等城市主干道,形成科教研发区"三纵五横"骨架路网。打通芳雅路、天城路等5条"断头路"。全力推进绿色节能建筑、海绵城市建设、装配式建筑。完成居住建筑节能改造7.2万平方米,公共建筑完成7.9万平方米,完成海绵城市建设32.85平方千米,建成区面积占红谷滩区城区面积的49.6%,远超市级建设要求。

【城市管理更加精细】 2023年,持续深化"马路本色"行动,固化"洗城"机制,实行"三全三化"(全时段、全方位、全闭环,标准化、精细化、品质化)保洁模式,创新开展"烟头革命"行动,打造全市首批"席地而坐"城市会客厅示范点——长天广场,全面提升精细化管理水平,城市精细化考核稳居全市前3。完成风筝广场、中央绿廊等"城市绿肺"的绿化提升,"城市绿肺"成为网红打卡点。全区绿化覆盖率达47.13%,位居全市前列。坚持抓好城市环境综合整治八大行动,城市顽疾日益减少。科学设置537座分类投放亭,建成垃圾分类示范小区22个。建成全市首家垃圾分类科普馆,全年接待人次超1万人次。华鑫府邸小区、丰和小区一区等7个老旧小区完成改造。新建改造公厕5座。完成5个"物管城市"建设。完成赣江市民公园五期停车场、丰和花园停车泊位改造等4个停车场共842个车位建设。完成九龙湖健康公园、樱花园建设。全面整改更替1560个城市窨井盖,推广使用新型井盖256个,打造2条智慧井盖示范路,真正守护百姓"脚下安全""耳边清净"。

【乡村振兴更加深入】 2023年,打造1个乡村振兴示范村、18个共同富裕样板村。完成35个新农村建设点(省级13个)建设。厚田乡詹杨村胡家自然村打造为特色的生态文明村。推进高标准农田建设1000公顷。农村水利基础设施提升改造工程、城乡供水一体化建设项目加速推进。全年完成粮食播种面积1.51万公顷,比上年种植面积增加2160公顷,增长16.7%,年粮食产量超9000万千克,油菜播种面积超2400公顷,粮食实现大丰收。完成3家农业产业化市级以上龙头企业申报,总量达17家(省级4家、市级13家)。按照省、市要求,与23个应急供应网点、2个配送中心和1个储运中心完成签约,超额完成了全区粮食应急供应网点的布点目标,全力保障粮食安全。

【生态环境更加优美】 2023年,红谷滩区PM2.5平均浓度33微克/立方米,优良天数比率93.2%。红谷隧道断面、朝阳水厂断面等7个断面平均达到地表水Ⅱ类标准,无Ⅴ类及劣Ⅴ类水质断面。集中式饮用水水源水质达到或优于Ⅲ类比例为100%。开展潼溪水库(市委党校段)生态修复、赣江排口整治、市政管网缺陷修复等工作,水环境取得看得见、摸得着的变化。全区土壤环境质量总体良好,未发生不良社会影响事件。积极探索医疗废物处置新模式,试点推行医疗废物电子转移联单制度,打通医疗废物收集、转运、处置全流程通道。流湖镇获评第十六批江西省生态文明建设示范乡镇。顺利完成第二轮省生态环境保护督察工作,信访件办结率100%。

【保障体系持续完善】 2023年,财政民生支出同口径保持增长,19件市区人大代表票决民生实事项目圆满完成。组织"百场校招"招聘活动232场,发放创业担保贷款超1亿元,全区新增城镇就业人数7987人、失业再就业人数1040人,分别同比增长124.23%、33.5%。吸纳1.38万名大学生和技能人才到区创业就业。区就业创业服务中心荣获"2023年南昌市工人先锋号"称号。办结劳动人事争议案件1400余件。为5368名劳动者追回工资8615.6万元。城乡居民养老保险新增参保人员1200余人。为3611名困难人员代缴城乡居民基本养老保险费36.11万元。城乡居民基本医保累计参保缴费人数超22.98万人,参保率位居全市第1。最低生活保障提高至915元,特困人员供养标准提高至1190元。全年共发放困难群众基本生活补助金超4700万元。建设社区居家养老服务中心7个,进一步健全城市"15分钟养老服务圈"。对全区18个社区的幸福食堂实施标准化建设。全区共建成家庭养老床位264户,上门服务老人超1.2万人次,发放高龄老人生活补贴730.71万元。严格落实优待抚恤政策,发放定期抚恤补助和自主就业补助900余万元。

【社会事业加快发展】 2023年,新改扩建中小学校、幼儿园18所,预计新增学位2.27万个。万达M区等5所普惠性幼儿园顺利开园。投入8000万元对40余所学校(幼儿园)进行设备采购及提升改造,城乡学校办学条件不断改善。南昌市急救中心九龙湖院区竣工验收,南昌市第一医院九龙湖分院、南昌市洪都中医院二期建成启用。中南大学湘雅医院江西医院等5个项目开工建设。推动江西省基层人工智能辅助智慧医疗系统在3家卫生院、5家社区卫生服务中心和50家村卫生室的建设落地。创新性启用"智能语音外呼助手"。完成8个公立性基层医疗机构中医馆建设,打造沙井社区卫生服务中心、九龙湖社区卫生服务中心2个"市级示范中医馆"。获评省级优秀健康县区。组建家庭医生团队171个,签约总人数超32万人,签约率超48%。建设完成各类托育机构 66 家，每千人口托位数达 4.0 个。万达星城分馆、绿湖豪城分馆等 4 个“孺子书房”建成。开展各类文化惠民活动超百余场，服务群众超 200 万人次。完善三级全民健身设施网络和城市社区“15 分钟健身圈”，着力构建城市社区“10 分钟健身圈”。

【社会治理巩固提升】 2023 年，坚持和发展新时代“枫桥经验”，在全市率先建成区矛盾纠纷多元化调解中心，探索运用“四诊”工作法，精心打造“鸿鹄连心桥、调解520”特色调解品牌，矛盾纠纷化解质效持续提升。社会矛盾风险排查综合系统等 10 个治理项目落地生根。聚焦民生民安民财，推进常态化扫黑除恶斗争等，辖区社会治安持续向好，全年破获各类刑事案件 713 起，追赃挽损发还金额 1038 万余元。完成世界 VR 产业大会、烟花晚会、龙舟赛、跨年夜、南昌马拉松等各类安保任务 316 个，省市核心城区政治社会大局持续安全稳定。全力做好非法集资监测预警和风险处置，有力推进 P2P 机构风险出清工作，不良贷款额和不良贷款率持续下降。强化安全生产风险隐患排查整治，筑牢安全生产防线，率先启动九龙湖街道遗留多年的农房征收安置回迁工作，社会和谐稳定局面持续巩固。

（江子雯）

自然资源管理

【概况】 2023 年，南昌市自然资源和规划局红谷滩分局（以下简称区自规分局）以全国自然资源工作会议提出的“严守资源安全底线、优化国土空间格局、促进绿色低碳发展、维护资源资产权益”为定位，紧扣围绕中心工作和重点任务，扎实推进自然资源管理和规划工作，全力做好耕地保护、土地征收、规划服务、土地供应等重点工作。全年累计获得农转用批复面积 335.42 公顷，征收集体土地约 358.8 公顷，供应土地 306.4 公顷，有效保障了明月山南延、南昌中学、行知中学及其配套九年一贯制学校、昌樟高速改扩建二期、320 国道等多个省、市重大重点项目落地。

【稳步推进土地供应工作】 2023 年年初，编制《红谷滩区 2023 年度国有建设用地供应计划》，全面协调推进林地手续、业态条件、土壤污染调查等前期工作，切实为“净地出让”做好保障。南昌大学第一附属医院九龙湖医院、南昌技师学院（筹）、南昌健康职业技术学院、南昌中学、行知中学及其配套九年一贯制学校等一大批省、市重大重点项目快速落地。多宗经营性用地顺利出让，华为江西区域总部项目成功“落户”江西南昌。至年底，供应土地 30 宗，面积 306.4 公顷。其中出让土地 10 宗，总面积 56.73 公顷，成交价款总额 54.7 亿元，在全市房地产市场排名第一；划拨用地 20 宗 249.67 公顷，划拨权益价款约 8.09 亿元。为重大项目办理置换用地 1 宗 3.79 公顷，涉及补缴出让金 0.15 亿元。

【提高土地节约集约水平】 2023 年，严格落实节约集约用地制度，通过督促开工、完善划拨手续等举措，切实盘活存量土地资源。全年累计消化批而未用土地 315.05 公顷，消化批而未供土地 421.2 公顷，处置闲置土地 61.77 公顷，消化总量同比增长 25%，圆满完成了省、市下达的年度任务，多项相关指标考核综合排名省、市前列，土地利用效率和效益得到有效提高。

【依法推进集体土地征收工作】 2023 年，严格按照法律法规和政策规定，坚持合法性、合理性、公平性和透明性原则，全面开展土地征收工作。及时落实征地补偿，切实维护被征地农村集体经济组织和农民合法权益。全年累计征收集体土地约 358.8 公顷，及时足额拨付征地补偿款 4.55 亿元，有效保障了明月山南延、昌樟高速改扩建二期、320 国道等重大重点项目。获批《南昌市红谷滩区西客站片区土地征收成片开发方案（2023 年）》，成片开发总面积 68.07 公顷，拟征收土地 32.93 公顷。

【做好建设用地报批工作】 2023 年，坚持“要素跟着项目走”原则，在建设用地指标分配上优先向重点项目和民生项目倾斜。规范操作，严格把关，确需占用耕地的项目，按要求落实耕占指标后形成组卷材料，确保上报地块合法合规。积极对接省、市自然资源主管部门，争取到 191.6 公顷新增建设用地计划指标，全年共取得 13 个建设用地批复，批复面积 335.42 公顷，保障了明月山大道南延、320 国道改扩建等省市重大重点项目的用地需求。

【建立健全耕地保护机制】 2023 年，增强耕地保护意识，进一步加强补充耕地项目管理，严格新增耕地核实认定，完善制度加强监管。健全耕地保护机制，严守耕地保护红线，确保全区耕地保有量稳定。编制 2023 年度耕地“进出平衡”方案并实施转进 8.06 公顷。加强耕地保护宣传，积极利用“4·22”世界地球日 、“6·25”全国土地日等节点开展耕地保护政策宣传活动，充分调动广大群众依法保护耕地的积极性和主动性，在全社会营造一种珍惜土地，保护耕地的氛围。确保新增耕地数量真实，强化耕地保护意识，坚持“占一补一、占优补优、占水田补水田”原则，实行耕地数量、质量、生态“三位一体”保护。全年按要求落实耕地占补平衡指标 184.12 公顷，严格落实耕地占补平衡制度。

【积极推进生态修复工作】 2023年，为加快红谷滩区历史遗留废弃矿山修复工作，提升生态环境质量，编制完成《红谷滩区"十四五"规划历史遗留矿山生态修复实施方案》，通过市级自然资源部门审查并取得批复。按照要求2025年底完成辖区内6座历史遗留废弃矿山生态修复工作，修复总面积12.27公顷。

【开展自然资源执法监察工作】 2023年，开展自然资源执法监察工作，做到早发现、早制止、严查处、早整改各类自然资源违法行为。压实属地党政自然资源管理的主体责任和有关职能部门监督管理职责，督促限期整改，消除违法状态。共接收上级下发疑似违法用地遥感影像图斑519个，扎实开展全区自然资源执法巡查工作，确保巡查覆盖率、巡查率达100%，下达《责令停止违法行为通知书》38份，将自然资源违法违规行为扼杀在萌芽中。

【做好自然资源领域信访工作】 2023年，以解决群众实际困难和诉求为切入点，突出工作重点，创新工作机制，改进工作作风，扎实做好自然资源领域信访工作。受理群众来信来访、举报、行政复议、信息公开申请72件，以及网络热点平台、问政江西、"12345"热线网上(转办)等咨询181件，现场接待70人次。积极解答群众疑问，妥善处理来访诉讼。对信访人反映的矛盾如实记录、给予耐心解释，做到有据可查，尽可能地将矛盾化解在萌芽状态，所涉信访件均已全部办结。

(彭欣欣　郑天凯　刘馨仪　万蕊　梁武　陈忠妹)

财　政

【概况】 2023年，红谷滩区财政局全面贯彻落实中央经济工作会议和全国财政工作会议精神，坚持稳中求进、以进促稳、先立后破，紧扣"项目为先、实干奋进，争分夺秒拼经济"工作主线，扎实做好"稳增长、防风险、保稳定、惠民生"各项工作，较好地完成了各项目标任务，有力地促进了全区经济社会事业发展。被授予市、区两级文明单位称号，荣获2022年度全省全市财政系统及全区党委信息宣传工作先进单位称号，荣获2022年度全省市县(区)高质量发展综合绩效考核财政管理工作一等奖及全区2022年度综合考核第一等次，在全市财政工作城区及开发区考核中被评为优胜单位等。

【财政收支情况】 2023年，全区一般公共预算收入完成34.88亿元，同口径增长7.4%，加上上级补助收入预计数19.55亿元，调入资金10亿元，动用预算稳定调节基金15亿元，债务转贷收入4.05亿元，上年结余2.67亿元，收入总计86.15亿元。全区一般公共预算支出59.86亿元，加上上解支出8.14亿元，债务还本支出1.25亿元，安排预算稳定调节基金13.85亿元，支出总计83.1亿元。收支相抵，年终结转预计2.04亿元。全区政府性基金收入完成58.91亿元，其中上级补助收入44.61亿元，债务转贷收入13.23亿元。全区政府性基金支出完成56.01亿元，其中专项债券支出13.06亿元、本级基金支出32.53亿元、上级转移支付支出0.25亿元、债务还本支出0.17亿元、资金调出10亿元。

【多措并举培植财源增长点】 2023年，多点发力抓开源，全力做大财政"蛋糕"。全力挖掘增收潜能。充分发挥区综合治税专班作用，推进精诚共治综合治税工作，常态化开展"扫楼清街"行动，开展信息比对工作，协调税务机关，理顺征收关系，堵住税源跑冒滴漏。突出抓好建设项目纳税管理，加大欠税追缴和土增税清算力度，充分挖掘税收增长潜力。全年通过税源排查、理顺税收征管秩序、招商引资等措施，新增税收区级留成部分超6090万元。其中，招商引资迁入企业148家，实现税收区级留成576万元；税源排查，理顺征管关系涉及企业6户、工程项目85个，实现税收区级留成5514万元。积极争取上级资金。全面梳

2023年9月14日，红谷滩区召开2024年区级部门预算及部门2024—2026年支出规划编制工作部署会

(区财政局　供图)

理省市专项资金支持政策，全年争取上级转移支付资金超19亿元。争取新增政府债券资金15.87亿元，其中专项债券资金13.06亿元，为强基础、补短板、惠民生、扩投资发挥积极作用。切实盘活资产资源。开展全区行政事业单位固定资产及全区安置房资产清查，全面摸清国有资产家底。对收益好或增长潜力大的基础设施项目资产形成盘活资产台账。同时，加强结余结转资金、暂存暂付款的清理，有效盘活存量资金，统筹用于"三保"支出、国企注资等重点领域和刚性支出。积极组织土地出让收入。密切跟踪土地出让进程，加大土地出让金催缴力度，加快与市财政清算进度，全年土地出让（划拨）价款62.63亿元，实现区级土地出让补助收入44亿元。

【支持金融服务实体经济】 2023年，多渠道筹集资金支持重点项目建设。全年筹集建设资金近30亿元，全力保障洪州大桥等一批重点项目建设，以大项目推动大发展。常态化开展建设资金摸底测算，及时掌握重点项目资金需求，对项目未开展或不能开展的，及时核减预算，切实提高财政资金使用效益。多措并举支持市场主体纾困解难，认真落实留抵退税政策，全年全区增值税留抵退税12.5亿元，有效减轻市场主体负担。进一步激发经济发展活力，持续加大促销力度，拨付0.2亿元开展"乐购红谷·悦享生活"等系列活动，拉动消费11亿元左右，有效地提振了市场主体信心；拨付购房补贴和建筑行业奖补资金952万元，积极推进红谷滩区房地产市场健康发展。切实帮助市场主体解决融资难题，运用"财园信贷通""政采贷"等融资杠杆，帮助36家中小企业取得银行授信贷款1.61亿元，为企业融通资金解决周转困难，注入强劲动力。精准有力扶持实体经济发展，全年兑现扶持资金1.84亿元。其中，用于推进红谷滩区金融中心核心承载区建设0.49亿元；用于支持商贸流通及服务业发展0.22亿元；用于支持VR、元宇宙等新兴产业发展1.13亿元。

【持续保障和改善民生】 2023年，统筹兼顾优支出，持续保障和改善民生。坚持党政机关过"紧日子"要求，集中财力保民生、促发展，用心用情用力解决好群众"急难愁盼"问题。全区一般公共预算支出完成59.86亿元，其中民生支出44.15亿元，支出占比达73.7%，有效提升了辖区群众的获得感、幸福感和安全感。促进教育事业优质均衡发展。投入教育支出9.58亿元，用于创新教师培养、扩充师资力量，改善办学条件、持续推进教育信息化，落实"双减"政策，推动教育事业优质均衡发展。全力保障人民生命健康。投入卫生健康支出3.7亿元，用于基本公共卫生、城乡居民基本医疗保险补助、改善基层医疗服务条件。兜准、兜牢社会保障网络。投入社会保障和就业支出5.14亿元，支持重点群体开展就业创业培训，提供创业融资支持，进一步提高城乡困难群众保障标准，推动高质量创业就业，切实保障困难群众的基本生活需求。提升城市功能品质。投入城市维护建设支出8.32亿元，用于城市环境卫生保洁、市政及交通管理设施维护、园林绿化及新增公厕和停车场等便民设施。全力推进乡村振兴。投入农林水支出2.36亿元，用于落实国家支农惠农政策，发放种粮及农机购置补贴，推进高标准农田改造、发展村集体经济、改善农村人居环境，有力地促进农业生产，提升农民生活水平。

【推进财政内控工作】 2023年，千方百计强监管，不断提升财政效能。深化预算管理制度改革。深化零基预算改革。强化预算绩效管理，规范绩效目标设置。建立"全方位、全过程、全覆盖"预算绩效管理体系，规范预算支出管理，切实提升财政资金使用效率。出台《南昌市红谷滩区本级资金审批管理办法》《红谷滩区财政局资金内部审批流程》，规范财政资金拨付流程。落实中央"过紧日子"要求，依据市级文件精神，出台《关于切实厉行节约坚持过紧日子的通知》，并贯彻执行。深化国资国企改革。出台《2023年度红谷滩区属国有企业综合考核实施方案》，加强区属国有企业考核，充分调动国有企业积极性，推进区属经营性国有资产集中统一管理，提升红谷滩区国有资产运营效率和管理水平。加强政府采购监管。优化政府采购营商环境，全面推进政府采购电子卖场制度，简化政府采购程序，降低供应商投标成本。开展政府采购专项检查，认真受理政府采购投诉，积极营造公开、公平、公正政府采购市场环境。全年全区政府采购规模6.04亿元，累计节约资金0.36亿元，节支率5.96%。强化投资评审管理。先后出台《红谷滩区财政局评审中介机构管理办法》《红谷滩区财政局聘用工程师管理办法（试行）》等管理制度，加强评审中介和内聘复核人员的管理，有效提升了评审质量和评审效率。全年共审核工程结算项目106个，核减成本5.9亿元；审核工程预算项目45个，核减成本5.64亿元，政府采购项目41个，核减预算0.4亿元，有效地节省了财政资金。

【强化政府债务管理】 2023年，加强政府债务风险防控。加强政府投资项目财政承受能力评估，对未通过财政承受能力评估论证的项目不予上马。加强政府债务"借、用、管、还"管理。稳妥化解债务存量，坚决遏制债务增量。超额完成累计化债进度。坚决兜住"三保"底线。制定《2023年红谷滩区"三保"应急预案》，强化"三保"预算审核，设立"三保"资金财政专户，库款优先保障"三保"支出。加强财政监督检查。

组织开展地方财经纪律重点问题专项整治、2022 年度地方预决算公开情况专项检查、会计信息质量检查及会计代理记账机构等系列财政监督检查。通过检查，发现地方预决算公开不规范不完整等问题219 个，会计信息质量问题 8 个，涉及资金 284 万元，无证经营代理机构 115 家，均已督促整改到位。通过以查促改，进一步规范财政资金使用，维护了财经纪律权威，有效防范了基层财务管理风险。

（罗　莹）

税　务

【概况】　2023 年，国家税务总局南昌市红谷滩区税务局（以下简称区税务局）坚持以习近平新时代中国特色社会主义思想为指导，主动发挥税收职能作用，在抓好党务、干好税务、带好队伍方面扬长补短、固本兴新，不断推动税收高质量发展。至年底，全局管理服务各类市场主体 4.57 万户，其中一般纳税人 7709 户，小规模纳税人 3.81 万户。撰写多篇税收分析报告获得肯定，其中参与市局集中撰写的《趋势向好 发展承压——税收视角下江西装备制造业产业链分析》报告得到省委书记尹弘批示肯定，参与撰写的《科技赋能 创新引领 助力江西高质量发展》在全省税务系统经济税收分析业务大比武团体赛中获得第三名，多篇税收分析报告获得区委区政府肯定，充分发挥了“以税咨政”作用。

【强化党建引领】　2023 年，坚持以政治领航，凝心聚力学思想、强党性、重实践、建新功。信念根基更牢。聚焦“关键少数”带好“绝大多数”，通过班子打头阵、中层作表率、党员常态学，深入学习贯彻党的二十大精神和习近平总书记考察江西重要讲话精神。全年区局组织“第一议题”学习 20 次，党委理论学习中心组学习 6 次，举办党的二十大精神培训班 1 期，青年干部座谈会 3 次，引导党员干部坚决做到“两个维护”，捍卫“两个确立”。主题教育更实。坚持把开展好主题教育作为一项重要政治任务，组织部分党委班子成员、党员干部和青年干部代表赴赣州于都、瑞金、南康等地开展学习交流、联学联建等活动，举办“牢记嘱托作示范 感恩奋进勇争先”主题演讲比赛。扎实做好问题整改“后半篇文章”，将检视出的 19 个问题细化为 31 条整改措施，明确整改目标、整改时限，实行挂号销账。党建品牌更亮。围绕“勤廉洪税”主题，开展“勤廉积分制”管理，设置“勤廉红黑榜”，定期公开勤廉积分排名。着力打造“政治领航、思想护航、强基远航、廉洁巡航、党业同航”的“五航”政治机关建设。开展“一支部一特色、一党员一风采”活动，用“起承转合”支部工作法，引领“三优”区（分）局和“枫桥式”税务分局创建，第一税务分局党支部获得全省税务系统“示范党支部”荣誉称号。严的氛围更浓。督促“一岗双责”落实到位，落实区局副科以上干部节假日遵规守纪报告承诺制度。主动向地方纪委、监委汇报工作，互派特约监督员 1 名，对外聘请 10 名特约监督员，畅通“智慧监督”“码上监督”等监督渠道，注重内查外调。开展 5 场专题警示教育会，做好党员干部“八小时之外”监督工作，深入开展“作风不实 为税不廉”大整顿，全年全局未发生一起酒驾醉驾事件。选送“一案双查”案例荣膺全省“六大精品案例”称号。节目《清贫》获市局青年干部观廉诵廉活动汇演第二名。

【坚持组织收入原则】　2023 年，始终把组织税费收入作为头等大事，坚决贯彻组织收入原则，统筹抓好组织收入和退税减税落地工作。组织收入“量增质优”。严格落实市局“七抓七不放”工作要求，坚持以查促收、以评促收、政策保收。全年组织入库各项税收收入 55.95 亿元，同比增收 10.46 亿元，增长 23%；组建 4 个土增税清算项目小组，完成清算项目 37 个，查补税款近 20 亿元；制定落实欠税清缴管理办法和追缴欠税流程规范手册，共清缴欠税 3.8 亿元。税惠政策“落地落细”。严格执行政策找人“四个有人管”制度，进一步落地落细税费优惠政策。全年新增减税降费 7.3 亿元，办理退税总户数 5130 户。社保非税“规范有序”。全年各项社保费征收入库 36.75 亿元、非税收入合计 58.9 亿元。在平稳有序推进“统模式”改革工作的基础上，进一步强化欠费管理。

【优化营商环境】　2023 年，着力构建优质税费服务体系，施利民之策，推便民之举，不断优化税收营商环境。精细辅导有力度。举办 3 天 7 场“鸿鹄馨税 税企连心”税费新政宣讲会，为辖区 3200 余户纳税人详细辅导税费政策，加强税企沟通，提升服务质效。开展“税费优惠直达快享 助商发展赋能添力”税收志愿服务活动，在万达广场一楼设置“税惠集市”，在万达影城设立“移动纳税人学堂”，现场共计发放宣传折页千余份，为百名纳税人提供税费业务政策讲解，为近 40 户商户现场解决问题 11 个，全年开设纳税人学堂培训 17 场。便民服务有温度。加快响应速度，升级打造“龚全珍工作室”“枫桥式”税务分局，打造“咨询辅导、政策解读、权益保护”刚柔并济的服务型执法模式，不断拓展办税服务手段。现场解决问题 310 余个，化解征纳矛盾 110 余次，力争做到“小事不出厅、大事不出局、矛盾不上交、服务不缺位、征纳更和谐”。走访问需有深度。积极开展第十年“便民办税春风行动”，走访问需企业 3 万余户次，走访重点办税人员 970 人次。聚焦困难企业需求，利用税企座谈会、“赣税行”电子交互平台、调查问卷等渠道征求纳税人意见建议。开展“个体工商户服务月”活动，及时收集和了解个体工商户的涉税诉求，发放个体工商户“馨”税提醒小折页1300余份，569户个体工商户以“线上+线下”相结合的方式参与学习。

【提升征管质效】 2023年，加快征管改革步伐，强化以数治税，积极落实税务执法“四个有人管”风险防控要求，进一步完善风险管理机制。以数治税更加深化。做好可信身份平台、电票平台系统上线各项工作，积极处理市局下发问题数据，修改问题数据1万余条。做好一网通办工作，网上申领发票办结率达98.56%。加强邮政代开代征税款工作，全年邮政部门代开发票3154份，代征税款326万元。综合治税更加实化。推动建立联席会议制度，多次会同区财政局、区发改委、区政数局、区住建局、区市场监管局等相关部门以及各乡镇、街道召开工作例会，共同推进精诚共治综合治税，全年入库耕地占用税3451万元。同时，协同区综合治税办组织属地对集体房产特别是村集体资产租赁收入进行自查，开办房产税和城镇土地使用税培训辅导班，对属地单位进行培训，同时结合市局下发的房土两税疑点数据进行排查，全年入库房产税2.67亿元。风险防控更加优化。强化重点领域监管，盯紧新经济、新业态，有效防范高收入高净值人员逃避税风险。成功办理全省首笔个人股权转让税务区块链业务，应用“个人股权转让+税务区块链”后，股权转让业务平均办理提速率达70%以上，完税信息实时上链，实现跨部门业务协同联办，促进风险防控与办税效率“双提升”。加强风险任务扎口管理，成功实施全省首例阻止欠税纳税人法人代表出境。

【激发干部队伍活力】 2023年，着力激发干事活力、提升干部素质、从严管理队伍，为红谷滩税收现代化提供有力组织保障。激发干事活力。根据省、市局统一部署，严格遵循选人用人工作纪律，有序开展2023年公务员职务与职级并行工作，全年职级晋升13人次。积极组织干部参加全市税务系统副科级领导选拔，1人进入市局派出机构领导班子，2人提拔为副科级机构正职。重视做好青年才俊选拔工作，1人入选省局青年才俊，累计3人入选省局青年才俊，其中1人在2022年青年才俊考核中获得全省第一。强化教育培训。组织18名干部职工参加“岗位大练兵 业务大比武”活动，2人在省局竞赛中分别获得第4名和第6名的好成绩。完善“老带新”“传帮带”机制，在全市办税服务厅星级考试前二十名中，区税务局人员数量位居全市第一。注重青年培养。区税务局把培养青年干部作为战略任务、重点工作。一方面，围绕习近平总书记近期重要讲话精神、主题教育应知应会、业务基础、综合管理等知识，组织开展全员业务能力测试，以考促学、以考促用，全面提升区局青年干部业务素质。另一方面，贯彻落实“青苗计划”，举办新录用公务员入职仪式，实行“双导师制”，并落实“双向考核”，从平时表现、工作实绩、取得成效三方面分别对导师和学员进行考核。

（查莉莉）

审　计

【概况】 2023年，红谷滩区审计局全面落实区委、区政府和上级审计机关的部署安排，聚焦“走在前、勇争先、善作为”目标，持续强化审计监督，积极发挥审计在推进党的自我革命中的独特作用。全年共完成审计项目23个，在全省审计机关首届大数据审计技能大赛中3人获“先进个人”奖，2023年南昌市优秀审计项目评选中荣获县区优秀审计项目二等奖，并获2022年度南昌市“三八红旗集体”称号、在2022年度南昌市“文明单位”2022年度红谷滩区综合考核中位居第一等次，在红谷滩区第二届机关职工运动会“万众一心”项目考核中获得第三名。

【履行好审计监督职责】 2023年，认真谋划审计项目，坚持依法履行审计监督职责，做好常态化“经济体检”工作，充分发挥审计监督的服务保障和建设性作用，各项工作进展顺利。全年完成现场审计项目23个，审计查出各类问题402个，涉及金额2.37亿元，提出审计建议64条。认真履行区委审计委员会办公室职责，及时提请召开区委审计委员会全体会议2次，并适时调整区委审计委员会的组成架构；开展的领导干部自然资源资产离任审计在2023年南昌市优秀审计项目评选中荣获优秀审计项目二等奖，实现优秀审计项目“零的突破”；设立区经济责任审计工作联席会议，并组织召开联席会议第一次全体会议，审议通过《联席会议议事规则》等三项制度文件；开展生米街道、九龙湖街道、红角洲街道的房屋征迁安置资金专项审计，积极探索审计监督与巡视巡察监督的贯通协同；联合区农业农村局开展全区村级工程项目税金问题专项清查，规范村级工程项目结算管理，进一步提升乡村治理水平。

【提高审计质量和效率】 2023年，推行“1+N”审计模式。强化审计项目统筹和审计组织方式统筹，选择一个项目为龙头，整合审计资源，打破股室界限，组合一套人员成立审计组，内部实行小组分工，优化审计组人员配置，充分发挥审计组成员的专业特长与优势，实现“一审多项、一审多果”，强化审计监督效能，提高审计效率。加大内部审计指导。上半年全区内部审计统计工作填报单位共133家，审计发现问题7个，其中非金额问题4个，金额问题3个，涉及金额6080.95万元。深入乡镇、街道开展“流动课堂”，面对面指导，践行“审帮促”理念，推动监督与服务并重。推动审计技术创新。通过与南京审计大学合作，启动红谷滩区本级预算执行审计数据分析服务及其应用场景构建项目，为下一步拓宽审计覆盖面、提高审计监督深度和广度夯实基础。组织参加全省审计机关首届大数据审计技能大赛，“一把手”带头参赛，激发大数据审计钻研的激情，最终3人获“先进个人”奖。

【重大政策措施落实情况跟踪审计】 2023年，紧紧围绕国家和全省、市、区重大政策措施落实情况开展跟踪审计工作，通过揭示政策措施未落实以及不作为、慢作为、乱作为等方面的突出问题，从体制、机制和制度层面分析问题产生的原因，进一步落实责任并督促整改。对红谷滩区金融商务区惠企政策落实情况、金融支持实体经济发展政策落实情况、乡村振兴政策落实情况、国家重大政策落实情况等开展审计。积极发挥审计“治已病、防未病”作用，有针对性提出对策建议，助力打通政策措施贯彻落实的“最先一公里”和“最后一公里”，打破“中梗阻”，切实促进政令畅通、令行禁止。

【领导干部经济责任审计】 2023年，深化对区属部门和街道主要领导干部的经济责任审计，推动健全有权必有责、用权受监督、失职要问责、违法要追究的监督机制。紧紧围绕领导干部决策、执行、监督、管理权和廉洁自律情况进行审计，重点关注行政权力运行公开化、管理行为规范化情况，促进从源头上完善制度措施，健全制约机制。经济责任审计查出问题178个，涉及问题金额20536.33万元，其中违规金额582.39万元、管理不规范金额19953.94万元；提出审计建议25条，有效助推被审计单位加强财务管理，建立健全内部监督管理机制，促进了领导干部守规尽责。

【自然资源资产离任审计】 2023年，在自然资源资产审计中，加大对领导干部贯彻落实生态文明建设各项方针政策和决策部署、相关法律法规执行情况，以及林、田、水等自然资源资产管理和大气、水、土壤等生态环境保护目标任务完成及履职等情况的审计。着力反映领导干部和部门在自然资源资产管理和生态环境保护中不作为、慢作为、乱作为行为，切实增强资源环境审计工作的针对性、有效性和建设性。通过审计，着力揭示河（湖）长制工作落实不到位、水生态保护不到位等审计问题15个，查出问题金额63.94万元，提出审计建议3条。有效推动领导干部牢固树立生态文明理念和绿色政绩观，打好“生态牌”、算好“生态账”。

【财政金融和行政事业审计】 2023年，对区财政局具体组织的红谷滩区2022年度区级预算执行情况及决算草案编制情况进行审计，对区民政局、区司法局、区退役军人事务局、区应急管理局4个部门开展2022年度部门预算执行及财政财务收支情况审计。通过核查相关部门决算数据、财务账套、内部控制制度、部门履职方面文件政策、政府采购数据信息、部门专项资金使用情况等资料，同时结合实地走访、问询相关人员等审计手段，共发现问题83个，查出问题金额1289.95万元。通过审计，促进相关部门和单位不断优化财政支出结构、科学进行预算编制、建立健全预算资金绩效评价体系、加强财务监管、严格落实重大政策执行以及完善内控机制等，拧紧“过紧日子”的思想开关。

【重点领域专项审计】 2023年，强化农村集体“三资”监督，开展村级“三资”管理情况专项审计，审计覆盖红谷滩区9个乡（镇）、街道，摸清了各乡（镇）、街道所属村集体资金、资产、资源底数，审查“三资”管理决策、保值增值、可持续发展情况。审计查出问题70个，涉及问题金额622.78万元，提出审计建议4条。通过审计监督，有利于强化乡（镇）、街道对农村集体经济组织管理监督的责任意识，规范基层财务管理，促进建立完善相关制度，进一步健全基层治理机制，助力红谷滩区乡村振兴高质量发展。

【科技专项审计】 2023年，重点围绕全区科技专项资金投入和使用情况、资金使用绩效管理情况等开展专项审计，全面摸清全区科技资金投入、使用及成果转化情况；审计查出问题14个，涉及问题金额47.35万元，提出审计建议3条；进一步规范科技专项资金管理，提高资金使用效益，推动科技创新政策落地落实，充分发挥科技创新专项资金作用，助推全区科技事业健康发展。

【民生资金专项审计】 2023年，对全区2022年度困难群众救助补助资金和红谷滩区2022年度司法救助资金开展专项审计。通过检查档案材料、实地走访调查、问询有关人员等方式，共发现问题24个，查出问题金额25.4万元。重点关注救助对象是否符合条件、救助程序是否合规、救助金发放是否及时等，促进资金规范使用，通过以审促管规范了救助资金的管理使用，推动救助资金发挥实效。

【网络安全和信息化建设审计】 2023年，重点关注2022年度网络安全、信息化建设以及数字政府建设情况，通过审计，发现部分单位网络安全意识有待提高，存在未建立网络安全责任制考核制度、未制定本部门网络安全工作责任制实施办法或细则、未按规定确定信息系统的安全保护等级、人员配备和岗位设置不符合信息安全要求以及未对项目驻场运维人员的身份和安全背景进行审查的问题，同时信息化项目管理不规范，容易出现信息化资产管理不到位、信息系统部分子系统闲置、未按规定程序进行政府采购以及信息化项目未严格预算管理等问题，针对性地提出审计建议与审计查出问题整改要求，有效地提高了被审计单位网络安全意识，规范了信息化建设的管理。

【深化审计整改】 2023年，高度重视审计整改工作，多次提请召开审计整改调度会等区级层面会议，对审计整改工作进行再部署再调度，压实审计整改主体责任；强化整改工作督促与指导，对审计发现问题整改情况进行督导检查，对没有按要求整改到位的责任单位陆续下达整改工作通知，提醒、督促各单位采取有力措施，按规定时限完成整改任务，进一步强化审计发现问题的整改落实，提高被审计单位整改质效。结合审计整改工作实际，出台制定《关于建立健全审计查出问题整改长效机制的实施意见》，并首次将审计整改情况纳入全区年度综合考核，进一步推动审计整改工作制度化、规范化、科学化。通过整改，2019—2023年上级审计机关对红谷滩区进行审计涉及到整改的项目5个，共查出问题127个，已整改108个，整改率达85.04%；区本级审计机关共组织实施审计项目95个，共查出问题1300个，已整改1068个，整改率82.15%。

（张　思）

统　计

【概况】 2023年，红谷滩区统计局紧紧围绕“数据质量”这一主线，坚持稳中求进工作基调，聚焦“作示范、勇争先”目标定位，不断提升数据监测实效，为各级领导和社会各界提供优质服务。区统计局获得区直机关综合考核优秀等次。

【履行统计部门职责】 2023年，紧紧围绕全区经济社会发展大局，坚持“用数据说话、为决策服务”，及时发布《2021年红谷滩区国民经济和社会发展统计公报》，编辑《2022年红谷滩区统计年鉴》，形成专报呈区委区政府主要领导，撰写统计分析20余篇、信息46条、专报3期。

【加强统计监测分析】 2023年，按月收集整理省、市及各县（区）主要经济指标数据、全区经济增长主要支撑指标数据，对支撑经济增长的行业指标完成进度进行研判分析，找差距、寻短板，及时发现经济运行中存在的问题和困难，快速向区委、区政府领导提供预警预测分析，并有针对性的提出对策建议，为区委、区政府决策提供参考，发挥统计参谋智囊作用。

【开展“五经普”单位清查】 2023年，扎实开展第五次全国经济普查（以下简称“五经普”）各项工作，选聘普查指导员275个，普查员1047个，已清查登记单位29927户，总量排全市第2位；已填表个体户60554户，总量排全市第4位。

【做好统计法治建设工作】 2023年，开展统计法律法规知识培训，积极推动统计法进党校，提高统计人员工作素养。配合市统计局在红谷大厦举办第十四届统计开放日活动，进一步向群众宣传统计法。有序推进统计基层基础规范化建设工作，夯实统计队伍建设基础，切实保障统计源头数据质量。开展年度“双随机、一公开”统计执法检查工作，严格规范执法流程，切实做好全区统计监督工作，全面防范和惩治统计造假、弄虚作假。

【“五上”企业升规入统】 2023年，红谷滩区以第五次全国经济普查“地毯式”单位清查为抓手，摸清各行业企业存量，梳理分析尚未升规入统，有发展潜力、可重点培育的企业名单。共有“五上”企业1032户，同比净增260户，总量排名位列全市第四；新增“五上”企业289户，与上年持平，新增数排名位列全市第二。

（罗恒之）

市场监督管理

【概况】 2023年，红谷滩区市场监督管理局（以下简称区市场监管局）以学习贯彻党的二十大精神和习近平总书记考察江西重要讲话精神为主线，按照“讲政治、强监管、促发展、保安全”的工作思路，聚焦打造顺应人民美好生活向往的有效市场，各项工作有序开展并取得较好成效。全区经营主体总量达91314家，帮助542户经营主体办理信用修复，低风险市场主体“无事不扰”实现率100%，企业年报公示率97.78%，受理消费投诉举报共计3.9万余件，为消费者挽回经济损失约160万元，完成重大活动食品安全保障43场次，全区未发生一起食品药品、工业产品质量、特种设备安全事件。

【食品行政许可】 2023年，为了规范行政许可行为，保护公民、法人和其他组织的合法权益，有效实施食品监督管理，开展食品经营许可工作。全年共核发食品经营许可2516家、江西省食品小作坊登记证16家、江西省食品小摊贩有效备案卡41家。

【食品安全监管】 2023年，进一步加强食品安全工作，确保人民群众“舌尖上的安全”。开展校园及周边食品安全、粮食质量安全、水产制品、食品生产环节突出问题、重点食品重点区域突出问题等专项整治行动，共检查食品生产经营者1320家，出动监管人员2640人次。完成全区1090家餐饮服务单位风险等级排查工作，开展校园食品安全治理提升专项行动，对高校、中小学、幼儿园先后开展食品安全培训4次，共500人次参加培训，召开“两个责任”部署会1次，与9所高校40家食堂签订《食品安全责任状》《食品安全承诺书》。开展餐饮食品安全服务，推进大中型餐饮经营单位“互联网+明厨亮灶”工作，高校、中小学、幼儿园完成率100%，大型餐饮单位完成率100%，中型以上餐饮单位完成率50%。

【食品抽样检查】 2023年，为加强食品安全监督管理，保障公众身体健康和生命安全，组织开展食品安全抽样检验工作。全年完成食品抽检1598个批次，合格1543个批次，合格率96.6%。其中，餐饮单位抽检共616个批次，25批次不合格，针对检测不合格的25家餐饮单位，召开食品安全风险预警交流会；应急抽检48个批次，全部合格；校园抽检90个批次，2批次不合格，已要求立即整改并作警告处理。对不合格食品生产经营单位全部立案查处，完成核查处置157件。做好食品安全快速检测工作，邀请第三方专业机构进行检测。至年底，在学校、菜场共建设快检室25个，完成食品快检15.02万批次，检测出不合格样品468批次，销毁不合格食材2402千克。

【重大活动食品安全保障】 2023年，按照属地负责、预防为主、规范管理、分级监督、落实责任的工作原则做好重大活动食品安全保障工作。完成江西省十四届人大一次会议、2023年中国测绘地理信息技术装备展览会、中俄“长江+伏尔加河”合作会议、省委省政府2023江西智库峰会、2023上海合作组织传统医学论坛会议、中国健康发展大会等43次重大会议食品安全保障工作。

【药品医疗器械安全监管】 2023年，在全区范围内开展药品安全巩固提升行动，共检查药、械、化经营使用单位905家次，出动检查人员1810人次，完成药品抽检40批次，医疗器械抽检3批次，化妆品抽检3批次，立案查处49起。对全区2家疾控机构，20家疫苗接种单位进行储运环节监督检查，共检查疾控机构4家次，检查疫苗接种单位34家次，出动执法人员68人次。督促辖区内50家注射用A型肉毒素使用单位入驻追溯系统，已有48家医疗机构完成入驻，2家医疗机构暂不经营A型肉毒素，入驻率达100%。上报医疗器械不良反应60份，药品不良反应119份，化妆品不良反应13份，按季度均衡推进。加强协同联动，联合区卫健委、区医保局、区公安分局等部门检查辖区内医疗机构38家次。

【特种设备行政许可】 2023年，为有效加强特种设备监管，按照分类监督管理的原则，对特种设备使用单位实行许可制度。办理特种设备补证10家60台，特种设备注册登记239家1064台，变更登记84家1246台，停用申请55家398台，报废（注销）34家82台，启用申请17家109台，补证10家60台，气瓶充装许可证1家。核发特种设备使用登记证2959份。

【特种设备安全监管】 2023年，以习近平总书记安全生产重要讲话精神为指导，按照省、市、区安委会统一部署和市局的指导，牢固树立红线意识和底线思维，守住全区15307台特种设备安全底线，其中电梯13961台，大型游乐设备54台，保障全区特种设备安全无事故。组织开展打击“两无”（生产经营单位无资质、从业人员无证上岗）、“七大攻坚行动”（严厉打击“两无”行为行动、压实企业主体责任攻坚行动、完善应急体系建设攻坚行动、强化日常安全监管攻坚行动、重大风险隐患治理攻坚行动、提升公众安全意识攻坚行动、加强应急队伍建设攻坚行动）专项治理，认真贯彻落实特种设备“两项制度”（特种设备安全管理制度和特种设备隐患排查治理制度）和“两项规定”（《特种设备生产单位落实质量安全主体责任监督管理规定》《特种设备使用单位落实使用安全主体责任监督管理规定》），做好重要节日、重大活动期间特种设备安全监管，扎实做好日常监管。全年开展特种设备检查185家次，出动人员410人次，特种设备定检率保持在99%以上。

【产品质量监管】 2023年，加强辖区内产品质量安全隐患排查治理，狠抓产品质量安全责任落实，对2家重点工业产品获证企业实行全覆盖监督检查。开展流通领域产品质量抽检共计140批次，重点对燃气灶具及相关产品、消防器材、儿童用品、电动自行车及相关配件等领域进行检查，立案查处2起质量不合格案件。联合南昌市市场监督管理局以“增强质量意识 推进高质量发展”为主题，开展“质量月”系列宣传活动，活动现场共发放宣传材料、宣传物品400余份，接待群众百余人次。

【计量监管】 2023年，对计量相关企业、商户开展专项整治行动，共出动执法人员740人次，检查各类在用电子计价秤1203台，发现超期未检定电子秤21台，已责令停止使用并督促商家立即送检，检定不合格电子秤14台，已没收违法计量器具并

2023年5月23日，区市场监管局在凤凰商贸城农贸市场开展电子计价秤计量监管工作

（区市场监管局　供图）

集体约谈和提出警告。聘请南昌市计量检定站对辖区内2669台强制性计量检定器具进行计量检定工作，已全部完成。开展“计量助力中国式现代化”主题计量宣传工作，发放宣传单200余份，张贴宣传海报20张，接待群众咨询30余人次，提高了计量工作的社会认知度和影响力。

【认证监管】　2023年，加强认证检测市场监管，发挥质量认证“传递信任，服务发展”本质属性和作用。共出动执法人员46人次，现场检查认证认可活动20起，检查检验检测机构13次，现场监督1家建筑材料类和4家环境空气类检验检测能力验证活动，评定结果为检测能力合格。开展“世界认可日”宣传活动，组织辖区内8家检验检测机构观看主题宣传片，向大众科普认证认可相关知识，营造全社会重视认证认可、运用认证认可、加强认证认可的浓厚氛围。

【标准化监管】　2023年，推动红谷滩区天同医养院开展国家级服务业标准化试点项目中期评估工作，在技术标准、管理标准等方面进行指导，并就标准的起草、实施提出建议，至年底，已通过中期评估。参与起草全省首个在市县村镇领域无障碍环境建设评价团体标准《无障碍环境评价规范》工作，填补该领域认证标准的空白。加大对标准创新的宣传和培育力度，开展标准创新型企业梯度培育的力度，辖区内江西新媒体协同创新股份有限公司已成功获得标准创新型企业梯度初级企业称号。

【企业年报率】　2023年，充分利用政务公开栏、报纸、电视、广播、网络、微信、短信、楼宇广告等各类媒体媒介，有针对性地扩大宣传范围，将日常宣传与年报关键节点宣传相结合，着力扩大年报公示社会影响力。通过辖区网格等方式对没有年报企业名单进行电话提醒、短信提醒，共发放宣传单4000余份，电话提醒1.8万余人次，短信提醒3.5余万条。全区经营主体应报63003户，已报61619户，年报公示率97.80%。

【强化企业事中事后监管】　2023年，为规范企业投资行为，维护公共利益和企业合法权益，加强对企业投资项目的事中事后监管。区市场监管局办理列入经营异常企业1747户，移出经营异常企业540户。录入行政许可、部门公告等各类型共55.25万条数据至企业事中事后监管系统，市场主体户均归集数11.33条。

【守合同重信用公示】　2023年，为加强社会信用体系建设，促进红谷滩区经济发展，开展红谷滩区企业信用体系建设，促进企业合同规范管理，江西省卓泓水利建设有限公司等33家企业被评定为2023年度红谷滩区“守合同重信用”公示单位。

【反不正当竞争工作】　2023年，查处1起不正当竞争虚假宣传案件，反不正当案件查处实现零的突破。牵头推进红谷滩区公平竞争审查工作，指导督促各成员单位开展公平竞争审查。委托江西南芳律师事务所（区政府聘用）对红谷滩区政府（相关部门）出台的涉及市场主体经济活动的规章、规范性文件及其他政策性文件以及“一事一议”形式的具体政策措施进行评估。对各成员单位报送的13件政策措施进行审查，7件未发现问题，6件提出修改建议。

【智慧市场监管平台】　2023年，充分发挥红谷智眼监管系统功能，形成“一平台+多系统”的智慧市场监管新格局。至年底，平台数据总量达500余万条，通过远程监管模块，实现移动监管。已接入176家学校食堂、200家大型餐饮、199家药店、25家快检室调试。强化移动执法终端“红谷市场智眼”App的使用，累计完成8524户检查记录。联动智慧市场监管平台，对食品7029户、药店274户、医疗器械764户、特种设备

2023 年，区市场监管局充分发挥“红谷市场智眼”监管系统功能，形成“一平台 + 多系统”的智慧市场监管新格局

（区市场监管局 供图）

14376 台、市场主体共 92490 户信息实行入库管理，实现数据实时调取运用。

【打击传销行动】 2023 年，为进一步防范和打击传销行为，强化打击传销工作力度，提高群众识别、防范传销能力，调整打击传销工作领导小组成员单位，召开全区打击传销工作会议 2 次，强化各部门协作配合，实现资源互通共。制定《红谷滩区 2023 年提质增效打击防范传销与规范直销工作方案》《红谷滩区 2023 年打击传销宣传工作方案》，明确打击传销（宣传）工作任务和工作重点，切实加强对各属地打击传销工作的指导督促，严格要求压实打击传销主体责任。加强重点场所巡查，对乡镇接合部、人员密集行政村、出租屋密集区等传销活动多发区、易发区实施重点监管。深入开展打击传销宣传“五进”（进社区、进学校、进企业、进市场、进农村）活动，营造群防群治打击传销氛围。全年共发放宣传资料、宣传品 3200 余份，现场受理群众咨询 800 余人。

【市场流通领域常态化扫黑除恶斗争】 2023 年，充分发挥部门监管执法职能作用，进一步提高扫黑除恶斗争长效常治工作实效，定期组织工作人员对辖区农贸市场、商超、餐饮单位等进行走访摸底排查，向群众广泛宣传扫黑除恶斗争各项工作，共出动执法人员 360 人次，检查商超、餐饮单位等 680 余户，未收到群众举报涉黑线索。

【消费维权】 2023 年，共受理各类消费投诉举报共计 3.9 万余件，为消费者挽回经济损失约 160 万元。建立无理由退货工作全链条监管机制，鼓励商家在服务和保障消费者权益方面作表率、拉高线，推动商品和服务质量、售后服务的整体提升。建立健全放心消费创建示范新标准下的培育、申报、验收及动态管理机制，全面扩大放心消费创建覆盖面。发展线下购物七日无理由退货承诺店 32 家、新申报绿色通道单位 12 家，新增放心消费示范单位 2 家。

【知识产权保护】 2023 年，全区高价值发明专利拥有量 996 件，每万人高价值发明专利拥有量 17.92 件，有效发明专利拥有量 3554 件，每万人有效发明专利拥有量 63.94 件。在“世界知识产权日”（从 2001 年起将每年的 4 月 26 日定为“世界知识产权日”）宣传周期间，开展以“加强知识产权法治保障 有力支持全面创新”为主题的宣传活动，加强知识产权保护和运用宣传教育，全面提升社会公众尊重和保护知识产权的意识。搭建政企沟通平台，推进知识产权质押融资工作，特邀南昌市知识产权保护中心专家在南昌虚拟现实 VR 产业基地举办知识产权快速预审、快速确权服务宣讲推介会，多次召开知识产权培训暨质押融资政银企对接会，覆盖辖区 80 家企业，100 余位企业代表参会，帮助企业拓展融资渠道，实现“知产”变“资产”。加强校企合作，实地走访调研南昌大学科技园，鼓励学校提升专利质量和核心技术专利数量，推动高校企业使用江西省高校院所知识产权运营服务平台，辖区内 6 所高校入驻，合同金额总计 46.83 万元。组织开展 2023 年度知识产权代理行业“蓝天”专项整治行动，对辖区内的知识产权代理机构进行全面检查和整治，规范行业秩序，提高服务质量。

价格管理

【概况】 2023 年，红谷滩区价格管理工作以科学发展观为指导，以创先争优为动力，以“服务社会 关注民生、促进和谐”为主线，紧紧围绕区委、区政府工作中心，坚持把促进经济社会发展、切实解决好关系群众切身利益的价格问题作为工作的着力点，充分发挥价格工作职能，强化民生价格监管，改善价格公共服务，努力保持价格总水平基本稳定，为红谷滩区经济又好又快发展做出积极的贡献。红谷滩区市场监管局聚焦增进民生福祉、提升监督效能工作机制，重点开展民生领域价格监督检查工作。联合多部门对 3 家教育收费机构开展收费专项抽检工作，抽查具有垄断经营和公益性质特征的公共停车场5个，在特殊时段加强酒店价格监管工作，节假日期间对市场商品价格开展专项检查。

【加强价格监督检查】 2023年，结合红谷滩区实际情况，围绕社会关注、群众反映强烈的不正当价格行为多发领域，在元旦、春节、端午节、中秋节、国庆节等节日期间，对群众基本生活必需品等主要商品价格开展专项检查行动，防止出现哄抬物价损害群众利益的行为发生，创造一个交易正常有序、价格公开公平的节假日市场供应环境。

【规范价格收费行为】 2023年，为贯彻落实国务院办公厅转发国家发展改革委等5部门《关于清理规范城镇供水供电供气供暖行业收费促进行业高质量发展意见的通知》精神，按照省、市工作部署，全面开展清理规范城镇供水供电供气行业收费工作，对供水供电供气行业各环节的收费、接入工程费用及其他各类收费进行清理，全面取消不合理收费，进一步完善供水供气价格形成机制，严格规范价格收费行为，不断提升服务水平，改善营商环境。

【涉案财物价格认定工作】 2023年，持续做好涉案财物价格认定工作，精准发力，积极配合公安部门打击犯罪，改善红谷滩区营商环境，维护社会稳定。始终把公平、公正、守规、守纪放在核心地位，强化价格认定工作"服务政府、服务司法、服务社会"的职能定位，积极践行"马上就办、真抓实干"精神，努力创新工作方式。全年共为司法机关办理价格认定业务213起，涉案金额130万元，办结率100%，无复核案件，为稳定社会秩序、改善投资环境作出了积极贡献。

【推进价格监测工作】 2023年，按照科学发展观的要求，坚持以人为本、依法行政，紧紧围绕区委区政府的中心工作、人民群众和社会关心的热点问题，不断改进工作方法，大力整顿和规范价格收费秩序，为维护群众利益，促进红谷滩区经济和社会发展发挥积极作用。严格执行《江西省价格监测规定》，对粮、油、肉、蛋菜等主要居民生活必需品市场的价格和供应情况进行监测，认真分析生活必需品价格走势，及时掌握重点监测品种的市场供应和价格变动情况，及时提出调控市场、稳定价格的政策建议，不断提高价格调控的前瞻性和预见性，为上级决策提供依据。

（李　娟）

【教育收费专项抽查检查】 2023年9月，为规范教育收费行为，推动解决人民群众反映突出的教育收费问题，区市场监管局开展教育收费专项检查开展全区教育收费专项抽查检查工作，对南大附中红谷滩分校、南师附小红谷滩分校二部、红谷滩区红岭学校3家教育收费机构开展联合抽查检查，检查中未发现违规收费问题。

【公共停车场收费管理抽查工作】 2023年，为进一步加强停车收费管理，规范停车收费行为，根据上级部署，在全区范围内开展随机抽查工作。共抽查具有垄断经营和公益性质特征的公共停车场5个，出动执法检查车辆3辆次，出动执法人员10人次，未发现价格违规经营行为。

【酒店住宿价格专项检查】 2023年，在第81届中国教育装备展示会、"五一"国际劳动节、中秋节、国庆节、公务员考试、高考等特殊时段，区市场监管局在全区范围内加强酒店价格监管工作，严查捏造散布涨价信息以及价外加价、不按规定明码标价、不履行价格承诺等价格违法行为。检查期间，共向辖区酒店（住宿）经营户发送告诫书227份次，出动执法检查289人次，处置相关舆情6起。

【节日市场各类商品价格监管】 2023年，在元旦、春节、端午节、中秋节、国庆节等节假日期间，以大中型商超、农贸市场等地为重点区域，对节日特色商品和粮油菜肉蛋奶等生活必需品进行价格检查。节日期间，共出动执法检查496人次，发送价格提醒告诫书573份，检查经营户1197户次。节日期间商品总体价格平稳，经营者能按要求明码标价，未发现囤积居奇、哄抬价格、串通涨价等违规行为。

（冯　洁）

中小企业服务

【概况】 2023年，红谷滩区中小企业服务局（以下简称区中小企业局）紧紧围绕"项目为先、实干奋进，争分夺秒拼经济"主线，紧盯年度重点工作目标，聚焦中小企业梯度培育，持续优化企业服务，帮助中小企业提振发展信心、恢复发展活力、增强内生动力，推动中小企业高质量发展。

【"五上"企业培育】 2023年8月，根据《中共红谷滩区委 红谷滩区政府印发关于健全完善全区经济运行监测机制的通知》文件精神，全区"五上"企业（规模以上工业企业、限额以上批发零售住宿餐饮企业、有资质的建筑业企业、房地产开发经营企业、规模以上服务业企业）培育工作由红谷滩区发改委调整至区中小企业局负责。区中小企业局发挥牵头作用，加强对全区"五上"企业的规范引导，按照"培育发展一批、推进升档一批、引导储备一批"工作思路，支持和服务各类市场主体健康发展，建立"小升规"重点企业培育库，帮助小微企业尽快“升规入统”。不断完善运行监测机制，加强“五上”培育入库，全区全年新增“五上”企业289家（其中建筑业新增43家、批发零售业106家、住宿餐饮业90家、房地产业6家、服务业44家），位列全市第二，近两年新增数是历年总数的1.13倍，总数首次突破1000家，达到1032家。

【培育专精特新中小企业】 2023年，坚持专精特新中小企业数量跃升和质量提升并进，持续加强对培育库企业的跟踪服务及精准指导，落实落细各项扶持政策，建立专精特新中小企业培育库，按照省级创新型中小企业—专精特新中小企业—江西省专业化“小巨人”企业—国家专精特新“小巨人”企业梯度培育体系，对入库企业实施动态监测、动态管理。同时，根据重点行业、重点类别予以分类，指导企业申报省级专精特新中小企业。至年底，全区224家中小企业纳入重点培育库；48家企业被认定为省级创新型中小企业；新增省级专精特新中小企业18家，有效期内省级专精特新中小企业总数为37家。

【惠企奖补资金兑现】 2023年，加大企业扶持力度，争取上级专项资金支持，通过发放专精特新奖补和小微企业融资担保降费奖补等方式，助力企业发展。加强与区财政局、区政数局对接力度，确保惠企资金落实到位。全年帮助企业获得各类奖补资金1800余万元。

【清理化解拖欠中小企业账款】 2023年，依托区中小企业账款清欠工作领导小组办公室，组织区直单位及街道（乡镇）对往来合同款项进行全面梳理，排查拖欠中小企业账款问题，建立排查问题动态台账，累计排查走访企业110余家，摸排发现11条线索，涉及金额300.6万元。按照“投诉—核实—受理—交办—清偿—销号”工作流程，针对排查出来的不同情况，实施分类处置，确保整改到位。对排查中发现的无分歧欠款，发现一起清偿一起。对双方有分歧的欠款，督促拖欠主体主动与被拖欠企业沟通解决，排查出来的拖欠账款全部按时清偿完毕，完成率100%。

【公共服务示范载体培育】 2023年，通过线上和线下相结合的方式，从公共服务示范载体认定条件、认定程序、考核管理等方面加大政策宣传力度，鼓励符合条件的企业积极申报荣誉。深入企业点对点精准辅导，对企业的申报材料内容逐项审核，有针对性地指导企业补足短板。至年底，新增市级及以上中小企业公共服务示范平台6家，累计15家；新增市级及以上小型微型创业创新示范基地5家，累计6家。

【惠企政策宣传】 2023年，常态化开展助企服务，全年组织惠企政策宣传活动30余场，走访重点企业200余户，发放各类惠企宣传资料5000余份，帮助企业化解问题150余个。组建红谷滩区惠企政策宣传队伍，开展“一周一策”惠企政策宣传活动30余场，提供各类咨询服务1000余人次。常态化开展“红谷连心会”“一起益企”中小企业服务行动，办理企业诉求100余件。增加“政银企”互动频次，开展产融对接会14次，达成融资3300余万元。先后组织6场中小企业线上线下专场招聘会，帮助企业解决用工200余个。

【企业管理者培训】 2023年，按照市中小企业局统一部署安排，及时转发上级有关企业管理人员的培训文件，做好培训政策的解读和宣讲，推荐47家企业参加南昌创业大学培训，不断提升企业发展内生动力，帮助企业了解国家、省市的产业政策。

【区中小企业协会成立】 2023年9月20日，红谷滩区中小企业协会成立大会暨第一届第一次会员大会顺利召开，会议表决通过《红谷滩区中小企业协会章程》《红谷滩区中小企业协会会费缴纳管理办法》，并以无记名投票方式选举产生第一届理事会理事、监事、秘书长、副会长、执行会长、会长，现场举行协会揭牌仪式，姜华当选为红谷滩区中小企业协会首届会长。该协会是在区中小企业局指导下，由红谷滩区中小企业以及为中小企业提供服务的机构等自愿组成的联合性、非营利性的社会团体。协会的成立将搭建起沟通企业、政府和社会各界的桥梁纽带，为政府决策和支持企业发展发挥参谋助手作用，让企业家的声音“听得到”、意见“看得到”、诉求“办得到”。

（陈道新）

南昌未来科学城管委会

综　述

2022年底，南昌市委、市政府提出规划建设南昌未来科学城，是南昌市“3＋4＋1”产业发展平台的重要组成，将有力支撑南昌市“一枢纽四中心”建设。2023年2月，南昌未来科学城党工委、管委会正式成立。南昌未来科学城位于南昌市西南方向，北起南昌大道、东临赣江，南至320国道，西接石埠大道，规划总面积约139平方千米。

积极探索管理模式。南昌未来科学城探索实施“区政合一”管理体制，创新实行“管委会＋公司”运行模式。加快做实基础工作，编制财务管理等10项规章制度，开设场景应用等8项调研课题，高效推动未来科学城创新发展。

稳步推进产业发展。南昌未来科学城概念规划方案初步成型，聚焦数字产业和智能制造两大主导产业，重点开辟优势赛道，瞄准前沿科技和产业变革领域的链主企业强势招商。红谷滩区和南昌未来科学城带队赴北京、上海、深圳等多地招商引资，加快重点项目落地，至年底，区域内落地数字产业企业17家，营收约16.96亿元。

强化资金要素保障。以新增投资、存量资产盘活双手段开展融资工作，通过发行一般债券、专项债券等，落实项目资金保障。至年底，完成各项融资22.21亿元。为加快促进虚拟现实产业发展，联合省国控、市产投共同组建30亿元VR产业母基金，同时与遴选复朴投资等6家知名机构就子基金合作建立对接。

强化项目用地保障。高效组织土地报批，全年共争取228.47公顷新增建设用地指标，落实140.13公顷耕地占补平衡指标，为项目用地报批留足存量；获批8个建设用地批次共246.07公顷，有效保障VR科创城二期工业园区、明月山大道南延等省、市重大重点项目用地需求。有序推进土地供应。至年底，累计出让土地6宗约49.5公顷，土地出让金约48.02亿元，并办理置换用地1宗3.8公顷。

强化配套设施建设。南昌未来科学城谋划建设“五纵五横”主干路网、48条支干道路，推动学校、医疗资源、公园等配套设施加快建设。2023年，着重推进明月山大道南延

2023年10月15日，南昌未来科学城重点工作推进专题会召开

（南昌未来科学城管委会　供图）

等18条重点道路建设、复兴大桥主线通车、洪州大桥主体合龙及昌南大桥建设，交通路网持续织密。着重推进南昌中学等4所学校全面开工和重庆医科大学附属儿童医院江西医院（儿童区域医疗中心）等5个医疗项目建设，加快建设马咀山生态景观公园，区域内配套设施不断完善。

规划布局

【概况】 2023年7—9月，由市自然资源和规划局牵头组织中标单位中规院联合体先后前往高新区、小蓝经开区等多地开展专题调研，持续优化完善概念规划方案。10月30日，经市委书记专题会议原则通过该概念规划方案。方案明确将南昌未来科学城建设成“国家数字创新试验区、中部高端智造集聚区、未来场景应用样板区、中国山水都市典范区”，着力打造具有全国重要影响力的区域科创中心、集聚先进制造业与高品质服务业的发展中心和美丽中国“江西样板”的标杆城市。

【产业定位】 2023年，瞄准未来产业和战略性新兴产业，重点围绕数字经济和智能制造两大主导产业，构建“2＋N”产业体系，围绕泛VR、元宇宙、半导体、人工智能、北斗应用等前沿科技和产业变革领域积极布局，精准导入创新资源，打造以技术创新和应用转化为主的“专业型＋应用转化型”科学城。数字产业主要聚焦数字研发、人工智能及数字设备，智能制造主要聚焦电子信息和智能装备。

【空间布局】 2023年，响应城市“南延西拓”发展方向，落实南昌国土空间总体规划要求，南昌未来科学城作为“产城融合”发展的西南城市副中心，提出打造“一心双轴、两片六区、三源两廊”。“一心”即以西客站组团为主体的未来数字芯；“双轴”即沿江向南的数字科创轴、向西延伸的智造科创轴；“两片”即根据“2＋N”产业体系，以枫生大道为界，东部打造数字中枢，西部打造智造引擎；“六区”，即总部服务区、智慧文旅区、数字创新区、科教创新区、智慧生活区和智能制造区；“三源两廊”即梅岭、赣江、流湖田园三大生态源，山—江、城—野两条清风廊道，体现出生产、生活、生态“三生融合”城市发展理念。

【创新工作模式】 2023年，积极开展体制机制创新工作，促进管理方式改革，把先进理念和创新做法转化为未来科学城建设发展的具体方案和实际行动。创新“区政合一”工作模式。加快推进“一区一城”人员共用、资源共享、政策互通，突出南昌未来科学城主责主业，做好招商引资、产业发展、科技创新等工作。与红谷滩区初步形成职责明确、分工一体、互融互促的运行格局。创新“管委会＋公司”运行模式。以市场为导向，推动区城投公司采取“资产并表、独立运营”的模式出资成立南昌市红鹊产业投资有限公司。创新招商引资模式。积极探索“专业招商＋全民招商”工作模式，整合红谷滩区各部门招商职责，组建专业招商团队。坚持“走出去、请进来”，综合运用以商招商、资本招商、平台招商等形式，围绕上下游供应链招引项目，内争外引，大力支持省市属单位扩大投资，落地一批子公司或项目平台。同时，促进行业头部企业重点项目加快落户。

产业发展

【概况】 2023年，在九龙大道两侧重点打造数创总部聚集地，全方位支持数字经济行业龙头、链主企业优先落户，加快数字产业集群化发展，全力建设全省数字经济创新引领核心区。区域内已落地云上江西、海康威视、江西讯飞、医至初等规上数字经济核心产业企业。3月，区政府印发《红谷滩区关于建设全省数字经济创新引领核心区的扶持办法》，为南昌未来科学城的数字产业更高质量发展提供有力的政策支持。

【智能制造日益夯实】 2023年，充分发挥项目带动作用，加快引进智能制造项目落户。已对接华胜天成华中区域总部、联东U谷·红谷智能制造产业园、新华三信创产业制造总部基地等重点项目；推动科大讯飞南昌产业加速中心、上海交大南昌人工智能产业基地、江西医至初智慧医疗中心等优质项目投产运营。

【新型基础设施加快建设】 2023年，南昌未来科学城重点推进江西人工智能计算、江西省北斗、通航数据中心等新型基础设施落地运营，发挥产业升级助推作用。同时，南昌未来科学城以建设“江西北斗产业示范区”为目标，加快培育北斗产业，力争将其打造成为新兴支柱产业和新型招商产业之一。

【科技创新取得突破】 2023年，依托全国虚拟现实领域唯一的国家级创新中心、江西求是高等研究院、中国移动虚拟现实创新中心、中国电信元宇宙创新中心等重量级创新平台，南昌未来科学城加速建立“创新平台＋龙头企业＋产业园区”发展模式。至年底，区域内技术合同登记完成2.05亿元；新增高新技术企业37家；拥有合一云、小核桃等4家潜在瞪羚企业。

（郭向丽）

农　业

综　述

2023年，红谷滩区农业农村局深入贯彻习近平总书记关于“三农”工作的重要论述和中央、省委、市委农村工作会议精神，坚持农业农村优先发展，全面推进乡村振兴。农林牧渔业稳中有进，实现总产值18.85亿元，同比增长5.59%。其中，农业产值8.93亿元、牧业产值7.32亿元、渔业产值1.27亿元、农林牧渔专业及辅助线活动产值1.18亿元、林业产值0.15亿元。农村居民人均可支配收入达25869元，比上年增长7.1%。种植业方面，1.48万公顷粮食生产任务圆满完成，播种面积与产量均实现增长，单产水平稳步提升。农业产业结构调整深入推进，特色优势产业蓬勃发展，于11月19日成功申报2家农业物联网示范基地，并扶持一批龙头企业。农业科技创新与推广取得新进展，开展多项技术培训和高素质农民培育工作，培训400人。同时，建立健全农业社会化服务体系，以区政府名义下发《红谷滩区2023年中央财政支持农业生产托管项目实施方案》，促进农民合作社和家庭农场发展，成功申报2家市级示范家庭农场，被监测的3家市级农民示范合作社全部合格。林业方面，森林督查图斑数同比下降，违法破坏林地、森林面积大幅下降，未发生重特大森林火灾。完成长期使用林地项目13宗、临时使用林地项目6宗，林地定额使用与采伐管理规范。林业行政执法立案39起，有力地打击林业资源违法行为。开展古树名木资源全面普查工作，野生动植物保护行动成效显著，小微湿地保护示范点建设积极推进。林业生态建设持续加强，完成低产油茶改造33.33公顷(500亩)。完成防火隔离带千余亩，整改隐患37处，确保森林防火安全。林业有害生物防治工作扎实，有效维护生态安全。水利方面，总投资8.03亿元推进农田水利建设，新增灌溉面积426.67公顷(6400亩)，涝区治理面积81.7平方千米，蓄水量提升100万立方米，保障5.6万农村人口饮水安全。防汛抗旱方面，全年有效巡查河湖3294次，及时解决河湖问题，确保安全度汛。河湖长制落实有力，各级河湖长共完成有效巡查4469次，巡河率达91.12%。水资源管理严格，征收水土保持补偿费215.34万元，节水载体创建成果丰硕，节水型小区、企业、公共机构分别达28个、2个、21个。水政执法加强，查处非法采砂及河道岸线破坏案件多起。水法宣传深入，开展节水宣传16次，营造浓厚节水氛围。乡村振兴方面，全年通过“三线预警”动态监测，新增识别监测对象8户28人，均落实帮扶措施，实现早发现、早帮扶。持续巩固“教育、健康、住房安全”三保障和饮水安全成果。财政衔接资金项目总投资达2149万元，重点支持产业发展与乡村建设，助力乡村振兴。驻村结对帮扶方面，236名领导干部对全区脱贫户和监测对象进行结对帮扶，9支驻村工作队深入一线，定点帮扶5个“十三五”脱贫村和4个“十四五”省定重点帮扶村，有效推动帮扶工作落实。产业帮扶方面，实现脱贫人口小额信贷新增贷款142万元，获贷比达50.26%，提升政策覆盖面。产业发展带动76个经营主体和24个村级产业基地，消费帮扶产品销售额达3720万元。就业帮扶方面，发放务工交通补贴3.81万元，开发116个乡村公益性岗位，吸纳脱贫人口就业，拨付公益性岗位就业补助资金14.7万元。发放“雨露计划”培训补助资金12.45万元，惠及83人次。这一系列举措的实施，为红谷滩区巩固脱贫攻坚成果、推进乡村振兴奠定了坚实基础。

种植业

【概况】　2023年，红谷滩区农业农村局压实粮食安全党政同责，通过加大政策资金支持力度、强化调度督促指导、开展高质高效示范、加强田管技术服务、科学防灾减灾救灾、推进粮食改补种、增施穗粒肥等措施，实现粮食生产稳中有进。粮食生产总体稳定，红滩区粮食生产面积1.48万公顷，产量9.4万吨。

【多举措推进粮豆生产扩面提质增量】 2023，市级下达红谷滩区粮食生产任务1.477万公顷、9.4万吨，为深入贯彻中央及省市农村工作会议精神，在充分挖掘耕地资源，提高复种指数的基础上，以不能种植水稻的旱田为重点，扩种其他旱粮作物，全年完成粮食播种面积1.48万公顷（早稻面积4933.33公顷、中稻面积4393.33公顷、晚稻面积4966.67公顷、旱粮面积480公顷），粮食产量达9.4万吨，同比增长3.2%；全年粮食单产为每亩424.2千克，高于2022年粮食单产每亩410.95千克。同时，完成大豆播种面积373.33公顷（5600亩），超额完成省级下达的333.33公顷（5000亩）全年播种面积目标，产量达970.5吨；全年大豆产量970.5吨，大豆产量同比增长7.8%。

【推动农业产业结构优化升级】 2023年，红谷滩区立足资源禀赋和市场需求，大力调整农业产业结构，发展特色优势产业。向省级推荐申报江西秦创农业开发有限公司、江西省新赣食用菌科技有限公司2个农业物联网示范基地，并积极与省市沟通对接，省农业农村厅于11月19日发文批复申报成功。重点扶持打造全区23家市级农业产业化龙头企业，帮助企业做大做强，全力打造产业强镇项目带动全区农业产业向规模化发展，持续推动红谷滩区元宇宙·VR数字农业示范基地引流增效，发展高效设施农业，提高农业附加值，形成产业集聚效益。

【开展农业科技创新与推广工作】 2023年，红谷滩区认定的3个科技示范展示基地全部开展水稻主推技术现场培训活动。11月16日，江西航天红源农业科技有限公司开展“航稻高产种植技术”培训，培训50余人；11月18日，江西凯航农业发展有限公司开展“辣椒高效种植（覆膜种植）技术”培训，培训50余人。11月23日，江西秦创农业开发有限公司开展“高密度水产养殖技术”培训，培训50余人。同时，红谷滩区积极开展2023年高素质农民培育培训工作，累计培训人数250人，其中经营管理型人才200人，技能服务型人才50人，进一步加快形成与产业需求相适应、与农村发展相协调的高素质农民队伍，夯实保障粮油等主要农产品供给的人才支撑基础。

【建立健全农业社会化服务体系】 2023年，红谷滩区农业农村局认真贯彻落实《关于开展市级农民合作社示范社和示范家庭农场评定及监测工作的通知》，开展年度区级农民合作社示范社及示范家庭农场监测工作，促进红谷滩区市级农民合作社和家庭农场高质量发展，进一步发挥市级农民合作社和示范家庭农场的带动引领作用。推荐红谷滩区流湖华秀家庭农场、南昌市富凌家庭农场2家农场申报市级示范家庭农场，并通过认定；南昌市红谷滩区贵洋种养殖专业合作社、南昌市红谷滩区爱根农机服务专业合作社、南昌市新建区振东家庭农场3家合作社（农场）经监测，全部合格。在农业生产社会化服务工作方面，以区政府名义发文《红谷滩区2023年中央财政支持农业生产托管项目实施方案》，同时对2023年农业社会化服务及项目实施情况进行调度。

（李良平）

林 业

【概况】 2023年，红谷滩区农业农村局在林业管理上通过推行林长制升级版、创新“林长+检察长”机制，有效保护森林资源。在森林、湿地资源保护方面，严格管理林地使用和采伐，并打击毁林毁草行为，维护林业资源的稳定。同时，开展古树名木保护和野生动植物与湿地管理工作，加强对小微湿地的保护和利用。在林业生态建设方面，注重生态与产业并重，推进森林“四化”建设，并打造生态文明村。此外，完成林业生态保护“两防”任务，确保森林防火安全稳定，并有效防治重大林业有害生物。

【林长制运行】 2023年，按照《南昌市林长制工作要点》《市县综合考核森林资源状况、林长制落实及成效指标计分细则》文件要求，打造林长制升级版，红谷滩区5位区级林长各季度分别在各自责任区域开展巡林工作。创新开展“林长+检察长”工作机制，合力保护森林资源。同时，通过构建“一长两员”体系，聘用45名专职护林员对全区5491.72公顷林地，按照网格化、信息化、规范化管理要求，充分完善林业资源源头管理制度，加强林业资源管理，下发的森林督查图斑数和违法破坏林地、森林面积数比上年明显下降，未发生一般性及重大森林火灾。

【落实森林和湿地资源保护制度】 2023年，林地定额使用与采伐管理到位。红谷滩区取得省林业局批复，可长期使用林地项目13宗，涉及林地总面积102.52公顷；区农业农村局批复临时使用林地项目6宗，涉及林地总面积近7.7公顷。根据《南昌市红谷滩区2023年度打击毁林毁草专项行动》《关于开展江西省林长制条例贯彻落实年活动实施方案》要求，开展打击毁林毁草专项行动，全力推进国家森林督查违法图斑查处整改工作。国家林草局下发2023年第一、二、三、四期森林督查图斑99个，核实违法图斑3个；全年林业行政执法立案39起，其中违法占用湿地案件1起、野生动植物保护案件1起、改变林地用途案件35起，违法采伐2起，至年底，结案26起；解决2013—2020历年存量森林督查问题图斑91个，严厉打击破坏林草资源及野生动植物资源违法犯罪行为。

【开展古树名木保护、野生动植物与湿地管理工作】 2023年，为全面掌握红谷滩区城区规划外古树名木资源现状和动态变化情况，进一步加强古树名木保护管理工作，按照省市工作部署，对城区规划外古树名木资源进行全面普查，查清全区古树名木有242株。建立红谷滩区野生动植物资源保护联席会议制度；扎实开展“鄱阳湖区越冬候鸟和湿地保护特别行动”“清风行动”等多项整治行动，共查处野生动物违法案件1起；组织开展“世界野生动植物日”“生物多样性日”等宣传活动。积极开展小微湿地保护利用示范点建设及申报工作，红角洲前湖小微湿地保护利用示范点已通过专家评审，被纳入省级小微湿地项目库；完成2021年度市级渔舟湾小微湿地示范点项目施工图设计，红谷滩区渔舟湾小微湿地生态修复与生态科普示范点建设项目完成审批备案。完成省市重大重点建设项目西二环高速、昌樟改扩建等工程占用湿地的审核工作，审核占用湿地5.63公顷。

【林业生态建设有序推进】 2023年，林业生态建设工作以全面推进林长制为抓手，坚持生态建设与产业发展并重，突出做好卧龙山重点区域森林“四化”（绿化、美化、彩化、珍贵化）建设工作，通过对林分结构调整、树木品种优化、增彩增色、提升景观效果，打造成熟的城市景观生态林。开展乡村绿化美化（森林村庄）建设1个，通过乔、灌、花、草合理配置，做到对村域内的道路、庭院、房前屋后、闲置地、水塘周边实现绿化全覆盖，营造村庄绿色生态系统，突出生态效益和景观效果，将厚田乡詹杨村胡家自然村打造为特色的生态文明村。通过充分利用省、市扶持油茶产业发展的优惠政策，在流湖镇改造低产油茶改造33.33公顷（500亩），促进林农增产致富，同时为鼓励专业合作社、专业大户以及林地经营者充分利用林下土地资源和林荫优势从事林下种植、养殖等立体复合生产经营，切实提高林地利用率和产出率，对流湖镇、厚田乡各1个林下经济养殖示范点奖励5万元。

【松材线虫病防治和森林防火基础能力提升】 2023年，红谷滩区始终坚持“预防为主、防灭结合、高效扑救、安全第一”的十六字方针，紧盯宣传引导、抓牢火源管控、抓实隐患排查，不断打好森林防灭火“组合拳”，筑牢森林防火“安全墙”，杜绝火灾发生。组织开展“森林防火百日攻坚”“森林防火春季平安”“违规野外用火整治‘啄木鸟’”“森林火灾隐患排查整治和查处违规用火行为专项行动”等专项整治。建设完成1000余亩防火隔离带，排查整改隐患37处，设立永久宣传牌30块，悬挂横幅100余条，发放5000余份宣传资料；完成森林火灾风险普查，形成红谷滩区森林火灾风险评估与区划报告；确保在元旦、春节、全国两会、清明节、中元节等重点时段全区森林防火安全稳定，确保全区不发生重特大森林火灾、不发生群死群伤事故、重点区域不发生森林火灾的总体目标。完成红谷滩区范围内重大林业有害生物（松材线虫病、红火蚁）防控。实现省、市下达流湖镇、厚田乡无疫情任务，其余街办完成一般性防控工作，完成九龙湖庆典广场红火蚁、凤凰洲街办两期白蚁的防控工作，保障居民安全生产与国土生态安全。一般性林业有害生物发生率呈下降趋势，在凤凰洲保利小区周边林地树木、红角洲卧龙山山林进行白蚁防治，取得良好效果，有效保护居民生产、生活秩序，维护生态安全。

（常祥琪）

水　利

【概况】 2023年，红谷滩区争取水利工程项目5个，总投资8.03亿元，其中上级资金1.39亿元，专项债1.2亿元，争取上级资金为有史以来最多的一年。以加强水利基础设施建设和管理，提高水利服务能力和水平，实施河道治理、安全饮水、水库除险加固、防汛抗旱等建设，为农业生产和农村经济发展提供有力保障。

【农田水利基本建设】 2023年，红谷滩区农田水利基本建设工作以保障粮食安全、饮水安全、防洪安全和生态安全为目标，以提高水资源利用效率和效益为核心，以中小河流治理、水库除险加固、农村饮水安全等为重点，统筹规划，创新机制，讲求实效，深入开展农田水利基本建设。总投资8.03亿元，新增农田灌溉面积4.27平方千米，新增涝区治理面积81.7平方千米，新增蓄水量100万立方米，解决农村安全饮水5.6万人。

【防汛抗旱】 2023年，红谷滩区坚持抓早、抓细，严格落实各级各项责任制，及时深入开展各种防汛抗旱检查，加强信息化建设，完善应急预案，落实抢险队伍、器械和物资，防汛办公室从4月1日起到9月30

日，严格实施24小时值班制度，并建立雨情、汛情通报和通信联络制度，切实做到信息传达畅通、报送及时准确，在全区构筑起安全可靠的防汛和抗旱组织指挥体系，并组织开展全区水利工程防汛大检查，对存在的隐患问题整改到位。组建堤防安全管理员队伍，按照每千米明确1名安全管理员的要求，共配备57名堤防安全管理员，做好圩堤清草除杂等工作。为安全度汛，人民生命财产安全提供保障。

【河湖长制】 2023年，红谷滩区完成调整河湖长名单3次，并完成网上公示，更新河湖长制公示牌93块。全区共有区级河湖长22名、乡镇街道级河湖长37人、村级河湖长61人，落实专职保洁人员、巡查员、专管员共110名，负责河湖日常巡查保洁工作。三级河湖长充分利用"掌上巡河湖"App信息化平台开展河湖巡查，全年应巡查3604次，实际完成巡查4469次，有效巡查3294次，有效巡河率91.40%。其中，区级河湖长完成有效巡查92次，乡级河湖长完成有效巡查418次，村级河湖长完成有效巡查2784次。及时解决河湖治理、保护、管理等问题，第一时间发现问题、反馈问题、处置问题、复核问题，形成闭环。

【加强水资源管理】 2023年，严格按照"三条红线"的管理要求，加强水资源统一管理，执行《取水许可和水资源费征收管理条例》《水土保持补偿费征收使用管理办法》。强化取水行政许可管理，按照要求依法对辖区3家取水户办理取水许可证，督促企业严格执行计划用水，加强取水日常监管，规范计量设施安装，审批各取用水户本年度取水计划等。规范开展水保水资源费征收，根据《水土保持补偿费征收使用管理办法》，共计免征水土保持项目数9个，涉及免征补偿金额52.21万元。全年共征缴水土保持补偿费215.34万元，征收地下水资源费0.05万元。积极开展节水型小区的创建工作，节水载体创建名列前茅。至年底，创建节水型居民小区28家、节水型企业2家、节水型公共机构21家。

【加强水政执法工作】 2023年，加强水土保持监督执法力度。现场检查26个水土保持项目。共审批水土保持方案22个，其中方案报告书18个、报告表4个，涉及防治责任范围189.31公顷。接收水土保持设施自主验收报备材料17个。开展河道非法采砂专项打击整治行动，坚持全面治理和重点打击相结合的原则，把严厉打击非法采砂、规范开采秩序作为重点，查处非法偷采砂案1例，移交线索1例，查处乱堆乱放占用河滩破坏河道岸线3例。开展水法宣传工作。用好微信公众号、小程序等平台，组织开展 世界水日、中国水周、"五进"（进机关、进校园、进企业、进社区、进农村）等系列宣传活动，全年深入学校、机关、社区开展节水宣传活动16次，在全区营造了良好的节水氛围。

（杨 蒙）

2023年，区农业农村局加强河湖长制工作

（区农业农村局 供图）

乡村振兴

【概况】 2023年，红谷滩区巩固拓展脱贫攻坚成果同乡村振兴有效衔接工作领导小组制定印发《红谷滩区巩固拓展脱贫攻坚成果同乡村振兴有效衔接工作机制》《红谷滩区巩固拓展脱贫攻坚成果同乡村振兴有效衔接工作责任清单》和《2023年巩固拓展脱贫攻坚成果同乡村振兴有效衔接工作要点》等一系列文件。聚焦巩固拓展脱贫攻坚成果同乡村振兴有效衔接工作，区委常委会、政府常务会议、区巩固衔接领导小组分别组织学习中央、省、市有关乡村振兴重要文件、重要会议精神，听取工作进展，全年研究部署有效衔接重点工作共28次，出台相关工作要点、工作机制、细则、办法、方案等15个。通过局党组会、"三重一大"（重大事项决策、重要干部任免、重大项目投资决策、大额资金使用）会议，履行区巩固衔接领导小组办公室职责，集体研究推进巩固衔接工作36项。积极发挥统筹调度、督导指导作用，制定并落实全区督导评价工作机制，不定期开展工作指导，下发工作提示函9份。

【防止返贫动态监测工作】 2023年，建立完善"易返贫致贫人口快速发现和响应机制、动态监测预警机制、行业数据比对机制和精准帮扶跟进机制”四项工作机制。推进集中排查，以干部入户走访、部门筛查预警、系统数据分析相结合的形式，紧盯“三类户”（脱贫不稳定户、边缘易致贫户、因病因灾因意外事故等刚性支出较大或收入大幅度缩减导致基本生活出现严重困难户），关注所有农户，多次开展集中排查、专项排查以及常态化排查。至年底，全区有脱贫户 361 户 835 人，监测对象 29 户 99 人（其中无脱贫不稳定户，边缘易致贫户 23 户 75 人，突发严重困难户 6 户 24 人）。聚焦监测对象和脱贫人口基础信息、帮扶措施等重点信息，按照“缺什么补什么”的原则，根据监测对象风险类别和发展需求，紧盯“三保障”（保障义务教育、基本医疗和住房安全）、饮水安全、产业就业等薄弱环节，组织基层干部调整完善“一户一策”帮扶计划，协调落实各项帮扶措施，防范消除潜在返贫风险。全年共完成 248 户“三线预警”数据和 3002 条累计自付医疗费用超监测线信息的入户核实工作，做到早发现、早干预、早监测、早帮扶。

【财政衔接资金项目】 2023 年，采取“自下而上”和“自上而下”相结合的方式，按照“村级申报、乡镇审核、区级审定”的程序，完成 2023 年巩固拓展脱贫攻坚成果和乡村振兴项目库编制工作，审核入库项目五大类 38 个，总投资规模 2149 万元。统筹产业发展、乡村建设等重点任务，安排实施财政衔接资金项目 38 个 2149 万元（其中产业发展类 10 个 1079 万元、乡村建设行动类 23 个 978.4 万元、就业类项目 2 个 63.25 万元、巩固“三保障”成果类 1 个 12.45 万元、项目管理费类 2 个 15.9 万元）。倾斜支持 9 个乡村振兴重点村，安排财政衔接资金 1727.09 万元支持发展产业和乡村建设，占年度总投资的 80.37%。上年投入资金 383 万元，同比增长 450.94%。

2023 年 11 月 18 日，红谷滩区举办巩固拓展脱贫攻坚成果同乡村振兴有效衔接专题培训会

（区农业农村局　供图）

按照经营性资产、公益性资产、到户类资产三种类别，开展摸底登记，分级规范建立管理台账，完成 2022 年帮扶资产确权登记和移交，各类项目资产 535.41 万元（其中经营性资产 143 万元、公益性资产 392.41 万元）。

【驻村结对帮扶】 2023 年，落实驻村结对帮扶各项政策，组织协调 236 名科级以上领导干部对脱贫户和监测对象进行结对帮扶，9 支驻村工作队及其所在单位分别对 5 个“‘十三五’脱贫村”、4 个“‘十四五’省定重点帮扶村”驻村帮扶和定点帮扶，帮助困难群众解决困难和问题。加强对驻村第一书记和工作队员的日常监督管理，不定期开展驻村干部在岗履职情况暗访督导，推动驻村帮扶落实“十项工作”，严格考核管理。选树 1 名省级和 2 名市级优秀驻村干部。精选驻村工作队定点帮扶厚田乡闸上村，实现区派驻村工作队“零的突破”。

【惠民政策落实】 2023 年，实施利益联结机制，带动脱贫人口和监测对象增收。落实脱贫人口小额信贷政策，持续提升小额信贷政策知晓率、户贷率。至年底，全区脱贫人口小额信贷年度新增贷款 142 万元，完成全年任务的 109.23%；贷款户数 194 户，贷款覆盖率达 50.26%。产业发展全面带动经营主体 76 个，扶持村级产业基地 24 个，带动周边脱贫户和监测对象 160 余户。开展消费扶贫行动，全区消费帮扶产品销售额达 3720 万元，完成年度任务的 100.54%。江西省新赣食用菌有限公司“菌菇”产品荣获南昌市 2023 年“十佳帮扶产品”称号。落实省内外务工人员交通补贴政策，发放 15 名脱贫劳动力省外务工交通补贴 7500 元，102 名省内务工交通补贴 3.06 万元。开发 116 个乡村公益性岗位，吸纳脱贫人口就业，拨付帮扶公益性岗位就业补贴 14.7 万元。落实“雨露计划”教育帮扶政策，推进“雨露计划”补助资金发放，组织各乡镇开展“雨露计划”摸排工作，减轻脱贫户和监测户家庭子女就学经济压力，发放 83 人次 12.45 万元补助资金。

（熊报晓）

产业发展

数字经济

【概况】 2023年，红谷滩区深入实施数字经济做优做强“一号发展工程”，取得“四个第一”的扎实成效。全区数字经济核心产业企业数量达到5818家，总量及增量均位列全市第1。新增企业438家，增量全市第1。年内新增规上信息传输、软件和信息技术服务业企业15家，总数达54家，规上企业数增量全市第1；规上信息传输、软件和信息技术服务业企业年度营收突破84亿元，同比增长超16亿元，增量全市第1。全区数字经济核心产业企业中，计算机、通信和其他电子设备制造业企业共计17家，新增3家；信息传输、软件和信息技术服务业企业共计5801家，新增435家。其中，电信、广播电视和卫星传输服务业企业99家，新增2家；互联网和相关服务业510家，新增47家；软件和信息技术服务业企业5192家，新增370家。根据国家统计局《数字经济及其核心产业统计分类(2021)》，全年全区73家规上数字经济核心产业企业营收140亿元，同比增长15.7%。其中，02大类(数字产品批零)7家企业，营收12.8亿元(增长7.3%)，占比9.1%；03大类(数字技术应用)45家企业，营收84.7亿元(增长9.98%)，占比60.5%；04大类(数字要素驱动)21家企业，营收42.5亿元(增长32.4%)，占比30.4%。全区规上信息传输、软件和信息技术服务业企业数量达到54家(包括四季度新增入统的9家企业)。其中，规上电信、广播电视和卫星传输服务企业3家，规上互联网和相关服务业7家，规上软件和信息技术服务业企业44家。45家纳入全年统计核算的规上信息传输、软件和信息技术服务业企业营业收入总额84.42亿元，总量排名全市第2，增量位居全市第1，增速位居全市第3。其中，互联网和相关服务业营收8.4亿元，总量列全市第一；软件和信息技术服务业营收30.6亿元，总量排名全市第2，增量位居全市第1，增速位居全市第4。红谷滩区在2022年度全市数字经济发展综合考核中荣获第一等次；区科工局被评为南昌市数字经济“一号发展工程”建设先进集体；区科工局副局长廖海根、区发改委副主任刘殿毅和区商务局商贸股负责人王昊被评为南昌市数字经济“一号发展工程”建设先进个人。

【出台区数字经济产业扶持政策】 2023年3月28日，出台《红谷滩区关于建设全省数字经济创新引领核心区的扶持办法》。该扶持办法立足于数字经济头部企业江西总部和高成长性企业中国总部的区位优势，围绕建设全省数字经济创新引领核心区的目标定位，区别数字经济企业初创、成长、规上和龙头的不同发展阶段，拟针对“引、留、育、聚”四个关键环节采取更加精准的政策举措，着力引进新企业，培育引爆高成长性企业，壮大规上企业，留住龙头企业，聚集应用场景、产业基金、高层次人才、赣籍人才、实习实训人才、算力平台等各类产业核心要素，推动全区数字经济产业链、创新链、资金链、人才链和政策链“五链融合”，促进全区数字经济产业高质量跨越式发展。

【出台数字经济工作计划】 2023年5月26日，红谷滩区发展数字经济工作领导小组办公室制定印发《红谷滩区做优做强数字经济“一号发展工程”2023年度工作要点》。立足打造全省数字经济创新引领核心区的战略定位，扎实推进数字经济跟踪审计问题整改，实施产业数字化、数字产业化、数据化治理和数据价值化四大工程，重点围绕元宇宙及相关产业、软件和信息技术服务业(大数据和云计算)、VR/AR、人工智能与5G、数字文创、智慧会展、信息安全服务、数字金融八大产业赛道精准发力。

【兑现数字经济产业扶持政策】 2023年10月24日,红谷滩区发展数字经济工作领导小组办公室制定印发《关于开展2022—2023年度红谷滩区数字经济产业扶持政策奖补资金申报工作的通知》。经企业自主申报、第三方审计公司审核、各相关部门复核、上会审议等工作程序,12月21日,通过"惠企通"系统拨付惠企奖补资金逾1591万元。

【"十园百企"政策宣讲会召开】 2023年4月14日,红谷滩区"十园百企"连心会暨数字经济、科技创新等政策宣贯和业务培训会召开。区委常委、副区长邱胜出席会议并讲话,副区长罗国亮主持会议。区科工局、区商务局、区文广新旅局、区金融办等单位分别宣讲数字经济、科技创新、流量经济、文化产业、企业上市等惠企政策,并对各属地、各企业、各园区具体从事统计上报、政策兑现的工作人员进行业务培训,培训内容包括申报规上数字经济核心产业企业的要求及流程、申报国家高新技术企业和科技型中小企业及高成长性企业的要求及流程、"惠企通"使用方法和流程。此次政策宣贯和业务培训会以最新出台的数字经济政策为契机,全面解读红谷滩区一系列数字经济惠企政策以及相关申报流程,意在充分发挥政策效用,指导企业熟悉政策、掌握政策、用好政策。会议充分体现了红谷滩区对数字经济企业和科技型企业成长发展的高度重视和全力打造全省数字经济引领核心区和创新高地的坚定决心,有助于加强政企联系、进一步优化营商环境,有效提升政府服务水平。

【举办实战大讲堂活动】 2023年3月17日,举办高端智造业招商之道实战大讲堂活动,南昌市国家高新技术产业开发区招商局局长孙志云分享《高端智造的招商引资之道》。该活动旨在帮助全区领导干部深入了解掌握新形势下高端制造业招商引资新目标、新任务、新要求,同时将所学知识运用到产业招商、管理工作中去,聚焦重点区域、重点产业、重点企业,锁定目标、精准"打靶",实现全区高端制造业招商引资重大突破。6月30日,再次举办招投融合招商之道实战大讲堂活动,南昌市产业投资集团有限公司副总经理张昊分享《招投融合招商引资之道》。该活动旨在通过加深对产业投资的认识,深入了解新形势下产业投资方向、侧重点、操作手法、意义及风险等,主动运用所学解决未来科学城建设发展中的产业投资机制体制问题,熟练掌握招投融合打法,招引一批引爆性大项目、好项目。通过开展实战大讲堂活动,在全区营造全员学习、终身学习的浓厚氛围,使全区干部思想境界有提高、工作作风有转变、履职能力有提升、综合素质有改善,切实提高了干部队伍思想认识境界和驾驭各项工作的能力,为全区工作提供高素质的队伍保障。

【省大数据示范企业】 2023年,全区共有3家企业经省工信厅评选认定为江西省大数据示范企业(以下简称省大数据示范企业),分别是:江西省旅游集团文旅科技有限公司、江西合一云数据科技股份有限公司和江西新华云教育科技有限公司,新增的江西省大数据示范企业(指在大数据领域具有核心竞争力,具备国内或省内领先技术优势,对行业发展有促进和示范推广作用的企业)数量与2022年持平。由省工业和信息化厅负责省大数据示范企业的组织实施工作。省大数据示范企业每年集中组织申报一次,管理期三年,每三年复核一次。复核合格的企业继续保留省大数据示范企业称号,未参加复核或复核不合格的,省工业和信息化厅将撤销企业省大数据示范企业称号。

【数字基础设施建设】 2023年,新增5G基站655个,总数达3790个,总量及增量均位列全市第1;千兆以上宽带用户新增4.2万户,达59.42万户,全市占比达15.5%,位列第1;提前布局算力基础设施,积极推动红谷滩区人工智能算力中心建设,项目一期第一标段EPCO(即设计、采购、施工及运营一体化的总承包模式)总承包项目于12月29日完成中标公示。同时,加快推动省级超算中心整体落户南昌,拟规划100P计算能力,于12月拿地。

【全区数字经济工作推进会召开】 2023年4月7日,红谷滩区数字经济工作推进会召开。会上通报红谷滩区1—2月全区规上数字经济核心产业经济指标运行情况,各行业部门、各街道办结合各自工作职责作汇报发言。区委常委、副区长邱胜强调:一要认识到发展数字经济的重要性,抓住发展机遇,加快发布数字经济工作考核办法。二要充分发挥首府首区的区位优势,全力突破重点项目。三是要做好园区服务,加大政策宣传力度,优化营商环境。四要压实责任,行业部门和属地单位各司其职,合力推进全区数字经济高质量跨越式发展。5月30日,红谷滩区数字经济工作推进会再次召开,会上通报红谷滩区1—4月数字经济发展情况。数字经济核心产业相关区直部门、属地的分管领导和业务骨干,"一城九园"的负责人参加会议。

【数字经济企业培育入统及科技创新工作推进会召开】 2023年9月13日,区发展数字经济工作领导小组召开全区数字经济企业培育入统及科技创新工作推进会。会上区科工局传达最新入统工作要求,并通报培育入统工作和科技创新工作指标情况。各街办分管领导和经发办主任,盈创、物联网、慧谷产业园的负责人参会。

【红谷滩区(深圳)数字经济产业推介座谈会举行】 2023年11月10日,南昌市红谷滩区(深圳)数字经济产业推介座谈会在深圳市成功举行。此次推介座谈会由红谷滩区政府、南昌市商务局联合举办,区委书记涂晓晖出席并讲话,区委常委、副区长邱胜主持,市商务局副局长曾伟群、市政府驻广东办事处二级调研员陶光利、副区长熊飞出席活动。参加会议的还有区商务局、区科工局、区金融办、区城投公司主要负责人以及来自美团、华为、广州视睿等近30家数字经济企业和基金公司代表。

【推进服务业数字化转型】 2023年,立足全区作为全省"五大中心"的区位优势,探索以应用场景示范项目为切入点,结合产业发展趋势和市场需求,大力推动服务业数字化转型。在商贸领域,在华南城获评南昌市电商示范基地,以及美翻科技、仟得文化、云游电子商务、美宜佳便利店荣获南昌市电商示范企业称号的基础上,继续发展电商直播、泛娱乐直播等直播经济,引进和培育一批电商直播龙头企业。在文旅领域,打造"数字化数据采集基地",为文化机构数字化转型升级提供一站式服务,完成动作捕捉棚、3D建模棚、虚拟拍摄棚、360度自由视角采集棚等4个数字摄影棚的建设;打造国内首个将VR前沿技术与文旅、教育、娱乐相结合的VR体验馆——VR主题乐园,引进45项国际顶级VR体验设备,其中"南昌VR主题园智慧旅游沉浸式体验新空间"成功入选第一批全国智慧旅游沉浸式体验新空间培育试点名单。

【推进数字乡村建设】 2023年,紧扣全省"农业数字化"试验区的发展定位,以农业增效、农民增收为目标,大力推进元宇宙·VR数字农业示范基地建设,在全国率先将元宇宙技术应用到农业生产、管理、经营等全过程,打造元宇宙农业系统、航天植物工厂、航天生态循环农业示范区和航天水稻试验田四大产业板块。建设赣鄱垂钓智慧护渔平台,满足对20万名垂钓用户的服务、执法、管理需求,实现1万人次用户数在线实时数据查看、地图导航、信息查询等,推进建立健全垂钓人员和团体登记备案制度,推动全区垂钓管理信息化。大力发展农村电商,推动优质茶叶、甜酸藠头等农产品产销智慧对接,实施品牌强农战略,全力提升全区农产品市场的影响力和竞争力。

【加强数字化治理】 2023年,深化新一代信息技术在公共安全、应急管理、市场监管等领域的创新应用,用好"鸿鹄之智""智慧市场监管"等平台,丰富平台资源,实现更多功能。持续推进政务数据共享清单化、目录化管理,组织梳理政务数据供需对接清单,编制年度政务数据资源目录。深化拓展"赣政通"平台建设,实现区、乡、村三级组织"赣政通"全覆盖,推动"赣政通"流程优化,推动非涉密"最多跑一次"事项全程网上办理。

【《南昌市数字经济促进条例》宣传活动】 2023年2月21日,积极配合《南昌市数字经济促进条例》宣传月活动,在"红谷滩发布"微信公众号、红谷滩区融媒体中心等平台上进行宣传报道。3月13日,区发展数字经济工作领导小组办公室印发《红谷滩区关于〈南昌市数字经济促进条例〉宣传活动实施方案》,并制作宣传小册子和横幅分发至各乡镇、街道,开展宣传活动。

【深化与南昌移动战略合作】 2023年7月26日,区委书记涂晓晖会见南昌移动党委书记、总经理贺玲一行,双方就红谷滩区政府与南昌移动公司深化战略合作意向进行深入交流。10月13日,红谷滩区政府与中国移动通信集团江西有限公司南昌分公司深化战略合作签约仪式举行。区委副书记、区长刘光荣,南昌移动党委书记、总经理贺玲,中移虚拟现实创新中心副总经理揭昕政,南昌移动总经理助理胡丹出席签约仪式。刘光荣指出,红谷滩区与南昌移动合作有着良好基础和深厚渊源,希望通过此次合作,进一步推动数字经济发展、科技创新协同、产业结构优化,助推红谷滩区高质量跨越式发展。贺玲简要介绍了公司发展情况及在红谷滩区建设投资情况,政企双方就深化合作事宜进行沟通交流。罗国亮、胡丹分别代表双方签署深化战略合作协议。

【深化与南昌电信战略合作】 2023年8月1日,区委书记涂晓晖会见南昌电信党委书记、总经理戴东文一行,双方就红谷滩区政府与南昌电信公司深化战略合作意向进行深入洽谈。涂晓晖向南昌电信公司长期以来对红谷滩区产业发展的支持表示感谢。他表示,希望南昌电信充分发挥自身优势,继续加大对红谷滩区数字经济产业发展的支持力度,在人工智能、智慧城市等领域发展先进技术、壮大人才团队。戴东文简要介绍南昌电信公司的发展情况。他表示,红谷滩区具有区位优势显著、人才资源汇聚、发展动力强劲等优势,南昌电信公司将一如既往地为红谷滩区提供优质信息技术服务保障。双方于12月正式签署深化战略合作协议。

【深化与南昌联通战略合作】 2023年12月5日,区委书记涂晓晖会见南昌联通党委书记、总经理樊平一行,双方就红谷滩区政府与南昌联通公司深化战略合作意向进行深入交流。涂晓晖介绍红谷滩区经济社会发展情况。他表示,希望南昌联通公司在新型基础设施建设、产业数字化转型等方面加大在红谷滩区的投资,深化务实合作。樊平简要介绍了南昌联通公司的发展情况,并感谢红谷滩区对公司发展的关心与支持。他表示,南昌联通公司将充分发挥自身优势,积极融入未来科学城建设发展大局,进一步深化与红谷滩区的战略合作。

(唐瑾虹)

商贸服务业

【概况】 2023 年,红谷滩区商贸服务业坚持“稳字当头”“稳中求进”工作总基调,围绕推动经济高质量发展,立足服务构建新发展格局,坚持扩大开放、加快消费复苏、稳定对外贸易、推动招商引资、聚力平台建设,商务经济运行保持稳中向好积极态势。全年全区商贸消费活动吸引客流超 800 万人次,带动消费超 10 亿元。全区社会消费品零售总额完成 341.54 亿元,同比增长 6.3%,总量全市排名第 4,增速全市排名第 7。其中,限额以上社会消费品零售总额完成 285.98 亿元,同比增长 4.5%,总量全市第 2,增速全市第 7。

【开展促消费活动】 2023 年,组织开展红谷滩区“乐购红谷·悦享生活”促消费活动,共投入 1900 万元围绕汽车、服饰、餐饮、家电、百货等板块开展商贸促消费工作。2023 中国南昌国际龙舟赛期间,举办南昌国际龙舟赛系列商贸消费活动以及汽车展、美食市集、服饰消费季、“清爽一夏”夜市等活动;围绕千人横渡赣江活动,开展夏夜集市、露营小镇等商文旅主题活动。

【兑现市区级政策】 2023 年,根据《关于印发〈南昌市促进商务经济高质量发展若干政策实施细则〉的通知》,组织开展支持限额以上商贸流通企业主体培育政策的申报兑现工作,通过惠企通平台共兑现企业 158 家,兑现奖励金额共计 1705 万元,其中市级部分 682 万元,区级部分 1023 万元。同时,根据《印发〈红谷滩区促进商贸消费提质扩容的若干政策措施(试行)〉的通知》,组织开展 2022 年度红谷滩区促进商贸消费提质扩容的若干政策措施的申报和兑现工作,通过惠企通平台共兑现 224 家企业,兑现奖励金额共计 626.36 万元。

【承办市级消费节启动仪式】 2023 年 1 月 14 日,为深入贯彻落实党中央、国务院全面促进消费的决策部署,更好地发挥消费畅通国内大循环的关键环节和重要引擎作用,进一步释放消费潜力,促进消费持续恢复,为消费增长和消费升级提供更广阔的空间,由省商务厅和市政府指导,市商务局、红谷滩区政府联合主办的南昌市“爱尚冬季·巨惠春节”消费季暨红谷滩区“乐购红谷·悦享生活”消费节活动启动仪式在红谷滩杉杉奥特莱斯购物广场举行。6 月 9 日,作为 2023 年中国南昌国际龙舟赛系列活动之一,南昌市“礼遇夏季·乐购洪城”暨红谷滩区“乐购红谷·悦享生活”消费季活动启动仪式在杉杉奥特莱斯购物广场举行。此次活动以“礼遇夏季·乐购洪城”为主题,围绕“大宗商品、赣菜美食、购物狂欢”等板块开展多种形式的夏季促销活动。

【第三届中国米粉节举办】 2023 年 12 月 8 日,由省商务厅、市政府、中国饭店协会共同主办的第三届中国米粉节在红谷滩区绿地国际博览中心盛大开幕。该届米粉节以“小米粉款待世界 大产业促进发展”为主题,共设置 3 个大板块、26 项主要活动,1 个主会场、2 个分会场,其中主展区面积 3 万平方米,特装率超过 70%,共有 9 个国家的近 500 家企业和品牌参展。该届中国米粉节首次设置国际美食馆,汇聚俄罗斯、意大利、越南、新加坡等 8 个国家的美食品牌和国内知名商超;设置主宾省(市)、省内设区市(县)、品牌企业、直播带货、综合服务和金融服务等特装展区,以及粉面食材、粉面餐饮、特色小吃、乡村振兴等标准展区,全面展示全国粉面产业特色产品和产业发展成果。25 个省(区、市)的品牌和企业参会参展,益海嘉里、立达老汤、常德壹得壹、王仁和米线、天天食品、麻姑、春丝、青岛海特佳等产业链头部企业携数千款产品亮相。活动期间举办中国米粉产业发展大会、中国绿色消费节南昌站、品质预制菜中国行南昌站——粉面连锁餐饮对接会、米其林和黑珍珠烹饪大师表演赛、米粉嘉年华、线上直播季、文化展演等系列活动,组织重点展商与连锁餐饮企业现场对接,举办江西优质米粉供应链原产地考察活动。红谷滩区在米粉节期间组织 3 家企业参加特装及标摊展位展览、组织 3 家企业参加南昌主题馆展览。

【电子商务提质增效】 2023 年,红谷滩区坚持示范创建引领,推动集聚发展,共培育国家级电商示范基地 1 家(同时也是市级电商示范基地),省级电商示范企业 4 家,市级电商示范企业 4 家。同时,积极引进知名电商企业,如上海康之诚电子商务有限公司投资的江西金大班数字科技有限公司于 4 月正式落户,为红谷滩区电商产业发展注入新动力。全区网络零售额实现 70.86 亿元,同比增长 18.01%,总量居全市第 4 位,增速居全市第 6 位。

【地铁大厦天虹购物中心开业】 2023 年 12 月 2 日,地铁大厦天虹购物中心盛大开业。项目位于红谷滩核心商务区的南昌地铁大厦天虹购物中心,东面正对城市 CBD 精英商务区,西面住宅密集,东西呼应之下，购物中心的都市感与生活感与生俱来，双面双态、共享乐趣的社交生活空间定位也应运而生。南昌地铁大厦天虹购物中心总体量7.7万平方米，B1、B2层与南昌地铁1、2号线交会站“地铁大厦”无缝接驳。此外，城市主干道丰和中大道与世贸路交界于此。购物中心引进超过150家品牌商户，其中包括7家江西首进品牌、5家南昌首进品牌以及18家红谷滩区首进品牌，为本地市场注入新鲜活力。南昌地铁大厦天虹购物中心在餐饮娱乐业态上的占比高达75%，其中全场餐饮商户更是超过80家，潜卧在B1、B2层的“虹宝街”的休闲美食超50家。

【华润万象天地开业】 2023年12月30日，华润万象天地正式开业，项目位于红谷滩区丰和中大道以西，会展路以南，金融大街以东，地下2层，地上4层（部分5层），毗邻江铃总部大厦、地铁1、2号线换乘站地铁大厦站。南昌红谷滩万象天地，以独特的商业形态，旨在打造一座建筑可阅读、城市有温度、街区可漫步的趣享生活社交场，升级南昌人民的生活方式，为城市商业可持续发展探索新路径。项目以其12万平方米的体量，整合丰富的业态组合，并引进70余家首进品牌。项目与南昌城市在地文化深度融合，引入全球经典IP猫和老鼠，打造全国首站猫和老鼠潮流艺术嘉年华，同时将独具江西特色的景德镇瓷器、滕王阁、八大山人、毛笔、油纸伞等元素融入展览，致敬江西在地文化，为南昌带来更优质的消费体验，进一步激活消费市场。

【夜间经济提质发展】 2023年，坚持合理利用区位优势，通过持续加大经费投入，不断丰富提升夜间经营业态，积极探索精细化夜间管理新模式，引导培育一批夜间消费新场景，形成以红谷滩金街、赣江新天地、华润万象天地等为代表的一批人气旺、特色强、有红谷滩IP的全天候夜间消费集聚区，从夜市到夜间经济商圈，再到夜间消费集聚区，红谷滩区夜间经济的高质量发展，折射出人们对更丰富、更便利、更美好生活的向往。红谷滩金街入选南昌市第一批市级夜间经济街区；鸿鹄28里·赣江新天地商业街区、和昌·熙梦里、EUP年轻力中心街区获评南昌市第一批市级特色商业街区。

【举办2023江西（南昌）首届老字号嘉年华活动】 2023年9月22—24日，在红谷滩万达广场举办以“魅力国货、品质生活”为主题的2023江西（南昌）首届老字号嘉年华活动，百余家江西老字号企业掌门人“集结”亮相。此次活动启动江西省首个老字号数字博物馆，通过全网直播推介参展老字号，老字号掌门人在“今视频”App开通江西老字号专区，启动“记忆中的老字号·我为家乡的味道老字号点赞”行动，为江西省级老字号企业搭建展示展销、交流对接、洽谈合作的交流平台。活动得到商务部的积极关注，活动的信息登录了商务部网站专区，是江西商务活动传播的一大特色和亮点。

【县域商业体系建设（提升型）通过验收】 2023年，为深入贯彻落实商务部等17个部门印发的《关于加强县域商业体系建设促进农村消费的意见》、省商务厅《关于建立县域商业体系建设工作协调机制的通知》等精神，切实加强对全区县域商业体系建设工作的组织领导，区商务局在征求各单位相关意见的基础上，建立由商务、发改、财政、农业农村、文旅体、市监等单位组成，商务牵头的县域商业体系建设工作协调机制。由分管副区长牵头，办公室设在区商务局，承担协调机制日常工作。各成员单位按照职责分工，认真落实确定的工作任务和议定事项；提出具体工作方案和建议，指导本系统开展工作；加强沟通、密切配合、相互支持、形成合力，充分发挥作用，顺利通过红谷滩区县域商业体系建设（提升型）验收。

【新增3家市级三星级农贸市场】 2023年，九龙湖以南新增配套农贸市场2个，兑现支持重点区域规划发展的配套政策奖补资金42.86万元。积极组织开展南昌市星级农贸市场创建工作，督促市场管理方履行主体责任，不断提升管理水平。至年底，全区14家农贸市场在南昌市城区农贸市场日常考核测评结果通报中，红谷滩区多次排名全市第一方阵，综合测评成绩位于全市前三，获得南昌市三星级以上农贸市场7家，同比新增3家。

【完善城市一刻钟便民生活圈】 2023年，在区委、区政府和市商务局的指导下，加快推进全区城市一刻钟便民生活圈试点建设，不断探索便民生活圈发展新模式，通过以点带面，推动全区社区商业功能品质持续提升。根据《关于印发南昌市城市一刻钟便民生活圈评价标准（试行）的通知》，12月，南昌市商务局对红谷滩区2021年、2022年城市一刻钟便民生活圈进行考核评价，经红谷滩区城市一刻钟便民生活圈建设社区自主申报、区商务主管部门初审、第三方机构审核复审，最终南昌市商务局评价认定红谷滩区基本型一刻钟便民生活圈为2个，高品质型一刻钟便民生活圈为2个。

【入选省级绿色商场创建企业名单】 2023年，进一步推进绿色商场创建工作，有序组织红谷滩区华润万象城、融创茂等大型商业综合体创建绿色商场活动，积极引导企业贯彻绿色发展理念，降低商贸流通领域能耗，大力推广节能技术在商贸流通领域落实普及。12月，拨付省级商务发展专项资金支持绿色商场创建工作，进一步促进绿色流通领域节能设施设备更新改造力度，扩大了节能家电、绿色产品销售，促进了绿色消费，优化了硬件软件环境，创新了业务经营模式，提升了绿色商场创建管理水平。12月14日，红谷滩区华润万象城、融创茂入选省商务厅《2023年度绿色商场创建企业名单》。

【落实安全生产主体责任】 2023年，开展九小场所工作部署、餐饮燃气等安全培训会16次，参训人员500余人，统一印刷下发“九小”场所安全生产海报5500张、燃气提醒宣传折页2400张，通过企业LED播放安全生产主题内容210次，走字屏播放350次，组织区内12家人流密集场所开展应急演练培训，联合属地共排查商贸重点企业1500余家次，出动检查人员58人次，排查发现一般风险隐患260个，排查发现重大事故隐患5个，至年底，已全部完成整改。通过此次专项整治，全区综合体及附属商业所有餐饮店完成罐装燃气整改。其中，红谷滩区商贸企业代表全市分别参加国务院安委会安全生产检查“回头看”、国家燃气专班城镇燃气专项检查、商务部安全生产商贸领域专项检查，检查成绩均得到领导和专家认可。红谷滩区商务局获评2023年南昌市商贸领域安全生产工作优秀单位。

（王　昊）

金融业

【概况】 2023年，红谷滩区围绕构建区域金融中心核心承载区目标，多措并举推进全省金融商务区建设。实现落户各类金融机构和金融服务企业1360家，集聚人民银行南昌中心支行等2家中央驻赣金融监管机构，中航信托、中航证券等10家法人金融机构，中国银行、进出口银行等持牌金融机构区域性总部及分支机构287家，汇集全省80%以上的法人金融机构和省级区域性总部，形成以银行、证券、保险等传统金融业为主体，股权基金、融资担保、融资租赁、商业保理等新兴金融业为补充，区域性资本交易平台、金融中介服务机构为支撑的金融业发展格局，初步形成全牌照、多层次的区域金融服务体系，成为江西金融业发展的主要阵地、创新标杆和全省唯一的金融中心。至年底，红谷滩区拥有境内外上市企业4家（江西长运、国旅联合、江西银行、江盐集团），IPO在审企业1家（中国瑞林），新三板创新层企业2家（时刻互动、格如灵），省重点拟上市后备企业16家，“新四板”挂牌展示企业218家。红谷滩区本外币各项贷款余额3768.28亿元，占南昌市各项贷款余额的18.94%；本外币各项存款余额3234.27亿元，占南昌市各项存款余额的18.73%。区级金融业增加值完成268.58亿元，年度同比增长5.2%，占红谷滩区地区生产总值的31.9%。实现新增上市企业1家、新三板创新层企业2家、股改企业2家。红谷滩区金融办获评全省金融领域推进企业上市担当作为先进集体。

【多措并举缓解企业融资难题】 2023年，积极推广使用“赣金普惠”平台及南昌市普惠金融服务平台，至年底，“赣金普惠”平台红谷滩区注册企业370家，实现放款金额11.74亿元；市普惠金融服务平台实现377家企业授信137.73亿元。深入“三区一圈”（园区、社区、街区和商圈）开展金融支持稳企业保就业融资对接会活动，建立常态化对接机制，通过梳理企业融资需求底数、开展企业走访和平台宣传、组织融资对接活动等方式，积极帮助区内企业解决融资难题。红谷滩区金融办持续强化政银企对接，全年累计牵头组织开展融资对接活动7次，通过各种活动帮助区内企业解决融资金额1550万元。同时，鼓励企业利用资本市场、银行间债券市场做大做强，全区企业实现股权融资17.27亿元，债券融资1318.27亿元。

【助推企业上市】 2023年，充分挖掘上市后备资源。根据相关政策要求，经各属地、各有关部门推荐筛选，区资本市场建设工作领导小组办公室审核评定，确定中国瑞林等21家企业为2023年红谷滩区拟上

2023年7月4日，红谷连心会暨《红谷滩区关于加快推进区域金融中心核心承载区建设的若干政策（试行）》政策解读会召开

（区金融办　供图）

市后备企业，并予以公布，其中省重点拟上市后备企业16家，数量居全省前列。建立上市协调服务机制。以“梯队化培育、专业化扶持、高效化服务”的企业上市工作机制，主动为红谷滩区拟上市储备企业提供全流程、全链条服务。全年对拟上市后备企业开展“多对一”走访20余家次，现场为企业排忧解难，并对发现的困难问题进行后续跟踪处理。举办“红谷连心会”暨“鸿鹄护航·企业上市”专题培训会，邀请近40家优质企业参加培训，做好上市后备企业的全周期梯次培育服务。强化上市政策引导激励。12月22日，红谷滩区政府印发出台《红谷滩区进一步推进企业上市挂牌高质量发展若干扶持政策》，提升红谷滩区上市扶持政策的针对性和有效性，进一步推进企业上市挂牌高质量发展。全年已兑付22家企业上市、挂牌及再融资奖励资金1792万元，累计兑现上市扶持政策奖励资金超4000万元。做好上市园区招引管理。全年外出招商考察3次，接洽到南昌市考察投资客商20余次，会同一亿中流对接企业23家，落地企业12家，其中江西恒旭环保股份有限公司（拟美股上市）、南昌小土科技有限公司（数字经济核心企业）等重点项目2家。至年底，加速器入驻企业总数达到45家，其中潜在瞪羚企业1家，营收千万元级企业8家、亿元级企业2家，实现营收近20亿元、税收超1200万元。大力开展资本招商工作。建立全区资本招商信息沟通机制，大力推进VR产业母基金组建和文化产业发展等子基金设立，印发出台《南昌市红谷滩区外商投资股权投资企业试点管理暂行办法》，畅通外商股权基金进入渠道。全年已对接资本招商项目40余个，协调辖内基金考察项目60余次。全区新增上市企业1家（江盐集团），上市公司总数达到4家；IPO在审企业1家（中国瑞林）；省重点拟上市后备企业16家；新增完成股改企业2家；新增新四板挂牌展示企业5家，总数达到218家。基本形成“培育、改制、辅导、申报、上市、做强”的企业上市梯次推进格局。

【优化金融服务生态环境】 2023年，启动制定《红谷滩区关于加快推进区域金融中心核心承载区建设的若干政策（试行）》，一方面对存量金融机构及其高管设置奖励条款，进一步提高区内存量金融机构政策获得感。另一方面将金融控股公司、金融机构一级以下分支机构、基金、国内外高端金融中介、供应链金融企业等纳入奖励对象范围，不断优化金融服务生态体系。同时，以招大引强为主线，不断完善招商企业资源库，紧盯重点机构，积极争取金融监管机构和省市金融部门支持，加强与驻外商会、第三方招商机构沟通交流，充分发挥各类资源优势，实行分类分层、定向精准招商，不断优化招商引资模式。始终把“用户思维、客户理念”融入工作全链条，努力营造“重商安商亲商”的人文环境。用好绿色通道机制，对重点企业和项目做好跟踪服务，不断提升服务效能。全年累计为20家金融机构和企业兑现惠企政策资金2317.99万元，为23名金融人才兑现金融昌军奖励资金24万元。帮助中国建设银行南昌分行、江西省井冈山北源创业投资管理有限公司等多家企业协调解决多个重大问题，获得企业感谢及好评。

【持续防范化解金融风险】 2023年，做好“6·15”防范非法集资集中宣传日、中秋节、国庆节期间宣传及各项常态化宣传工作，全年印制分发各类宣传资料超5万份，定制各类宣传礼品2000份，在辖区投放安装非法集资宣传展板100块，购买并投放移动宣传屏23台，充分营造全区上下共同防范和抵制非法集资的浓厚宣传氛围。严格落实属地监管责任，积极做好辖区内32家地方金融组织日常监管和规范整治工作，全年累计组织开展各类专项检查、年度审查等3次，组织开展现场检查37次，妥善处理涉辖内地方金融企业投诉事宜10起。组建“立体化、社会化、信息化”的监测预警网络，联合区金融办、公安、市场监管、住建、民政等单位，组织开展“扫楼清街盯场”暨“亮剑行动”专项行动，排查辖区企业1800余家、农民专业合作社238家。运用警示约谈、函告提示、责令整改、注销吊销、督促清退等处置措施，确保打击处置取得实效。全年累计查处整治涉嫌非法集资企业12家，挽回群众损失超2000万元。加快推进P2P平台风险出清进程，全区纳入整治的9家P2P平台实现全行业退出，10月末，博汇九洲金融服务公司通过受让博金贷平台出借人债权，完成网络借贷关系向一般民事借贷关系的转换。博汇九洲金融服务公司存量债权金额压降近8.3亿元，下降率超89%，形成P2P平台风险化解处置“红谷滩模式”。

【加快金融人才队伍建设】 2023年，聚焦建立金融人才竞争优势。加大引才力度，引导辖区多家金融机构和企业在南昌人才招聘网累计发布700余个招聘岗位，组织10家金融机构参与3月12日举办的“百场校招”南昌大学金融类专场双选会，提供岗位380余个，现场收到简历324份，达成初步意向246人。搭建人才服务平台，红谷滩区金融办领导走访全省首家由国务院国资委直接管理的人力资源央企区域总部中智江西，双方围绕人才招聘、人才管理等方面进行深入座谈交流。做好首届红谷滩区“区直接联系人才”选拔推荐工作，经过前期广泛宣传，共收集到28份申报材料，经专家评审最终选出8名金融类红谷滩区“区直接联系人才”。培育金融人才，推动1名金融博士申报参加南昌市第二期中青年专家培训班，1名金融人才认定为2023年南昌市高层次B类人才，持续做好红谷滩区金融类1名省“双千计划”入选者项目台账梳理及跟踪管理工作。为进一步落实全市大力培育“金融昌军”等文件精神，全年累计兑现区内金融机构高管奖励资金1357.97万元，为23名金融机构从业人员兑现24万元“金融昌军”奖励资金。征集人才专属金融服务产品，面向全区金融机构开展人才专属金融服务产品征集活动，并走访人行南昌中心支行信贷处和金融研究处，了解区内人才金融产品及省内金融发展研究方向，共征集到4家金融机构推出的人才专属金融产品。加强与金融人才联系，陪同区领导多次走访慰问金融高层次人才，倾听人才心声，了解他们的工作和生活情况。

【加强校地合作交流】 2023年，深化校地合作，共同推动全区经济社会发展。3月17日，红谷滩区金融办与南昌大学举办江西产业金融发展研究院高峰论坛暨揭牌仪式，双方就如何推动红谷滩区域金融中心核心承载区建设、助推未来科学城发展进行交流座谈，探索校地合作新途径。组织开展科技金融培训课程，邀请南昌大学经管学院教授为红谷滩区干部讲授科技金融理论知识，参会人数40余人，有效提升红谷滩区干部金融知识水平。为助力红谷滩区“映山红行动”开展，红谷滩区金融办与南昌大学开展研究合作，全面梳理“园区+政策+基金”模式改革成果，形成金融专报一篇，为下一步推进红谷滩区企业上市工作方向提出针对性的意见和建议。8月26日，江西产业金融发展研究院协助承办的2023“数字金融时代的机遇与挑战”第二届中国南昌国际金融会议在南昌大学前湖校区召开，上百位来自国内外各大高校的专家学者云端相聚，2.2万余人通过学说等直播平台观看线上会议开幕式。

【基金业高质量发展】 2023年，制定出台《南昌市红谷滩区外商投资股权投资企业试点管理暂行办法》，畅通外商投资股权投资通道，切实优化外商投资环境，更大力度、更加有效吸引和利用外商投资。大力协调推进江西国控、南昌产投与红谷滩区合作规模30亿元的南昌红谷虚拟现实产业母基金落地，积极推动VR产业母基金运营，协调区内基金管理人通过参加母基金遴选设立产业基金，推动区内数字经济相关产业高质量发展。积极导入各类市场化股权投资基金，全年红谷滩区共引进或新设立IDG（技术创业投资基金）资本、南昌和谐安瑞股权投资基金、VR产业母基金、江西文信三号等10只基金及1家私募股权基金管理人（江西星河私募基金管理有限公司），基金规模新增183.2亿元。同时，红谷滩区建立私募股权基金库，精准做好项目基金匹配，至年底，库内持牌运营的私募股权基金管理机构20家，累计管理基金产品115只，基金产品规模逾1181亿元。

【一亿中流上市加速器蓬勃发展】 南昌·一亿中流上市加速器是江西省首个上市加速器，致力于从全国重点引进高科技、高成长性优质企业，对企业进行“政策、产业、战略、资本”全面赋能，锻造全国知名、城市领先的企业上市加速器聚集地。自2022年2月园区入驻办公以来，南昌·一亿中流快速开展园区运营、企业引进服务等一系列工作。至2023年底，企业入驻率达95%左右，落户企业51家（央企子公司1家、潜在瞪羚企业1家、规上企业8家、拟申报规上企业3家），入驻企业2023年度实现营收近20亿元，税收达1000万元。“企业上市加速器”项目入选“2022年江西省探索和推广的改革项目清单”和“2022年度南昌市全面深化改革优秀案例”名单。

【江西省盐业集团股份有限公司成功上市】 2023年4月10日，坐落于南昌市红谷滩区的江西省盐业集团股份有限公司（以下简称江盐集团）在上海证券交易所首发上市。这是江西省企业上市“映山红行动”实施以来省属集团层面首家上市公司，也是党的十八大以来江西省属国企混改试点落地“第一单”，是全面注册制实施后主板首批新股。江盐集团第一大股东为江西省国有资本运营控股集团有限公司，实际控制人为江西省国有资产监督管理委员会，是江西省内最大的盐资源综合开发利用企业。江盐集团的上市为红谷滩区产业转型升级、经济高质量发展注入强大动力。

【江西金控数字金融创新产业园项目】 2023年12月24日，江西金控数字金融创新产业园项目正式开工。江西金控数字金融创新产业园项目建设期内将引进或新设立总规模不低于50亿元的基金，重点打造数字金融创新业态集聚区、区块链科技金融创新示范区、数字金融创新研究中心、数字普惠金融创新平台、大数据征信创新应用平台“两区一心两平台”。建成后，将聚集一批科技金融机构、金融科技企业及其关联企业，孵化一批上市企业、独角兽、瞪羚企业及数字经济规上企业，引入一批高层次技术人才，积极构建数字金融产业发展生态园，进一步增强红谷滩区金融产业的竞争力和辐射力。

（赵　鹏）

楼宇经济

【概况】 2023年，红谷滩区楼宇经济正成为支撑红谷滩区经济发展的重要支柱，重点发展生产性服务业，加快培育亿元楼宇，积极引进“红圈”律师事务所（代指中国顶级的律师事务所),全力打造中央法务区,着力培育高端商务集群。红谷滩区不断拓展产业发展承载空间,增加优质载体供给,围绕做优产业、做强特色、做精服务持续发力,楼宇经济总量规模持续扩大、质量效益不断提升。同时,将推进楼宇党建作为深化城市“两新”组织党建的重要抓手,以高端商务楼宇为突破口,以品牌引领为目标,创新楼宇党建形式,形成以楼宇党组织为核心、楼宇党群服务中心为依托、党群工作一体化为路径、党群工作者队伍为支撑、楼宇中多元治理主体共同参与的“一核多元”楼宇党建新格局,助推楼宇经济高质量发展。随着红谷滩金融商务区的不断扩大,楼宇经济不断发展,红谷滩区先后被中国楼宇经济联盟评为“中国楼宇经济研究实践基地”“中国楼宇文化创新先行先试区”等。

【楼宇发展现状】 2023 年,红谷滩区有商务楼宇 284 栋,商务办公总建筑面积约 895 万平方米,空置率 24%。入驻企业 9422 家。卫东街道有商务楼宇 45 栋,商务办公总建筑面积 165 万平方米,空置率 12%,入驻企业 1653 家;沙井街道有商务楼宇 96 栋,商务办公总建筑面积 372 万平方米,空置率 20%,入驻企业 4655 家;凤凰洲街道有商务楼宇 49 栋,商务办公总建筑面积 88 万平方米,空置率 39%,入驻企业 1352 家;红角洲街道有商务楼宇 53 栋,商务办公总建筑面积 147 万平方米,空置率 39%,入驻企业 931 家。九龙湖街道有商务楼宇 38 栋,商务办公总建筑面积 92 万平方米,空置率 21%,入驻企业 572 家。生米街道有商务楼宇 3 栋,商务办公总建筑面积 31 万平方米,空置率 52%,入驻企业 259 家。从楼宇税收贡献上看,2022 年,税收达亿元以上的商务楼宇有 21 栋,其中 10 亿元 2 幢(航信大厦 21.58 亿元,江西银行 12.7 亿元),其他楼宇分别是中洋大厦、中航国际大广场、红谷城投大厦、锐拓资本大厦、联发广场、国际金融中心、绿地中央广场、地铁大厦、新地中心、博能中心、金控大厦、新地阿尔法、翠林国际大厦、九江银行大厦、富隆国际中心、物联网产业大厦、商联中心、博金中心、世奥大厦,税收达千万元以上楼宇 33 栋。

【创新打造“楼宇党建”品牌】 2023 年,红谷滩区深入贯彻落实党的二十大精神,不断深化“两新”组织党建工作,强化流动党员教育管理,创新打造“楼宇党建”品牌,激活非公企业中的党建活力因子,形成党建与企业发展的双赢格局和良性循环,将政治优势、组织优势、治理优势转化为经济发展竞争优势,一座座“红色楼宇”在红谷滩拔节生长,成为高质量发展的生动注脚。

【成立楼宇党委】 2023 年,红谷滩区楼宇党组织由单个分散转向集群联合。在红谷滩区中轴线上,总面积约 22 万平方米的绿地双子塔已吸引 368 家企业入驻。而楼宇内企业分散、党员流动性强的状况,给党建工作带来不小考验。红谷滩区以党建引领为目标,扎实开展党的组织和工作覆盖,着力推动组织力量触角延伸。绿地中心片区楼宇党委的成立,就是该区立足商务楼宇特点,探索创新党组织设置和活动方式的范本。紧扣“两个覆盖”要求,按照地域相邻、行业相近、规模相当、便于管理的原则,红谷滩区成立楼宇党委。企业有正式党员 3 名以上的,可以单独建立党支部;只有 1—2 名正式党员的企业,则可以采取联合组建的方式,解决组织覆盖难题。至年底,绿地中心片区楼宇党委有 39 个党支部,183 家楼宇企业党员数 204 名。

【强化楼宇党委统一领导】 2023 年,富有经验的党支部书记按照一带二的形式,联合党支部书记从党员教育、管理和活动开展等方面帮助做好联合党支部建设,不断增强组织凝聚力,助力企业健康发展。同时,红谷滩区成立以区委副书记为组长,由相关职能部门组成的全区新兴领域党群共建工作领导小组,建立定期联席会议制度,进一步健全完善区委“两新”工委运行机制。红谷滩区探索采取由街道党工委书记挂点单建党支部,其他班子领导挂点联合党支部的措施,强化楼宇党委统一领导,打破了传统的以楼宇企业为单位的党建工作格局,实现由单个向集群、由分散向联合的转变。

【加强楼宇党建阵地建设】 2023 年,随着楼宇党组织体系建设的不断推进,红谷滩区将精力移到加强楼宇党建阵地建设,强化其政治引领功能上——在绿地双子塔楼宇党群服务中心,红色标识、标语等红色元素随处可见,红色气息扑面而来。提供双子塔 A2 栋 1 楼、4 楼来共享,共有 410 平方米党群服务中心红色阵地。会议室是所有楼宇企业共用的,楼宇党组织要开展党组织生活时,就会拿出来共享,作为落实“三会一课”制度的主要活动场所。楼宇党建阵地是创新城市楼宇治理方式的重要抓手。

【统筹楼宇党建阵地资源】 2023 年,红谷滩区统筹楼宇党建阵地资源,积极争取楼宇产权单位、物业公司、入驻单位和企业的支持,构建全方位、立体式、精细化的党群服务阵地体系,确保楼宇党群服务中心建优做强、发挥作用。在位于凤凰洲街道的保利中心,34 家非公有制企业落户于此,吸引诸多大型企业和大量优秀人才集聚,成为红谷滩区楼宇经济贡献值不断攀升的生力军。这里一共有 6 个单独建立的党支部,6 个联合党支部,覆盖全部企业。在经费支出方面,一部分由写字楼物业投入,一部分由社区投入,入驻企业也会以物资的形式给予活动支持,街道联合社区、物业、企业制定相关政策,健全以街道为统筹协调、主抓主管,其他各方协同推进、齐抓共管的工作机制,抓实阵地建设,保障活动经费,扎实建好基层党组织。红色书吧里看书的企业员工、观看党史展的党员、政务一体机旁的党建指导员、共享办公空间的白领等,有阵地、有经费,党建工作就有了抓手,楼宇经济就有了活力,党建与经济实现互促双赢。商务楼宇作为非公经济组织的重要承载平台,是人才、资源集聚的沃土。得益于党在新兴领域的号召力、凝聚力、影响力,楼宇党建的成立将成为优化营商环境、促进非公有制经济健康发展的新引擎。为更好发挥资源优势,红谷滩区通过打造“垂直网格”,持续强健楼宇党建“肌体”,协调相关部门单位、社区和物业管理机构等,为入驻各商务楼宇的企业提供党的建设、党员管理、行政审批、物业管理和企业发展的“一站式”服务,将以往的“企业找服务”转变为“政府送服务”,极大地方便楼宇企业办事创业,全力当好“店小二”、塑造“竞争力”。

【楼宇党建赋能楼宇经济】 2023年,针对非公有制企业党组织共性需求,绿地中心片区楼宇党委在一站式服务大厅内设置党建、咨询、招商招租等5个办事窗口,针对非公企业党组织个性化需求,启用服务共商模式,定期组织相关部门、企业召开联席会议,帮助他们解决发展过程中遇到的难题。绿地中心片区楼宇党委已通过联席会议解决企业问题62个,提供服务28次,推动企业之间资源互补、融合发展、互促共赢。如今,非公有制企业党组织有困难第一时间找楼宇党委,绿地中心对外承租率逐年攀升,党建工作成为楼宇经济发展的“红色引擎”。企业招进大楼只是第一步,服务到位才能真正让他们留下来、发展好。聚焦楼宇经济提质增效发展新需求,红谷滩区围绕党建聚思想合力、聚发展合力、聚人才合力,不断做实党建与文化、服务、发展的深度融合,以楼宇党建赋能楼宇经济高质量发展,形成了党建强、产业旺、楼宇兴的良性互动。

【红谷连心会暨楼宇经济“吐槽大会”】 2023年6月29日,为进一步优化营商环境,助推楼宇经济高质量发展,面对面问需于企,心贴心为企疏困,红谷滩区发改委联合卫东街道举办红谷连心会暨楼宇经济“吐槽大会”。区委常委、副区长邱胜出席,区科工局、区商务局、区金融办、区住建局、区政数局、区人社局、区自然资源局及部分企业代表共30余人参加会议。企业代表们针对营商环境、政策咨询、金融贷款等方面遇到的问题、困难进行“吐槽”,并就政府部门如何更好地开展服务工作提出意见建议。围绕企业反映的各类问题,各相关职能部门逐一进行现场答复;对于无法现场解决的相关问题,区发改委认真记录并形成台账,会后将及时跟踪督促相关责任部门办理,反馈情况。参加活动的企业代表纷纷表示,在“吐槽大会”上能够与政府部门面对面、零距离畅所欲言,大胆说出自己最盼、最急、最忧的问题,这种方式非常好,希望能定期举办专题“吐槽大会”,直接倾听企业声音,有效畅通政企沟通渠道,增强企业参与营商环境建设的积极性与获得感。

【楼宇网格化管理新模式】 2023年,卫东街道试点创建“卫东·楼小助”服务企业“心连心”。辖区内运营楼宇共有45栋,管辖楼宇多、经济体量较大。为持续深化服务企业和项目建设,卫东街道围绕“以党建为引领,经济为主体,服务为核心”这一理念,针对楼宇经济创新推出“卫东·楼小助”楼宇网格化管理新模式,凝聚党员领导干部、党群服务专员、政务专员、楼宇管理员、网格员、楼栋党员等骨干力量,建立“洪城红管家”楼宇服务队伍,将服务队伍、服务内容制成公示牌,高效回应企业诉求。“卫东·楼小助”以党建引领凝聚商圈各类资源和人员,全面梳理组织、税务、消防、警务等职能部门资源,构建党政、党群服务的“朋友圈”,形成共建共治共享平台。自4月运行至年底,共张贴公示牌32个,整合楼宇“朋友圈”19个,走访企业50余次,收集29个企业诉求和问题,积极有效地解决好企业的操心事、烦心事21件,有效打通服务企业“最后一米”。

（*卢雄辉*）

文旅产业

【概况】 2023年,在省委、省政府和市委、市政府的领导下,红谷滩区委、区政府认真贯彻落实文化强省、文化强市战略部署,牢牢把握社会主义先进文化方向,把文化作为长远工程、惠民工程抓紧抓牢抓实,促进文化产业高质量发展、繁荣发展,推动红谷滩区打造全省新文旅发展中心,全面增强全区文化软实力和产业竞争力。南昌VR主题园获评文化和旅游部第一批全国智慧旅游沉浸式体验新空间培育试点单位。为全国智慧旅游沉浸式体验新空间的产业化、标准化、规模化发展,探索模式,积累经验。

【重点培育中小文化企业】 2023年,积极利用各种载体、统筹相关资源,推动中小文化企业做强做优。全区规上文化企业营业收入169.98亿元,跃升至全市第一,同比增速11.61%,全市排名第三,营收总量占比为34.4%。通过加强对企业的摸排走访,挖掘升规潜力,夯实产业基础,对中小文化企业进行重点培育,建立和完善文化产业招商项目库、招商线索库、重点中小文化企业培育库、重点文化企业库“四库”建设。至年底，已建立重点文化产业招商项目库在库项目共18个，建立重点文化企业库在库企业61家，建立重点中小文化企业培育库在库企业30家。

【国家AAA级旅游景区创建】 2023年，深入指导南昌VR主题园开展国家AAA级旅游景区创建，全面排查景区创建缺项和短板，进一步优化旅游安全体系，运营管理体系，游客服务体系，并于7月迎接市评审组现场检查，市局8月完成公示，发文公布南昌VR主题园景区为国家AAA级旅游景区。

【文旅消费季红谷滩活动】 2023年，开展好2023江西“百县百日、百城百夜、百企百创”文旅消费季红谷滩分会场活动。9月19日，以“汇南昌 惠英雄”为主题的2023南昌文旅消费季正式启动。此次消费季活动由市文广新旅局与省旅游集团联合主办，活动持续近3个月，各县区通过形式多样的线下活动和线上带货活动，充分展现促消费能力。红谷滩区积极发动辖区内主要景区、酒店、OTA(空中下载技术)平台等市场主体，对接携程、同程、美团、抖音、腾讯视频号等平台，并于10—12月期间发放100万元文旅消费券，极大地释放文旅消费潜力；在抖音等平台上开展网红打卡“在南昌遇见红谷滩”系列宣传，吸引流量超千万，吸引广大市民和游客参与。在该活动中，红谷滩区累计销售额达5331万余元，表现优异，荣获“汇南昌 惠英雄”——2023南昌文旅消费季“消费三强县(区)”称号。南昌融创文旅城在本次活动中表现优异，获得百企PK赛“明星直播企业”的称号。

【注重旅游品牌打造】 2023年，全力推进红谷滩区旅游强区建设、南昌VR主题乐园成功创建国家AAA级旅游景区，获批国家文化和旅游第一批全国智慧旅游沉浸式体验新空间培育试点单位之一。推进南昌之星摩天轮对标AAAA完善旅游配套，打造“摩小星”南昌之星文创店，推出南昌之星文创雪糕，备受游客喜爱。圆满完成南昌旅发大会旅游商品展销和大南昌都市圈旅游商品展销红谷滩展示，宣传了红谷滩区丰富多元的旅游资源，展出南昌舰主题园、绿地303观光厅、省博物馆特色文创，流湖棕编工艺品等20余项特色展品，现场还为游客提供VR乐园娱乐体验等。

【文旅消费强劲复苏】 2023年，注重纾困惠企，持续引导和撬动多资源要素汇聚，打造文旅产品供给和消费的“引力场”。将构建全域旅游发展格局纳入区“十四五”规划，出台《红谷滩区促进文化产业发展扶持办法》《红谷滩区促进会展业加快发展的奖励办法》等政策。区财政每年安排500万元资金专项支持旅游业发展，在此基础上，大力开展红谷滩区文旅促消费活动，不断释放内需潜力。9—12月，陆续通过第三方平台向文旅市场投放100万元文旅消费券，带动书店、景区、电影院、休闲娱乐、旅游酒店等文旅行业发展。并印发红谷滩美食记系列宣传册，系列包含红谷滩早餐、正餐、夜宵三册，宣传红谷滩区海纳百川、风格各异特色餐饮及美食街区等。

（王 丰）

会展业

【概况】 2023年，红谷滩区会展工作紧紧围绕“带动产业发展、拉动消费升级”主线，以“聚焦全国展、主攻产业展、紧盯消费展”为抓手，展会面积、数量均呈现较大幅度增长，实现“周周有小展、月月有大展、全年展会不断”的会展目标。全年红谷滩区会展次数达55场，位居全市第一(占全市66.2%)，同比增长104%；参展面积达133.4万平方米，比上年增长103%；现场交易额超100亿元，参展参观超200万人次，创历史新高。

【CHINTERGEO中国测绘地理信息技术装备展览会】 2023年2月14—16日，以“迎接‘N+地信’新时代”为主题的CHINTERGEO2023中国测绘地理信息技术装备展览会在南昌市开幕。该届展览会是2023年南昌举办的首场国际性行业盛会，旨在推进中国测绘地理信息装备的技术进步，增强地理信息技术装备的应用提升。展会设立新品发布区、百强展区、平安监测论坛等，展示面积近3万平方米，吸引国内外测绘地理信息行业300余家企业参会，参展企业涵盖测绘地理信息行业上下游产业链。参展企业展出测绘地理信息技术诸多应用成果，对地图文化进行全新诠释。

【第58届全国工艺品交易会仿真植物及配套用品展】 2023年2月24—26日，第58届全国工艺品交易会仿真植物及配套用品展在南昌绿地国际博览中心举办。本届展会面积达7万平方米，参展企业1千余家，近4万人次参展参观，90%以上展商和采购商来自外省市。展会规模创该展会记录，展会效果良好，展商订单满满，首日推迟展馆闭馆2小时，以满足展会洽谈和签单需要。展会期间签单交易额20亿元以上。展会是由中国工艺美术协会主办的全国工艺美术行业至关重要的商贸型展会。

【第81届中国教育装备展示会】 2023年4月21—23日，第81届中国教育装备展示会在南昌绿地国际博览中心举办。本届展示会由中国教育装备行业协会主办，江西省教育厅、南昌市人民政府共同承办，是全球教育装备行业规模最大的展会，吸引海内外1400多家企业参展，展位11170个，展会面积达21万平方米，展会规模创江西展会之最；超过29万人次参展观展，拉动消费突破23亿元。

【2023中国便利店大会】 2023年5月10—12日，2023中国便利店大会在南昌绿地国际博览中心举办。大会由中国连锁经营协会主办，是国内便利店行业规模最大、参与品牌最全、内容涵盖最多、最具权威性的会展活动。大会以“共建便利店发展生态圈”为主题，展会面积达1.6万平方米，参展企业118家，包括系统设备、供应链整合、商品展示等展区。大会开展政策解读、权威发布、主题分享、案例解读、展览展示、交流合作等系列活动，参会人员近6000人；近2万人次参展观展。

【第二十届中国国际检验医学暨输血仪器试剂博览会】 2023年5月28—30日，第二十届中国国际检验医学暨输血仪器试剂博览会在南昌绿地国际博览中心举办。展会面积达13万平方米，20余个国家和地区体外诊断上、中、下游全产业链的1300余家体外诊断相关企业参展。现场参观观众超过10万人次。此次博览会被誉为“实验医学・体外诊断”盛会，是体外诊断行业世界第一的展会。

【2023年中国(国际)乳业技术博览会】 2023年6月4—6日，2023年中国(国际)乳业技术博览会在南昌绿地国际博览中心举办。展会面积达3万平方米，吸引伊利、蒙牛、君乐宝、三元、法国乳品企业展团、碧海包装、中亚机械等256家国内外知名企业参展，涵盖乳制品生产企业、最新上市产品、乳品加工设备、环保设备、检测、配料、包装、数字化应用、新零售渠道等领域，参展企业和展会面积均创新高；并首次设立中国乳业科技成果展区，参展的乳制品生产企业涵盖市场主流品牌，展现中国乳制品科技创新成果和市场动态。

【第六届世界绿色发展投资贸易博览会】 2023年9月5—8日，第六届世界绿色发展投资贸易博览会在南昌绿地国际博览中心举办。展会以“深化开放合作、推进绿色发展”为主题，展会面积达2.5万平方米，马来西亚、以色列担任主宾国，福建省、青海省担任主宾省。在开幕式暨主旨论坛上签约的合作项目60个，签约投资额992.22亿元；展览展示活动吸引3.2万余人参观和合作洽谈，现场成交1103.5万元，签订协议7.7亿元。本届大会参会参展的国内外嘉宾、投资商、贸易商等来自全球五大洲、59个国家和地区，以色列、马来西亚、加拿大、南非、赞比亚等15个国家组织了经贸代表团参会。来自俄罗斯、法国、巴西、日本、美国犹他州等24个国家和地区的知名企业参展，是江西省有史以来参展国别和地区最多的一次展会。

【2023世界VR产业暨元宇宙博览会】 2023年10月19—22日，2023世界VR产业暨元宇宙博览会在南昌绿地国际博览中心举办。展会面积达3万平方米，中国移动、中国电信、中国联通、XREAL、四开花园、Unity、Rokid、小派科技、京东方、木仓科技、华为、中兴通讯等200余家来自教育、影视、工业、游戏、航空、体育等相关领域的国内外知名企业展示了自己的最新技术和产品。作为中国以及全球虚拟现实产业专业展会，世界VR产业暨元宇宙博览会已成为行业内首屈一指的顶尖盛会，为中外虚拟现实产业搭建了产需对接、专业产业展示优质平台，集中展示全球VR产业最具影响力的新产品、新技术和新应用。

【第十五届中国绿色食品博览会】 2023年11月17—20日，第十五届中国绿色食品博览会在南昌绿地国际博览中心举办。绿博会作为商务部“2023消费提振年”系列活动之一，以“新亮点 新场景 新突破 新消费”为主题，展会面积达6万平方米，设置绿色食品及名优土特产品综合展区、江西省特色展区、预制菜食材与成品展区、国际贸易展区、县域土特产品展区、餐饮美食专区等多个专题展区，辽宁、吉林、黑龙江、贵州、四川、广东等20余个省区市的53个代表团以集中组团方式，携当地优质土特产品前来参展，还有来自塞尔维亚、希腊、匈牙利、沙特、巴基斯坦等国家众多异域展品亮相。该届绿博会观展达12万人次，人气火爆，供销两旺。4天会期，现场交易额约1.46亿元，意向成交额13亿元，让整个绿色食品和土特产行业从业人士恢复信心，让国内外参展客商看到了中部地区消费市场的潜力。同时，本届绿博会在参展规模、展品展示、论坛活动等各方面表现亮眼，多项数据破历届绿博会纪录。

【第十四届中国妇幼健康发展大会暨CIMC国际妇幼健康产业展览会】 2023年11月23—24日，第十四届中国妇幼健康发展大会暨CIMC国际妇幼健康产业展览会在南昌绿地国际博览中心举办。该届展会面积达5万平方米，参会人数高达4000人，参展企业200余家。大会设有1个主论坛和27个分论坛，由全国妇幼领域包括百余位知名专家教授演讲。让全国“妇幼人”的代表相聚在南昌，共同开展妇幼医学交流、探讨人口优化政策、共商产业发展新意。同期举办的妇幼健康产业展览会展品范围涵盖医疗设备、器械及耗材，医疗用药、医疗信息化软件及设备、保健食品、母婴用品、服务机构等，吸引佰博集团、武汉兰丁、康辉医疗、凯普、康宇医疗、海扶等企业参展，为行业人士搭建分享发展成果、交流妇幼保健发展新理念和新技术的专业平台。

（沈　璇）

城乡建设与管理

城乡规划

【概况】 2023年，南昌市自然资源和规划局红谷滩分局（以下简称区自规分局）秉承打造生态文明南昌样板、推进滨江高质量发展、营造两岸高品质空间三大发展战略，对接南昌市国土空间总体规划、南昌市总体城市设计等最新上位规划，落实对赣江两岸的发展建议和指引要求，持续推进南昌未来科学城概念规划、九龙湖竖向工程（优化）专项规划、红谷滩区村庄规划等规划编制工作，为全区经济发展和城市建设提供规划支撑和服务保障。

【《南昌未来科学城概念规划》国际竞赛项目持续推进】 2023年，为全面持续贯彻落实全省数字经济做优做强"一号发展工程"，按照城市"东进、南延、西拓、北融、中兴"发展战略，南昌市委、市政府积极谋划，在九龙湖以南沿江区域规划建设未来科学城，聚焦创新驱动，全力推进城市高质量发展，提升城市综合竞争力，红谷滩区全力配合支持。未来科学城规划范围约139平方千米，具体为东至赣江、南至规划320国道、西至规划320国道—石埠大道、北至南昌大道（原祥云大道）—武功山大道（原320国道）。作为未来10—15年南昌最重要的增量空间，未来科学城功能定位紧紧围绕"数字经济"关键词，从"源头创新、技术转化和应用、创新服务支撑"3个方面不断拓展和延伸。至年底，市自然资源和规划局已组织开展《南昌未来科学城概念规划》国际竞赛招标工作，中标单位为中国城市规划设计研究院，完成《未来科学城概念规划》初步设计，正在深化方案阶段，专项规划编制经费已拨付80%。

【九龙湖竖向工程（优化）专项规划编制完成】 2023年，区自规分局组织编制完成《九龙湖竖向工程（优化）专项规划》。本次规划针对九龙湖片区开发过程中存在竖向管控不足、导致片区内产生大量余土堆积的问题，对九龙湖区域竖向进行研究分析，结合九龙湖片区已建区域、未建区域存在问题不同，源头施策，将工作范围划分为四大工作范围，制定五大工作板块，有效指导九龙湖片区竖向优化管控。五大工作板块包含：九龙湖西区竖向工程专项规划、VR科创城（南区）竖向优化、九龙湖片区东区竖向优化、东区已建成区余土处置方案、规划竖向管控导则。

【编制村庄规划】 2023年，区自规分局坚持规划引领，积极对接市自然资源和规划局，继续推动红谷滩区各乡镇开展村庄规划编制工作。协助完成生米街道夏宇村，流湖镇柏树村、莲塘村、车塘村、上房村、淑溪村、溪洪村、红岗村、义渡村、新塘村（省级重点帮扶村）、大岗村（省级重点帮扶村）、红星村（省级重点帮扶村）11个村，厚田乡木埠村（省级重点帮扶村）、桐岗村、詹杨村、山水村、象潭村5个村的村庄规划编制工作。厚田乡社林村、龙王庙村2个村正在编制村庄规划编制工作。对于红谷滩区城镇开发边界外尚未编制村庄规划条件的村庄，拟通过制定"通则式"规划管理规定，实现乡村地区空间规划管理有效覆盖。

（段建坤　吴超颖）

城乡建设

【概况】 2023年，红谷滩区住建局贯彻落实好区委、区政府各项决策部署，紧盯年初确定的目标任务，围绕中心，服务大局，聚焦痛点难点问题，稳步推进各项任务高标准高质量完成。积极配合省、市重点项目建设，着重推进重点路网项目建设，科学安排未来科学城框架路网，全力推进“断头路”攻坚。全年共负责项目 37 个，其中在建续建项目 24 个、前期项目 13 个，涉及项目总投资 177.12 亿元；计划完成投资总额 20.81 亿元，实际完成投资总额 17.5 亿；完成道路建设 15 条，总计长度 21.9 千米，投资完成率 84.1%。

【未来科学城路网建设显成效】 2023 年，按照“新城建设，道路为先”的原则，高水平、高标准、高要求统筹建设未来科学城区域路网，构建具有区域辐射力、发展带动力、高效便捷的综合交通体系。已初步形成覆盖总部服务区（西客站片区）、智慧文旅区（九龙湖片区），辐射周边其他片区的主干路网系统。加快科教研发区建设，至年底，完成明月山大道南延、复兴大道、复兴大道西延、上饶大街涉枫生高速立交配套工程等城市重要主干道建设，并根据周边建设情况逐步完善次干道和支路建设。为完善南昌健康职业学院、南昌技师学院、行知中学周边路网，启动杨岐山大道，崇礼路、吴家路等道路建设。着眼交通骨干线，完善未来科学城整体对外以及各片区之间的交通发展圈，保障基础设施对未来科学城开发的带动作用，加强未来科学城各城市功能组团的协调互动，推进未来科学城智慧文旅区框架路网洪州大道快速化改造进程，以及三清山大道、新余街、赣州大街、龙虎山大道和未来科学城数字创新区科创大街、三清山大道、常湖池路的建设。

【着眼民生配套建设成效卓著】 2023 年，为着力解决好群众急难愁盼问题，增进民生福祉，提高人民生活品质，强化居民出行的便利性，全年推进一批重要民生道路建设。完成碧桂园中江温泉城配套道路吉安街、九连山路建设，推进新力龙湾配套路网望城路、璜源山路建设，启动保利天珺周边环湖路网，加强安置房周边路网建设，推进朱岗安置房、生米花园二期安置房、南路安置房、东城大道安置等多个配套路网建设；逐步完善九龙湖加密路网，建设禧悦雅云、金科集美等多个小区配套道路。

【推动实施打通“断头路”项目建设】 2023 年，以解决城市堵点、提升城市功能品质为抓手，推动实施一大批打通“断头路”项目建设。建设高质量路网，全力推进“打通‘断头路’畅通微循环”攻坚专项行动，切实完善建成区道路路网，实施打通“断头路”项目 7 个，分别是：芳雅路、天城路、启华路、北外滩 J 路、芳林路 B 路、赣江北大道上下金山大道匝道、红谷南大道井字路口），总投资 1.07 亿元，各“断头路”按期完成打通，社会层面反应强烈。

【构建综合交通体系】 2023 年，立足在建、续建项目，着力推进南昌市“东进、南延、西拓、北融、中兴”城市发展战略，建设一批、谋划一批，建设高水平、高标准、高要求统筹区域路网建设，努力构建具有区域辐射力、发展带动力、高效便捷的新城综合交通体系。全年谋划 VR 科创城二期路网（临溪路、科创大街、中央湖路、龙虎山大道南延）服务规划园区，启动赣江南大道南延项目，拉开未来科学城城市框架；沟通铁路部门，启动“两个下穿一个上跨”（赣江南大道下穿西外环铁路、龙虎山大道下穿西外环铁路，三清山大道上跨西外环铁路）涉铁路项目，打通未来科学城各区主动脉，启动德兴街、行知中学周边路网建设等，逐步完成未来科学城路网，进一步强化未来科学城整体对外以及各区域间的交通发展圈，加强未来科学城各城市功能区域的协调互动，打通未来科学城的主动脉，打造未来科学城片区内“五纵五横”路网格局。

【未来科学城配套水电建设】 2023 年，根据《南昌市红谷滩区电网建设和发展战略合作协议》与南昌市供电公司共同谋划未来科学城电力规划，采用“整体规划、同步实施、分年成型”总体建设思路，持续推进高质量配电网建设，完成红谷滩区电网发展规划。按照分步实施原则，加快启动电力设施建设。启动望新变电站，预计 2024 年 6 月投入使用。另外，计划在 2025 年前，首先推进未来科学城科教研发区、VR 科创城工业用地区域供电（约为 54.1 平方千米），新建 220 千伏变电站 1 座（营盘山），满足工业园区用电需求；改造 220 千伏西郊变电站，提高变电站负荷，更大地满足未来科学城科教研发区的用电需求。在中远期，启动并完成东城变、科技变、望城东变、物流变等变电站，基本满足未来科学城区域用电需求。并根据《红谷滩区供水管网共建框架协议》，在市政基础设施建设的同时埋设自来水管网，确保城市发展供水配套及时跟进。

（胡　明）

城乡土地收储

【概况】 2023 年，南昌市土地储备中心红谷滩分中心（以下简称区土储分中心）按照拓展思路、服务辖区，重新定位、优化职能，回归主业、主动作为的总体思路，回归主责主业，对红谷滩区土地储备工作流程再造，优化服务意识。以服务重点项目落地为核心，扎实开展土地收储、国有土地临时租赁、“两公一住”地块土壤污染状况调查、耕地占用税申报纳税等工作。

【科学编制土地储备计划】 2023 年，在研究判断红谷滩区经营性用地需求的基础上，紧密结合红谷滩区 2023 年度土地供应计划，编制红谷滩区三年滚动计划（2023—2025 年）、2023 年度土地储备计划，区本级上报三年滚动计划180.1公顷,年度土地储备计划88.84公顷。南昌市行知中学、南昌市行知学校、红谷滩区K9学校等重大重点项目均已列入储备计划,保障重大重点项目能够顺利供应。

【推动重点用地收储】 2023年,区土储分中心一方面对以往年度土地收储业务进行完善工作,如农科院落实成本核算,盘点存库,整理档案;另一方面按照区委区政府的安排,对江西中顺投资集团有限公司1.19公顷国有土地使用权实施收储,涉及收储资金1919.43万元,地块供应后,既提升了红谷大厦以东的规划布局,又满足市机关事务局的停车需求。

【国有土地临时租赁】 2023年,为服务辖区开发建设,保障项目用地配套建设需求,区土储分中心按照区政府指示,有针对性地对重点项目开展储备土地临时利用工作。至年底,全区有国有建设用地租赁项目21个、租赁面积约7.04公顷,涉及租金约631.35万元,收缴租金220.78万元进区财政账户,有效保障辖区重大重点项目的顺利实施。全年因项目完工腾退租赁地块4宗,面积约1.09公顷,确保临时用地顺利回归土地储备库存。

【开展土壤污染状况调查】 2023年,区土储分中心与区自然资源和规划分局、区环保局、属地街道等部门横向联动,按照部、省、市相关文件精神,开展22宗地块的土壤污染状况调查工作,所涉面积184.65公顷,涵盖全区2023年出让、划拨地块。同时,积极开展拟供应的"两公一住"地块(公共管理、公共服务用地及住宅用地)土壤污染调查工作,保障土地供应投放节奏,为红谷滩区建设生态文明、推动绿色低碳循环发展,满足人民日益增长的优美生态环境需要履职尽责。

【履行耕地占用税申报纳税义务】 2023年,主动对接区财政局、区税务局,在收到办理占用耕地手续的书面通知后,在规定的时间节点完成耕地占用税的缴纳任务。全年缴纳耕地占用税分别为2022年度第7、8、9批次城市建设用地、2023年度第1、2、3批次城市建设用地及南昌至樟树高速公路改扩建二期工程项目建设用地,纳税金额共计2057.86万元。

【完成土地供应前期工作】 2023年,积极参与全区土地供应前期工作,除完成涉及规划为"两公一住"地块的土壤污染状况调查工作外,作为区土地运作小组成员,继续代区政府行文至市自然资源和规划局,出具8宗拟供地块规划条件(仅2023年度)和公开出让函,以保障土地供应工作有序开展。

【推动民生实事落地见效】 2023年,针对红谷滩区九龙湖片区整体开发建设拆迁迫切需求大量安置房源问题,区土储分中心积极助力区级民生需求,配合区住房保障中心,与市旧改办、市土储中心多次汇报沟通,经市旧改指挥部研究,成功调拨3354套新琚花园房源、面积30.16万平方米,此举既解决了全区安置房缺口问题,又解决了市本级国开行融资贷款的安置房建设资金沉淀问题,提前回笼棚改资金。同时,盘活市级综合性安置用房资产,避免剩余房源闲置积压,为一举三得多赢举措。

(赵宝芊)

城乡综合管理

【概况】 2023年,红谷滩区城市管理和综合执法局认真贯彻习近平总书记"人民城市人民建,人民城市为人民"理念,紧紧围绕"项目为先、实干奋进,争分夺秒拼经济",以"路面有颜值、节点有品位、规划有高度、工作有成效"为抓手,扎实开展城市环境综合整治行动,全力保障好各项重大活动,水环境治理等重点项目有序推进,城市管理和文明创建水平全面提升,初步实现了城市管理向城市治理的嬗变。红谷滩区城管执法大队以标准化建设为主线,牢固树立以人为本、文明执法理念,充分发挥城市管理行政执法职能,积极进行对标找差,突出民生民需、改善市容市貌、优化管理机制、提升执法效能,着力加强专业化、素质化、法治化、一体化建设,切实提高城市管理精细化水平。

【创新开展"六大"行动】 2023年,红谷滩区城市管理和综合执法局结合全区城市管理工作实际,紧紧围绕市容环境、园林绿化、水环境整治、市政运行等重点工作,大力开展实施城市环境"绣花行动"、实施城市功能"提质行动"、实施城市运行"升档行动"、实施城市监测"增智行动"、实施文明城市"管创融合",全面提升城市精细化管理水平。在全市城市精细化考核中稳居全市前三。

【首个城市管理指导读本"蓝海计划"汇编完成】 2023年,积极总结过往工作经验教训,结合红谷滩区城市管理工作实际,对城市管理各领域工作进行全面归纳总结,汇编完成工作指导读本"蓝海计划"。读本汇编工作由各股室业务骨干起草,并邀请有关行业专家指正,主要涵盖市容环境、园林绿化、市政管养等7个方面,对各领域工作现状及存在问题进行全面分析,引来省内外各级城市管理部门前来学习指导。

【建成全市首批"席地而坐"城市会客厅示范点】 2023年,红谷滩区以长天广场作为城市会客厅"席地而坐”创建示范点，努力打造可以让市民“随手可摸、安心可坐、不脏衣裤”的示范点。明确流程，实现作业标准化。制定《公园广场席地而坐作业质量标准》，明确作业要求“四无、三洁、二见、一现”，即无垃圾杂物、无污渍痰迹、无积尘泥沙、无积水枯叶，道路广场（平面）洁、城市家具（立面）洁、园林绿化（坡面）洁，道路见底色、标线见本色，绿化现景致。建立“吹扫、除杂、抠缝、精洗、排推、擦拭、打磨、返碱、保洁”九步工作法，对平面、立面、坡面进行全方位、无死角深度保洁作业。人机结合，实现保洁深度化。配置洗扫车、洗地车、小高压冲洗车、磨地机、鼓风机等清洁“五件套”，深化人机结合的组团式保洁模式，实现“机械化作业为主，人工作业为辅”。健全机制，实现管理常态化。制定《长天广场“席地而坐”实施细则》及《长天广场“席地而坐”考核细则》。将上级检查、媒体督查、市民评价、社会影响等内容纳入考核体系，运用实地巡查、线上监管对作业流程、作业模式、作业标准实现“360°无死角”考核。

【城市绿化日趋精美】 2023年，按照科学、节约、美观的原则，聘请江西农大、农科院等园林专家开展栽种、修剪等专业技术指导，提升了绿化科学养护能力，由原有“草花覆盖式彩化”转变为“节点多维度提升”，重点开展风筝广场、中央绿廊等“城市绿肺”绿化提升。全区绿化总面积为8359.1公顷，建成区绿化面积为3730公顷，绿化覆盖率达44.62%，位居全市前列。

【加速公园绿地建设】 2023年，启动融合江滩+山地+湿地为一体的马咀山湿地公园建设；谋划两区交界处的鱼目山生态体育公园。利用城市拆迁腾退地、边角地，充分融合彩化理念，打造碟子湖大道沿线绿化提升工作；九龙湖健康公园充分考虑毗邻医院因素，科学设施设置无障碍坡道和休闲廊亭，成为群众身边的康养公园；利用废弃地和闲置地打造求是路湿地公园、怀玉山休闲空间、城运路口袋公园，打造了社区之间的“绿邻公园”。

【完成南昌大道生米大桥至320国道段道路提升改造工程】 2023年7月23日，开工进场实施南昌大道生米大桥至320国道段改造工程，工程范围西起320国道、东至生米大桥，道路长度约5.01千米。项目坚持优化设计、精选材质、道路静音理念，高标准做好道路病害处理、路基加固、路面修复等工作，围绕“优化设计”的建设理念，通过现场交通量调查和远期预测的方式，结合相关设计规范和沥青路面运营经验，科学设计路面结构厚度；围绕“精选材质”的建设理念，该项目的路面表面层采用高性能的沥青马蹄脂碎石混合料，并采用玄武岩或辉绿岩作为路面表面层的集料；围绕“加固路基”的建设理念，结合检测报告、竣工图纸和现场勘察情况，在充分考虑设计合理和施工方便的前提条件下，路基处理采用压密注浆和换填老路底基层开挖废料的方式；为进一步提高城市道路平整性和窨井盖设施管理水平，围绕“道路静音”的建设理念，精心做好一体化重型窨井盖更换工作，这种一体化井盖有防噪声、防盗、防沉降、防坠、防移动“五防”功能，建成后井体井盖与路面平顺连接。

【提升市容环境保洁质量】 2023年，重点组织排查全区设施落实中转站、垃圾转运车辆跑冒滴漏等不规范作业的情况；协调与其他城区接驳处环卫清扫空挡等问题；落实禁止焚烧生活垃圾、园林垃圾、海绵轮胎等物料的相关工作。创新开展“烟头革命”行动，创立适应红谷滩区特性的市容环卫“五步作业法”（“一冲二扫三洗四补五保”）及“垃圾广告清理五步作业法”（“一备二拍三处四除五清”），有效提升了环卫保洁的效率及质量。全年全区清扫道路面积1269万平方米，生活垃圾清运量21.15万吨，清扫92座直管公厕，清理15座垃圾站，维护果壳箱6002个，市政雨水箅子清掏2.69万个。

【垃圾分类工作走深走实】 2023年，持续深化垃圾分类工作。前端扎实收集，科学设置537座分类投放亭并配齐537名分类督导员，建成垃圾分类示范小区22小区，打造汇和家园小区为垃圾分类精品小区，创新“一区一策”管理模式，推行“四类”转“二类”试点工作。中端规范转运，垃圾转运车辆实行统一标志标识并编号，做到专车转运、溯源有据；末端处理加速建设，全省首座智慧环卫基地正式投入使用。垃圾分类工作被《新法治报》《南昌晚报》《江南都市报》等市级主流媒体累计报道30余次。

【改造提升4座垃圾中转站】 2023年，为缓解厨余垃圾中转站处理压力，提升红谷滩区垃圾中转能力，投资700万元，对丰和、红谷、卫东、云溪4座垃圾中转站进行全面改造升级。此次改造于7月启动，12月顺利完工，主要增设了配套污水收集处理、除臭系统升级、智能排队中控系统和气体检测系统，新增厨余垃圾压缩设备3台、渗滤液处理设备1座。改造完成后，站房焕然一新，有效解决现场秩序和环境问题，实现对周边环境的危害最小化。

【推进老旧小区改造】 2023年，按照便民、利民、为民原则，对沙井街道边防宿舍、昌北公安分局宿舍、鄱阳湖宿舍、警苑宿舍、华鑫府邸小区等8个小区实施改造提升，涉及楼栋数31栋、户数1037户，总建筑面积6.19万平方米，投资总额约3229万元。全年共获得502万元补助资金,其中中央补助资金417万元、省级补助资金84万元。改造内容主要包括屋墙立面美化、基础设施改造、楼道美化亮化、绿化提升、体育设施等便民设施,充分满足居民群众的“关注点”和“期望值”。

【**道路交通改造提升**】 2023年,针对西站大街车流量大、交通堵塞的问题,对三清山大道与西站大街、怀玉山大道与西站大街等4个道路交叉路口进行优化改造。通过调整信号控制、增设渠化岛等方式,畅通交通流线;科学实施道路工程改造,以压缩绿化带宽度、开设车辆掉头口等方式,拓宽瓶颈节点,局部增加车道数量,以缓解交叉口车流交织相互影响的问题,切实提升区域道路承载能力和西站大街交通“主动脉”整体通行能力,改善市民群众行车体验。

【**城市配套设施更加便民化**】 2023年,进一步完善停车场管理运营市场化机制,鼓励政府机关、公共机构和企事业单位在加强安全管理的前提下,率先对外错时开放停车设施。完成长江市民公园五期配套停车场、丰和花园停车泊位改造、赣江南大道生态停车场3个停车场建设项目,并推动5个“物管城市”建设,增加车位842个;持续推进“厕所革命”,新建改造公厕(含公园广场)16座。全年完成10条道路的增亮补亮工程,新增路灯200余盏,主动办理未移交道路路灯近千盏,打造全区首条新型智慧井盖示范路——碟子湖大道(黄河路—庐山南大道),守护群众“回家路”,保障城市运行安全。

【**市政维护日趋精细**】 2023年,按照“安全第一,预防为主、防控结合”的方针,加强市政设施的安全检测和维修。开展重点主次干道市政设施更新和整治行动,全年安排养护人员2.52万余人、市政设施维修车1260辆,维修沥青路面及坑洞约2.29万平方米,维修更换人行道板约1.71万平方米、井盖5101个、路缘石6337.29米、树池石2381个、隔离柱1849个,维修水泥路面约2629平方米,降坡145个,填土47.7立方米,灌缝298米。

【**数字建设赋能城市管理**】 2023年,以数字城管系统为基础,整合市政运行监测、排水监测、燃气监测、市容环卫监测、园林绿化监测、渣土运输监测、文明创建七大系统纳入“一网管理”,各大监测平台数据已实现融合共享,基本完成监测平台建设。“红谷通”系统不断优化,技术不断革新,共采集案件23.63万件,处置案件23.63万件,处置率100%。

【**完成主要道路彩化提升工作**】 2023年,在全区主要道路节点进行彩化提升工作,对赣江大道、学府大道等15条主要道路种植洋凤仙、石竹、四季海棠、长春花、皇帝菊、夏堇等20余种时令花卉2250万株,打造多条景观网红路段。在春节、国庆等重要节日期间,对公园广场、主要道路节点布置小品造型、彩灯装饰10余座,以花卉装点城市主要道路、广场节点,形成以线串点。

【**全力保障重大重点活动**】 2023年,坚持周密部署,主动靠前,组织召开重大活动保障工作布置会,前往活动路线以及相关点位现场进行检查督导。完成世界VR产业大会、省两会、南昌国际龙舟赛活动、南昌市横渡赣江活动、南昌马拉松比赛、红谷滩大型跨年夜活动等重大重点活动线路保障工作136次,共督办整改289件案件,对各项活动现场、考察沿线等重要场所及周边环境进行整治,全力保障各项活动在红谷滩区胜利召开。

【**防汛排涝能力提升**】 2023年,落实责任制,加强组织领导,形成内涝防汛的合力。及时传达汛情、雨情预警,加强联防联动,配足防汛物资。加强应急抢险演练,提高应急救援队伍战斗力。严格落实24小时值班制度,确保灾情信息及时发现,4—9月,结束汛期应急保障,确保全区无重大影响大面积积水情况。对特大暴雨过程中发现的道路、小区积水问题,组织工作人员对积水点进行排涝作业,事后开展积水点位的整治,全年共完成12个积水点位的整治。

【**突出绿色发展**】 2023年,通过源头治理、水体整治、生态修复、创建达标等系列组合拳,扎实推进前湖水系“治理十条”的落实,开展潼溪水库(市委党校段)生态修复、赣江排口整治、市政管网缺陷修复等工作,全区水环境取得较大变化,全区442个排水单元,已完成整改销号374个。开展裸土山坡生态修复,完成鹰潭街—城运路、龙虎山大道—采樵街、鹰潭街—青原山路、鹰潭街—龙虎山大道四个点位生态修复工作,完成“复绿”面积约3.5万平方米,多个裸露地块成为“草花地”。

(胡钰婷)

【**规范执法流程**】 2023年,规范执法办案流程,梳理城管执法行政处罚、行政强制等权力清单,及时对外公示案件办理清单。坚持重大案件集体讨论制度和重大行政执法决定法制审核制度,规范行政处罚自由裁量权,落实案件法制审核、集体讨论决定、责任追究等相关制度,着力提高办案的合法性和案卷质量。推行恳谈式执法、说理式执法、首违不罚等人性化执法措施,防止矛盾激化。全年共办理一般程序行政处罚案件122件、简易程序案件636件,罚款252.35万元。

【**助力生态环境保护**】 2023年,按照大气、水、土壤污染防治三大战役统一部署，严控扬尘污染，严管油烟污染，严治噪声污染，严防水体污染。督促前湖水系收水范围内工地安装摄像头和磁化净水器，实时监测工地排水情况并做好水质净化工作，针对渣土运输实施24小时定点值守和机动巡查的方式，严查工程运输车辆"抛、洒、滴、漏"行为，抓好扬尘治理工作，督促全区餐饮业商家安装油烟净化设施，并建立检查、清洗维护台账，对沿街门店占用道路室外烧烤、流动烧烤摊点等现象，坚持每天进行巡查，规范经营主体经营行为，取缔炭烤，降低餐饮油烟污染，创新推动在红谷凯旋餐饮一条街安装UV(紫外线的)光除味器，提升空气质量。

【片长制管理共享单车】 2023年4月，为进一步提升精细化管理，打造良好的城市环境秩序，探索推行共享电单车"片长负责制"，将全区6个街道的建成区划分为凤凰洲区域、沙井区域、卫东区域、红角洲区域、九龙湖区域(向莆铁路线以南建成范围内)，将每个区域划分为5个片区，共25个片区，每个片区由一家企业作为片长承担管理职责，同时享有该片区共享电单车专用停车泊位承载量的70%的车辆投放权限，以此激发企业管理积极性。全年全区共享电单车停放乱象得到明显改善，获得《江西日报》专题报道，并获得省委常委、市委书记李红军的批示点赞。

【增设非机动车停车区】 2023年，为切实缓解市民非机动车停车难的问题，大队坚持"一点一策"治理，持续深度"挖潜"，协调商超用地红线范围内或周边区域地块，切实增加泊位数，并在此基础之上将泊位划分为共享电单车专用停车泊位和市民电动车泊位，使之互不干扰，同时为杜绝企业恶意竞争式点位投放车辆造成人为淤积问题，设置多处禁投点位，有效地化解车辆淤积问题，通过此方式让红谷滩区万达广场、南大二附医院、万象城等区域增加停车泊位4000余个，使这些区域非机动车停放乱象得以明显改善。

【回应群众关切问题】 2023年，扎实做好各级部门的转办件、"12345"政务服务热线和城管举报办理工作，坚持投诉受理和及时反馈机制，推动投诉举报信访处置效能和群众满意度"双提升"。全年为广大市民群众解决各类举报投诉案件达6800余起，受理率100%，办结率100%，回复率100%，确保群众诉求件件有着落、事事有回音，真正做到为民排忧解难。

(朱海涛)

房屋征收与补偿

【概况】 2023年，红谷滩区住建局坚持发展成果人民共享，稳预期、促平衡、优保障，确定"安置是最大的民生工程、民心工程、根基工程"，突出困难群众安置优先保障，确保重点群体住有所居。全年累计完成房屋拆迁11.18万平方米，涉及600户1220人。其中，指导生米街道完成拆迁总面积约8.98万平方米，龙兴街道完成拆迁总面积约2.2万平方平方米；指导各乡镇(街道)完成安置面积41.89万平方米，安置房屋4498套；完成资金审核工作约3亿元。紧紧围绕房屋征收工作重点，绘制征收蓝图、完善政策体系、形成工作合力、健全房屋征收补偿制度、加快推进城中村改造，让发展更有温度，民生福祉更有质感。

【房屋征收围着项目转】 2023年，应发展所需，民生所向，红谷滩区坚持房屋征收"围着项目转、围着一线转、围着问题转"，解决一大批群众急难愁盼的问题。红谷滩区房屋征收与补偿工作紧跟江西省、南昌市重大重点项目建设"蹄急步稳"，全力推进昌樟高速二期改扩建工程、洪州大道快速化改造、明月山大道南延、南昌医学院新校园、南昌中学、行知中学等重大民生保障项目所涉征迁，有力保障省、市重大重点项目建设有序推进，为未来科学城建设"保驾护航"。一线征收干部以"事事心中有底"的行动力，把区委区政府的重大决策部署落实到位，为推动城乡融合、解决好乡村振兴中存在的基础设施和公共服务相对落后的问题贡献力量。

【部署重点领域改革】 2023年，贯彻落实南昌市出台的《南昌市人民政府办公室印发关于推进中心城区房屋征收补偿房票安置的实施意见的通知》安置政策精神，红谷滩区加快"房票"(指被征收人房屋安置补偿权益货币量化后，征收人出具给被征收人购置房屋的结算凭证)安置试点工作，深入实际把脉问诊，研究解决问题的思路和对策，使制定的红谷滩区"房票"安置政策更加符合客观实际，符合群众需要。聚焦房屋征迁安置改革，思路是"坚持改革先行、有序配套推进改革举措"，方法是"放眼长远、从长计议、稳扎稳打"，路径是"谋思路、打基础、寻突破"，打出协同发力政策"组合拳"，拟将出台《红谷滩区集体土地上房屋征收调查摸底及复核认定操作流程》《红谷滩区农房征迁安置人口认定操作流程》《红谷滩区安置房建设分配管理办法》等规范性文件。

【协同推进安置工作】 2023年，红谷滩区牢固树立"全区一盘棋"思想，把加快安置房项目建设和房源分配摆在十分重要的位置，区主要领导多次召开城建专题会议，研究解决安置房建设缓慢，以及"重拆迁、轻安置"等问题，理顺机制，从以前的各管一摊、相互掣肘，到现在的上下联动、整体施策，逐步化解历史欠账；创新模式，加快健全安置房

"规划、建设、验收、交付、分配"全流程政策体系,积极探索"图纸分房""预分配"等新模式;狠抓落实,统筹协调各职能部门和乡镇街道做好"拆迁与安置"两篇大文章,全年启动南路花园二期、东城花园二期、综合安置小区A区(曾港花园)3个安置房小区的建设。指导龙兴街道完成希望花园A1、B、A2区1910套、面积16.46万平方米安置房源建设;生米街道完成生米丰都花园B06、B02地块1880套、面积19.05万平方米安置房源建设;九龙湖街道完成706套、安置面积6.38万平方米安置房源建设,把安置工作做到群众的心坎上,让群众住得稳、过得安、有奔头。

【稳步推进城中村改造】 2023年,城中村改造是提升老百姓获得感的重要工作,也是实施城市更新行动的重要内容。作为城市功能完善和能级提升的一个新引擎,实施城中村改造将带动老旧小区在改造新生中,释放出新活力。红谷滩区积极谋划城市更新行动,区住房保障服务中心开展多轮次深入调研,倾听了解各乡镇(街办)城中村村民的所思所想、所期所盼,赴各项目现场查勘踏界24次,实地督导复核110次,配合市住建局完成红谷滩区城中村改造工作情况报表,确定"拆除新建、整治提升、拆整结合"三种城中村改造模式,为红谷滩区全面建设产业与城市融合发展示范区蓄势赋能。

(刘思奇　唐慧民)

生态文明建设

【概况】 2023年,红谷滩生态环境局加强大气污染防治,巩固和改善全区空气环境质量;加大饮用水水源保护力度,有效防控水源地环境风险;严格危险废物管理计划的备案审核,加强危险废物监督管理。全面深入推进河湖长制工作,扎实开展"净水"行动,在保护水资源、防治水污染、改善水环境、修复水生态等方面,取得明显成效。

【大气环境管理】 2023年,红谷滩区制定《2023年南昌市红谷滩区大气污染防治平战结合改善空气质量工作方案》《红谷滩区2023年大气污染防治强化攻坚实施方案》,开展裸地扬尘、汽修、加油站系统整治行动。推进工业企业提质增效,鼓励全区所有加油站全部安装油气回收在线监控,推进海湾石油加油加气站升级三次油气回收装置。推广加油站安装顶棚高压雾化喷淋设施,臭氧污染应急期间降低VOCs挥发速率。深入开展移动源污染综合治理。持续开展非道路移动机械摸底调查和编码登记工作,全年非道路移动机械编码登记数量为654台,率先完成市级下达任务数。深入推进扬尘污染精细化治理,加强对施工工地扬尘污染治理措施落实情况的检查频率和问题调度频次,形成每月扬尘问题通报,定期更新各重点施工项目进度状态,对基础土方阶段、喷涂刷漆外墙施工、收尾阶段等作业阶段施工工地纳入重点检查管控名单。深入推进"三烟"综合治理。完成对南昌航空大学食堂的油烟净化设施升级改造工作,食堂油烟净化设备已全面换新。严格执行露天焚烧常态化管控,充分发挥高空瞭望系统作用,推动红谷滩区加装高空瞭望探头,实现红谷滩区高空瞭望全覆盖。

【水生态环境管理】 2023年,开展入河排污口排查整治工作,印发《红谷滩区推进入河排污口排查整治工作实施方案》。开展赣江南昌段入河排污口整治工作,红谷滩区纳入赣江南昌段排污口整治的排污口有292个,已全面完成排口溯源工作;已上报完成235个排污口的整治,完成比例80%。现场核查锦江流域的4个排口排污口信息、排水特征和类型、周边环境,并拍照存档。开展汛期污染排查,印发《关于进一步做好污染源排查整治防止汛期地表水水质污染的通知》,组织相关单位、各属地开展赣江、锦江、乌沙河、流湖河的污染源排查工作。开展饮用水水源交叉检查问题整改,共涉及3个问题,已完成整改3个。

【土壤生态环境管理】 2023年,开展农村环境整治,结合区"两整治一提升"行动,红谷滩区上报完成生米街道南星村谢家垄自然村和生米街道感里村七坪自然村2个点位的农村环境整治工作。开展建设用地土壤污染状况调查,完成36个地块土壤污染状况调查评审。持续推进农村生活污染防治,印发《关于做好红谷滩区2023年农村生活污水治理有关工作的通知》,完成红谷滩区现有农村生活污水治理设施基础信息调查和设施编号工作。强化危险废物管理。全年在南昌固废平台注册的辖区产生固体废物企业数量181家,均完成2023年度管理计划申报,上报率100%。对全区危险废物产生单位巡查12次,其中对2家汽修企业提出口头整改要求,后期跟进反馈均落实到位。10月15日,江西改革公众号刊发《红谷滩区完善医废物资处置机制》,推行医疗废物转移电子联单制,打通医疗废物收集、转运、处置全流程通道,全年共转运医疗废物709吨,处置电子转运联单1354条。

【环保督察整改】 2023年,顺利完成第二轮省生态环境保护督察工作,红谷滩区共收到督察组转办信访件72件,所有信访件均按时回复。为切实做好第二轮省生态环保督察工作,红谷滩区高度重视,及时应对,成立红谷滩区配合第二轮省生态环境保护督察协调联络组。9月7日,区委书记涂晓晖调研南航前湖校区省控空气监测站点情况。9 月 11 日,区委副书记、区长刘光荣实地督导水环境问题整改工作。副区长张莲波就信访件办理工作召开 2 次专题调度会议。严格落实信访件包案制度,红谷滩区逐项细化分解任务,实行一包到底,每一个环节都明确具体人员,明确具体工作措施、时间节点和责任单位,确保工作有人抓、问题有人管,主动高效地做好各项工作。

【生态环境监管】 2023 年,强化环评审批服务,多措并举提高排污许可发证质量,强化排污许可证"一证式"管理。全年新核发排污许可证 3 张,变更排污许可证 25 张,延续排污许可证 13 张。开展环境信息依法披露工作,督促、指导全区 7 家企业完成填报 2022 年度信息报告工作。做好信访回复工作,受理"12345"市长热线投诉件 81 件,已处理 81 件。受理同市支队共同办理的联办单 15 件,已处理 15 件。启动生态环境损害赔偿案件 2 件,通过磋商,签订生态环境损害赔偿协议,结案 2 件。推进"散乱污"企业整治,全区共关闭 5 家"散乱污"企业。

【生态文明创建】 2023 年,启动红谷滩区省级生态区创建工作。印发《南昌市红谷滩区创建省级生态区实施方案》,成立创建省级生态区工作领导小组,明确各项工作责任单位和落实措施,下达目标任务。《南昌市红谷滩区生态文明建设示范区规划(2023—2030 年)》已通过专家评审。流湖镇获评第十六批江西省生态文明建设示范乡镇。

【生态环境宣传】 2023 年 6 月 1 日,红谷滩区生态环境局联合卫东街办在万达星城社区开展"建设人与自然和谐共生的现代化"的世界环境日进社区宣传活动。活动现场,通过设立咨询台、悬挂宣传条幅、设置宣传展板等方式,营造浓厚的环境保护宣传氛围,取得良好宣传效果。活动现场,志愿者们呼吁更多的人参与到环保事业中,用实际行动一起共享低碳生活,随手关灯,少开一天车,减少粮食浪费,避免使用一次性产品,引导人们从身边小事做起,绿色低碳生活,为环保做出自己的努力。发放"生态环境保护普法""碳达峰碳中和""生物多样性保护"等宣传手册,向群众介绍"6·5"世界环境日主题及来历、公民生态环境行为规范,普及生物多样性保护、节能环保、垃圾分类、生态环境保护法律法规等知识,让群众真切感受到生态环境保护与人们的日常生活息息相关,激发人们保护生态环境的热情,凝聚起强大的环境保护力量,让人民群众在优美的生态环境中享有更好的获得感。活动中,共发放各类环保宣传手册 300 余份、环保水杯 50 余个、环保围裙 50 余个、洗碗巾 50 余个。

(张翼曼)

交通运输管理

【概况】 2023 年,红谷滩区城市管理和综合执法局(交通运输局)在区委、区政府的正确领导和省、市交通运输部门的关心指导下,全局上下聚焦"走在前、勇争先、善作为"目标要求,在市委、市政府的坚强领导下,围绕"一枢纽四中心"发展定位,攻坚克难、实干奋进,交通基础设施更加夯实,运输服务品质更加优化,行业治理成效更加显著,平安建设更加稳固。交通运输工作被南昌市道路安全运输服务中心评为安全生产工作、农村公路工作表现突出单位。

【交通运输基本情况】 2023 年,红谷滩区有 105 国道、320 国道、昌樟高速公路、南昌西外环线等公路线路过境,并有南昌地铁 1、2、4 号线穿区而过。辖区内有 1 家高铁站(南昌西站)、1 家汽车客运站(南昌长途汽车西站)、47 家汽车维修企业、12 家驾培企业、32 家货运企业(含危险货物运输企业 1 家)、14 家网约车企业和 11 家汽车租赁企业。南昌高铁西站客流到达日均 10 万余人,出租车通道日均发车 3200 余辆次,网约车发车约 7000 辆次。

【重要假日综合运输保障有力】 2023 年,坚持早部署、早安排,综合运输保障工作有序有力。联合南昌西站综合服务中心、市交通运输综合执法支队红谷滩大队等部门,全力做好南昌西站地区元旦、春节、五一、国庆等节假日综合运输保障,有效维护"入昌"客厅形象,同时,会同公交部门、公安交警全力维护"两会""迎春烟花晚会"等重要活动期间的交通运输服务保障等工作,全年交通运输综合保障工作未发生安全生产责任事故。

【联动执法打击非法运营】 2023 年,为了全力保障人民群众安全出行,针对网约车、出租车不规范运营影响人民群众正常出行的问题,在客运站(西站)等重点场所开展联动执法检查,精准打击非法运营车辆等交通运输违法行为;督促客运站严格执行"三不进站、六不出站"("三不进站":无关人员不进站,无关车辆不进站,易燃、易爆、易腐蚀等危险物品不进站;"六不出站":客车超载不出站,安全例检不合格车辆不出站,驾驶员资格不符不出站,客车证件不齐全不出站,出站登记表未经审核签字不出站,乘客、驾驶员未系安全带和驾驶员不作安全承诺不出站)制度,严厉打击无证驾驶、超范围经营、异地经营,宰客、拒载、拼客等违法违规行为,规范道路旅客运输市场经营秩序。共查处非法营运车辆 55 起、网约车违法 45 起、出租车 176 起,罚没款达 63.47 万元。

【深入开展行业专项整治行动】 2023年2月12日至5月22日，按照市交通运输局统一部署，联合西站综合服务中心、市交通运输综合执法支队红谷滩大队等部门开展以重点整治安装“跑得快”、不打表、拒载、故意绕道行驶等出租车违规经营专项整治，共向出租车驾驶员发放倡议书600余份，站内悬挂标语2条，全年认定有责处罚和扣分457起，约谈出租车企业7家；与交警、公安等部门在重要路口和重点区域，采取设点检查和机动巡查的方式，开展货运车辆超限超载、非法营运专项整治。共开展入户督导检查15次，检查企业15家，现场立即整改安全隐患5个。积极参与联合治超，查处超限超载、非法改装等交通违法行为78起。

【提升交通行业管理服务效能】 2023年，采取系列措施有效提升辖区交通运输行业管理服务水平。强化源头监管，深入辖区货运源头企业开展全方位排查，对于多次违法规定的企业，联合交警等部门对企业进行责令整改，回应群众诉求，针对驾培行业投诉退费及教练员等问题，积极进行协调协商，维护学员合法利益，对存在问题的教练员进行联合惩戒，维护驾驶员培训行业秩序。全年共受理转办投诉案件587起。

【压实农村公路管理责任】 2023年，引进第三方专业养护公司对全区县道进行养护，严格路面巡查，巡查人员每周巡查不少于3次，做好路面病害维修，累计路面修补1000平方米。同时，投资约190万元聘请第三方桥梁检测机构对130座桥梁进行全面检测工作，完成130座桥梁检测工作；推行“一桥一隧一档”长效管理模式，确保全区桥隧处于安全可控的运行状态；做好护栏整修工作，预防减少交通拥堵和交通事故发生，保障居民出行安全；完善道路交通标线，消除道路安全隐患。加强辖区涉路施工的安全管理，规范施工行为和现场监管，办理行政许可1件，结案率100%。

【加快推进路域环境整治】 2023年，按照“两整治一提升”行动安排，启动对厚田乡、流湖镇7条21千米县乡道路“白改黑”的提升改造工程。对105省道及057县道路域环境进行提升改造，共新建、改建道路约5千米。完成西二环沿线路域环境整治清理边沟127米，清理堆积物（处）310处，修剪行道树31.4米，施划振荡减速标线（平方米）1760米，安装警示桩及标牌17根；标线实施路肩边坡整治17.5千米。

（胡钰婷）

【协同共治交通安全隐患】 2023年，红谷滩交警大队坚持贯彻“人民至上、生命至上”理念，每月通报安全形势，压实各级责任。每月向区政府常务会专题通报交通安全形势，调度交通安全工作，推动乡镇街办成立交安办基层机构落实实体化运行。采取“一路一策、精准治理”的方式，分级分类建立可视化道路交通隐患三色预警，实行领导挂点、闭环整改、销号管理的方式，共整改隐患点位63处，整改率86.6%。常态化开展对“人车路企”的源头监管，联合区市场监管、区交通局、区教体局等部门检查道路运输企业、汽车客运站、校车管理单位和非营运大客车、租赁大客车管理单位等重点企业100余次。通过大数据进行人车隐患排查、管理漏洞排查、责任落实排查，多重措施督促企业单位进行安全整改，对高风险企业落实警示约谈和跟踪治理。

【夯实文明交通治理成果】 2023年，红谷滩交警大队积极开展酒醉驾“预防、劝导、打击”综合治理，通过源头化开展社会预防教育，从源头上做好预防管理。通过“沉浸式”体验活动，开展商家提醒劝导，打造“沉浸式”提醒，成立全区“百人酒驾劝导队”，推出“拒绝酒驾”餐饮联盟，动员餐饮企业做“拒绝酒驾”的宣传者、执行者和劝导者。同时，全面巩固文明城创建成果，推动红谷滩区在市文明交通治理考核中持续名列前茅。整合家、校、警、社区、村委多方力量，加强佩戴头盔劝导力度，有效推动了厚田乡、流湖镇头盔佩戴率提升。红谷滩区头盔佩戴率居全市第一。

【提升“路面+桌面”交通管理水平】 2023年，红谷滩交警大队继续深化“135”（按照“1分钟快速响应、3分钟到达处置、5分钟恢复交通”的“1、3、5”快速反应处置机制）快反快处能力，利用信号配时中心实行实时、精准、有效的信号配时、调优，总结出高峰、平峰、假期、商圈、学校、景区6种模式，优化路口信号配时方案，合理调整路口各阶段放行相位相序、绿信比，提高车辆通行效率，减少“绿损”现象。运用84套智慧交通检测设备，对路面故障、交通事故等拥堵事件实行自动检测和预警，实现“鹰眼感知”和“人眼感知”有机结合，极大地提升“路面加桌面”管理效能。

【探索“大数据+研判”智慧交通模式】 2023年，进一步打造文明交通治理中心、信息研判中心及信号配时中心，熟练运用大数据、视频监控等分析研判平台，对重点违法车辆、重点违法行为实现精细研判、精准打击。全年共查处“两客一危”、炸街摩托车、失驾人员等重点违法989起，科技强警效应显著增强。同时，立足畅通工程治理，辖区交通拥堵指数环比下降1.06%，出行速度同比提高2.3%。圭峰大道、红谷北大道等一批滞缓多年的“断头路”相继销号通车，百丈山路三清山大道、八一大桥桥底等一批道路进行微循环改造，进一步畅通人民“幸福路”。

通过车道瘦身、取消泊位,进行“四改七”改造,大大提升赣江南大道通行能力。通过设置丰和大道、红谷南大道等39条“绿波道路”,打造长10.6千米、被誉为全省最长的赣江南大道双向“绿波带”,进一步提升市民驾驶体验感。

【提升“互联网+交管”政务服务水平】 2023年,红谷滩交警大队始终坚持以人民中心的发展思想,想人民之所想,急人民之所急,持续深化便民利民措施,进一步提升“互联网+交管”政务服务水平,在服务质量上做“加法”,在优化程序上做“减法”,擦亮窗口为民服务“成色”,如高标准设置导办区、自助区和办理区,全方位实行“一窗通办”“网上办”和“自助办”,非机动车上牌点、交通事故“一站式”处理中心实行“365天不打烊”错时延时服务工作模式。业务窗口被评为2023年“年度红旗窗口”,民警陈紫倩荣获“年度服务标兵”称号。

(徐　颖)

西站综合管理

【概况】 2023年,南昌西站综合服务中心(以下简称中心)在区委区政府的坚强领导下,以“打造全国有影响力枢纽站标杆”为主力方向,围绕“统筹、协调、服务、保障”任务要求,抓重点攻难点补弱点,铁地换乘“免安检”和保障“最繁忙大客流”等阶段性成果显现,用心用情为旅客出行保驾护航,充分展现车站风采,精细扮靓城市窗口。南昌西站全年到发旅客约5222万人次,其中发送旅客约2598万人次,到达旅客约2623万人次,较疫情前增长35%。“西站美途”志愿服务队荣获“2021—2022年度江西省青年文明号”称号和“南昌市青年五四奖章”,中心荣获“第十九届南昌市文明单位”称号。

【助力春运平安】 2023年春运(从1月7日至2月15日,为期40天),铁路南昌西站到发旅客共488万人次,比上年增长29.10%。其中,发送旅客243万人次,增长32.07%;到达旅客245万人次,增长26.42%。开行“红眼高铁”[“红眼高铁”是从“红眼航班”类推而来的说法。红眼航班是指在深夜至凌晨时段运行,并于翌日清晨至早上抵达目的地,飞航时间少于正常睡眠需求(8小时)的客运航班。因为乘客下飞机时多睡眼惺忪,像兔子一样红着眼睛上下飞机,红眼航班因此得名。随着中国高铁的发展,“红眼高铁”应运而生。“红眼高铁”或“红眼动车”,主要是为了满足旅客春运回家的需要临时增加的、在高速铁路夜间维修天窗期间开行的高速动车组列车或动车组列车]13天。在各驻站场单位的共同努力下,南昌西站枢纽春运期间继续保持“安全责任事故、治安刑事案件、疫情防控、旅客滞留、重大舆情”五项指标“零纪录”。

【春运文化直播活动】 2023年春运期间,为喜迎兔年春节,营造浓厚新春氛围,南昌西站综合服务中心联合区直各单位、南昌西站枢纽各单位在候车大厅红土情综合服务区、西站出站层南广场大厅举办“南昌西站交通枢纽‘非遗伴美途·书画迎新春’春运文化直播活动”,让江西非物质文化遗产南昌瓷板画、剪纸、捏面人等传统民俗文化活动通过春运的美好旅途走进千家万户。活动邀请了南昌市知名书法家与站区职工、团委文化志愿者、旅客一起写春联,写福字书,各种字体各显神韵,充满浓浓的祝福。写好的“福”字送到来来往往的旅客手中,让返乡的旅客感受到温暖。

【孙洪山检查南昌西站交通枢纽春运工作】 2023年1月18日,副省长孙洪山到南昌西站交通枢纽考察春运工作,并看望慰问一线干部职工。孙洪山强调,各部门要树牢安全意识,压实安全责任,确保群众平安健康便捷顺畅出行;要加强分析研判,做好综合运输衔接,储备充足应急运力;要优化便民服务,提高春运服务品质,全力满足群众出行需求。

【南昌西站往返香港列车恢复开行】 2023年4月1日起,南昌西站恢复开行往返香港旅客G99次高速列车,始发站为上海虹桥,途径南昌西站,17:52从南昌西站开出,22:04抵达香港西九龙,从南昌西出发乘高铁至香港仅需4小时12分。该趟高铁途经南昌西站、上饶站和赣州西站,江西多地可乘坐高铁直接抵达香港。根据铁路车票预售期15天(含当天)的规定,旅客可通过"12306"网站(App)、车站售票窗口、代售点、自动售(取)票机等方式购买相应车次车票。旅客购票后可于开车前或乘车日期之日起180日内,凭购票时所使用的有效身份证件原件,到车站指定售票窗口、自动售(取)票机换取报销凭证。在香港西九龙站或港铁公司代售点购票的仅限在香港西九龙站换取报销凭证。

【“洪青亭”志愿服务行动正式上岗】 2023年4月8日,“西站美途”青年志愿队“洪城西站青年志愿服务亭”(以下简称“洪青亭”)志愿服务行动上岗仪式正式启动。共青团南昌市委书记刘众星、红谷滩区委副书记万晓娟、共青团南昌市委副书记熊坚、南昌西站综合服务中心支部书记李春、共青团红谷滩区委书记王宇恬出席仪式并强调,“洪青亭”要充分展现南昌西站志愿服务者的蓬勃热情,用真心、真诚和真情擦亮城市窗口形象。

【传递“南昌西站经验”】 2023年,吉林省四平市、广东省珠海市、衡阳市石鼓区、九江高铁新区庐山站、南昌市青山湖区（南昌东站）、南昌县委（南昌南站）、昌北机场等地考察团陆续到南昌西站考察交流学习，南昌西站综合交通枢纽将组织机构、场站管理、运力配置、保障服务、议事协商等方面的“南昌西站经验”进行分享传递，持续深化两地友好互动交流，为优服务强管理提供借鉴指导，助推城市发展向更高水平迈进。

【“西站美途”青年志愿队殊荣】 2023 年，南昌西站枢纽“西站美途”青年志愿队被授予“江西省青年文明号”和“南昌青年五四奖章集体”荣誉称号。该团队诞生于 2018 年，现有成员 76 人，始终以“旅客的美好出行向往”为奋斗目标，围绕“美好出行·温情旅途”为旅客提供舒心、暖心、放心服务，圆满完成上海专列护航、高校学子返昌、大客流保障、“遗失证件回家”等诸多艰难任务。

【任珠峰督导南昌西站枢纽双节交通安全出行工作】 2023 年 9 月 16 日，常务副省长任珠峰到南昌西站检查中秋、国庆节前安全生产工作。任珠峰强调，中秋、国庆“双节”临近，客流、物流、车流剧增，要全面进入戒备状态，按照“超历史流量”的防范标准，深入细致开展安全生产隐患大排查大整治，精准补齐安全“漏洞”，不断拧紧安全防范链条，确保度过一个安全祥和假期。

【“遗失证件回家”行动升级】 2023 年，针对前期“遗失证件”邮寄率不高等问题，南昌西站综合服务中心升级服务，打造 48 小时工作程序，从收集到寄出，48 小时内完成，并开通短信功能，电话无人接听时，以短信形式告知失主。至年底，已有 4186 张遗失证件安全“回家”。

【助力主题教育走深走实】 2023 年主题教育开展以来，枢纽各单位用心用情用力解决群众“急难愁盼”问题，群众出行体验感不断提升。恢复出租车“短途”通道，破解短途打车难问题。11 月 27 日，南昌西站出租车“短途”通道正式恢复使用，接到短途（5 千米内）运单的司机可在 30 分钟内免排队进入候车通道，获得出租车司机一致好评，解决了旅客打车“拒短”问题。合理布局南广场蓄车池，破解多重难题。12 月 4 日，南广场出租车蓄车池恢复使用，同步规划网约车、出租车和社会车辆动线，形成同向流动布局，解决“三股”车辆交叉对冲、出租车轮排“甩尾”等难题。

【高铁换乘地铁“免安检”正式启用】

2023 年，针对南昌西站高铁旅客换乘地铁仍需“二次安检”、绕行等问题，南昌西站综合服务中心专门邀请华东交大专家团队认真分析站区现状，因地制宜提出铁路换乘地铁免重复安检改造方案，积极协调铁路和地铁等有关部门，施工过程中克服高空作业、动火作业[是指在直接或间接产生明火的工艺设施以外的禁火区内从事可能产生火焰、火花、炽热表面的非常规作业，包括电焊、气焊（割）、喷灯、电钻、砂轮、喷砂机等]、夜间通宵作业等困难，提前 10 天实现地铁 2 号线“免安检”平稳转换。12 月 20 日起，南昌西站高铁换乘地铁“免安检”正式启用，换乘时间节省 15—20 分钟，走行距离缩短 200 余米，得到省、市、区主要领导批示肯定，赢得广大旅客的点赞与好评。

（韩晓霞）

城市建设投资

【概况】 2023 年，南昌市红谷滩城市投资集团（以下简称区城投集团）全面贯彻落实“项目为先、实干奋进，争分夺秒拼经济”理念，明确责任、强化措施、狠抓落实，扎实推进重大重点项目建设，聚焦民生实事、数字经济、现代金融等重大工程，着力打造一批投资强度高、产出效益高、科技含量高、群众满意度高的“四高”项目，奋力将项目建设成果转换为高质量发展成效，进一步为红谷滩区经济高质量发展筑牢硬支撑。

【项目推进提速增效】 2023 年，区城投公司紧紧围绕“项目为先、实干奋进、争分夺秒拼经济”的工作主线，在确保安全生产的前提下，压实工作责任，加强统筹调度，强化要素保障，扎实推进项目建设各项工作，确保项目如期建成投用、早日惠及群众。大力抓好社会事业，持续唱响教育品牌。南昌中学配套九年一贯制学校、行知学校配套九年一贯制学校等 5 个学校项目相继开工，加速建成凤凰俊彩小学、心远中学卧龙校区，切实解决民众急难愁盼的问题。精致提升城市品质，强抓生态大保护，高水平打造公园项目。马咀山及江边湿地生态治理工程、九龙湖公园商业项目相继投入使用，提升城市颜值，促进了消费，提升本地居民的获得感和幸福感。增强数字经济引领力，强化核心产业培育。至年底，现代服务产业园、流量（数字）经济产业园项目基本完成主体封顶，项目建设取得阶段性成果。

【推进民生实事项目建设】 2023 年，全力办好民生实事，大力实施安置房建设、公共停车设施建设。稳步推进生米镇南路村拆迁安置小区建设项目、生米镇朱岗村拆迁安置房建设项目等 4 个安置房工程，生米丰都 B02 地块项目如期竣工备案，并交付使用；建成运营赣江南大道生态停车场、秀水路停车场等 4 处停车场，便利市民生活出行，进一步提升了全区的公共停车服务能力。

【行知学校配套九年一贯制学校项目】 项目位于九龙湖片区明月山大道以西、德兴街以南 JLH802 - F02 地块。总建筑面积 5.4 万平方米，总投资约 3.18 亿元。项目于 2023 年 5 月开工建设，建设周期为 2 年，规划小学 36 个班、初中 24 个班，建设内容包含教学楼、图书馆、食堂、体育综合楼、礼堂、室外运动场及相关配套工程。项目建成后，将满足辖区内适龄学生就近入学，解决片区内无学校问题。为红谷滩区教育增加资源供给、优化均衡布局提供有力支撑。

【心远中学卧龙校区项目】 项目位于枫生快速路以东、西站大街以北 HJZ701 - A04 地块，占地面积为 52548 平方米(约合 78.82 亩)，总投资约 2.7 亿元，由南昌市心远中学进行办学，成立南昌市心远中学卧龙校区。整个项目分为中学教学区、办公配套区、后勤服务区(食堂及风雨操场)三大部分。接纳中学 40 班，按总人数 2000 人规模建设，总建筑面积 5.42 万平方米。项目于 2022 年 1 月开工建设，2023 年 9 月 1 日已正式交付学校投入使用。教育是一项重要的民生工程，也是一个区域重要的竞争力和软实力。南昌市心远中学卧龙校区的交付使用，可增加近 2000 个学位，对推动红谷滩区教育事业发展，提升周边百姓幸福感、获得感有着至关重要的作用。

【马咀山及江边湿地生态治理工程】 项目位于红谷滩区生米街道，东临赣江，西侧为马咀山，南至流湖导托渠，北至南昌西环线铁路桥，总占地面积 214.07 公顷，总投资约 1.18 亿元，是红谷滩区未来科学城生态修复的关键性地带；主要设有两大功能区，分别为露营休闲区、都市草原区。将山势、水景、人文相融，打造一个全国知名的，集生态涵养、自然体验、休憩娱乐等多功能于一体的生态公园；主要建设内容有巡检便道、临水步道、驿站、桥梁、停车场等。项目建成后将在保留原生态自然风光的基础上，丰富市民游玩体验，打造靓丽的江畔景观，进一步提升了九龙湖 VR 科创城板块功能品质，为红谷滩区增添浓厚绿意。

【九龙湖公园商业项目】 为满足群众日益增长的精神文明和身心健康的需求，南昌市红谷滩城市投资集团以九龙湖公园为抓手，增强公园服务性和功能性，合理安排活动空间，在园内规划建设奇异世界游乐园 1 处约 6000 平方米、游船码头 2 个及观光车、便民服务点等一批配套设施，形成集休闲观光、科普教育、体育运动与游乐体验于一体的综合性旅游园区，项目于 2022 年 12 月开工建设，2023 年 10 月全部建成开放。项目建成后有效提升了九龙湖公园游览体验，助推了九龙湖片区文旅产业发展，提升了城市颜值，促进了消费，提升本地居民的获得感和幸福感，充分彰显省会担当。同时，带动周边旅游市场经济消费，增加更多的就业岗位，落实“六稳六保”任务。

【生米镇铁路村拆迁安置房项目】 项目位于九龙湖片区 JLH801 - B04、B11、C02、C07、C08 地块(上饶大街以南，德兴街以北，丁家路以西，蓖溪路以东)，规划总用地面积约 0.19 平方千米，总建筑面积约 0.52 平方千米，配套建设幼儿园、文化活动中心、社区卫生服务站、养老服务站、社区菜市场等，以及内部道路、广场铺地、绿地、停车场等配套设施，总户数为 3313 户，项目总投资约 15 亿元。项目于 2023 年 7 月开工建设，建设周期 3 年，项目建成后将有效安置周边群众，促进居民生活水平和生活质量的提高。

【生米丰都 B02 地块】 项目位于红谷滩区 JLH601 - B02 地块(宜春大街以南、九龙大道以东)，规划总用地面积约 0.03 平方千米，总建筑面积 0.08 平方千米，配套建设商业建筑、幼儿园等，总户数 520 户，项目总投资约 2 亿元。项目于 2021 年 3 月开工建设，于 2023 年 6 月竣工，项目建成后有效安置了周边 520 户群众，改善居民生活条件，增加附近的商业人气，提升了区域繁荣，有利于促进经济和社会发展，促进区域群众就业。

【现代服务产业园项目】 项目位于红谷滩区红角洲片区，东靠枫生高速、南靠祥云大道。总建筑面积约 0.33 平方千米，可招商面积约 0.02 平方千米，可售面积约 0.23 平方千米，总投资约 21 亿元。项目于 2021 年 12 月开工建设，建设周期 3 年。项目按照“321”发展思路，打造创新研发、行业展示、生态管理三大平台，建立建筑全产业链、产业配套服务两大服务中心，构建 1 个生态功能复合、互融互通、协同发展，可为产业发展提供“一站式”服务，具有完备产业链的百亿级现代服务产业园。重点培育建筑产业总部及产业链上下游企业。同时，引入新基建、数字经济、文创影视、科技金融、商贸物流、会展博览等现代服务类产业方向，并配套星级酒店、人才公寓、商业美食、金融资本、评标开标、行业培训、检测认证、技术展示、行业协会等机构服务，推动企业协作与项目资源的导入，实现建筑业全产业链要素的集聚效应，全面塑造新型智慧现代化建筑产业的增长点和品质点，在区域形成具有示范效应的产业共同体。项目建成后，将引入培育总部型建筑类高新科技产业企业，提供良好的孵化和创业环境，降低企业创业风险和创业成本，加速科技成果的转化，促进相关产业的发展。

【流量经济产业园项目】 项目地块位于九龙湖片区龙兴大街以南、婺源路以西 JLH602 - B02、B03、B04 地块，占地面积约3.09公顷，总建筑面积约20万平方米，总投资约18亿元。拟建成集办公、商业、酒店于一体的城市商业综合体。项目于2022年6月开工，建设周期3年。属于商业商务项目，建成后将集办公、商业、公寓于一体的城市综合体。将成为九龙湖片区推动经济发展和城市现代化的新引擎，在盘活土地资源的同时促进九龙湖片区城市界面提升，能够产生巨大的经济效应和综合社会效应。同时，可以加快产业结构升级步伐，推动现代服务业发展，提升城市形象和整体层次，带动九龙湖片区的经济及社会发展。

（夏立成）

城乡电力供应

【概况】 国网南昌市红谷滩供电公司成立于2015年10月16日，坐落于红谷滩区丰和中大道1789号。内设职能部门4个（行政部、党建部、财务资产部、安全监察部），业务机构2个（供用电部、生产技术部），基层供电所2个（红谷供电所、九龙湖供电所），员工128人。承担着红谷滩区（除生米街道、厚田乡、流湖镇）及省、市、区三级行政中心在内，共31.12万户的供电服务保障任务，供电面积约78平方千米。辖区内有220千伏变电站5座、110千伏变电站9座，2023年最大负荷66.42万千瓦，公司管辖10千伏配电线路251条，长度为1371.38千米，电缆化率98.1%，配网自动化覆盖率100%。有开闭所33座、环网柜687台、在运公变台数2145台。2023年全年完成售电量29.64亿千瓦时，同比增长8.41%，供电服务保障工作获得区委区政府高度肯定和赞赏。

【区域电网建设】 2023年，坚持服务全区发展需要，深入开展电网规划研究，滚动修编红谷滩区"十四五"配电网规划，全年电网投资达6518万元，为建设国际领先城市能源互联网奠定坚实基础。扎实推进18条线路网架优化和8个高层小区单电源改造，配合政府完成卫东村老旧小区改造，更换老旧设备47台，线路N－1通过率提升至95.51%。全力以赴推进重点工程落地，确保51项工程全部竣工投产。顺利建成全省首个高可靠性配电网示范区，高标准打造"零"计划停电样板区。数字赋能提质奋进，抢抓数字化综合示范建设机遇，深入开展"全领域"电缆运行监控，电缆故障处理时长压降30%。试点推广"全感知"智慧台区建设，全省率先实现"全自动"故障处置，线路自愈覆盖率提升至80%，全自动FA（指配电自动化装置或系统对配电线路故障进行自动采集、研判、隔离和恢复供电的功能）动作正确率86%，红谷滩区配网正式进入"秒级"自愈时代。

【电力供应保障】 2023年，始终坚持最高站位，付出超常努力，圆满完成党的二十大、国家领导人视察江西等109项重大保电任务，全年保电天数298天，全部实现"五个最""四个零"目标，历史首次无偿获得政府保供电奖励680万元。多措并举实现用电负荷良性管控，有力应对最大负荷66.4万千瓦和多轮酷暑寒潮考验。坚持"能带不停"原则，全年开展带电作业200次，实现次数翻番，辖区平均停电时间持续领跑全省。全省首家试点并启动居民需求侧负荷响应，签约负荷管理合同164份，邀请4.4万户居民参与智享节电活动报名，稳妥实施两批次有序用电，真正做到"限电不拉闸、限电不限民用"。

【优化用电营商环境】 2023年，坚持以"服务为先、客户为先，社会责任"为落脚点，推动办电效率再提速，全市率先打造"自主实施、设备利旧"模式，低压报装容量上限开放至160千伏安，高压投资界面延伸至企业用电红线，进一步压降用户投资成本，卓源餐饮项目入选全省典型案例。主动融入政府发展大局，主动对接未来科学城建设，加快推进政府重点项目进度，高标准推动省供电公司"九项举措"落到实处，切实让客户享受到政策带来的红利，获区委区政府主要领导高度肯定。成立优化营商环境协调小组，联合区行政审批局推动电力服务窗口进驻，试点受理线上"云答复"、合同"云签订"、工程"云验收"等一系列云端办电举措，线上办电率达100%，"用电报装"

（胡　明）

城乡自来水供应

【概况】 南昌水业集团有限责任公司（以下简称南昌水业）是南昌市政公用集团旗下一家致力于民生服务、生态保护的大型国有环境产业集团，为红谷滩区域供水，供水区域涵盖凤凰洲、红角洲及九龙湖三大块，辖区内有牛行水厂和红角洲水厂两座水厂。牛行水厂位于红谷滩区绿茵路1289号，总面积约13公顷，日供水量为30万立方米；红角洲水厂位于红谷滩区九龙湖龙虎山大道1248号，厂区占地面积8公顷，水厂设计供水能力达每日20万立方米。2023年12月，农村地区的供水由新建润泉供水有限公司转变为由红谷滩润泉供水有限公司供水，下辖生米水厂1座、流湖加压站一座，水厂设计供水规模达每日4万立方米，分2期建设，一期供水规模达每日2万立方米（于2013年5月通水）。至年底，实际供水量约每日0.85万立方米，覆盖人口约8.3万人，区域内有用水户2.1万余户。

【江西省红谷滩润泉供水有限公司成立】 2023年12月，江西省水务集团有限公司与红谷滩区政府签订南昌市红谷滩区城乡供水一体化项目合作协议，组建成立江西省红谷滩润泉供水有限公司，主要负责红谷滩区生米镇、流湖镇、厚田乡城乡供水一体化建设及运营管理。注册资本1000万元。公司位于红谷滩区三百山路与萍乡大街交叉口。

【保障高考期间正常供水】 2023年，为确保高考期间供水安全，南昌水业加强“原水”到“龙头水”的全链条管理，保障安全优质供水，当好用水服务“水管家”。南昌水业成立高考用水保障小组，主动对接教育部门高考考点分布，提前对水厂生产设备、各考点阀门、管网、消防栓等供水设施进行全面排查和维护。加大水厂出厂水、各考点水质水压检测频率，重点关注微生物指标、浊度、余氯等水质参数，确保水质优水压稳。50余个应急抢修小组24小时待命，每个小区还配备1名“水管家”，各个考点安排专员对接，通过微信、电话等多种形式，实时掌握用水状况。此外，为方便南昌二中红谷滩校区考场外等候的家长避暑休息，南昌水业开放企业大厅，为家长提供乘凉休息的场所，并免费提供管道直饮水。

【优质供水惠民生】 2023年11月29日至12月1日，上海合作组织传统医学论坛在南昌市举办。医学论坛是关乎民生惠及百姓的大事，作为英雄城的民生企业，公司城西供水服务中心积极响应政府号召，为大会的举办提供优质高效的供水服务。城西供水服务中心及时与酒店工作人员进行走访沟通，并制定应急保障方案：一是划分区域，责任落实到人，工作落实到点，网格化保障，层层递进，做到服务全覆盖；二是加大排查力度，消除隐患，巡查会场酒店水质、水压、水量及外围的消防栓、闸阀等供水设施；三是全程蹲守待命，满足最大供水保障，把供水服务做到零差错。上海合作组织传统医学论坛是一场具有政治性、学术性、经济性的国际盛会，为保障供水服务万无一失，中心实行24小时值班制，所有人员电话保持在线，做到“严防死守”，把供水服务质量落到细致、严防差错。

【农村供水服务上门】 2023年，由原来的3个客服部以供水水厂为范畴，细分成了4个片区及1个客服部，其中生米水厂供水的生米镇、流湖镇、厚田乡为生米片区管辖。片区内抢修队24小时待命，全年维修600余处点位，设置服务热线、单位和小区管家微信群、村干部微信群、小区微信群并设专人随时响应处理用户诉求，让用户安心、放心、无忧用水。生米水厂供水区域有小区楼盘及3个乡镇的农村用户，考虑农村留守老人居多的问题，片区内工作人员定期逐村上门服务，手把手教老年人如何通过手机支付水费、查看账单、利用手机缴费、怎样通过绑定自己的营业户获得更多供水资讯等等。片区内每月制订管网、阀门巡查计划，按计划开展管网、阀门巡查工作，发现问题及时处理，让每一节管网、每一处阀门都安全上岗。对水厂设备定期排查、检修，为保障用水做到防患于未然，要求对每一位用户的诉求做到有回应、有结果。每月度、季度、年度开展用户满意度调查，并对调查结果分析、整改、落实，切实把供水服务做细、做实。

（胡钰婷）

城乡燃气供应

【概况】 2023年，红谷滩区全面贯彻落实习近平总书记关于安全生产重要论述及燃气安全的重要指示批示精神，严格落实省、市、区安全防范工作会议要求，抓牢城镇燃气安全管理，有效防范燃气安全事故，全年辖区内安全生产一般以上事故零发生。红谷滩区共有南昌市燃气集团和南昌中油燃气有限责任公司2家管道燃气经营企业、营业网点3个、中压燃气管道1391千米、高压燃气管道12.5千米。

【智慧燃管平台建成运行】 2023年，启动智慧燃气管理平台一期建设，并将该项目列入年度区级民生事实项目。分别对全区5个瓶装液化气服务点、1815家餐饮非居民燃气用户安装可燃气体探测装置，实现餐饮燃气用户燃气安全报警装置安装率100%，实现自动监测、自动报警的智慧燃气管项目可燃气体报警装置安装率达100%。对6个车用加气站、1个液化气充装站安装可视化监控设备。利用物联网的智能监测预警等功能提升技防手段，实现燃气安全问题早发现、早处置，确保红谷滩区域内餐饮等用气单位及燃气场站、服务点智慧化监管，进一步补齐燃气安全监管人员力量不足、技防手段缺乏的短板。同时，对所有用户开展年度安检及重点节前的隐患排查工作，实现非居民燃气用户安全检查率100%。

【燃气安全检查常态化】 2023年，开展燃气安全大起底式排查、全链条整治工作，针对商业综合体、农贸市场、餐饮店、食堂等人员密集场所，重点检查通风条件、气化炉及输气管线锈蚀情况、燃气管道是否悬挂重物、灶具和胶管使用老化情况、气瓶是否超期未检或报废、倒置或横卧等。全年对全区范围内1800余家餐饮等用气场所进行全覆盖隐患排查，共计整改完成一般隐患1377处，有效预防和减少安全事故发生。督促燃气公司对燃气用户开展年度安检及重要时间节点的隐患排查，实现全年非居民燃气用户安全检查率100%。燃气公司针对重点客户和大专院校公租房、宿舍，组织工作人员上门入户开展居民用气安全隐患排查，基本实现入户率100%。

【优化燃气营商环境】 2023年，积极推进营商环境优化升级"一号改革工程"落地实施，加快向"用气营商环境国内领先、省内一流"目标迈进。南昌市燃气集团应用5G技术、云计算、大数据、物联网、人工智能等新技术，建成燃气报装业务管理系统并投入使用，通过采取燃气业务办理"减时限、缩环节、简材料"等方式，不断补齐用气营商环境工作的短板弱项，提高用气报装办理服务质量和办理效率。

【开展燃气安全宣传活动】 2023年，继续提升燃气宣传广度、深度，深入开展燃气安全宣传"进学校、进社区、进企业、进家庭、进农村"活动。积极丰富宣传渠道，通过新媒体等宣传媒介推动燃气安全知识深入千家万户。全年共开展燃气安全宣传进社区活动73次，开展安全生产月咨询日活动1次，在社区悬挂宣传条幅100余条，累计发放燃气安全宣传手册1.2万余份。营造了辖区关注燃气安全的浓厚氛围，进一步提高了市民商户的用气安全意识，夯实了燃气安全事故源头防范基础。

【压实燃气经营企业主体责任】 2023年，进一步压实燃气经营企业主体责任，与辖区内5座天然气加气站、1座液化气充装站签订安全生产责任书，督促燃气经营企业落实安全生产主体责任。对南昌市恒兴燃源有限公司违规行为，组织约谈企业负责人要求立即整改，并对整改情况进行跟踪复查。积极推动和落实辖区内燃气经营企业安全生产标准化管理，实现安全组织管理、制度管理、基础性管理工作、现场管理、安全作业等工作标准化，全面消除场站隐患，杜绝安全生产事故的发生。全数全面检查红谷滩区域内的加气站、充装站，全年共检查12次。对检查中发现的问题要求立行

2023年6月20日，红谷滩区城管执法局在中国石油天然气股份有限公司江西南昌加气站组织消防应急演练

（区城管执法局　供图）

立改，不能立即整改的要求限期整改，并开展整改"回头看"专项督查检查，实现隐患闭环整改管理。

【开展燃气管线占压隐患排查工作】 2023年，组织两家管道燃气经营企业开展违章占压、包封隐患排查工作，对辖区内居民小区等场所违章搭建造成占压燃气管线、包封燃气立管等安全隐患进行排查，全年共计整改完成安全隐患3处。有效消除燃气安全隐患，营造安全用气环境，保障人民群众生命财产安全，切实确保全区燃气行业"零重大事故"发生，燃气行业安全形势可控有序。

【"打非治违"行动成效明显】 2023年，学习贯彻习近平总书记对宁夏银川市兴庆区富洋烧烤店燃气爆炸事故作出的重要指示精神，深刻吸取事故教训，牢固树立安全发展理念。深入开展城镇燃气安全专项整治工作，持续深入推进瓶装液化石油气安全整治暨"瓶改管""气改电"工作和居民用户安装户内燃气安全装置重点攻坚任务。按照工作要求，组织属地、燃气公司、区直部门对重点区域内餐饮店等非居民燃气用户开展燃气安全检查，全年共查处取缔瓶装燃气服务黑点1处，证据扣存超期报废钢瓶等208只，处罚燃气违法违规行为1起并处罚金1万元，有效净化全区用气环境。

【提升应急处置能力】 2023年，坚持"安全第一、预防为主"的方针，不断提升城镇燃气突发事故应急处置能力。组织辖区加气站、充装站按照年度计划开展应急演练36次，通过开展应急演练，系统检验应急预案科学性和可操作性，锻炼队伍应对各类突发事故的抢险技能，提高快速反应能力、应急救援能力以及协同作战能力。具体为防冻伤、消防演练、突发泄漏应急演练等。采取"5+40"行动，即用户报漏气5分钟内接单，抢修队伍40分钟内到达现场。

（胡钰婷）

全国文明城市创建

【概况】 2023年，按照区委、区政府对创建工作的统一部署和安排，结合红谷滩区文明城市创建工作实际，调整优化区创建指挥部组织架构，组建综合协调组、材料问卷组、

作风问责组3个工作组及市容环境创建工作部、社区小区创建工作部、农业农村创建工作部等17个创建工作部，由牵头部门分管区领导调度各工作部的工作。按照“项目化、责任化、节点化、长效化”的原则，统筹推进各属地、各工作组（部）工作，将各项创建任务做细做实做到位，全力推动文明城市创建工作迈上新台阶。在全区共同努力下，红谷滩区在全市文明城市创建年度考核中取得全市第四的成绩；完成中央文明办2022年度测评任务；承办全市创建工作现场推进会，凤凰苑小区、凤凰洲体育公园作为现场视察点得到与会者认可；接待衡阳市石鼓区、成都市青羊区考察团；完善城市功能配套，风筝广场、中央绿廊等“城市绿肺”管护全面提升，打造全市首批“席地而坐”城市会客厅示范点——长天广场；打造江西省最长双向“绿波带”——赣江大道（北起赣江中大道的岭口路，南至赣江南大道的南龙蟠街）。

【积极应对考核】 2023年，区主要领导先后4次组织召开全区文明城市创建工作大会，统一思想、统一意志、统一行动，凝聚强大创建合力。区领导多次赴街道社区等各点位，进行文明城市创建现场督办，协调解决文明城市创建工作中遇到的难点、痛点、堵点问题，助推创城点位达标，切实做到思想认识到位、领导力量到位、措施保障到位，确保文明创建各项工作顺利进行。区创建办领导坚持日常调度，定期召开文明创建调度会议27次，协调推进各属地各工作组（部）抓好各项创建任务，全力推动文明创建工作纵深发展。结合全区文明创建工作实际，制定出台《红谷滩区2023年深化全国文明城市创建考核实施方案》，由区创建办、区文明办以及各工作部共同对创建工作进行考核，考核内容包含实地达标（占65%）、文明实践（占20%）和综合考核（占15%）三部分，每月形成考核成绩，并进行排名通报。区创建办积极主动对接市创建办，做好沟通协调工作，掌握考核变化内容，熟悉文明指数测评、日常实地督查、专项整治推进等考核项目内容，组织开展4次创建业务培训学习，学懂弄通考核标准要求，提升全区创建业务能力水平。及时跟进测评进度，合理调配力量，强化日常巡查，督促问题整改落到实处，推动创建工作提质增效。

【强化巡查力度】 2023年，充分运用“南昌市城市运行管理服务平台”，以物联网、大数据、人工智能等前沿技术为支撑，强化问题监测预警，提高文明城市创建工作的数字化、扁平化、动态化管理水平。开发利用“红谷行”系统，集“任务发布—督查审核—审核派发—反馈整改情况”于一体，提高问题采集督查整改效率，实现创建点位全覆盖，累计测评740个点位，派发整改7000余个问题。积极发挥第三方测评公司专业优势，找准找全实地点位存在的问题，对突出的问题紧抓不放、分类处置、跟踪督办，推动问题整改出实效。

【建立奖惩办法】 2023年，制定考核奖惩实施细则，明确1000万元的考核保障经费，通过奖优罚劣，引导和督促各属地、各工作组（部）在创建工作每个环节、每个过程都明责、知责、履责。加大创建工作落实不力的责任单位及个人问责力度，根据实地督查情况，印发《关于文明创建督查督办工作的通知》，实行点位巡查亮牌和通报制度，做到有错必纠、有过必责。对复核得分低于80分的亮牌15次、对整改不到位的亮牌9次；对在创建工作中执行不力、发现问题整改不到位的单位和个人全区通报21次。

【整合创建资源】 2023年，坚持区级统筹、部门指导、属地落实的创建责任体系，联合国网南昌市红谷滩供电公司、洪城环境股份有限公司及三大运营商的力量，在全区电表箱、水表箱及三大运营商箱破损、缺失等问题整改上见成效，共整改三大运营商破损箱体55处、破损电表箱问题1830处、破损水表箱1.1万余处。积极引入社会资本，通过停车管理、广告投放、充电设施、智能快递箱等收费性服务设施建设，将城市整治提升与增值服务开发相结合，全区“物管城市”引入社会资本达5000万元，其中丰和花园一期“物管城市”项目累计收入达46万元，市场化盈利达16万元。

【开展系列整治】 2023年，根据市创建指挥部指示要求及区创建办领导的工作安排，对照文明城市创建标准，积极组织各属地、各工作组（部）对辖区所有主次干道、广场、市场和医院、学校及周边开展公益广告、“飞线充电”、空中管线等“八大专项整治行动”，整治不合规公益广告3337处、整治“飞线充电”现象1.6万余处、规整空中管线12.2万余米、清理垃圾广告55.5万余处、整治共享单车37万余辆、整治不文明养犬行为1036起、查处非机动车违法行为11.5万余起、清理楼道杂物堆积物6.8万余处。对陶家新村、凤凰苑小区、红谷世纪花园、红谷春天小区、红岭花园小区等老旧小区开展系列深化文明城市创建专项整治行动，建立常态长效机制，对完成改造的小区加强宣传引导，强化日常巡查，巩固整改成效。区文明办、区城管执法局、区城管执法大队等牵头部门多次得到市级主管部门的点评肯定，累计达19次。

（文　青）

重大重点工程建设

综　述

2023年,红谷滩区牢固树立“大干项目、干大项目”鲜明导向,全面实施项目带动战略,积极谋划项目,着力扩大重大重点项目总盘子,编制《2023年红谷滩区重大重点项目投资计划》,锚定全年目标任务,狠抓项目推进,加快推进项目建设。全面落实项目协调推进机制,形成《红谷滩区重大重点项目推进情况通报》;编制出台《2023年红谷滩区“项目大会战”项目推进清单》《2023年红谷滩区重大重点项目领导挂点计划》;确保项目建设加力、提速、优化、见效。

全区重大重点项目数量共238个,总投资2823.77亿元,年计划投资545.82亿元。项目按类别分为五类:一是产业发展项目,共90个,总投资1420.88亿元,年度计划投资299.29亿元;二是城市建设项目,共39个,总投资1033.22亿元,年度计划投资135.37亿元;三是城市管理项目,共37个,总投资39.68亿元,年度计划投资15.85亿元;四是社会事业项目,共56个,总投资257.07亿元,年度计划投资75.34亿元;五是民生实事项目,共16个,总投资72.91亿元,年度计划投资19.97亿元。红谷滩区省市重点项目投资完成率均超100%,其中18个省大中型项目,投资完成率为123.9%;7个省重点项目,投资完成率为133%;108个市重点项目,投资完成率为110%,其中8个列入市重点推进项目,投资完成率132%。

续建项目共105个,总投资1370.6亿元,年度计划投资311.47亿元。其中,产业发展项目54个,总投资923.16亿元,年度计划投资197.87亿元;城市建设项目16个,总投资279.13亿元,年度计划投资57.62亿元;城市管理项目7个,总投资19.56亿元,年度计划投资6.53亿元;社会事业项目19个,总投资106.78亿元,年度计划投资37.86亿元;民生实事项目9个,总投资41.97亿元,年度计划投资11.6亿元。

计划新开工项目共133个,总投资1453.17亿元,年度计划投资234.35亿元。其中,产业发展项目36个,总投资497.72亿元,年度计划投资101.42亿元;城市建设项目23个,总投资754.09亿元,年度计划投资77.76亿元;城市管理项目30个,总投资20.12亿元,年度计划投资9.32亿元;社会事业项目37个,总投资150.3亿元,年度计划投资37.48亿元;民生实事项目7个,总投资30.95亿元,年度计划投资8.37亿元。

全年围绕重点领域,主动争资金争项目,积极争取上级资金。红谷滩区凤凰洲体育公园项目、用友产业园三期项目、江西省北斗室内外定位基础平台项目共获得中央预算内投资4875万元;江西人工智能计算中心项目获得省预算内基建投资530万元;红谷滩区2024年农田建设项目获得2023年增发国债资金1948万元,实现国债资金项目“零的突破”;成功发行专项债项目9个(比上年增加5个),发行金额13.06亿元(同比增长41.5%)。

(熊建强)

产业项目建设

【概况】 2023年,全区238个重大重点项目中,产业发展项目共90个,总投资1420.88亿元,年度计划投资299.29亿元。

【九龙湖片区市政公用大厦、市政锦绣观澜项目】 项目总投资55亿元。项目位于南昌市红谷滩区九龙湖片区赣江南大道以西、上饶大街以北,包括2宗地块,即JLH702－C03地块和JLH702－A09地块,总建设用地面积为 7.13 万平方米，总建筑面积约 34.85 万平方米，总计容面积约 25.89 万平方米，建设内容包括住宅及配套、两栋超高层写字楼、幼儿园等。至 2023 年年底，C03 地块：支护桩共完成 268 根；搅拌桩共完成 279 根；旋喷桩共完成 104 根；锚索共完成 129 根。11 号楼：工程桩共完成 31 根。A09 地块：地表土方外运完成 13%。

【九龙湖商业综合体项目】 项目总投资 50 亿元。项目选址龙兴大街以南、九龙大道以西 JLH603 - A04、JLH603 - B01、JLH603 - B02、JLH603 - B03 地块。地块总占地面积约 16.41 公顷，总计容面积约 34 万立方米，其中商业约 4 万立方米。项目将在南昌首创“街区 + MALL”的创新商业模式，并以潮流品牌为重点亮点，打造南昌最齐全最具品质的潮流品牌旗舰集聚地，填补南昌漫步式潮流商业市场的空白。至 2023 年年底，商业综合体已达到地面正负零。

【滨湖人文休闲商务示范区建设工程（一期）】 项目建设范围东至九龙大道、南至北龙蟠街、西至圭峰大道、北至抚州大街，红谷滩新区九龙湖片区九龙大道以西、北龙蟠街以北；总投资 15 亿元。项目一期占地面积近 5.7 公顷，总建筑面积约 15.58 万平方米，主要建设内容包括 C03 地块主要为住宅建筑及配套用房，包括住宅、商业、社区用房、物业用房、养老服务用房、公变站、消防控制室、门卫、地下车库、非机动车库等；C05 地块主要为 6 班幼儿园及配套用房，包括一栋三层幼儿园建筑及门卫；C06 地块主要为社区文化及配套用房，包括一栋 5 层社区文化活动中心、地下车库、设备用房及门卫。至 2023 年年底，精装修施工全部完成，园林施工完成 95%，进行外立面施工。

【华润昆仑御】 项目总投资 34 亿元。华润昆仑御位于红谷滩区龙虎山大道 1692 号，总建筑面积 29.61 万平方米，容积率为 2.2，绿地率约 35%。项目包含 22 栋住宅楼，由 14 层—18 层的小高层住宅和 1.3 万社区商业组成，户型有 97 平方米三室两厅、109 平方米三室两厅、125 平四室两厅小高层和 148 平的四室两厅精装交付。小区内设社区服务站、文体中心、养老服务站、生鲜便利店、物业用房等，总户数 1908 户，规划机动车停车位 2007 个，包括地上 280 个、地下 1727 个。至 2023 年年底，已完工。

【红城投禧悦 · 雅云】 项目总投资 34 亿元。九龙湖纯新盘，位于红谷滩区九龙湖片区龙虎山大道以东、会仙街以南地块，翠微峰路以西，该地块北面是公园用地，南面为住宅用地，东面是红谷滩区生米街道新办公大楼和红谷滩区公安分局龙蟠街派出所。本项目规划总用地面积约用地 8 万余平方米，总建筑面积约 23 万平方米；总计容建筑面积约 0.176 平方千米；配套设施面积 0.00732 平方千米；容积率 2.2；建筑密度≤25%；绿地率 > 35%；项目总投资为 34 亿元。至 2023 年年底，主体结构施工完成，砌体砌筑施工完成，保温施工完成，石膏施工完成，外墙落架完成，吊顶施工完成 92.9%，地砖施工完成 95.1%，墙砖施工完成 94.8%，外墙涂料施工完成 87.65%，地下室安装 85%。

【联发红城投 · 藏珑大境】 项目总投资 21 亿元。项目位于九龙湖片区规划路以东、青原山路以西，用地面积 7.51 万平方米，总建筑面积 18.2 万余平方米，其中计容建筑面积 13.53 万平方米，包括住宅建筑面积 12.13 万平方米、幼儿园建筑面积 2530 平方米、配套用房建筑面积 1330 平方米。项目规划总户数 1000 户，容积率 1.80，绿地率 35.02%。至 2023 年年底，完成主体结构、墙体砌筑、外墙保温、内墙石膏、落架、铝合金窗、铝合金门、铝合金线条、阳台栏杆、百叶等工序，完成批量精装修 98.99%，完成景观园林 98.99%。

【流量经济（互联网）产业园】 项目总投资 18 亿元。位于红谷滩区九龙湖片区龙兴大街以南、婺源路以西，项目规划总用地面积 3.09 万平方米，总建筑面积 20.26 万平方米，总投资 18 亿元，由 5 栋写字楼和 1 栋招商服务中心组成，包括 1 栋超高层建筑物、4 栋高层建筑物（最高建筑总高 145.2 米）。地理位置优越，

2023 年，流量经济产业园施工现场

（区城投公司　供图）

位于南昌地铁2、4号线交会处的西站南广场站，名副其实的双地铁商业商务项目。周边聚集新旅明樾府、聚贤雅苑、恒锦花苑、富源花园、安丰花园、九龙观唐、新力东园、祥生府、金地金茂九峯府、新旅明樾台、华润昆仑御、联发九龙和悦、联发红城投藏珑大境/藏珑府、绿地国际博览城1期等住宅小区。至2023年年底，项目主体结构已完成90.6%，墙体砌筑完成14.8%，保温施工完成1.3%，真石漆施工完成1.3%，石膏施工完成1.3%；多栋建筑已经封顶，施工人员正在进行室内气体工程和水电安装，建成后该产业园将打造成为一个互联网特色产业平台。

【南昌市长州鑫远中心项目】 项目总投资20亿元，项目总用地面积约2.2公顷，建设业态包含五星级标准酒店、写字楼、商业配套等。项目总计容建筑面积约8.9万平方米（蓝城五星级标准酒店）。至2023年年底，项目规划方案已经市自然资源和规划局审批通过，已办理工程规划许可证，各专业施工图设计已基本完成，市刑侦大楼已拆除完毕。

【中盛金融项目】 项目总投资20亿元，位于丰和中大道绿茵路口，总建筑面积约0.082平方千米，其中地上建筑面积0.0655平方千米，地下建筑面积0.0156平方千米。拟建一栋24层办公楼及一栋13层附楼。至2023年年底，完成项目规划公示。

【绿地国博城商业2号地块】 项目总投资10亿元，项目位于龙兴大街以南地区，占地6.27公顷，总建筑面积约0.25平方千米，用地性质为商业、商务用地，拟将建设成集商业、商务及酒店于一体的商业综合体。至2023年年底，7号办公楼、8号酒店（办公楼）、9号办公楼、10—14号商业楼、16号西地库工程已完成主体施工，进入装修阶段。

【理想城】 项目总投资40亿元，项目位于上饶大街，用地面积约17.2公顷，总建筑面积0.622平方千米，其中地上建筑总面积为0.504平方千米，地下建筑总面积为0.118平方千米。至2023年年底，21栋单体建筑已完成主体结构封顶，二次结构施工完成100%，完成内装57%，室外管网完成68%。

【天集西站明珠二期】 项目总投资15亿元，位于红谷滩区龙兴大街西站明珠，规划总用地面积约10.49公顷，17栋高层住宅，配备社区服务站文体中心、养老服务站、肉菜市场、幼儿园等配套。至2023年年底，主体完工。

【百汇中心项目】 项目总投资3亿元．总占地面积约0.71公顷，总建筑面积4.66万平方米，其中地上建筑面积3.56万平方米、地下建筑面积1.1万平方米。设立机动车停车位242辆，非机动车停车位534个。至2023年年底，项目已竣工。

【新丰华都工程】 项目总投资1.3亿元。位于红谷中大道与风华路交会处。占地约0.67公顷，为商业与住宅综合用地。总建筑面积2.2万余平方米，其中住宅面积1.33万余平方米，共有住宅105套，商业面积2300余平方米，停车位133个（包括地上和地下）。至2023年年底，完成住宅主体结构、外立面、精装修样板房等工程。

（熊建强）

城市项目建设

【概况】 至2023年年底，全区238个重大重点项目中，城市项目共76个，总投资1072.9亿元，年度计划投资151.22亿元。其中，城市建设项目共39个，总投资1033.22亿元，年度计划投资135.37亿元；城市管理项目共37个，总投资39.68亿元，年度计划投资15.85亿元。

【九龙湖市政基础设施四期工程】 项目总投资24亿元。建设地点位于九龙湖新城起步区南部，即宜春大街（原生米大道）以南、西环铁路线以北、枫生南大道以东、三百山路以西区域。项目包括4条城市主干路、6条城市次干路和17条城市支路共27条市政道路。内容为道路、交通设施、排水、照明、强弱电管道等配套设施。至2023年年底，南宫机K0+492—K0+811段机动车道及非机动车道级配碎石层、水泥稳定级配碎石层、路缘石砌筑。龙虎山大道：机动车道路缘石安装，变压器沟槽线安装；赣州大街：三清山大道—九龙大道底层水稳层摊铺；南宫路：雨水管管道安装摸带。吉安街温泉城段进行路灯安装，南昌中学南侧道路进行路床施工，九连山路进行路面施工，赣州大街（三清山大道—九龙大道）正在进行水稳层施工。

【九龙湖新城加密路网工程】 项目总投资8.3亿元。工程共包含19条道路，道路全长约15125米，道路红线宽度12—24米，包含道路、排水、交通设施、照明、强弱电管道及绿化工程。至2023年年底，规划D3路强弱电管网施工，路灯基础及照明管网施工；规划E2路强弱电管网施工；规划E4路雨污水管网施工，强弱电管网施工，水泥搅拌桩施工。

【抚州大街西延工程】 项目总投资8亿元。位于抚州大街明月山大道交叉口处，全线长约3.5千米，西起西外环高速东至明月山大道，起始里程K2+980—K6+500，标准红线宽60米。建设内容主要包括道路、交通设施、排水、桥梁、照明、强弱电管道、绿化及雨水泵站工程等。上跨高速公路1座、跨水渠箱涵桥3

座，在西外环高速西侧设置雨水泵站一座。至2023年年底，完成道路主线建设。

【九龙湖新城抚州大街工程（明月山大道—三清山大道）】 项目总投资5.3亿元。西起明月山大道，东至九龙大道，道路全长4.4千米。道路等级为城市主干道，主道双向六车道，辅道双向四车道。道路标准红线宽60米，建设用地50.76公顷，新建全互通立交和菱形立交各1座。至2023年年底，雨水管道完成81.8%，电力管道完成86.4%，级配碎石完成40%，水泥稳定碎石完成40%，沥青完成33.4%；路缘石安装31.6%，人行道完成8%，人行道修整17%，路床修整57%；桥台完成100%，盖梁完成100%，预制梁完成92%。

【明月山大道南延（复兴大道—洪州大道）道路排水工程】 项目总投资3.67亿元。明月山大道（复兴大道—洪州大道）规划为城市主干路，北起复兴大道，南至洪州大道，全长3098米，红线宽45米。建设内容包括道路工程、排水工程、强弱电工程、交通工程、照明工程、绿化工程等。至2023年年底，完成项目施工招标，完成总工程量的百分之25%。

【杨岐山大道龙兴大街至复兴大道段道路排水工程项目】 项目总投资1.67亿元。规划为城市主干路，北起龙兴大街、南至复兴大道，道路全长约2千米，道路红线宽45米。包括道路工程、排水工程、强弱电工程、交通工程、照明工程、绿化工程等建设。至2023年年底，完成项目施工招标，完成总工程量的30%。

【昌樟高速改扩建二期高压电力设施防护工程】 项目总投资1800万元。路线起于李庄山大桥终于昌西南枢纽，对沿线处于距离扩宽或新建道路红线范围较近的高压电力设施采取灌注桩支护措施，全线110千伏及以上高压电杆所需支护工点共13处，单桩长23.6—50米，灌注桩直径采用1.0米、1.2米及1.5米，全线高压电杆支护桩总长4820米。至2023年年底，项目整体完工。

【红谷滩区昌樟以西区间道路工程】 项目总投资2亿元。包含文汇街、上堡路、文澜街、新华路、文源街、礼庄山路、中堡路，里山路、提门街、文津路、下堡路、求实路、坐家山路，规划n10路为城市次干路，道路宽度为24米。至2023年年底，完成项目施工招标。

【洪州大桥工程】 项目总投资20亿元。连接萍乡大街和小蓝大道的跨江大桥，全长约4.8千米，主桥跨江段长约1.6千米，采用双向八车道，工程建安费约13亿元。建设内容主要包括桥梁工程、道路工程、排水工程、绿化工程、照明工程、交通工程等。至2023年年底，完成桥梁建设。

【复兴大桥工程】 项目总投资26.6亿元。主要建设内容包括桥梁、道路、交通、排水、照明、绿化、管线迁改及附属工程等。两岸接线工程分布在九龙湖片区以及象湖滨江板块区域，大桥东西延伸段建设资金分别由南昌县和红谷滩区自行解决。至2023年年底，项目整体完工。

【洪州大道（明月山大道—三清山大道）快速化改造工程】 项目总投资8.9亿元。西起明月山大道、东至三清山大道，全长5.0千米，红线宽66—147米，沿线由西自东分别与阁皂山大道、枫生快速、青原山路、龙虎山大道、翠微峰路、九龙大道、南宫路相交。道路断面采用主辅分离的形式，主线双向六车道，辅道双向四车道。工程主要建设内容包括道路工程、桥梁工程、隧道工程、U形槽、排水工程、交通工程、照明工程、绿化工程、电力管线工程及通信管线工程等。至2023年年底，一标：第一联现浇梁箱室内模拆除25%；第二联现浇梁底腹板、横梁钢筋绑扎完成5%，预应力材管道及钢绞线穿束完成20%，内模安装完成15%，第一次混凝土（底腹板及横梁）浇筑完成10%，顶板模板安装完成50%；第三联现浇梁箱室内模拆除完成45%，预应力张拉完成3%。二标：中央分隔带路基处理完成10%，新建桥梁台背注浆完成30%，路缘石安装完成5%，苗木移除完成5%。

【红谷滩区前湖流域水污染治理工程】 项目总投资1亿元。涉及前湖水系上下游的华南渠、永强渠、前湖干渠周边实施污染治理、生态治理、生态湿地建设。至2023年年底，完成永强渠3.9千米护坡护岸工程，前湖干渠护坡护岸工程、液压坝工程和进出口涵闸工程，华南渠生态滤坝新建4座，永强渠1.5万平方米湿地建设，前湖干渠7.05万平方米湿地工程，云溪渠护岸护坡工程。

【VR科创城市政基础设施项目一期项目配套搅拌站项目】 项目总投资2.5亿元。新建规划年产能共60万立方米的2条每小时270米混凝土生产线，规划年产35万吨的沥青混凝土生产线和规划年产90万吨的水稳拌合站。至2023年年底，搅拌站安装完成，进场道路混凝土浇筑完成。

（熊建强）

民生福祉项目建设

【概况】 至2023年年底，红谷滩区238个重大重点项目中，民生福祉项目共72个，总投资329.98亿元，年度计划投资95.31亿元。其中，社会事业项目共56个，总投资257.07亿元，年度计划投资75.34亿元；民生实事项目共16个，总投资72.91亿元，年度计划投资19.97亿元。

【南昌市第二中学新建国际教育大楼】 项目总投资1亿元。新建1栋国际教育大楼，及大楼的装饰装修、室外管线铺设、硬质铺装、绿化等相关配套工程，大楼由12层塔楼和4层裙楼组成，总建筑面积2.31万平方米。至2023年年底，主体建设已完成，正进行外立面装修。

【南昌大学第二附属医院红角洲分院二期建设项目】 项目总投资9.2亿元。项目总建筑面积约18万平方米，地上建筑面积12.9万平方米，地下建筑面积5.1万平方米（含人防地下停车场等），桩基工程完成、土方开挖完成，地下室主体完成，医疗中心、医技综合楼主体结构封顶。至2023年年底，地下室底板施工完成100%，地下室主体结构完成100%；医疗中心主体封顶，医技综合楼主体封顶，3号住院楼主体封顶，科教综合楼二十层墙柱、二十一层梁板，学术中心主体封顶，高压氧舱主体封顶，污水处理厂封顶。

【豫章师范二期扩建工程项目】 项目总投资18亿元。位于红谷滩区梅岭大道1999号。豫章师范学院扩建工程是在现有学校基础上进行扩建，扩建后学校总用地面积62.2万平方米，新增建筑面积24.3万平方米。主要为大学生创业中心与实训楼、人才公寓（租赁式）、学生宿舍、办公信息楼、教学楼、理工学院、教师教育实训中心等及强电迁改下地工程完成强电迁改下地工程。至2023年年底，完成学校扩建一期工程教学楼、宿舍楼等楼栋建设；完成扩建一期工程地基基础、土石方工程、主体部分工程建设。

【南昌医学院新校园（一期）建设项目】 项目总投资24亿元。南昌医学院新校园（一期）建设项目建设满足1万人办学规模，建筑面积为30.93万平方米。建设内容包括校行政办公用房、院系及教师办公用房、教学楼、实验实习用房、图书馆、体育馆、师生活动中心、礼堂、学生宿舍、单身教师公寓、食堂、后勤及附属用房、大门、地下室及室外附属工程等。至2023年年底，桩基已累计完成1823根，14台塔吊安装使用，1.1号楼东侧五层梁板钢筋绑扎完成20%，西侧四层内架开始搭设。

【南昌急救中心项目】 项目总投资2.6亿元。位于红谷滩区九龙湖地区明月山大道以东、草塘路以北JHL1101－C01、规划总用地面积2.01万平方米，总建筑面积2.76万平方米。整体地块从北至南，分别布置有应急楼/6层、过渡楼/6层、培训指挥楼/6层，地下室为一层（6131.13平方米）。主要建设内容包括建筑、结构、给排水、电气、暖通、消防、人防、室外配套基础设施及部分急救医疗设备采购。至2023年年底，完成户外管网和景观道路绿化、部分室内装饰装修、相关设备安装调试。

【南昌市行知中学建设项目】 项目总投资5.8亿元。拟规划南昌市行知中学，建筑面积10万平方米，估算总投资5.8亿元（含土地款），拟设60个教学班级，在校生约3000人，建设内容主要有教学楼、综合楼、实验楼、科技楼、音乐厅、教师公寓、学生宿舍、食堂、体育馆等校舍及400米室外运动场、园林绿化等室外附属设施。至2023年年底，完成地下室主体施工80%、地上建筑结构施工20%。

【南昌技师学院】 项目总投资1亿元。南昌技师学院（筹）建设项目按在校生规模9000人进行规划，规划总用地面积约34.2公顷，近期规划建设校舍总建筑面积27.36万平方米，地上总建筑面积24.25万平方米，地下总建筑面积3.11万平方米。其中此次建设总建筑面积26.56万平方米，其中地上总建筑面积24.24万平方米、地下总建筑面积2.32万平方米。主要包含新建教学实训8栋、综合楼（含行政、图书馆）1栋、学生宿舍5栋、单身教师宿舍后勤及附属用房1栋、学生食堂2栋、体育馆1栋、门卫4栋、垃圾房1栋等23栋校园单体建筑，并配备实训设备、运动场所及场地绿化等。项目主要建设内容包括建筑、结构、给排水、电气、暖通、人防、绿化、及配套设施等工程。至2023年年底，外墙保温完成95%；室内抹灰完成95%；室内腻子完成60%；室内地面垫层完成50%；室外管网安装完成25%。

（熊建强）

2023年，行知学校配套九年一贯制学校施工现场

（区城投公司　供图）

项目督查调度

【概况】 2023年，红谷滩区重大重点项目推进中心在区委区政府的坚强领导下，聚焦实施项目带动战略，全力践行“项目为先、实干奋进，争分夺秒拼经济”的工作主线，着力抓好调度、服务、督导三篇文章，有力推进红谷滩区项目加快建设。提请制订出台《2023年区重大重点项目区“四套班子”领导挂点计划》，为每个项目明确一名挂点区领导，帮扶项目协调化解存在的问题和困难，层层压实责任，促进重大重点项目快速推进实施。编制《2023年区重大重点项目年度推进工作链条图》，对全区重大重点项目逐一细化分解，每个项目按照推进关键节点，以时间排序，倒排计划，形成工作链路。通过系列举措，实行挂图作战、实时监测和督查督办，有效促进全区重大重点项目顺利推进。强化服务保障，编制《红谷滩区服务项目办事指南汇编》，对全区项目协调审批事项的办事指南、办理流程、责任人进行梳理汇总，高效服务积极督促项目快速推进。实行“四函催办”督办制度，每周工作人员下沉，扎根项目一线实地察看掌握项目推进情况，将问题及时反馈给相关部门，快转快办，靶向发力，动态跟进，滚动销号，及时提醒督促各项目责任单位加快推进进度。

【健全“四个一”体系】 2023年，区重大重点项目推进中心健全“四个一”体系，即制订一个有效的挂点计划、编制一张精准的链条图谱、形成一本管用的问题清单、健全一套科学的四级调度推进机制，构建“统一调度、分块负责，全程服务、挂图作战，齐抓共管、督查问效”的“项目大会战”工作格局，确保每个项目都有一名区级领导挂点、一个政府部门负责、一名服务专员紧盯。同时，实施重大重点项目四级调度机制，采取集中调度与日常调度、专题调度和现场调度、挂点调度和交叉调度相结合等方式，紧盯问题解决落实，明确时间、责任到人。区领导会议调度或现场调度，示范引导带动各责任单位高频次调度，形成合力，推动解决项目建设中存在的疑难杂症。

【多措并举强化督查力度】 2023年，编制《2023年区重大重点项目年度推进工作链条图》，对238个重大重点项目逐一细化分解，每个项目按照推进关键节点，以时间排序，倒排计划，形成链条，实行挂图作战、实时监测和督查督办。强化共性问题督办，以影响项目建设的前期报建、征地拆迁、土地报批、路网建设、高压线迁改、土方开增、道路开口等主要共性问题为督查重点，督促责任单位加快工作流程，促进项目早日开工建成。

【“四函催办”督办制度实行】 2023年，采用实地督查、电话交办、函告督办、亮灯预警等方式，及时提醒督促各项目责任单位加快推进进度。全年累计编制重大重点项目督查专报36期，针对临近完成时间节点的问题事项，对23家单位下发123份《督查提示函》；已到时间节点的事项，对18家单位下发90份《督办函》，并相应亮黄灯；逾期未完成事项，对7家单位下发18份《警示函》，并相应亮红灯；对11家单位下发39份《催办函》。

【实地督导检查重大项目“两不停”】 2023年1月20日，区委副书记、区长刘光荣率队督导检查春节期间安全生产和重大项目“两不停”。区委常委、常务副区长江龙陪同。刘光荣一行先后到VR科创城市政基础设施一期、现代服务产业园项目现场和区消防大队，看望一线建设者和干部职工，向他们送上新春的问候和祝福，并仔细了解“两不停”工作落实情况，叮嘱项目负责人认真履行安全生产企业主体责任，加强现场安全管控，防范各类安全事故发生。刘光荣强调项目单位要增强时间观念，科学安排春节期间施工计划，抢时间、抓进度，确保有条不紊推进项目建设，力争形成更多实物量，全力推动项目早建成、早达效。各部门各属地要认真贯彻落实省、市决策部署，加强“双不停”项目走访服务，及时协调解决企业项目建设中遇到的难题，做好各类要素保障。全区上下要始终绷紧安全生产思想弦，春节期间紧盯道路交通、消防等重点领域和人员密集场所，强化督导检查，切实消除隐患；认真落实关键岗位24小时值班制度，加强信息报送和突发事件响应速度，确保全区人民群众度过一个欢乐祥和安康的春节。

【2月红谷滩区召开重大重点项目推进调度会】 2023年2月25日，区委书记吴江辉主持召开红谷滩区重大重点项目调度会，听取有关工作情况汇报，研究部署下步工作。区委副书记、区长刘光荣，区领导邱胜、江龙、张莲波、吴梅萍、皮斌出席会议。会议指出，各级各部门要紧紧围绕区委区政府关于全区经济发展和项目建设工作要求，以“项目为先，实干奋进，争分夺秒拼经济”的姿态，以时不我待、只争朝夕的紧迫感和责任感紧盯目标，全力以赴推动全区重点项目建设提速增效。会议强调，各级各部门要认真贯彻落实区委区政府决策部署，抢抓当前项目建设有利时机，强化担当，真抓实干，信息互通，通力协作，形成上下联动、协同作战的长效机制。要积极主动为项目单位做好服务，持续优化营商环境。进一步加快推动项目前期手续等问题的协调落实，吃准吃透政策，进一步优化流程、畅通机制、并联办理，为项目顺利推进提供坚实保障。

【3月红谷滩区召开重大重点项目推进专题会】 2023年3月13日，区委书记吴江辉主持召开红谷滩区重大重点项目推进专题会，听取有关工作情况汇报，研究部署下一步工作。区委副书记、区长刘光荣，区委常委、常务副区长江龙，副区长张莲波、吴梅萍出席会议。会议先后听取部分重点学校项目推进情况、重点城市建管项目推进情况、未来科学城北区科教园(西部组团)片区开发推进情况等汇报。会议强调，要聚焦目标任务，强化协调调度，优化推进工作机制，探索建立“并联+容缺”审批服务机制，全力以赴推动项目建设提速提效。要把握时序节奏，紧扣时间节点，挂图作战，按期落实。要强化责任担当，细化工作举措，查堵点、破难题，补短板、强弱项，确保问题高效解决，项目顺利推进。

【刘光荣调研督导区部分重大重点项目建设情况】 2023年4月12日，区委副书记、区长刘光荣深入华润万象金融店二期等项目现场，实地察看工程建设进度，现场办公解决项目推进中遇到的困难。区委常委、常务副区长江龙陪同。刘光荣指出，各部门各属地要全面贯彻党的二十大精神，大兴调查研究之风，深入项目建设一线，创新举措、强化服务，全力破解项目建设瓶颈，争分夺秒拼经济，以高效率、高速度、高质量的项目建设为推动经济社会高质量发展赋能加力。4月24日，刘光荣深入红谷滩区南昌未来科学城部分重大重点项目建设现场，调研督导项目建设推进工作，协调解决项目推进中的问题和困难。区委常委、宣传部部长邓越峰陪同。先后察看华南城西站高铁商务中心城、南昌医学院新校园、行知中学、南昌中学等项目。在各项目工地现场，详细了解项目推进情况，仔细询问影响项目建设的困难，对影响项目推进的具体问题现场予以明确。5月5日，刘光荣深入部分重大重点项目现场，实地调研督促项目建设。副区长张莲波、熊飞陪同。刘光荣一行先后到长州鑫远中心蓝城酒店、百汇中心、鸿润大厦和马咀山生态公园项目现场，同项目单位负责人深入交流，详细了解项目进展情况，并现场办公协调解决遇到的困难。6月6日，刘光荣实地督导重点项目推进，在绿地国博城商业2号地块、VR科创城、融创五星级酒店等项目现场，刘光荣与项目负责人深入交流，详细了解项目建设推进情况，协调解决项目存在的困难和问题，进一步明确项目推进要求。7月27日，刘光荣带队深入全区部分重点市政道路项目施工现场，实地调研督导项目推进情况。刘光荣一行先后到南昌大道提升改造项目、复兴大道西延及涉铁下穿工程、金坪街、潼溪水库周边路网建设、洪州大道快速化改造等项目施工现场，详细了解项目进展情况，现场解难题、定措施、促进度，就下一步推进项目建设提出要求。刘光荣指出，重大路网设施项目的建设，与城市扩容和区域开发建设紧密相连，对改善交通环境、拉伸城市框架具有重要意义。8月5日，刘光荣深入部分省市重大重点项目建设现场，实地察看项目建设进度，现场协调解决项目推进过程中存在的困难和问题。刘光荣一行先后到中南大学湘雅医院项目、市公安局刑事科学技术大楼、南昌医学院新校园等项目施工现场，详细了解项目进展、规划设计、工期安排等有关情况，现场解难题、定措施、促进度，就下一步推进项目建设提出要求。9月3日，刘光荣深入项目一线，实地调研督导重点项目建设推进工作。刘光荣先后到华宏汽车高端商业中心、红谷南大道学校、南大一附院九龙湖医院等项目现场，详细了解当前项目建设进展情况，协调解决存在的困难和问题。刘光荣强调：全区上下要围绕“项目为先、实干奋进，争分夺秒拼经济”的工作主线，强化大抓项目的鲜明导向，紧盯目标任务，紧扣时间节点，倒排工期，抓进度、提质量，有力有序推进重点项目建设提质增速，切实以高质量项目建设推动全区高质量发展。10月4日，刘光荣带队督导检查国庆期间安全生产和项目建设工作。刘光荣一行先后到南昌中学项目、区公共卫生服务中心项目、联泰万悦汇项目建设工地，实地察看工程进展和安全生产各项措施落实情况，并向节日期间坚守在项目一线的工人送上问候和祝福。刘光荣强调，四季度是全年项目推进目标的“冲刺期”，也是施工建设的“黄金期”，各相关部门要抢抓当前施工有利时机，强化项目的日常调度、跟踪督导、问题协调，严控时间节点，严把工程质量，严抓安全生产，争分夺秒保工期，全力以赴推进度。10月12日，刘光荣深入未来科学城路网项目现场，调研督导项目推进工作。刘光荣一行先后实地察看明月山大道南延、复兴大道西延、杨岐山大道、德兴街、洪州大道快速化改造、三清山大道南延等项目关键路段，详细了解项目情况，并协调解决项目推进过程中的难点问题。刘光荣强调，要把未来科学城配套道路建设摆在突出位置，抢抓当前施工有利时机，科学制定施工方案，周密细致组织实施，严管施工标准，确保质量安全。11月4日，刘光荣深入昌樟高速改扩建二期工程现场，实地查看项目建设进展情况，针对影响项目进度的有关问题进行现场调度，并就进一步加快项目建设提出具体意见和要求。刘光荣强调，各有关部门和属地要提高思想认识，强化责任担当，加强协调配合，更大力度做好征拆协调、电力防护、管线迁改、手续办理等服务保障工作，为项目全线顺利推进创造良好条件。

【4月红谷滩区召开重大重点项目推进调度会】 2023年4月13日，区

委书记吴江辉主持召开红谷滩区重大重点项目推进调度会，听取有关工作情况汇报，研究部署下一步工作。区委副书记、区长刘光荣，区委常委、常务副区长江龙出席会议。会议强调，要把重大项目建设作为拼经济的重要抓手，提高政治站位，切实增强抓好重大项目建设的责任感、紧迫感，主动服务，不等不靠，积极推进全区重大项目建设。针对难点问题、共性问题，要深入调查研究，进一步破题攻坚。聚焦重点项目建设问题、重大事项问题，成立工作专班，强化部门配合，形成工作合力，推进问题早解决、真解决。要强化学习，总结经验，全面提升能力素质。要善于"解剖麻雀"，以点带面，见微知著，强化并联推进，提高工作效率。要密切加强横向联动、纵向对接，通力协作，强化与上级部门的对接协调，积极争取相关政策支持。

【区领导调研督导全区部分重大重点项目建设情况】 2023年5月15日，区委书记吴江辉，区委副书记、区长刘光荣深入全区部分重大重点项目现场，实地调研督导重大重点项目建设。吴江辉一行先后到红谷滩基金产业园、省金控基金总部大楼、江山云著和市政九龙湖综合体项目现场，与相关企业负责人深入交流，详细了解项目情况，并协调解决项目推进过程中遇到的困难和问题。吴江辉指出，抓好重大重点项目建设是增强发展后劲、推进高质量发展的重要举措，全区上下要紧紧围绕区委区政府中心工作，切实增强抓项目建设的紧迫感、责任感，坚持一切围绕项目转、一切聚焦项目干，在保障上下功夫、在服务上做文章，确保按期高质量推进项目建设，以高质量项目支撑红谷滩区高质量发展。

【5月红谷滩区召开重大重点项目推进调度会】 2023年5月22日，区委副书记、区长刘光荣主持召开红谷滩区重大重点项目调度会，协调解决有关问题，对下步工作提出具体要求。区委常委、常务副区长江龙出席会议。会议指出，项目始终是推动经济发展的有力抓手和重要支撑。各地各部门要靠前履职尽责，优化服务保障，聚焦聚力、大干实干，全力推进项目建设提速增效，切实为经济高质量发展增强后劲。刘光荣强调：一是强化思想认识。各部门要牢固树立"抓项目就是抓发展"的鲜明导向，以高度的自觉、强烈的担当、扎实的作风，持续用力，久久为功，全力以赴推进项目建设。二是强化问题导向。要认真梳理项目推进过程中遇到的问题和困难，建立问题台账，找准问题症结，高效破题解决，把问题解决融入服务项目中，确保项目建设顺利推进。三是强化协调联动。各相关部门要主动介入、靠前服务，做到既各司其职、各尽其责，又通力协作、合力攻坚，力争项目推进再提速、瓶颈要素再突破、政府服务再优化。四是强化时效意识。树牢时间观念和争跑意识，坚持"工作项目化、项目清单化、清单责任化"，紧盯目标任务和时间节点，倒排工期，确保项目有力有序推进。五是强化项目推进。严格按照链条图，抓实抓细项目进度，定期对项目进度、存在问题进行专题调度，在做好安全生产工作、保证工程质量的前提下，全力促开工、促进度、促竣工。六是强化督导问效。实行"清单式"管理、"销号式"督查，紧盯时序要求和过程管理，摸清摸细各项工作，持续跟踪问效，做到底子清、进度实、问题准，依法依规推进项目建设。

【7月红谷滩区召开重大重点项目推进调度会】 2023年7月3日，红谷滩区召开重大重点项目专题调度会。区委副书记、区长刘光荣主持，区委常委、常务副区长江龙出席会议。会议指出，重大重点项目是红谷滩区经济社会高质量发展的重要支撑，要聚焦"项目为先，实干奋进，争分夺秒拼经济"工作主线，切实增强项目建设的紧迫感和责任感，严把时间节点，统筹调度管理，加强协调配合，以有力的措施和务实的作风，高质高效完成项目建设任务，助推红谷滩区经济社会高质量发展。刘光荣强调，要聚焦省市重大重点项目、重大市政基础设施项目、重大民生工程项目，对照时序进度要求，逐个项目分析梳理，锚定目标、抓住关键，全力以赴加快推进，确保按期达成目标进度。对已开工项目，抢抓当前施工黄金期，力争实现更多的实物工作量；对未开工项目，强化调度，加快前期工作进度，推动项目早建成、早投用、早达效。要主动送服务上门，及时回应、认真研究项目反映的诉求。对于需要市级层面支持的问题，区分管领导、相关部门要加强对接、争取支持。对于区级层面能够解决的问题，要充分运用"红黄牌"机制，压实责任、限时解决。要持续靠前做好项目入统、办税服务，及时掌握项目建设推进情况，严格依法入统，确保应统尽统。要准确把握政策动向和资金投向，科学谋划项目，积极拓展各种渠道，提高申报项目的准确性和精准性。要树牢安全发展理念，压实安全生产责任，强化工程监管，严格落实安全生产、文明施工、扬尘治理等要求，做好一线建设者防暑降温工作，确保高温天气下户外劳动者的安全。

【涂晓晖调研全区部分重大重点项目建设情况】 2023年8月7日，区委书记涂晓晖率队实地调研部分重大重点项目建设情况。涂晓晖一行先后实地察看中唯商业中心、铜锣湾广场三期、华润万象金融街店二期、江西金控数字金融创新产业园、江西国控基金产业园等项目，同项目单位进行深入交流，逐一分析项目推进过程中存在的难点、堵点问题，现场办公明确责任部门。区委常委、宣传部部长邓越峰，区委常委、常务副区长江龙，副区长熊飞、皮斌一同调研。涂晓晖强调，项目单位要抢抓当前施工黄金期，对照目标节点倒排工期、挂图作战，加快前期报建手续、施工现场统筹，确保项目有序推进；相关部门和属地要主动担当作为，围绕项目建设中存在的困难和矛盾，及时排忧解难，打通"堵点"、连接"断点"、解决"难点"、消除"痛点"，为项目顺利推进创造良好条件；要落实安全施工主体责任，加强工地管理，完善应急预案，及时消除各种安全隐患，做好防暑降温和安全防护措施，保障高温天气下一线工人的生命健康安全。10 月 12 日，涂晓晖深入现代服务产业园、流量经济产业园项目现场，调研项目建设及安全生产工作。区委常委、常务副区长江龙陪同。在现代服务产业园项目，涂晓晖实地察看了解项目安全生产、文明施工等建设情况后指出，要全力以赴抓好重大重点项目建设，多措并举做好项目各项服务保障工作，全速推进项目建设进程，确保项目如期交付。在流量经济互联网产业园项目，涂晓晖指出，要加强安全生产责任意识、风险意识、底线意识，要加强项目安全管理，全面提升安全风险防范能力和应急处置能力，筑牢安全屏障，时刻绷紧安全生产这根弦，要完善项目安全生产应急预案，切实把安全生产工作抓好、抓实、抓到位。11 月 21 日，区委书记涂晓晖深入一线，调研马咀山公园建设情况，谋划下一步工作。调研中，涂晓晖实地察看项目建设情况，听取有关工作汇报。就项目建设具体工作，涂晓晖指出，马咀山公园对提升红谷滩区城市功能品质、满足人民群众对美好生活的向往、促进红谷滩区全域旅游发展具有重要意义。工程建设要尊重生态原则，功能性原则，特色化原则和可实施性原则这四大设计原则。要坚持生态保护和生态恢复的理念，充分利用基地地理位置的特殊性，提高湿地公园的生物多样性和休闲娱乐、游憩功能。要善用美丽资源、激活美丽经济、发展美丽产业，让更多人领略红谷滩之美、爱上红谷滩之美。12 月 14 日，涂晓晖深入一线，就重大重点项目建设情况、民生工程建设情况。调研中，涂晓晖先后前往上饶大街与昌樟二期立交互通项目现场、杨岐山大道项目现场、洪州大道快速化改造项目现场和三清山大道跨线桥节点项目现场实地察看。每到一处，涂晓晖仔细询问工程的进展情况、存在的问题，以及项目完成的时限等。涂晓晖强调，各有关单位要进一步加强工作对接，形成工作合力，及时解决项目推进中遇到的困难和问题，为项目全速推进保驾护航。要优化方案、细化举措，在保证安全质量的前提下，加快建设进度，确保项目如期完工，更好满足群众出行需求。12 月 21 日，涂晓晖深入部分医院项目工地，实地调研卫健系统重大重点项目建设情况。副区长陈羽陪同。在实地察看浙江大学附属医学院江西医院二期建设项目建设情况、询问项目推进中的困难和问题后，涂晓晖强调，要科学调度、精心施工、做好对接，统筹推进项目建设和配套设施建设，确保医院早建成、早投用、早惠民。在察看生米中心卫生院异地搬迁提升改造项目现有建筑的功能和结构后，涂晓晖强调，要牢固树立以"人民为中心"的理念，在保证工程质量及施工安全的前提下，精心部署、统筹安排，严格管理，加快施工进度，确保项目如期投入使用。

【10 月红谷滩区召开重大重点项目推进会】 2023 年 10 月 11 日晚，红谷滩区召开重大重点项目推进会。区委副书记、区长刘光荣主持会议并讲话。区委常委、常务副区长江龙，副区长张莲波、陈羽、皮斌出席会议。会议听取全区前三季度重大重点项目推进、争资金争项目情况和 2024 年重点项目谋划情况汇报，并安排部署下一步重点工作任务。会议强调：各地各部门要围绕"项目为先、实干奋进，争分夺秒拼经济"工作主线，锚定全年目标任务，紧盯时间节点，狠抓项目进度，全力推动重大重点项目建设提速增效。刘光荣要求，要强化项目推进力度。要坚持问题导向，进一步加快在建项目建设进度，抢抓施工黄金期，倒排工期、挂图作战，加快形成更多的实物工作量，确保在建项目安全有序高效建设。要强化要素资源保障。做好协调联动，加强项目全过程管理、全周期服务，推动项目快落地、快建设、早见效。要强化项目谋划储备。紧盯上级政策导向和资金投向，严把申报要求和时间节点，做实做细项目前期统筹。要强化资金使用效益。多层次、宽领域争取各方面资金支持，强化资金使用管理，抓紧抓实专项债券项目建设，不断提升各类资金使用效益和使用效率，让每一分钱都"用在刀刃上"。

【10 月红谷滩区召开重大重点项目专题会】 2023 年 10 月 21 日，区委书记涂晓晖主持召开区委书记专题会，听取智算中心项目有关情况汇报，研究部署下步工作。区委副书记、区长刘光荣，区委常委、副区长邱胜，区委常委、常务副区长江龙出席会议。涂晓晖强调，全区上下要紧紧围绕"走在前、勇争先、善作为"的目标，按照"抢位发展、错位发展"的要求，加快推进智算中心项目建设，努力构建具有红谷滩特色的现代化产业体系。要加强调度，有序推进。项目时间紧、任务重，要以专班的形式推进，加强对各项工作的协调调度，根据时间节点倒排工期，将任务分解到部门，明确时间、明确专人、明确责任，确保各项工作有序推进。要加强沟通，形成共识。智算中心项目涉及部门多、范围广，需要多方力量的参与，要建立项目进度通报机制，定期向市、区领导和市

直相关单位报告项目进度情况，及时反映工作中遇到的困难和问题，争取工作支持。要加强运营，推动发展，智算中心是新型基础设施，是人工智能等产业发展的重要基础，要加强对智算中心运营模式的思考与探索，健全完善运营管理制度。刘光荣指出，建设智算中心是省、市赋予红谷滩区的一项重大使命，也是推动战略性新兴产业发展壮大，积极部署未来产业的重大机遇，推动红谷滩产业高质量发展的重要基础。涉及到的单位和部门要把推动智算中心建设作为贯彻落实习近平总书记考察江西重要讲话精神的具体举措，主动认领、全力以赴，积极推进各项工作，涉及到区内的事项，责任单位要加班加点，在符合流程的基础上缩短时限；涉及到市直相关单位的，要加强沟通对接，全力争取工作支持。全区上下要共同努力，依法依规、高质高效地推动智算中心项目落地见效，为红谷滩区高质量发展提供强大助力。

【12 月红谷滩区召开重大重点项目调度会】 2023 年 12 月 10 日，红谷滩区召开全区重大项目谋划工作调度会。区委书记涂晓晖，区委副书记、区长刘光荣，区委常委、副区长邱胜，区委常委、常务副区长江龙，区政府副区长熊飞、陈羽，副区长提名人选徐辉，未来科学城党工委委员、管委会副主任皮斌出席会议。会上，区发改委汇报 2024 年全区重大重点项目（含省市重点项目）谋划工作情况，各责任单位分别就本单位 2024 年重大重点项目谋划情况进行发言，与会区领导进行讨论发言并对下一步工作进行安排部署。会议指出，项目是经济社会发展的基础，要坚持“稳中求进、以进促稳”原则，在谋划项目上积极展现红谷滩区作为。涂晓晖强调：一要抓紧完善项目库。进一步强化项目储备，对项目谋划实施分级管理，建立全区总项目动态库；各属地和各单位要顶住外部压力、克服内部困难，主管部门要强化协同合作，建立行业项目建设库和储备库。二要加强项目资金保障。广开资金来源，努力争取中央资金、专项债，在强化“三保”的基础上，做好全区项目资金计划，提高风险保障能力。三要加强项目服务保障。充分调动各属地的积极性，整合自身资源优势，做好项目谋划工作，特别是要加强与社会投资项目业主单位紧密对接，做到服务上前一步、协调上前一步。会上，刘光荣强调，要强化项目谋划的协同性，各属地各行业部门要把握好上级要求和群众需求，谋划好本部门本辖区的项目，并建立各自的项目库；要强化产业项目的前瞻性，针对未来科学城较成熟的地块，抓紧时间做好项目落地的要素保障；要强化项目建设的资金保障，针对政府投资项目要做好财政资金梳理，同时积极争取上级各项资金。

【2024 年重大重点项目谋划调度会召开】 2023 年 12 月 18 日晚，红谷滩区召开 2024 年重大重点项目谋划调度会。区委副书记、区长刘光荣主持会议并讲话，区委常委、常务副区长江龙，区领导熊锋、张莲波、熊飞、陈羽、徐辉、罗国亮，南昌未来科学城党工委委员、管委会副主任皮斌，陈婷出席会议。会议听取 2024 年全区重大重点项目谋划情况汇报，对各领域重点项目逐一分析研判，提出指导性意见建议，并安排部署下一步工作。刘光荣强调，重大重点项目是推动经济发展的“主引擎”“硬支撑”，各部门各属地要对谋划项目进行再梳理、再细化、再研究，系统性谋划储备好 2024 年乃至未来一段时期重点项目，为红谷滩区经济社会高质量发展奠定坚实基础。要聚焦经济发展需要。各有关部门要切实增强抓好重点项目谋划的使命感和紧迫感，紧扣全区特色优势和未来发展需求，精心谋划一批打基础、利长远的重大项目，做到系统谋划、分步实施，推动全区重点项目建设工作提速增效。要聚焦增进民生福祉。牢固树立以人民为中心的发展思想，以群众的需求为出发点和落脚点，紧盯基础设施和民生保障领域，找准项目谋划的主攻方向和发力点，着力解决百姓的“急难愁盼”问题，切实把有限的资金用在“刀刃”上。要聚焦上级政策投向。要深入学习领会中央经济工作会议精神，围绕“五大重点领域”和“三大工程”，将中央和省市工作部署转化为具体项目，加快项目前期包装策划和项目落地转化，积极争取资金、政策支持，为红谷滩区高质量发展增势赋能。

（刘　潇）

改革开放创新

优化营商环境

【概况】 2023年,红谷滩区在多个领域推出改革创新举措,不断做优市场环境、政务环境、法治环境。围绕开展营商环境攻坚行动,出台一系列改革硬核举措。红谷滩区发改委根据南昌市委、市政府印发的《关于持续推进营商环境优化升级“一号改革工程”2023年行动方案》,出台《红谷滩区关于持续推进营商环境优化升级“一号改革工程”2023年行动方案》,对标对表任务清单明确红谷滩区共有130条工作任务,并深入开展落实五大专项行动,明确57项详细举措,均已按时限完成。构建由区发改委统筹协调、各重点任务牵头部门专项推进的“1+N”工作机制,扎实开展贯彻落实《江西省优化营商环境条例》、新一轮优化营商环境对标提升行动、“暖心护企”企业大走访等工作,为持续优化全区营商环境提供了制度保障,各项工作取得阶段性成效。

【进一步优化营商环境】 2023年,深化“一次不跑”“只跑一次”“一链办理”改革,全面推进“互联网+监管”工作,积极配合推行“一照含证”改革,加快建成“赣服通”升级版,扩大掌上办理覆盖面,加快数字政府建设,多部门数据加速流转,全流程半天办结、“一照通办”已经实现。接入省市级企业服务平台,企业办理业务线上线下全覆盖。全年新设立企业11408户(含合作社15户),同比增长12.63%;企业(含合作社)变更29781次,增长7.7%;注销企业4374户,增长43.64%;简易注销3109户,增长56%;股权出质设立58次,下降5.17%;歇业备案18户,协助法院办理企业破产注销4次;电话服务热线平均每日提供服务108次。

【优化简化办事流程】 2023年,继续优化简化办事流程。简易低风险和社会投资等试点项目简化审批流程,探索实施“承诺制+容缺受理”模式。统一审批流程,实行联合审图和联合验收机制,如消防设计图纸审查和装饰装修施工许可施工图实行联合审查互认,消防验收和竣工验收备案联合实施,实行“一家牵头,并联审批,限时办结”,如施工许可和消防设计审查并联同步受理,减少办事环节,避免企业多次跑。项目验收实现“多测合一”和应用“一张蓝图”策划生成项目,统一在“多测合一”系统中调取测绘成果及报告。进一步压缩办理时限,如施工许可核发法定时限10个工作日实际办理已压缩至3个工作日内,消防设计审查法定时限15个工作日实际办理已压缩至5个工作日内。

【提升供电服务水平】 2023年,持续提升核心区供电服务水平,红谷滩公司滚动修编2024年配网项目储备计划,针对未来科学城用电需求开展专项研究,积极施策、提前布局,主动与政府相关职能部门对接,提前了解城市规划发展方向,结合南昌技师学院、南昌医学院、南昌健康职业技术学院、南昌市急救中心、江西省疾病预防控制中心等省市区重大重点项目,进行规划设计,采用多方联动踏勘机制,从协调占地、负荷密度、施工可行性、施工工艺及运行维护等多个方面进行现场查勘,确保初步设计达到施工设计水平,进一步优化配电网架结构,确保做到电等项目、电等发展,助力打造红谷滩区域科创新高地,营造安全稳定的供电环境。

【推广管道直饮水建设】 2023年,大力开展管道直饮水惠民项目建设。坚持政府引导、企业主体、用户自愿、市场运作的原则,在全市推广管道直饮水建设,确保每一滴都是健康鲜活的好水,为市民百姓提供暖心贴心服务。2023年,管道直饮水项目已经涵盖居民小区、中小学校、企事业单位、政府部门等通水运营20余个，覆盖重点推进项目25个，直饮水供水产能达到每天9立方米，覆盖用水人数3万余人。

【打造“水管家”服务模式】 2023年，为进一步优化营商环境，全面提升供水服务水平，创新服务方式，推行供水服务网格化管理，打造“水管家”服务模式，建立“管家式”服务体系，让便民利企“一站直达”。以用户需求为导向，将供水辖区划分为若干网格，建立责任区域，通过“网格化”供水服务，实现由点到面的辐射及由面到点的精准管理，并在各小区配置“水管家”。通过“水管家”将服务延伸至企业、群众“家门”，让市民足不出户，就可享受安全、可靠、高效的水务服务，真正打通服务群众的“最后一公里”，让服务不仅有速度，更加有温度。

【深化全程服务模式】 2023年，深化全程服务模式，招商项目不断落地。坚持项目引领，积极做好各类招商及重点项目的选址服务工作。陆续对接云上江西、赛兴、省供销集团、中铁集团、国家区域医疗中心、华为江西总部等相关项目。制订各类用地规划条件，协调解决项目建设中存在的问题，指导企业做好用地报批。已出具土地出让用地规划条件16宗，规划用地面积约75.03公顷；办理划拨用地条件15宗，规划用地面积约169.13公顷。

【强化用地服务保障】 2023年，规范建设用地报批工作，强化用地服务保障。坚持“要素跟着项目走”原则，在建设用地指标分配上优先向重点项目和民生项目倾斜。全年获批建设用地247.73公顷，积极对接省、市自然资源主管部门争取到191.6公顷新增建设用地计划指标，有效保障南昌中学、行知中学及其配套九年一贯制学校、昌樟高速改扩建二期工程等项目的用地。

【优化用地供应】 2023年，全面优化用地供应，助推经济高质量发展。探索分析土地市场发展趋势，结合考虑区项目招商情况和实际供应潜力，于年初编制《红谷滩区2023年度国有建设用地供应计划》。按照供应计划提前介入，全面协调推进规划条件、土地评估、林地手续、业态条件、土壤污染调查等前期工作，切实为“净地出让”做好保障。全年供应土地30宗，面积306.4公顷。

【落实税费优惠政策】 2023年，红谷滩区税务局落实税费优惠政策，开展红利账单推送工作。积极开展“2022年度红利账单”系统推送、纳税人缴费人提示提醒工作。通过税企微信群、上门走访、重点办税人员座谈等渠道加大宣传力度，提高阅读率，确保纳税人缴费人应收尽收红利账单。全年共审核完成“红利账单”9844份，其中审核通过“红利账单”9833份，推送“红利账单”9833份。2022年减免金额合计7.9亿元，减免所得19.1亿元，留抵退税金额13.24亿元。

【开展“便民办税春风行动”】 2023年，大力推行优质高效税费服务，开展“便民办税春风行动”工作。以“办好惠民事·服务现代化”为主题，连续第10年开展“便民办税春风行动”。持续扩围推进辖区内两个街道“10分钟便民办税服务站”建设。组织开展“春风润企”走访系列行动，共计完成走访企业31159户次，走访重点办税人员970人次；线上线下双渠道开展纳税人需求调查，线下组织开展4场面对面座谈会，线上通过推送二维码调查问卷形式开展。

【打造“鸿鹄馨税”纳税服务品牌】 2023年，红谷滩区税务局全力打造区级“鸿鹄馨税”纳税服务品牌，推出税务部门服务红谷滩区纳税人缴费人的新名片。全年开展15期线上+线下“鸿鹄馨税纳税人学堂”，通过税费政策宣讲，进一步提高纳税人缴费人税费政策知悉度，帮助纳税人用好税收政策。对辖区30户涉税中介机构负责人、10余位个体工商户代表分别开展专场办税体验及座谈会。

【发挥破产府院联动机制实效】 2023年，着力推动破产和解、破产重整措施运用，丰富破产管理人产生方式，探索采取“老带新”、竞争性等方式选择破产案件管理人。强化破产内外衔接，超额完成2023年12件执转破案件移送目标任务，实际移送审查16件，全年受理破产案件31件，结案29件。同时，切实发挥破产府院联动机制实效。11月，区法院牵头召集召开区府院联席会议，会议听取区法院破产审判工作情况汇报，专题讨论破产援助资金配套问题。各相关职能部门单位协调配合法院完成破产案件办理、企业注销、税费减免等工作，区政府配套并拨付30万元破产援助资金，有效推动破产案件办理。破产办理指标方面，对于省市级法院层面的创新试点项目，区法院积极协助完成。其他破产快速程序使用、破产和解、重整措施运用，均已适用，破产和解实现了“零的突破”，通过破产和解成功帮助2家企业恢复经营。

【稳步推进金融重点项目建设】 2023年，区域金融中心核心承载区建设持续发力。新引进华夏银行南昌分行、德邦证券等58家金融机构和企业，江西国控基金产业园、江西金控数字金融创新产业园等金融重点项目建设稳步推进，实现落户金融机构和配套服务企业1360家。推动企业上市“映山红”行动成绩显著。年度新增上市企业1家、新三板创新层企业2家、股改企业2家、省重点拟上市后备企业16家，“探索推进'企业上市加速器'改革"获评南昌市全面深化改革优秀案例。产业投资基金蓬勃发展。新引进达晨、和谐安瑞基金(IDG)等11家投资基金和基金管理机构,总数达110家,私募基金管理机构在管基金总规模1181亿元,首次突破千亿元。持续开展防范非法集资排查整治专项行动,妥善处置P2P平台风险,特别是博金贷P2P线上余额提前一个月清零,得到省领导的批示及充分肯定,牢牢守住了不发生系统性金融风险的底线。

【推进法治化营商环境建设】 2023年,持续抓好审判执行主责主业,执法办案卓有成效。全年共受理各类案件38814件,已结案件36747件,人均结案1531.13件,改判发回重审率1.35%,法定审限内结案率99.97%,服判息诉率92.01%,案件质效保持全市前列,一审裁判被改判发回重审率、一审服判息诉率、法官人均结案数等核心指标位于全市基层法院第一。受理各类执行案件17029件,结案15916件,结案率92.82%,执行到位金额43.77亿元,受理案件数及执行到位金额位列全省基层法院第一名。同时,查漏补缺,抓好2023年度营商测评短板弱项"补课"工作。优化调解员队伍结构,探索开展竞争性评估。执行合同指标方面运行"收转发E中心"、全面实现无纸化办案、运行"发改再"案件监管平台、开展多元解纷、"猎狐-2023"集中执行专项行动、"拒执罪"打击等10余项重点工作,已经全部推进并高效完成。减轻群众诉累,全年受理人民法院在线服务小程序网上立案8702件、人民法院网上保全系统保全申请1405件、律师服务平台立案申请1.3万件。

【及时解决企业诉求问题】 2023年,在辖区9个乡镇街道设立营商服务法官工作站,成立全省首个"企业合规法官工作站"、首个"楼宇法官工作站"。全年共计走访企业150余家,走访辖区律所70余家,召开座谈会5次,解决市场主体实际困难30余项,已开展企业合规法官走访9次。坚持"抓前端、治未病"理念,着力开展集约化诉前调解,实际化解各类案件纠纷3184件,多元解纷取得新突破,一审民商事案件同比下降15.8%。

【劳动力市场监管】 2023年,共调解劳动争议案件1548件,调解成功率94.97%;处理线上欠薪线索7500余件,办理线下欠薪案件316件,移送公安追究拒不支付劳动报酬罪4起,为5368名劳动者追回工资8925.6万元。为20家企业出具用工体检报告及整改方案,帮助企业实现规范用工,从源头上规避用工风险,预防劳动争议发生。常态化接受企业咨询,为全区400余家企业提供用工指导。开展人社政策法规宣传"五进"(进机关、进企业、进社区、进校园、进工地)活动42场次,组织辖区企业人事经理进行劳动法律法规专项培训2场,服务劳动者450人次。以"点对点"方式,对新业态且用工密集型企业进行走访宣传,全年共服务企业2000余家,引导企业规范、合法用工,构建和谐的用工环境。同时,经前期宣传发动、企业自主申报,实地走访调研、组织集中培育,确定18家企业入围红谷滩区"和谐劳动关系单位"。

【做好招投标监管工作】 2023年,按照省、市《关于对招标采购领域违反统一市场建设的规定和做法开展自查清理工作的通知》等相关文件精神进行安排部署,组织各职能部门深入梳理摸排,未发现红谷滩区存在违反统一市场建设相关规定的政策措施。组织红谷滩区相关部门对2023年以来在建政府投资和使用国有资金投资的项目招投标事项全面开展自查工作,梳理红谷滩区依法必须进行招标的工程建设类项目共67项,其中市政房建项目66项、交通项目0项、水利项目1项;各采购单位采购项目公开采购意向147条,公开招标不见面开标项目数82个。所有能够使用电子化招投标的项目全面使用电子化招标,实现电子化招标率100%。

【推进政府采购合同融资工作】 2023年,红谷滩区优化政府采购合同信用融资程序,通过江西省政府采购电子卖场构建"金融服务系统",做好政策引导,加强监督管理,推进"政采贷"为参与政府采购活动的市场主体提供更为便捷的融资服务。全年企业通过和红谷滩区相关单位签订的政府采购合同,完成融资金额3088万元,比往年有较大的提升。政府采购合同信用融资程序的进一步优化,能够促进政府采购合同融资工作提质增效,最大限度释放政策效应,提高贷款审批效率,帮助企业缓解资金困难问题。

【优化政务服务】 2023年,红谷滩区全面加强政务服务渠道建设,线下推进办事"只进一门",为市民提供无差别受理的综窗服务,同时打造集成式"24小时不打烊"自助终端服务区,提供公安、交管、人社、医保等业务的自助办理服务;在线上推进办事"一网通办",全区事项网上可办率为100%,全程网办率为99.28%;率先设立"办不成事"专窗,排忧解难办实事;创新推出"小赣事数字人政务服务自助终端""叮叮抢单""红谷智小二""政务地图""口语翻译事项"等,实现从网上可办向好办易办转变。全年红谷滩区"一件事一次办"系统累计受理并办结23431件。同时,为进一步推进"高效办成一件事",红谷滩还将"一件事一次办"与"就近办"相结合,创新推出"一件事就近办",让市民在家门口办事更便利。

【筑牢知识产权保护屏障】 2023年，与高新区人民法院、南昌市知识产权保护中心等7家单位共同签署《知识产权纠纷“三调联动”化解工作合作协议》；分别与湖北省黄冈市黄梅县、宜春市奉新县、南昌市新建区市场监管局签订知识产权工作合作协议，建立跨区域知识产权保护协同会商、资源共享机制；建立红谷滩区知识产权快速协同保护机制；全年办理商标侵权案件15件，知识产权行政调解司法确认2件。至年底，红谷滩区发明专利授权量845件，全市排名第三；每万人发明专利拥有量63.94件，全市排名第二；每万人高价值发明专利拥有量17.92件，全市排名第一；专利转让数506件。

【深化市场监管工作】 2023年，深化“双随机、一公开”监管工作。全面推进部门间的联合“双随机”抽查，加强部门间的沟通，按照“能联尽联、应联必联”的原则，统筹制订联合抽查计划，切实实现“进一次门，查多项事”的目标。全年共开展“双随机、一公开”检查工作117次，推动联合部门检查事项数176条，占比100%，低风险市场主体“无事不扰”实现率100%，检查公示率100%，均列全市前列。

【加强企业信用提升及信用修复工作】 2023年，为规范企业投资行为，维护公共利益和企业合法权益，加强对企业投资项目的事中事后监管。区市场监管局办理列入经营异常企业1747户，移出经营异常企业540户。录入行政许可、部门公告等各类型共55.25万条数据至企业事中事后监管系统，市场主体户均归集数11.33条。

【开展市场主体信用指导工作】 2023年，充分利用政务公开栏、报纸、电视、广播、网络、微信、短信、楼宇广告等各类媒体媒介，有针对性地扩大宣传范围，将日常宣传与年报关键节点宣传相结合，着力扩大年报公示社会影响力。区市场监管局对企业进行电话提醒、短信提醒、微信群提醒等多种方式进行年报宣传提醒，共发放宣传单4000余份，电话提醒1.8万余人次，短信提醒3.5万余条。

【就业创业形势稳中向好】 2023年，全区新增城镇就业7987人，发放就业补贴828.74万元。就业扶贫专岗安置70人。帮扶返乡农民工就业200余人。认定见习单位41家，开发见习岗位479个。创新开展人才夜市招聘活动9场，组织企业231家，提供岗位4327个。发放创业担保贷款1.02亿元，带动就业984人。区创业孵化基地在孵企业160家，带动就业526人。区留创园引进企业11家，带动就业135人。

【卫生健康事业高质量发展】 2023年，红谷滩区设有66家医美机构，超过全市一半的体量。创新性成立红谷滩区医疗美容行业协会，完成全区8家公立基层医疗机构中医馆建设、4个中医阁建设，打造2个“市级示范中医馆”，建设全省首个基层热敏灸示范区。扎实开展医养结合与失能老年人评估指导项目工作，至年底，全区65岁以上老年人提出申请评估人数全区申请评估人数7535人，失能人数6562人，失能率达20.51%（目标任务10%），均超额完成省市下达的目标任务。

【养老服务扩面提质】 2023年，发布《红谷滩区基本养老服务清单》，全区建成7家社区居家养老服务站，探索“中央厨房+社区食堂+配餐点”等多种模式，建成城市助餐点18个。推进区综合康养中心建设，完成装修工程90%。提供264户家庭养老床位、提供家庭照护床位服务1.24万人次，为五类老人、80周岁以上高龄老人提供居家上门服务1.16万人次。

【健全公共文化服务体系】 2023年，完成4个孺子书房项目建设，全区10个孺子书房藏书2.5万余册，累计服务人次达20万余人次。全年已完成厚田乡、流湖镇2个乡镇，46个行政村的应急广播系统建设，农村应急广播系统实现全覆盖。积极开展各类群众文化活动41场，服务群众80余万人次。至年底，完成送戏40场、送电影638场。与江西省文演集团共同打造红谷滩大剧场，全年上演优秀剧目104场，服务观众8万余人次。

【强化移动污染源管控】 2023年，鼓励全区所有加油站全部安装油气回收在线监控，完成与生态环境部门联网。深入开展移动源污染综合治理，开展以柴油为动力的非道路移动机械摸底登记工作，至年底，红谷滩区累计非道路移动机械编码登记数量为654台，任务完成率为109.3%，全市排名第1。加严渣土清运审批流程，倒逼施工主体单位落实好车辆冲洗措施，防治渣土运输造成的道路扬尘污染。

（刘　越）

招商引资

【概况】 2023年，红谷滩区坚定不移实施“走出去、请进来”战略，把招商引资作为全局性的战略重点和关键环节来抓，完善招商体制机制，创新平台招商、资本招商、中介招商等新模式，依托各行业部门组建金融、VR、数字经济、文旅产业、总部经济等多支专业招商队伍，主攻世界500强、中国500强、央企、知名企业等龙头企业，大力实施招大引强战略；突出以商引商、产业链招商和资本招商，重点招引体量大、品质好、辐射强的大项目，取得较好成绩。

【坚持招商引资工程“一把手”负责制】 2023年，红谷滩区坚持招商引资工程“一把手”负责制，把招商引资作为全局性的战略重点和关键环节来抓，紧盯长三角等重点区域，带头外出招商、主动上门招商，确保项目科学引进、优质服务、快速落地。全年区领导及各部门领导带队外出招商累计48批次，走访企业135家，对接明正集团总部、哈啰华中数字运营总部中心、九龙湖商业综合体、联东U谷智能制造产业园、新华三阅动数字产业孵化园等项目100余个。组织召开招商引资工作领导小组会8次，研究招商相关议题60个；召开招商项目调度会等招商工作相关会议12次，协调解决项目推进过程存在的困难及问题20余个。全区各招商战线通过多种渠道联系制造业上市和领航企业40余家，对接“三类500强”企业18家，获得投资线索20余条。

【2023江西省对接粤港澳大湾区投资合作推介会】 2023年4月20日，2023江西省对接粤港澳大湾区投资合作推介会在深圳举行，活动以“融入大湾区‘赣’出加速度”为主题，由省政府主办，省商务厅牵头，省政府驻广东（深圳）办事处等省有关部门和各设区市承办，推动江西加速融入大湾区，推进“老区”和“湾区”深度合作。红谷滩区在活动中共签约龙源电力集团区域总部、EUP年轻力中心2个项目，投资总额约11亿元。

【红谷滩区（未来科学城）招商推介暨重大项目签约大会】 2023年4月21日，为深入实施贯彻强省会战略，快速推进“一枢纽四中心”建设，经济社会发展取得显著成效。举行红谷滩区（未来科学城）招商推介暨重大项目签约大会，此次活动签约产业项目43个，签约总金额约273.6亿元，包括央企平台战略合作项目，高科技、大数据、大金融项目以及教育、医疗、商贸项目等，与南昌未来科学城总体定位高度契合、产业体系密切关联，将进一步推动未来科学城打造宜居宜业的现代之城、创新创造的活力之城、先行先试的未来之城。大会现场推介红谷滩区（未来科学城）发展情况，部分签约客商代表在会上发言。

【2023年南昌市商贸文旅融合发展招商推介会】 2023年6月9日，由南昌市政府主办，市商务局、市文广新旅局、市工商联、红谷滩区政府承办的2023年南昌市商文旅融合发展招商推介会顺利召开，推介会全面介绍了南昌市商业与文化旅游发展的基本情况、发展目标和招商方向，着重介绍南昌市在打造商品集群交易市场、培育夜间经济载体、推动老字号和首店快速发展、创建文旅景点、出台促进文旅产业高质量发展政策等方面情况，以及打造特色展会、品牌体育赛事、商业节庆活动的成果。红谷滩区在活动中共签约杭州和音建筑景观设计有限公司、凯悦国际酒店管理（北京）有限责任公司等5个项目，投资总额约20.5亿元。

【南昌市新型储能产业发展研究与合作对接活动】 2023年8月28日，南昌市举行新型储能产业发展研究与合作对接恳谈会。会上现场签约产业项目9个，签约金额153.5亿元；签约产融授信项目5个，签约授信金额22.1亿元。市长万广明出席并讲话，副市长赵捷主持。红谷滩区在活动中签约国家能源集团南昌霞坊100电功率渔光储一体化发电&厚田100兆瓦/200千瓦时储能电站1个项目，投资总额约9亿元。

【省企入昌助力省会引领战略签约活动】 2023年8月31日，省企入昌助力省会引领战略签约活动举行。活动围绕“项目为先、实干奋进，争分夺秒拼经济”工作主线，坚持把发展经济的着力点放在实体经济上，锚定先进制造业发展重点，扎实推进“1269”行动计划（计划到2026年，力争实现产业链现代化“1269”目标，即：电子信息、有色金属、装备制造、新能源、石化化工、建材、钢铁、航空、食品、纺织服装、医药、现代家具等12条制造业重点产业链现代化水平全面提升，着力打造电子信息、铜基新材料、锂电和光伏新能源、钨和稀土金属新材料、航空、炼化一体化和化工新材料6个综合实力和竞争力强的先进制造业集群），加快打造“4+4”，进一步优化完善“4+4+X”产业体系，坚定不移挖存量、扩增量，集中力量做优做强做大优势产业，持之以恒延链补链强链，加快构建具有南昌特色、在全省产业发展格局中具有引领地位的现代化产业体系，全面推进“一枢纽四中心”建设，以综合实力和发展能级的提升全面落实省会引领战略。红谷滩区在活动中共签约江西省铁路路域资源数据集成中心、集团参股江西交投高速公路投资基金（有限合伙）、江西交工装配制造有限公司总部搬迁及昌西南小型装配式构件基地、购买办公楼中奥滨江6号楼、南昌市现代产业基金、现代产业基金园、江西国控金石股权投资基金、江西国控达晨发展基金、南昌市VR产业母基金、红谷滩区城乡供水一体化、大成国资集团设立大成投资集团有限公司、江西省金控数字金融创新产业园、新设南昌子公司、围绕产业基金园建设设立基金14个项目，投资总额约468.69亿元。

【第六届世界绿色发展投资贸易博览会】 2023年9月5日，第六届世界绿色发展投资贸易博览会在南昌开幕。该届世界绿发会以“深化开放合作、推进绿色发展”为主题，是在中国提出2030年“碳达峰”、2060年“碳中和”目标后，全国第一个举办以绿色发展为主题的世界性博览会。红谷滩区在活动中签约广盈时代中心 1 个项目，投资总额约 6 亿元。

【2023 电子信息产业发展大会】 2023 年 10 月 19 日，2023 世界 VR 产业大会在南昌开幕。这次大会以“VR 让世界更精彩——虚实融合、智兴百业”为主题，聚焦前沿技术和热点成果，进一步深化 VR 开放合作交流，推进 VR 技术发展、应用推广和生态建设。大会期间南昌市举办了电子信息产业发展大会，红谷滩区在活动中共签约未来科学城智能制造产业园、江西数字金融创新产业园、华胜天成华中区域总部、明正集团总部、觅屿蓝湾数字文化艺术展示中心、康之诚数字网络直播基地、新华三江西阅动数字经济产业园、广州视睿电子科技有限公司江西区域公司、京东方艺云数字文化产业南昌基地、星际数科江西总部、美团江西总部、上海曼恒江西区域总部等 29 个项目，投资总额约 105.9 亿元。

【红谷滩区（深圳）数字经济产业推介座谈会】 2023 年 11 月 10 日，南昌市红谷滩区（深圳）数字经济产业推介座谈会在深圳市成功举行。本次推介座谈会由红谷滩区政府、南昌市商务局联合举办，区委书记涂晓晖出席并讲话，区委常委、副区长邱胜主持，市商务局副局长曾伟群、市政府驻广东办事处二级调研员陶光利、副区长熊飞出席活动。参加会议的还有红谷滩区商务局、区科工局、区金融办、区城投公司主要负责人以及来自美团、华为、广州视睿等近 30 家数字经济企业和基金公司代表。在此次活动中，签约 4 个数字经济类项目和 2 个金融类项目，分别是美团江西区域人才中心项目、广州视睿江西区域总部项目、指针信息流智投项目、冠英集团南昌电子信息产业链集群促进中心项目、粤开证券江西总部项目、国任财产保险江西区域总部项目。这些代表项目的签约，将为红谷滩区进一步发展数字经济产业，做强数字经济生态带来强劲的积极效应。

【2023 江西国际移动物联网博览会】 2023 年 11 月 24 日，2023 江西国际移动物联网博览会开幕。大会主论坛在鹰潭市文化艺术中心举行。以智为媒、以数为介，共谋发展、共话未来，此次博览会主题是“数智融通创新江西”，设主论坛及 G 智联算网融合、产数融合创新、智慧城市、物联网产才融合等分论坛，开展第五届 5G + 天翼物联开发者大赛（江西赛区）创新成果发布会暨物联网生态论坛、第八届“创在江西”青年创新创业大赛（移动物联网专项）、2023 年江西省“振兴杯”物联网安装调试员职业技能大赛及展览展示等活动。红谷滩区在活动中共签约 1 个项目，投资总额约 0.45 亿元。

【开创招商新路径】 2023 年，为拓展招商线索渠道，开展精准招商，新纳入工商联、侨联、卫健委等资源单位充实招商队伍，进一步扩大了招商战线，招商责任单位扩展至 30 个；并建立全区招商责任单位联系机制，明确分管领导和招商人员共 152 人，人员增长 21.6%；推进协会招商，紧盯龙头企业，积极推动领导会见、拜访省属国企、龙头企业、商会协会等，共对接走访江西省咨询投资集团、江西省国有资本运营控股集团有限公司、江西省湖北商会、江西省上市公司协会等 40 家单位和企业，对接优质资源，扩大招商“朋友圈”。立足红谷滩区实际情况，不断创新招商方式，充分利用外部力量引资、引智、引才，推进选聘招商顾问事宜，出台《红谷滩区招商顾问聘请管理办法》，聘请国盛证券首席经济学家熊园等 4 位行业精英作为红谷滩区招商顾问，进一步拓宽了招商“人脉”。

【促进项目落地签约】 2023 年，全区共落户 75 个产业项目，投资总额 334.75 亿元。其中，江西省金控数字金融创新产业园、明正集团总部、建发九龙湖商业综合体、中国电信（南昌）数字科技园、江西人工智能智算中心、华为江西区域总部 6 个重大产业项目成功摘牌，共出让土地超 20 公顷；数字经济总部方面，落户了浪潮通软、美团 2 个行业百强企业区域总部，康之诚、华胜天成 2 个行业龙头企业区域总部，广州视睿 1 家上市公司区域总部；金融业招商方面，新落户 34 家金融机构；建筑央企总部方面，落户中铁建设集团江西工程有限公司、中铁广州局集团第三工程有限公司、西安建工江西交广建工有限公司、江西上建建设有限公司、江西电力装璜有限公司 5 家央企及大型国企区域总部。

【加大招商引资力度】 2023 年，完成新签约项目 75 个，投资额约 335 亿元。其中，10 亿元以上项目 13 个，签约投资额 198 亿元，包括明正集团总部大楼、九龙观塘、华为江西区域总部、中国电信（南昌）数字科技园、巨汇博亚环球商业综合体、江西数字创新产业园、云境五星级酒店等项目；引进优强项目共 9 个，其中 20 亿元以上优强重点产业项目 1 个（江西数字金融创新产业园）、1 亿元区域性总部 3 个［明正总部大楼、美团江西区域总部、中国电信（南昌）数字科技园项目］，知名服务业 5 个（lululemon、Theory、Brompton、Salomon、茅台冰淇淋旗舰店）。

【江西金控数字金融创新园项目土地摘牌】 2023 年，为进一步完善和提升红谷滩区商业商务配套，深化全省金融商务区建设，于 3 月 23 日成功出让红角洲片区 HJZ402 - A10 - 01、02 地块，用于建设金融总部办公项目，总投资额 30 亿元。地块由江西金融控股集团有限公司全资子公司南昌鼎祥房地产开发有限公司成功竞得，总用地面积约3.33公顷。

【华为江西区域总部项目土地摘牌】 2023年，为进一步加快红谷滩区开发建设，完善区域科研创新功能，提升红谷滩区乃至南昌市产研竞争力，于12月26日成功出让凤凰洲片区HGT105－A04－02－01地块（赣江北大道以西、闽江路以南、红谷北大道以东），建设华为江西区域总部项目，总投资额10亿元。地块由华为技术有限公司成功竞得，占地面积约1.93公顷。

【明正集团总部项目土地摘牌】 2023年7月6日，项目由明正物业服务有限公司以1.4亿元摘得土地。明正集团股份有限公司是集发电、输电、配电、售电、安装运维和 综合能源服务于一体的高新技术企业集团，注册资金16000万元，位于江西省抚州市国家高新区；是国家装备制造输变电设备示范基地骨干企业集团。明正集团股份有限公司拟将现有公司及控股子公司迁至红谷滩区，并在红谷滩区落地集团总部项目。项目投资额为20亿元，并带动电气数字化和机械器材制造业行业的上下游产业集聚，吸引1000余个南昌市本行业和其他城市高智力人才在南昌就业。

【中国电信（南昌）数字科技园项目土地摘牌】 2023年10月17日，项目由中国电信股份有限公司南昌分公司以4458.5万元摘得土地。为大力推进江西省数字经济"一号工程"建设，落实中国电信与省政府共同将江西打造成为数字经济发展新高地的战略合作协议，中国电信拟投资20亿元打造中国电信数字科技园，选址于红角洲片区HJZ704－L01－02地块，净用地面积约1.6公顷，用地性质为科研用地，容积率为2.5，计容建筑面积约4万平方米（具体规划条件以南昌市自然资源和规划局出具的用地规划为准）。园区聚焦总部研发、技术创新、信息服务和应用示范，加强产学研用协同，打造科技创新中心、产业孵化中心、数字经济企业总部中心和云计算数据中心、元宇宙技术应用示范基地。

【建发九龙湖商业综合体项目土地摘牌】 2023年6月21，项目由江西兆骏房地产有限公司以约19.1亿元摘得土地。为提升九龙湖的消费能级和品质，完善九龙湖起步区域生活配套，厦门建发房产拟在九龙湖片区投资建设商业综合体项目。项目总投资约50亿元，总占地面积16.41公顷，总计容建筑面积约34万平方米，其中商业建筑面积约4万平方米。项目预计可引进1.2亿美元外资现汇，非住宅部分项目方100%自持，自持期限为10年，且项目用地内商业综合体建设与住宅预售挂钩。

（徐宁婧）

科技创新

【概况】 2023年，红谷滩区科技创新工作围绕全区产业发展战略，以"科技引领，工业强区"为动力，补短板、强弱项，以服务全区高质量跨越式发展为主线，深入实施创新驱动发展战略，不断提高自主创新能力，以提升科技创新体系化能力和打造一流科技创新生态为"两翼"，开展科技体制机制改革攻坚，着力破除创新驱动发展的体制机制瓶颈，同时围绕科技创新能力和指标建设，通过政策激励、项目支持、提升服务等手段，发力研发投入、科技创新主体培育、科技成果转化、研发平台建设等工作并取得新突破。全年共兑现省、市、区三级科技政策奖励资金约1.08亿元，审核科技项目申报材料360项（套）。全区全社会研发经费投入保持增长，总量达到10.85亿元，同比增长28.4%；研发经费投入强度为1.35%，比上年提高0.19个百分点。

【实施高新技术企业量质"双提升"培育行动】 2023年，深入实施高新技术企业量质"双提升"行动，着力构建"科技型中小企业—高新技术企业—创新型领军企业"梯次培育机制，不断强化企业创新主体地位，科技企业创新工作取得显著成效。至年底，共有404家企业成功入库国家科技型中小企业库，同比增长59.68%；新认定高新技术企业54家，全区高新技术企业总数达138家；推荐12家企业申报高成长性企业，成功认定1家种子独角兽企业、2家瞪羚企业和4家潜在瞪羚企业，新认定高成长性科技型企业同比增长75%。

【促进科技成果转化为现实生产力】 2023年，为推动高校科技成果与企业技术需求的精准对接，促进红谷滩区科技成果转移转化工作，举办"2023年驻昌高校与红谷滩区企业产学研合作对接会"。会上，红谷滩区4家企业与高校达成合作意向并举行签约仪式。为规范技术交易，加强技术市场管理，加速科技成果产业化进程，让技术市场成为科技与经济结合的纽带，积极开展红谷滩区技术合同认定登记工作，全年技术合同登记总额29.2亿元，比上年增长160%，登记合同认定登记数达1181项。

【加强研发平台建设】 2023年，为重点解决产业化过程中关键核心技术"卡脖子"问题，鼓励龙头企业联合高等院校和科研院所共建研发平台，围绕产业化过程中关键核心技术瓶颈开展联合技术攻关，构建高效强大的共性技术供给体系。推荐南昌大学、南昌虚拟现实研究院股份有限公司等企事业单位申报市级重点实验室 11 个，推荐江西核工业地质勘察院有限公司等企业申报工程技术研究中心 4 个，新获批市级重点实验室 7 家、市级工程技术研究中心 3 家。至年底，全区共有 127 个研发平台。其中，国家级重点实验室 1 个、省级重点实验室 50 个、市级重点实验室 49 个、国家级工程研究中心 1 个、省级工程研究中心 11 个、市级工程研究中心 10 个、省级技术创新中心 1 个、省级新型研发机构 1 个、市级新型研发机构 1 个、省级产业链创新联合体 2 个。

【促进新型研发机构发展】 2023 年，全区共有 2 家新型研发机构，其中南昌虚拟现实研究院股份有限公司为省级新型研发机构，江西求是高等研究院为市级新型研发机构。为全面实施创新驱动发展战略，加快打造区域科技创新中心，集聚创新资源，红谷滩区大力促进新型研发机构发展。组织开展新型研发机构年度审计工作，强化项目管理。至年底，江西求是高等研究院引进研发人员（含研究生）共计 48 人，落地研发中心 4 个，提交发明专利申请 13 项，其中国家知识产权局已授权发明专利 2 项；积极引育 VR 相关企业，其中孵化企业 1 家，引进企业 4 家，引育企业研发人员达 55 人；承接全省厅级领导干部“创新江西”暨“智联江西与数字经济”专题培训班；积极参与在南昌举行的世界 VR 产业大会，并在 VR 大会期间成功举办了新品发布会；10 月，江西求是高等研究院在慧谷产业园开展主题为“三维内容的神经网络表达构建技术探讨”的学术与产品交流会；江西求是高等研究院与华东交通大学团队联合成功申办第 27 届全国计算机辅助设计与图形学学术会议（CAD/CG 2024）及第 16 届全国几何设计与计算学术会议（GDC 2024），强化学术交流。

【推动科技人才项目和奖项申报工作】 2023 年，积极组织相关单位申报国家、省、市、区各级各类人才项目。推荐申报国家级青年拔尖人才 1 名；推荐 4 名人才入选“赣鄱俊才支持计划——主要学科学术和技术带头人培养项目”，其中主要科学学术和技术带头人领军人才 2 名、主要科学学术和技术带头人青年人才 2 名；推荐申报南昌市“十大青年科技英才”13 人，其中 1 人成功入选；强化奖项推荐工作，联合区科协推荐的 1 人成功获评江西省“最美科技工作者”，1 人成功获评南昌市“最美科技工作者”；推荐 9 人成功入选区直接联系人才，其中科技创新创业人才 8 名，外国专家人才入选 1 名。

【组织企业参加科技创新创业活动及赛事】 2023 年，创新活动载体丰富活动内容，畅通人才参与前沿技术交流渠道，激发全社会创新创业活力，营造良好的创新文化氛围。先后组织企业高管、研发负责人参加第十二届中国智能产业高峰论坛、“洪城对话”沙龙活动、“庐山对话”南昌院士行、“院士调研”等多场与院士专家面对面交流的活动，发动 14 家企业参加第十一届中国创新创业大赛（江西赛区）。

【培育科技创新载体】 2023 年，推动全区科技创新创业载体的建设和发展，不断提升孵化服务能力和水平，优化科技型创业企业的成长环境。积极开展国家级、省级科技企业孵化器和众创空间申报动员工作，至年底，全区有各类科技创新载体共 15 家，其中省级科技企业孵化器 3 家、国家级众创空间 2 家、省级众创空间 3 家、市级众创空间 7 家。根据《南昌市洪城众创备案管理与绩效评估办法》《南昌市科技企业孵化器管理办法》，组织开展红谷滩区孵化器、众创空间绩效考核工作。

【强化科技政策宣讲】 2023 年，奋力建设全面、高效、精准、深度、创新的科技服务体系，让科技服务覆盖面更大，服务效能更高，服务内容更精细，改善营商环境，提升企业的获得感。在“红谷滩区科技创新服务”微信公众号上开辟“科技政策”专栏，将近年来省、市、区 40 余份科技政策文件分级分类上线，并保持政策同步更新。精心组织开展“十园百企”连心会等活动，全年主办或参与科技创新政策宣讲活动 20 余场，覆盖企业 300 余家，总参与超过 1500 人次。建立 8 个科技专项业务服务企业微信群，服务企业 600 余家，群内即时推送专项科技政策，向企业提供在线答疑服务。梳理、制作科技创新政策电子折页，印制科技政策纸质宣传折页 1000 份。

【优化科技管理服务】 2023 年，积极开展 2023 年度江西省科学技术奖提名工作，推荐 14 个项目提名 2023 年度江西省科学技术奖；推荐省级“揭榜挂帅”企业重大技术需求征集项目 4 项、市级“揭榜挂帅”企业重大技术需求征集项目 1 项。组织开展十二批“科贷通”申报工作，共推进 16 家企业备选、续贷入库，入库企业数比上年增长 14%。联系选派 2 名科技特派员与流湖镇红星村、新塘村开展科技结对帮扶工作。

【开展科普活动】 2023 年 5 月 20 日，组织 3 家重点企业和未来科学城专班人员参加“热爱科学 崇尚科学”南昌市科技活动周开幕式。为进一步增强科技活动周效果，让更多群众关注科技、了解科技、热爱科技、宣传科技、运用科技，在全社会形成一股热爱科学、崇尚科学的热潮。5 月中下旬，联合乡镇街办于户外广告处利用大型 LED 彩屏和电子显示屏（走字屏）播放宣传标语，全面提升公众科技意识和科学素养。开展科技进社区、科技进园区活动，宣讲国家、省、市科技政策、各类科技计划项目和申报流程等内容;推荐4人参加"洪科杯"南昌市科普讲解大赛。

【监管科技类校外培训机构】 2023年,作为红谷滩区科技类校外培训机构的管理部门,为做好监管工作,定期对红谷滩区科技类校外培训机构开展摸排走访、安全检查、消防检查等活动,并做好登记和持续跟踪工作。全年受理校外培训机构申报3项,协调解决培训机构退费问题3个,约谈校外培训机构1家。

(朱美玲)

区域协作

【概况】 2023年,红谷滩区建立健全跨区域协调机制,持续推进与丰城市"一对一"结对合作,确保各项工作有序推进。红谷滩区和丰城市双方党政班子多次组织考察团互访,就两地在更高层次、更广领域开展深度合作,促进双方高质量快速发展等方面的工作举行座谈交流会。

【红谷滩区与丰城市主官"串门"互访】 2023年5月23日,丰城市委书记徐结强,市委副书记、市长张书基率丰城市党政代表团赴南昌市红谷滩区学习考察,互学互促,共谋发展。红谷滩区地处赣江西岸,是南昌"一江两岸、双城拥江"核心,是全省的行政中心、金融中心、商务中心、文化中心、创新中心。在红谷滩区,徐结强、张书基一行先后到元宇宙·VR数字农业示范基地、科大讯飞江西总部、鸿鹄里文化艺术空间、南昌华润万象城购物中心、南昌山姆会员商店等城市建设亮点、特色产业发展基地,详细了解近年来红谷滩区经济社会发展情况及产城融合、城市建设管理中的相关经验。

【促进商务合作】 充分发挥两地比较优势,加快招商项目落地落户,促进两地经济共同发展。鼓励两地商贸企业到对方所在地交流学习,宣传商贸消费政策。目前正在洽谈北影·(江西)电影产业基地项目。总部办公、全国艺考中心拟落户红谷滩区,北影影视艺术职业学校、电影拍摄基地等拟选址于江西省丰城市,北影校领导拟到南昌作进一步交流。在南昌国际龙舟赛期间,配合开展"九龙英雄汇"商贸文旅消费活动,吸引丰城市市民、企业参加,做热活动氛围。

【加强人才交流】 2023年,红谷滩区组织企业到丰城市开展线下招聘会,红谷滩区网络招聘会同步到丰城就业群,实现信息共享。8月16—21日,红谷滩区人社局联合丰城市人社局开展"大南昌都市圈联合招聘会"线上双选会活动,活动共邀请南昌市75家有招聘需求的企业,提供就业岗位5782个,浏览量达3204人次。

【生态环境联防联治】 2023年每月月初将上个月辖区内水生态环境、大气生态环境、工作方案等信息互动共享,探讨工作中遇到的问题,分享好的做法,累计共享各类资料10次,沟通协调解决两地交界锦江流域涉水问题1个。提前将臭氧污染预警信息发至丰城,全年共发送污染预警信息7次,提前进行臭氧污染管控。

【推进宣传融媒体合作】 2023年,支持南昌工学院与丰城工业园区建立战略合作关系,签订合作协议,开展多领域合作。围绕优秀融媒体作品制作开展技术交流,开展中国南昌国际龙舟赛两地宣传互推策划。多次与丰城市融媒体中心开展线上互动,双方围绕打造融媒体产品进行技术交流,拟定文旅商贸、国庆两地推介、国际龙舟赛等选题,发布《这个国庆南昌上大分,放心把假期交给南昌!》《都会生活+活力九龙湖#寻味红谷滩@江西》《丰城市2023年"寻味丰城 美食争霸赛"暨金秋美食节》等视频。

【虚拟现实和工业设计产业合作】 2023年,红谷滩区全面发力未来科学城"2+N"核心产业,将发展智能制造产业作为未来科学城发展的中心任务之一。高起点谋划未来科学城产业布局,高标准启动416亩的高端智能制造产业园建设,高水平建立产业园运营管理模式,高效率出台智能制造普惠性政策,全方位支持行业龙头、链主企业优先落户,建立智能制造项目全生命周期服务体系。以同天工业设计研究院为纽带,利用红谷滩区自身区位、产业、资源优势,积极与丰城市工业设计领域展开对接,坚持以工业设计为引领,大力推动工业设计与制造业融合发展,大力支持工业设计产业项目引进、鼓励创新,努力实现以设计驱动产品、产品驱动产业的自生态,为红谷滩区"7510"行动计划赋能。

(刘　越)

教育·体育

综　述

2023年,红谷滩区教育体育局(以下简称区教体局)在区委、区政府的坚强领导下,围绕"办好每一所校(园)、成就每一个孩子、幸福每一个家庭"的目标,着力扩优提质、凝聚各方合力,推动教育强区建设再上新台阶。全区有区属中小学校38所。其中,从办学性质来看,公办36所(九年一贯制学校10所,初级中学7所,小学19所),民办学校2所(南昌凤凰城上海外国语学校、南昌京师实验学校);从办学模式来看,合作办学19所,独立办学19所。

在校中小学生6.4万余人,在岗中小学教师4053人,其中公办中小学教师3785人。全区有幼儿园88所,其中公办幼儿园43所、民办幼儿园45所,总在园幼儿数19492人,教师数1617人。教育资源持续均衡,招引选调教师449人,新改扩建中小学校、幼儿园18所,新增学位2.27万个。南昌中学、行知中学、南昌学校、行知学校从计划到开工仅3个月,南昌市心远中学卧龙校区、碟子湖教育集团俊采校区秋季开学,万达M区等5所普惠性幼儿园顺利开园,4所配套幼儿园竣工。智慧教育平台投入使用。

始终坚持以人民为中心的发展思想,不断满足人民群众对体育健身的多元化需求。积极践行新发展概念,推动体育设施建设融入百姓生活中,构建覆盖广泛、发展均衡的体育服务网络,全民健身蓬勃开展。至年底,人均拥有体育场地面积达2.63平方米。

教育管理

【概况】 2023年,全区教体系统广大干部职工以"彰显首府首区担当、保持领先领跑姿态"的担当使命,锚定"打造全省一流教育、唱响学在红谷滩品牌"的目标任务,大力弘扬"脚上有土、心中有谱"工作作风,发扬"团结、高洁、灵杰"的教体局精神,砥砺奋进、实干担当,全区教育体育事业发展成绩斐然。红谷滩区获评江西省高校与县域基础教育协同提质行动试点县区。获得国家级荣誉1项(全国第七届中小学生艺术展演活动优秀组织奖),省级荣誉5项,市级荣誉15项。3月,学前教育工作在全省学前教育工作推进会上作经验交流发言。亮点工作被省级及以上媒体报道403次,其中,在《人民日报》、新华每日电讯等中央级新闻媒体刊发(播)新闻稿件31篇。隐形变异违规培训整治执法工作典型案例2次在教育部新闻办微言教育公众号上发表,"双减"工作经验做法在教育部"双减"改革每日快报发表2次;5个"红色故事我来讲"优秀代表作品受到中央媒体的高频聚焦,并在中央广播电视总台《小喇叭》栏目进行播出,"央视频""云听"同步推出展示;省"双减"改革快报、两次刊发江西省校外培训机构治理典型案例,《江西改革工作简讯》报道了红谷滩区学校积分入学及教师培训研修工作经验做法。"学在红谷滩"品牌影响力和美誉度不断扩大。

【坚持和加强党对教育工作的全面领导】 2023年,扎实推进规范基层党组织设置专项行动,指导学校落实"两个议事规则",32个基层学校领导体制改革调整全部到位,党对教育工作的领导全面加强。会同区委组织部联合印发《中小学校党建示范点创建工作的实施方案》,育新红谷滩分校的"真趣红"、云溪学校的"Hong·润"、腾龙学校的"腾龙真风采"、九龙新城第一小学的"指南针"、流湖初级中学的"润心3+1"、南大附小前湖分校的"心连新"6个党建示范点已通过验收。组织召开工委理论学习中心组学习会议、机关于部集体学习43次,及时跟进学习贯彻习近平总书记重要讲话和重要指示批示精神。邀请市委组织部、市委党校等专家教授作专题辅导2次,安排书记讲党课52次。教体工委书记带头宣讲习近平总书记考察江西时的重要讲话精神和区委一届九次全会精神3场次,引导广大书记校长、党代表开展宣讲80余场次,确保学有所得、学有所获。指导11个学校党支部进行换届,在2022年将公办民办幼儿园成立联合党支部基础上,为14所无党员的幼儿园指派党建指导员,实现党的组织和党的工作全覆盖。通过党群推荐和群团推优,发展党员6名,按期转正10名,办理党员党组织关系转接400余人。贯彻"双培养"机制,近三年发展的62名党员中,80%以上为骨干教师。在全市"三级书记讲党课"评选中,2人分别荣获一等奖和二等奖;"优秀微党课"3人获奖。8月,在全区教育系统招生工作中,面对家长诉求多、招生任务重的关键时期,组织8名新任命的学校党组织专职副书记奔赴招生一线,面对面帮助家长解忧纾困,大力协助推进招生工作圆满完成,真正做到引导党员带头攻坚各项"急、难、新、重"任务,把为民服务落到实处、取得实效。

【深入推进党的建设】 2023年,集中组织学习省、市、区纪委关于违反中央八项规定精神、乡村振兴领域的不正之风等问题的通报达10余次,结合年初的邓某案警示教育活动推动干部教师将严的要求内化于心,干部教师撰写心得体会70余篇,以"自信、发奋、齐心"的精神状态,推动全区教体事业高质量发展。深入开展"作风提升年"、在职教师有偿补课治理、主题教育检视整改等专项整治活动,贯彻落实全区教育系统暨重点领域警示教育大会精神,扎实做好"以案促改"后半篇文章。在"以案促改"工作中,排查出10所学校食堂托管服务采购招标程序和合同签订存在不规范的问题,督促学校重新招标食堂托管企业。增设投诉途径"收"线索,通过"监督平台一点通""民办培训机构审批"和"义务教育入学"两大事项,畅通信访举报渠道,在区教育体育局微信公众号上发布关于违规违法培训、在职教师有偿补课举报监督电话,为群众投诉设置"绿色通道"。全年累计受理核查群众反馈有关"三违"、行政作风等方面的问题28起,均按时核查反馈到位,对存在的问题给予相关责任人记过1人次,诫勉谈话3人次,提醒谈话7人次,教育提醒1人次,警示谈话1人次,约谈1人次,责令相关单位整改5次,通过深挖彻查、严肃问责,坚持在全系统释放严的信号。区教体系统"三违"、行政作风等方面的投诉量比上年下降约22%,各项工作稳中有进。

【勤廉学校建设】 2023年,深入推进勤廉学校建设,营造风清气正的良好教育环境和浓郁的勤廉文化氛围,学校以全面建设勤廉学校为抓手,落实立德树人根本任务,强化师德师风教育,培育崇勤尚廉品格,助推学校发展。研究制定《2023年红谷滩区勤廉学校建设行动实施方案》,明确工作内容、任务分工、工作要求,进一步细化认定标准和认定程序,规范示范点的自评、现场考核、评定等次等步骤的机制。在2022年成功创建的9所勤廉学校开展勤廉校园示范点打造,每所学校拨付经费2万元,用于勤廉文化建设、勤廉教育开展、勤廉活动组织等;9所学校通过阵地建设、活动开展进一步深化勤廉校园建设工作,经考核均符合示范点达标条件。

【持续加大教育体育投入力度】 2023年,始终把教育事业摆在公共财政的突出位置予以优先保障,在年初安排公共财政支出预算时,积极采取措施调整支出结构,努力增加教育经费预算,保证教育投入大幅增长,规模总量逐年增高,连年实现法定增长。加大投入保障支出。全年一般公共财政教育支出9.58亿元,比上年增长20.74%。预算内教育财政拨款增长高于财政经常性收入增长,预算内各学校(园)生均教育事业费逐年增长。全年全区中小学及幼儿园在校学生生均预算内教育事业费幼儿园6921.50元,比上年增长3.52%;普通小学14063.65元,增长2.33%;普通初中20464.68元,增长2.22%。生均公用经费足额保障。各学校、幼儿园日常生均公用经费及办学补助均及时足额拨付,在国家规定的学校生均公用经费基准定额基础上,中小学按每生每年480元、460元给予办学补助。实现幼儿园、小学按每生每年1200元,初中每生每年1400元安排生均公用经费及办学补助。同时,落实不足100人规模较小学校按100人核定公用经费政策。根据随班就读学生实际情况,按照每生每年6000元经费补助。全年累计拨付生均公用经费及办学补助共计7383.85万元。保障教师工资收入待遇。落实义务教育教师的平均工资水平应当不低于当地公务员的平均工资水平。

【实行绩效工资制】 2023年,实行绩效工资制,城乡一律按照国家规定标准,切实做到按时足额统一发放。规范教师边远津贴,保障乡村教师乡镇补贴,保障教师养老保险、医疗保险、职(企)业年金等社会保障和就业、卫生健康及住房保障支出。保障足额教师培训经费。教师培训费列入财政预算,财政足额并及时拨付到位。中小学校、幼儿园均按年度公用经费预算总额的5%(省定标准)369.19万元足额用于教师培训。

【优化教育网点布局】 2023年,全区新改扩建学校、幼儿园23所，投入17.27亿元，新增占地面积54.67万平方米，新增校舍面积46.59万平方米，预计新增学位约21710余个。碟子湖教育集团俊采校区、南昌市心远中学卧龙校区等2所学校于9月交付使用，提供学位约2540个，总投资约3.5亿元。同时，红谷滩区积极扩充教育资源供给，投入8000余万元进行区属学校、幼儿园设备采购及提升改造，惠及学校（幼儿园）40余所，城乡学校办学条件不断改善。

【构建"双减"新格局】 2023年，推进校内减负提质。聚焦作业管理，举办红谷滩区义务教育阶段作业风采大赛。聚焦课后服务，全面开展义务教育阶段课后托管服务。按照省、市教育主管部门相关文件精神，制定下发《关于做好红谷滩区义务教育阶段学生校内课后服务工作实施方案》，对课后服务进行规范管理。红谷滩区参与课后服务的学生5万余人，参与率达80%。开展2022—2023学年校内课后服务精品课程评选活动，评选出区级校内课后服务精品课程一等奖15名、二等奖17名，进一步提升了课后服务质量。开展2023年春季学期义务教育学校课后服务开放周活动，营造家校协同共育的良好环境。全区学校开设了足球、器乐、美术、舞蹈、科技等70余种丰富多彩的课后兴趣活动和社团课程，全面促进学生能力的发展。规范校外培训秩序。认真贯彻落实国家"双减"政策和省、市有关工作要求，充分发挥区"双减"工作领导小组统筹协调机制作用，统筹协调相关部门开展专项督查、联合执法等治理工作，形成横向联动、高效互动的协同治理合力。率全省之先举办校外教育培训跨部门联合监管执法培训会，破解了多部门联合监管执法实操难题，形成"三级监管、四维治理、全方位整治违规培训"的工作体系。通过日常督查执法、暑期"监管护苗"专项行动、国庆专项治理、校外培训"安全守护"和学科类隐形变异培训专项整治、"九小"场所消防安全综合整治等工作，不断加强校外培训机构的常态化监管治理，对违规校外培训行为，通过联合执法加大打击力度，形成警示震慑，提升对校外培训机构综合治理的能力。全年开展联合督查70余次，出动人员260余人次，督查校外培训机构190余家，有效促进培训机构依法依规办学。联合省教育厅、市教育局相关部门开展"双减"政策进社区志愿服务活动，党员志愿者深入社区宣讲"双减"政策；组织区各中小学校积极召开"双减"主题班会、家长会，开展"双减"家访、"双减"巡查等活动；发放《关于校外培训致家长一封信》6万余份，向广大市民发放"双减"政策宣传册5万余份，并制作宣传视频转发各学生家长和小区业主，积极引导家长转变育人观念；通过集中宣讲、日常检查宣传、约谈和《致全区校外培训机构的一封信》等多种形式，加大《校外培训行政处罚暂行办法》等"双减"政策的宣传，引导和督促校外培训机构加强行业自律，合法办学、诚信经营，提供特色化、差异化培训服务，持续强化宣传引导和协调治理成效。

【推进教育信息化建设】 2023年，完成红谷滩区智慧教育信息化一期项目初步验收工作，累计完成支付5956万元。建设智慧课堂60套，智慧录播教室215套。开展国家中小学智慧教育平台区级骨干教师培训、南昌市2023年第五期教师信息素养提升片区送教培训活动、"教育新技术与课堂应用融合实践成果交流"活动、"信息化教师培养计划"教师培训（第一期）、红谷滩区2023年校长领导力专题教研培训活动等各类培训和研讨活动，完成在"洪教云"平台全体师生基础数据治理工作，教师基础数据录入率和学生基础数据录入率均达到100%。积极开展各类电教活动，在南昌市中小学教师智慧教学应用暨南昌市第十三届中小学教师"班班通"教学资源应用成果现场展示活动中，共有12位教师获奖，其中荣获一等奖4个、二等奖4个、三等奖4个。在第二十三届南昌市学生信息素养提升实践活动中，共有138位教师获奖，其中荣获省级一等奖2个、二等奖4个、三等奖4个，市级一等奖23个、二等奖53个、三等奖52个，百余位教师获优秀指导奖。在南昌市中小学实验教学说课活动中，共有9位教师获奖，其中荣获一等奖1个、二等奖2个、三等奖6个。在第二十九届江西省中小学、幼儿园教师优秀教学资源展示活动中，共有70位教师获奖，其中荣获一等奖22个、二等奖25个、三等奖23个。

【加强平安校园建设】 2023年，完善校园安全管理机制、建设校园安全立体防范体系。根据《江西省人民政府办公厅关于加强中小学幼儿园安全风险防控体系建设的实施意见》，结合红谷滩区实际，编制《红谷滩区校园安全管理指导手册》，从组织领导、"三防"建设、校内安全管理、校舍安全、消防安全食品安全与学生健康、教育教学活动安全、安全教育与师生管理、校车管理、校园周边安全等10个方面，明确校园安全管理298个风险隐患点，同时提出相应解决办法。完成智慧平安校园、"四个100%"建设。在2022年完成12所智慧平安校园建设的基础上，2023年投入40余万元，完成13所智慧平安校园的建设，全面提高校园安全技防水平。开展各类安全主题教育活动。通过墙报展板、电子屏幕、手抄报、班会、法治副校长讲座等传统手段宣传教育的同时，通过微信公众号、"掌上红谷滩"等新媒体平台开展安全宣传教育，邀请学生拍摄交通安全教育、防诈骗等短视频，不断扩大安全宣传渠道，提升师生安全意识。抓住关键时间节点,联合相关部门首次以“政校社媒”联动的方式,举办以“法润鸿鹄 相伴成长”为主题的2023年红谷滩区教育系统宪法宣传周暨特色法治文化进校园实践活动启动仪式,强力推动预防校园欺凌、校园意外伤害为主题的“庭审我来了”模拟法庭活动,得到省市教育部门高度认可。扎实开展防溺水工作。针对赣江沿岸水岸长、高峰下水游泳点多的情况,各学校创新形式、丰富载体开展广覆盖多层次的防溺水宣传教育活动,齐心协力克难,压实责任、紧盯重点开展全方位的“紧盯重点群体、紧盯重点区域、紧盯重点时期”防溺水重点防护工作,红谷滩区防溺水经验做法在省教育厅官方公众号刊登。

【保障校园食品卫生安全】 2023年,制定《红谷滩区中小学校、幼儿园食堂管理细则》《红谷滩区学校配送餐管理细则》等文件,不断压实食堂(配送餐)安全管理责任,层层分解及落实好各环节安全监管责任,建立健全校长陪餐、信息公开、食品追溯、从业人员培训等制度,每月不定期深入学校、幼儿园实地督查食堂及集体配餐至少8家,共督查80余次,有效保障师生舌尖上的安全。完成博雅学校、碟子湖学校、昌北小学等14所学校食堂托管服务,依法依规签订协议合约,落实学校管理主体责任。组织开展区委、区政府领导陪餐。进一步加强对学校食品卫生安全工作的监督和管理,创新开展区委、区政府领导不定期到校陪餐制度,区委、区政府领导随机走进学校食堂,与师生共同用餐,了解学校食堂(配送餐)的运营、食品质量、卫生状况等情况,有效保障师生舌尖上的安全。

【开展督导评估工作】 2023年,制定《2023年红谷滩区责任督学挂牌督导工作计划》,结合重点工作,责任督学“一月一主题”常态化入校督导。开展春秋季开学专项督导,发现校园食品安全、收费等问题15个,均督促整改到位。开展防暑期溺水专项督查。督促学校落实防溺水“十个一”,预防学生暑期溺水事故的发生。制定《红谷滩区挂牌督导责任督学工作例会制度》,每月集中或分片区召开督学例会,针对督查中发现的问题集体讨论研究,促进责任督学相互交流学习。举办红谷滩区2023年责任督学专业素养提升班,组织责任督学及督学助理50余人参加业务培训,进一步提升责任督学素养与专业技能。组织开展2022年全区公办中小(幼儿园)办学绩效考核,通过校长述职、局各业务科室考评、民意调查等形式,对全区32所公办中小学校和13所公办幼儿园,按五年以上的优质校、新办校、薄弱校等客观因素不同分组考评,每组评出一、二、三等奖,分别给予奖励,凸显增值性评价。将200万元办学绩效奖,奖励给获奖单位,进一步激发了学校的办学积极性,并将考核结果报送区委考核办,与学校绩效奖等次、干部选拔任用、评先评优等结合起来,进一步激发了学校的办学活力。推进两项评估。先后两次组织全区各中小学校、幼儿园开展“两项评估”工作自查,梳理短板,督促学校、幼儿园进行整改。组织学前教育督导专家开展办园行为督导评估,规范办园行为。学前教育普及普惠13项重点指标的综合达标率为97.38%,高于全市平均水平3.73%,比上年提升2.86%。义务教育优质均衡发展7项资源配置综合达标率为82.57%,高于全市平均水平19.52%,比上年提升31.46%。制定《红谷滩区义务教育质量监测工作实施方案》,明确分工,责任到人,严格组织13所小学,8所中学参加义务教育国家质量监测,完成对学校四年级和八年级科学、道德与法治、劳动教育三个学科国家义务教育质量监测工作。根据国家2022年教育质量监管报告反馈,全区英语成绩平均分高于市、省、全国平均分40余分,在全国所处的等级为9星。语文成绩平均分高于市、省、全国平均分30余分,在全国所处的等级为8星。

【完善教育考试工作】 2023年,完成全年各项考试的组织任务。初中学业水平考试方面:中考体育科目考试于5月5—12日进行,考生4959人,考点设在南昌一专昌北校区;中考物理化学科目实验操作考试于5月13—14日进行,考生4959人,全区共设8个考点,分别是南昌二中、师大附中滨江校区、九龙湖初中、实验学校、腾龙学校、碟子湖学校、南大附中红谷滩分校、育新学校九龙湖新城分校;生物地理学科机考于5月16—19日进行,考生5570人,全区共设20个考点,具体为有初二学生的辖区学校;中考文化考试于6月17—19日进行,考生4941人,全区共设6个考点,分别是红谷滩区碟子湖学校、南昌十九中、南昌二十六中、南昌育新学校九龙湖新城分校、南昌外国语学校和南昌二中雅苑路校区。高考方面:普通高等学校招生文化考试于6月7—9日进行,考生4412人,全区共设3个考点,分别是南昌二中高中部、南昌十九中高中部、南昌外国语学校九龙湖校区。成人高等学校招生考试报名、资格审核工作于9月4—10日进行,2373人报名。2024年普通高考报名及信息采集、资格审查工作于10月23日至12月26日进行,4556人报名。高中学业水平考试方面:上半年组织学生参加普通高中学业水平合格性考试(高一:化学、生物学、历史、地理;高二:语文、数学、英语),高一考生有4346人,高二考生有4275人,全区共设3个考点,分别是南昌二中高中部、南昌十九中和南昌外国语学校;下半年组织高二学生参加普通高中学业水平合格性考试通用技术、信息技术机考,有考生4265人,全区共设6个考点,分别是南昌二中、南昌二十六中、南昌十九中、南昌外国语学校、南昌五中、豫章中学。下半年组织学生参加普通高中学业水平合格性考试(高二:物理、思想政治),有考生4264人,全区共设3个考点,分别是南昌二中、南昌十九中和南昌外国语学校。另组织学生参加高二的艺术(音乐、美术)学科合格性考试,按照省、市教育部门要求,由各学校11月予以实施。自学考试方面:高等教育自学考试新生报名人数为198人;受理5人11门课程的自考免考课程申请;受理28人申报自考毕业证。

(李小明　孙小军　金　强　况家涛　吴兴耀　黄作民　叶　勇　时荣萍　熊　尊　张小孟)

学前教育

【概况】　2023年,红谷滩区稳步推进学前教育"幼有所育、幼有善育",以民生实事项目为抓手,强力推进幼儿园扩容增效工程,多措并举推进无证幼儿园治理,以创建标准化幼儿园认定为目标,积极推动学前教育高质量发展,努力破解"入园难""入园贵"难题,进一步促进学前教育普及普惠安全优质发展。

【扩充普惠性学前教育资源】　2023年,红谷滩区优化普惠性资源结构,稳步增加公办学位供给,积极扶持民办园提供普惠性服务。持续加大学前教育投入力度,努力扩增普惠性学前教育园位。全年新增普惠性幼儿园14所,新增普惠性幼儿园位3450个。其中,公办幼儿园7所,民办普惠性幼儿园7所,进一步满足群众对普惠性幼儿园位的需求。

【实施标准化幼儿园评估认定工作】　2023年,继续在全区范围内开展实施标准化幼儿园评估认定工作,指导督促各幼儿园积极按照标准化幼儿园达标要求参加认定及迎接市级抽检复核工作。新认定标准化幼儿园21所,全市标准化幼儿园数量总计达到34所,达标率39.53%,超省定30%目标要求。

【规范幼儿园办园行为】　2023年,进一步加强幼儿园办园行为督导,规范幼儿园办园行为。开展全区幼儿园办园行为规范清理整治,强化对幼儿园办园资质、课程教学资源、安全防护、幼儿园名称等方面的动态监管,对违规行为开展专项整治,全年累计清理整治4所无证幼儿园,清理186册不符合规定的幼儿教材下架。

【提高幼儿园办园质量】　2023年,持续落实《南昌市学前教育质量提升三年行动计划(2021—2023)》,参加第三批全省学前教育质量提升实验园、保育教育质量评估试点园、开展市级示范园评估工作,新增质量提升实验园3所,保育教育质量评估试点园3所,新增九龙新城第二幼儿园、九龙新城第三幼儿园2所市级示范园。组织举办2023年全区幼儿园教师专业能力竞赛,推荐5名幼儿教师参加省级幼儿园教师专业能力展示活动,荣获活动视频解读单项奖二等奖2名、三等奖3名;活动案例分析单项奖一等奖1名、二等奖2名、三等奖2名;获全能奖二等奖2名、三等奖3名。实施"赣京合作"跟岗研修、"安吉游戏"推广计划、幼儿园跟岗帮扶计划等"国培""省培"项目,幼儿园保教人员专业能力素质进一步提升。

(熊玉娟)

义务教育

【概况】　2023年,红谷滩区以义务教育优质均衡发展为主线,持续落实立德树人根本任务,全力做好义务教育招生、德育、控辍保学、教材管理、特殊教育、文明创建等工作。全区建成网点布局日趋合理、办学条件不断完善、教育质量逐年提升、区域均衡发展的义务教育服务体系,保障适龄儿童接受良好九年义务教育。

【推进思政一体化建设】　2023年,印发《红谷滩区全面推进大中小学思想政治教育一体化建设工作方案》,与江西科技师范大学马克思主义学院签署大中小学"思政一体化"建设合作协议,结对共建大中小学思想政治课一体化共同体,充分利用高校的学科优势、师资优势和平台优势,为协同育人提质增效。开展"同备一堂主题课、同上一堂研讨课"教学活动,参与教师达200余人,切实提升思想政治课教师一体化教学的能力与水平,形成《习近平新时代中国特色社会主义思想学生读本》系列资源,打造大中小学思想政治课一体化建设的"红谷滩名片",推动《习近平新时代中国特色社会主义思想学生读本》教学有效落实落地。举办大中小学思想政治课一体化共同体建设暨大思想政治课展示交流活动,大中小学教师结合习近平总书记考察江西重要讲话精神,以"绿水青山就是金山银山"为主题,同上一堂思想政治课,从不同视角进一步深化了学生对习近平总书记重要讲话精神的理解。

【加强学校德育管理工作】　2023年,常态化开展"节日里的红色教育""红色故事我来讲"系列主题活动,将红色教育融入各重要节点,引导广大青少年学生从小厚植爱国情怀。开展以"学四史讲故事"为主题的"红色故事我来讲"活动,让学生"人人上台讲,个个有收获"。开展"同上一堂思想政治课——走进红色场馆 汲取奋进力量"活动,各校采取线上云观看的形式,游览南昌八一起义纪念馆、江西省革命烈士纪念堂、南昌新四军军部旧址陈列馆等爱国主义教育基地数字展馆，体验红色文化的魅力，接受红色文化熏陶。评选“新时代好少年”20名、“三好学生”290名、“优秀学生干部”122名、“文明学生”122名，1名学生获评市级“优秀学生干部”、3名学生获评南昌市“新时代好少年”、12名学生获评市级“三好学生”。

【守护学生心理健康】 2023年，开展中小学心理健康普查工作，对特殊学生确定专人帮扶，建立帮扶机制。为帮助学校更好开展专业、及时、有效的学生心理问题及心理危机干预工作，邀请南昌大学心理学教授对全区中小学校心理健康教育工作分管校长、中层干部、学校心理专兼职教师、班主任老师以及未成年人成长指导中心心理服务志愿者进行中小学学生心理危机干预工作培训。举办全区首届“鸿鹄向阳杯”校园心理情景剧比赛，题材涉及学生人际交往、学习考试、亲子关系、自我认知和疫情防控等多个方面，经过层层选拔，在全区40余部心理剧目中选出22个节目参加现场决赛，共评选出特等奖3个、一等奖8个、二等奖11个。决赛活动通过“洪教云”直播平台进行现场直播，直播观看人数共计3000余人。实施家庭学校社会协同育人“鸿鹄助飞”计划，开设家长学堂，每周课后服务安排一节“核心素养”课程，凝聚学校、家庭、社会合力，共同关注学生核心素养提升，缓解社会焦虑，为培育“身心双健”的鸿鹄学子营造良好的社会氛围。

【突出思想引领】 2023年，突出思想育人。将培育和践行社会主义核心价值观贯穿团队工作中。六一国际儿童节前夕，组织全区优秀少先队员代表拍摄“鸿鹄少年打卡新晋网红城市——南昌”红领巾讲解员六一特辑专栏视频；五四青年节期间，南昌市“学习二十大 永远跟党走 奋进新征程”主题团日暨离队入团仪式示范活动在江西师大附中滨江分校举行；建队日当天，“争做新时代好队员”纪念少先队74周年主题队日区级示范活动在红谷滩区碟子湖学校举行，规范开展全区团队仪式教育。聚焦管理育人。全面开展“红谷滩区优秀少先队员”系列评选活动，评选出81名区级优秀少先队员，其中8人获市级优秀少先队员荣誉，构建起阶梯式激励评价体系，持续增强少先队员荣誉感。举办2023年“青马工程”暨团干部素质能力提升培训班，团结带领全区教育体育系统团干部主动革新知识，为服务青少年成长成才勇毅前行。

【推动义务教育优质均衡发展】 2023年，深化集团化办学，按照“名校+弱校、名校+新校”的方式，推进以片区为主的相邻学校的集团化办学，成立五大教育集团，推动集团内教师均衡配置，扩大优质教育品牌覆盖面。引入名校合作办学，引入心远中学，进一步扩大优质基础教育品牌数量，为教育高质量发展赋能。推进新优质校建设，将红谷三小、昌北小学、南大附属学校作为新优质校打造，在资源分配上予以倾斜，提高学校办学的软硬件水平，不断提升社会影响力和群众认可度。积极参与江西省高校与县域基础教育协同提质专项行动改革试点，与江西科技师范大学、豫章师范学院密切合作，充分利用高校的各种资源，推动实验学校、红岭学校、云溪学校、红谷二小等学校办学质量和办学水平再上新台阶。优化农村义务教育资源配置，出台《红谷滩区优化农村义务教育资源配置“1+4”工作方案》，完成16所农村小规模学校优化，其中厚田乡8所、流湖镇4所、生米街道2所、龙兴街道2所。开通校车线路12条，其中厚田乡5条、流湖镇3条、生米街道2条、龙兴街道2条。

【做好义务教育阶段学生入学转学工作】 2023年，合理优化义务教育学校学区范围，根据学区划分政策有关要求，按照摸底调查、调研座谈、专家论证、召开听证会和报请审议等程序，科学划分南昌市心远中学卧龙校区和碟子湖教育集团俊采校区的学区范围，进一步优化江西师大附属中学新龙校区和南师附小教育集团腾龙校区、南大附属学校红谷滩分校和南大附小红谷滩分校的学区范围。创新建立义务教育入学积分制度，5月，区政府办印发《红谷滩区义务教育阶段五类后（含五类）生源量化积分入学实施细则（试行）》，进一步规范了义务教育阶段学校的入学管理，保障了以随迁子女为主的五类后（含五类）生源就读红谷滩区义务教育公办学校。全面做好义务教育新生入学及转学工作，全年全区义务教育入学人数64435人，比上年增加6960人，增长12.11%。1409名学生转入红谷滩区，其中小学生1275名，初中生134名。全区义务教育学校班级总数1587个，大班额占比0.97%。

【巩固拓展义务教育有保障工作】 2023年，严防义务教育阶段适龄学生辍学。联合残联、民政局、乡村振兴局摸排残疾青少年及残疾人子女、脱贫户、防止返贫监测对象、城镇困难群众等，做到不漏一人。组织学校在开学前后通过电话、实地走访等多种途径加强与学生及家长的联系，全面掌握学生就学情况。建立完善“脱贫户、防止返贫监测对象家庭义务教育阶段适龄子女信息台账”“不具备学习条件的儿童、少年信息台账”“辍学学生劝返复学工作台账”三个台账，跟踪学生的学习状态。建立常态长效控辍保学工作制度、控辍保学目标管理责任制度、控辍保学学籍管理制度、教体局疑似辍学报告制度和教体局流失学生劝返制度、控辍保学责任追究制度六项工作制度，因地因人施策，避免因学习困难或厌学而辍学、避免因家庭经济困难因残失学辍学。对于无法随班就读的因病因残学生，由学校提供送教上门服务，区教体局随机进行抽查督导，指导学校做好相应的送教计划、教案、记录本等教学计划，确保全区无义务教育阶段适龄学生辍学。

落实教育帮扶及资助政策，全年资助非寄宿小学生生活补助金29.63万元1185人、非寄宿初中生生活补助金21.63万元692人、寄宿初中生生活补助金2.69万元43人。全年资助1920人53.94万元。

（孙小军）

民办教育

【概况】 2023年，红谷滩区全面落实《中华人民共和国民办教育促进法实施条例》，进一步鼓励促进民办教育规范健康发展，维护民办学校和受教育者的合法权益，引导民办义务教育依法依规发展。全区有合规民办义务教育学校2所：南昌凤凰城上海外国语学校、南昌京师实验学校，在校学生4099人。

【有序开展民办学校年检工作】 2023年，根据《中华人民共和国民办教育促进法》及其实施条例等民办教育相关法律法规和《南昌市教育局关于印发〈南昌市民办教育机构年检实施办法〉的通知》，对区管民办义务教育学校进行年度评估考核。对照《南昌市民办中小学校年度办学水平评估指标体系》，结合各校自查情况，区教体局成立评估组，在审查年检材料的基础上，通过到校查阅佐证材料、召开座谈会和现场查看等形式进行实地评估。全面、科学、公正地对每所学校进行综合实地评估考核。根据评估组出具的报告和相关业务处室的评分，结合日常工作中掌握的情况。经考核，南昌凤凰城上海外国语学校被评为良好等次学校；南昌京师实验学校被评为合格等次学校；南昌市红谷滩区育英学校（原南昌市红谷中学）被评为不合格等次学校。此次年检依法依规对所管民办学校进行一次综合检查，进一步规范民办学校的办学行为，也对民办学校的年度办学水平进行综合考核评估，最大限度地预防民办学校办学风险的产生。

【规范民办学校管理】 2023年，为进一步规范民办义务教育学校办学行为，根据《中华人民共和国民办教育促进法》《中华人民共和国民办教育促进法实施条例》《南昌市规范民办中小学校发展实施意见》，红谷滩区先后出台《红谷滩区民办义务教育学校管理制度》《红谷滩区民办义务教育学校管理问责实施细则》，推动红谷滩区民办义务教育学校高质量发展，逐步形成“党建引领、管理规范、富有特色、优质办学”的良好局面。对民办义务教育学校的办学条件、组织保障、党建引领、师资队伍、规范招生、严格收费、学籍管理、优质办学、财务管理、安全管理10个方面制定规范准则。根据上级教育主管部门和区委区政府有关工作要求，开展民办学校专项治理，围绕民办中小学校党建虚化、违规收费、违规招生、违规办学、财务管理和资金监管不到位等问题进行督查，进一步规范民办中小学校的办学行为，营造健康良好的教育生态。

（张小孟）

素质教育

【概况】 2023年，红谷滩区教体局坚持以习近平新时代中国特色社会主义思想为指导，全面贯彻落实党的二十大精神，深入贯彻落实省市工作部署，落实立德树人根本任务，加强和改进学校体育美育，广泛开展劳动教育，学生德智体美劳得到全面发展。

【推进“一校一品”建设进程】 2023年，持续推进“一校一品”建设进程，出台《红谷滩区中小学校体育“一校一品”工作实施方案（2022—2024）》及《评价细则》，创新体育特色内容，大力推进篮球、足球等特色运动，确保“一年见成效、两年全覆盖、三年出成果”。

【开展游泳教育试点工作】 2023年，为全面落实江西省《关于开展中小学生游泳教育试点工作行动方案》规定，引导和鼓励中小学生学习游泳安全知识、掌握游泳技能、增强身体素质，有效遏制学生溺水事件的发生。红谷滩区以开展游泳教育为抓手，聚焦学生体质健康和生命安全教育，进一步深化体教融合，加强协同育人，促进中小学生德智体美劳全面发展。推进全区中小学生游泳教育试点工作，选取四年级学生共计1187人参加，委托1家游泳馆参与提供游泳教育服务，开展游泳技能知识培训，有效确保游泳教育深入开展。

【深化校园环境卫生水平】 2023年，高效统筹学校环境卫生安全，广泛开展第35个“全国爱牙日”、传染病防控、新时代爱国卫生运动、公益健康科普、应急救护、控烟知识进校园等系列活动，多措并举最大程度保护师生生命安全和身体健康。红谷滩区腾龙学校入选首批全国健康学校建设单位。

【加强学校劳动教育】 2023年，组织开展细化劳动教育典型案例和劳动清单、劳动教育宣传展示月、作品征集评选活动等系列活动，统筹推进落实劳动教育工作专家遴选、推进全省劳动教育特色示范校建设、劳动教育成果展示、举办劳动教育培训班,确保劳动教育出特色、有创新。南昌教育官微公众号刊登宣传介绍红谷滩区劳动教育做法经验。

【巩固近视防控工作成效】 2023年,红谷滩区被教育部认定并命名为2022年全国儿童青少年近视防控试点县(市、区),区政府常务会议审议通过《红谷滩区加快建设全国儿童青少年近视防控试点区工作方案》并下发,助推近视防控试点工作走深走实。组织开展6个近视防控宣传教育月、第7个近视防控宣传教育月、第28个全国"爱眼日"等多个活动,开展各类爱眼护眼科普宣传活动70余次,防控宣讲40余场,发放防控手册和宣传折页3000余份,近视综合防控工作成果得到有效巩固和拓展。

【打造美育活动阵地】 2023年,举办红谷滩区中小学生、幼儿园艺术展演活动,分别组织举办艺术舞台展演、作品展示活动,推进朗诵、器乐、舞蹈、戏剧、书法、绘画、篆刻等各类项目展示,全区共有48所中小学校、幼儿园参加,参与人数达9000余人,美育教育工作成果得到全面展示,全区中小学校、幼儿园"校校有活动、人人都参加"良好局面全面形成。红谷滩区以团体总分第二名荣获"县区优秀组织奖"。

(黄作民)

队伍建设

【概况】 2023年,红谷滩区教体局坚持强师兴教、尊师重教,以教育家精神浸润人心,面向广大教师加强教育家精神培育,加强教师思想政治与师德师风建设,提升教师专业水平,打造新时代高素质教师队伍。

【加强教师队伍建设】 2023年,通过"招、引、选、调"等方式,共补充教师449名,其中以最高40万元安家费面向社会引进教育人才引进人才36名(省特级1名、省学科带头人1名、省骨干教师4名、市学科带头人3名,市骨干教师5名),公开招聘教师369名(其中通过江西省统一招聘216名,红谷滩区中小学教师招聘153名),外区调入教师16名,接收公费师范生、定向师范生等政策性安置教师28名。推进校长教师交流轮岗工作,2023年共有99名校长教师参与交流轮岗,占应交流轮岗人员(658名)比例的15.05%。在全区教育系统开展优秀教师、优秀教育工作者、优秀德育工作者等选树活动,召开红谷滩区庆祝第39个教师节暨表彰大会,共表彰先进个人265名,树立典型,表彰先进,用身边的榜样传递师德的力量,营造争做"四有"好教师的良好氛围,形成尊师重教的社会风尚。

【做好分层培训工作】 2023年,聚焦新教师经验不足、骨干教师力量不够、领军教师示范引领作用不强等问题,立足教师发展层级梯度,按照"新手教师""能手教师""高手教师"三个层级,积极探索"知行"式、"行知"式、"立标"式等立体化培训,教师教研培训新模式取得成效。12月10日,《红谷滩区实施教师研训"三维三度"模式》在《江西改革》发表。2月2—5日,组织开展红谷滩区骨干教师培训工作,523名来自三个学段所有学科的骨干教师参加了为期3天的培训;8月26—29日、10月3—6日分2批组织开展新教师培训工作,受训总人数为379人。区教体局与北京师范大学合作,共同建立红谷滩区教育系统青年成长营(后备干部),选定核心成员68人,于11月23日举行开营仪式,并于当日启动为期3年的项目式培训。承办"国培计划(2022)"原中央苏区乡村中小学教师教学能力提升帮扶培训,4月14—17日、5月5—8日分别开展小学英语与小学数学国培项目的培训工作。

【开展专项提升竞赛活动】 2023年,率全省之先出台班主任高质量发展三年行动规划,开展首届中小学名班主任遴选暨班主任基本功大赛。在原有中小学教师"红谷杯"学科竞赛的基础上,设立"雏鹰组、雄鹰组、鸿鹄组",为不同层次的教师精准铺设成长赛道,聚焦新入职教师的职业成长和素养提升,设置"新苗杯"教学竞赛,帮助新教师建立正确的职业观和价值观,规划好自己的职业生涯。红谷滩区获评省、市、区学科带头人和骨干教师近百人。

(叶　勇　时荣萍)

教育科研

【概况】 2023年,红谷滩区教体局聚焦教育教学和教研变革,教研员从9人扩容至23人,率先配齐配强全学段、全学科教研员,赋能"课程、课堂、课外",促进学生核心素养整体提升。

【教研学段学科全覆盖】 2023年,为让市、区、校三级教研均发挥最大效能,将三级教研时间进行有机整合,将各学科区级教研活动时间安排在每个月其中一周的固定时段,以便学校提前做好三级教研活动的安排。各学段、学科每月举行一次高质量的主题教研活动,以课例展示为主,辅以专题讲座、交流分享、主题沙龙、基本功展示、实地写生等多种形式,分享最佳教学实践,促进教学方法的创新与交流。同时,红谷滩区以开放的态度做教研,各学校凡有高质量的课或专题讲座,通过本人申请,经学校、教研员、发展中心三级审核通过后,可获得在区级教研活动中做展示的资格,让有能力的老师有机会被看见,获得职业幸福感。全年19个学科22名教研员共举行主题教研活动80余次。每场区教研活动后,参会教师无记名填写电子调查问卷,对教研活动质量进行反馈,数据显示老师们对各科教研活动评价为“优秀”的比例高达95%以上。

【推动学校质量提升】 2023年,每周三全体教研员开展下校视导活动,通过听推荐课、推门课进行课堂观察,通过座谈、听取学校汇报、查阅备课、作业等形式,对学校教育教学工作进行全方位调研,所有数据由专人进行采集、分析,以期逐步形成全区各校教育教学工作的电子档案。全年全体教研员下校视导共听课164节,其中评定为“优”“良”等级的课共占比80.5%,评定为“中等”的课占比15.9%,另有3.7%的课质量不佳,待后续跟踪听课,着力帮扶。每周一次的下校视导过程中,教研员通过与教师的直接交流,为一线教师提供专业指导,解决教学中遇到的问题与困惑。同时,了解学生的实际学习情况,为课程设计和教学资源的优化提供依据,促进学校教育资源的合理分配和利用,推动学校教育质量的持续提升。除周三视导日外,教研员每周均多次自主下校听课,有意识、有目标地选择听课对象。基于已完成的本学科教师基本情况摸排,教研员倒排听课进度表,全面掌握每位教师情况,对全区各级各类教师情况做到心中有数,听课检查成常态,全年累计听课517节,严把教学质量关,向40分钟要效率。

【推动教育均衡发展】 2023年,为推进城乡教育一体化发展,缩小城乡教育差距、促进城乡教育协同发展,红谷滩区教体局为乡村学校量身定制,开展“乡村联片教研”活动。通过构建城乡学校教师成长共同体,形成校际联动、全员参与、优势互补、资源共享的大教研格局,加速提升乡村教师专业化水平,积极推动乡村教育教学改革,全力推进义务教育城乡一体化进程。在乡村联片教研活动的助推下,全区乡村教师的精神面貌和业务水平有很大提升,积极撰写论文、申报课题、参与各级各类教学竞赛、抱团解决学生学习和成长过程中遇到的问题。全区3个乡镇的乡村教师获得国家级奖项1次、省级奖项16次、市级奖项40次、区级奖项64次,课题立项8个,课题结题11个,承担区级以上公开课、展示课12次。教研活动精彩纷呈,形成“比、学、赶、帮、促”的良好教研氛围,推动全区教育教学质量的稳步提升。

【以研促教结硕果】 2023年,省级基础教育课题立项9项,省级龙头课题立项5项,其中龙头重点课题3项。市级“个人课题”申报400项,236人获准立项;3项江西省教科规划课题成功结项,省级基础教育课题、电教课题等共计11个课题结项,市级95个课题结项。完成“2022年江西省教学成果奖”组织评选及推荐工作。上报5项成果,其中获省级成果奖1个、市级成果奖3个。组织教师积极参加2023年市教育科研优秀成果评选活动,全区教师提交研究报告50项、论文28项,共计78项。另外,5个单位获评教科研先进集体,8名教师获评教科研先进个人。

【名师引领助提升】 2023年,发挥名师示范引领作用,助力教师专业成长。全区有名师工作室54个,其中新增15个名师工作室。区域内送教110节,经考核,确定“优秀名师工作室”18个、“合格名师工作室”27个。名师工作室开展活动,坚持服务到学校(幼儿园),倾斜农村,全年全区开展“送教送研送培”活动共320节次(观摩课272节、教学讲座48次),其中到流湖、厚田、义渡、生米等中小学、幼儿园开展“送教送研送培”活动共43节次。

(时荣萍)

体育工作

【概况】 2023年,红谷滩区教育体育局在区委、区政府的坚强领导下,聚焦率先“作示范、勇争先”目标要求,将体育事业作为重要的民生工程去部署、去推进、去落实,大力实施体育强区战略,加快推进体育领域改革,广泛开展全民健身活动,加快体育基础设施建设,注重高水平运动员培养,完善体育人才梯队建设,形成了群众体育、竞技体育、校园体育、体育产业协调发展的良好局面,全区体育事业实现新跨越、迈上新台阶。红谷滩区人均体育场地面积达到2.83平方米。红谷滩区代表队夺得江西省县域社会足球比赛冠军。

【举办红谷滩区第二届学生运动会】

2023年5月,举办第七届“滕王阁杯”南昌市青少年体育联赛(红谷滩赛区)暨红谷滩区第二届学生运动会,圆满完成篮球、足球、排球、田径、乒乓球、羽毛球、网球、击剑、跆拳道、快乐体操等11项体育赛事,全区共41所中小学校、幼儿园参赛,学生参与人数达5000余人。

【组队参加第七届“滕王阁杯”南昌市青少年体育联赛】 2023年,红谷滩区组队参加第七届“滕王阁杯”南昌市青少年体育联赛暨南昌市中小学生运动会,足球、击剑及跆拳道分别获团体总分第一名,篮球、田径及网球分别获团体总分第二名,乒乓球、游泳、快乐体操分别获团体总分第三名,羽毛球及体适能分别获团体总分第五名,排球获团体总分第七名,红谷滩区获体育道德风尚奖。

【积极参加江西省百县青少年运动会】 2023年,组织150余人参加江西省百县青少年运动会足球、篮球、田径、快乐体操项目比赛，其中足球项目获男子组第一名一等奖、女子组二等奖，快乐体操项目获团体一等奖，篮球项目获男子组二等奖、女子组三等奖，田径项目获团体总分三等奖。

【举办第二届“鸿鹄杯”红谷滩区教职工运动会】 2023 年，举办“优学鸿鹄·‘师’放活力”2023 年第二届“鸿鹄杯”红谷滩区教职工运动会，全区中小学校（幼儿园）主要负责人、各队教练员、运动员、裁判员代表，共计 1300 余人参加，设置篮球（五人制）、乒乓球、五公里竞速赛等 5 项竞技类项目和鼓动人心、合力筑塔、运转彩球等 9 项趣味类项目。

【开展学生体质健康测试工作】 2023 年，严格落实教育部关于做好学生体质健康测试工作的有关要求，组织开展红谷滩区学生体质健康测试工作，全区共有 43 所中小学校（含村小、教学点）完成监测数据上报，应测人数 63852 人，实测人数 63652 人，优秀人数 12359 人，优秀率为 19.42%，良好人数 30082 人，良好率为 47.26 %，及格人数 61499 人，及格率为 96.62%。

【配合做好南昌马拉松比赛及相关组织工作】 2023 年，成立 2023 南昌马拉松比赛红谷滩区组委会，下设 7 个工作组，全面保障赛事组织工作。投入 2867 名安保力量、660 名交通警力，设置 57 块交通引导牌，设置铁马护栏 4.4 万个，铺设长度 88 千米，组织 5 个群众性文艺活动，安排 55 个啦啦队加油点，组织群众 3000 人赴现场助威呐喊，完成红谷滩区赛段组织工作。

【承办“红谷滩杯”2023 年中国桨板公开赛】 2023 年 5 月 1—2 日，由国家体育总局水上运动管理中心、南昌市体育局、红谷滩区政府主办的南昌市首届“金花”户外运动节暨“红谷滩杯”2023 年中国桨板公开赛在红谷滩区九龙湖公园完赛。此次桨板公开赛是中国桨板公开赛首站赛事，吸引来自全国各地区共 500 余名优秀选手参加，设置了男子 200 米竞速赛、女子 200 米竞速赛、男子 6000 米长距离技巧赛（青少年组 3000 米长距离）、女子 6000 米长距离技巧赛（青少年组 3000 米长距离）、1 千米团队接力赛、200 米团队龙板赛等 7 个项目。

【举办红谷滩杯广场舞公开赛】 2023 年 6 月，组织开展南昌市首届“金花”户外运动节暨红谷滩杯广场舞公开赛，来自全市各县区及红谷滩区各街办（社区）共 30 支代表队 500 余名运动员参赛。欢快的广场舞跳起来了，主题鲜明的配乐、自信有力的舞步，各参赛队伍的队员们用自己的方式，表达着对党对祖国的热爱，点亮历史文化守正创新之光，激起观众对绿色生态资源的热切向往和打卡红色之旅、诗意山水之念。

【举办“红谷滩杯”2023 年群众篮球赛】 2023 年 4 月 20 日，由红谷滩区教育体育局主办，红谷滩区篮球协会承办的“红谷滩杯”2023 年群众篮球赛在南昌航空大学附属小学红谷滩分校举行，共有来自全区 17 支代表队 200 余人参加，历时 17 天，共计 30 场比赛，持续进行至 5 月底。各代表队精心准备，用心训练，队员们互相关心，相互切磋，共同提升。活动现场氛围热烈、比赛展示精彩纷呈。

【规范体育协会组织建设】 2023 年，为宣传和普及羽毛球运动，组织广大群众和青少年积极参加羽毛球运动，以增强体质和提高运动技术水平，经红谷滩区民政局批复同意，成立南昌市红谷滩区羽毛球协会、南昌市红谷滩区跳绳协会、南昌市红谷滩区篮球训练中心 3 家协会俱乐部，体育组织发展日渐完善。

【强化公共体育设施建设】 2023 年，加大公共体育设施建设力度，不断完善县（区）、乡镇（街道）、行政村（社区）三级全民健身设施网络和城市社区 15 分钟健身圈，着力构建城市社区 10 分钟健身圈。安装健身圈健身路径设备 48 套、乒乓球桌 102 张、篮球架 14 件以及破损需更换的双位太空漫步机 4 件、三位上肢牵引器 3 件、腰背按摩器 1 件、双位蹬力器 2 件，建设投入 120 万元。

【加大体育场馆监管工作】 2023 年，加大高危险性体育场馆监管工作力度及行政许可工作。组织开展全区高危险性体育场馆安全隐患专项督查，有效落实场馆证照、安全措施等规定要求，完成 12 家体育场所申办高危险性体育项目经营许可证审批发证工作。迎接国家体育总局高危险性体育项目经营活动行政执法监督检查，检查组一行对全区高危险性体育项目经营活动日常监管的做法高度认可，并对全区规范行政审批流程举措高度赞赏。

（黄作民）

文　化

综　述

2023年，红谷滩区文化广电新闻出版旅游局（以下简称区文广新旅局）始终将招商引资作为“一把手”工程来抓，把招商工作摆在全局工作的重中之重。积极推动区主要领导对接洽谈文化产业项目，全年累计对接20余个产业项目，包括江西省广电数字视听产业园项目、澳世汇文化艺术博览园二期、冰雪乐园项目、赣派民俗文化博览园项目、爱奇艺风起洛阳沉浸式体验场景项目、当代置业露营基地（亲子乐园）项目、煌上煌集团项目、央广集团区域总部基地项目等。依托核心商圈、高校资源，有机融合省三馆、秋水广场、南昌之星摩天轮、鸿鹄里文化艺术空间、红谷滩大剧场等文化载体，积极打造南昌夜赣江“秋水长天”国家级文旅消费集聚区；围绕保利大剧院、融创乐园等文旅项目，谋划建设环九龙湖文旅商圈；全力推进保利大剧院、南昌澳世汇文化艺术博览园、欧罗巴年轻力中心等一批重点项目早日完工。通过一系列文化载体的打造，进一步彰显红谷滩区文化强区的担当和首位度。产业发展成果丰硕。红谷滩区规上文化企业数量实现两年翻一番，由2021年的31家增至61家。红谷滩区全年会展次数达55场，位居全市第一，同比增长104%，参展面积超130万平方米，现场交易额超100亿元，超200万人次参展参观。文旅融合成效显著，南昌夜赣江“秋水长天”文旅消费集聚区获评省级夜间文化和旅游消费集聚区，高标准建设万达星城分馆、绿湖豪城分馆等4个孺子书房分馆，有机融合省三馆、南昌之星摩天轮、鸿鹄里文化艺术空间、红谷滩大剧场等文化载体，全年开展各项文旅活动300余场。文化旅游品牌持续擦亮，红谷滩区连续3年获得江西省文化产业重点县区称号，数字文旅国家级品牌创建实现重大突破，南昌VR主题乐园项目成功获评智慧旅游沉浸式体验新空间培育试点，为全国首批、全省唯一入选项目，南昌VR主题乐园成功创建国家AAA级旅游景区。

（高甜甜）

文化场馆

【概况】 2023年，红谷滩区博物馆共有5家，分别是南昌市金九福钱币博物馆、南昌瓷板画研究中心、曾品堂老酒博物馆、南昌工学院中国工艺美术大师博物馆、南昌中山艺术博物馆；专题展示馆1个（牛行车站），图书馆1个（南昌市图书馆红谷滩分馆），公共文化场所258个，其中城市书房2个（未来空间·未时合集馆、红书屋），孺子书房10个，农家书屋58个，乡、镇（街道）综合性文化站9个，村（场）、社区综合性文化服务中心179个，另有鸿鹄里文化艺术空间、红谷滩大剧场、南昌保利大剧院、九龙湖美术馆等文化场馆。此外，江西省博物馆、江西省图书馆、江西省科技馆、江西省赣剧院、南昌市青少年宫、南昌市工人文化宫等重要文化场馆均坐落红谷滩。

【牛行车站】 为纪念八一南昌起义暨建军90周年，红谷滩区按照市委、市政府的工作部署和文件精神，充分挖掘牛行车站红色历史文化，在赣江西岸的红谷滩区凤凰洲市民公园内建设牛行展示馆，同时在凤凰洲市民公园内开启“一线三点”的红色地标建设工作，牛行展示馆、建军雕塑广场、南昌舰停泊点以及观光小火车贯穿全程。其中依托原牛行车站旧址而建成的牛行展示馆是一座反映南浔铁路、牛行车站、南昌起义历史的专题展示馆，其建在原牛行车站旧址旁约400米处，馆舍为新建建筑，主要展览内容为牛行车站、南浔铁路、南昌起义等相关历史。

【红谷滩大剧场】　红谷滩大剧场位于南昌市红谷滩区红谷南大道2699号，于2023年5月开业，作为红谷滩乃至省内重要的文化地标建筑，整体建筑结构沿用并保留原中国古典风格，兼以引入时代感、线条感，以经典、秩序、雄伟为主，达成内外风格的统一与延伸。建筑内含1060座大剧场，可以上演歌剧、话剧、舞剧、戏曲、小型实验话剧等；一层683座，二层377座。主舞台宽28米、纵深19米、高22.9米。剧场配备现代化的升降舞台和声光电设备以及专业乐器设备，同时配备行业领先的舞台声、光、电设备设施，能够承接如《杜甫》《蝶变》《红船》等级别的国内外大型演出。

【鸿鹄里文化艺术空间】　鸿鹄里文化艺术空间位于南昌市红谷滩区赣江南大道1号南昌之星摩天轮旁，包含一、二楼两层展厅，集展览、演出、文艺互动、休闲娱乐等功能于一体，场馆面积达2000余平方米，是红谷滩城投自主运营的首个文化空间项目。假日期间，戏剧、展览、艺术舞蹈、脱口秀等多种文艺活动在此展开。

【未来空间·未时合集馆】　未来空间·未时合集馆位于南昌市红谷滩区九龙湖公园缤纷园内，该馆一楼为“智·生活”空间，包含智慧阅读区、智育儿童区及智能咖啡区；二楼是“享·生活”空间，设置了许多年轻人喜欢的娱乐共享项目，如烘焙DIY、镜面迷宫、文化艺术创作、元宇宙体验室等。馆内装饰风格融入了现代美学设计，潮流新颖、功能多元、书香浓郁、一步一景，陈列书籍1.3万册，并提供电子听书等多种阅读方式。以“公园＋书房”建设模式，有着舒适美丽的生态环境及高品质的阅读生活体验，在此“赏景读书两相宜”。

【红书屋】　廉文化馆“红书屋”位于南昌市红谷滩区赣江中大道长天廉文化主题公园南昌廉文化馆二楼，总占地面积380平方米，藏书量达1.3万余册，室内引入电子阅读机、智能借还书办证一体机等智能化设备，为市民提供全程自助的图书服务。红书屋内还包含有廉文化作品展，展示有以廉为主题的摄影、书法、公益广告等作品。

【卫东街道文化站】　卫东街道文化站位于南昌市红谷滩区丽景路999号，场所内文化面积上下两层共计约2100平方米，场所内与南昌市图书馆共建共享，设立红谷滩分馆，并设有VR＋民族体验中心、健身舞蹈室、理论宣讲室、市民教育室、书画室等服务场所，开放时间为周一至周五9:00—12:00、13:30—17:00，活动中心设施齐全，为周边居民提供便捷的文化服务。

【南昌中山艺术博物馆】　南昌中山艺术博物馆于2019年10月在英雄城南昌落成并开放，场馆分别位于南昌市红谷滩区翠林国际大厦七楼、南昌小蓝经济技术开发区富山大道238号，占地面积约为1万平方米，以收藏、整理、展示、研究陶瓷、书画等艺术品为宗旨，以保护与传承中华民族优秀文化为职责。且致力于通过传统文化与古建文化、地域文化、校园文化等感悟与整合，建立爱国主义教育基地，传播有益于社会进步的思想道德、科学技术和文化知识；成为公益性文化建设的重要基地，成为公众交流思想、对青少年进行艺术教育的重要场所。整个馆分为三个部分：一是古韵赣鄱，二是样式雷纪念馆，三是操驰艺术馆。

【南昌金九福钱币博物馆】　南昌金九福钱币博物馆位于南昌市红谷滩区世贸路898号博能兰韵文化艺术中心三楼。该馆由中国著名钱币收藏研究鉴定专家金家栋和其女儿金花共同创办。该馆收藏展示自夏、商、周、秦、汉、三国、两晋南北朝、隋唐五代十国、宋元明清民国至今的各种历史钱币上万枚。其中“中国革命根据地红色货币”“江西历史货币”“古丝绸之路货币”为馆藏三大特色主题展览。博物馆馆藏的红色货币为珍贵革命文物，是全国唯一一家馆藏红色货币数量、版别最多的博物馆。《中国革命根据地红色货币展》先后获得国家文物局2019年度核心价值主题展览100强、江西省十大精品展览等荣誉。2020年12月，南昌金九福钱币博物馆被评为国家二级博物馆，已成为江西省极具特色的货币文化公共教育基地。

【南昌市中国工艺美术大师博物馆】

南昌市中国工艺美术大师博物馆，坐落于南昌市南昌工学院，是中国迄今唯一一座为640位由政府评定的中国工艺美术大师专门建造的特色博物馆。主办机构江西超弦控股有限公司和南昌工学院凭借自身的资源优势、高校背景，以及民族教育特色，将博物馆打造成中国工艺美术大师的精品展示基地、绝技传授基地、学术交流基地、教学观摩基地和大师跨界交谊基地，进而推动中国工艺美术事业的发展传承民族文化，保护璀璨精彩的非物质文化遗产。

（关　晓）

文化工程

【概况】　为进一步彰显南昌省会担当，提升城市品位，营造全民阅读氛围，更好地满足广大群众日益增长的精神文化生活需求，建设更具创造力、创新力、竞争力、影响力的文化强市，在现有公共图书馆提供阅读服务的基础上，以财政投入带动社会力量参与，创新性推进城市书房——“孺子书房”建设，逐步实现阅读服务便捷化、均等化、社会化。“孺子书房”是采用信息化技术、自动化设备，实现无人值守、有人管理、公共阅读、自助服务的城市书房。市民和读者可以在书房内免费借阅图书和自习，参与阅读推广、学习交流、文化体验、志愿服务等活动，享受自助借还、通借通还等阅读服务。孺子书房建设和运行管理以政府投入为主，由市、县（区）两级共建。

2023年，红谷滩区继续加大投入力度，建设4个孺子书房分别是悦城分馆、西岸春风分馆、绿湖豪城分馆、万达星城分馆，围绕交通便利、人流量大的区域打造孺子书房，选址点位均是社区用房，位于红谷滩中心区域，面积均在80平方米以上，其中西岸春风分馆达202.8平方米。两年时间内（2022年、2023年），红谷滩区已完成10个孺子书房的建设任务，总建设面积1190平方米，藏书2.94万册，已全部对外开放。全年举办各类活动136场，累计借阅册次达2万册，服务人次超30万人次，推进公共文化便捷化、均等化、社会化，进一步打造区、乡镇（街道）、村（社区）三级公共文化服务网络全覆盖，巩固了“15分钟阅读圈”建设。

【孺子书房·悦城分馆】 位于南昌市红谷滩区西站大街168号绿地悦城A区9栋沿街商铺，面积为82.5平方米，藏书2300册，设置阅读座位数量32席，其设计思想是将空间划分为4个区域，从而形成个性化阅读体验，动静结合的区域可以满足不同读者的需求，去建立一个温暖、亲切、自由、流的书房空间。首先进入室内会看到整面的书柜，各类书籍极富阵列感的排布、陈列，于方寸之间，包裹着进入其中的阅者，传递着妥帖的安顿感与静谧的阅读氛围；右侧为儿童阅读区，书柜采用圆形造型点缀，增加趣味性，为孩子提供舒适、安全、有趣的阅读环境，可以帮助孩子培养阅读习惯和阅读能力；左侧为休闲阅读区，设置吧台及舒适座椅，搭配一些装饰绿植，让人放松身心，享受阅读乐趣；途经圆弧形拱门，进入到后半部分，右侧为公共阅读区，长条自习桌搭配书柜营造一个为公众提供阅读学习的场所；左侧为自习自修室，满足读者自习及学习的需求，提供一个专门的学习区域，减少外界干扰，提高学习效率，帮助学生更好地学习和休息。整体设计风格以原木色为主，搭配白色，温暖而舒适。悦城西社区有常住居民4200余人，周边15分钟生活圈有：地铁站、省妇保、少年宫、农贸市场，交通、生活极为便利，1楼临街，环境开阔，周围人口密集覆盖面广，该点位配套齐全，配备书柜、桌椅、茶水间、空调等基础设施一应俱全，为广大群众提供学习和交流的平台。

【孺子书房·西岸春风分馆】 位于南昌市红谷滩区上堡路188号西岸春风小区商铺，面积为202.8平方米，藏书5000册，设置阅读座位数量75席，原建筑是一个采光条件非常好，结构方正的建筑框架。设计思想是把书房分别划分4个区域来满足不同人群的阅读需求，大门正对着一排书柜作为动静分界线，前厅部分作为儿童阅读及休闲阅读区，亲子阅读，三五好友结伴而行，午后阳光与知识海洋相伴。后半部分设置了自习区、长条自习桌以及雅座阅读，针对个人自习、初高中学生写作业、周边邻舍安静阅读需求。整体配色及布局选择原木白色灰色，简洁大方，耐看实用为核心，以简洁、合理、舒适、实用为主，通过合理的空间布局以及设计，打造一个更加舒适的图书阅读环境，装修设计更倾向于读者的舒适与惬意，让书房呈现一个安静的氛围更适合于学习与休息。周边交通配套较好，距南昌地铁4号线（在建中）中堡站地铁口约300米，距离书房约4千米处是南昌西客站，周边市政配套设施齐全。此外，周边有多条主干道，形成了“四横四纵”的高速立体化交通路网，为居民的阅读提供了便利。该处地理位置优越，交通便利，周边配套设施完善，是一个理想的阅读场所。

【孺子书房·绿湖豪城分馆】 位于南昌市红谷滩区岭口路2888号绿湖豪城社区，面积为128.5平方米，藏书2300册，设置阅读座位数量50席，其设计思想是将书房划分4个区域，分别为阅读大厅区、公共阅读区、自习自修室。入口处为阅读大厅区及存放设备，独立性区域较强，环形书架围绕柱子形成沉浸式阅读感受，通过圆弧拱门进入另一个宽敞的空间，一侧为公共阅读区，设置了长条形原木桌椅，让读者体验良好的读书氛围，靠近窗户那处则设计吧台，在读书的同时可以适当休息望望窗外的风景，也保证了一定的采光量；另一侧则为开放性的自习休息室，通过桌椅的隔断保证了读者的独立空间；通过圆弧拱门往深处走便是满足自习自修功能的空间，具备良好的遮光效果，以避免外界光线的影响，提供一个更加安静、舒适的学习环境，帮助学生更好地专注学习和工作。简洁明快，惬意的颜色搭配，以书架为“墙”的巧妙设计，既能让空间充满层次感，同时起到装饰的作用，让整个书房充满书香氛围。书房门口为小区设计的水系也是主要景观轴线，通过延续、拓展，让周围亲身体验水畔妖娆的水景生活。同时，书房周边人口密集，人流量大，地理位置优越，配套设施完善，周围商业、休闲、娱乐配套成熟。该点位将会为广大群众提供优越的学习和交流平台，与周边商业体形成良好的业态，提升当地整体文化氛围，成为一个多元化的阅读休憩场所。

【孺子书房·万达星城分馆】 位于南昌市红谷滩区红谷中大道99号万达星城社区雍景台2栋，面积为132.2平方米，藏书2300册，设置阅读座位数量69席，设计为阅读大厅区—儿童阅读区—自习自修室，整个设计采用简洁明快、张弛有度的设计手法营造书房的空间气质，书架的制造上也很讲究，全部使用统一的、有质感的原木本色木材，具有很强的亲和力，给人以温暖舒适感，在儿童阅读区充分利用空间，阶梯书吧带给空间一定的层次感、趣味性和灵活性，自习自修室的两个区域满足不同人群的个性化需求，整体空间的色调以原木色，白色为主，打造一种柔和宜人、温暖而轻松的氛围，从而确保整个空间的普适性。周围配套成熟，位于红谷滩中心区，人流量大，辐射范围广，房间设有图书架、独立卫生间，离公交站、地铁站较近，书房“闹中取静”，将会成为中心区域靓丽的“风景线”。

（胡汪宏）

文化活动

【概况】 2023年，红谷滩区文广新旅局在上级文化主管部门的精心指导下，聚焦举旗帜、聚民心、育新人、兴文化、展形象的使命任务，积极推动公共服务高质量发展，保障人民群众的基本文化权益，丰富和活跃群众精神文化生活，努力提升群众的获得感和幸福感。全年积极开展“百馆千万场 服务来共享”系列群众文化活动，共计14场，开展文艺志愿服务共计48场，并在市、区级媒体进行宣传报道。世界读书日期间，开展全民阅读活动8场，并在市局全民阅读工作部署会上作经验分享。

【新春花市活动】 2023年春节期间，以“红谷滩正当红 瑞兔迎春，红谷花开”为主题的红谷滩区新春花市活动在南昌万象城启动。寓意吉祥的兔子花、摇曳多姿的蝴蝶兰、娇艳欲滴的红掌、时髦贵气的珍珠莲花等百余种鲜花争奇斗艳，无一不彰显着对美好生活的憧憬，现场喜气洋洋，年味十足。为让广大市民朋友过一个热闹祥和的春节假期，同时提振消费信心，该活动准备了新春种子礼包以及红谷滩限量明信片，市民现场参与互动即可领取礼包。新春花市活动共有新年祈愿区、新春花市展销区、C位打卡区、兔年贺岁区四大主题区。在新春花市展销区，300种花和30万枝鲜花争奇斗艳，独特的新年花卉艺术，引来不少市民驻足挑选。在兔年贺岁主题区，数棵用鲜花打造的新春祈福“许愿树”成为市民竞相打卡的新场地，五颜六色的鲜花在灯光的映衬下更加美丽、耀眼。除了年花创意市集，现场还开展瓷板画、南昌颖拓、流湖棕编、豫章绣等10项传统非遗项目技艺展示，活动期间万象城客流量高达30余万人次。

【“一起皆可飞”大型风筝节活动】 2023年4月29日，由区文广新旅局、卫东街道、南昌万象城联合主办，省歌舞剧院、区城投公司联合协办的卫东风筝艺术节之南昌万象城“一切皆可飞”活动在南昌万象城中央广场拉开序幕。区文广新旅局党组书记、局长钱纾，卫东街道党工委书记帅冬根，街道党工委副书记、办事处主任余作华出席开幕仪式。活动现场，不仅有世界级国际风筝大师、风筝非遗文化传承人的亲力参与，潍坊国际风筝协会的强势助力，风筝赛事精英团队的现场竞演，更有国际级别艺术高校合作策展等突破传统风筝节的活动，令人赏心悦目。还有亲子风筝DIY、草地音乐演唱、互动游戏等节目，给市民朋友带来了一场沉浸式的风筝文化体验。此次活动为期5天，从4月29日持续至5月3日，以风筝为媒介，以弘扬中华优秀传统文化、丰富市民文化生活、激发文旅市场新活力为目标，通过放飞风筝，让市民朋友在尽情拥抱春天的同时，全面系统地了解风筝、体验风筝、感受风筝文化，享受自然和艺术的“二重唱”。

【“非遗在社区”成果展演】 2023年9月9日晚，第六届湘鄂赣皖非物质文化遗产联展“非遗在社区”成果展演暨红谷滩区“大地情深”优秀群众文艺作品巡演在红谷滩区万象城举行，活动由市文广新旅局主办，市文化馆、区文广新旅局承办，南昌万象城协办。晚会的重头戏是非物质文化遗产展示和表演，包括传统民俗、传统音乐和舞蹈等。戏曲演员聂保银、胡娜娜给观众带来了一段南昌采茶戏《梁祝选段——楼台会》；市级非物质文化遗产保护项目《朝阳洲木排号子》属于典型的原生态民歌，有着浓厚的赣文化地域特色，年轻舞者用舞蹈的方式重新诠释和演绎，让非遗再焕发新的生机活力；国家二级演员、国家级非遗项目南昌清音第八代代表性传承人熊莹莹带来《南昌清音——西江月·秋收起义》（清音是江西省的传统戏曲剧种之一）。此次精彩演出共吸引近万人到场观看。

【“艺轮明月情 相约红谷滩”中秋文艺晚会】 2023年9月28日晚，以“艺轮明月情 相约红谷滩”为主题的国庆中秋文艺晚会在风筝广场举行，此次活动由区政府主办，区文广新旅局、卫东街道办事处、区新时代文明实践促进中心、省歌舞剧院承办。区委书记涂晓晖，区委副书记、区长刘光荣，省歌舞剧院院长杜欢，省歌舞剧院党总支书记付翔，区委常委、宣传部部长邓越峰，副区长熊飞等相关领导出席活动，现场吸引1万余名观众驻足观看。红谷滩区将以此次活动为契机，紧紧围绕文化惠民工程工作中心，与时代同频共振，聚焦“作示范，勇争先”目标，持之以恒铸文化之魂、强文化之基、兴

2023年9月28日晚,以“艺轮明月情 相约红谷滩”为主题的国庆中秋文艺晚会在风筝广场举行

（区文广新旅局 供图）

文化之业,不断提供更丰富更优质的公共文化服务资源,努力满足广大人民群众多样化、多层次的文化需求。

【红谷滩“IN THE SKY 303”音乐嘉年华活动】 2023年9月28—29日和10月2—3日每晚19:00—21:30,在红谷滩区绿地中央广场举行“红谷滩 IN THE SKY 303 音乐嘉年华”,现场不设门票,免费狂欢,自由不受限。本次“红谷滩 IN THE SKY 303音乐嘉年华”由区文广新旅局、区商务局、沙井街道办事处联合推动,致力于通过音乐新生态,促进文旅融合,为城市文旅发展提质赋能。本次活动历时4天,分别以摇滚、民谣、电音和流行为主题,众多优秀的乐队、歌手、说唱歌手、DJ和MC等演出人员为观众们带来了一场场震撼人心的音乐盛宴,活动现场,欢呼声、喝彩声、灯光的闪烁,一切都如此炫目而美妙,现场的气氛温馨而愉悦,创造一次专属红谷滩的音乐记忆。

【“南昌之星”诗词音乐会】 2023年7月15日20时,为响应“英雄聚会·越赣越泳”2023年南昌市横渡赣江系列活动,以音乐之美,展现诗词之韵、分享诗词之趣。千人横渡赣江商文旅主题活动之南昌之星诗词音乐会在风筝广场精彩上演。“君不见黄河之水天上来,奔流到海不复回。君不见高堂明镜悲白发,朝如青丝暮成雪……”在诗词音乐会上,《将进酒》《灯火里的中国》《春江花月夜》《关雎》《虞美人·春花秋月何时了》《多情的土地》等多个作品轮番上演,省著名高校歌唱家及钢琴演奏家们在现场演绎中国经典诗词声乐作品,为中国经典古诗词插上音乐的翅膀,唤醒人们对诗词的记忆,让观众领略和感受中华优秀传统文化的博大精深。

【“永不落幕的”百姓大舞台优秀文艺作品展演暨“大地情深”优秀文艺作品巡演】 2023年12月8日、12月14日由市文化馆指导,区文广新旅局、厚田乡、流湖镇主办的“我们的中国梦——文化进万家”——2023年“永不落幕”的百姓大舞台优秀文艺作品展演暨“大地情深”优秀群众文艺作品巡演活动先后在厚田乡、流湖镇举办。活动共分为启明·星火、盛世·风华、传承·人文、立新·文化四个篇章,辖区各个街道准备的舞蹈、旗袍秀、独唱等精彩表演轮番上演,现场欢声笑语不断。此次活动有传统、传承,也有创新、展望。此次活动既为群众带去了文化享受,也通过文艺演出的形式寓教于乐,真正将文化惠民、服务百姓落到实处,进一步提升了人民群众的满意度。

【“跨年夜·南昌见——红谷滩跨年YEAH!”大型跨年夜活动】 2023年12月31日晚,“跨年夜·南昌见——红谷滩跨年 Yeah!”大型跨年夜活动在红谷滩区崛起广场举行。此次活动由区委、区政府主办,现场包括大型激光灯光秀、跨年音乐节以及鸿鹄市集等多项跨年主题活动内容,同时还有跨夜AR、红仔IP等创意内容发布。当晚,伴随着激昂的旋律,南昌绿地双子塔和主舞台充满科技与未来感的灯光秀准时开启。沿秋水广场、崛起广场、绿地缤纷城、绿地双子塔等城市地标串起的新城中轴线,以天为幕,以一江两岸180余座城市高楼为屏,共同打造出一场长达4小时的“光启中轴、龙通红谷”城市灯光秀。作为南昌市的首次大型激光灯光秀,全程采用红色、湖蓝、玫瑰紫、金色四种主色调,配合音乐会节拍,激荡起城市律动。在4个多小时的光影交错中,双子塔灯光秀会与崛起广场主舞台串联响应,时而切割出锐利的棱光,时而变幻出唯美的光幔,绘就出流动的画卷。伴随着新年零点的到来,南昌秋水广场喷泉随音乐同步开启,双子塔上映射出新年祝福,电子烟花绚烂绽放,整个城市洋溢在欢乐的新年气氛里,跨年夜活动现场人数达38.7万人。

【迎新健步行红谷滩出发点文旅组活动】 2023年12月31日,“走复兴大桥·看南昌变化”——南昌市第十二届迎新健步行活动举行。省委常委、市委书记、赣江新区党工委书记李红军,市委副书记、市长

2023 年 12 月 31 日,“走复兴大桥　看南昌变化”南昌市第十二届迎新健步行活动在复兴大桥举行

（区文广新旅局　供图）

万广明,市人大常委会党组书记、主任李镇发,市政协党组书记、主席候选人肖玉文等市四套班子领导,揭小健等赣江新区党工委班子成员,与市民群众一起徒步复兴大桥,共同见证城市发展新成果,感受南昌发展新变化。区文广新旅局在红谷滩区出发点组织龙狮表演、大学生健美操、少儿街舞、彩带龙等文艺表演,营造了喜庆热闹的活动氛围,赢得市民朋友的高度赞扬,服务群众达 15 万人次。

（高甜甜）

文化市场管理

【概况】　2023 年,红谷滩区文广新旅局以繁荣市场为第一要务,以规范市场为第一保障,不断强化队伍素质建设,完善文化旅游市场监管机制,开展文化旅游市场治理整顿,打击各类违法经营行为,规范文化旅游市场经营秩序。开展元旦、春节、全国两会、“五一”国际劳动节、中秋和国庆假期文旅市场专项整治、校园周边文化环境专项整治行动,进一步规范了文旅市场经营秩序,净化了社会文化环境。辖区重点文旅场所共有 98 家,其中大型书店 4 家、影院 13 家、网吧 34 家、娱乐场所 17 家、景区 7 家、酒店 17 家,主要针对安全生产、文明创建、“扫黄打非”等几个方面对文旅市场每两个月开展至少一次全覆盖式巡查监管工作。

【开展“扫黄打非”行动】　2023 年,全面贯彻落实全国、全省、全市“扫黄打非”工作会议精神,紧紧围绕贯彻党的二十大精神和习近平总书记系列重要讲话精神,精心组织开展“正道”“新风”集中行动(“清源”“净网”“护苗”“秋风”“固边”专项行动)和 8 个专项整治工作。2023 年共检查零售书店、报刊亭、打印复制店、音像制品店、网吧、KTV、游戏游艺厅、影剧院、网络文化传播公司、绿色宾馆饭店、景区景点等场所 310 余家次,出动人员 110 余人次;协助查处非法传教案件 1 起,抓获散发“涉黄小卡片”犯罪嫌疑人 52 人,查获“涉黄小卡片”近 2300 张,对辖区网站进行 49 次网络专项巡查,处理上报相关信息 430 余条,关闭传播“黄赌毒”有害信息网站 9 家,约谈企业(含互联网平台)8 家;全年共查处(含在办)案件 9 起。

【维护市场平安稳定】　2023 年,多次联合相关部门开展安全生产检查。按照“三管三必须”的要求,做到安全生产责任“五落实”,强化文化市场、旅游单位、文保单位消防安全检查,在全国两会、“五一”国际劳动节、中秋、国庆节前夕,联合多个部门对星级酒店、电影院、娱乐场所、景区等地进行专业安全检查,发现隐患 28 处,整改隐患 28 处,整改率达 100%。结合市局安全生产七大行动攻坚方案,严格落实“隐患就是事故、事故就要处理”的要求,加强对公共文化场所、旅游单位和文物保护单位安全生产的检查,采取部门联合检查、日查与夜查相结合等方式,紧盯各行业单位,督促社会单位落实主体责任。按照市安委会、区安委会的工作部署结合日常工作,完成各项重要检查行动,使日常检查和专项行动有机结合,形成安全生产检查的长效机制。2023 年共检查文旅企业 479 家次,派出检查组 396 个、检查人员 596 人次,发现安全隐患 64 处,整改安全隐患 64 处。

【落实文明创建工作】　2023 年,对照《南昌市 2022 年创建全国文明城市实地督查指导手册》,不断完善基础设施和提高服务质量。指导文旅市场、宾馆、景区景点、实体书店等场馆更新创建全国文明城市公益广告、改善无障碍通道等;下沉基层一线,实地指导点位做好创建工作。要求有条件的文化旅游场所利用宣传栏、广告牌、移动电视等媒介平台,广泛刊播刊载,大力宣传创建文明城市工作的重要意义,形成强有力的舆论导向,推动创建工作广泛深入开展。对照创建实地点位考察指标及有关部门督导情况,及时做好公益广告破损、公共设施损坏、无障碍设施不规范等问题整改工作。及时查漏补缺,其中增添公勺公筷贴纸 30 张,增加公益广告宣传海报 3 处,增加景观小品 2 处,更新对标点位导览图 1 处。

【加强文旅市场监管】　2023 年,区

2023 年 4 月 26 日，区文广新旅局联合消防专家对文旅场所进行安全生产检查

（区文广新旅局　供图）

文旅市场管理大队共分 7 个巡查小组对辖区内 9 个乡镇、街道的文旅市场进行日常监管，将日常巡查与突击检查相结合，维护市场经营秩序，为重要时间节点文化旅游市场平稳有序运行提供有力保障。全年共出动巡查人员 800 余人次，巡查文旅市场经营单位 600 余家次。大队全体干部共同努力、合力协作较好地完成 2023 年度各项工作和上级交办的各项任务。

【开展非法卫星地面接收设施整治工作】　2023 年，充分发挥属地职能，多方联动、形成合力对非法卫星接收设施进行联合整治拆除，全年全区共出动行动人员 257 人次，出动行动车辆 43 辆次，开展业务培训、宣传等 360 余次。拆除收回非法安装使用的卫星地面接收设施 32 套，动员群众主动拆除非法安装使用的卫星地面接收设施 7 套。

（徐　芬）

应急广播

【概况】　随着社会的快速发展，应急广播在灾害预警、信息传递、社会稳定等方面发挥着越来越重要的作用。红谷滩区作为城市发展的重要区域，加强应急广播系统建设，提升应急管理能力，显得尤为迫切和必要。为进一步提升城乡特别是广大农村地区应对突发自然灾害、突发公共安全事件、突发公共卫生事件的能力，要求全省村级应急广播系统终端全覆盖，确保在 2023 年 10 月底前，基本实现每个行政村应急广播终端数达到 5 个的标准，实现各级平台对所有应急广播终端的可管可控。注重科学布点、合理配置，确保应急广播能够实现全区行政村的全覆盖。

【制定应急广播规划方案】　应急广播系统建设之初，区文广新旅局注重科学布点、合理配置，确保应急广播能够实现全区行政村的全覆盖，制定了详细的系统规划，明确建设目标、技术标准和实施步骤。根据红谷滩区实际情况，分为两期建设，一期建设 7 个街办、3 个行政村；二期建设厚田乡和流湖镇、46 个行政村（社区）。

【加速推进应急广播体系建设】　2023 年，红谷滩区高度重视，加速推进应急广播体系建设工作，相关部门、单位积极沟通，相互配合，明确责任分工，加强合作，保障了各项建设工作有序推进，明确任务时间节点，压茬推进，已在规定时间内高质量完成建设任务。完成二期（厚田、流湖）项目建设，以及应急广播平台的硬件设备和软件系统的建设。10 月 30 日，实现与市级平台的对接，并取得书面盖章认可。同时区、乡镇（街办）、村（社区）各级平台互联互通，各级平台对辖区内应急广播终端可管可控，具备了快速响应和紧急广播的能力。

【实现辖区内行政村应急广播系统全覆盖】　2023 年，完成了厚田乡和流湖镇 2 个乡镇、46 个行政村（社区）的应急广播系统建设，10 月底前，已完成所有终端设备的安装，两期建设共计 1 个区级平台、9 个乡镇（街办）级平台、79 个村（社区）平台，578 个终端（202 个音柱和 376 个喇叭），终端在线率 100%，实现辖区内行政村应急广播系统全覆盖。

【硬件设施建设】　2023 年，在硬件设施建设方面，投入大量资金，购置高质量的广播设备，包括发射机、接收机、音柱、喇叭等。同时，加强对设施的维护和保养，确保设施的正常运行。建立完善的设备管理制度，规范设备的使用和维护流程，确保设施的安全可靠。

【组织应急广播系统培训】　2023 年，为了发挥应急广播系统的实际作用，组织多次应急广播系统培训，建立应急广播维护群，有不会操作或者网络设备故障的，第一时间在群里反馈，及时解决。在实际应用中，应急广播系统在灾害预警、交通疏导、公共安全等方面发挥重要作用，提升全区应急管理能力。

（胡汪宏）

卫生健康

综　述

2023年，红谷滩区卫生健康委员会（以下简称区卫健委）持续深化医药卫生体制改革，提高医疗质量，优化医疗服务；高效推动健康红谷滩建设，完善机制，强化考核，健康环境指标持续提升；不断深化紧密型医联体、院地合作等分级诊疗模式，建立并落实“两个下沉”（专家义诊下沉、巡回坐诊下沉）诊疗机制，省市优质医疗资源植根基层；着力提升基层信息化水平，完成基层人工辅助诊疗系统建设，8家卫生院（社区卫生服务中心）、50家村卫生室接入使用智慧医疗系统；注重农村医疗服务，全面落实健康帮扶政策。建好人民健康医疗，加快建设3个国家区域医疗中心，持续协调建设省疾控中心、南昌大学附属眼科医院九龙湖分院、区公共卫生服务中心，启动建设南昌大学第一附属医院九龙湖分院，异地搬迁生米中心卫生院。积极引进民间中医名医，筹备创建全国基层中医药工作示范区。医疗服务持续优质，南昌市洪都中医院二期工程、南昌市第一医院九龙湖分院如期竣工。九龙湖街道鸿玺社区卫生服务站、龙兴街道璜源山社区卫生服务站投入使用。中南大学湘雅医院江西医院、南昌大学附属眼科医院九龙湖分院、区公共卫生服务中心顺利开工。浙江大学医学院附属第一医院江西医院、重庆医科大学附属儿童医院江西医院加速推进。完成全球虚拟现实技术大会（VR会议）、上海合作组织传统医学论坛、两会、高考等数十场重大会议及活动的卫生防疫保障，为守护人民健康助推经济社会高质量发展做出积极的努力和贡献。全年全区投放除颤仪27台，家庭医生签约率达48.9%。全区服务人口66.22万人，组建家庭医生团队171个，签约总人数323816人，签约率为48.9%；一般重点人群签约138614人，签约率77.1%；红色重点人群签约3016人，签约率99%；黄色重点人群签约10656人，签约率99%，全面完成年度目标任务。

疾病防控

【概况】 2023年，红谷滩区疾病预防控制中心（以下简称区疾控中心）推动落实疾控体系建设、新冠病毒感染“乙类乙管”、重大传染病控制等核心工作，加强卫生应急能力建设，高标准完成新发突发急性传染病防控应急处置和重大活动卫生防疫保障任务。坚持以“打头阵、当先锋、作表率”的雄心壮志，坚决扛起首府首区责任，努力开创红谷滩区疾控、应急事业新局面。按要求全面开展疾病预防控制工作，有效应对“甲流”、登革热、食物中毒等各类急性传染病疫情和突发公共卫生事件。

【法定传染病疫情工作】 2023年，红谷滩区共报告各类法定传染病18种8120例，其中甲类1种1例，乙类12种650例，丙类5种7469例。报告发病率为1376.62/10万。发病数居前3位的是流行性感冒（6475例）和手足口病（825例）、肺结核（277例），共占总报告数的93.31%。

【筑牢屏障保健康】 2023年，成功调查处置霍乱、猴痘、登革热、疟疾、布鲁氏菌病、流感、诺如病毒感染等各类疫情300余起。

【强化重点传染病监测】 2023年，不断完善艾滋病防治工作机制，召开辖区中高职院校“红丝带讲师团”一级讲师师资培训，培训老师38人，各校陆续开展二级讲师培训活动，二级师资达800余人，实现高校新生艾滋病宣传全覆盖。

【开展公共场所环境和物品监测】 2023 年，严格按照《公共场所健康危害因素监测项目工作手册（2023 年）》开展监测工作，在全区范围内受理并完成 551 家经营单位公共场所空气环境质量的监测。同时，对 524 家理发店、美容店、旅店及足浴按摩店 4 类公共场所的杯具、棉织品、洁具、美容美发工具等公共卫生用品开展卫生质量监测工作，共检测公共用品 1613 件；委托有资质的检测公司在红谷滩区范围内开展水源水、出厂水、城市集中式供水末梢水、二次供水、农村饮用水卫生监测，全年共检测水样 118 份，其中包括水源水 3 份、出厂水 3 份、城市集中式供水末梢水 66 份、二次供水 40 份、农村饮用水 6 份，结果显示，水源水、出厂水、城市集中式供水末梢水、二次供水各项检测指标均合格，农村饮用水除大肠菌群检测结果超标，其他各项检测指标均合格。

【开展城市癌症早诊早治筛查】 2023 年，制定《2023 年红谷滩区城市癌症早诊早治项目实施方案》，根据红谷滩区人口分布情况，安排凤凰洲社区卫生服务中心、沙井社区卫生服务中心、卫东社区卫生服务中心、九龙湖社区卫生服务中心和红角洲社区卫生服务中心作为 5 个项目实施点，各项目实施点去开展 514 名高危人员的癌症筛查工作，完成全年工作任务指标的 102.8%。

【做好传染病及结核病防控工作】 2023 年，加强部门合作，以举办培训会的方式，提高学校对于传染病及结核病防控工作的认识，积极指导做好学校结核病散发病例处置。同时，开展创建无结核校园项目，红谷滩区豫章师范学院成功获批南昌市第一批无结核校园试点单位，为探索终结结核病流行提供新途径。病媒生物防制工作全面展开，全年未报告本土病媒相关传染性疾病。

【强化学生常见病防控】 2023 年，不断强化学生常见病防控，组织全区 2700 余名学生进行近视、超重肥胖、脊柱弯曲异常等学生常见病和健康影响因素监测。以全国爱眼日、全国爱牙日、学生营养日等健康主题宣传日为契机，近视、肥胖、脊柱弯曲异常等学生常见病防控为重点，针对监测中发现的主要健康问题，开展专家进校园、学校卫生标准普及、中小学生健康月、学校教学生活环境改善等干预行动，对学校发放近视防控手册、肥胖、龋齿等学生常见病防控宣传折页 2.5 万余份，发放宣传用品 700 余件。

【提升公共卫生服务保障能力】 2023 年，区疾控中心编制数由刚成立时的 5 人增至 11 人，为解决疾控人员紧缺问题，利用妇保编制数补充疾控队伍，至年底，承担疾病预防控制业务工作专业技术人员共计 19 人。全年分批次送往省、市疾控中心进修深造 10 人，联合辖区基层医疗单位开展卫生应急演练，积极参加上级部门组织的各项比武竞赛，结合单位定期组织的培训，有效提升全区在急慢性传染病防控、慢性非传染病防控、监测预警、分析研判、风险评估、应急处置、实验室监测等各项公共卫生服务保障方面的工作能力。

（周培雄）

2023 年 9 月 20 日，红谷滩区疾控中心联合江西省妇幼保健院在南大附小前湖校区开展“全国爱牙日”宣传活动

（区卫健委　供图）

老龄健康

【概况】 2023 年，红谷滩区卫健委积极应对人口老龄化国家战略，让老年人共享改革发展成果、安享幸福晚年，坚持以人民为中心的发展理念，围绕解决老年人在养老、健康、精神文化生活、社会参与等方面的现实需求问题，深入挖掘老龄社会潜能，激发老龄社会活力，切实增强广大老年人的获得感、幸福感、安全感。老龄健康工作坚持“党政主导、社会参与、全民关怀”工作方针，不断丰富老年人服务内容，大力加强老年健康宣传，切实关爱老年人心理健康，红谷滩区老龄健康工作取得长足进步。

【全面实施老年友善医疗机构建设】 2023 年，开展老年友善医疗机构建设工作，推进医疗机构全面落实老年人医疗服务优待政策，完善医疗机构各项制度措施，优化老年人就医流程，提供老年友善服务，保障老年人合法权益。红谷滩区 7 家医疗机构完成老年友善医疗机构建设，所有医疗机构与养老机构完成签约服务，签约率达 100%，履约率达

81%。推进医养结合工作，加大医疗机构与养老机构签约服务力度，全年医养签约机构130家，履约率达84.4%。

【常态化开展打击整治养老诈骗宣传】 2023年，以健全完善“六大长效机制”为抓手，在严打深挖，反诈防诈上持续发力，更加有力有效维护老年人合法权益，增强老年人反诈防骗意识，提升老年人反诈防骗知晓率和参与度，极大限度保证反诈防骗全覆盖。结合“老年健康宣传周”“敬老月”“质量月”等宣传教育活动契机，集中开展打击整治养老诈骗宣传，开展活动10余场次，基本实现反诈防骗宣传区域全覆盖、人员全参与。

【凤凰洲社区开展“科学健身，助力老年健康”主题活动】 2023年7月25日，红谷滩区凤凰洲社区卫生服务中心联合长江路社区在居家养老中心开展“科学健身，助力老年健康”主题活动，并以此为契机，弘扬中医文化。此次活动，共计约50人次参加，发放宣传资料150余份，向老年群众传播中医健康理念，引导大家日常要注重预防和保健，并增强老年人对追求健康养老的正确理解和自我保护意识，从源头上阻止养老诈骗犯罪事件发生，为广大老年人安享幸福晚年营造良好的社会环境。

（刘海妹）

妇幼健康

【概况】 2023年，红谷滩区妇幼健康工作紧紧围绕健康红谷滩建设，以妇女儿童健康为中心，以妇幼健康促进行动为主线，以“工作落实年”为抓手，为妇女儿童提供全生命周期健康服务，促进红谷滩区妇幼健康工作高质量发展，保障母婴安全。

【促进妇幼健康发展】 2023年，全面落实省民生实事妇幼健康服务项目。落实好免费提供出生缺陷防控服务工作。坚持政策宣传引领、规范服务流程、强化筛查环节、保障工作质量“四原则”，扎实做好出生缺陷防控工作，红谷滩区共发放免费产前筛查服务券3643人次，新生儿疾病筛查服务券4574人次，定点筛查机构做到筛查本底资料清楚，检测结果反馈及时，系统跟踪随访，切实提高群众对出生缺陷防控服务的接受度和满意度，持续降低出生缺陷发生率，逐步提高出生人口素质和儿童健康水平。落实好适龄女生HPV疫苗免费接种工作。坚持方案先行、做足准备、摸实底情、合理安排四部曲，稳妥推进适龄女生免费接种人乳头瘤病毒疫苗工作，全年全区共完成目标人群接种2606人，超额完成市级下达的目标任务数。

【提升妇幼管理水平】 2023年，持续开展适龄妇女计划生育生殖健康检查，积极完成筛查目标任务，提高妇女生殖健康水平。全年共为52746名适龄妇女进行健康体检，任务完成率132.60%。查出问题人群5280人，并全部进行追踪指导服务，保障育龄妇女身体健康。结合基本公共卫生服务项目，为孕产妇及儿童提供系统、规范服务。全年全区孕产妇死亡率为0/10万、5岁以下儿童死亡率在2.48‰以下、婴儿死亡率为0.93‰、新生儿死亡率为0.62‰。孕产妇系统管理率98.26%、3岁以下儿童系统管理率为97.81%、7岁以下儿童健康管理率为98.12%。艾滋病母婴传播率0%、产前筛查率319.77%、新生儿遗传代谢性疾病筛查率100%、新生儿听力筛查率99.97%。结合妇幼重大公共卫生项目，开展预防艾滋病、梅毒和乙肝母婴传播工作。全年共为14689人提供“三病”检测，发现艾滋病感染产妇1人、梅毒感染孕妇23人、乙肝阳性孕妇1089人。乙肝阳性已分娩产妇1204人，并对其所生的婴儿注射乙肝免疫球蛋白。委托江西省妇幼保健院协助红谷滩区高质量完成“三病”随访、管理工作。至年底，红谷滩区艾滋病感染所生儿童在管1人，转介回属地3人。梅毒在管12人，转介回属地27人，1人结案。随访乙肝感染孕妇所生儿童1127人，提供乙肝

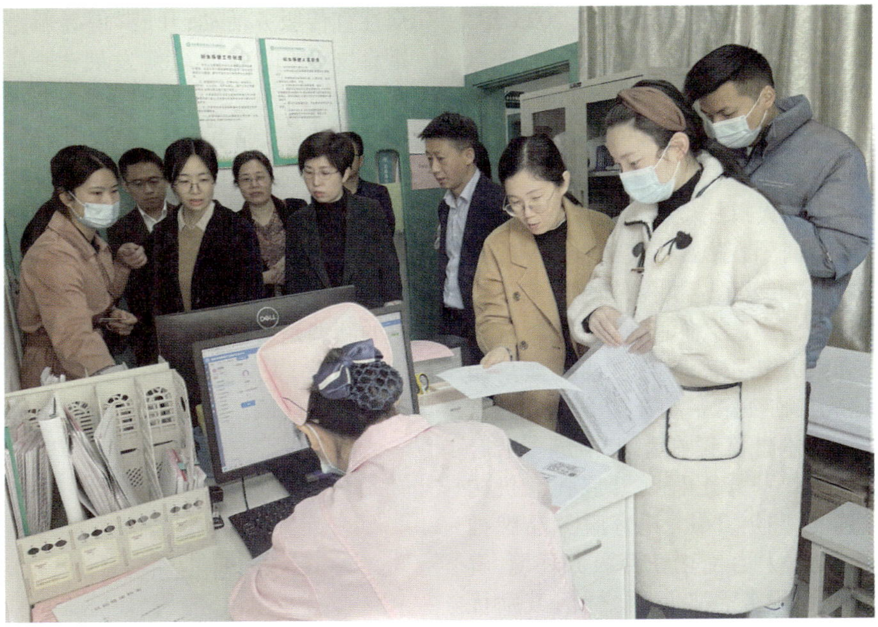

2023年4月26日凤凰洲社区卫生服务中心为孕产妇发放免费产前筛查和新生儿疾病筛查服务券工作

（区卫健委　供图）

病毒血清学检测166人。落实母婴安全五项制度,举办2场红谷滩区母婴保健专项技术服务人员培训班,参加培训和考核母婴保健专项技术人员180余人,162人顺利通过考核。

(杨应萍　樊小燕)

家庭发展

【概况】 2023年,红谷滩区稳妥实施三孩生育政策及配套支持措施,将婚嫁、生育、养育、教育一体考虑,释放生育潜能,适度提高生育水平,改善人口结构,积极应对人口老龄化,促进家庭和谐幸福。通过开展婚育新风进万家活动,大力倡导适龄婚育、优生优育,构建新型婚育文化,引导家庭树立健康理念,大力提升家庭幸福指数。“江西卫惠保”参保人数9097人,参保率1.41%,全市排名第一。至年底,红谷滩区户籍人口463894人,其中育龄妇女100459人,已婚育龄妇女68070人;总出生人口3632人,比上年少出生47人,出生率9.76‰。

【托育服务高质量发展】 2023年,通过多元化、灵活化、市场化、普惠化的托育服务体系基本建立,全年红谷滩区累计建设完成各类托育机构66家,全区提供托位总数2433个,每千人口托位数达4.0个。红谷滩区有托育服务备案机构7家,其中4家市级示范机构,新增2家。创新区公办托育中心建设举措,采取“弹性办托”模式,与江西文演集团达成在临江第一幼儿园合作办托意向,具体事宜正在稳步推进。结合政府“双一号工程”,开展托育机构“连心座谈”2次,托育服务品牌推介1次,大力优化托育服务环境,解决托育服务企业后顾之忧,鼓励优质社会托育资源落户红谷滩区,繁荣红谷滩区托育服务市场。加大“医育”结合工作力度,红谷滩区18家托育机构与属地基层医疗机构完成签约,签约率100%。出台红谷滩区普惠托育协议价格的通知,实现托育服务收费合理定价,普惠型托育比上年每月托育价格降低300—500元。坚持政策牵领,全面贯彻落实省、市托育服务行业发展系列支持政策,足额配齐区级托育机构补助资金,全年累计发放托育机构补贴125万余元。

【家庭发展能力建设】 2023年,落实奖励扶助、特别扶助、城镇独生子女父母奖励、一次性抚慰金、免费体检等各项政策。全年为391名各类符合条件的奖励扶助对象发放资金46.92万元;为7634名城镇居民独生子女父母发放奖励资金880.53万元;为8名农村独生子女、二女不再生育家庭兑现中考加分优惠政策。

【开展卫生健康科普宣传工作】 2023年,通过大力推进乡村卫生健康公约进万家宣传活动,推动流动人口服务进商圈、进园区,提升流动人口服务能力与水平,逐步实现流动人口服务工作制度化、规范化;利用“5·29”会员活动日,广泛开展群众性宣传服务活动;开展“倡导新型婚育文化,促人口均衡发展——喜迎党的二十大”“江西卫惠保,老少皆宜保障好”等系列主题宣传活动。全年红谷滩区共举办宣传活动18场,发放免费宣传资料3000份,开展义诊咨询服务,普及优生优育、生殖健康、家庭健康等知识,倡导科学文明的新型婚育观念,科学婚育、拒绝高价彩礼、夫妻共担育儿责任社会氛围蔚然成风。

(黄　岑)

爱国卫生

【概况】 2023年,红谷滩区爱国卫生工作,在区委区政府、区卫健委的坚强领导下,在南昌市爱卫办精心指导下,坚持以改善城市人居环境、提高群众健康素养为目标,通过部门联动、科学治理、群众监督等有效手段,紧紧围绕巩固国家卫生城市创建工作及红谷滩区健康县区建设任务,扎实开展一系列爱国卫生运动及健康县区建设工作。

【巩固国家卫生城市工作】 2023年,红谷滩区爱卫办组织协调实施并有计划地开展爱国卫生活动,印发《红谷滩区巩固国家卫生城市工作实施方案》《2023年红谷滩区爱国卫生工作要点》,明确巩固国家卫生城市工作重点任务,对目标任务进行分解,全面负责工作开展和业务对接、指导,协助相关部门开展工作和资料收集,明确专人负责巩卫工作,整合力量,形成齐抓共管的工作机制,扛牢压实工作责任,做好组织保障,全面推进红谷滩区巩固国家卫生城市工作,积极配合市爱卫办顺利完成2023年南昌市巩固国家卫生城市复审任务。

【提质增效促民生】 2023年,强化政府主导、部门联动,将全年重点工作与“巩固国家卫生城市建设”相结合,切实开展爱国卫生运动宣传,狠抓病媒生物防制工作,持续改善城市面貌。出台《红谷滩区2022—2023年健康县区建设项目方案》,实施“将健康融入所有政策”工作策略,安排370万元专项经费,通过健全组织管理、完善健康政策、打造健康场所、传播健康文化、提升健康环境等系列措施,红谷滩区于10月18日顺利通过省级评估并被评为优秀健康县区。

(胡　轲)

卫生监督

【概况】 2023年,红谷滩区卫生监督工作以保障全区广大群众健康为中心,深入贯彻落实《中华人民共和国传染病防治法》《医疗机构管理条例》《医疗废物管理条例》《消毒管理办法》等法律法规,坚持开展重点卫生健康领域监督检查,切实履行传染病防治监督职责,提升传染病防治水平,严厉打击各类公共卫生单位违法违规行为,推动卫生监督事业高质量发展。红谷滩区卫生健康综合监督执法局先后多次荣获"南昌市卫生监督先进集体""南昌市卫生监督稽查考核优秀单位"等称号。

【加强卫生监督工作力度】 2023年,红谷滩区认真贯彻落实卫生监督工作要求,不断加强对卫生监督工作的管理和监督,积极开展卫生监督工作,全面提升卫生监督工作质量和水平。全区有各级各类公共卫生单位2285户,其中公共场所1555户、生活饮用水1户、医疗卫生366户、学校卫生46户、职业卫生48户、放射卫生18户、传染病251户。全年共监督检查2100户次,出动卫生监督员5546人次,下达卫生监督意见书838份,出动执法车辆617辆次;完成行政处罚案件161起,其中公共场所102起、职业卫生1起、放射卫生1起、医疗卫生28起、传染病防治29起,共计罚没金额49.69万元(含没收违法所得),所有案件均按要求进行公示;受理各类举报事项175件,其中涉及公共场所类101件,医疗卫生类74件,所有投诉均做到投诉举报"件件有登记 件件有回音",投诉举报查处率达100%;承担各级各类重大活动保障任务12次,包含江西省"人大"、红谷滩区"两会"、2023世界VR产业大会、上海合作组织传统医学论坛等会议保障,共出动卫生监督员60余人次,现场快检水样120余个批次,保障与会宾客的公共卫生安全。

【完成国家"双随机"监督、抽查工作】 2023年4月,国家监督信息平台在系统内发布2023年国家"双随机"监督、抽检任务(265家),所有监督、检测任务于10月底已100%完成。对被抽检单位的公共用品、生活饮用水、游泳池水、学校内环境等项目开展监督抽检,监督抽检不合格单位15家,均责令经营单位限期整改并组织第2次监督抽检,采样12家(3家已停业),对第二次抽检不合格的2家单位进行立案查处,检测结果及复检结果均在红谷滩区政府网站公示。

【开展职业卫生各项工作】 2023年,在职业病危害防治用人单位积极开展第21个《中华人民共和国职业病防治法》宣传周活动,共职业健康培训400余名工人,发放宣传资料2000余份和防护用品200余件,接受现场咨询300余人次。职业病危害项目申报系统有用人单位42家,申报率100%,均参加南昌市职业病线上卫生知识培训及考试,工作场所职业病危害因素检测岗位165个,合格岗位164个,合格率99.4%。举办全区2023年用人单位职业卫生培训班,共80余人参加。对辖区内存在职业病危害的用人单位开展职业卫生专项监督检查、国家双随机监督检查及用人单位夏季防暑降温工作专项督查,共出动执法人员100余人次,下达卫生监督意见书39份,针对未按规定及时申报职业病危害项目的问题,给予用人单位警告的行政处罚。

【开展医疗卫生行业综合监管督察暨联合执法检查工作】 2023年,建立红谷滩区医疗卫生行业综合监管部门协调机制,召开工作动员部署会3场次,辖区内200余家医疗机构负责人和乡村医生参加,医疗机构对标对表自查自纠,上报自查总结和依法执业自查报告,按照实地联合执法检查抽查率不低于10%标准的要求,区卫健委联合区公安分局、区医保局、区市场监管局对38家医疗机构开展督查,立案查处1起,处罚金额0.2万元,于11月中旬完成联合执法检查任务。

（董　俊）

医政管理

【概况】 2023年,红谷滩区卫健委始终坚持以人民健康为中心,完善医疗服务体系、提升服务能力、改善医疗服务、强化医疗机构监管、强化行业作风建设。通过"六个强化"积极举措,稳妥推进家庭医生签约、履约服务,居民签约服务体验感、满意度大幅提升。加大人才队伍培养和医务人员业务素质训练力度,致力打造区域医疗高地,切实维护群众生命健康安全。

【医联体分级诊疗制度日趋成熟】 2023年,持续深化基层医疗机构与省市三甲医院的紧密型医联体模式,江西中医药大学附属医院、江西中西医结合医院等医联体协作医院派驻40多名专家下沉基层坐诊,打造"国医堂"、热敏灸、康复理疗、内分泌等特色科室;建立与南大二附院、江西省妇保等驻区三甲医院在慢性病、内分泌疾病、基本公共卫生服务孕产妇及儿童管理、困难妇女"两癌"筛查、"三病"管理等健康领域建立合作关系,补充医疗服务短板;汇集各大医院名科名医和特色优势,建立针对性的预约诊疗、优先转诊等工作机制,为辖区居民提供最优质、最便捷的医疗卫生保健服务。构建完善以社区医生为中枢、民营医疗机构为网底,省、市三甲医院及医联体协作医院为技术支撑的三级医疗救治网络体系。包括南昌市迎春烟花晚会、江西省人大会议、红谷滩区人大、政协会议、中国南昌国际龙舟赛、流湖(松湖)龙舟赛、中高考、南昌市横渡赣江活动、南昌市国庆烟花晚会、2023年世界VR产业大会、南昌市第九届职工运动会开幕式、中国空军“红鹰”飞行表演队城市宣传飞行、第十二届迎新健步行活动、元旦跨年活动等12次重大活动医疗卫生和公共场所及生活饮用水卫生安全保障工作，出动救护车74辆次、医护人员253人次、卫生监督员40余人次，现场快检水样100余个批次，完成各项重大活动的保障工作。

【加强基层医务人员业务培训】 2023年，深入落实国家、省、市关于基层卫生人才能力提升培训项目的工作部署，加强基层医疗机构人才队伍建设，提高基层卫生医疗技术水平和服务能力。全年输送14名基层医务人员前往驻区省市级三甲医院进修学习。积极推进全科转岗和强基提能工作，开展全科转岗培训13人，完成强基提能线上全员培训287人，线下骨干医生培训17人，全方位提升医务人员的基础知识和医疗水平。

【全方位、多层次传播健康科普知识】 2023年，与媒体签订合作协议，每周两期在固定时间段播放红谷滩区健康促进类节目，向大众传播健康知识，举办红谷滩区健康家庭素养技能大赛；联合市疾控中心在健康宣教、防病讲座和科学研究开展相关工作，积极利用爱国卫生月、无烟日、全国疟疾日、防治碘缺乏病日、世界防治结核病日、食品安全周、爱牙日、全民健康生活方式行动月活动等纪念日与媒体深度合作开展健康主题活动。全年在公开新闻媒体上宣传报道58篇次（省级30篇次、市级9篇次、区级19篇次），在各类官方网站发布新闻报道30篇次（省级5篇次、市级25篇次）。3月，开通微信公众号，至年底，关注用户接近8万。

【医疗卫生领域突出问题专项治理】 2023年，聚焦行业特点，精准把握开展医疗卫生领域突出问题专项整治，多措并举，从严治理侵害群众利益问题；通过成立医疗领域腐败问题专项整治领导小组，先后组织召开专题动员部署会及专题工作会3次，制定《红谷滩区卫生领域突出问题专项治理方案》，明确卫生健康行业突出问题乱象治理的具体内容、治理范围、治理目标和治理工作相关要求；建立多部门联合机制，形成部门联动、齐抓共管的长效机制，全面开展卫生健康行业突出问题治理工作，通过机构自查及区级排查相结合的方式使专项治理活动向纵深推进。至年底，区本级及医疗机构共开展各项学习16次，发现问题共计2条，实施整改类工作任务2项，建立专项治理落实工作台账1个，活动开展机构督查自查12次，发现问题2个，均已整改到位。

【医药卫生体制改革】 2023年，深入学习和推广三明市医改经验，成立深化医药卫生体制改革领导小组，制定《红谷滩区2023—2025年医药卫生体制改革实施方案》，同时设立红谷滩区卫生健康行业党建工作指导委员会办公室，切实加强党对医改工作的全面领导。建立并落实专案下沉义诊和专案巡回坐诊“两个下沉”诊疗机制，就近解决居民健康需求。畅通便捷转诊通道。有效建立与省市三甲医院之间的双向转诊通道，对转诊患者进行密切跟踪服务，并为急、危、疑难、重症患者建立绿色通道。

【健康帮扶成效显著】 2023年，持续落实“先诊疗、后付费”，基本医保、大病保险、医疗救助三重保障“一站式”结算政策，全面做好健康监测、健康帮扶、大病救治等工作，巩固基本医疗保障成果。对监测对象应管尽管。全区有健康帮扶监测对象386户共921人（其中长期外出16人），家庭医生签约905人，实现应签尽签，签约率达100%；慢病患者签约205人，落实4次以上随访服务。不断规范村级卫生管理，开展服务能力建设评价。流湖镇、厚田乡等36个村卫生室均达到基本标准，5家达到推荐标准，实现65%的村卫生室达到基本标准的目标。加强村卫生室规范化管理。印发《进一步规范村卫室坐诊、巡诊相关制度的通知》《关于切实加强村卫生室规范化管理的通知》，落实坐诊巡诊制度，每月开展巡查并建立监管台账；推进乡村医生人才队伍建设，完成2名大学生乡医招聘，开展“巩固健康帮扶成果相关政策及工作内容”培训，流湖镇13名乡村医生参加为期1个月的“南昌市基层卫生人才能力提升”脱产培训，乡村医生业务能力进一步提升；稳固保障乡村医生待遇，落实乡村医生省级公共卫生服务项目资金、基药补助和60岁以上养老保障生活补助等各项经费，完成86名乡村医生的医疗责任险投保工作。常态长效进行监督检查，会同医保部门、乡（镇）政府联合督导2次，全年累计对辖区卫生院、村卫生室督导15次，发现问题13个，整改问题13个。

【基层信息化水平不断提高】 2023年，积极对接省市相关部门和红谷滩区基层人工智能辅助智慧医疗系统建设工作专班，8个基层医疗机构及50家村卫生室的辅助诊疗系统建设已全面完成切换上线。创新性开展“智医助理”项目试点，并积极推广应用于家庭医生签约和基本公共卫生服务等工作，医疗卫生健康服务更加便捷化。落实“互联网＋签约服务”，推进医疗信息化建设，通过“健康南昌”微信公众号，引导居民在手机端与家庭医生进行签约、互动，提醒居民按时履约，让签约服务变得更智能。

【健康红谷滩建设】 2023年，聚焦“15＋3项专项行动”，把健康融入所有政策，以创建“健康县区”建设为抓手，着力开展“健康红谷滩 健康义诊进万家系列”活动，联合江西中西医结合医院、南大眼科医院举办“中医夜市”“眼科健康进万家”等系列大型健康义诊活动5场次，线上线下参与群众超10万人次；重点抓好健康知识普及、合理膳食、全民健身、心理健康促进、中医药健康促进、重大疾病防控等各项措施的落实，全方位、全要素推进辖区居民整体健康水平稳步提升。持续打造摩天轮智慧跑道、凤凰体育公园、九龙湖健康主题公园、元宇宙·VR数字农业示范基地等特色亮点区域；已建成公园14个、健康步道33条、健康小屋33家、健康教育活动室135个、健身场所290余处。积极打造“15分钟医疗服务圈”，依托“1+X”社区邻里中心建设，持续推进完善社区卫生健康网点建设，通过连续、动态、个性化的数据监测和分析，开展全人群、全方位、全周期的“三早”（早筛查、早评估、早干预）健康管理服务。

【组建健康教育宣讲团】 2023年，红谷滩区利用辖区内优质卫生资源，组建11支70余人的健康教育宣讲团。形成“卫生—教育—学校—家庭”多方位健康教育协同机制，制订健康教育宣讲计划，安排健康教育讲座入校宣讲，促使学生树立健康生活理念，健康生活方式，有效降低学生常见病患病率。

（郭建华）

2023年11月19日，红谷滩区卫健委在站西花园开展“健康红谷滩中医进万家”活动

（区卫健委 供图）

中医药管理

【概况】 2023年，红谷滩区加大基础设施投入，基层中医馆项目建设已全部覆盖，抓实九龙湖等社区卫生服务中心市级示范中医馆项目建设，开展“中医夜市文化”、中医药进社区、进校园等系列中医药宣传活动，积极筹备创建全国基层中医药工作示范区，中医药服务条件全面改善，服务能力进一步提升。

【中医特色科室建设】 2023年，全面完成7个公立性基层医疗卫生机构中医馆项目建设，依托江西省中医药大学附属中医院，江西中西医结合医院等紧密型医联体协作医院，引进三甲医院副主任及以上中医师常年到基层坐诊，重点打造“国医堂”和“中医理疗康复科”两个中医特色品牌，老百姓在家门口就能享受到简便验廉的优质中医药服务。

【推进中医药传承与创新】 2023年，充分挖掘民间优质中医资源，积极引进万氏疗法第七代传人万江田“龚氏”针法等民间名中医，开办了杏林洪兴医院等民间中医机构，打造民间中医特色，做优做精民营中医馆，为民众提供更优质的中医诊疗服务。

（熊 辉）

社会生活

劳动就业

【概况】 2023年，红谷滩区人力资源和社会保障局贯彻落实全区人社领域优化营商环境“一号改革工程”，深谋惠民之策，勤行便民之举，以点点滴滴、实实在在的暖心举动，当好人民群众的“服务员”，不断提升民生保障的“幸福指数”。坚持就业优先战略和积极的就业创业政策，突出抓好高校毕业生、失业人员、就业困难群体就业工作，推动实现更加充分更高质量就业，谱写和谐劳动关系新篇章。城镇新增就业人数7987人，城镇失业人员再就业人数1040人，就业困难人员就业人数326人，职业培训人数4738人，失业保险参保人数44806人，就业见习人数162人，发放创业担保贷款1.02亿元。区劳动人事争议调解中心获评全国、全省金牌劳动人事争议调解组织。区劳动人事争议仲裁院被获评江西省五星级劳动人事争议仲裁院。区就业创业服务中心获评“南昌市工人先锋号”。

【落实各项助企惠民政策】 2023年，为5311名高校毕业生发放一次性求职补贴531.1万元，为6名大学生发放一次性创业补贴3万元。发放就业困难人员社保补贴86.75万元、企业社保补贴2.63万元、就业见习补贴108.67万元、就业帮扶公益性岗位补贴24.68万元、脱贫劳动力省内务工交通补贴3.03万元、吸纳城乡贫困劳动力就业补贴1.1万元、农家书屋管理员2022年度岗位补贴5.85万元。发放创业培训补贴2246人次，共计291.98万元；发放就业技能培训补贴757人次，共计126.35万元。

【帮扶重点群体就业】 2023年，组织超百家企业开展农民工专场线上招聘，线上服务农民工5174人次，提供有效就业岗位967个，帮扶返乡农民工就业252人。开展重点群体专场招聘会5场，帮扶656人次。通过就业扶贫专岗，安置68人。为退捕渔民提供政策宣讲、就业指导、职业介绍等公共就业服务5次。落实就业见习政策，认定辖区见习单位42家，开发见习岗位483个，完成见习人数162人。举办职业培训班128期，参训人数4738人。

【失业保险支持稳岗就业】 2023年，贯彻落实“降、缓、返、补、创”系列惠企纾困政策，第一时间帮扶中小微企业，最大限度稳就业、保就业。发放失业保险金528.3万元。发放失业补助金183.8万元。为2823人(次)代缴医保109.68万元。发放失业保险支持职业技能提升补贴71万元。为2093家企业发放支持企业稳岗返还补贴299.97万元，。为26家企业发放一次性扩岗补助21.3万元。

【打造就业创业品牌】 2023年，聚焦提质量、扩增量主线，通过选树优质品牌为就业赋能，为创业添彩。成功创建省星级充分就业社区——上滩社区、市级充分就业示范社区——风华社区和碟子湖社区。新增两家区级孵化基地——双信·华兴退役军人创业孵化基地、科大讯飞南昌创业孵化基地，并发放一次性基础奖补经费共计30万元。全区孵化基地在孵企业共196家，带动就业783人，并主动为基地企业提供“职通车”送政策、“直播带岗”等特色服务，助力企业高质量发展。

【招才引智工作成效显著】 2023年，开展2022—2023年度“百场校招”活动共232场，组织12932家企业，滚动提供就业岗位34万个，收到简历2.7万份，签约人数达1.38万人，在北京第二外国语学院、对外经济贸易大学、华北电力大学(北京)等10所高校建立“赣才归巢”人才工作站，开展赣籍学子见面会9场，持续唱响“天下英雄城 聚天下英才”品牌。创新开展“秋水游园会”“红谷篷友会”等人才夜市招聘活动9场，共组织301家企业提供优质就业岗位4327个，吸引2.3万人次参与，收到简历1387份。开展“春风行动”“民营企业招聘月”等专场招聘活动39场，共组织15171家企业提供岗位43万个，收到简历3.5万份。

【开展劳动保障监察执法工作】 2023年，开展红谷滩区劳动监察暨在建项目劳资管理员综合业务培训，全面提升红谷滩区劳动保障监察员及劳资管理员的业务能力水平。处理线上各渠道欠薪线索7500余条，办结线下日常欠薪投诉举报316起，下达《限期整改指令书》88份、《行政处罚告知书》21份、《行政处罚决定书》3份，有4起案件因涉嫌拒不支付劳动报酬罪移送公安机关，为5400名劳动者追回工资8625.6万元。

【根治拖欠农民工工资工作】 2023年，开展“护薪360”专项行动和根治欠薪冬季攻坚行动，将“七个一”工作法贯穿始终，通过张贴并发放致广大农民工的一封信、公布一条劳动维权举报热线、开通一项欠薪投诉“码”上服务、召开一次全区在建项目劳资员业务培训、开展一次欠薪隐患排查、化解一批欠薪投诉案件、查办一批恶意欠薪典型，全面排查辖区120余个工程项目，督促项目单位落实保障工资支付“一金六制”（“一金”：工资保证金；“六制”：实名制管理制度、工资支付担保制度、人工费用与工程款分账管理制度、工资专用账户制度、总包代发制度、按月足额支付工资制度）工作制度，实现欠薪隐患“未病先防”的目标。涉及农民工欠薪人数同比下降59%，涉及金额同比下降39%。

【牵头成立和谐劳动关系一站式服务中心】 2023年，打造全省首家由人社部门牵头的劳动关系多元调处服务机构——红谷滩区和谐劳动关系一站式服务中心。中心大厅服务窗口集合法律咨询、调解仲裁案件受理、劳动保障投诉举报、信访接待、法律援助等多项功能，实行“一窗受理、分类处理、联动办理”。中心内部设立劳动人事争议多元调解室、农民工工资争议速裁庭、劳动人事争议巡回审判庭等特色功能区域，实现劳动争议从调解、仲裁、上诉、审理到执行的全流程一站式办理。中心建立一支由劳动仲裁员、公益律师、工会调解员、劳动监察员等29名专业人员组成的劳动关系协调团队，提供用工体检、用工指导、政策宣讲、人才招聘、建会入会、人事托管等多项劳动关系全过程公共服务，从源头上预防劳动纠纷发生。

【依法规范用工秩序】 2023年，开展涉企执法检查“瘦身”行动，减少日常进企检查比例及频次，通过劳动保障年度书面审查、清理整顿人力资源市场秩序行动，对用人单位规范用工情况进行动态监管，排查辖区用人单位260余次，审查规章制度800余条，帮助用人单位提高管理水平。努力提升执法检查服务效能，探索更具弹性和包容性的监管模式，鼓励和引导违法行为当事人改正轻微违法行为，为市场主体留足发展空间，营造有利于创新和公平竞争的良好环境。

【高效办理劳动争议案件】 2023年，秉持规范高效的工作态度，积极化解劳动争议案件，在维护职工权益方面提供便捷、快速、热情、优质的服务，保护农民工等群体的合法权益，为劳动者创造稳定的劳动环境，也为企业营造良好的营商环境。共受理劳动争议案件937件，年度结案率100%，调解劳动争议1548件，有效保障当事人合法权益，促进劳动关系的和谐以及社会的稳定。

【基层劳动人事调解组织建设】 2023年，持续强化基层劳动人事争议调解组织建设，提升基层劳动人事争议协商调解工作效能，将更多行政争议实质性化解在基层和萌芽状态，更加有效促进企业发展和保障劳动者合法权益。充分发挥区劳动人事争议调解中心职能，指导基层调解组织及时处置“互联网+调解”服务平台的线索案件，全年共办结平台案件693件，线上调解率达100%。

【企业依法用工“体检”】 2023年，委托第三方机构对辖区20家企业开展依法用工“体检”，对企业的合法用工情况进行诊断评估，并针对每家企业特性提出有效控制和管理方案，大力提升辖区企业人力资源管理人员依法用工意识和能力，尽量避免因不规范管理引发争议，助推企业健康、和谐、持续发展。

【劳动保障普法宣传】 2023年，广泛普及劳动保障法律法规知识，营造维护劳动者合法权益良好社会氛围。充分利用劳动关系协调员培训班、企业用工能力提升培训、以案释法活动等各类方式，提升劳动保障法律法规知晓率。全年共开展劳动保障普法宣传活动42场，悬挂横幅及电子屏宣传160余条，发放宣传资料6000余份。

【电子劳动合同推广应用】 2023年，进一步优化营商环境，全面推广应用电子劳动合同，提高电子劳动合同的社会认可度，增强企业和劳动者订立电子劳动合同的积极性、主动性。通过召开培训会及线上指导等方式，帮助全区280余家企事业单位注册使用电子劳动合同平台，签订电子劳动合同1.8万余份。

（龚丽婷　姜璐瑶　朱　欢　樊晓芳）

社会保险

【概况】 2023年,红谷滩区人力资源和社会保障局(以下简称区人社局)积极践行“服务为先、保障民生”的使命担当,以促征缴、保发放、防风险、优服务为重点,持续提升经办效能和服务水平。全面推进社会保险工作提质增效,精准识别困难群众参保信息,做到应保尽保、应发尽发,持续织密社会保障安全网。

【社会保险征缴发放】 2023年,加强社会保险费征缴工作,保障社会保险金的发放。全区城镇企业职工养老保险累计参保106913人,基金征缴7.21亿元,待遇发放3.32亿元;机关事业单位养老保险累计参保3727人,基金征缴9280万元,待遇发放4447万元;城乡居民养老保险累计参保50125人,基金征缴1822万元,待遇发放2355万元;工伤保险累计参保55056人,基金征缴669万元,待遇发放256万元;失业保险累计参保44806人,基金征缴1943.94万元,发放失业保险金528.3万元。为困难群众代缴2023年度城乡居民养老保险费36.11万元,代缴率达100%。

【调整退休人员养老待遇】 2023年,根据省人社厅、省财政厅联合出台的2023年调整退休人员基本养老金的通知及专题会议精神,于7月中旬全面完成全区企业职工和机关事业单位退休人员基本养老金的待遇调整,共惠及16207名退休人员。

【优化社保经办服务】 2023年,全区5000余家参保单位全部开通网上经办大厅,参保群众广泛使用手机端自助办理业务,自助服务一体机实现40项社保事项的自助办理,逐步构建“窗口端、网端、掌端、自助端”的立体式服务网络体系。全年共办理各类社保服务事项10万余件,其中线上办理9.08万件,线上办件率达90.54%,在全市排名榜首。

【“社保服务进万家”活动】 2023年,大力协助省人社厅成功举行全国首届“社保服务进万家”主场活动。在属地村(社区)开展5场以“社保服务进万家——全民参保 共享美好”为主题的系列宣传活动,为群众就社保问题答疑解惑,活动共发放宣传资料6000余份,接受群众咨询近2000人次,现场办理参保缴费217人次。

【工伤认定质量提升】 2023年,积极推进府院联动,组织市人社局、南昌铁路运输法院、区人社局三方座谈,增进法律的理解与适用。开具全市县区首张快递企业优先参保《工伤认定决定书》。全年共受理工伤认定申请185件,其中涉及新就业形态劳动者工伤认定申请3起。

【工伤待遇核定支付提速】 2023年,为更快、更好地方便用人单位或职工办理工伤保险待遇核定手续,通过优化流程、精简要件、信息共享等措施,切实把学习成效转化成为民解忧的工作动能,努力提升工伤保险待遇服务水平。推出“更精准、更迅速、更贴心”的工伤保险待遇核定支付服务,大力推行数据对接和工伤待遇联网即时结算,全区的工伤保险待遇核定支付经办平均时长提速到7.79小时,在全市排名第一。

【社会保障卡“一卡通”】 2023年,推动社会保障卡居民服务“一卡通”多场景应用。旅游观光领域,在全市率先实现65岁以上老人可凭实体社保卡(二代、三代)人工核验及电子社保卡闸机扫码核验进入南昌舰、厚田沙漠景区;信用服务领域,可使用实体社保卡(二代、三代)借用雨伞、婴儿车、轮椅;政务服务领域,可使用电子社保卡作为身份凭证在政务服务自助机上办理相关业务;智慧安居领域,可使用社保卡(二代、三代)刷卡就餐,80岁以上老人可享受用餐优惠。

(卢　剑　樊晓芳)

医疗保障

【概况】 2023年,红谷滩区医疗保障局(以下简称区医保局)围绕“防风险、强业务、做亮点”的工作思路,创新打造“红小依”医保经办服务品牌,以推进医保服务进乡村(社区)、全力提升医保服务水平为切入点,探索实施一系列创新举措,助推全区医疗保障工作再上新台阶。全区基本医保参保总人数270696人。其中,职工参保36271人(含市里下放的存量企业的参保人数),居民参保234425人,参保任务完成率102.15%,排名全市第一。至年底,城乡居民基本医疗保险收入8812.94万元、支出3462.80万元;城镇职工基本医疗保险收入12001.60万元、支出5346.49万元;其他医疗保险收入3479.35万元(含公务员补充医疗保险3378.90万元、离休干部医药费100.45万元)、支出61.48万元(含公务员补充医疗保险20.23万元、离休干部医药费41.25万元);城乡医疗救助资金收入922.02万元、支出905.92万元。

【打造“红小依”医保经办服务品牌】 2023年,结合红谷滩区域特色、医保服务理念,创新打造红谷滩区“红小依”医保经办服务品牌。依托乡镇(街道)便民服务中心、村(社区)便民服务站、银行网点等,标准化打造214个“红小依之家”,并下放不少于12项医保高频事项帮代办权限,构建起覆盖全区的经办服务网格体系。常态化开展业务学习,组织开展“红小依小课堂”“红小依大讲堂”等专题学习30余次，开展“寻找身边的红小依，争当医保代言人”比武练兵活动，并通过跟班学习、考核测试、表彰遴选等方式，营造“比、学、赶、超”良好氛围，提升业务经办水平。线上开辟“红小依说医保”宣传版块，用手绘漫画、短视频等形式，以“红小依”为主角对医保政策进行通俗化、生动化演绎，拍摄制作的《后宫·话医保》《医保带来的安全感》等政策宣传片反响热烈、好评如潮。线下探索构建政民互动“双向奔赴”新模式，根据不同受众群体特点，共开展“红小依见面会”“红小依请您来做客”活动30余次，精准解读政策，积极回应群众关切，打通政策落地“最后一公里”。

【维护医保基金安全】 2023年，持续深化医保基金协同监管，着力推动构建全方位、多层次、立体化的基金监管体系。根据南昌市交叉检查、省市飞行检查要求，进一步落实“双随机、一公开”监管，兼顾专项检查与日常检查全覆盖。至年底，共完成全区327家定点医药机构全覆盖检查，检查率达100%，追回违规医保基金84.16万元，对29家定点医药机构作出行政处罚决定，罚款金额50.2万元。4月，正式出台《红谷滩区定点医药机构医保基金监管信用评级评价办法》，对辖区内定点医药机构的医保基金使用情况分指标量化评级和上墙公示，实行定点医药机构分级分类管理。信用评级结果将与监督检查频次、定点协议管理等挂钩，通过守信激励和失信惩戒相结合的方式，促进红谷滩区定点医药机构自律经营，形成政府主导、行业自律、社会参与监督的多方协同监管新机制。至年底，共完成283家定点医药机构的信用评级。在全市范围内率先组织开展“医保政策明白人”评选工作，经过前期的专题培训及综合测评，结合定点医药机构日常检查情况，最终评选出红谷滩区首批“医保政策明白人”20人。加强辖区内“两定”机构医保政策法规、基金使用规范等方面的宣传，推动形成规范使用医保基金的良好氛围，至年底，共召开6场培训会，覆盖620余人次。

【提升医疗保障服务水平】 2023年，深入推进全民参保，构建区医保局、乡镇（街道）和村（社区）三级联动机制。加强沟通协作，形成部门合力，利用区税务局提供的缴费数据，精准掌握工作底数，同时发挥教育部门宣传力量，提升校内学生参保率。积极动员，广泛宣传，坚持线上、线下宣传相结合，营造良好的缴费氛围。全年共组织现场宣传30余次，上门入户1453次，累计发放宣传横幅228条、宣传折页10万余份、宣传周边物品3万个，电话催缴2.4万余次，发送短信1.03万条。强化兜底保障，压实属地责任，加强动态维护，盯紧盯牢困难人员，确保应保尽保一个不漏。严格落实基本医保、大病保险、医疗救助三重待遇保障，全面做好因病返贫、因病致贫风险监测和信息共享机制。深入一线开展困难人员慢病排查，堵牢困难人员待遇享受漏洞。敦促村卫生室联网结算落实到位，推进智慧医保“村村通”工程发挥实效。至年底，全口径脱贫人口835人，监测对象85人，城乡困难人员8308人均已参保，其中268名脱贫人口、监测对象已申请门诊慢性病，享受相关待遇。相关案例材料《聚力多点突破 创新经办体系 织密“红小依”智慧医保服务网》入选江西省乡村智慧医保十佳优秀创新案例，并荣获三等奖，是南昌市唯一入选的乡村智慧医保优秀创新案例。在省、市医保部门业务指导下，推动国家集采政策全面落地，落地执行国家集采和省际联盟、本省药品和医用耗材共计9个批次，中选药品平均价格降幅过半，部分品种降价幅度超过90%，减轻群众购药负担超300万元。充分发挥药品集中带量采购医保资金结余留用政策的激励和导向作用，全年完成拨付8个集采周期的结余留用金，共拨付8家医疗机构16.02万元。在口腔种植价格专项治理中推动提质降费，红谷滩区单颗常规种植牙总费用从均价1.1万元降至6000元左右，全流程费用同比下降约40%。

（程　曦）

社会救助

【概况】 2023年，红谷滩区民政局始终坚持以人民为中心的发展思想，始终牢固树立“民政为民、民政爱民”工作理念，牢固树立民生底线思维，紧盯困难群众救助帮扶，强化精准施策，加大资金投入，持续提高救助水平，支持完善社会救助体系，全力推动各项帮扶政策落地见效。筑牢基本生活兜底保障网，守好阵地，托好底线，充分发挥社会救助兜底保障作用，高质量高标准实现困难群众“两不愁”目标。全年发放各类救助资金4959.96万元。

【进一步做好城乡居民最低生活保障工作】 2023年，进一步完善低保等社会救助政策，制定印发《关于提高红谷滩区困难群众保障标准的通知》，将最低生活保障月人均标准提高60元，达到每人每月915元，为持有红谷滩区户籍，共同生活的家庭成员月人均收入低于户籍所在地最低生活保障标准，且符合户籍所在地社会救助家庭财产状况规定的家庭发放低保资金，全年发放低保资金4212.55万元。至年底，全区共有城乡低保对象2860户5601人。

【推进特困人员救助供养工作】 2023年，落实《关于提高红谷滩区困难群众保障标准的通知》规定，将特困供养标准提高70元，达到每人每月 1190 元。照料护理标准按照自理、半失能、全失能三档分别为每人每月 100 元、370 元、1480 元。至年底，全区共有城乡低保对象 284 户 307 人。其中，集中供养 46 人（自理 28 人、半失能 8 人、全失能 10 人），分散供养 261 人（自理 244 人、半失能 7 人、全失能 10 人）。全年发放特困供养资金 429.7 万元、照料护理补贴 63.86 万元。根据《关于落实特困供养对象、孤儿医疗费用兜底政策的通知》规定，对特困供养对象医疗费用经基本医保、大病保险、医疗救助及其他保障措施后剩余部分由当地财政兜底解决，全年特困供养对象医疗兜底 2542 人次 64.73 万元。

【完善分层分类的社会救助体系】 2023 年，根据区民政局、区财政局联合下发的《关于做好最低生活保障边缘家庭认定有关工作的通知》，规范城乡低保边缘家庭认定工作。低保边缘家庭：指家庭人均收入低于当地城乡最低生活保障标准的 1.5 倍，且财产状况符合相关规定的生活困难家庭。至年底，全区认定低保边缘家庭 324 户 656 人。支出型困难家庭：指申请人在提出申请前 12 个月内因病、因灾、因残、因意外事故、因子女上学等刚性支出较大或收入大幅度缩减导致基本生活出现严重困难，家庭人均收入扣减刚性支出后低于当地城乡最低生活保障标准 1.5 倍的家庭。至年底，全区认定支出型困难家庭 19 户 45 人。精简退职人员：印发《关于提高红谷滩区困难群众保障标准的通知》，将精简退职救济月人均标准提高 60 元，达到每人每月 730 元。至年底，全区有 20 世纪 60 年代精简退职老弱残职工 22 人，全年发放生活补贴 13.98 万元。孤寡老人：为原农村五保对象，由区财政保障基本生活和医疗救助待遇，至年底，全区有 84 名孤寡老人，累计发放生活和医疗资金 93 万元。

【加强和改进临时救助工作】 2023 年，为进一步发挥社会救助托底线、救急难作用，区民政局全面加强临时救助工作，严格落实乡镇临时救助备用金制度，拨付 30.5 万元临时救助备用金至各乡镇、街道，积极开展急难地救助、小额先行救助和“一次审批、分阶段救助”工作。对因遭遇突发事件、意外伤害、重大疾病或其他特殊原因导致基本生活陷入困境，其他社会救助制度暂时无法覆盖或救助之后基本生活暂时仍有严重困难的家庭或个人，由政府给予应急性、过渡性救助。全年实施临时救助 288 人次，累计支出救助资金 69.27 万元，人均救助标准达到 2405 元。其中实施特别救助 31 人次 29.91 万元。落实社会救助保障标准与物价上涨挂钩联动机制，1 月向城乡低保对象、特困供养人员、低保边缘家庭和支出型困难家庭发放临时物价补贴，缓解物价上涨对困难群众基本生活的影响，全年累计发放价格临时补贴资金 20.36 万元。

【推动解困脱困工作提档升级】 2023 年，红谷滩区民政局推动城镇困难群众解困脱困和社会救助工作取得积极进展。按照每人每年 100 元的标准，为全区 3658 名城镇困难群众购买防贫保险，防止因病、因学、因灾等因素致贫或返贫，全年理赔 32 起 57.24 万元；向 75 名低保、特困老人开展养老服务，向 65 名困难群众开展慈善帮扶 13.23 万元。区医疗保障局按照每人每年 320 元的标准资助 2807 名困难群众参加居民基本医疗保险，全年医疗救助 6552 人次 347.9 万元。区教体局为 1085 名学生发放教育救助金 41.48 万元。区人社局资助 3541 人购买居民基本养老保险 35.41 万元。区住建局为 912 户进行实物配租，发放住房租赁补贴 687 户 259.6 万元。区工会组织帮扶 173 人 18.5 万元。区妇联组织帮扶 359 人 10.57 万元。

（张　露）

社会福利

【概况】 2023 年，红谷滩区民政部门聚焦特殊群体、聚焦群众关切，引导社会慈善和社会工作资源助力基本民生保障、基层社会治理、基层社会服务，在推动社会治理创新、维护社会和谐稳定、增进民生福祉方面发挥作用。全年建成社区居家养老服务中心（站）7 个，幸福食堂（助餐点）18 个。全年发放高龄补贴 730.71 万元，发放儿童福利资金 196.52 万元，发放残疾人福利资金 489.7 万元，群众满意度和幸福感得到有力提升。

【推进养老服务设施建设】 2023 年，红谷滩区进一步加强养老服务机构设施建设，推动养老服务高质量发展。投资 52.5 万元启动红角洲街道祥云，九龙湖街道南洲、新琚东，生米街道为民、同禧、同瑞、采樵共 7 个社区居家养老服务中心。投资 232 万元实施厚田乡敬老院适老化设施及综合环境提升改造。投资 1.06 亿元，建设红谷滩区综合康养中心，至年底，完成产值约 5700 万元，建成后将承担全区集中特困兜底保障职责并满足群众普惠性集中照护服务需求。

【城市助餐服务】 2023 年，实施城市助餐标准化建设。按照省市民政部门要求，充分考虑日均用餐人数、食堂既有条件及改造难度等因素，选取辖区内 18 个幸福食堂（助餐点），实施制度、标识、编码、制度、补贴、设备六个“统一”的标准化建设，形成中央厨房 + 助餐点、养老服务机构助餐、机关食堂助餐等多种模式于一体的助餐服务网络，全年累计提供助餐服务超 30 万人次。

【提升儿童福利保障水平】 2023

年，切实把加强儿童关爱保护工作作为保障民生的一项重要工作来抓，积极推动各项儿童福利保障政策落实落细，用心用情用力做好儿童福利保障工作。发放各类儿童福利资金 196.52 万元。其中，为 21 名散居孤儿发放基本生活补贴 34.20 万元；为 133 名事实无人抚养儿童发放基本生活补贴 136.35 万元；为 1 名艾滋病感染儿童发放基本生活补贴 1.80 万元；为 11 名残疾事实无人抚养儿童发放照料护理补贴 17.79 万元；为 2 名孤儿和 6 名事实无人抚养儿童发放助学金 5.25 万元；六一国际儿童节期间为 19 名孤儿发放慰问金 1.14 万元。

【居家养老上门服务】 2023 年，通过对特困、低保对象中潜在失能老人进行失能评估，确定 264 名特扶对象，按照轻、中、重度失能标准提供 200 元、300 元、400 元/月的家庭照护床位上门服务，开展家庭照护床位上门服务 1.53 万人次，服务金额达 83.66 万元；为 80 周岁以上高龄老年人和 60 周岁以上分散供养（城市“三无”、农村五保户）、60 周岁以上计划生育特殊困难家庭、70 周岁以上低保、80 周岁以上失能的 5 类老人分别提供 50 元/月、200 元/月的居家养老上门服务，上门服务内容包含上门家政、理发、代卖、代办、精神陪伴，全年高龄老年人服务金额达 72.94 万元，5 类老人上门服务金额达 32.24 万元。

【开展儿童关爱活动】 2023 年，持续推动为民办实事项目落地见效，重点聚焦思想引领、安全守护、素养提升、关爱帮扶等内容，组织开展丰富多彩、形式多样的儿童关爱公益服务活动。对 8 名困境儿童，上门开展社工专业个案服务 48 次，开展各类主题活动 30 余场。1 月，面向留守儿童在流湖镇新塘小学开展“情暖新春，希望传递”新春关爱活动和“情暖红谷滩点亮微心愿”困境儿童关爱走访慰问活动。2 月，在生米街道相里小学开展“寄情留守 · 爱暖童心”关爱困境留守儿童学雷锋志愿服务活动。5 月，在流湖镇中心小学、厚田乡中心小学开展“科技润童心，VR 助成长”活动和“暖心护苗，共庆六一”关爱留守困境儿童主题活动。6 月、12 月，对全区村（居）儿童督导员、儿童主任共计 200 余人开展业务能力培训，重点围绕政策解读、综合实务等方面进行授课，系统化提升发现问题、分析需求、链接资源解决问题的能力。

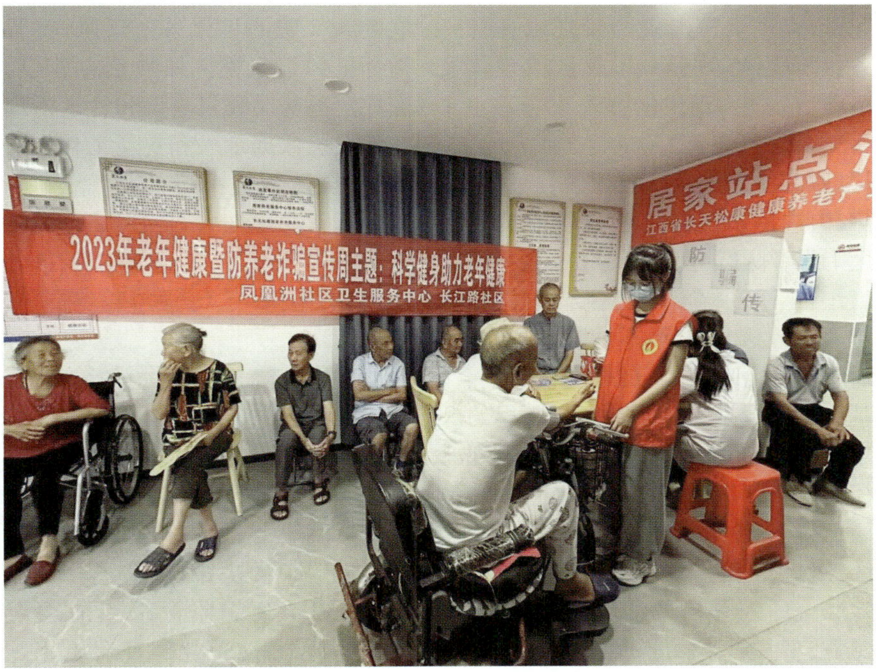

2023 年 7 月 25 日，凤凰洲社区卫生服务中心联合长江路社区在居家养老中心开展“科学健身助力老年健康”主题活动

（凤凰洲街道　供图）

【不断加强残疾人福利保障】 2023 年，注重多措并举，全力保障残疾人生存发展权益。根据《关于提高红谷滩区困难群众保障标准的通知》文件要求，将城乡困难残疾人生活补贴标准、城乡重度残疾人护理补贴标准分别提高 20 元，均达到每人每月 100 元。全年发放残疾人“两项补贴”33864 人，468.13 万元。其中，困难残疾人生活补贴发放 10970 人，资金 110.67 万元；重度残疾人护理补贴发放 12944 人，发放资金 130.66 万元；同时享受“两项补贴”9958 人，发放资金 226.8 万元。至年底，红谷滩区符合困难重度失能残疾人照护和全日制托养条件的共计 66 人，拨付资金 49.59 万元。

（熊楚云　徐海铭　胡　晓）

住房保障

【概况】 2023 年，红谷滩区住建局坚持以人民为中心的发展思想，认真贯彻落实党中央、国务院决策部署，持续贯彻落实最新住房保障政策精神，出台住房保障相关政策措施，加强公共租赁住房管理，加快发展保障性租赁住房，持续完善住房保障体系建设。观大势、谋长远、布全局，扎实推进住房保障工作，完成全年公租房实物配租及租赁补贴发放任务。

【加大公租房保障力度】 2023 年，为了让更多中低收入家庭有归属感，红谷滩区不断加大公租房保障力度，织大织密住房保障网，关注重点人群，加强公租房保障。根据《南昌市人民政府办公室关于印发南昌市公共租赁住房暂行管理办法》及《南昌市人民政府办公厅关于我市处置中心城区清(腾)退空置公共租赁住房房源的批复》实施公租房摇号分配,经申请、审核、认定,通过公开摇号或摸球方式确定中签房源。至年底,全区累计分配使用974套公租房房源,其中正在配租房源892套,因家庭情况发生变化不再符合申请条件清(腾)退房源82套,公共租赁住房清(腾)退房源待下一年度再行向符合申请条件的家庭分配。2023年,向26户符合申请条件的困难家庭配租了26套清(腾)退房源。除实物配租外,还通过货币补贴的方式向符合申请条件的申请家庭发放公租房租赁补贴,根据有关文件精神,租赁补贴发放标准为人均住房保障面积15平方米,低保户家庭按每人每月每平方米17元、低收入家庭按每人每月每平方米10元标准下发租赁补贴。2023年上级主管部门下达至红谷滩区的公租房租赁补贴发放任务为600户,至年底,经审核、认定申请家庭的住房保障资格,实际发放补贴687户,累计发放金额259万余元。

【推进保障性租赁住房建设】 2023年,多渠道筹集房源 推进保障性租赁住房建设。通过大力宣传保障性租赁住房政策,多渠道筹集符合条件的保障性租赁住房房源,积极稳妥推进保障性租赁住房建设,贯彻落实项目在土地支持、审批支持、资金补助、税费支持、金融支持、民用水电气支持6个方面的各项政策支持。2023年上级主管部门下达至红谷滩区的保障性租赁住房房源筹集任务为1030套,按"多主体多方式筹集、多渠道多层次盘活"的原则,重点将符合条件的社会主体租赁住房、存量闲置房屋统筹纳入保障性租赁住房使用管理,实际筹集7个项目共计1039套保障性租赁住房,均为装修改造项目,至年底已投入运营使用,已完成当年保障性租赁住房房源筹集任务。及时将保障性租赁住房信息录入系统平台。所有项目信息、房源信息均已录入完成。

(陶　丹)

社区建设

【概况】 2023年,全区民政系统干部职工聚焦人民群众"急难愁盼"突出问题,着力构建完善街道社区民生服务体系,提升便民惠民服务水平。推进社区治理现代化建设,进一步优化社区规模,切实履行城乡社区治理工作职责,全面提升红谷滩区城乡社区治理能力和服务水平。

【社区规模优化】 2023年,综合小区人员入住情况和社区办公用房交付使用情况,结合红谷滩区实际情况,逐步优化社区规模,提升社区服务能力,新增社区14个。通过成立新社区,一定程度上解决红谷滩区社区管理范围不合理、管理规模不适宜等问题,进一步优化社会资源配置,实现资源配置与管理服务任务相匹配,有效提升了社区治理体系和治理能力现代化。

【加强社区工作者队伍建设】 2023年,为进一步配齐选强红谷滩区社区工作者队伍,公开招聘170名社区工作者。开展全区社区支部书记、新入职社区工作者集中培训工作,通过社区治理案例分享、网格治理、基层党建、城市社区物业等课程的学习,全面提升红谷滩区社区干部综合素质和履职水平。完善全区社区工作者档案管理制度,建立"社区、镇街、区级"三层把关工作机制,参照干部人事档案管理标准,明确专室、专人管理社区工作者档案,全区社区工作者档案全部归档。在重大节日走访慰问中,将一线社区工作者和关心关爱退休社区工作者列为走访慰问对象。

【提升社区治理效能】 2023年,为进一步提升居民幸福感,红谷滩区启动"幸福社区"服务质量提升行动,围绕社区组织领导、综合平台、人才队伍、服务供给、治理机制、居民自治六大体系建设,促进基层社区硬件建设与软件服务全面优化。红谷滩区15个社区被命名为2023年度江西省"幸福社区"。其中,三星级1个、四星级7个、五星级7个,全省幸福社区现场会在南昌市召开,红谷滩区世纪中央城、博鸿博玺社区作为参观点位迎接全省参会人员的现场考察交流。

【强化社区自治功能】 2023年,为切实解决基层组织办公场所"滥挂牌"问题,红谷滩区开展挂牌上墙专项清理整顿。组织各乡镇、街道对全区107个社区、78个村开展自查整改。常态化开展村(社区)协商实践活动。全面开展全区村规民约修订完善工作,将高价彩礼、移风易俗等内容纳入新修订的村规民约,积极引导居民群众破除陈规陋习,树立健康文明的移风易俗新风尚,营造邻里和谐氛围。加强信息建设,完成全国基层政权建设和社区治理信息系统数据录入和更新工作。同时,在全区积极推广使用"赣鄱邻里·智慧社区"。

(刘杰峰)

社会组织管理

【概况】 2023年,红谷滩区民政局全面贯彻落实上级关于加强社会组织监督管理的决策部署,进一步加强全区社会组织监管,净化社会组织发展环境,防范化解社会组织领域风险。通过培育扶持,进一步增强社会组织发展动能、提高发展质量、提升发展效益等方式,坚持不断抓细抓实社会组织管理工作，通过引导、培育、扶持，管理、监督、检查，推动社会组织高质量发展。

【做好社会组织登记管理工作】 2023年，区民政局严格执行《社会团体登记管理条例》和《民办非企业单位登记暂行条例》，切实做好社会组织日常登记管理工作，全年新增社会组织21家，其中社会团体13家，民办非企业8家。有力执行登记限时办结制度，着力简化办事手续，同时强化事前事后监管。通过对社会组织“进门”前的网上申报材料的严审和“进门”后的动态管理严查，进一步激发社会组织活力，助推全区营商环境优化提升。

【开展社会组织年检工作】 2023年3月15日，启动社会组织年检工作。通过发布年检通知，对参检范围、参检方式、年检程序、年检结论及相关要求等进行明确规定，通过短信、群公告等方式通知到社会组织，并指派专人答疑解惑、指导资料填报，有效解决社会组织因年检材料补正原因导致的“多次跑”问题。向全区各社会组织业务主管单位及全区社会组织通报2022年度社会组织年检情况。至年底，红谷滩区共有社会组织215家。其中社会团体70家，民办非企业145家。

【加强对社会组织的日常监管】 2023年6月，为防范化解社会组织领域风险，持续净化全区社会组织发展环境，进一步促进社会组织规范运行、健康有序发展，开展“僵尸型”社会组织专项整治行动；7月，开展打击整治非法社会组织专项行动、行业协会商会乱收费清理整治行动，通过一系列专项行动，进一步优化社会组织优胜劣汰的发展环境，助推社会组织平稳、高速发展。同时，全面落实“双随机、一公开”执法监管，建立抽查工作机制，及时完善“双随机、一公开”平台信息。在上级下发抽查事项清单基础上，结合实际拟定红谷滩区民政局抽查事项清单，明确检查依据、主体、内容、方式等内容，同步更新检查对象及执法人员名录库。全年“双随机”检查社会组织2家，出动执法人员2人次，2家均合格。

【引导社会组织参与稳岗就业工作】 2023年，落实上级稳岗扩就业政策，确保符合条件的社会组织享受相关政策红利。积极动员社会组织参与稳岗就业工作。社会组织通过合理开发专兼职就业岗位、设置见习岗位、提供全面就业服务等方式，整合优质资源，挖掘自身潜力，促进稳定就业。全年全区22家社会组织发布专业社工、养老、幼教等53个就业岗位，招聘45人。组织专业技能培训6场，培训200余人次。

（吴小颖）

安全生产监督管理

【概况】 2023年，红谷滩区应急管理局深入学习贯彻习近平总书记关于应急管理工作的重要论述。面对疫情防控平稳转段后加快发展和维护安全的双重压力，外部环境不确定性加剧、安全生产、灾害事故风险加大等多重挑战，紧紧围绕省、市、区发展思路，全力防风险、遏事故、减灾害、保安全、促发展，应急管理工作向前迈出坚实步伐。红谷滩区被评为全省森林防灭火“平安春季行动”先进单位。区专业森林消防大队在全市专职森林消防队大比武中获得1项个人第一、1项团体第一及总评第二的优异成绩。红谷滩区防震减灾工作获得2023年度市县综合考核全省第一等次。区应急管理局在全市应急系统获“集体嘉奖”。全年全区共发生生产安全事故2起，死亡2人，受伤1人；道路交通领域安全事故25起，其中生产经营性道路交通事故1起，死亡1人，同比下降66.66%；一般道路交通安全事故24起，死亡24人，同比上升60%。

【强化安全生产责任落实】 2023年，区委常委会、区政府常务会专门听取、研究和部署安全生产工作6次，召开全区安全生产工作会议12次，区委理论学习中心组专题学习研讨1次，区各分管领导召开专项会议20余次，及时解决安全生产重点、难点问题。调整红谷滩区突发事件应急委员会、区安全生产委员会、减灾委员会人员组成名单，实行书记、区长“双主任”制，明确书记为第一主任，办公室设在区应急管理局，充分发挥区应急管理局作为“三委三部”协调调度的中枢作用，确保相关工作上下衔接有序、高效落实有力。

【开展专项整治行动】 2023年5月下旬，按照省、市统一部署，红谷滩区部署全区安全生产重大事故隐患专项排查整治2023行动工作。按照“隐患不消除就是事故”的强烈意识，对排查发现的重大隐患，按照整治措施、责任、资金、时限、预案“五到位”要求，实施清单式整治、闭环式解决、销号式管理。旅游领域：派出检查人员40余人次，现场检查文旅经营单位30余家，排查隐患1条，整改完成1条。工程建设领域：成立7个片区小组，检查工地15个，下发责令限期整改通知书4份，问题已全部整改。商贸领域：开展专项检查2批次，检查重点商贸企业5家次，发现权责不清企业一家，开展联合执法2次，检查重点商贸流通企业2家次。

【整治重点领域突出问题】 2023年，进一步提高排查整治质效，有效防范遏制重特大事故发生，确保人民群众生命财产安全。城镇燃气领域：开展城镇燃气安全专项整治工作，全面排查整治城镇燃气全链条风险隐患，切实消除餐饮企业等重点行业及人员密集场所燃气安全突出风险隐患。整治燃气安全隐患453条，整改省安委会下达的红谷滩区压占包封隐患34处，扣存超期报废钢瓶等139只，取缔液化气黑点2处，发放燃气安全宣传手册1.5万余份，张贴条幅200余条，设置宣传专栏70余块。危险品领域：严格落实危化品企业动火、进入受限空间等特殊作业继续实行升级管理，制定并严格落实复工复产要求，严厉打击非法生产、经营、储存、运输等行为。建立专家指导服务长效机制，帮助全区19家危化品企业完成安全生产标准化三级创建，在全区重点推广的危化品企业可燃有毒气体报警、紧急切断装置安装使用全覆盖。同时，做好夏季高温天气安全防范工作。排查企业、项目130余个，整治隐患40余条，摸排并责令调整60岁以上从事高风险岗位人员8名；集中开展防溺水安全专项治理，通过线上线下多手段强化宣教，试点建设智能喊话系统和探头，设置防护救援设施600套，加强346处重点水域巡防，劝返139名下水未成年人。

【严格监管执法检查】 2023年，紧盯建筑施工、消防等重点行业领域，加大隐患排查治理和执法监管力度，对各类违法违规行依法依规进行查处，推动建立健全公共安全隐患排查和安全预防和控制体系。全年累计执法检查5450家次，查处隐患391条，查处从业人员无证上岗作业144人，已整改144人；对"两无"（生产经营单位无资质、从业人员无证上岗）违法行为行政处罚7次，处以罚款8.48万元，因非法储存危化品开展行政处罚2起，行政拘留1人。开展"两无"行刑衔接3起。开展安全生产领域生产经营单位摸排工作，全年共完成摸排生产经营单位17129家，发出橙色预警通知书1份，主要是针对国务院督查发现的重大安全隐患，对区城管局和属地红角洲发出橙色预警通知书，并督促相关企业落实整改工作，建立整改台账，对相关企业未按要求排查隐患分别给予1万元处罚。全年共发出工作提醒单9份、风险警示单2份、问题督办单10份，均按要求落实整改到位。

【加强应急能力建设】 2023年，加强应急救援力量统筹联动，完善基层应急管理组织体系。通过气象预警平台、党建+应急管理平台、微信工作群、小区业主群等，打通信息预警"最后一公里"。全年组建森林防火、防汛抗旱、抗震救灾等专（兼职）应急队伍10支200余人，开展应急演练200余（场）次。投入60万元加强基层应急管理体系和能力建设，同时购置6辆执法电瓶车配备给有关涉林乡镇，用于执法检查、森林防火、防汛抗旱和应急处突。全区9个乡镇（街道）"八有"建设完成率100%，187个行政村（社区）"六有"建设完成率99.5%，全面提升了基层应急管理能力水平。

【开展宣传教育和安全培训活动】 2023年，以安全风险防范大宣传大实践活动为引领，推动全区观看《生命重于泰山——学习习近平总书记关于安全生产重要论述》专题片；先后4次在区委常委会、区政府常务会上专题组织学习国家、省、市安全防范会议精神、领导批示要求等重要内容；精心组织参与全国网络安全知识竞赛；举行"安全生产月"活动，参加全市"最美应急人"选树活动等。深入学习贯彻《江西省安全生产条例》，深入企业、社区、家庭、农村、学校开展宣传400余次，举办宣传活动187场，覆盖人群5万余人。全年在市级以上媒体上稿35篇，其中上稿省级媒体27篇、市级媒体8篇。在政府新媒体开展相关知识传播、案例警示和预警预报等75次。

【提高防灾减灾救灾保障能力】 2023年，在森林防灭火方面：广泛开展森林防灭火宣传教育30余次，发送防灭火宣传短信6万余条，发放森林火灾警示宣传单7000余份。区森林防火指挥部办公室成立督查组，以"四不两直"（不发通知、不打招呼、不听汇报、不用陪同接待，直奔基层、直插现场）方式，对全区涉林乡镇值班值守、风险管控、森林消防半专业队伍备勤、器材装备和巡护责任落实等情况进行督导检查30余次，发现问题3个，全部整改完毕。在防旱抗旱方面：下发防汛工作方案，并结合红谷滩区当前形势制定防汛预案。开展"2023年防汛应急演练"，进一步检验红谷滩区防汛应急预案的实效性和针对性，提高处置突发事件的能力。做好防汛物资储备，全区共有29个防汛物资储备仓库，其中区本级1个仓库，各乡镇、街道8个仓库，各村、社20个仓库，总面积1515平方米。在防震减灾方面：利用全国防灾减灾日、国际减灾日、全国科普日等重点时段开展集中科普宣传活动。全年开展防灾减灾宣传活动50余场、张贴海报5000余张、发放各类宣传品1万余份，播放宣传标语、视频2万余次，4万余人参与答题活动。

【健全完善应急管理体系】 2023年，推进应急通信专用网络的建设，实现省、市、区三级网络的互联互通。为防范化解重大安全风险，提供信息化支撑与保障，引入370MHz（赫兹）应急指挥窄带无线通信网和配置卫星便携通信、指挥设备，全面运用综合业务平台，提升值班值守、协同会商、分析研判、信息发布等能力。实时接收以安全生产、自然灾害类为主的全市各类突发事件和重要事件信息，并联动指挥调度，已完成与省、市、区的联通。

（李铁立）

消防救援

红谷滩区消防救援大队

【概况】 2023年，红谷滩区消防救援大队（以下简称大队）在区委区政府的统一领导下，聚焦“全市树标杆走前列，全省铸品牌创一流”总目标，以党委统揽、履职尽责、精益求精、提档升级为工作要求，凭借逢山开路的勇气毅力和敢为人先的信心决心，劈波斩浪，砥砺前行，实现班子谋事创业能力有提升、队伍安全稳定有举措、火灾形势平稳有作为、队伍风清气正有新气象的工作局面。通过大队全体消防救援人员的共同努力，获“江西省青年志愿者优秀组织奖”，大队消防员麦玉山荣获“全国技术能手”“江西省能工巧匠”称号。

【高效完成安保抢险救援工作】 2023年，圆满完成全国两会、世界VR产业大会、中国第81届教育装备展示会、南昌飞行大会等39起消防安保任务，其中国家级4起、省级10起、市级25起。共接警出动849起，出动队伍970队次，出动车辆1359辆次，出动人员8809人次。其中，火灾336起，抢险救援206起，社会救助228起，其他79起。无重大、特别重大火灾，由于增加厚田乡、流湖镇片区，火灾起数比上年上升9%。

【提高监督检查质效】 2023年，为有效防范遏制亡人和有影响的火灾事故，坚决杜绝重特大火灾事故，深入开展高层建筑重大火灾风险、人员密集场所消防“生命通道”“园中园”“厂中厂”消防安全专项整治工作，建立健全信息共享、情况通报、联合查处等机制，形成工作合力。全年共执法检查1552家单位，发现火灾隐患1364处，下发责令改正通知书839份、行政处罚决定书107份、临时查封决定书9份，责令“三停”单位7家，共罚款77.35万元。充分利用“学法免罚轻罚”制度，主动增强服务意识。免罚和轻罚清单的实施是在帮助企业的同时，减少执法争议，提高执法效率，显著提升执法效能。全年共对15家单位予以学法教育，对16家单位予以学法轻罚，对9家单位予以学法免罚。

【开展重大风险专项整治工作】 2023年，区消安委制定印发《消防安全重大风险隐患专项排查整治2023行动工作方案》，召开动员部署会议，对消防安全整治行动进行动员部署，成立行业部门领导小组和工作专班，建立工作调度群；组织开展对280名乡镇街道排查人员、消防所人员、公安派出所民警、综合执法队员、网格员及行业部门检查人员等人的培训，充分发挥村（社区）网格员力量，融合开展常态化消防安全风险隐患排查和治理，促进网格化与日常消防安全监管工作有机融合。全区共注册用户1083人，参与排查人员549人，已排查场所2.25万个，排查隐患近2.5万处，整改隐患2.48万处。

【推进市政消火栓建设】 2023年，为保障2023年市人大票决民生实事项目红谷滩区市政消火栓建设项目依法依规顺利实施，红谷滩区区委、区人大、区政府高度重视，将市政消火栓建设列入区重点项目，成立由住建、城管和消防部门组成的市政消火栓建设推进工作领导小组，多次召开专题调度会部署、调度市政消火栓建设工作。领导小组下设工作专班，建立工作调度群，不断完善日调度、周通报工作机制，进行清单式管理，倒排工期、挂图作战，扎实推进市政消火栓建设。全年完成419个市政消火栓建设任务并通过相关验收。

【开展爱民、便民、助民活动】 2023年，“红先锋”青年志愿者服务队继续开展“爱民、便民、助民”活动，常态化组织“巡江劝游防溺水、守护生命在行动”行动，坚决遏制溺亡事故的发生。全年沿赣江边共开展巡逻160余次，热心劝阻不安全野泳者2000余人。6月，针对高考、中考等重要时段，在就近考点设立“红先锋”爱心助考便民服务站，将消防力量延伸至考点前线，为考场安全保驾护航，中央一套《新闻联播》栏目当天报道红谷滩大队开展护航高考志愿者行动。真正打响“人人都是红先锋，天天都在学雷锋”的活动口号，印证“红先锋”展现的“火焰蓝”形象与风采。“红先锋”青年志愿者服务队建队以来，先后与8家社区、17户困难家庭、16名失学儿童、195名空巢、孤寡老人建立定点帮扶，积极开展“青清行动”“关注孤寡老人、牵手留守儿童”“定点社区一对一”“名著小书包进乡村”“巡江劝游”“净滩行动”“传承雷锋精神 携手筑梦未来”等爱民、便民、助民活动，共开展帮扶慰问600余次，捐款捐物69.7余万元，献血1060余人次。

【提升全民消防安全意识】 2023年，全力推动新时代“文明实践+消防”精品站建设工作，以高标准建设好消防体验室，并于11月在全市消防救援队伍中率先完成3个“文明实践+消防”精品站建设，推动文明实践和消防安全深度融合，取得了阶段性成效。大队以“红先锋”文艺分队为依托，以“安全生产月”“消防宣传月”活动为契机，精心创作融入消防主题元素、表演形式多样的地方戏曲、小品、快板、歌曲等文艺作品，并在全区8个乡镇（街道）进行巡演，备受群众喜爱。持续开展“平安进群”工作，由33人组建消防网格宣传队伍，主动对接175个社区网格群，定期发送消防安全知识、防火安全提示，并对网格群内居民提出的疑问进行及时解答。利用短信及微信群发送消防安全知识、防火安全提示2.78万余次，覆盖近55万名群众。同时，积极协助社区网格员开展消防安全隐患排查及劝导工作。以“五进”工作为阵地，紧盯节日节点，充分开展“消防演练进商场”“消防宣传进军训”“消防宣传进乡村”“隐患查找进家庭”“文艺联欢进社区”等活动，做到内容有亮点、效果有声势，全面提升群众消防安全素质，为辖区营造良好的消防安全环境。设点宣传55次，发放宣传资料3.6万余份，宣传车外出122次，队站开放51次，志愿者活动15次，上门授课72次，疏散演练260场，培训4544名“准消防员”，“线上+线下”消防安全宣传模式惠及群众30万余人，超额超前完成全年的各项宣传任务，营造良好的消防安全氛围。

（付文婷）

南昌市消防救援支队大院大队

【概况】 2023年，南昌市消防救援支队大院大队（以下简称大队）在总队、支队两级党委和红谷滩区委区政府的正确领导下，围绕党的二十大消防安保主线，防范化解消防安全风险，推动消防执法营商环境优化升级。紧盯年度重点目标任务，不断提升队伍正规化水平，以全力维护辖区消防安全形势总体稳定为己任，实现社会面火灾形势和队伍管理“双稳定”。大院大队丽景路站获评优秀基层党组织，被国家消防救援局表彰为“2022年度‘一短三快’初战机制改革先进消防站”，被江西省消防救援总队授予集体三等功，并荣获支队颁发的2022年度“安全工作三星级站”称号。

【提升消防队伍建设水平】 2023年，围绕学习贯彻习近平新时代中国特色社会主义思想主题教育，积极贯彻落实习近平总书记“十六字”总要求和党委议事规则。组织召开党委会议26次，共研讨事项议题150余项；召开党史学习教育组织生活会1次，集中学习习近平总书记重要指示批示精神14次、网络视频学习36场，示范带动党员开展集中学习24次、专题辅导授课38次，学习贯彻部局、总队的纪律法规36次，组织观看廉政警示片13次，开展廉政警示教育11次，从而进一步筑牢指战员纪律意识和廉洁意识。“119”宣传月期间配合总队、支队承办2023年江西省消防宣传月活动启动仪式。南昌航空大学“校园安全先锋”志愿者服务项目获评2023年度全省“优秀消防志愿服务项目。

【加强消防救援队伍管理】 2023年，坚持按纲建队，从严落实“两严两准”建设标准，扎实开展“条令纲要学习月”活动，严格队伍日常管理，狠抓作风养成，通过队列训练、队容风纪检查和内务评比等措施，确保条令纲要落实到位。引导全体消防员充分认识参与涉酒、涉赌的严重危害，从中深挖深究消防员涉酒涉赌不良行为问题，自觉向组织报告本人及他人涉酒、赌博以及大额消费等情况，从婚恋、心理、涉贷、涉赌等方面掌握民警思想动态，全面掌握队伍倾向性问题和事故案件苗头，并及时消除存在的隐患；利用家属联系群，常态化通报队员工作动态，切实提升专项治理实效，无一起安全责任事故发生，确保队伍高度安全稳定。

【全面提升火灾防范能力】 2023年，压紧压实责任，强化源头治理，提升防控能力，有效防范化解火灾风险，全力维护人民群众生命财产安全和生态安全。依托“双随机、一公开”机制，结合各类专项检查任务，共检查单位752家，发现火灾隐患398处，督促整改隐患382处，下发责令改正通知书254份，下发行政处罚决定书31份，下发临时查封决定书6份，责令“三停”单位3家，罚款29.73万元。同时，开展举报投诉检查140次，消防产品检查51次。全年辖区共接警431起，其中火灾扑救96起（辖区火灾39起），抢险救援132起，社会救助109起，公务执

2023年10月20日，大院大队在省行政中心开展准消防员培训活动

（大院大队　供图）

勤58起，其他36起；消防车出动701辆次，出动警力4666人，火灾起数同比下降52%。

【维护消防安全形势持续稳定】 2023年，重点开展高层建筑、人员密集场所消防“生命通道”、消防安全重大风险隐患排查、城镇燃气消防安全、“园中园、厂中厂”等专项整治工作。在高层建筑整治方面，组织召开辖区高层建筑消防安全管理约谈会及超高层建筑安全隐患圆桌会。聘请建筑防火、消防设施、电气燃气等领域专业人员共同成立检查组对辖区内100米以上的3栋超高层公共建筑进行“体检式”检查。在消防安全重大风险隐患排查行动中，组织开展街道排查人员、公安派出所民警、综治网格员培训351人次。同时，组织辖区重点单位召开消防安全重大风险隐患排查培训会，并印发全省消防安全重大风险隐患专项排查整治手册2000份及《单位自查自改活动公告》500份。从6月开始分批开展三类场所消防安全重大风险隐患专项抽查。在城镇燃气消防安全专项整治方面，区委副书记、区长刘光荣带队深入辖区恒兴燃源有限公司开展燃气消防安全督导检查。2次会同区住房和城乡建设局、区市场监管局、区商务局、区公安分局等部门对恒兴燃源有限公司经营的燃气罐及其设备进行燃气安全隐患检查，并邀请专家对市恒兴燃源有限公司开展专项检查。

【保障省行政中心消防安全】 2023年，为在省行政中心营造良好的消防环境，定期对省行政中心及其下属会议中心、餐饮中心的配套设施开展检查指导，并加强消防安全教育培训。至年底，累计完成公务执勤20次、“双随机、一公开”检查6次、安全检查指导21次、会前安保指导9次；开展“准消防员”培训3次；省机关事务管理局领导带队检查5次。同时，在“119”消防宣传月期间，承办在省行政中心举办的“119”消防宣传日活动，在省行政中心开展培训、授课共计10次。为贯彻落实上级安保会议精神，确保各项活动顺利进行，在习近平主席在江西考察期间、2023年南昌市千人横渡赣江活动以及“2023上海合作组织传统医学论坛”等大型活动的安保工作中，依据上级下达的命令，结合辖区实际情况，提前介入，周密部署，切实落实各项消防安全保卫措施，确保队伍安全稳定和火灾形势持续平稳。

【优化消防执法营商环境】 2023年，为进一步优化消防营商环境，推进消防执法规范化建设，更好地为全区经济社会高质量发展贡献消防力量，大队以提升服务质量为着力点，把指导、服务、宣传培训等工作贯彻到优化营商环境全过程，积极探索实施包容审慎监管执法，充分利用“学法免罚轻罚”制度，主动增强服务意识。积极推行“南昌消防学法免罚轻罚制度”，学法率高达95%。共邮寄送达法律文书16份，上门送达11份；开展帮办服务35起，指导重点单位90余家；召开优化营商环境圆桌会4次。为进一步强化法治思维，加强内部执法监督，成立消防法律服务中心，聘请专业法律顾问，对大队行政案卷开展全面评查，共出具律师审查意见书23份。

【强化消防宣传质效】 2023年，秉承“预防为主、消防结合”的工作方针，以“入户宣传”和“一警六员”实操实训、消防应急疏散大演练工作为重点，全年培训考核合格人员1345人，超额完成大队全年任务144.6%；开展“应急疏散大演练”115场，完成大队全年任务。借助省级纸质传统媒体《新法治报》，发布宣传稿件27篇；在《江南都市报》客户端上稿1篇、“学习强国”学习平台上稿1次、江西日报客户端上稿1篇；借助新媒体发布宣传消防安全小视频，获点赞543.56万次。充分利用大喇叭、广播、发送手机短信等传统方式开展消防安全常识宣传，高频次在辖区48块电子显示屏及重点单位LED大屏幕播放消防安全宣传视频。至年底，消防安全短信提示发送13万余条，LED显示屏广告投放120余次；先后完成宣传式巡查4场，消防队站面向公众免费开放30次，设点宣传30次，上门授课36次，志愿者服务8次，消防宣传车出动66次，消防安全宣传活动惠及群众6万余人；开展“消防安全进百万家”活动20余次；张贴消防安全“三提示”（提示火灾危险性；提示逃生路线、安全出口位置，逃生、自救方法；提示场所内简易防护面罩、手电筒等设施器材的位置和使用方法）贴，上门入户发放燃气安全“九提示”贴及消防宣传月系列海报等3000余份，发放家庭防火手册1000余本。并联合省机关事务管理局在省政府内的党政机关单位，深入开展“119”消防宣传月“三个一”（一次火灾警示教育、一次消防安全培训、一次灭火和应急疏散演练）活动。

（喻　瑶）

乡镇(街道)概况

流湖镇

【概况】 流湖镇位于南昌市西南部,东连厚田乡,南与松湖镇、丰城市相邻,西与石岗、西山镇接壤,北靠石埠镇、生米街道。区域总面积为 122.29 平方千米,其中耕地 6266.67 公顷(水田 5200 公顷、旱地 1066.67 公顷),林地 3400 公顷。下辖 27 个行政村,2 个社区居民委员会,2 个农村社区(义渡街社区、流湖街社区,这 2 个社区是流湖镇行政管理的组成部分)、152 个自然村,全镇总人口 5.75 万余人。全镇地势西北高、东南低,属半丘陵半滨湖地区,境内南有锦江,北有流湖导托河,茶陂、罗山、中港 3 条水系汇聚春风河流入锦江。有小(2)型以上水库 18 座、山塘 29 座,境内有丰富的地热资源,是南昌地区唯一的温泉之乡。流湖镇系红谷滩区的农业大镇,盛产优质水稻、荞头、花生、大豆、红薯及水产品、畜产品,有着丰富的农业资源,地势东南低,海拔高度 21—35 米,属半滨湖半丘陵地区,气候温暖,年平均气温 17.6℃,流湖镇政府设在岗上街,街道建设初具规模,设有初级中学、中心小学、邮政所、电信所、粮管所、供销社、信用社、供电所、派出所、农贸市场等,是全镇政治、文化、经济中心,街道占地 0.5 平方千米。2023 年,坚持以习近平新时代中国特色社会主义思想为指导,全面学习贯彻习近平总书记考察江西重要讲话精神,扎实推进学习贯彻习近平新时代中国特色社会主义思想主题教育,坚决落实上级决策部署,勠力同心,攻坚克难,为开启流湖高质量发展新篇章,着力推动经济社会各项事业发展迈出新步伐。流湖镇荣获江西省乡村治理示范乡镇、第十六批江西省生态文明建设示范乡镇、第十六届南昌市文明乡镇、南昌市农业产业强镇称号,全市乡镇半专业扑火队大比武考核团体总成绩第二名、野外水泵架设第一名、红谷滩区工会拔河比赛第一名;淑溪村荣获 2022 年度省级乡村振兴模范党组织称号。

【政治建设】 2023 年,一以贯之抓好政治建设,领学党的二十大精神和习近平总书记视察江西重要讲话精神,组织开展党委理论学习中心组学习 12 次、干部集中学习 16 次,到村(社区)宣传宣讲 40 余次。持之以恒强化教育培训,严格落实党员培训要求,督促开展干部培训,同时抓实“三级书记”讲党课等制度,切实增强镇村(社区)“两委”干部业务能力和服务水平。坚持不懈抓好意识形态工作,主持召开意识形态工作会议 4 次,专题研究意识形态领域工作 10 余次,落实宗教领域三级网络两级责任制,强化宗教场所日常巡查管控。深入开展基层党组织设置工作,完成 3 个村支部书记配备工作;排查并整顿 1 个软弱涣散党组织;做实党员管理,全年累计在春节、“七一”建党节走访困难党员 22 人,颁发“光荣在党 50 年”纪念章 3 枚,储备入党积极分子 79 人,发展党员 15 人;推荐淑溪村党支部书记滕新中参加全省村党组织书记培训班并代表南昌市在表彰会上做典型发言;认真开展“蓝青结对”工作,优化提升地上村、对门村党组织书记履职能力及村集体经济发展水平;严格督查驻村工作队员在岗情况,按季度进行考核。

【经济发展】 2023 年,经济继续呈现出健康、持续、和谐、快速发展的良好势头。全年全镇实现财政收入 1.4 亿元,同比增长 35.7%;完成税收 1156 万元,增长 212%;完成固定资产投资 5.3 亿元;社会消费品零售总额 5402 万元;全镇实现粮食总产量 6000 万千克,持续发展特色优势农业,成功申报市级农业产业强镇,争取奖补资金 500 万元。争取 105 省道道路提升改造项目,项目总投资 1800 万元;申报农村公路提升改造项目,涉及资金5000万元。争取乡村振兴有效衔接项目25个,涉及资金1520万元。争取"两整治一提升"项目15个,涉及资金6020万元。争取高标准农田建设项目,涉及资金4500万元。同时,依法依规高效推进第五次全国经济普查工作;顺利有序组织开展端午节赛龙舟民俗活动;成功举办南昌市2023年中国农民丰收节暨"两整治一提升"和粮油生产现场会、锦江端午节龙舟赛、红谷滩第一届辣椒节等活动。

【社会治理】 2023年,深入开展矛盾纠纷排查化解工作,及时有效开展疏导、化解工作,确保小事不出村、大事不出镇、矛盾不上交,全年共排查受理21起矛盾纠纷,已化解7起。加大普法宣传力度,建好"法律明白人"队伍,采取上街宣传、视频培训、律师授课等多种形式开展普法宣传活动,联合镇职能部门到村(社区)举办"法援惠民生·关爱未成年""法援惠民生·助老维权""反有组织犯罪法""妇女权益保护法""民法典"等普法宣传活动共37场次,提供法律咨询3000余人次,发放宣传资料1万份,教育群众"知法、守法、信法"。充分发挥基层网格治理"第一道防线"作用,共上报网格事件15976件,办结事件15976件,办结率100%。深入开展矛盾纠纷排查化解工作,共排查受理21起矛盾纠纷,已化解7起。大力整治道路交通、河道采砂等重点领域的秩序;提高防汛抗旱、安全生产、防灾救灾和应急管理能力,开展"九小场所"、多业态混合生产经营场所、人员密集场所的消防安全隐患专项排查整治行动。全力开展"拆牌、破网、清通道"专项行动,全年累计拆牌67处、破网149处、疏散通道28处,同时做好低温雨雪冰冻灾害防范应对工作。

【民生工程】 2023年,稳步推进城乡低保民生实事工作,持续强化低保兜底保障功能,多措并举开展低保对象动态管理,充分发挥低保扶危济困工作职能,切实保障贫困群众合法权益。至年底,全镇共有低保户1130户2066人、特困供养户138户150人。共发放城乡低保金1534万余元,发放特困生活补贴205万余元,发放高龄补贴115万元,新增事实无人抚养孤儿10人,发放孤儿及事实无人抚养孤儿生活补贴23.25万元,发放临时救助金7.8万元,为特困户兜底保障医疗救助5.13万元,发放金秋助学金2.65万元。做好城乡居民医疗保障工作,全镇医保参保人数45636人,参保率达到98%,为全镇居民报销医疗费用800余万元,为786名重度残疾人发放残疾人"两项补贴"。组织开展全镇住房安全大排查,拆除危旧房180栋、重建19栋。大力发展教育事业,成立流湖教育基金,对82名流湖籍优秀考生发放助学补助12万元。同时,配合上级做好省市重点项目南昌西二环绕城高速公路(流湖段)征地拆迁任务;推进新320国道(流湖段)建设工程涉及5个村、29.24公顷的征地拆迁工作。流湖镇2023年人大票决的5件民生实事项目,除人大代表之家建设项目正在扫尾外,其余4件均已实施完成。

【坚持党建引领】 2023年,紧紧围绕主题教育总要求,召开专门会议部署主题教育工作6次,严格落实"第一议题"制度,认真贯彻"8+3"分类指引和"四下基层、三访三促"机制。同时,以主题教育为契机进行问题检视,积极查找问题61条,制定整改措施156条,完成整改156条,完成问题销号61个,不断提高为群众办事能力。坚持党建引领产业发展,发展一村一品特色农产,着力打造出一批菌菇种植、路基养鱼、辣椒种植等特色品牌,促进村集体经济和农民"双增收"。利用市级奖补资金对四个蔬菜基地进行提升改造。持续推动党建引领环境整治和草皮整治。按照干净、整洁、有序的原则,通过"一村示范、十村样板、百村整治"行动,全镇面貌得到明显改善。落实上级关于防止耕地"非粮化"整治要求,带领党员干部整治草皮面积327.07公顷,切实守牢耕地保护红线。基层治理做深做细,带头深入联系服务群众,带领班子成员严格执行支部联系点制度,到联系点走访群众100余户。

【推进脱贫成果与乡村振兴有效衔接】 2023年,切实把巩固拓展脱贫攻坚成果与乡村振兴有效衔接工作摆在头等重要位置来抓,严格落实"四个不摘"(摘帽不摘责任、不摘帮扶、不摘政策、不摘监管)要求,保持现有帮扶政策、资金支持、帮扶力量总体稳定,确保衔接工作平稳有序不断档。分4批推进25个巩固拓展脱贫攻坚与乡村振兴有效衔接项目,其中产业发展项目类7个、乡村建设类项目18个。镇城乡建设办每月开展防止返贫集中排查住房安全工作,明确提出对流湖镇低收入人群住房安全集中排查工作的具体要求,联合27个村委会召开动员部署会,讨论研究制定排查实施方案,分片分组网格化入户排查。按照逐村、逐户排查的原则,做到不漏一户不留死角。

【推进农村环境整治工作】 2023年,大力推进农村环境整治工作,特别是7月以来开展的环境整治"夏季攻坚"行动,利用100天,下沉200名干部,筹集300万元资金对全镇152个自然村开展"三拆三清""三整三管"攻坚行动,努力使全域村庄人居环境实现干净、整洁、有序的目标。同时,围绕农业农村"两整治一提升"行动"两年大变化"的年度目标,实施红星村黄港头自然村乡村振兴示范村项目、红岗曹城自然村等11个共同富裕样板村项目以及057县道厚田至义渡等3个路域环境整治项目。

【提升改造蔬菜基地】 2023年,利用市级农业产业强镇奖补资金对江西新赣食用菌科技有限公司、南昌市绿恒和农业发展有限公司、南昌市绿滋宝专业合作社、南昌爱园农业发展有限公司4个蔬菜基地进行提升改造。江西省新赣食用菌科技有限公司成功获批省级“专精特新”中小企业。落实上级关于防止耕地“非粮化”整治要求,翻耕种植草皮面积327.07公顷(4906亩)。完成2022年333.33公顷(5000亩)的高标准农田建设;推进2023年1000公顷高标准农田建设,落实冬种油菜任务1506.67公顷(2.26万亩)。

【推动营商环境优化升级】 2023年,始终把加强自身建设作为转变政府职能、夯实基层基础的第一抓手,通过推动营商环境优化升级,完善绩效考核等干部管理制度,狠抓干部职工的思想作风、工作作风建设,按照“行为规范、运转协调、公正透明、廉洁高效”的政府机关形象要求,教育和引导广大党员干部经常深入田间地头和群众中间,了解群众意愿,倾听群众呼声,关心群众疾苦,践行“脚下有土、心中有谱”工作作风,强化为民服务意识。通过抓作风、抓服务、抓质量,切实转变政府职能,不断推进“五型”政府建设。全年共收到“12345”政务服务热线工单110条、民声通道诉求工单3条、人民网领导留言板信息9条,及时回复率和办结率均为100%。政务公开专业化、规范化水平显著提高,政府作风效能持续优化。

(陈秋慧)

厚田乡

【概况】 厚田乡位于红谷滩区南部,地处赣江与锦江交汇处,东与南昌县冈上镇隔江相望,南与丰城市同田乡相邻,西接流湖镇,北连生米镇,“接两江而衔三县”,地理位置优越,交通区位优势凸显。全乡区域面积81.5平方千米(其中陆地62平方千米,水域19.5平方千米),耕地面积26平方千米(其中水田面积18.4平方千米,旱地面积7.6平方千米),林地面积13.35平方千米(其中公益林6.56平方千米),水域面积3.33平方千米(其中水产养殖面积1.33平方千米);辖18个行政村(其中三洲村和东屋村2个村委会于2005年整体移民至新建城区集中安置)、1个居委会(厚田街社区居委会,未正式备案)和77个自然村,人口3.41万余人。厚田乡交通区位得天独厚。昌樟高速和温厚高速贯穿全境,丰厚一级公路连接温厚高速,并设有互通口;东靠赣江,西临锦江,水路运输可直入长江,能容纳较大型船舶通行。随着“西二环”和南昌港厚田码头的建设,320国道改线工程和三清山大道南延至丰厚一级公路工程的规划建设,厚田乡将形成“水陆”双枢纽的交通态势。自然资源丰富多彩。随着自然环境的不断改善,国家二级保护动物蓝喉蜂虎等珍稀鸟类常年栖息于厚田乡境内,吸引全国各地的鸟类和摄影爱好者慕名前来观赏;远近闻名的厚田沙漠景区位于厚田乡象潭村和龙王庙村,经欧共体和中科院兰州沙漠研究所专家论证,为“江南第一大沙漠”。同时,厚田紧邻赣江,河道砂石资源丰富,为赣昌砂石公司主要取砂点,多年来为南昌城市基建提供坚实的砂石保障。人文历史源远流长。厚田乡社林村是清朝兵部尚书周学健的故乡,自古就有“耕读传家久,诗书继世长”的优良家风;“九龙过厚田”“许真君借井饮水”“七姊妹树”等民间传说广为流传;丹陵观、龙王庙、东岳庙等宗教场所远近闻名;农历正月初九西门村“九龙聚会”活动盛况空前;正月十二、十三的东洲村舞草龙、厚田村板凳龙热闹非凡。可以说厚田乡自古就是人文荟萃、底蕴深厚的宝地。2023年,厚田乡党员干部走进群众当中,以身作则以身示范,带领广大群众共建共治共享,把提升群众参与感、获得感、幸福感作为党建引领乡村治理的出发点和落脚点。厚田乡多渠道发力引进外部税源,共完成财税总额1778.2万元,区级留存576.56万元,超额完成区级留存任务。其中,引进新增工程项目(南昌市绕城西二环厚田至乐化段)税收827.62万元,区级留存192.14万元;引进新增区外一次性税源(房产交易税)完成税收562.8万元,区级留存268.9万元。全年全乡完成规上工业总产值4463.8万元,同比增长0.2%,其中,江西博亚玻璃有限公司完成产值2475.4万元,同比增长1.3%;江西绿捷实业有限公司完成1988.4万元。全乡限上零售额为1763万元,同比增长53.1%。

【政治建设】 2023年,坚持以党建为引领,讲好乡村振兴故事,建设环境美丽、生态宜居的美丽乡村,积极参与村级建设,把党的建设贯穿到乡村治理的各领域全过程,充分发挥党组织的理论优势、政治优势、组织优势,为乡村治理凝聚力量,打开乡村治理新格局,有效提升乡村社会治理能力,推动乡村治理体系和治理能力现代化。多措并举抓学习。扎实开展学习贯彻习近平新时代中国特色社会主义思想主题教育,坚持完善“第一议题”制度,及时传达学习习近平总书记重要讲话精神,党委理论学习中心组组织学习15次,党委会学习研讨13次,同时邀请区委党校教师专题授课3次,党委主要负责人带头讲党课2次,推动科级领导到挂点村党支部讲党课。多方协同抓好培训。按照党员培训全覆盖的要求,有序开展村“两委”干部、农村党员、党的二十大专题轮训,同时抓实“三级书记”讲党课、主题党日等组织生活制度,组织党员干部学习党的方针、政策和党章党规。2023年共召开党建业务培训10余次,村“两委”党员干部集中培训210余人次。动真碰硬抓基层党建述职评议。召开支部书记抓基层党建述职评议会议,26个党支部书记,特别是18个村党支部书记围绕全年抓党建促乡村振兴的有关情况进行汇报,并综合日常工作实际,评定优秀党支部书记3人,良好等次12人,合格等次3人,评定结果与年终绩效挂钩。有效落实老党员关怀慰问工作。发放“光荣在党50年”纪念章3枚,扎实开展“七一”建党节、春节党员慰问走访,全年走访党员453人次,发放慰问金14.29万元。严抓队伍选用管理。严格按照“事业为上、人岗相适”的原则,任用有担当作为的5名年轻干部为办主任或业务负责人;全年共摸排38名口碑好、发展潜力大的年轻党员作为支部书记后备人选。严格党员发展储人才。全年指导各党支部对12名预备党员进行转正,新接收预备党员14名;按照优中选优的原则,共选派17名入党积极分子参加党员培训班,共储备入党积极分子28名。

【经济发展】 2023年,厚田乡完成“五上企业”(规模以上工业企业、限额以上批零住餐企业、有资质的建筑业企业、房地产开发经营企业、规模以上服务业企业)新增“升规入统”(升级规格,纳入统计范围内)企业7家。在本土集中资源重点培育2家月度“升规入统的”餐饮企业:江西群澜餐饮管理有限公司和南昌鑫凡餐饮服务中心;在本辖区外、红谷滩区内挖掘1家限上批发业、1家限上餐饮业和2家限上住宿业,其中限上批发业为江西省教博传媒有限责任公司,限上餐饮业为江西省禧江荟餐饮有限公司,限上住宿业为南昌市希铂酒店管理有限公司和南昌享遇印象青年公务物业服务有限公司;另外,从鹰潭市引进一家有资质的建筑业企业江西恒石路桥工程有限公司。加强对个体工商户培育方面:挖掘1家本辖区外、红谷滩区内的红谷滩区粥蚝鲜餐饮店。积极对接在谈合作项目,全力跟踪服务红谷滩区厚田乡新型环保建材加工项目、江西美吉工艺品有限公司工艺品制造项目、国家能源集团南昌霞坊100兆瓦渔光储一体化发电项目、南昌市政新混凝土搅拌有限公司搅拌站项目等重大招商项目,破解项目用地、征迁等难题。同时,依托厚田乡自身特色农业优势,重点打造厚田来垅山文化旅游有限公司乡村旅游综合体特色农业项目,深入推进现代农业新业态发展,全力擦亮“厚田名片”。通过精心组织、密切协作,全乡共清查法人单位和产业活动单位428家,个体3844户,完成全区经济普查单位清查阶段工作任务。

【社会治理】 2023年,切实化解矛盾纠纷,努力做到发现在早、防范在先、处置在小,对已上访或存在上访可能的人员进行矛盾隐患排查,建立清单并落实领导包案制度,所有信访及矛盾纠纷问题均建立台账信息,确保有迹可循。加强应急管理体系建设。完善应急预案,针对防汛抗旱、低温雨雪天气等重大问题更新应急预案,为进一步完善森林防火长效机制,有效预防和扑救森林火灾,建立厚田乡森林防火“三员”队伍,保障人民生命财产和森林资源安全,应急体系得到进一步加强。发挥基层网格力量。全面启用基层网格力量,多次组织网格员对如何使用“社会治理”App进行培训,全乡79名网格员全面参与到基层社会治理事务当中去,网格员不定期开展养老领域防诈骗、反有组织犯罪法、扫黑除恶、反电信网络诈骗等宣传活动,提高居民的安全感。全面落实安全生产责任。充分发挥全乡13个安全专业委员会职能,落实安全生产一岗双责、党政同责,加大安全隐患排查、整改力度,特别是易燃易爆、农民建房、抗旱用电等的排查整治,着力避免安全生产责任事故的发生。推进常态化开展隐患排查治理,持续开展重大事故隐患专项排查整治工作及安全防范“六大攻坚行动”;完善监管体系,坚决杜绝各类安全事故发生。全年出动排查人员500余人次,排查企业商户296家,查处隐患100条,查处无证经营企业4家,全部形成闭环管理。率先成立两站两员队伍。协助交警及公安进行“安全头盔佩戴”专项整治行动,全乡头盔佩戴从不到10%,提升到90%左右,获得省、市“戴头盔”文明乡镇称号。

【民生工程】 2023年,交通路网日益完善。全力保障推进320国道改线、“西二环”及四条道路的“白改黑”项目,道路交通环境全面提升,织密对外连通大动脉。“两整治一提升”点位精心打造。依托詹杨村胡家自然村紧邻“西二环”绕城高速的地理优势,结合“西二环”沿线环境整治项目,高标准打造詹杨胡家共同富裕样板村,彻底改善村庄环境、规整建筑布局、完善设施配套,打造舒适宜居的居住环境。新农村建设高效推进。全年新农村建设项目涉及5个行政村、6个自然村,共计15个点位,将农村人居环境整治、村庄长效管护、农村生活垃圾处理、污水治理、乡风文明、社会治理等工作融入新农村建设项目中,力争实现村容村貌焕然一新、人居环境全面提升、人民群众幸福和谐的和美乡村。荣获第十六届南昌市文明村镇和2023年度南昌市宜居乡村称号。教育事业蓬勃发展。率先整合教育资源,撤并全乡8所村小学至厚田乡中心小学,为解决学生出行不便问题,专门开通5条校车专线,为学生上、放学提供交通保障。大力发展教育事业,改善办学条件,营造重教兴教的良好氛围。对厚田乡籍高考学生录取第一批次本科以上的31名优秀学生以及考上重点高中的11名厚田中学和三洲中学学生进行奖励,发放奖学金12.45万元,引导和鼓励厚田学子努力学习,再创佳绩。

社会事业协调推进。深入推进养老、医疗保险等扩面征缴，电子医保凭证全覆盖，落实拥军优属、低保、残疾、孤儿等政策。持续推深做实“暖心护企”行动，助力经济发展快速步入良性运行轨道；常态化开展“我为群众办实事”实践活动，聚焦民生关注问题，全年各村为村民跑腿代办医保、低保、社保、就业等各类服务事项800余件。

【建立标准化体系网格党组织】 2023年，实施“强基工程”，建立标准化体系的网格党组织。健全基层党组织统一指挥和统筹协调机制，构建以乡党委为核心、“乡党政班子成员+村‘两委’干部+网格长+网格员”的责任体系，形成“一盘棋”运行机制。坚持党员带动，统一制作党员联系卡，亮身份、亮职责、亮承诺。积极推进“干群面对面、党群心连心”活动，围绕群众提出的困惑难题，积极开展党员志愿服务，把基层难题解决在一线。落实好网格员每日一次走访入户、网格长每周一次梳理办结、党支部每月一次反馈研判、乡党委每季度一次专题调度的“四个一”运行机制，切实打通服务群众“最后一公里”。

【精细化管理培训村干部】 2023年，抓实队伍优化治理。着眼解决乡村治理人员不足、专业化人才较少等问题，不断加强乡村干部科学化、精细化培育，充实农村治理力量，打造“三位一体”的治理工作队伍。培育以村“两委”干部为骨干、成立党组织领导下的驻村工作队、大学生基层专干、卫生室医生、在外乡贤、民兵、老党员干部、妇女等为主要后备力量的农村治理队伍。每个村至少有3名后备力量，2名党组织书记后备人选。鼓励党务干部和广大农村党员报名参加“一村一品”、在职函授各类培训班，推动村“两委”班子整体优化提升，突出“双好双强”标准、不断拓宽人选来源渠道，持续优化班子年龄、学历等结构。

【推动党建引领“三治”融合】 2023年，通过党建引领，积极打造健全自治、法治、德治为基础的“三治融合”乡村治理新体系，营造共建共治共享局面，最大限度激发基层发展潜力。自治为本。在18家村级单位通过“四议两公开”的方式，依法修订完善村规民约，将环境整治、平安建设等16条群众关心关注的问题纳入进行规范管理，使村民“自我约束、自我管理、自我教育、自我服务”的意识进一步增强。法治为纲。提升乡村治理约束力。以法治为保障，将全乡18个行政村、党群服务中心作为推进基层治理的“桥头堡”，充实村级人民调解员20名，培养农村“法律明白人”30余人，有力推动辖区内治安隐患、矛盾纠纷前端排查化解稳控等工作。德治为先。积极培育和践行社会主义核心价值观，党员带头抵制大操大办、铺张浪费等陈规陋习。推动党员干部带头革除陋习，对村民婚丧事宜、孝敬老人、诚实守信等进行定期评议，发布“道德红黑榜”。梅花村作为市级移风易俗示范点，全年规范“红白喜事”6起，及时制止大操大办酒席2起。通过互晒、互比、互评、互促，大力弘扬文明新风，推进移风易俗，形成“户户参与乡村治理、人人争做文明标兵”的浓厚氛围。

【完善基层阵地服务功能】 2023年，借鉴“枫桥经验”，建立党建引领人民调解、行政调解、司法调解“三调联动”工作机制，全年成功化解10余起矛盾纠纷，充分调动在党组织统一领导下的各方工作力量，探索建立“问题不出网格、办事不出村组”的长效机制，不断提升基层治理工作水平。通过党员联系农户、党员户挂牌等活动宣传党关于乡村治理的政策，依托村民代表会议、村民理事会等，鼓励开展村民说事、百姓议事、妇女议事等各类协商活动。

【开展新时代文明实践活动】 2023年，厚田乡各村立足新时代文明实践站建设，扎实开展新时代文明实践活动。结合“一行动一活动”（农村留守老人妇女儿童和特困群众关爱服务行动），通过入户监测、结对帮扶等形式，对全乡老党员、孤寡老人、妇女儿童、残疾人、困难群众等开展志愿帮扶120余人次，帮扶脱贫户、易致贫边缘户等困难群众177户416人。同时，积极开展人居环境整治，提升村庄风貌。大力推行通村主路“专人扫”、联组串户路“轮流扫”、房前屋后“评比扫”的“三个扫”模式，充分发动群众、村干部、网格员，开展道路环境卫生整治、房前屋后垃圾清理、河道治理等行动100余次。把村“两委”干部“领头雁”、党员“排头兵”作用充分发挥在乡村治理最前沿。在基层党员带领下，有效激发群众内生动力，变“要我做”为“我要做”，形成干群同心同向谋发展、共治共享“美丽乡村”成果的发展氛围。

【搭建多元化一站式调解平台】 2023年，为深入贯彻习近平法治思想，加强党建引领乡村法治体系建设。厚田乡发挥党组织融合聚力作用，推动人民调解、行政调解和司法调解的衔接联动，着力破解基层治理中各部门贯通不畅难题，打造由乡司法所、乡团委、乡妇联等单位组建的多元调解平台，使各领域、各部门的治理职能融合到一起，切实把工作着力点放在解决最突出的矛盾和问题上来，有效预防和化解社会矛盾纠纷，全面维护社会和谐稳定。

（宋祥明）

生米街道

【概况】 生米街道位于红谷滩区中南部，东临赣江，西接龙兴街道，北连九龙湖街道，南与厚田乡、流湖镇为邻，是红谷滩区九龙湖片区的重要组成部分。2023 年，生米街道下辖 13 个行政村、10 个社区。全域总面积约 70 平方千米，年末户籍总人口 5.93 万余人。105 省道、昌樟高速公路等重要干线穿境而过，九龙大道、赣江南大道、三清山大道等城市道路通过，320 国道改线工程规划建设，昌西南、九龙湖南、生米、高速卡口设在境内，并设置昌西南枢纽，南昌地铁 2 号线在此设有九龙湖南站、生米站、大岗站、南路站。全域现有耕地面积 3126.67 公顷（其中水田面积约 1480 公顷），林地 1273.33 公顷，主要作物有水稻、藠头、花生、红薯、大豆、茶叶，特色农产品有藠头、花生、茶叶。生米街道办事处为红谷滩区人民政府的派出机构，按照职责范围，发展街道经济，管理自有资产和集体资产，服务项目建设，做好征地拆迁保障工作；负责辖区内维护稳定及社会治安综合治理工作，办理群众来访事项；负责社区、村委建设和管理，积极开展社区服务、村务工作，为居民提供劳保、民政、计生、医疗保险缴纳等基础便民服务；承办区委、区政府和上级部门交办的其他事项。内设机构 8 个，分别为党政办公室、党建办公室、经济发展办公室、社会治理办公室、社会事务办公室、公共服务办公室、行政执法办公室、农业农村办公室。下设便民服务中心、综合行政执法队 2 个事业单位。2023 年，有二级党委 1 个，总支 2 个，基层党支部 37 个，党员 850 名。其中，有村（社区）党支部 28 个、机关党支部 6 个、非公有制企业党支部 3 个。

【政治建设】 2023 年，生米街道严格落实“第一议题”学习制度，深入学习贯彻习近平新时代中国特色社会主义思想和党的二十大精神，组织开展理论学习中心组学习研讨，邀请区委党校老师作专题宣讲，深刻领悟“两个确立”的决定性意义，增强“四个意识”、坚定“四个自信”、做到“两个维护”。全年组织党工委理论学习中心组学习 12 次，交流研讨 8 次，党课辅导 6 次，开展集中学习 4 次，实地观摩 4 次。提升党群服务中心为民服务水平，打造同禧社区、同瑞社区 2 个新社区党群服务中心，筑牢为民服务阵地。通过开展主题党日、志愿服务等活动，深入村（社区）大力宣传党和国家的路线方针政策，主动向社会各界和基层群众宣讲行业惠民生、促发展、提质效的方针政策和生动事例，全年开展理论宣讲活动 456 次，惠及群众 6000 余人次。同乐社区获评江西省五星级新时代文明实践站，生米花园社区获评江西省三星级新时代文明实践站，同泽社区获评南昌市第八批社科普及宣传基地。严格执行党建联席会议制度，推动基层党建“书记领航”赋能社区基层治理，动态更新需求、资源、项目“三项清单”，打造睦邻善治新模式，实现组织共建、党员共管、活动共联、资源共享系统建设和整体建设。持续加大基层人才“引育留”力度，建立人才储备库，组建青年人才党支部，搭建青年人才成长平台，为乡村振兴积蓄中坚力量。持续开展流动党员排查，精准摸清流入、流出党员底数，实施全方位动态管理，全年发展党员 4 名，党工委确定入党积极分子备案 25 名，批准预备党员转正 10 名。健全“‘一把手’负总责，分管领导各负其责，班子成员齐抓共管、纪工委协调督查”的工作机制，压实全面从严治党主体责任。制定《生米街道重要工作督办办法》，完善《生米街道值班工作管理制度》《生米街道关于落实“三重一大”事项集体决策制度的实施办法》。认真贯彻落实中央八项规定精神，持之以恒纠治“四风”，加强重点领域和关键环节权力运行的制约和监督，强化对征地拆迁、政府采购、工程建设、专项资金等重点领域的监管，让广大党员干部知敬畏、存戒惧、守底线。认真开展廉政风险点排查，严格落实干部职工个人重大事项报告制度，完善干部廉政档案，切实防范廉政风险。街道纪工委共受理问题线索 19 条，立案 10 件 18 人，结案 9 件，处分 13 人次，其中给予 3 人政务警告、6 人党内警告、2 人党内严重

2023 年 11 月 29 日，生米街道举办法律知识讲座

（生米街道　供图）

警告、2 人开除党籍处分，营造了浓厚的全面从严治党高压氛围。

【经济发展】 2023 年，生米街道积极应对复杂形势，牢记发展使命，坚持项目与效益并重，依托区域优势资源，稳步推进经济发展。全年共完成固定资产投资 18.24 亿元；限上社会消费品总额完成 24.71 亿元，比上年增长 8.3%。依托“未来科学城”的发展契机，组织外出招商 2 批次，共引进 40 余家企业在辖区注册纳税。新增入统“五上”企业（五类法人企业，即规模以上工业企业、限额以上批零住餐企业、有资质的建筑业企业、房地产开发经营企业、规模以上服务业企业）4 家，新增入统个体户 9 户。常态化开展“暖心护企”优化营商环境活动，组建走访工作队伍，加强业务知识培训，深化服务企业意识，为企业成长全过程提供“保姆式服务”，增强企业的获得感、安全感。根据实际情况，组织成立生米街道第五次全国经济普查领导小组，选聘普查“两员”（普查员和普查指导员）52 人，将街道划分为 20 个普查区，充分发挥党员先锋作用，通过“线上 + 线下”双向发力，圆满完成全国第五次经济普查清查工作。至年底，有正常填报单位 1026 户、个体户 5736 户，其中无证个体户 4043 户、有证个体户 1693 户。

【社会治理】 2023 年，生米街道持续推进平安建设，强化综治中心信访值班、劳动监察、矛盾调解、法律服务等多项功能，对重点信访矛盾事项落实领导包案、值班接访。同时，坚持把矛盾纠纷排查化解作为社会治理的重要内容，不断健全矛盾纠纷多元化解机制，发挥 21 个调委会 180 名调解员的作用，深入排查化解各类矛盾纠纷，全面推广“枫桥经验”，切实提高化解各类社会矛盾的整体水平，真正做到小事不出村、大事不出街、矛盾不上交。综治中心全年受理办理各类矛盾纠纷信访案件 180 起，解决信访积案，快速处置夏宇村儿童溺水、公益性骨灰堂建设等突发信访事件，群众幸福感满意度不断攀升。大力保障生产安全，始终把安全生产放在第一位，通过多种方式加强安全生产宣传，先后开展复工复产，“七大行动”（严厉打击“两无”行为、压实企业主体责任、完善应急体系建设、强化日常安全监管、重大风险隐患治理、提升公众安全意识、加强应急队伍建设）、“六类重点场所”［体育场馆、学校幼儿园（包括体育馆、教学楼、食堂等）、文旅医疗设施、商业综合体、旧厂房改造场所和 C、D 类危房］、消防安全等高发领域如自建房、工地、合用场所等地的隐患排查整治行动，针对安全管理相对薄弱的区域，由街道安委办牵头组织多个部门进行联合隐患排查。全年累计检查各类经营场所 830 余家，查处隐患并整改 105 条，行政处罚 1 次，行政拘留 1 人。同时，及时处理大岗地铁站西面生流公路水管爆裂问题，完成维修夏宇村至感里村交界处塌陷的石拱桥，保障群众的生命安全。不断推进法治宣教，充分发挥党工委在推进法治建设中的领导核心作用，形成主要领导负责抓、分管领导具体抓、其他领导配合抓，一级抓一级、逐级抓落实的工作体系，在责任上不断传递、压实。深入推进社区矫正工作，掌握其安置情况、思想动态及人员去向，努力做到对每一位帮教对象都“有人问、有人管、有人关心”。聚焦村（居）民关心的金融诈骗、非法集资与传销等热点问题，联合律所采取以案释法、现身说法、讲解答疑等方式，大力推进法治宣传进校园、进社区、进村落活动。全年开展“5·12”全国防灾减灾日、安全生产月、消防安全宣传专场活动 6 场，发放反诈宣传单 3500 余份，受法治教育人数达 4200 人次，解答法律咨询超过 300 人次，有效增强了居民的法律意识及安全防范意识，群众安全感、满意度显著提升。同乐社区获评南昌市无传销社区。

【民生工程】 2023 年，坚持强化民生兜底，在发展中保障和改善民生，始终把民之所向作为根本追求，着力在兜底线、增活力、强支撑上下功夫，落实好动态调整机制，有序开展社会救助对象年审核查工作，完善低收入群体、孤寡老人、留守妇女儿童等特殊人群关爱服务，按规定发放各类民政保障资金，全年发放低保金 767 万元、残保金 107 万元、特困救助金约 26 万元、高龄补贴 91.79 万元、孤寡老人生活补贴 24.46 万元，切实将政策和救助保障覆盖到社会各困难群体。扩大政策宣传覆盖面，及时推送医保惠民政策，完成医保缴费 38416 人，缴费率 98.3%。组织求职人员参与“春风行动”新春招聘系列活动，新增农村劳动力转移 105 人，失业人员再就业 91 人，就业困难人员再就业 36 人。坚持用心用情办事，解决好农民工“急难愁盼”问题，排查欠薪隐患 50 余条，全部及时妥善解决处理，协调处理工资拖欠问题 170 件，解决欠薪金额超 2000 万元。坚持“人民至上、生命至上”，推动防溺水安全教育入心入脑，压实各村（社区）重点危险水域防、管、控责任，形成乡村为主、学校协作、社会参与联防联控的防溺水工作格局，全年累计发放《致家长及其儿童预防溺水的一封信》并签订防溺水承诺书 7044 份，尽一切努力防范中小学生溺水事故的发生。加快推进南星小学、胜利小学合并至生米中心小学工作，会同教育部门推进普惠性幼儿园建设，着力解决农村儿童“入园难”和无证幼儿园、无证校车关停整治问题；文化基础设施日趋完善，建设一批居民健身活动场所和文化活动中心，丰富居民文娱生活。加快推动东城花园社区、采樵社区、九溪嘉园社区成立工作，按照“一社区一品牌一特色”的工作思路，推进新成立社区的邻里中心建设。积极与上级部门对接，通过建立台账、严格审核、准确录入等措施,认真做好征地审批、户籍审查、参保缴费以及资料审查等各项工作,至年底,共计参保人数17681人,依法保障被征地农民合法权益。努力创建卫生城市,广泛开展健康教育活动,在重要时间节点开展灭鼠、灭蚊、灭蝇、蟑螂消杀活动,不定期排查辖区内食品店、餐饮店、农贸市场等场所食品安全隐患,给辖区居民努力创建干净卫生的生活环境。生米花园社区获南昌市健康社区。把培育和践行社会主义核心价值观贯穿移风易俗乡风文明建设各项工作,重点整治"高价彩礼、厚葬薄养、大操大办、打牌赌博、封建迷信"等突出问题,宣讲移风易俗新风尚,弘扬社会主义核心价值观。全年共悬挂横幅120条,播放小喇叭300余次,张贴通告216张,电子显示屏播放72次,开展移风易俗宣传活动近240次,查处违规丧葬用品550千克,发放鲜花近2.5万支。生米街道办事处、同乐社区、生米花园获评第十九届南昌市文明单位。

【全力推进项目征迁安置工作】 2023年,始终坚持"抓项目就是抓发展"的工作理念,制定年度征迁工作方案及考核办法,明确工作小组及责任领导,奖优罚劣,确保每周一挂图,挂图必调度,调度有进展,确保本年度征迁工作稳步开展。全年累计完成拆迁面积12.4万平方米,涉及645户1052人,保障南昌中学以及配套学校、K9学校、南昌医学院等重大重点项目的正常开工。把安置工作当作重中之重,加快安置速度,交付生米花园一期B06地块共计1360套安置房、安置面积13.57万平方米,1010户拆迁户喜圆安居梦。

【加强城市精细化管理】 2023年,坚持问题导向,以"常态化管理+专项整治"为抓手,按照"精、细、严"的要求,进一步明确网格管理标准,落实网格责任,以"发现早、处理快"为目标,建立健全"全面覆盖、层层履职、网格到底、责任到人"的网格化管理模式。同时,使用无人机"空中城管"精细管理城市,及时整治流动摊贩、占道经营、违章广告牌、违规建筑等市容问题,全年累计拆除违章建筑29处408平方米,整治出店经营和流动摊贩整治6300余处,进行口头警告、宣传教育630余次,签订80余份保证书,处理乱吊乱挂违法案件570余处,印发《2023年生米街道开展文明交通治理工作方案》,增设18处隐患安全指示牌。以民情民意作为指向标,认真落实"接诉即办"工作,对群众反映的各类市政问题认真核实情况、深入分析原因、采取有效措施,确保高质高效解决问题,全年累计处理数字城管投诉案件3.8万余件。全面开展环境综合整治,严把露天禁烧关,处置露天焚烧火点35起,强力推进"散乱污"企业排查整治工作,关停取缔"散乱污"企业2家,顺利推进城市水环境整治,规范辖区内40余家餐饮店的污水排放。

【推进乡村振兴走深走实】 2023年,深入开展以农村生活垃圾治理、农村"厕所革命"、村容村貌提升和村庄长效管护的农村人居环境综合整治活动,村容村貌焕然一新。整治过程中,领导小组通过定期召开专题会议,研究共性问题,抓重点、改痛点、攻难点,有效推动整治工作。实行"领导督查指导、街道干部帮扶、村干部全力整治、村民积极参与"的工作模式,干部群众齐上阵、共发力,形成人居环境整治强大合力。制定《生米街道农村环境卫生治理考核方案》,将人居环境整治工作纳入村"两委"班子绩效考核,通过压实责任,明确奖惩,提高整治工作效率。经过全街道干部群众的努力,取得一定成效。全年累计清理陈年垃圾、白色垃圾、建筑垃圾1.9万吨,拆除废弃猪栏、牛栏、鸡棚及危房2.84万平方米,旱厕整改197处,药剂处理及机械清除杂草面积约29万平方米,清理沟渠8766米,整治空中飞线约1620米。同时,重点打造郡塘村楼下新村、南星村南坛自然村、相里村杨家自然村、摄溪村摄溪自然村4个富裕样板村。在总结上年经验和做法的基础上,多次召开专题会议、现场会议,调度布置,并召集村干部、村民代表会议征求规划设计意见,持续深化、细化、优化设计方案。改造以挖掘乡村原汁原味"内在美"为基础,因地制宜,修旧补旧,适度设计,保留具有村庄特色的道路、牌坊等文化传承建筑,依托各村水流的自然走势,规划"改水改厕",并根据实际情况实施美化、亮化、绿化工程,确保高标准推进"两整治一提升"(农村人居环境整治、农村路域环境整治,农业特色产业提升)工作。

【大力推动政协服务站工作】 2023年,为更好发挥政协委员政治协商、民主监督、参政议政作用,生米街道政协工作联络组结合基础条件,积极争取、科学谋划,搭建了委员履职"一站一点"服务平台,为委员履职提供"家园"空间。6月,生米街道委员履职服务站正式揭牌,室内建筑面积达400平方米,设有"红谷滩区政协历史沿革区、委员履职风采区、书香政协文化沙龙区和'三有来协商'平台区"4个元素功能区,围绕建设"学习交流中心、团结联谊中心、履职建言中心"平台的目标,为辖区政协委员履职担当、凝聚共识、深入基层提供良好的服务和优质的平台,室外配套约2666.68平方米(4亩)的委员农场,为大家提供实践劳动的场地空间,增添日常活动的"泥土味",并在同乐社区打造120平方米的"三风"示范点,引领街道"三风"阵地建设新标杆。至年底,生米街道政协履职服务站多次接待省内外领导调研督导,承办省政协会议2次。市委书记李红军,市政协党组书记、主席卢伟平等多位领导在站内调研时,均对政协委员履职服务站的建设、运行给予了高度肯定。并先后接待内蒙古自治区、安徽省铜陵市、广西壮族自治区贵港市和广东省珠海市的调研团队，对外树立人民政协良好形象。为推动基层协商民主制度化规范化发展，逐步健全完善议题筛选审定、协商主体确定、事先知情通报、议事活动开展、成果运用反馈等协商程序，稳健开展协商于民、协商为民的“三有”协商工作。通过线上线下相结合的方式，广泛收集群众反映的各类问题 29 个，通过开展“三有”活动解决问题 24 个。同时，通过委员联系社区制度，确保每位委员至少联系一个社区（村），积极探索“委员履职”+“社区治理”+“社情民意”的新路子，组织政协委员以文明城市创建志愿者、公益心理课堂讲师、《中华人民共和国民法典》科普宣传员等身份开展一系列丰富多彩的社会活动，密切联系群众，助力解决社区基层治理难题，取得良好的反响与效果。

（罗　琪）

沙井街道

【概况】 沙井街道隶属于红谷滩区，位于红谷滩区西北部。东临赣江，西靠昌九高速，南接世贸路，北至庐山南大道。红谷滩区政府驻地。1997 年 9 月 1 日，设立南昌市东湖区沙井街道办事处。2019 年 12 月，国务院同意设立南昌市红谷滩区，将南昌市东湖区沙井街道划归红谷滩区管辖。2023 年，区域总面积约 7 平方千米，年末户籍人口约 4.86 万人，常住人口约 6 万人。内设党政办公室、党建办公室、公共服务办公室、社会治理办公室、行政执法办公室、司法所、武装部、人大工委办公室、纪检监察室 9 个工作部门，下辖 1 个行政村、15 个社区居民委员会。以促进经济发展、提升民生福祉为基础，围绕中心工作，坚持服务优先，以问题为导向，进一步强化党建引领、作风保障，弘扬担当实干精神，推进各项工作取得新成绩。沙井街道获评“江西省基层政务公开标准化规范化乡（镇、街道）”、“全省综合减灾示范乡镇”、江西省“无邪教创建示范”街道、第十九届南昌市文明单位，沙井街道便民服务大厅被评为南昌市“最佳政务服务大厅”。所辖 1 个村、15 个社区获评江西省“无邪教创建示范村（社区）”；所辖风华社区被评为全省“幸福社区”五星社区、全省四星级新时代文明实践站，齐云、芳华社区被评为全省三星级新时代文明实践站；沙井社区人民调解委员会获评“全省优秀人民调解组织”；绿茵、齐云社区获评“江西省第二批绿色社区”；红谷凯旋社区被评为南昌市高品质型城市一刻钟便民生活圈试点；风华社区获评南昌市充分就业社区，红谷世纪花园、齐云社区获评第十九届南昌市文明单位，沙井村获评第十六届南昌市文明村。辖区和昌熙梦里街区入选为南昌市区域性市级特色商业街区，红谷滩金街入选首批市级夜间经济街区，所辖汇和家园小区物业荣获江西省“2023 年度红色物业小区”称号。

【政治建设】 2023 年，成立街道主题教育领导小组，制定下发主题教育街道工作方案和学习计划，召开党工委（扩大）会议学习研讨主题教育相关议题 12 个，开展主题教育集中学习 6 次，开展抽查工作 320 次，确保主题教育贯彻执行。召开理论学习中心组学习会议 18 次，严格落实“第一议题”制度，系统学习习近平新时代中国特色社会主义思想、党的二十大精神、习近平总书记考察江西重要讲话精神等。按照“8+3”［乡镇（街道）、村（社区）、机关、中小学校、医院、国企、非公有制经济组织、社会组织 8 个领域和新就业群体党员、流动党员、年老体弱党员 3 个类型］分类指引，累计开展党员培训 55 场，参训人员 2760 余人次，总学时 4750 余学时，实现各领域、各层级党员主题教育全覆盖。发展入党积极分子 23 人，党员转正 26 人，成立青年人才党支部 1 个，新成立“两新”党组织 6 个，为 611 家企业指派 49 名党建指导员，成立综合党支部 49 个，并组建 17 支党员突击队。摸排上报流动党员组织关系 41 名人；落实“三个实实在在”（实实在在抓好理论学习和调查研究、实实在在检视整改突出问题、实实在在办好惠民利民实事）要求，以定期测试的方式倒逼党务工作者加强日常学习，增强学习主动性。按照“四下基层、三访三促”工作要求，深入基层开展调查研究，化解矛盾困难，全年 18 个单位共检视 41 个问题，均全部整改到位。为 48 名生活困难党员、老党员送去组织关心关爱，以红色驿站为依托为新就业群体开展公益活动 24 场。制定《沙井街道领导班子联系人才制度》，开展专场招聘、技能培训，提供就业岗位 1549 个，城镇新增就业 575 人，引进人才 262 人。打造新地中心“新兴领域”党群服务中心，探索“123456”工作机制，推动楼宇治理从“找服务”向“优治理”转变；打造街道党群服务综合体，合理设置功能区域，进一步拉近干群联系。落实意识形态工作责任制，新时代文明实践所（站）开展实践活动 1178 场，志愿服务点单 1152 单；做好网络舆情研判处置工作，传播正能量，在各媒体上稿 133 篇；弘扬文明新风，沙井街道及下辖 1 个村、2 个社区获评市文明单位；推送的 1 人获评 2023 年第二期“南昌好人”，2 人获评第八届南昌市道德模范。

【经济发展】 2023 年，辖区内共有 109 栋楼宇，其中有商务楼宇 57 栋、商住一体 11 栋、公寓楼 7 栋、金融大楼 12 栋、行政大楼 9 栋、综合体 6 个、酒店 5 栋，在建的 2 栋。3

月,组建综合治税专班,通过分析企业纳税数据,关注辖区企业发展动态,完成一般公共预算收入8.51亿元。完成500万元以上固定资产投资总额9.92亿元,限额以上企业社会消费品零售额完成61.32亿元,规模以上服务业销售额173.54亿元。协助完成重点招商项目4个,省外投资额15亿元;省、市、区招商大会签约企业3家;新引进产业项目11个;利用外资额220万美元。完成批发和零售业、住宿和餐饮业、固定资产投资、房地产业、建筑业、服务业、劳动工资等9个专业、290余家规上企业报表报送工作,对重点企业定期监测,及时反馈企业异常情况;完成“五上”企业入统61家,新增50家贸易业个体户入统。开展全国第五次经济普查清查阶段工作,共计上报单位10380家,上报个体户12940家。落实区委数字经济“一号发展工程”方案,走访数字经济企业100余家,数字经济企业在库25家,完成数字经济企业入统6家。开展“科技强国、科普惠民”科普宣传活动4场,推动辖区134家企业申报科技型中小企业;推动27家企业申报高新技术企业,申报1家瞪羚企业。开展争创星级农贸市场工作,江报路农贸市场被市商务局评选为南昌市城区三星级农贸市场。加强商场超市、农贸市场的安全管理,5月6日至10日开展为期一周的集中整治。做好防范和打击非法集资宣传教育,设立非法集资宣传长廊,在春节期间、6月15日、11月28日开展三次大规模防范非法集资宣传活动,村、社区同步线上、线下宣传,悬挂横幅300余条,摆放非法集资宣传移动显示屏6块,张贴海报600余张,播放公益广告200余处,制作专项宣传栏40余个,发放宣传资料近2万份、宣传品2000余份。完成“疫情防控非法集资”“P2P”“重点行业领域的非法集资”等专项整治,制定辖区责任体系图,对商务楼宇、沿街店面、居民小区进行“清楼扫街”,大力宣传,建立基础台账。组织产融对接活动,深入交流金融产品、信贷服务、企业信用等方面内容。

【社会治理】 2023年,开展安全生产系列科普宣传活动,发放各类宣传资料300余份。开展“七大行动”及重大事故隐患专项整治,共计排查安全风险隐患264处,建立安全生产隐患排查治理台账,约谈工地工人无证施工重大隐患1次;联合企业开展消防应急演练2次。全体干部做好了2023年南昌市迎春烟花晚会、南昌市马拉松、南昌国庆烟花晚会、南昌市跨年音乐晚会顺利开展的维稳保障工作。在“灯头厂”小区开展“瓶改管”改造工程,推进老旧小区配套燃气管网设施改造工程,开展燃气安全宣传活动12次,发放宣传手册1520余份;组织专题培训会6次,参与人数310余人。对435家餐饮店、机关单位食堂等进行燃气安全排查,查处整改燃气安全隐患652处。开展打击违规使用瓶装液化气工作,累计暂扣液化气瓶38个;为用气餐饮店免费安装智慧燃气报警器346家。采取大都市模式,建议13家餐饮店安装使用“UV光”除味器或“活性炭”除味器;对未正常使用油烟净化设备餐饮店进行行政处罚5000元。开展油烟综合整治15次,督促183家餐饮店定期清洗油烟净化器设备,21家餐饮店更换新的油烟净化设备并重新做油烟排放检测报告。省委巡视反馈违建问题均全部依法查处完毕,拆除违章搭建16处、1051平方米,申请结案销号124户、1354.5平方米;拆除新增违章搭建18处、668平方米。行政执法共处罚案件86起,共计处罚金额82687.6元。推进平安建设各项工作,学习宣传贯彻习近平法治思想,开展常态化扫黑除恶斗争宣传线索摸排;在红谷世纪花园、昌北社区开展洪城义警平安社区连创活动试点,促进公众安全感、政法满意度“双提升”再提高;指导芳华社区创新“135”(一张责任网,三项工作机制,当好“心贴心五员”即基础信息“采集员”、便民“服务员”、矛盾纠纷“调解员”、社区反诈“宣传员”、群众心理“疏导员”)工作法,在“警区新融合”中打造平安社区,昌北社区发动广大居民开展小区自治管理,2个社区在政法基层基础“十大项目”评比中分别获得第二名、第三名。整合各方力量,建立矛调联席机制,排查化解各类矛盾纠纷642条,街道受区级表扬5次。化解特殊疑难案件,现场化解来访案件,约谈特殊疑难案件涉及人员。办理回复江西省信访网上服务中心系统内的信访件;接待辖区群众来访。推进依法治街,开展34次普法宣传活动,6500余人次参与,发放宣传资料1.5万余份;深化“法律七进”(进机关、进学校、进社区、进乡村、进寺庙、进企业、进单位)工作,加大法治文化阵地建设;完善人民调解工作,调解各类矛盾纠纷300余件;抓好社区矫正工作,未发生脱管漏管再犯罪情况;落实安置帮教政策,建立一人一档,落实走访帮教制度。

【民生工程】 2023年,围绕“以民为本,为民解困”民政工作宗旨,加快推进“改善民生”项目,进一步强化为民服务理念,提升服务质量,有序推进民生服务各项工作。配合区城管执法局协调完成鄱阳湖宿舍、警苑宿舍、边防宿舍、昌北公安分局宿舍、丰和一区、华鑫福邸共计6个小区、22栋楼、总面积约4.5万平方米的综合提升改造工作。推进实施丰和花园物管城市项目,第三方共投资600余万元,至年底全部完工并启动运营,改造后新增196个机动车泊位和300个非机动车泊位。推进共享单车试点工作,改造4处停车点位,新增3处停车点位,扩增停车位1700余个。开展垃圾分类主题宣传活动768次,上户宣传15744户,派发各类宣传用品5000余份，辖区73座垃圾分类投放亭均配备督导员进行常态化日常督导。督促企事业单位对雨污管网错、混接和损坏等情况进行改造施工，完成企事业单位管网问题整改任务20个。推进陶家新村、春晖社区、昌北社区、沙井社区等老旧小区改造民生实事项目10余个，协调解决群众急难愁盼相关问题40余个。完成4个居家养老服务站的验收工作，并引进养老机构，为2个养老助餐点拓展助餐服务功能。发放社会救助资金108万余元，开展走访慰问150户，发放8.84万元慰问金、价值1.11万元的慰问品，排查实施救助流浪乞讨6人。做好"扫黄打非"工作站点标准化建设，开展创建无"小耳朵"示范社区行动。排查违规办学和无证经营机构8家。创新"1+2+3"（建立一张责任网，落实两项工作机制，建立三支队伍）工作法，完成预防学生溺水各项工作任务，辖区未发生溺水事件。组织开展各类招聘、就业创业政策宣传活动5次，提供就业岗位1549个，实现城镇新增就业575人。发放和待放创业担保贷款共计40笔近890万元，稳定就业130余人。举办电子商务暨抖音直播培训班1期，培训40名失业人员。春节期间走访15名返乡学子，举办"返乡学子座谈会"，摸排到辖区企业共引进人才262人，其中18名硕士研究生，发放大学生一次性创业补贴4笔共2万元。所辖风华社区成功申报市级充分就业社区；处理沙井村女性失地农民延迟退休事宜；受理劳动纠纷投诉案件389起，成功调解365起，调解成功率93.8%；协助区级处理欠薪案件10起。医保年度参保人数16644人，比上年增长267人，参保率98.81%，完成列入高质量考核的特殊人员的参保任务，参保率100%。13888人申领医保电子凭证，激活率达83.58%。办理各类医保报销审核登记85份共64.63万元、门诊慢特病认定材料19份、各类异地就医备案事项278件。拆迁结算档案943户（已结算342户，占总户数36.27%；未结算601户，占总户数63.73%），上户散发催缴通知单130余份；完成租赁备案140户、公租房新申请39户、经济适用房上市审批3户（经适房部分产权转完全产权，上市后可以买卖），解除限购19户；处理"12345"市民服务热线投诉案件1006件。监督落实业主委员会或物管委员会成立，辖区有35个住宅小区，已成立业主委员会或物管委员会的小区有31个，完成占比88.57%；每季度考核物业信誉度。每日巡查乌沙河圩堤，共清理沿线垃圾杂物和装修垃圾50余吨，修剪沿线杂草12万余平方米，打捞水面漂浮物0.046吨，清除加拿大一枝黄花1.3万余平方米，在乌沙河堤设置围栏200余米。

【打造党群服务综合体】 2023年，街道在新地中心建成新地中心新兴领域党群服务中心，在现代铭园打造沙井街道党群服务综合体。其中，新地中心新兴领域党群服务中心，位于新地中心写字楼裙楼三楼，面积193平米，服务对象为楼宇企业党员和职工，为他们提供政策宣传解读、党员教育培训等多方位服务，创新打造沙井商学院，邀请讲师、行业专家等，为企业开展职业技能培训、学习研讨、主题沙龙等活动，丰富企业职工文化生活。沙井街道党群服务综合体，位于现代铭园小区，三层建筑面积约2030平方米，其中一楼为党建展示厅，二楼为人大联络站和政协委员履职服务站，三楼为职工之家，设有多功能活动室、书画室、健身房、三师一室、舞蹈房、职工书屋、直播间等9个功能室，以满足职工群众多元化服务需求。至此，沙井街道形成以沙井街道党群服务综合体为核心，以绿地中心新兴领域党群人才服务中心、新地中心新兴领域党群服务中心、新就业群体红色驿站为堡垒的"一核三堡"党群服务雏形。

【打造沙井街道退役军人服务站】 2023年，启动沙井街道退役军人服务站建设工作，年底全面完成规范化建设，含咨询台、法律援助、政策咨询、尊崇工作室等配套设施。全年开展退役军人服务保障工作，含信息管理、就业创业、优抚帮扶、走访慰问、权益维护等服务保障项目。

2023年9月26日，沙井街道举办"月满华诞 欢聚沙井"群众文艺会演
（沙井街道 供图）

街道本级及社区均成立“新长征志愿服务队”,由退役军人和党员志愿者组成,开展平安创建、结对帮扶等各类服务,开展困难帮扶工作,协调处理退役军人信访事件5起,好人好事7件,悬挂“光荣之家”牌匾,商谈、签约退役军人和其他优抚对象优待企业50余家;采取上门入户等渠道为退役军人办理优待证,完成系统录入工作,发放卡片,完成率98.64%。发放优抚资金、义务兵优待金;开展春节走访、“八一”建军节走访退役军人活动,并发放慰问金;发放自主就业补助金、退役军人职业技能培训费等。同时,在该场所,启动沙井街道基层武装部规范化建设。硬件方面,按照“以战领建、功能齐备、因地制宜、建有特色”的思路,设有办公室、资料室、会议室、值班室、战备物资器材室、兵役服务站,融入红色文化。按照“抓备战、强素质、求发展、上台阶”的工作思路,重点抓民兵政治教育、民兵军事训练、民兵整组,全力推动国防动员,完成年度征兵任务。

【深化全国文明城市创建工作】 2023年,根据“八大专项整治”要求,开展楼道清理和飞线充电等专项整治行动。其中,开展楼道杂物堆积物专项整治20次,针对52个小区、863个楼道,共计出动人员1000余人次,累计清理楼道1295个、杂物堆积物1500余处100余吨、其他区域垃圾杂物800余处20余吨、乱掉乱晒1600余处以及垃圾小广告2300余处,整治机动车和非机动车乱停乱放2000余处、小区周边出店经营1200余家,冲洗垃圾桶3000余个。开展飞线充电专项整治28次,共计出动人员1000余人次,整治飞线充电1880余处,其中主次干道、背街小巷飞线充电800余处,小区内飞线充电1080余处,并在有条件的小区安装20余个充电车棚,能提供800余个充电插头。开展公益广告专项整治,发现不达标公益广告551处,更换221处,修复和擦洗125处,清理205处,清理各种遵德守礼牌共62处、褪色破损的公益广告16处,清理不达标横幅7条,整改破旧残损3处、过期失效14处,开展为期10天的公益广告交叉检查,共计检查问题数157处,实地复核另外发现并整改问题16处。开展“全民清洁家园”劳动活动,街道机关干部、社区工作人员和小区老党员、志愿者、3家外包公司120余人,分4组,每周五下午,对红谷世纪花园C区、D区、红谷凯旋小区、龙四龙五小区、邮政宿舍、博泰江滨、圣淘沙等23个小区开展劳动大扫除活动。整治陶家新村综合环境,成立综合整治小组专班,制定《沙井街道陶家新村专班整治工作方案》《沙井街道陶家新村小区长效管理工作方案》,在充分了解居民意愿后开展整治,优化小区人居条件,解决小区历史遗留的民生类问题。开展文明创建宣传入户调查累计走访14510户、问卷调查12702份、倡议书8567份。

【创建红谷滩区首个“红小依之家”】 2023年,沙井社区优化服务大厅布局,设立医保服务专区和医保文化墙,增设相关医保服务设施;在显著位置设置医疗保障品牌标识,医保服务柜台摆放各类医保政策宣传资料;大厅墙面张贴医保服务事项,电视显示设备循环播放医保政策宣传片,让前来办事的群众一目了然,更好地服务办事群众。沙井社区通过网格式管理、代办式服务、全网式宣传,使“红小依”形象贯穿到医保经办每个环节,把通俗易懂的医保政策、便捷高效的医保服务送到每一位参保群众身边,全年共办理居民医保1155人次,开展“红小依说医保”“红小依见面会”宣传活动3次,发放宣传资料500余份。

(刘艳芳　胡贤辉　徐祖豪　黄安安　刘乐明　胡　奎　罗　斌　陈钰敏　颜其美　李　健　翁任华　李峻岩　熊丽鹏)

卫东街道

【概况】 卫东街道(以下简称街道)位于红谷滩区中心区域南部,实际管辖范围为世贸路以南、前湖大道以北、枫生快速路以东、赣江以西围合区域。根据国务院批复发布的《江西省人民政府关于调整南昌市部分行政区划的通知》,2020年6月28日,卫东街道办事处正式挂牌成立,经2022年9月红谷滩区区划调整后,辖区总面积14.81平方千米。2023年,辖区年末户籍人口10.49万余人,总人口近19.23万人,占全区总人口的34%。街道下设3个行政村、33个社区居民委员会,其中开放式小区10个,占全区的71.4%。有社区干部277人、村干部18人;街道党工委共有党组织122个,直管党员2450人,流动党员19人;辖区内共有53栋楼宇(写字楼33栋、公寓11座、综合体5个、酒店4个),其中在建楼宇1栋,为世茂APMA-2-1地块;有大型商超综合体6家(华润万象城、印象城、华润万象地中海店、山姆会员店、丽景天虹、地铁大厦天虹),农贸市场3家(沁园农贸市场、翠苑农贸市场、红岭农贸市场),市场主体6065家(企业3066家、个体2999家),辖区经营主体企业2611家。限上零售额完成158.78亿元,同比增长0.3%,占全区比重55.52%,稳住全区的基本盘;规上数字经济核心产业企业22家,占全区的22.22%。卫东街道鸿之家“侨胞之家”获评2021—2022年度全国侨联系统典型选树单位;卫东街道获评全省综合减灾示范乡镇(街道);卫东街道人民调解委员会被省司法厅评为矛盾纠纷排查化解专项行动先进集体;卫东街道获评2022年度全市党委信息工作先进单位;卫东司法所获评南昌市首批司法所规范化建设示范单位;卫东街道退役军人服务站获评南昌市退役军人服务保障工作先进服务站；卫东街道新时代文明实践所荣获南昌市基层理论宣讲“十佳优秀宣讲点”称号。香域尚城社区获评省级民主法治示范社区；阿尔法社区、世纪中央城社区获评第十九届南昌市文明单位和南昌市第一批“完整社区”创建示范社区。

【政治建设】 2023年，聚焦党建引领强思想，党的建设持续夯实。始终坚持以学习推动思想深化，深入学习贯彻落实习近平新时代中国特色社会主义思想、党的二十大精神和习近平总书记考察江西重要讲话精神，依托“三会一课”、主题党日等方式，组织党员进行集中学习。开展党工委中心组理论学习16次、专题研讨9次。党工委书记讲授学习贯彻党的二十大精神和主题教育专题党课。邀请市委、区委党校老师3人专题授课6次。组织党员群众开展党的二十大精神、习近平总书记考察江西重要讲话精神等主题宣讲800余场次。严格按照“三化”建设的具体要求对卫东街道36个村（社区）就基层党建“三化”建设情况进行全面检查，形成问题清单、制定整改措施、规定整改时限。同时，通过竞聘、党组织及党员推荐等方式配齐党组织书记7名，及时补选委员30余名，配齐配强党组织领导班子。扎实推进网格党组织建设，推动全街道36个村（社区）256个网格成立网格党小组，并建立“洪城红管家”队伍，以“网格长、楼栋长、单元长”三长为带头人，动员直管党员、在职党员、热心居民等2600余人，同时凝聚社区99个社会组织1347人积极参与社区环境卫生治理、帮扶特殊人群、政策宣传解读、公共事务协商等工作，激活群众自治能力，为基层治理多元赋能。更新维护“幸福卫东”微信公众号和“掌上红谷滩”App的运营，全年在“幸福卫东”微信公众号上更新发布411条信息，为“掌上红谷滩”校稿审稿4500余篇，在中央级媒体上稿15篇、省级媒体上稿14篇、市级媒体上稿56篇、“学习强国”学习平台上稿9篇（其中省级4篇、市级5篇），举办新闻发布会1次，有效夯实意识形态阵地。普贤邻里中心新时代文明实践所共开展志愿服务活动108场，到各村（社区）新时代文明实践站检查660余次，推动文明实践工作体系化、实践所（站）建设标准化、文明实践活动便民化和志愿服务品牌化。始终把开展主题教育作为重大政治任务，牢牢把握“学思想、强党性、重实践、建新功”总要求，深入落实“四下基层，三访三促”工作机制，深入基层、走进群众广泛听取居民意见，围绕群众急难愁盼问题，共检视整改问题76个，制定205条整改措施并均已整改完成。设立党员先锋岗36个，组建党员突击队26个，在职党员开展志愿服务进社区系列活动216人次。

【经济发展】 2023年，聚焦经济发展增动能，区域经济持续壮大。经济指标稳中求进。辖区有入统限上批零住餐单位436家（企业221家、个体户215家），限上零售额完成158.78亿元，同比增长0.3%，占全区比重55.52%；入统企业64家［其中商贸业44家、建筑业7家、服务业13家（其中数字经济8家，其他服务业5家）］。招商引资颇有成效。重点招商项目引进目标任务4个；上报省、市、区大会签约项目5个；实际利用外资现汇220万美元；新引进省外资金15亿元，科技型中小企业新增94家，完成率为127.03%；高新技术企业新增9家，全区属地排名第4名；种子独角兽企业新增1家、瞪羚企业新增1家，全区属地排名前列；规上数字经济核心企业01、03大类净增6家，02、04类净增2家，全区属地排名第2名；推进完成名门世家二期、阳光枫情小区等小区物管城市项目，建成机动车泊位270个（其中新能源车泊位40个）；积极推进梵顿公馆、紫金园、商城世纪村等小区物管城市项目，新增机动车泊位721个、新能源车泊位105个。同时，针对农民安置房小区居民新能源车充电难问题，准备引导第三方公司进驻小区及外围建设新能源车充电桩。

【社会治理】 2023年，聚焦社会稳定守底线，社会大局持续向好。全力推进信访走深走实。及时掌握各类信访动态，积极化解信访矛盾，至年底，处置信息1480条，涉及人数530人；接待群众来访109次758人，受理、回复信访案件883件，依托矛盾调解中心开展矛盾纠纷排查工作，排查受理340件矛盾纠纷，已调处成功339件。做实做细综治中心服务。组织机关干部、村（社区）网格员和驻区企业志愿者一道开展平安建设月主题宣传活动和“百镇千村”反邪教警示宣传活动；加强特殊群体登记管理工作，组织开展精神障碍患者危险等级评定工作和“无邪教创建示范”村（社区）工作，制定《卫东街道网格管理“红橙黄牌”督办考核办法》，确保社会治理平台各项工作100%达标，实现网格管理工作规范化、制度化；不断夯实安全生产责任。为增强安全生产意识，组织各村（社区）前往南昌市安全生产警示教育基地参观学习；为增强辖区群众防灾减灾意识，提高自救互救应急处置能力，组织开展安全生产、防灾减灾“科普宣传周”活动。完善应急体系建设，构建“大应急”工作格局，建立应急救援队伍，规范物资储备管理，强化日常安全监管，摸排生产经营单位底数，建立动态管理台账，实行每月动态管理，构建形成安全监管“一张网”。运用“四单”（居民点单，精准对接群众需求；社区分单，分类认领推动落实；街道派单，统筹协调破解难题；群众评单，考核问效压实责任）工作法，破解社区治理效能关键难题；彻底消除安全隐患。建立重难点安全隐患清单,定期梳理辖区重难点安全隐患,制作安全生产风险分布图,实行挂图作战;强化巡查,紧盯安全隐患整改不放松,全年累计巡查发现隐患313处;加强"九小"场所安全隐患整治动态管理,建立动态台账,每季度更新,排查发现安全隐患733个;针对小区强弱电井进行全面排查整治,建立动态管理台账,每季度更新。为保障重要时段安全生产,在两会及春节、五一国际劳动节、中秋国庆节期间重点检查加油站、加气站等60余家单位和沿街商铺2100余家,发现安全隐患481处,督促整改到位438处,下达限期整改通知单53份;为保障重点场所安全,开展冬季用火用电用气和烧炭取暖安全隐患及合用场所、人员密集场所"生命通道"专项排查整治工作,排查整治安全隐患537处,整改到位350个。退役军人服务更暖心。全心全意为退役军人服务,开展"学习宣传贯彻党的二十大精神活动"42次、"退役军人保障法宣传活动"70余次;提升改造街道退役军人服务站,完善老兵故事集,营造浓厚的拥军氛围;积极宣传优待证政策,为退役军人办理并发放优待证;积极开展走访慰问,走访优抚对象和驻区部队,多形式全方位开展双拥教育活动;完成适龄青年兵役登记工作,选拔优秀青年进入绿色军营;完成民兵训练教育工作和区武装部民兵点验工作,参加区人武部训练任务,区人武部军训教官队伍带队参与高校军训3次;开展系列走访慰问工作,为辖区现役军人家属、民兵送去党和政府的关心,走访"四有"荣誉等现役军人家属,慰问基干民兵。

【民生工程】 2023年,聚焦民生实事优服务,民生事业持续繁荣。养老服务水平有效提升。充分利用万达西社区居家养老服务中心(站)及社区文体、教育、娱乐等公共服务设施,组织开展适合老年人活动,提供精神文化服务活动100余场,居家养老上门服务项目签约288人,设有6个助餐点、4个幸福食堂、1个嵌入式养老机构。民生兜底精准保障。做好对低保对象精准认定及支出型低收入贫困家庭的排查,做到排查率达到100%;做好分散供养特困人员的探访制度,使分散供养特困人员的获得感、幸福感和安全感明显提升,全年共发放临时救助资金6.38万元、特困救助资金16.76万元、低保金105.33万元、事实无人抚养儿童补贴11.16万元、精简退职资金0.88万元、节日慰问金7.1万元。精准推进赋权工作。赋权审批受理店牌店招设置备案审批93件,临时堆放物料、搭建非永久性建筑物、构筑物或其他设施的审批244件,办结337件,办结率100%,行政审批和便民服务不断向基层延伸,实现了从"最多跑一次"向"就近跑一次"的跨越。文体活动丰富多彩。组织村社区开展文化艺术活动累计260余场,联合江西省歌舞剧院深入开展群众性文艺展演进村社区活动共计35场,组织辖区52支文艺队伍近千人通过海选的方式招募组建成人公益合唱团、公益舞蹈团,通过选拔出的8支合唱团、6支舞蹈团在红谷滩大剧院向辖区内居民进行汇报演出,开展第一届"卫东杯"中式台球联赛,打造2家孺子书房,成立卫东街道书画协会、风筝俱乐部、乒乓球协会、硬笔书画培训基地、台球社。举办太极、书画、硬笔书法公益培训班,联合南昌万象城、江西省歌舞剧院在红谷滩风筝广场开展卫东风筝艺术节之南昌万象城"一切皆可飞"和"艺术卫东范·活力红谷滩"之寻找夏天"夏日童心"趣玩季活动。营造良好的文旅环境。以习近平新时代中国特色社会主义思想为指导,深入推进"扫黄打非"进村、进社区、进学校,重点推进"扫黄打非"基层站点规范化标准化建设,营造积极健康、向上向好的文化环境,发放"五项制度"35份、责任状70份,开展"扫黄打非"共建和谐社会活动36场,发放400份宣传册;排查整治无证培训机构106家,下发整改及停业通知书106份;落实中小学生防溺水工作,发布宣传信息137条,补充"四个一"工程6次,巡查水域4000米,出动宣传及巡查人员172人次。营造良好的教育环境。发放宣传无证幼儿园专项治理公告和致家长的一封信1136份,其中已取缔关闭1家博雅无证幼儿园,1家新育幼儿园已整改到位申办办学许可证;排查整治无证培训机构143家,下发整改及停业通知书143份;落实中小学生防溺水工作,发布宣传信息39.19万条,补充"四个一"(一块警示牌、一个救生圈、一根安全绳、一副长竹竿)工程282件次,巡查水域4000米,出动宣传及巡查人员3357人次。民生保障夯实有效。完成创业担保贷款59笔合计1020万元,人才引进大学生和技能人士就业315人,完成免费职业介绍300余人、城镇新增就业428人,青年职业见习19人、城镇失业人员再就业62人、就业困难人员就业62人,办理灵活就业困难人员社保补贴68人;被征地农民养老保险参保2959人,完成城乡居民养老保险参保扩面任务,退休人员资格认证3923人;辖区城乡居民医保总参保人数39038人;办理商贸类投诉案件452件,办结340件,为421名劳动者讨薪218.23万元,办结率98%;举办返乡创业农民工就业创业招聘会1期、春节期间返乡学子座谈会暨现场招聘会1场、脱贫解困暨退捕渔民技能培训1期、洪城就业"职"通车专场招聘会及人社政策宣传活动1期、洪漂人才荟红谷蓬友会"灯火七夕照亮南昌之星"招聘会。

【城市管理】 2023年,聚焦城市管理求突破,城市建设持续完善。精细管理,提升城市品质。认真做好辖区主次干道、背街小巷的清扫保洁工作及卫生死角的清除工作,全年共出动环卫工人5.1万余人次，洒水车运行1.3万余次，清洗路面约930万平方米，清理各类垃圾广告3.3万余张，清运生活垃圾2万余吨，抗旱浇水花卉面积618万余平方米，集中整治各种缆线杂乱问题共计约411处；卫东街道数字城管平台共受理案件14.82万件（占全区的41.74%），已全部办结，受理“三合一”小程序案件25714件，已全部办结。推动民生工程，造福人民群众。按照应划尽划的原则，施画非机动车位430余个、机动车位1800个；结合主题教育，对南昌大学第二附属医院红角洲院区北门外围机动车进行改造，拓宽非机动车停车空间面积约1200平方米，新增非机动车停车位620余个，完成阳光枫情、紫金园一期、名门世家（金融大街段）等物管城市项目建设，全年撬动社会资本投入改造金额470万余元，完成泊位改造490余个，完成改造面积1.3万余平方米，有效缓解停车难、乱停放问题；完成对鹿璟名居（翠林路）商业街地面改造工程及红岭花园一、二、三期、鱼种场宿舍、骨胶厂、木材厂等环境提升改造工程。紧盯防汛排涝、提升污水处理，助力美化“水环境”。全年共清掏雨水箅子7440个，办理排水许可证2698户，完成率100%，推动雨污管网改造，巡查辖区内企事业单位24个排水单元，18个排水单元已完成整改并通过市水治办验收，5个排水单元正在整改中（南昌水城艺术村、江西科技师范大学、世茂水城、世茂APM、中环地产等23家企业），翠苑路沿街商铺有待整改。加强对辖区内涝易积水点位巡查，对易积水处进行及时抽排处理，全年巡查积水点位240余次。坚持为民意识，深入开展房管工作。不定期对辖区物业进行抽查，共下发整改通知单22份，约谈物业经理41人次。协调处理物业矛盾纠纷80余件，接收来自“12345”市民热线服务中心派发的工单1851条、信访投诉22件。积极推动业主委员会及物业管理委员会成立，具备成立业委会或物管会的小区39个，已经成立业委会或物管会的小区36个，完成率92%。按照《卫东街道辖区物业管理考核办法》，每季度按照该办法对全街道34个商品房住宅物业小区进行全面考核排名，并按照考核办法对小区物业项目采取奖惩措施。全年开展4次考核，组织4次物业表彰大会，发放4万元奖励，充分发挥考核“指挥棒”作用，激发物业全体员工干事创业的活力和热情。根据《关于开展“共建红色物业 共享美好家园”活动的通知》及省级红色物业创建要求，在卫东街道的指导下，鹿璟名居小区、万达星城东区被评为省级2023年度红色物业小区，名门世家、洪城比华利被评为区级2023年度红色物业小区。深入开展燃气安全大检查，引导市民安全用气。在辖区内对加气站、综合体、餐饮店、单位食堂、农贸市场等827家进行燃气安全排查，对涉及1642个安全隐患，已下达燃气安全隐患整改通知单，并全部督促整改到位；对餐饮店违规使用煤气罐进行集中整治40次，共收缴煤气罐132个。持续推进燃气重大隐患及一般隐患整改，燃气立管包封隐患整改，共涉及隐患7处，已全部整改到位。积极推进燃气三年行动计划暨“瓶改管”工作，对投诉案件做到及时处理回复，处理燃气相关安全隐患及突发问题投诉27起，整改率100%。有614家智慧燃气管理平台（餐饮店、综合体、服务点）。全年宣传培训共92次。坚持注重宣传、营造氛围，城市管理舆论引导正能量不断增强。发放垃圾分类管理条例1.42万余份、垃圾分类指导手册7650余份、四分类垃圾袋47.51万余个、常见生活垃圾分类表5.74万余份。

【探索楼宇经济管理新模式】 2023年，推出卫东街道“楼小助”楼宇服务模式，动员市场监管、城市服务等领域200余人，建立“洪城红管家”队伍256支，将人员信息、服务内容等制成“卫东楼小助”公示牌32块，为企业提供24小时服务。指导非公有制企业建设党组织5个，提供服务161次；先行先试，以楼宇党群为依托，以党建为核心、经济为主体、服务为载体，将党务、政务、便民、商务等服务送进楼宇，打造“卫东·楼小助”服务管理平台，构建“12348”楼宇管理运行机制，提供惠企政策、诉求反馈、活动宣传等7个大类30项服务项目清单，构建“线上+线下”服务体系。构建政府+企业服务方式，建立整合楼宇“朋友圈”19个，创立行业服务群20余个，做到按类服务、按区域服务。至年底，张贴32个公示牌，整合楼宇“朋友圈”19个，上门300余次，收集10个企业诉求和问题，积极有效地解决好企业的操心事、烦心事15件，有效打通服务企业“最后一米”。

【引入“物管城市”新模式】 2023年，通过政府牵头引导、市政建设投入与沿街商户出资相结合的方式，撬动更多社会资本参与到小区退红线区域的提升改造中，对名门世家及阳光枫情小区退红线区域进行综合改造，改造车位约590个，推动城市“微更新”，破解小区退红线区域长期困扰城市管理难题。

【筑牢意识形态阵地】 2023年，立足本地教育资源，注重用身边人身边事开展党员教育。创新“每周一星”评选宣传机制，发布33期“每周一星”（共35人），以身边人、身边事、先进事迹教育引导广大干部群众，用榜样的力量温暖人、鼓舞人、启迪人；组织“红色十分钟”活动，街道在每周工作例会、重点工作部署会及各类党建活动前，组织干部开展10分钟左右的红色教育。

【推进物业管理】 2023年，制定《卫东街道辖区物业管理考核办法》,对辖区物业管理、环境卫生、安全生产、平安建设、特色工作等物业管理内容进行考核,通过奖惩方式不断压实物业责任,提升物业管理水平。全年完成四季度物业考核,表彰30家物业单位,已发放4万元奖励,有效夯实物业维保人的责任与担当;通过科学分类、制定差异化考核标准,提高辖区物业服务的整体质量。倾力打造"红色物业"品牌。鹿璟名居小区、万达星城东区小区获评2023年度江西省红色物业小区;琴江社区、香域尚城社区获评2023年度江西省五星级幸福社区。

【鹿璟名居社区嵌入式养老项目】 2023年,引进江西省长天松康健康养老产业发展有限公司打造卫东街道鹿璟名居社区嵌入式养老项目,把设施嵌入在老年人家门口,把服务嵌入在老年人现实的需求中,把老年人的个体行动嵌入社会关系网络中,嵌入智慧养老、家庭养老和社区养老相融合的服务模式,实现资源共享、服务衔接,为广大老年人提供专业规范、方便可及、综合连续的健康养老服务;既以老年人需求为中心,又让老年人离家不离社区,让老年人能够参与社区活动。打造家庭养老床位25张,集社区居家养老服务、全托养老、社区食堂于一体,打造成社区嵌入式、多功能、专业化、连锁化的新型养老服务机构,为社区内和周边有需要的老年人提供专业护理、生活照料、心理慰藉、居家入户等综合性养老服务,让养老专业化服务在"家门口"惠及更多社区家庭和老年人。通过就近养老,满足老年人"原居养老"需求,切实增强老年人获得感、幸福感和安全感。

(余　燕　周　浩)

红角洲街道

【概况】 红角洲街道(以下简称街道)隶属于南昌市中心城区红谷滩区,东临赣江沿线,西至G320一线延伸区域,南至南昌西站铁路沿线,北至南一环线,是省行政中心所在地,分布有5所高校,通地铁2号线、4号线,是一个集行政、高教、科研、旅游、体育和高级商住于一体的现代都市示范区。2022年7月17日,南昌市政府关于同意红谷滩区增设街道行政区划调整的批复,设立红角洲街道,街道办事处驻站西花园社区西站大街2000号,同时撤销红角洲管理处。2023年,区域面积36.67平方千米。其中,林地面积5.74平方千米。赣江水域面积2.5平方千米,河、湖面积2.35平方千米。下辖6个行政村、1个管理站、22个社区居民委员会和1个筹备组(平安西筹备组)。年末户籍人口6.17万余人,常住人口5.7万余人,其中原籍村民1.9万余人。新时代10年的伟大变革,红角洲从一片沙丘滩涂之地摇身一变成为一座魅力新区。2023年是红角洲街道全面贯彻落实党的二十大精神的开局之年,也是区划调整、撤管理处设街道的改革之年。红角洲街道坚持以习近平新时代中国特色社会主义思想为指导,深入学习贯彻习近平总书记考察江西重要讲话精神,牢记嘱托,贯彻落实省委十五届四次全会、市委十二届六次全会精神,贯穿"项目为先、实干奋进,争分夺秒拼经济"工作主线,围绕"一枢纽四中心"发展定位,在区委、区政府的坚强领导下,开拓创新、真抓实干、攻坚克难,推动经济社会各项事业高质量发展。

【政治建设】 2023年,红谷滩区红角洲街道工作委员会下辖1个机关党支部、15个非公有制企业党支部,有41个党组织、1045名党员。创新打造党建品牌,按照"一村一特色、一社区一品牌"思路,持续推进党建品牌建设,高效完成"书记领航"工程——祥云社区党群服务中心的打造,巩固提升悦城西"五悦五力",创建祥云社区"五色五园",推广梧桐庄园社区"红色物业",打造站西花园安置房小区"红耀站西 村社联建"特色基层治理党建品牌。5月,人民网以《把群众急难愁盼问题解决在源头》为题,报道街道站西花园小区以党的引领优势、组织优势和群众优势转化为推动安置房小区治理的强大动能。12月,市直机关深化"三联三亮三服务"引领党员志愿服务现场会,全市唯一现场观摩点在红角洲街道茶园街社区、悦城西社区举行。深入开展主题教育,共检视问题55个,已全部整改完成。5月,中央主题教育指导组副组长黄宁生到润溪村调研"枫桥经验"基层实践,听取"三必访"(贫困户、低保户、大病户必访)"三必谈"(矛盾纠纷、重大变故、意见建议必谈)工作法并给予肯定。积极吸纳优秀人才,注重从一线发现、考验入党积极分子或发展对象,切实把冲锋在前、奋战一线、信念坚定、表现突出的先进人物和优秀分子及时吸纳到党组织中来,从一线发展党员7名。推进全面从严治党,突出政治监督,织密日常监督,加强廉情监督,深化专项监督,破解同级监督,充分发挥监督保障执行、促进完善发展作用。全年经历了市委提级巡察、市委棚改巡察、区委第五轮拆迁专项巡察,整改率分别是96.83%、95%、92.9%,区委第三轮、第四轮巡察整改率均为100%。街道纪工委开展各类督查189次,整改问题202个。坚持把廉政教育融入日常、抓在日常,结合站西花园社区居民生活休闲设施需求,融入廉洁文化元素,打造清廉村居项目,营造风清气正的政治生态。

【经济发展】 2023年,以高质量发展为主导、企业服务为主线、重点工作为主抓,咬定高质量发展目标任务,细化工作方案,落实工作举措,求真务实推进各项经济工作。各项指标稳中有进,全年财政收入5.57

亿元，同比增长27%，一般公共预算收入2.34亿元，增长30%（含房地产业）；固定投资完成33.08亿元，完成前湖小区二期等8个项目入库；社会消费品零售完成12.5亿元，增速19%；服务业完成51亿元，增速14.92%，增速全区第二。企业服务优化，共走访企业5512家（正常经营3770家，非正常经营241家，空挂1436家，联系不上65家），收集33条企业诉求，解决企业诉求1条；主动对接涉税企业或享受政策企业，成功挽留27家拟迁出企业；完成"五上"企业培育50家，其中贸易业新增40家，全区第二；前往甘肃、萍乡、上饶、深圳、厦门等地外出招商5批次，对接招商项目8个，引进重大招商项目5.5个，省外投资11.5亿元，跟进重点招商项目28个；全年走访重大重点项目66次，重点协调保障铁塔迁移、大都会项目道路开口、江西国控和金控项目推进及清表用地等55个问题。数字经济工作稳步推进，高度重视推进数字经济高质量跨越式发展，组织各村、站经发专干深入辖区产业园区开展数字经济宣传摸排工作。科技型中小企业成功申报43家。经济普查实效，为保证第五次全国经济普查的高质量推进，红角洲街道紧紧围绕普查目标任务，按照统一领导、分工协作、分级负责、共同参与的原则，高质量完成清查中的每一个步骤、每一个环节、每一项工作，扎实推进"五经普"单位清查工作，全年企业录入4619家，个体录入8453家。9月，省委常委、市委李红军书记到慧谷产业园调研督导"五经普"单位清查入户登记，对清查阶段工作予以肯定。

【社会治理】 2023年，对标新时代"枫桥经验"，坚持预防为主、主动作为，采取多种方式及时掌握各类动态，统筹司法、综治、维稳、信访等部门力量，化解学区划分、被征地农民女性延迟退休、华南城商铺业主集体维权、岭北基督教堂活动场所安置等重点信访问题，排查化解各类矛盾纠纷182起；开展打击安全生产领域"两无"非法行为专项行动，共开展执法检查26次，排查生产经营单位826家，查处隐患7条；强化日常安全监管攻坚行动，制定辖区安全生产领域街道包"点"监管责任制的实施方案，建立"三包"监管台账，通过全面摸排整合，共摸排出1963家安全生产领域监管经营单位；全力构建平安建设网络体系，调整平安建设领导小组，明确村站社区平安建设工作目标，与25个社区村（站）社区签订平安建设目标管理责任书；全力提升平安建设智慧水平，积极打造智慧平安小区，破解居民小区盗窃、实有人口管理等难题，已建成32个平安智慧小区；全力开展反诈骗宣传防范工作，制定《红角洲街道反诈宣防"万人大决战"行动实施方案》，常态化、多途径组织各村（社区）网格员开展入户宣传，开展集中性反诈骗宣传活动50余次，发放各类反诈骗宣传单页、折页2万余份；全力完善平安建设防范机制；开展群租房、自建房、合用场所、重点场所消防安全专项检查和高空坠物专项整治工作，建立健全应急管理制度、应急机构，加强重大危险源、风险辨识、监控预警制度的建立及措施落实，加强应急队伍建设和定期培训，整合仓库物资。除街道外所辖25个村（社区）基层应急能力建设基本完成，应急管理体系运作良好。悦城西退役军人服务站获评市级先进。

【民生工程】 2023年，守初心，保民生，民生保障稳步改善。社会保障坚实有力。新成立平安东、锦园、新蓝苑、双云4个新社区，优化社区办公用房2500余平方米，高标准完成祥云社区、九龙馨苑社区、枫湖社区食堂建设。推行"365天不打烊"，实行错时延时服务。办结"12345"市长热线、区长信箱、民声通道投诉案件2706件，便民服务再提升。完成参保扩面目标任务的99.96%，全区排名第二，医保电子凭证激活人数为18435人，激活率为81.2%，全区排名第二；在辖区范围内推广电子社保卡签发工作，至年底，已签发3565张，签发率达到63%，全区排名第一；通过"三有"（有事多商量、有事好商量、有事会商量）协商载体，为社区新建篮球场、加装摄像头等；投入30余万元，解决云溪花园地下车库常年积水隐患，夯实平安建设根基。社会援助加大供给。全年累计发放低保金215.04万元，救助金额9150元，春节慰问金14.2万元，残疾人"两员补贴"26.05万元，高龄补贴5046人次，事实无人抚养儿童和孤儿补贴22.5万余元，兜底网络越织越密。就业创业服务到位。实现失业人员再就业101人，完成146.3%；就业困难人员再就业36人，完成102.8%；"零就业家庭"安置率保持100%；成功推荐19名青年见习并申请青年见习补贴，完成率100%；集岗位数1146个，完成率143.25%，创业帮扶贷款发放604万元，受理讨薪投诉案件252起，涉及人数376人，涉及金额352.27万元，就业创业服务日渐完善。做好托幼服务工作，指导悦城东、平安东、锦园、香域滨江及桥郡5个社区托育中心建设。做好文化、文旅、教育工作。先后保障"横渡赣江""飞行大会""南昌国际马拉松"等大型赛事，打造悦城西孺子书房，上架图书2000册，取缔无证幼儿园共4所，1所无证幼儿园已签订关停承诺书；处理校外培训机构投诉20起，发放关停通知书8次；进行防溺水宣传20余场，组织老年体协参加活动2场，完成送电影进社区24场，完成2家规上文化企业入库，拆除非法卫星接收装置26个，完成旅游住宿单位情况摸底69家。红角街道获市级健康机关荣誉，香域滨江、茶园街、站西花园社区分获省级幸福社区五星、四星级荣誉。

【重视全国文明城市创建工作】 2023年,围绕创建全国文明城市这一目标,制定街道创建全国文明城市工作实施方案,编制《2023年红角洲辖区网格责任表》,通过"定区、定组、定人、定责"的方式,通过"线上+线下"的方式,开展文明城市创建工作的宣传,确保辖区内文明创建工作落到实处。开展常态化实地文明督查46次,下达问题清单56份,下达监督通报8期。开展公益广告大排查行动,及时处理或更换新公益广告累计151处,老旧破损公益广告90余处,制作公益广告景观小品11处,维护插地字6处,拆除插地公益广告1处。开展楼道整治和飞线充电专项行动,共组织9650人次,共清理杂物堆积6820处,整治楼道垃圾广告2450处,整理乱停乱放电动车3280辆,清理共享单车5315辆,修复公共设施345处,整改"飞线充电"问题864起。开展文明交通专项整治活动,从强化公众文明交通宣传教育入手,深化文明交通"五进"(进机关、进企业、进学校、进社区、进村组)宣传活动,利用微信公众号、户外电子屏、宣传海报等广泛宣传文明知识,共在宣传栏张贴不文明交通行为抄告单80余张,开展文明交通宣传活动10余次,发放或张贴交通安全宣传资料100余份,发放电动车公益头盔约500个。城市管理不断完善。红角洲街道辖区承接省级及以上重大线路保障任务共30余次,上报市级线路保障材料30余份,督查问题共计80余件,已全部整改完毕;依托数字城管,全年数字平台共处置案件3.87万起,整改率99.5%。

【抓好前湖水系治理工作】 2023年,红角洲街道作为前湖流域的主战场,严要求落实"前湖水系治理十条",严格落实由街道党工委书记、街道办事处主任双网格长的网格化治理体系,划分六大网格片区,落实网格员16人。全年清除闲置地块菜地54处,整治小区违规菜地62处,出动人员700余人次、挖掘机38台,清除违规菜地面积9.8万余平方米,裸露区域正逐步绿化修复。至年底,已植树"复绿"约9000平方米,播撒草籽"复绿"约6.9万平方米,鹅卵石压制底泥完成300米左右,行洪渠岸线打松木桩工作完成200米,全力守护好"一湖清水"。

【推进法治政府建设】 2023年,街道牢固树立依法行政的理念,认真贯彻落实《党政主要负责人履行推进法治建设第一责任人职责规定》,将法治建设纳入政府年度工作计划,与经济社会发展工作同部署、同推进、同落实。街道严格落实法律顾问制度,全年红角洲街道共召开"三重一大"会议19次,研究重大事项352件,法律顾问全程参与。落实村(居)公共法律服务律师制度,实现辖区内"一村(居)一法律顾问"全覆盖,红角洲各村(居)公共法律服务室全年累计接待群众法律咨询200余人次,开展惠企法律咨询服务9次。强化干部队伍法治观念,围绕《中华人民共和国行政处罚法》《中华人民共和国行政诉讼法》等法律法规,组织开展机关干部学法、党风党纪党规教育等专题学习4次。加大法治宣传力度,开展"法援惠民生"系列活动20次,落实"八五"普法规划,以"法律六进"活动为抓手,有力推进各项专项法律法规宣传,开展各类普法活动38次,发放法治宣传品6000余份,解答法律咨询500余次,打造法治长廊一个,制作村(居)级法治宣传橱窗37个,开展村(居)法治培训4期480人次。积极推进村(居)"法律明白人"培养工程,组建"巾帼"法律明白人志愿队,用法治力量赋能基层妇女干部,将法条化虚为实,变成百姓能够听懂、会用的维权武器,助力打通基层法治服务"最后一公里",书写为民服务答卷。

【新时代文明实践阵地建设】 2023年,规范新时代文明实践阵地建设标准,辖区有新时代文明实践所1个、新时代文明实践站22个,成立9支红角洲街道新时代文明实践志愿服务队,并配备1名专职文明实践员。进一步规范了网评队伍建设。传播街道好声音,在中央主流媒体上稿8篇、省级媒体上稿33篇、市级媒体上稿38篇、"学习强国"学习平台上稿5篇。组织拍摄的《强国有我 青春中国》宣讲视频获得2023年红谷滩区理论微宣讲大赛二等奖;《在服务群众中擦亮共产党人的底色》宣讲视频获得2023年红谷滩区理论微宣讲大赛优秀奖;街道党工委书记龙冰在南昌市2023年度"三级书记讲党课"评选活动中获二等奖。

(孙文婷)

凤凰洲街道

【概况】 凤凰洲街道地处红谷滩区最北端,是红谷滩连接赣江新区和经开区的"桥头堡",红谷滩"北端重邑"。东临赣江,西、南至庐山南大道,北至孔目湖大街和英雄大桥西连接线。2023年,区域总面积12.95平方千米,下辖1个行政村、1个农场和18个社区居民委员会。年末户籍人口4.5万余人,常住人口6.93万人。凤凰洲街道办事处属红谷滩区人民政府派出机关,正科级单位。有班子成员11名,内设19个职能部门,有工作人员101人(公务员11人、事业编24人、编外聘用59人、劳务派遣7人)。负责辖区党的建设、社会综合治理、社会发展、经济发展、卫生健康、拆迁、房屋征收、城市管理等各项经济社会发展工作。凤凰洲街道生态环境优美,赣江、乌沙河穿境而过。区位优势独特,交通便捷,南北有双翼——八一大桥、英雄大桥,地铁1号线穿境而过且设有3个地铁站。文旅资源丰富,有红色教育基地——牛行车站、南昌起义展示馆、建军雕塑广场、南昌舰，有省级文化中心——江西省科技馆、图书馆、博物馆，有休闲滨江公园——赣江市民公园。生活配套齐全，有江西省人民医院红谷滩分院、江西省口腔医院红谷滩分院，有铜锣湾 T16 购物中心、万科商业综合体、凤凰假日广场等购物娱乐场所，有商联中心、中航国际广场、绿地外滩、铜锣湾等一批写字楼宇。教育资源得天独厚，有江西师大附中滨江分校、碟子湖学校等一批名校。省市单位众多，有省委车队、省交通干部学校、市自然资源局、市房地产交易中心、南昌日报社等省市单位。人气商机不断聚集，功能配套不断完善，生活品质不断提升。随着商联中心、中唯商业综合体、丰和国际、九颂中心、中航国际、保利中心等一大批临江楼宇的建成，赣江西岸的凤凰洲将展现美轮美奂的天际线，与红谷滩中心区完美融合，一条集商业、休闲、娱乐等于一体的临江景观经济带将呈现在全市人民面前，演绎红谷滩“北外滩”凤凰涅槃的美丽传奇。

【政治建设】 2023 年，深入开展学习贯彻习近平新时代中国特色社会主义思想主题教育，始终坚持用习近平新时代中国特色社会主义思想凝心铸魂，扎实推进基层党建，持续做好党员发展工作，全年发展入党积极分子 17 名，预备党员 7 名，预备党员转正 8 名。高质量打造党建品牌，创建“洪城红管家”党员志愿者队伍，收集群众诉求 380 余件，志愿服务队办结 350 余件，办结满意率 92%。全面推进辖区基层党组织党群服务中心、赣鄱党建云平台的建设与完善，定期对各基层党组织在党员发展、组织生活方面存在的问题进行督办。打造凤凰花园、长江路社区党群服务综合体，建立“保利星火”楼宇党建服务中心。注重理论武装，重点抓实党员干部的持续教育工作，用好“学习强国”学习平台“江西网络干部学院”等线上学习平台，坚持用正确的理论武装党员干部头脑。强化新时代文明实践所（站）宣传主阵地作用，开展各项新时代文明实践活动 250 余次，参与群众 8000 余人次。积极打造市、区级示范站，完善“四单”（居民点单、支部派单、全员接单、组织晒单）建设，月点单量大于 4 次。不折不扣落实意识形态工作责任制，成立凤凰洲街道意识形态（网络意识形态）工作领导小组，建立意识形态联席会议制度，出台意识形态工作责任制实施细则，构建党委统一领导、党政齐抓共管、宣传部门组织协调、相关部门分工负责、全体干部参与落实的工作格局。

【经济发展】 2023 年，引进并落地重大招商项目 25 个，其中产业项目 6 个，当年注册当年“升规入统”项目企业 19 家；申报科技型中小企业 55 家、高新技术企业 2 家；打造 6000 平方米以上特色楼宇 2 栋，省外商投资 15 亿元，招商工作在片区考核中排名第一。一般公共预算收入 1.98 亿元，同比增长 37.2%，增速在各片区中排名第一。全年“升规入统”单位 35 家，在“个转企”“企升规”上成绩显著，经验做法被市商务局、市中小企业局推广。积极开展协税护税工作，对接区自然资源和规划分局、区土储中心、区住建局、区城管执法局等职能部门协调落地企业经营场地改造、装修、消防建审等相关手续工作。紧盯项目税源，与中南大学湘雅医院江西分院总包单位江西建工二建集团沟通，探讨税务落地方案；与台商基地总包单位南昌三建沟通，税收结算至凤凰洲街道办事处，预计 2024 年底进行第一笔工程结算。已落户铜锣湾大型装修企业 1 家（江西宝兴装饰工程有限公司），签订金额近 1 亿元；分包企业 1 家（江西雷罗建设工程有限公司），签订金额 3000 万元。成立副科级领导带队的营商环境企业走访领导小组，以“党建 + 网格”形式组成“暖心护企”工作队伍，下沉企业，了解企业诉求，进一步畅通政企沟通渠道，加大纾困解难力度，优化升级营商环境，激发企业主体活力，“暖心护企”企业走访任务完成率 100%。

【社会治理】 2023 年，始终贯彻综合治理、依法治理理念，抓好政法干部队伍建设，不断提高网格化管理服务能力、化解矛盾能力、发现问题能力、为民服务能力。发挥技防、智防优势和智治效能，不断提升平安创建水平，完成 12 个社区涉及 16 个智慧小区的提升改造。加强智慧平安小区的设施设备管理维护，确保运行率 100%。抓好综治中心高水平实体化运行，依托综治中心建设矛盾纠纷调解、法治宣传、平安联创、心防服务等工作，落实等级化创评和组团式服务。加强社区网格化管理运行工作的全程跟踪服务，合理配备社区网格员，进一步规范网格员工作职责、奖惩及工作制度，充分发挥社区网格员一线“信息员、安全员、调解员”作用，落实“网格融合”工作，加快推进“多网合一”治理模式。建立“三包”监管责任制，按照“三管三必须”（管行业必须管安全，管业务必须管安全，管生产经营必须管安全）的要求，实现安全生产分级管理、常态巡查、全员参加的长效机制，逐步构建基层队伍健全、监管责任明确、纵横信息畅通、职业能力适应、制度体系完备的基层安全生产监督管理体系。落实街道安全生产事故隐患排查，建立隐患排查制度及台账，同企业、社区签订安全生产承诺书 300 余份。开展安全生产、应急管理工作专项会议 28 次。开展“两无”非法行为专项治理行动 648 家次，查处隐患 339 条。开展安全生产领域生产经营摸排，共摸排 2562 家企业及个体商铺。联合执法队组织开展动火作业执法检查，共检查84家。开展重大事故隐患专项排查整治，排查出重大安全隐患7处。

【民生工程】 2003年，扎实开展社会救助工作，加强低收入人口动态监测预警，摸清困难群众底数，累计受理审批社会救助申请20户29人。落实应保尽保、应退尽退原则，开展年审动态管理，累计发放社会救助资金183.64万元。严密落实社会救助，填补社会救助短板，开展临时救助13人次，救助资金5.28万元。完成就业创业目标任务，做好就业帮扶工作。共发放各类小额贷款938万元，做到每月贷后回访，做好贷后服务调查登记；完成高质量考核人才引进557人，完成率139%；高校毕业生帮扶96人，完成率91.67%；城镇新增就业524人，完成率105%；城镇失业人员再就业69人，完成率100%；城镇困难人员再就业38人，完成率109%；城镇困难人员就业帮扶70人，完成率100%；就业困难人员社保补贴28人，补贴金额约9.14万元。上滩社区和碟子湖社区分别获评江西省充分就业社区和南昌市充分就业社区。努力推进社会保险和医疗保险，做到应保尽保。全年办理城乡居民养老保险102人次、城镇职工养老保险275人次、失业保险229人次，工伤保险229人次，核实审定发放2022年被征地农民政府补贴款，符合条件人员145人。参加城乡居民医疗保障15389人，其中扩面新参保615人，参保率为98.49%；办理职工医疗保险262人次。做好劳动监察工作，调解好欠薪纠纷。日常农民工讨薪122件，涉及223人，完成调解并撤诉26件，讨薪金额约5280.14万元；商贸类欠薪73件，涉及113人，完成调解34.24万元。

【城市管理】 2003年，聚焦创文巩卫重点工作要求，以建立健全城市管理长效机制为主线，稳步推进城市管理工作，在2023年第二季度获得南昌市城市精细化管理先进街道第七名，在年度红谷滩区文明创建工作考核中获得第一名，在年度红谷滩区城市管理精细化考核中获得第二名。多形式开展市容环境综合整治，全面开展净街、洗城行动，重点加强路面道路、人行道等常态化卫生保洁工作，累计清扫保洁面积约286万平方米，清运生活垃圾约11520吨，签订"门前三包"责任书674份，完成省、市、区级重要线路保障任务共计23次。统筹推进生活垃圾分类工作，优化垃圾分类集中投放亭62处，设置暂存点42处，开展各项主题宣传、知识讲座等活动600余次，居民垃圾分类知晓率达90%。发挥数字化城市管理运营平台作用，红谷通系统累计接收案件29339件条，整改率达99.2%。多举措开展市容秩序综合治理，持续开展城市"六乱"整治工作，整治占道经营约8100处，暂扣共享单车300辆，处罚非机动车乱停乱放1277辆，处罚金额25540元。下达违章搭建文书272份，拆除违章建筑56处，面积约5538平方米。扎实开展燃气专项整治，发现隐患350处，立行立改230处，限期整改120处，整改完成率达95%。稳步推进环保相关工作，持续推进排水单元整治，共有14个企事业排水单元，整改完成8家。接收省生态环境督察组案件5起，完成5起。

【监督执纪】 2003年，认真履行全面从严治党监督责任，抓好党风廉政建设责任制，研究部署街道党风廉政建设和反腐败工作。强化政治监督，组织主体责任现场会11次，任前廉政谈话26人次。开展上级重大决策部署落实情况监督，对发现的5个问题进行督促整改。推动市委棚改专项巡察整改，涉及街道的5个问题已整改4个，推动区委一届第五轮、六轮巡察整改工作。强化廉政教育，推进"勤廉凤凰"建设，开展党风党纪教育13次、警示教育21次，在市级以上媒体上稿廉政信息8篇。强化作风监督，开展"项目为先、实干奋进，争分夺秒拼经济"作风提升年活动，常态化明察暗访50余次，问责14人次、部门4个，实施"两承诺两约谈一备案"机制，监督备案小型工程建设、政府采购66个项目，构建"横向到边、纵向到底、内外衔接"的责任体系，利用基层"小微权力"平台加强监督，受理办结群众投诉307件。强化信访办案，畅通举报渠道，开展"红谷连心 廉聚民心"调研接访行动2次。开展两次评查，加强案件质量管理。全年立案3件，党纪处分3人，诫勉谈话1人，警示谈话3人，通报批评7人。强化队伍建设，认真开展纪检监察干部队伍教育整顿、主题教育，召开学习会32次，开展"每日纪法微课堂"116次。通过以案带训、跟班学习、专题培训等方式，提升监督执纪能力。从严自我检视，认真开展政治思想谈话和自查自纠，争做忠诚干净担当干部。

【信息宣传】 2003年，紧密围绕中心工作，深入挖掘典型人物和亮点工作，精心策划一系列报道，力求展现在思想政治建设、经济社会发展等各个领域取得的成绩。通过与主流媒体的紧密合作，全年在央视、江西电视台、《江西日报》、《南昌日报》等主流新闻媒体成功上稿110余篇，进一步增强公众对街道工作的认可和信任，提升街道的知名度和影响力。通过制定《凤凰洲街道信息发布"三审三校"工作制度》，加强信息内容采集、编辑、审核、校对等全过程的把关，有效避免错敏信息，全年共整改错敏信息191处，确保信息发布的准确性和权威性。完善"红谷凤凰"微信公众号运营管理，积极向社会各界传递党工委、办事处的最新动态和政府最新举措，全年策划编辑图文消息160余篇，真正发挥"政务公众号"在理论宣传、舆论引导等方面的积极作用，为街道的宣传工作打开新的局面。充分发挥平台优势，在“掌上红谷滩”App 上稿 1200 余篇，涵盖工作成果、社区动态、文化活动等多个方面，在引导舆论的同时也鼓舞了士气。

【农林工作】 2003 年，积极利用多种宣传途径，做好“十年禁捕”、渔业资源保护宣传，倡导合法、有序、文明垂钓，杜绝“电、毒、炸”和非法网具捕捞，同时做好退捕渔民社保补贴的发放。全年累计发放倡议书 200 余份，张贴公告 15 份，发放退捕渔民社保补贴 6000 元。做好村集体经济收入情况月报工作，街道唯一一个行政村集体经济收入达到 2985.9 万元。配合区农业农村局做好外来入侵物种普查，安排专项资金 18 万元，做好加拿大一枝黄花铲除工作，累计投入人工 500 余人次，清理 33.33 公顷(500 余亩)加拿大一枝黄花。加强林业有害生物防治体系建设，重点实施松材线虫病治理及白蚁防治，保障人民群众生活生产安全，共清理枯病死树 1431 株，防治树木 5735 棵。落实护林防火工作任务，全面开展护林防火宣传，发放护林防火宣传材料 300 份，印制张贴禁火令 20 份、护林防火宣传画 30 张，悬挂横幅 10 余条、护林防火宣传牌 2 块。全面排查凤凰村山头，张贴《关于全面禁止猎捕和出售野生动物的通告》等公告 20 余份，严禁野生动物对外扩散和转运贩卖。设立防火岗亭，设置“防火码”，对进山人员进行防火宣传、收缴火种，并进行登记，做到“封住山、看住人、管住火”。深入践行“绿水青山就是金山银山”理念，进一步强化河湖长制，推进水生态文明建设，不断夯实河湖基础设施、提升河湖环境质量。高度重视河湖常态化保洁工作，对乌沙河进行常态化保洁，开展“清四乱”行动，出动 533 人次，清理垃圾 0.53 吨，制止倾倒渣土和河堤管理范围内建设菜地等问题 6 次。履行防汛抗旱工作职责，启动汛期 24 小时值班制，全面落实行政首长负责制为核心的防汛责任制。组织深入排查堤防、电排站、河流隐患点等重点环节、部位，全面落实安全监管措施，明确责任主体职责，将责任落实到人。建立健全河长湖长体系，设置河长制公示牌公开河流等信息，接受公众监督。严格按照要求使用“掌上河湖”平台巡河履职，对于巡河发现的问题及时交办整改，有效解决大批影响河湖健康的重点难点问题。

【文旅产业】 2003 年，以文化为引领，以旅游为载体，认真贯彻落实开展“百馆千万场 服务来共享”群众文化活动，进一步丰富和活跃辖区广大群众精神文化生活，营造良好精神文化氛围。积极推进文化体制改革，不断创造文化产业工程，完善文化产业在谈项目情况、在建项目情况和文化企业名单，全面摸清底数，建立文化产业动态管理项目库，建立服务及推进机制。联合开展星级饭店安全生产大排查，对辖区网吧、KTV 会所、影院、剧本杀等公共文化场所进行监督。重点做好“扫黄打非”工作站点标准化建设，每周排查辖区书店、打字复印店、歌舞娱乐场所，并利用宣传栏、LED 屏等形式营造浓厚宣传氛围。对辖区无证无照文化经营单位进行动态管理，开展非法卫星电视专项整治、应急广播建设、境外电视传播秩序整治，创建无“小耳朵”示范社区等行动，持续促进辖区文旅市场健康发展。

【卫生健康】 2003 年，聚焦食品安全领域，严格监管 901 家餐饮、食品、药店行业的企业，确保其严格遵守食品安全法规，保障消费者权益。深入实施学校及幼儿园食堂食品安全隐患排查和整改，不留死角，致力于为孩子们提供一个安全的就餐环境。强化病媒生物控制，定期投放鼠药、悬挂防虫蜡块以及进行药物防治，减少“四害”问题，提升环境卫生质量。实施一站式生育登记服务，高效处理 1229 条生育登记申请。推进 0—3 岁婴幼儿托育服务试点，在长江路、珠江路和香江路社区增设 80 个托位，为居民育儿提供便利。致力于关爱计生特殊家庭，春节、端午、中秋期间，走访奖扶特扶家庭 29 户，为他们送去价值约 3.5 万元的生活物资，独生子女父母奖励累计发放 1269 人，发放奖励资金近 148 万元。

【房产管理】 2003 年，强化日常监督指导，对 19 家物业服务企业进行物业服务信用评价考核，不定期督查物业做好小区消防、用电和燃气等方面安全隐患排查。监督指导辖区召开业主大会，推动业主委员会选举、物业服务企业选聘等，成立业委会、物管会 12 个，完成率 80%，完成率在全区名列前茅。积极引导业委会依法依规推进各项工作，维护广大业主合法权益。积极应对处理群众投诉来访，受理保利高尔夫业委会及业主线上线下投诉及回复，赴省、市、区信访处理投诉 28 件次，回复处理 28 件。处理凤翔苑投诉来访 5 件次，铜锣湾小区业主矛盾协调和业务指导 3 件次。聚焦居民反应强烈的房屋外墙渗漏问题，加强对凤凰花园东区、西区、三期和四期及凤凰家园等还建房小区摸底排查，重点推动辖区还建房小区外墙维修工作。重视房屋安全，持续加大对凤凰小区 140 栋自建房安全隐患排查整治力度，对所涉 28 栋房屋进行加固整改施工。督促凤凰村对光辉家具城 2 万平方米经营性大卖场开展安全鉴定，确保自建房、经营性用房的房屋安全。

【社区建设】 2003 年，持续做好基层政权建设和社区工作人员培训教育，进一步夯实辖区社区组织建设。组织相关培训每人 3 次以上，新增取得社会工作师证书初级 23 人、中级6人，专升本学历提升2人。注重社区管理建设，通过“旧貌换新颜”，积极开展人居环境优化整治活动，改善小区居民生活环境。动员干部群众3000余人次，改造小区广场6处，新增30余处晾衣竿，建设纳凉亭等10余处，修建停车场11处，新增停车位430余个，新修建电动车充电棚11处。注重文明建设，将文明创建工作与社区重点工作有机结合，在各社区共同努力下取得显著成绩。老北站社区和珠江路获得江西省四星级幸福社区，海德堡社区获评南昌市健康社区，同时获评红谷滩区三八红旗集体、红谷滩区健康教育先进单位、红谷滩区食品安全“两个责任”先进单位、红谷滩区优秀社区综治中心、红谷滩区退役军人服务保障工作先进服务站等。带动残疾人就业创业，凤凰家园社区修建残疾人就业创业庇护工坊，融合就业创业、康复训练、“红谷连心会小赣事”服务窗口，打造“三位一体”的残疾人温馨家园。

【爱心公益】 2003年，积极开展爱心公益活动，以应急救护、三献理念和志愿服务为主题，发放各类红十字知识读本、法规汇编和宣传资料，共计3500余份，举办20场宣传活动，受众达800名。利用新媒体平台如微信，推送红十字精神相关内容20次，组织100人次的应急救护持证培训1次，提高社区居民自救互救能力。发展红十字会员和志愿者120人，新增86名人体器官捐献志愿者，组织无偿献血活动1次，支持社区健康。向4户困难家庭发放温暖箱，为60户困难家庭提供营养蛋白粉。开展“博爱进万家”活动2次，共资助5户家庭，总额达9800元。做好公益筹款活动，吸引2600余名参与者，在“5·8”人道公益日筹集到公益款21000元，“9·9”公益日筹集到公益款5483元。

【重大项目】 2023年，街道重大重点项目共12个。项目总投资额156.23亿元，年度计划投资14.30亿元，其中产业发展项目8个，分别为凤凰新天、中唯商业中心、台商总部基地（半岛中心）、丰和国际广场（丰和新城三期）、铜锣湾广场三期、商联中心商业及酒店、华夏艺术谷、丰和新城北苑住宅H1、H2、H3、C6栋项目；社会事业项目1个，为中南大学湘雅医院江西医院（国家神经系统区域医疗中心）一期；城市管理项目1个，为红谷滩“北外滩”凤凰洲公交枢纽项目；民生实事项目2个，分别为凤凰村集贸市场升级提升改造、凤凰村便民服务中心。新开工项目2个，分别为台商总部基地（半岛中心）、中南大学湘雅医院；因资金及手续问题停工项目3个，分别为凤凰新天、华夏艺术谷、丰和国际1号楼；续建项目6个，分别为中唯中心、商联中心商业及酒店、铜锣湾三期、丰和新城北苑住宅H1、H2、H3、C6栋项目、凤凰集贸市场、凤凰便民中心；完工收尾项目1个，为北外滩公交枢纽。

（江　钒）

2023年1月，九龙湖街道举办“瑞兔呈祥”新春恳谈会活动

（九龙湖街道　供图）

九龙湖街道

【概况】 九龙湖街道（以下简称街道）位于九龙湖新城核心区域，东临赣江，西至枫生快速路，南至南龙蟠街，北至沪昆铁路线，是红谷滩区的一颗璀璨明珠。区域面积约21.22平方千米，下辖4个行政村、16个社区居民委员会、1个社区筹备处。2023年，年末户籍人口3.29万余人，常住人口5.2万余人，下设基层党组织24个，有党员546名。街道毗邻省行政中心，是世界VR产业大会永久会址所在地、全省数字经济发展创新引领示范区、南昌未来科学城核心起步区、全省元宇宙试验区。九龙大道贯穿全域，复兴大桥横跨赣江，南昌地铁2号线、4号线穿城而过，南昌西站距离街道办事处直线距离不足1千米，南昌绿地国际博览中心作为全国中南部最大的国际会展中心近在咫尺，年客流量超百万人次。辖区有省委党校、省政务服务中心、省赣剧院、市市民中心、市妇女儿童活动中心、市第一医院九龙湖分院、市外国语学校等省市属驻区单位。街道成功申报“江西省基层审批服务执法示范点”，成为全市唯一获此荣誉的街道；街道民政服务站荣获2023年江西省“六化”乡镇（街道）民政服务站

称号;街道人大工委被确定为江西省第十四届人民代表大会常务委员会基层立法联系点并授牌,全市仅5家单位上榜。街道被评为第十九届南昌市文明单位;新琚社区等6个社区获评江西省第二批绿色社区;博鸿、博玺社区获评2023年度江西省五星级"幸福社区"、省级家庭健康服务中心示范点,明珠社区、广源南社区获评2023年度江西省四星级"幸福社区"。

【政治建设】 2023年,坚持把政治建设工作和业务工作同谋划、同部署、同落实,依托VR党群服务中心,创新推出"吐槽大会",有效解决辖区企业吐槽的痛点、堵点和难点问题,营商环境得到持续优化;精心打造"红色爱心驿站",为新就业群体提供暖心服务;搭建还建房小区"红色物业议事会"平台,探索党建引领红色物业服务的"九龙湖样本"。组织开展理论学习44次;切实结合工作实际深入开展主题教育,举办专题培训班,邀请专家专题辅导2次,街道党工委书记带头学习讲授专题党课,机关支部书记带头讲党课,层层示范、层层带动,有效发挥"关键少数"作用;坚持用好红色教育基地和党群服务中心等阵地,组织机关、村站、社区和"两新"组织党员先后参观"八一"起义纪念馆《没有调查没有发言权》专题展、红色名村凤凰村,沿着习近平总书记的足迹再次探访光明社区,为干部"补钙铸魂"。依托江西绿地国际博览中心,创新推出流动"红色微驿站",开展志愿活动12场,征集意见建议26条,服务群众1600余人次。完成村(站)社区7名党组织书记、3名副书记及12名社区居委会副主任的调整任命,社区干部持证上岗比例由37%提升至70%;积极加强党员干部队伍建设,及时上报79名入党申请人、积极分子、发展对象名单和个人信息,进行备案,建立入党积极分子储备库。

【经济发展】 2023年,深入实施数字经济,做优做强"一号发展工程",推动创新发展战略,将推进数字经济发展和科技创新工作作为经济工作的头等大事,形成商务商贸、文化会展、VR产业等几大支柱产业。全年固定资产投资累计完成20.4亿元,限额以上社会消费品零售总额累计完成13.9亿元。新增赣地佳苑和江山云著优质房地产入库项目,计划投资总额分别为12亿元和23亿元;新增九龙湖消防站和洛斯百年婚纱馆投资入库项目,计划投资总额分别为2500万元与2192万元。举办2023年红谷滩区中小企业产融对接会活动,开展第十二届减轻企业负担政策宣传周活动,顺利举办招商推介会2场,外出深圳招商洽谈2次,报送重大项目线索6条。全年完成引进重大招商项目4个、省市区大会签约项目2个,实际利用外资现汇220万美元,完成引进省外资金14亿元,新引进产业项目立项投资额11亿元,打造特色楼宇2栋。新增数字经济核心产业企业48家,有规上数字经济企业8家,新增规上企业5家;新增高新技术企业申报数19家,申报数占目标数172.73%;科技型中小型企业完成申报72家,申报数占目标数的120%。

【社会治理】 2023年,依托"城市管理建设年"活动,聚焦"城市管理""文明创建"突出问题和短板弱项,不断查缺补漏,瞄准城市管理中顽疾强势发力、铁腕整治。加强对摊贩的人性化管理,在富源花园、九龙明珠等小区周边设置临时疏导点,既给流动摊贩"安了家",又缓解"管理难"问题。全面开展辖区内违法建筑专项清理整治行动,对富乡村和安丰村历史遗留的违章建筑进行拆除,共拆除2处,面积约1200平方米。开展道路保洁、环境卫生、园林绿化养护、垃圾分类等宣传活动;落实"门前三包"责任制;推动还建房小区住宅电梯换新工作;开展"烟头革命"活动,兑换礼品价值2万余元。全年督导各类城市管理工作问题共2779处,其中已整改2768处,拍摄数字城管案件5000余个。深入开展平安建设主题宣传月、无邪教创建示范、普法宣传等活动,标准化建设改造22个关爱工作室、19个村居法律服务室,完成"智慧小区"的打造工作,巡回开展"法律顾问下社区进村庄""法律进学校""法律进企业"等活动100余次。初次信访事项平均办结时限缩短至13.5天;重复信访同比下降12.32%。共调解矛盾纠纷248起,调成率100%,诈骗案件发案率和受骗损失金额同比均有显著下降。落实日常安全生产检查,全年组织开展自查和排查84次,累计排查各类隐患192项,整改完成190项。酷暑期间开展每日防溺水巡查,每日登记防溺水安全工作台账,汇报防溺水工作情况,开展防溺水安全知识宣传活动70余场,保障居民生命安全。在南昌市乡镇(街办)城管执法中队规范化、标准化建设考核工作中,街道城管执法中队成功申报为"两化"(队伍正规化、执法规范化)建设达标中队。

【民生工程】 2023年,坚决落实以人民为中心的发展思想,全面提升惠民服务水平,内外发力,精准施策办好为民服务"关键事",高效推进民生实事项目。大力做好社保、医保工作。全年辖区有1.52万余人参保,任务完成率100%;医保电子凭证激活率达81.3%;70岁老人与残疾人免缴医保800余人次。实现城镇新增就业500人,城镇失业人员再就业69人,就业困难人员就业35人;零就业家庭安置率100%。完成辖区内企业人才摸排报送65人次;举办线上招聘会2场次,参与举办线下招聘会4场次;推荐辖区内三家企业参加劳动关系创建培训,调解化解欠薪案件40余起,帮助470余名农民工追回工资款项620余万元;处理400余起欠薪线索回复及协调工作。如期建成广源南、广源北、富源花园、博海社区居家养老服务中心,实现社区居家养老服务体系全覆盖;常态化开展“小荷叶课堂”“小源心课堂”等志愿服务活动136场,受益群众4000余人,明珠社区、富源花园社区关心下一代工作得到省关工委领导点赞。积极推进社区建设,率先在全区打造新琚社区“幸福食堂”,运营经验在全区推广;持续关注“一老一小”,推进社区居家养老服务体系全覆盖;落实民生兜底资金发放,全年发放救助金129万元;全力推进“幸福社区”建设,鸿玺社区打造“幸福社区”典型经验做法,获省市区领导高度评价。

【夯实党建基层堡垒】 2023年,加强“两新”党建覆盖和指导工作,VR基地“两新”组织党建示范点提质升级,指导成立九龙湖VR基地综合党委,推进VR基地“两新”党建示范点位打造,接受组织系统网络安全专项调研,得到中组部办公厅的高度评价。成立街道青年人才党支部,组建独立党支部1个、联合党支部5个,覆盖企业19家,派驻党建工作指导员18人;建立社区物业党建联建工作机制。推动辖区内重大重点项目一线党组织的组建,建立复兴大桥临时党支部和中共江西有色建设集团有限公司赣地佳苑支部委员会,加强党建指导,发挥党员先锋模范带头作用,推进“工”“地”党建联建,为辖区项目建设保驾护航。

【举办“吐槽大会”】 2023年,为持续优化提升营商环境,提高九龙湖片区投资兴业的感召力、吸引力和影响力,九龙湖街道积极搭建政企面对面互动交流的平台,创新推出“书记领航”工程——红谷连心会之“吐槽大会”活动作为优化营商环境的重要举措,构建起“亲”“清”的新型政商关系。九龙湖街道创新推出“街道吹哨,部门报到”工作机制,通过“吐槽大会”将企业和政府部门人员一起,以“你来吐槽,我来落实”为主题,在轻松、有趣、真诚的“言”值盛宴中,在零距离互动和心贴心交流中,碰撞思维火花,聚集智慧能量。按照“会前调研摸问题,会中吐槽答疑惑,会后整改促提升”三个步骤常态化开展。受到中央、省、市媒体的高度关注,《半月谈》、新华社、人民网、江西电视台、《江西日报》、南昌电视台等各类媒体均有报道,进一步提升了红谷滩区和九龙湖片区在营商环境工作方面的知名度和影响力。至年底,已开展三期“吐槽大会”,共收集解决问题84个,问题销号率100%。

【持续优化营商环境】 2023年,持续开展“暖心护企”活动,累计走访企业3162家,全力以赴做好服务保障,为项目落地和企业发展营造良好的营商环境,推动实现政企合作共赢、共同发展。成立服务企业“红小二”队伍,走访社区人员共120人,全年走访企业1597家,为项目落地和企业发展营造良好的营商环境,推动实现政企合作共赢、共同发展。

【守牢意识形态主阵地】 2023年,坚持以打牢思想政治建设为基础,认真学习贯彻习近平新时代中国特色社会主义思想和党的二十大精神,加强理论学习和宣讲,开展街道党工委理论学习中心组学习14次,开展“红心向党”宣讲、座谈交流会11次;组织班子成员到挂点村(站)、社区宣讲,村(站)、社区支部书记结合中心工作向居民群众开展宣讲,邀请省委、市委党校专家学者进行集中宣讲,2023年各类队伍开展宣传宣讲400余场。坚持正确的舆论导向,先后在“学习强国”学习平台、《江西日报》《南昌日报》等重要媒体上发布信息60余篇,营造了积极向上的舆论环境。依托“直通九龙湖”微信公众号和新时代文明实践阵地,通过“直通九龙湖”微信公众号更新发布270余条信息,为“掌上红谷滩”校稿、上稿、审稿1516条。全年在中央级媒体上稿累计达13条,在省级媒体上稿达19条,在市级媒体上稿累计达30条,在“学习强国”学习平台上稿3条。充分利用“线上”“线下”两个平台扎实开展舆论引导工作,全力打好意识形态工作主动仗。

【新时代文明实践提质增效】 2023年,按照新时代文明实践有场所、有队伍、有活动、有项目、有机制的“五有”标准,统筹整合利用村(社区)理论宣讲室、活动场所、党员活动室、道德讲堂等资源,设立形式多样、各具特色的服务阵地和平台。至年底,街道共有1个实践所、14个实践站、3个筹备站。以学习实践科学理论、宣传宣讲党的政策、培育践行主流价值、丰富活跃文化生活、持续深入移风易俗等为重点,常态长效开展理论宣讲、文化文艺、环境卫生、科学普及、移风易俗等形式多样、各具特色的主题实践活动1000余场次,真正打通宣传群众、教育群众、关心群众、服务群众“最后一公里”。

【打造志愿服务特色品牌】 2023年,按照“一所一品牌、一站一特色”要求,推出鸿玺社区暑期“小荷叶课堂”、新琚东社区“红色驿站”、渔业村移风易俗“村民礼堂”、街道“吐槽大会”和“七夕交友”等一批特色品牌服务项目。注重调动各方力量,倡导全民志愿、全域志愿,扩大志愿服务“朋友圈”,广泛动员机关企事业在职人员、科技能人、老党员老干部等加入新时代文明实践志愿服务队伍,红马甲已经成为辖区一道最靓丽的风景线。

【做好重大活动保障工作】 2023年,顺利完成VR产业基地、九龙明珠、市规划展示中心等迎接省、市领导及海内外嘉宾视察参观重点区域的安全保障工作。国际龙舟赛举办期间,作为东道主,全力配合区委政法委多次去现场巡查,落实人员点位安排,并扎实制订大小龙舟赛、光影艺术季、烟花秀等活动的相关安保工作方案,为国际龙舟赛的顺利举行作出应有的贡献。世界 VR 产业大会、南昌飞行大会、南昌国际马拉松等大型活动期间,积极落实维稳责任,保障辖区和谐稳定,为活动的顺利开展提供良好的社会环境。

【提升政务服务效能】 2023 年,创新试点政务服务综合窗口外包服务模式,提供延时错时服务,实行轮班坐岗制度,定期组织业务培训,打造“利企便民、勤廉高效”的便民服务;以政务服务“三化”(标准化、规范化和便利化)推动“就近办”,形成三级一体的新模式;全省政务服务工作现场交流会在鸿玺社区便民服务站举办,让群众办事“就近能办、多点可办、少跑快办”,形成“15 分钟便民政务服务圈”。深入推广“惠企通”平台,着力改善营商环境,率先完成 457 家企业在“惠企通”平台注册和电子印章申领及使用任务,完成率居全区各属地第一。加强窗口作风建设,优化政务服务流程,建立“办不成事”和群众反馈诉求台账,紧盯群众办事过程和办理结果,及时发现办事“难点”“堵点”,以群众满意度为导向,督促窗口工作人员强化“红线”与“底线”意识,为群众更好地提供政务服务。

【项目建设加速落地】 2023 年,征收土地约 40.18 公顷,不遗余力解决昌樟高速改扩建二期及南昌医学院、江山云著、市政锦绣观澜等 13 个重大重点项目地块上存在的问题和困难,积极推动项目加速落地。铁旅置业房地产开发项目(总投资 10 亿元以上的铁旅小区)荣获全区唯一的项目推进奖。全年建设安置房屋 706 套、面积 6.6 万平方米,649 户村民喜迎新居。

【提升安置小区物业服务水平】 2023 年,针对还建房安置小区物业权责不明、标准不高、能力不强等问题,九龙湖街道党工委积极构建完善还建房安置小区“红色物业议事会”平台,通过“党建 + 物业”“机制 + 管理”“考核 + 激励”等方式,及时解决安置小区居民“急难愁盼”问题,不断提升还建房安置小区物业的管理效能和服务水平。

(徐雅岚)

龙兴街道

【概况】 龙兴街道于 2022 年 7 月 17 日由市政府批示同意,并于 8 月 25 日正式挂牌成立,得名于辖区内主干道“龙兴大街”。街道位于红谷滩区西部,东至枫生快速路,西至铁路水库,南至南昌绕城高速,北至沪昆高铁,2023 年,区域总面积约为 40.14 平方千米。辖区内有东西朝向道路 6 条,由北至南分别为毕昇路、龙兴大街、文汇街、上饶大街、德兴街、复兴大道;南北朝向道路 3 条,由西至东分别为明月山大道、百丈山路、狮子山大道;地铁 4 号线穿街而过。年末户籍人口 2.05 万余人,常住人口 4.05 万人。下辖 6 个行政村(其中璜溪村仍由新建经开区代管)、5 个社区居民委员会。辖区内共有省属企业 3 个,分别是江西交投咨询集团有限公司、江西交投嘉特信招标咨询有限公司、江西交投工程技术咨询有限公司;高校 4 所,分别是南昌工学院、南昌应用技术师范学院、南昌工业工程学校、江西省民政学校龙兴校区,另建设南昌技师学院、南昌健康职业技术学院、江西医学院 3 所学校;学校 1 所,南昌京师学校;另建设南昌市行知中学及其配套九年一贯制学校。有南昌市文物保护单位 1 个,为文青村乌龙桥。历史遗存有正德古井、刘氏宗祠、李氏宗祠、凌云寺等。从地理位置来说,复兴大道以北已全面开发建设,面积约 18 平方千米,包含 5 个居民社区和中堡村全部、山图村的大部分;复兴大道以南的文青、青岚、铁路等 3 个行政村处于部分开发建设阶段,是农村人居环境整治工作重点,铁路吴家、夏家 2 个共同富裕样板村点位已经完工,村民以务农为生,作物以水稻为主,花生、藠头为特产。市场主体仅有 746 家,其中企业 243 家、个体 403 家;税收为 774 万元,固定资产投资为 23.7 亿元,社会消费品零售总额为 1.03 亿元,经济体量在全区倒数第三。

【政治建设】 2023 年,常态组织学习。龙兴街道党工委始终把党的政治建设摆在首位,坚持用习近平新时代中国特色社会主义思想凝心铸魂,持续深入学习宣传贯彻党的二十大精神和习近平总书记考察江西重要讲话精神,特别是在贯彻落实党的二十大精神开局之年,组织开展党的二十大精神专题培训,覆盖村(社区)干部 80 余人,真正做到学有所思、学有所悟、学有所得。街道全年共召开党工委会议 25 次,组织开展集中学习 13 次、交流研讨 13 次,开展主题党日活动 10 次,“三会一课”23 次,用实际行动捍卫“两个确立”,践行“两个维护”。抓实主题教育。龙兴街道党工委聚焦“学思想、强党性、重实践、建新功”总要求,始终坚持把实的要求贯穿主题教育全过程,原原本本、原汁原味学习好党的二十大报告、党章、《习近平著作选读》,不断领悟思想伟力,做到学思用贯通、知信行统一。同时坚持边学习、边对照、边检视、边整改,深刻检视剖析、深挖思想根源、深入整改落实,找准检视整改的落脚点,做到问题不解决不松劲、解决不彻底不放手,切实把惠民生、暖民心、顺民意的工作做到群众心坎上。主题教育期间共组织开展学习讨论累计 50 次,书记专题讲党课 9 次,轮训培训党支部书记 8 人,轮训培训党员人数180余人次,共检视问题清单5个,制定检视整改问题措施数量16条,检视问题整改措施销号数量16条,已完成问题数量5个。淬炼意识形态。龙兴街道党工委始终坚持和巩固党对意识形态的绝对领导,严格落实意识形态工作主体责任,旗帜鲜明讲政治,牢牢把握新时代宣传思想工作的正确方向,深度挖掘、及时报道街道基层社会治理工作特色亮点,牢牢把握新闻舆论工作主导权和话语权,全年共召开党工委会专题研究意识形态工作2次,上稿中央级媒体3次、省级媒体15次、市级媒体35次,提升龙兴新闻宣传、舆论引导传播力、感染力、影响力。率先律己垂范。龙兴街道党工委严格执行《中国共产党党员领导干部廉政准则》《关于领导干部报告个人有关事项的规定》,持续营造风清气正的良好政治生态,班子成员认真履行"一岗双责",加强对分管部门党员干部的纪律约束,聚焦重点领域实施"两约谈两承诺一备案"工作,开展提醒谈话2人次,诫勉谈话15人次,任前谈话10人次,切实营造风清气正的政治生态。

【经济发展】 2023年,做好招商引资。积极创新招商方式,充分发挥龙兴商会、红谷滩区北京商会等商会及已落户企业力量,通过"以商招商"招引更多优强企业和项目落户投资,同时号召街道干部群众积极挖掘身边资源,邀请39名乡贤、人大代表、政协委员开展"三请三回"活动,对接意向项目7个,引导区外企业、大个体来属地注册23家,多次协调解决工学院宏越达公司迁入事宜,完成4家科技型中小企业申报,增加数字经济核心企业4家,引导申报高新技术企业1家,完成5家商贸领域企业月度入统,切实增强街道经济发展后劲。推进项目建设。大力实施项目建设,坚持"阳光征迁、依法征迁、为民拆迁、和谐拆迁"基本原则,仅用时3个月即完成行知学校及其附属九年一贯制学校的征地、拆迁、迁坟工作,获得市区主要领导的高度认可。全面完成行知学校、洪都中医院、杨岐山路、铁路安置点等项目净地交付工作,全年累计拆除建筑物2.2万余平方米,以龙兴速度保障项目进度。强化协调服务。常态化开展"暖心护企"优化营商环境活动,深化服务企业意识,组建走访工作队伍,建立企业商户服务微信群,积极深入各重点企业做好协调服务,全年累计走访企业238家、个体162家,帮助企业分析和解决发展过程中的融资、用工、办证、申报问题70余个,对需要区直部门协调解决的,建立问题台账,明确副科级责任领导及街道对接领导,进一步为企业帮难解困,不断增强企业的获得感、安全感。抓好经济普查。采用全方位、多角度、多层次、多手段的宣传,实现经济普查宣传全覆盖,严格落实"乡镇(街道)统计站干部+村(社区)干部+聘用大学生"选调模式,选用街道统计部门干部、经验丰富且熟悉情况的村(社区)干部为普查指导员,选用责任心强并熟悉PAD操作的村(社区)年轻干部和大学生为普查员,做到即填即审,保证填报无漏项、缺项,数据匹配、无奇异值,后按照上级经普办下发的审核要点进行逐一审核,问题分专业汇总统一上报到区普查办。

【社会治理】 2023年,构建防控网格。积极探索完善网格化治理模式,充分发挥基层网格治理"第一道防线"作用,成立新社区后及时跟进成立社区网格,将公开招聘的社区工作者定岗到网格,为网格注入新鲜血液,做到网格全覆盖、无遗漏;同时,通过综治中心指挥工作平台每日关注网格化运行动态,处理巡查过程中的紧急情况,形成"人在格中走,事在网中办,小事不出格,大事不出网"的"小网格服务大民生"管理格局。深化安全防范。对辖区范围内自然灾害、事故灾难、公共卫生事件、社会安全事件等突发公共事件的应急处置工作,制定突发事件总体应急预案、自然救助应急预案、气象灾害应急预案、地震应急预案、重大气象灾害响应机制、强降水"1小时叫应"应对工作实施细则等,确保街道制度健全、责任明晰、体系顺畅。坚持突出重点,强化实效,在各个重要时节期间和各个专项整治期间在处辖区内进行综合性安全生产隐患排查整治工作,对全街范围内的建筑工地、餐饮店、学校、商铺等进行全面排查,开展打击非法违法生产经营建设行动、"七大攻坚行动"、防溺水安全工作、"六类重点场所"[体育场馆、学校幼儿园(包括体育馆、教学楼、食堂等)、文旅医疗设施、商业综合体、旧厂房改造场所和C、D类危房)]安全隐患排查整治、消防安全重大风险隐患专项排查整治工作、燃气安全排查工作等系列排查活动,检查安全生产经营单位350余家,查处隐患1000余条,均已整改到位。突出矛盾化解。成立街道矛盾纠纷多元排查化解指导中心,以网格管理为基础,整合综治、信访、司法等部门资源,完善接待、咨询、受理、调处为一体的多元解纷体系,实现矛盾纠纷多元收集、群众问题"一站式"化解。进一步提升打造村(社区)综治室,高标准打造半山禧园社区综治室,依托综治平台深入开展矛盾纠纷排查化解工作,全面排查影响辖区社会稳定的重点领域、重点问题,进一步夯实基层解纷根基,实现矛盾纠纷化解在基层和萌芽状态,做到小事不出村、大事不出街道。强化立体宣传。围绕建设"平安龙兴"工作主线,联合消防大队、派出所开展反诈、反邪、禁毒铲种、爱路护路等各类普法宣传活动20余次,覆盖群众1000余人次,进一步强化普法宣教力度,提升居民素质。开展民法典主题普法宣传活动10余次,发放宣传资料 1800 余份、宣传单 3000 余份，张贴海报 100 余张，营造办事依法、遇事找法、化解矛盾靠法的良好法治环境。

【民生工程】 2023 年，粮食安全抓紧抓实。扛牢粮食生产责任，将粮食生产任务细化分解到村组、到大户，实行班子成员包村责任制，班子成员对各自挂点村粮食生产任务完成情况负责。全年共完成粮食作物种植面积 253.33 公顷(3800 亩)，其中早稻种植面积 98 公顷(1470 亩)、中晚稻种植面积 142 公顷(2130 亩)、杂粮(主要是红薯)种植面积 13.33 公顷(200 亩)，冬种油菜种植面积 48.33 公顷(725 亩)；完成粮食产量约 2550 吨、油菜产量约 110.25 吨；发放早稻、稻谷、地力保护和 2022 年冬种油菜补贴共 126.13 万余元。人居环境不断提升。积极部署农村人居环境整治工作，推进“两整治一提升”项目建设，开展“夏季攻坚”行动，农村人居环境得到较大的改观，农村环境整治工作取得初步成效。全年共出动干部群众 2600 余人次、挖掘机 450 余个台班、清运车辆 1200 余辆次，共清理陈年垃圾、白色垃圾及拆除“三房”(违建房、闲置房、危旧房)建筑垃圾近 1.375 万吨，人工铲除房前屋后杂草面积 19.6 万余平方米，整理房前屋后乱堆乱放 600 余处，拆除“三房”和旱厕共 6308 平米，清理沟渠 6850 余米，一改以前的脏乱差景象，农村面貌焕然一新。社会救助暖心贴心。用足用活各项救助政策，将符合条件的困难群众及时纳入救助保障范围，确保困难群众“求助有门、受助及时”，全年共发放低保资金 252 万元，涉及低保对象 360 人，发放儿童医疗保险经费 32.8 万元，涉及残疾儿童 3 人，事实无人抚养儿童 23 人，认真落实失地农民养老保险政策，完成被征地农民养老保险认证 519 人，认证完成率达 99.9%。安置回迁稳步推进。以保障农民安居为目标，本着“公平、公正、公开”的原则，统筹谋划、认真调度农房安置工作，加快实施中堡希望花园安置工程，全面完成 A1、A2、B 地块的安置回迁工作，安置 3421 套 24 万余平方米，1000 余户拆迁户喜圆安居梦，切实提高了辖区群众的幸福感、安全感。

【推进基层党组织阵地规范化建设】 2023 年，依托“书记领航”工程，按照布局体系化、功能综合化、信息集成化的要求，以街道党群服务中心为核心，人大代表联络工作站、政协委员履职服务站、统战之家及各村(社区)党群服务中心为触角，不断完善党群服务综合体“9 + X”功能配置，切实形成党领导下服务资源共建、服务区域共治、服务成果共享的党群服务综合体。

【服务中心大局】 2023 年，围绕市委市政府“项目为先、实干奋进，争分夺秒拼经济”全年工作主线，充分用好“书记领航”的头雁效应，以项目红线范围为片区，采取联合建、挂靠建等方式，充分统筹项目业主单位、项目建设单位、街道、村四级单位党员力量，在重点项目、重点工作一线成立临时党支部 11 个，设立党员示范岗 11 个、先锋队 7 支、责任区 11 片，号召机关事业单位党员聚焦项目建设、提高服务效能，团结凝聚职工群众与党同心、与项目同行，有效保障了行知中学、南昌健康职业技术学院、铁路村安置房等大批省市区重大重点项目和民生项目的建设。

【推动党建工作和业务工作融合】 2023 年，以“书记领航”工程为抓手，统筹推进党建工作和业务工作资源深度融合，推进街道党工委与辖区内 15 家重点企业、8 所院校党支部结对共建，组建“党建联盟”，构建“资源共享、优势互补、互相促进、共同提高”党建工作新格局，把党建工作融入为人民服务的各个方面，让党的活动方式更灵活、党员示范意识更强烈、企业发展动力更强劲，全力推动共建联建高质量发展的常态化合作模式。

【提升服务群众能力水平】 2023 年，聚焦“书记领航”工程与为民服务深度融合，全力擦亮做强龙兴街道“党建引领，五社暖心”品牌，统筹辖区各村社区资源与现状，成立“公益慈善”“矛盾调解”“文明先锋”“政策宣传”等特色志愿服务团队，重点关注服务辖区一老一小弱势群体，以“主题党日 + 中心工作 + 志愿服务”模式，加强社村联结共建，汇聚合力充分发挥党建联建、村社联动作用，持续提升服务群众能力水平。

【破解管理顽疾】 2023 年，上饶大街无序、缺乏统一管理的流动摊贩问题，一直是文明创建的顽疾。龙兴街道纵深推进“书记领航”行动，通过多方面了解目标顾客、考虑人流量，实地考察周边摊贩、当地消费能力及消费群体、交通便利等方面，在南昌工学院北门对面中堡村上堡罗家自然村 3.33 公顷闲置空地，建设起总长约 110 米、宽 93 米，占地面积约 1.02 万平方米的龙兴夜市。龙兴夜市把“游击队”收编为“正规军”，共计提供就业岗位 560 余个，为被征地农民和外来务工人员提供多样化就业机会，也为稳增长、促就业、保民生提供强有力的支撑，形成文明城创建人人参与、人人受益的局面。

(胡帅华)

人物·荣誉

2023 年江西省
“五一劳动奖章”获得者

周立经，男，1990 年生，中共党员，北京理工大学全日制研究生学历，工学硕士学位，虚拟现实与增强现实、人机交互、计算机视觉研究方向。现任江西洪工高科有限公司技术总监，有着 10 年丰富的虚拟现实系统、虚拟仿真系统开发和项目管理经验，熟练掌握 VR 项目开发引擎（UE4/U3D）的各功能模块，擅长项目软件架构搭建和多人网络架构搭建。结合 VR 技术、三维数字获取与重建技术、大范围跟踪技术完成一系列项目，主要有北京电影学院人脸三维数字采集项目、长沙市博物馆文物三维数字采集项目、虚拟现实多人大范围跟踪交互系统、VR 红军过草地体验系统、运动员 VR 心理舒缓系统、VR 老年痴呆预防及康复训练系统、宜居 VR 办公系统、70 周年国庆阅兵仿真系统等。从业以来，兢兢业业，努力于 VR 技术创新研发，获得的主要成就有：作为主要起草人带领团队参与完成《国家职业技术技能标准虚拟现实工程技术人员》，并与 2021 年 9 月发布实施。该标准的制定和实施为虚拟现实工程技术人员这个新职业的专业技术等级提供了参照依据，为更好地规范新职业的发展提供支撑；受人社部技工教育和职业培训教材工作委员会及人社部职业能力建设司委托，按照该项标准要求，开发 9 本人社部职业培训规划教材，其中 3 本已经出版；作为参编人员参与编写《虚拟现实可视化编程技能实训》教材，并于 2022 年 5 月由江西高校出版社出版；公开发表学术论文 3 篇；申请发明专利 2 项。参与并获得的荣誉有：2018 世界 VR 产业大会创新奖；2020 世界 VR 产业大会 VR/AR 创新奖；江西省第一批 VR 产业创新创业优秀人才团队；南昌市红谷滩区高层次人才 D 类人才（紧缺 VR/AR 人才）；第六届“创客中国”江西省南昌市中小企业创新创业大赛（VR 专题赛）一等奖；2021 年全国新职业技术技能大赛虚拟现实工程技术人员江西省选拔赛团队第一名；2022 年江西省“天工杯”虚拟（增强）现实职工职业技能竞赛一等奖；2022 年获评“江西省技术能手”；2023 年获评“江西省天工杯工匠”；2023 年获“江西省五一劳动奖章”。

2023 年江西省工人先锋号获得部门

江西海默技术股份有限公司技术小组 该小组共有成员 3 人，其中九三学社成员 1 名，共青团员 2 名，平均年龄 27 岁，是一热爱钻研技术的年轻化队伍。该小组积极进取、开拓创新、爱岗敬业。

江西以太科技园有限公司运营部 部门有职工 11 人，具有良好的职业道德和较高的技能水平，多名成员多次被评为“先进个人”等，该部门积极主动承担起公司部署的各项工作任务，在省、市、区重大建设项目工作中，部门成员团结协作、拼搏奉献，以高度的责任感和使命感紧密配合，攻坚克难、保质保量地完成工作任务。该部门制定江西省虚拟现实类 3 项专项职业能力考核规范；联合江西高校出版社出版“虚拟现实技术实训系列教材”并申报“十四五”职业教育国家规划教材等重要项目，并荣获红谷滩区创新创业基地等称号。

（李　超）

2023 年南昌市“五一劳动奖章”获得者

周熳熳 女，1989 年生，初中学历，现任华润怡宝饮料（中国）有限公司江西分公司高级销代，自进入华润怡宝，一直身处一线，在岗位上，追求完美，通过以实际行动将尽忠职守体现得淋漓尽致，严格遵守公司的规章制度，责任心强，做事严谨求实，追求完美，勤奋刻苦，高标准高要求对待市场，不断创新，周末自愿加班和客户一起在人流量大的社区门口开展“送水进社区”行动，通过努力，2022 年任务量完成率 109%，获得客户、领导的一致好评及认可。

熊国云 男，1971 年生，大专学历，中共党员，现任南昌红谷滩万达广场商业管理有限公司暖通技工。1989 年 3 月入伍，服役 12 年。服役期间刻苦好学，获得大专学历。转业后他被安排到南昌钢铁厂，2009 年南昌钢铁厂改制，他下岗后入职红谷滩万达广场商业管理有限公司，2022 年 2 月被公司评为最美奋斗者，2023 年 1 月被评为春节期间最佳贡献员工。他干一行爱一行，用责任心和专业技能走到了今天，获得领导和客户的一致好评。

李雪婷 女，1996 年生，大专学历，现任江西天和道能量健康科技有限公司技师。2017 年进入天和道，担任一线技术服务职工，在工作岗位上，她不断更新知识体系，优化技术结构，善于向技术顾问和技术总监学、向实践学、向同事学。她在公司组织开展的技术服务竞赛中荣获一等奖并参与了标准技术服务视频的拍摄，公司教学以她的技术服务为标准。善于研究技术服务创新，对公司整套技术服务体系起到的举足轻重的作用。做事严谨求实，勤奋刻苦，圆满完成各项工作，赢得广大干部职工和群众的信任和支持，是一名出色的一线技术服务职工。

邓　纪 男，1970 年生，本科学历，现任国家税务总局南昌市红谷滩区税务局党委书记、局长。该同志以推动南昌“一枢纽四中心”建设工作为中心，抓好党务、干好税务、带好队伍，用奉献砥砺初心，以实干笃定前行，为服务红谷滩经济社会发展贡献税务力量。守初心，为服务经济发展保驾护航。克服经济下行及疫情影响，充分发挥税收职能作用。惠民心，为助力市场主体纾困解难。认真落实各项税收优惠政策，“真金白银”为助力辖区企业发展增加“税动力”。暖民心，为优化营商环境尽心尽责。带头参加便民办税春风行动、打造“十分钟办税缴费便利圈”，创优“鸿鹄馨税”纳税服务品牌，努力提升纳税人缴费人满意度。

汤轩东 男，1965 年生，本科学历，现任美华建设有限公司高级工程师。中国建筑装饰行业“幕墙类专家”、江西省综合评标专家库评标专家。几十年来，他敬业爱岗，真抓实干，拼搏进取，以自己精益求精、刻苦钻研的精神赢得了业主的认可和好评，为公司创造了良好的经济效益。

肖红茂 男，1971 年生，硕士研究生学历，现任南昌市红谷滩区疾控中心主任。曾荣获江西省抗击新冠疫情先进个人、全市优秀共产党员、南昌市“最美疾控人”等称号，享受南昌市政府特殊津贴。作为社会医学学科带头人，长期扎根基层，曾经历过 SARS、禽流感防制，有着丰富的突发公共卫生事件处置经验，为红谷滩区公共卫生和疾病预防体系建设作出突出贡献。在 2022 年疫情防控期间，克服人员少、任务重等各种困难，带领疾控工作团队，不讲条件，不计得失，日夜奋战在防控一线，为红谷滩区新冠疫情防控工作取得阶段性最终胜利，为红谷滩区经济建设保驾护航作出积极的贡献。

熊才意 男，1978 年生，本科学历，现任江西师范大学附属中学红谷滩区滨江分校中小学高级教师。工作 26 年来，不断努力，提升自己的专业素养，在夯实中攀登专业高峰。先后应邀为贵州省、河南省、广东省中山市、哈尔滨市、江西省各县区开展学术讲座 100 余场；两次参加全省中考命题和二次全省教师招聘考试命题。先后被评为江西骨干教师、江西省首届名师工作室主持人、江西省政治学会常务理事、江西师范大学教育硕士校外导师、南昌市初中政治学科中心组成员、南昌市优秀德育工作者。

鲁志平 男，1968 年生，初中学历，现任厦门联发（集团）物业服务有限公司南昌分公司工程维修员。入职以来一直负责小区内的水电维修、下水道疏通及公共区域维修效劳工作。在承诺效劳工作中，他变被动为主动，有求必应，有应必优，随叫随到，为小区业主提供全程满意效劳，效劳满意率达 100%。他立足岗位，先后为小区内 500 余户业主维修过电路、线路、水管等设施，疏通公区下水道时多次下排污沟进行清掏。园区亮点建设中多次“变废为宝”，节约成本。

任李杨 男，2002 年生，本科学历，从事江西海默技术股份有限公司产品研发工作。获得国家公派留学资格，录取匈牙利考文纽斯大学攻读应用经济学专业，在本部门工作中，一直严格要求自己，认真及时地完成领导布置的每一项任务，并虚心向同事学习，不断改正工作中的不足；认真学习公司的制度和规定并严格贯彻执行；结合工作实际，积极学习新的技术、新的思想，在干中学、学中干，不断掌握方法积累经验，同时收获一些关于人际关系、人情世故和沟通技巧的宝贵经验，具有很强的团队合作精神，能很好的协调及沟通，配合各部门负责人落实及完成公司各项工作。

周宇星 男，1998年生，本科学历，从事江西海默技术股份有限公司产品的研发工作。该同志工作以来，一直任劳任怨、脚踏实地。始终严格要求自己，具有较强的责任感，服务意识和协调能力。在工作中努力做好每项工作，始终严格要求自己，做到干一行爱一行，具有较强的责任感，并以高度的工作热情，积极负责的态度开展工作。他每周与部门同事一起进行工作总结，将工作中的问题逐条列出并与同事逐条讨论解决办法，获得公司同事和领导的高度赞扬。

辛洪军 男，1989年生，本科学历，现任北京航空航天大学江西研究院软件开发工程师。该同志在工作中，严格要求自己，努力学习专业技能。带领团队参加2022年南昌市“洪工杯”职工技能比赛中，获得个人赛项第一名、团体赛项第二名的好成绩，在江西省“天工杯”虚拟（增强）现实职工职业技能竞赛中获得团体第四名的成绩。开发的VR机务维修系统也获批成为江西省第三批VR示范应用项目，系统代表江西参展中国高新技术成果交易会，获得优秀产品奖，并多次被省市媒体报道。

胡　清 男，1989年生，本科学历，现任江西洪工高科有限公司技术经理。作为主要起草人参与国家工信部、人社部《国家职业技术技能标准》虚拟现实工程技术人员（2021年版）的起草，并于2021年9月发布。同时受人社部技工教育和职业培训教材工作委员会及人社部职业能力建设司委托，按照该项标准要求，正在开发9本人社部职业培训规划教材，其中三本已完成内容编写和校对工作，已经印制样书。参加2021年南昌市“天工杯”第三届虚拟（增强）现实职工职业技能竞赛，获得团队一等奖。

周志彪 男，1998年生，大专学历，现任南昌市小核桃科技有限公司开发工程师。于2019年在江西工程学院物联网应用技术专业毕业，毕业后进入到南昌市小核桃科技有限公司工作，从2019年7月入职至今，一直在公司研发部从事U3D开发工作，从最初的实习生，到现在独当一面的开发工程师，有公司的培养，但更离不开周志彪个人的努力和不断学习、勇于奋斗的精神，在2022年南昌市“洪工杯”虚拟（增强）现实职工职业技能竞赛个人赛中荣获交互应用开发项目排名第一的好成绩。

2023年南昌市五一劳动奖状获得单位

江西诚韬信息技术有限公司 创立于2020年，是国家高新技术企业，江西省“专精特新”中小企业、江西省大数据示范企业、江西省工业信息安全技术支撑单位、北交所重点拟上市企业。公司专注于做最可靠的信息技术与安全保护，是国内领先的智慧政务数字治理与DICT解决方案提供商，旗下有全资子公司江西诚韬科技有限公司、湖南诚弘韬科技有限公司。公司注重提高职工科学文化、技术技能和职业道德素质，近3年来共获得三项发明专利，40余项软件著作权；大力培育高素质网络安全技术技能人才队伍，弘扬精益求精的工匠精神，从思想上、工作上、生活上关心和爱护职工。职工通过系统“学习”、系统“赛事”、系统“实践”等方式有效提升了学习效果。

北京大成（南昌）律师事务所 坐落于红谷滩区万达中心B1座写字楼15层，办公面积约2000平方米。该所党支部是在非公有制经济组织中建立的党组织，被市直机关工委评为五星党支部，是江西省第一个五星党支部。律所律师热衷于公益事业，常年自愿办理一批法援案子，扶助困难百姓，20多年以来坚持送温暖给孤寡老人、困难群众和留守儿童，通过向慈善机构捐款及各种捐助形式共计100余人次，财物累计200余万元，将温暖送给更多需要帮助的人们。

南昌汇崎科贸有限公司 自2020年疫情防控以来，在2020年上饶广丰区人民医院捐款2万元；2020年3月罗家镇抗击新冠疫情捐赠口罩等物资1.8万元；2020年3月随州市红十字会捐款3万元；2020年青云谱区红十字会“99公益日”募捐1万元；2021年7月河南洪涝灾害捐款2万元；2022年青云谱区洪都街道洪纺社区捐款1万元；青云谱敬老院每年一次无偿服务内外环境消杀等社会公益事业。是在南昌市经济建设、政治建设、文化建设、社会建设、生态文明建设和党的建设方面作出突出贡献，取得突出成绩的集体。

2023年南昌市工人先锋号获得部门

红谷滩区人社局就业创业服务中心 围绕红谷滩区中心任务，服务大局，以促进红谷滩区经济高质量发展为重，成功打造南昌市大学生电子商务创业孵化基地、味粽空间创业孵化基地为国家级创业孵化示范基地。2022年，成功创建国家级充分就业社区——世纪中央城社区，省级充分就业特色社区——万达星城社区。新增创业担保贷款8991万元，直接扶持272人，带动就业1555人。帮扶返乡农民工就业660人，帮助355名退捕渔民就业。开展“码”上找工作服务，帮扶就业困难人员136人。组织开展111场“百场校招”活动，吸纳约1.4万名大学生和技能人才到区创业就业。

红谷滩区消防救援大队珠江路消防救援站 始终牢固树立“人民至上、生命至上”的理念,聚焦主责主业,对标主力军、国家队职能定位,着眼“全灾种、大应急”需求,从思想上紧张起来,从行动上跟进落实,不断向“专业化、职业化”目标努力,全面提升综合应急救援能力。完成全国第二十届人民代表大会、全国两会、建党百年、省党代会等100余起消防安保任务。近3年来,先后打赢新冠疫情防控攻坚战,参与2020年“5·19”中顺大厦火灾、“7·12”永修洪涝抢险,2021年“7·20”援豫抗洪救灾、“12·14”青岚大道费森尤斯卡比火灾等百余场大仗恶战,累计接警出动2249起,出动车辆3691辆次,出动消防人员25337人次,营救疏散被困人员1000余人,保护财产价值近4.6亿元。

2023年9月8日,红谷滩区庆祝第39个教师节暨表彰大会举行
(区教体局 供图)

北京航空航天大学江西研究院航空仿真与虚拟现实技术小组

该技术小组共有职工13人,自成立以来积极研发创新,其中研发的国产支线飞机航线检查维修VR培训系统项目入选江西省第三批VR应用示范项目,参与第二十四届中国国际高新技术成果交易会,获得第二十四届高交会优秀产品奖,获得江西省航空产业科技创新联合体创新成果奖,获得江西虚拟现实(VR)产业技术创新战略联盟“2022年度优秀应用创新奖”。该团队2022年参加南昌市“洪工杯”虚拟(增强)现实职工职业技能竞赛获团队赛第二名的好成绩。

江西洪工高科有限公司技术部 成立于2021年,共有成员8人,公司技术团队参与起草制定国家标准9项,其中人社部、工信部关于《虚拟现实工程技术人员国家职业技术技能标准》于2021年发布。公司受北京图像图形学学会委托,参与2022年第二批国家职业技能标准《虚拟现实产品设计师》的开发工作。公司技术团队参与人社部全国专业技术人员新职业培训教材的编写工作,至2023年底,虚拟现实工程技术人员初级教材《虚拟现实基础知识》《虚拟现实内容设计》《虚拟现实应用开发》3本教材已经发行。

南昌杉杉奥特莱斯购物广场有限公司物管部 物管部自成立以来以团队安全意识、公司品质意识、以创一流工作、一流团队为目标,以现场管理为载体,以管理为手段,不断在强化部门管理实效、提升现场管理品质,节约广场维护成本,营造团队创新氛围等方面下功夫,积极开展全员技能培训、消防安全演练、创新交流会等活动。通过物管部全员的不懈努力,出色完成了公司下达的各项指标,提升了公司的服务品质。

江西美翻科技有限公司跨境进口零售事业部 跨境进口零售事业部成立于2015年,伴随着美翻发展8年,一直深耕跨境电商进口业务,主要产品线为母婴产品、保健品、美妆等。全体员工力争把最好的世界产品带到中国广大消费者手中。进口团队业务从最开始的直邮、海淘、代购、B端批发到现在的精细化运营C端店铺业务。跨境进口零售事业部业务所覆盖的平台有天猫、淘宝、京东、拼多多、唯品会。月销百万级店铺5家。2023年,跨境进口事业部C端店铺销售收入达8亿元。

(李 超)

附录

红谷滩区人民代表大会常务委员会工作报告（摘要）

——在红谷滩区第一届人民代表大会第四次会议上

红谷滩区人大常委会主任　吴韶宸

（2024 年 1 月 11 日）

2023 年是全面贯彻落实党的二十大精神的开局之年，也是实施“十四五”规划承上启下的关键之年，习近平总书记时隔 4 年再次亲临江西考察指导，对江西工作作出重要指示、提出重要要求，为我们提供了强大的政治动力、精神动力和工作动力。

一年来，红谷滩区人大常委会坚持以习近平新时代中国特色社会主义思想为指导，认真学习贯彻党的二十大精神，全面贯彻落实习近平总书记考察江西重要讲话精神，坚定拥护“两个确立”、坚决做到“两个维护”，始终坚持党的领导、人民当家作主、依法治国有机统一，切实履行宪法法律赋予的各项职责，紧紧围绕全省打造“三大高地”、实施“五大战略”，全市打造“一枢纽四中心”的发展定位和全区中心大局，锐意进取、攻坚克难、真抓实干，着力在开展学习贯彻习近平新时代中国特色社会主义思想主题教育、践行全过程人民民主、传承红色基因中走在前、勇争先、善作为，以扎扎实实的成效圆满完成了区一届人大三次会议确定的各项目标任务。

全年共召开区人大常委会会议 8 次、主任会议 12 次，听取和审议“一府一委两院”专项工作报告 14 项，组织开展专题视察 18 次、执法检查 3 次，依法任免国家机关工作人员 31 人次，作出决议决定 12 项，督办代表意见建议 92 件，配合省市人大常委会联动开展执法检查、立法调研等工作 14 次，在新征程上谱写人大工作新篇章。

一、坚持党的领导，树牢政治方向，在深刻感悟思想伟力中激发新动能

始终坚持党的领导这一最高政治原则，坚定不移坚持党对人大工作的全面领导，使旗帜鲜明讲政治成为人大工作最鲜明的底色。

（一）筑牢对党绝对忠诚的政治品格。把学习领悟党的二十大精神、习近平总书记考察江西重要讲话精神作为区人大常委会党组及理论学习中心组“第一议题”，列为常委会会议“第一议程”，不断提高政治判断力、政治领悟力、政治执行力。坚持把习近平总书记关于坚持和完善人民代表大会制度的重要思想作为新时代人大工作的行动指南，把习近平总书记考察江西重要讲话精神作为履职尽责的强大动力。区人大常委会班子以上率下、带头示范，深入基层讲党课 12 次，宣讲习近平新时代中国特色社会主义思想、党的二十大精神和习近平总书记考察江西重要讲话精神，全面掀起学习宣传贯彻热潮。精心组织、积极参与省、市人大理论研究活动，2022 年获得省人大优秀课题一项；2023 年，有 4 篇研究课题分别在省人大、市人大组织的评审中获奖。

（二）始终坚持和加强党的全面领导。区委高度重视人大工作，坚持和加强对人大工作的全面领导，召开区委常委会专门听取工作汇报，把“加强党对人大工作的领导”纳入考核。区委书记前往人大开展专题调研，大力支持人大行使职权、开展工作。区人大常委会自觉维护党委总揽全局、协调各方的领导核心作用，全面贯彻区委一届七次全会精神。区人大常委会班子领导挂点乡镇(街道)、村(社区)，在重大重点项目、巩固脱贫攻坚成果、文明创建、龙舟赛、烟花表演等涉及改革发展的中心工作中主动担当。

(三)扎实深入开展第二批主题教育。牢牢把握"学思想、强党性、重实践、建新功"的总要求，落实"四下基层、三访三促"工作机制，一体推进理论学习、调查研究、推动发展、检视整改、建章立制，在学深悟透上下功夫、在知行合一上求实效。第二批主题教育开展以来，共举行专题读书班、理论学习中心组学习等学习交流10次。班子成员聚焦全过程人民民主、家庭医生签约、社区食堂等9个方面调研内容，扑下身子、沉到一线，以调查研究推动理论学习、能力提升和作风转变，开展调研20余次，形成了9份高质量调研报告，推动了一批有价值、有份量的调研成果转化。

二、突出监督重点，增强监督实效，在围绕中心服务大局中展现新作为

紧紧围绕"产业强区、品质提升、创新驱动、内外开放、要素保障、共建共享"六大战略加强监督，推动决策部署贯彻落实，推动宪法法律有效实施，推动"一府一委两院"依法行使职权，服务红谷滩区经济社会高质量发展，助推未来科学城建设。

(一)监督"一府一委两院"依法履职。把人大监督"一府一委两院"工作同支持依法履职有机统一起来，形成加强和改进工作的合力。听取和审议了关于文化产业工作情况、优化营商环境工作情况等报告，保证了宪法、法律、法规和上级人大及其常委会决议、决定在本行政区域的遵守和执行。组织各级人大代表对江西求是高等研究院、心远中学卧龙校区、明月山大道南延、VR科创城等重大重点项目建设情况开展专项视察。

(二)护航经济发展行稳致远。把经济持续健康发展作为财经领域监督重点，确保经济"大盘"平稳运行，听取和审议了《〈红谷滩区国民经济和社会发展第十四个五年规划和二〇三五年远景目标纲要〉实施情况中期评估报告》《关于红谷滩区2023年上半年国民经济和社会发展计划执行情况的报告》《红谷滩区人民政府关于2022年财政决算及2023年上半年预算执行情况的报告》《企业国有资产管理情况的报告》，保障红谷滩区经济社会高质量发展；听取和审议了《红谷滩区人民政府关于2022年度区本级预算执行和其他财政收支审计查出问题整改情况的报告》，对15个单位整改情况开展满意度测评。推进预算联网监督工作制度化、规范化，扎实做好预算联网监督系统建设，并进行了评审验收。

(三)服务乡村振兴战略实施。坚持农业农村优先发展，加快农业农村现代化建设步伐，听取和审议了开展乡村振兴工作情况的报告，持续推进农村人居环境整治、农村"厕所革命"，助推全区19个乡村实现全面提升；乡镇人大主动积极作为，对77个自然村农村人居环境治理主动监督视察，提出意见建议。区人大常委会班子深入田间地头，调研察看数字农业、高效设施农业、乡村旅游休闲农业及现代种业等重点领域情况，助推农业农村工作大提升；对流湖镇春耕生产情况进行调研，形成调研报告为区委决策提供参考，推动金融助农政策落实到位。

(四)保障行政权力依法运行。以增强监督的针对性和实效性为重点，大胆探索创新，在对政府开展监督工作时，加大对政府依法办事情况的监督评议，着重从法规落实、制度完善和机制健全上发现问题、分析问题、解决问题。充分发挥基层立法联系点作用，配合省市人大开展立法调研。一年来，区人大常委会对贯彻实施《未成年人保护法》《中华人民共和国残疾人保障法》情况进行了执法检查，配合市人大常委会开展《中华人民共和国农产品质量安全法》实施情况的监督检查，确保每一项法律法规在红谷滩区得到有效实施。

三、坚持人民至上，增进民生福祉，在提高人民生活品质中作出新贡献

坚持以人民为中心的发展思想，把民生工作作为"首选项"，盯住民生工作满意度、获得感精准发力，体现人大履职为民的"力度"和"温度"。

(一)纵深推进全面深化改革创新。认真贯彻中央、省委、市委、区委重大改革决策部署，确保全区人民共享改革发展成果。切实把全面深化改革向纵深推进，高质量完成民主法制领域改革课题《发展全过程人民民主，实现人大工作高质量发展》，在人大行权履职各方面各环节，建立完善了一套科学合理、行之有效的制度机制。将专题调研作为改革创新的重要抓手，确保国家机关依法履行职责，为顺利完成改革发展稳定各项目标任务发挥职能作用，努力让改革发展成果更多更公平惠及全体人民群众。

(二)不断推动民生实事落地见效。采取"全年一计划、每月一督查、每周一报表和年度一评议＋挂图作战"的举措，推进民生实事项目人大代表票决制工作规范化、常态化。成立了11个民生实事监督工作小组，按照"一事一小组、一季一督查、半年一报告"的要求，组织开展"民生实事项目落实情况"专项监督活动18次，实现对市、区两级人大代表票决民生实事项目19个大项49个子项的全过程监督。人大代表跟踪督办由"事后跟进"变为"全程参与"，如将推进城乡供水一体化建设项目列为主题教育反面案例，推动流湖镇8个行政村饮水工程提升改造项目，保障群众饮水安全。

(三)持续开展"帮助身边谢大娘"实践活动。持续深入推进"传承红色基因，帮助身边'谢大娘'"实践活动，将实践活动列为主题教育正面案例，从解决一个问题到破解一类难题、从帮扶一个对象到帮扶一个群体，力求在根源上解决群众困难。人大代表聚焦推进家庭医生签约服务，破解由医疗资源不平衡引发的看病难、看病贵问题；聚焦"两整治一提升"的问题，推进农村人居环境整治、农村路域环境整治、农业特色产业提升，实践活动得到省市领导高度肯定，已成为红谷滩区人大的一张名片。今年以来，各级人大代表共帮扶身边"谢大娘"376 人次，解决实际困难和问题 330 余个。

四、推进民主法治，展现人大担当，在发展全过程人民民主中谱写新篇章

全过程人民民主是社会主义民主政治的本质属性，是最广泛、最真实、最管用的民主，区人大常委会持续发展全过程人民民主，保障人民当家作主，推进中国式现代化。

（一）以法治保障提升社会治理水平。深入贯彻全面依法治国基本方略，推动宪法、法律法规贯彻实施，努力营造良好法治环境。听取了 2022 年度法治政府建设工作报告，听取和审议了《红谷滩区人民法院关于民商事审判工作服务优化营商环境工作情况的报告》《红谷滩区人民检察院公益诉讼工作情况报告》，并进行了满意度测评，全面助力营造共建共治共享社会治理格局。

（二）以备案审查夯实法治政府建设基础。切实加强和改进备案审查工作，推进规范性文件备案审查等工作，听取了《关于 2022 年度规范性文件备案审查工作情况的报告》，全年共接收区级备案审查材料 17 件，向市人大常委会报送备案审查材料 28 件。推进《宪法》等法律法规的全面实施，协助省、市人大加强立法调研视察。推进基层立法联系点建设，高标准建好省级基层立法联系点 1 个，市级基层立法联系点 2 个，并配齐工作人员、建立运行制度。

（三）以实践基地为依托推进全过程人民民主。组织乡镇（街道）人大及人大代表赴深圳、江门等地学习"全过程人民民主实践基地"建设工作经验。依托人大代表联络站，按照"因地制宜、一站一品"的要求，真正将全过程人民民主实践基地建设成为察民情的窗口、聚民智的平台、惠民生的哨站，成为党和国家政策落实的前沿阵地。打造卫东街道、生米街道、凤凰洲街道为首批"人大系统全过程人民民主实践基地"。

（四）以依法任免实现党委意图。落实党管干部原则，依法依规任免国家机关工作人员，扎实做好人选酝酿、任前考试、会议表决、宪法宣誓等相关工作，确保任免规范、程序到位。强化任后监督，切实保障市级国家机关工作人员有效履职。全年任免区人大机关及"一府一委两院"等部门国家机关工作人员 5 批次共计 31 人次，其中任命 22 人次，免去 5 人次，接受辞职 4 人次，顺利实现组织意图。

五、优化服务保障，突出代表地位，在提升代表履职效能中创造新业绩

始终坚持代表主体地位，密切人大代表同人民群众的联系，以高质量代表工作践行全过程人民民主，保障代表为民用权、为民履职、为民服务。

（一）提升代表履职能力。坚持"请进来"与"走出去"，组织代表参加了全国人大组织的"2023 年第五期地方人大干部培训班"，赴成都、重庆市学习社区养老食堂的先进经验和做法。各乡镇（街道）人大组织本团代表集体学习习近平新时代中国特色社会主义思想、党的二十大精神和习近平总书记考察江西重要讲话精神。按照选举法的有关规定，组织开展补选区一届人大代表 4 人次。一年来，区人大常委会组织了全体代表学习培训三次，积极参加了省市组织的代表培训，并举办了人大系统信息宣传工作培训班。

（二）建设代表履职平台。按照就地就近原则合理布局，全年共建成人大代表联络工作站（室）12 个，正在高标准推进区人大代表之家建设。扎实开展"软硬件"建设，将代表联络工作站工作经费列入财政预算，全年打造省级五星级人大代表联络站 4 个。一年来，区人大常委会依托代表活动的平台载体，深化"双联"工作机制，区人大常委会组成人员联系代表、代表联系群众 170 余次，帮助解决问题 120 余个。

（三）丰富代表履职活动。以"五带头五促进""人大代表活动月"活动为契机，组织代表视察了企业营商环境情况、"两整治一提升"项目、还建房小区物业管理基层治理，协调政府多个部门帮助解决基层发展难题。组织人大代表采取专题调研、视察、召开座谈会等方式，进一步关注民生工程、关心群众生活，为解决人民群众最关心、最直接、最现实的重大民生问题，发挥了人大代表的积极作用。一年来，累计 320 余名各级人大代表参加实践活动，开展代表进站活动 41 次、专题调研 36 次。

（四）督办代表意见建议。积极做好区人大一届三次会议代表建议、批评和意见的整理、交办和跟踪督办工作，及时进行审查并形成报告，对代表建议办理情况联合进行通报督办。聚焦高质量发展、生态环境保护、社会民生保障、"一枢纽四中心"建设等热点建议进行重点督办，转办一届人大三次会议代表建议 92 件，已全部办结，代表对办理情况满意和基本满意率达 100%，有力提升了各职能部门对代表意见建议办理工作的成效。

六、自觉守正创新，加强自身建设，在打造"四个机关"中锻造新形象

对标对表习近平总书记提出的"四个机关"的定位和要求，坚持以政治建设为统领，保持"自信、发奋、齐心"的精神状态，增强人大机关履职能力和争先创优工作形象。

（一）始终强化政治引领。牢牢把握人大机关的政治属性，坚持以党的创新理论武装头脑、指导实践、推动工作，深刻领悟"两个确立"的决定性意义，增强"四个意识"、坚定"四个自信"、做到"两个维护",始终在思想上政治上行动上同以习近平同志为核心的党中央保持高度一致。坚持党的领导、人民当家作主和依法治国有机统一,严明党的政治纪律和政治规矩,坚持民主集中制原则,保证作出的决定决议更好体现党的主张和人民意志、符合我区实际。

(二)坚持从严管党治党。坚决扛起全面从严治党政治责任,制定落实全面从严治党主体责任清单,推动区人大常委会及机关支部全面进步、全面过硬。驰而不息纠"四风"、树新风,深化形式主义官僚主义和不担当不作为问题整治。把纪律建设摆在更加突出位置,把严的要求贯彻到人大代表、党员干部教育监督管理全过程。常态化开展警示教育,不断提高警示教育实效性,严格执行机关工作纪律,教育党员干部知敬畏、存戒惧、守底线。

(三)加强干部队伍建设。把人大干部培养选拔使用纳入全区干部队伍建设总体规划,有计划地安排人大干部同本级党政等部门干部之间的双向交流。注重优化区人大常委会、专门委员会组成人员知识、年龄和专业结构,不断配齐配强各乡镇人大主席和主席团成员、各街道人大工委主任和组成人员,推动人大工作履职有抓手。安排区委办、街道2名干部到人大机关任职,选拔了一批优秀干部到区直部门、乡镇(街道)任职。

(四)发挥数字赋能作用。将数字化技术与人大行权履职深度融合,实现了线上"民情直通",进一步畅通了听民声、察民情、知民意连心渠道,全力推动江西数字人大建设迈上新台阶。全区人大机关干部和人大代表信息等基础数据全部录入,微信数字人大小程序和"赣政通"注册率达到100%,列全市第一。同时积极完善更新数字人大3.0红谷滩分厅内容,推进代表线上履职。

(五)全力展示人大形象。区人大进一步拓宽宣传渠道,多层次、全方位加强对人大制度和人大工作的宣传,全年在人民网、新华网客户端、中国江西网、省市人大新闻网、《时代主人》《南昌人大》和微信公众号等发稿380余篇。评选出市人大代表履职积极分子6人,区人大代表履职先进分子40人。工作成绩得到省市人大的认可,省市人大调研考察26次、外地人大来访交流8次。

这一年,红谷滩区人大常委会工作成绩的取得,根本在于以习近平同志为核心的党中央坚强领导,在于习近平新时代中国特色社会主义思想科学指引,充分彰显了中国特色社会主义制度的优越性,是区委的正确领导和上级人大的悉心指导的结果,是全体区人大代表和区人大工作人员认真履职尽责的结果,是"一府一委两院"和各单位、各部门密切配合、团结协作的结果,是全区人民和社会各界积极参与、大力支持的结果。在此,我代表区人大常委会向大家致以崇高的敬意和衷心的感谢!

我们也清醒地认识到,区人大常委会工作与新时代的要求、与人大代表和人民群众的期待还有差距,主要是:监督工作的刚性和实效还需进一步增强,代表履职服务保障水平有待进一步提升,全过程人民民主实践还需进一步深化。在今后的工作中,我们将虚心听取人大代表和各方面意见,自觉接受监督,不断加强和改进新时代人大工作。

中国人民政治协商会议南昌市红谷滩区第一届委员会常务委员会工作报告(摘要)

——在政协南昌市红谷滩区第一届委员会第四次会议上

红谷滩区政协主席　陶国强

(2024年1月9日)

2023年是全面贯彻中共二十大精神的开局之年。在中共红谷滩区委的坚强领导下,常委会坚持把习近平新时代中国特色社会主义思想作为统揽各项工作的总纲领,深入学习领悟、认真贯彻落实习近平总书记考察江西重要讲话精神,锚定"走在前、勇争先、善作为"的目标要求,发挥专门协商机构作用,努力践行全过程人民民主,以丰硕厚实的高质量履职答卷,为全面建设社会主义现代化红谷滩作出了政协贡献。

一、政治引领定方向,同心向党团结奋进的基础更为牢固

一年来,常委会凝心铸魂,主动接受党对政协工作的全面领导,以政治建设为统领大力推进政协党的建设,确保人民政协事业始终沿着正确方向发展。

突出思想理论武装。始终把学习摆在突出位置,通过区政协党组会议、主席会议、常委会会议、专题辅导等多种形式,系统组织学习习近平新时代中国特色社会主义思想、中共二十大精神、政协理论以及全国、省、市两会精神,以理论学习增进思想认同,以思想武装促进工作提质增效，引导全体委员和区政协各参加单位深刻领悟“两个确立”的决定性意义，增强“四个意识”、坚定“四个自信”、做到“两个维护”，筑牢了团结奋进的思想政治基础。

牢牢把握政治方向。始终把坚持党的领导作为政协工作的“核心轴”，区政协全体会议、常委会专题协商会议等重要会议、重大活动邀请党政领导出席；区政协的年度协商计划，报经区委常委会批准同意后组织实施；调研、视察、民主监督报告等协商成果及时向区委、区政府报送，区委、区政府领导批示认真抓好督导落实，确保了政协履行职能与全区工作大局同心同向、同频共振。

广泛凝聚各界共识。始终把团结民主作为政协工作的“主旋律”，把协调关系、凝聚共识贯穿于履行职能的各个环节，着力加强与各民主党派、工商联、人民团体和无党派人士的经常性联系，全年走访政协委员50余人次，主动征求委员对政协工作的意见建议，不断增进与各界人士的团结联谊，努力凝聚思想上的最大公约数。

二、深谋良策促发展，建言资政服务大局的工作更富成效

一年来，常委会始终把服务发展作为政协工作第一要务，明确协商议政和调查研究重点，因时因势组织履职活动，努力思“破题”之计、寻“解题”之法、行“答题”之道。

协商议政高质高效。立足专门协商机构定位，锚定党政关心的“发展大事”和群众关注的“身边小事”，充分发挥“重要阵地、重要平台、重要渠道”作用。围绕“加强城市水环境治理和保护”“夯实群众体育基础，推动全民健身运动”“切实做好新时代学校民族团结进步教育工作”等年度协商议题，全年共开展协商23次，其中，专题议政性协商4次，对口协商9次，重点提案办理协商10次，促进了党政科学民主决策，实现了商以求同、协以成事。

监督建言精准有力。充分发挥专门协商机构“专”的优势，针对全区经济社会发展中面临的新情况，组织政协委员、专家学者深入基层调查研究。全年围绕“关于加强全区司法所专业力量配置”“区划调整后流湖镇、厚田乡油茶种植户奖补政策兑现”“既有住宅加装电梯电费及维保问题”等课题开展8次监督性调研，通过精准发力、靶向建言、高效监督，助推区委、区政府决策部署落地落实。同时，进一步完善民主评议区直（驻区）部门工作机制，对区民政局和区商务局开展民主评议，收集意见建议11条，提出改进措施15条，帮助被评议单位进一步优化作风、改进工作。

提案办理量质齐升。充分发挥提案在委员履职中的抓手作用。在区政协一届三次会议上通报表彰10件优秀提案，区委、区政府和区政协主要领导及区政协班子成员领衔督办10件重点提案，有力提升了提案“提”“办”双方的积极性。一届三次会议提案立案84件，提案所述意见建议被采纳或所反映问题得到解决的50件，列入计划拟采纳或拟解决的19件，因政策或条件所限暂时难以落实，已向委员作合理解释说明的15件，办复率100%。

信息宣传有声有色。围绕政协主责主业，完善优化区政协宣传工作考核方案，充分发挥委员主体作用，坚持从多维度、多角度展示红谷滩区基层民主协商的具体实践，深入发掘委员履职故事，《杨小龙：乡村振兴的“头雁”》《李燕：会长大的教室》《邱丽辉：十九载的教育心路》等一批生动的委员故事先后被国家级、省级媒体报道，《徐菁：情系学子，用心“提灯”》获评2023年度《江西政协报》通讯员好作品。2023年，区政协共计上稿375篇，其中国家级媒体51篇，省级媒体242篇，市级媒体82篇，宣传信息工作在全市各县区中排名第一。

三、挺膺担当守初心，反映民情善解民忧的作用更加彰显

一年来，常委会坚持建言资政和凝聚共识双向发力，充分发挥人民政协团结统战功能，协助党委政府做好宣传政策、释疑增信、凝聚人心的工作，化解矛盾春风细雨，促进和谐润物无声。

擦亮“‘三有’[1]解民忧”协商品牌。出台《红谷滩区“委员进企业 协商助发展”主题活动方案》，组织召开南昌绿地国际博览中心专场协商会，为办展企业解决实际困难；在南昌西站综合服务中心“三有”协商平台，开展让遗失证件“回家”、南昌西站旅客免安检换乘地铁等系列协商活动，取得了实实在在的社会效果，走出了一条“党委领导、政府支持、政协搭台、各方参与、服务群众”的基层协商民主创新实践之路，赢得了上级政协的充分肯定。依托全区搭建的141个协商议事平台，全年开展“三有”协商369次，解决各类问题335件，推动基层协商议事更接地气，更聚人气，取得实实在在的成效。2023年全市基层民主协商“三有”活动现场会暨务虚会在我区召开，区政协作经验交流发言。

发挥社情民意“直通车”效能。把反映社情民意信息作为联系群众、履职为民的基础载体，不断健全机制、建强队伍，紧紧围绕群众所思所想所盼，向党委政府反映基层真实情况，提出真知灼见。全年共编发《红谷滩社情民意专报》8期，其中4期受到区委、区政府主要领导重视，专门批示有关部门予以研究；向上级政协报送社情民意信息342篇，省政协采用65篇，全国政协采用2篇，省委采用2篇。区政协被评为全省、全市社情民意信息工作先进单位。

2023年，红谷滩区政协分别向省政协、市政协报送社情民意信息123篇和285篇（共计408篇）。其中，市政协报省政协112篇，《关于推动网络货运成为数字物流发展“杠杆”的建议》等60篇信息被省政协报送至全国政协，《关于整治网络视频平台会员加收费用现象的建议》等 2 篇信息被全国政协采用;《完善医保个人账户改革措施提高群众“获得感”》等 9 篇信息由省政协报送至省委,其中《让社会力量更好参与应急管理工作》等 2 篇信息被省委采用;《道路通畅,让展会服务更有“力量”》等 4 篇信息作为社情民意专报被市政协采用。区政协社情民意信息工作在省级考核中位列全省各县(区)第十三,全市各县(区)第一;在市级考核中位列各县(区)第三,被评为全省、全市反映社情民意信息工作先进单位。

营造“三风”(2)活动浓厚氛围。精心打造厚田乡桐岗村、龙兴街道铁路村吴家水库吴家自然村“三风”示范村,基本实现“三风”示范点位基层全覆盖。深化“三联三亮三服务”活动,全区 800 余名党员进社区、进企业、进窗口开展志愿服务。通过持续讲好红谷滩“三风”故事,保持“三风”活动媒体宣传热度。2023 年,《江西日报》等主流媒体报道我区“三风”活动 300 余篇次。

坚守“人民政协为人民”宗旨。区政协机关挤出经费 80 万元,帮助 32 个村(社区)解决了一批实际问题。各乡镇街道政协工作联络组积极组织政协委员为辖区困难老人做实事、做好事,为困难大学生捐资助学、慰问基层一线工作人员及困难群众等,累计捐资捐物 90 余万元,“为民办实事”办到了群众心坎上。

四、强基固本增效能,自身建设履职尽责的成效更加提升

一年来,常委会牢记习近平总书记“为国履职、为民尽责”的殷切嘱托,狠抓制度约束和“两支队伍”建设,充分发挥委员主体作用,把政协工作向前推、往深做、朝实干,进一步激发了委员队伍的内生动力和区政协机关干部的生机活力。

创新引领,履职平台亮点纷呈。生米街道政协委员履职服务站正式建成,作为全区首家委员联系服务群众的基层平台,该服务站规划合理、分区完善、功能全面,成为基层政协工作的样板站、旗舰站和“群众身边的政协”,有力带动了厚田乡、流湖镇、沙井街道、九龙湖街道等委员履职服务站的建设,夯实了政协基层基础,得到省市政协的高度肯定。

以上率下,争先创优氛围浓厚。区政协班子带头落实“四下基层、三访三促”(3)机制,带动政协各参加单位和广大政协委员更好地服务经济发展、服务民生改善。同时,努力打造让党放心、人民满意的模范机关,加强常委会建设、充实专委会人员、优化政协机关力量,确保各项工作务实严谨、规范高效运行,政协干部培养渠道通畅、实现双向流动。2023 年,区政协机关荣获全区高质量发展建设争先创优一等奖、第十九届南昌市文明单位称号,机关党支部荣获全区“打造模范机关工作先进单位”称号,离退休党支部被评为全省离退休干部“示范党支部”。

知行合一,主题教育扎实有效。牢牢把握“学思想、强党性、重实践、建新功”的总要求,坚持“三个实实在在”推动主题教育走深走实。区政协领导班子深入企业、深入一线,全面深入了解反映基层情况,总结经验,查找工作短板,推进查摆的 16 个问题逐一整改销号,做到以学铸魂、以学增智、以学正风、以学促干。

各位委员、同志们,一年来,区委对政协工作高度重视,区委常委会先后 5 次听取和研究政协工作,区委、区政府高度重视、大力支持协商议政工作。区委书记涂晓晖出席“党委出题、党派调研、政府采纳、部门落实”成果汇报会暨“委员 · 书记面对面”活动,深入协商交流、共商发展大计。区长刘光荣同志主动向区政协常委会通报工作,听取委员意见建议,为政协工作顺利开展提供了坚强保障。我们深切感到,过去一年区政协取得的成绩,是市政协有力指导和中共红谷滩区委坚强领导的结果,是区人大、区政府、社会各界鼎力支持的结果,是区政协各参加单位和广大政协委员团结奋斗的结果。在此,我代表区政协常委会表示衷心的感谢!

回顾一年来的履职实践,我们也清醒地认识到工作中还存在一些差距和不足:履职制度的建设和完善有待加强、民主监督的范围和渠道有待拓宽、委员履职覆盖面有待扩大等问题。常委会将高度重视,认真研究,切实加以改进。

名词解释:

(1)“三有”:指有事多商量、有事好商量、有事会商量。

(2)“三风”:指兴家风、淳民风、正社风。

(3)“四下基层、三访三促”:“四下基层”,即宣传党的路线、方针、政策下基层,调查研究下基层,信访接待下基层,现场办公下基层。“三访三促”,即访城乡群众促治理提效、访经营主体促发展提质、访一线干部促作风提升。

红谷滩区人民法院工作报告(摘要)

——在红谷滩区第一届人民代表大会第四次会议上

红谷滩区人民法院副院长 陈小青

(2024 年 1 月 11 日)

2023 年,在区委坚强领导、区人大及其常委会有力监督和上级法院精心指导下,在区政府、区政协和社会各界关心支持下,区法院始终坚持以习近平新时代中国特色社会主义思想为指导,深入学习贯彻习近平法治思想、党的二十大精神和习近平总书记考察江西重要讲话精神,聚焦“走在前、勇争先、善作为”的目标要求,始终紧扣“公正与效率”永恒主题,坚持服务大局、司法为民、公正司法,各项工作迈上新台阶。全年共受理各类案件38814 件,已结案件 36747 件,人均结案 1531.13 件。荣获“2022 年度全国法院十佳天平号”“全省法院信息工作先进集体”“2022 年度群众满意度先进单位”等集体荣誉 11 项,荣获“全国‘百个巾帼好网民故事’”“全省法院群众工作能手”“全省法院基层基础工作先进个人”等个人荣誉 11 项。

一、围绕中心,做实为大局服务,护航高质量发展

服务保障优化法治化营商环境。深化府院联动,推动破产案件提速增效,共受理破产案件 31 件,结案 29 件。运用破产和解举措,挽救困难企业,促成 3 家企业与债权人达成和解,企业破茧重生、恢复经营。通过追缴股东出资、资产清算等破产举措,追回劳动者工资 227211.3 元。定期召开区破产府院联动工作领导小组会议,专题汇报区法院破产审判工作情况,审议通过并拨付破产援助资金 30 万元。延伸司法服务,“零距离”服务辖区企业。在辖区 9 个乡镇街道分别设立营商服务法官工作站,成立我省首个“企业合规法官工作站”,引导企业诚信经营,帮助企业防范经营风险,开展企业合规法官走访 9 次,26 家企业主动签订诚信经营《信用承诺书》。

服务保障防范化解金融风险。共受理金融案件13854 件,审结 13170 件,标的额 84.61 亿元。执结金融案件 10791 件,执行到位金额 30.56 亿元。开展“门诊式”速裁,庭审时间相比传统方式缩短了 70% 以上,相关做法被江西《新闻联播》宣传报道。开展“赣鄱利剑”涉金融案件专项执行行动,重点对 360 件涉农商行金融案件攻坚清理,执行到位金额 7000 余万元,涉金融案件执行工作质效,得到市主要领导的高度肯定。九江银行某支行与李某、厦门某股权投资管理合伙企业(有限合伙)等金融借款合同纠纷执行案,入选全省法院 2023 年涉金融执行案件十大典型案例。召开保险合同纠纷案件审判经验交流会暨保险合同纠纷案件审判白皮书新闻发布会,发布《保险合同纠纷案件审判白皮书》。开展金融案件巡回审判 4 次,实地走访调研金融机构 36 次,诉前化解各类金融、保险等纠纷案件 2100 余件。

服务保障完善重点领域治理。助力法治政府建设,协同行政机关完善执法机制,审查行政非诉执行案件 70 件。与南昌铁路运输法院建立行政诉讼巡回审判庭审联合保障机制及行政诉讼多元化解联合机制,协同推进行政诉讼纠纷实质性化解。加强生态环境保护,审理非法捕捞水产品罪、非法占用农用地罪等环境资源保护案件9 件 52 人,司法守护长江经济带。强化社会共同参与,邀请 4 名人民陪审员组成 7 人制合议庭,妥善审结江某某等 10 人鄱阳湖水域非法捕捞案,入选全省法院人民陪审员参审十大典型案例。坚持“抓前端,治未病”,针对金融和房地产等领域纠纷,向有关部门发送司法建议 7 份,重点领域协同治理大格局形成。

二、聚焦主业,抓实公正与效率,维护社会公平正义

严惩刑事犯罪推进平安建设。受理刑事案件 478 件,审结 444 件,结案率 92.89%,法定审限内结案率 97.95%。贯彻实施《反有组织犯罪法》,扫黑除恶斗争常态化开展。守住人民群众“钱袋子”,审结电信网络诈骗、养老诈骗等犯罪案件 81 件 135 人。守护人民群众生命安全,审结故意伤害、聚众斗殴、强奸等暴力犯罪案件 14 件 22 人。营造公平有序经济环境,审结非法吸收公众存款罪案件 9 件 22 人、非法经营罪案件 17 件 29 人。保障公民个人信息安全,审结侵犯公民个人信息犯罪案件 8 件 33 人。惩教结合,运用宽严相济刑事政策挽救失足在校学生,对杜某某等 3 名大学生帮信犯罪依法宣告缓刑。

妥处民事纠纷增进民生福祉。受理民商事案件21153 件,审结 20190 件,结案率 93.44%,法定审限内结案率 100%。弘扬社会主义核心价值观,妥善审结朱某某等 7 人诉涂某某等 3 人排除妨害纠纷一案,保障民生项目有序推进。促进维护家庭关系和谐,审结婚姻家庭、继承纠纷案件 466 件,线上发出南昌市首份全省统一制式离婚证明书,全年共审核、发送 47 份,实现线上申请

100%发送。打造“法护鸿鹄”少年审判特色品牌，营造平安校园环境，法治副校长区属中小学全覆盖，开展法治进校园等普法活动31次，受益师生4500余人次。联合新法治报、区检察院、区教体局等单位开展模拟法庭进校园法治文化特色实践活动，助力青少年法治教育。

加大执行攻坚兑现胜诉权益。受理各类执行案件17029件，结案15916件，结案率92.82%，执行到位金额43.77亿元，受理案件数位列全省基层法院第一名。推进网络司法拍卖，挂网拍卖标的物1088件，成交金额4.76亿元，为当事人节省拍卖佣金2053.89万元。保持失信惩戒高压态势，对规避执行、拒不履行的被执行人罚款291人次118.77万元，司法拘留、拘传135人次，移送追究拒执罪13案13人，发布失信被执行人名单9342人次，限制高消费1.78万人次，促使被执行人主动履行6.04余亿元，助力167家企业、726个自然人实现信用修复。

三、赓续初心，践行为人民司法，传递司法为民温度

深入推动多元化纠纷解决机制建设。开展集约化诉前调解，为群众提供专业高效的诉前调解服务。化解各类矛盾纠纷3184件。推动物业纠纷就地化解、专业化解，对接南昌市物业协会，吸收专业人员加入诉前调解团队，化解物业纠纷21件，开展物业案件巡回审判3次。参与地方矛盾纠纷多元化解机制建设，与区矛调中心联合开展“人民调解+司法确认”，化解各类纠纷550件，其中撤诉255件、调解228件，司法确认67件。强化金融纠纷诉源治理，在兴业银行南昌分行设立全省首家入驻银行类金融机构的诉前调解工作室，化解金融纠纷13件。

切实推进弱势群体利益保障。积极维护农民工合法权益，审结追索劳动报酬等纠纷案件483件，涉诉标的3088万元。法检协作助力弱势群体维权，高效审结农民工讨薪案在内的各类检察机关支持起诉案件7件。充分发挥国家司法救助民生关怀职能，为符合条件的弱势群体缓减免诉讼费35.413万元，办理国家司法救助案件79件，累计救助82人93.2万元。联动区公安分局、社区、村委会开展反家暴普法宣传、家庭教育指导4次，发出我院首份《人身安全保护令》，筑牢反家暴“保护墙”，切实保护妇女儿童权益。

持续推进现代化诉讼服务体系应用。持续加强在线诉讼服务工作，进一步方便人民群众行使诉权，处理人民法院在线服务小程序网上立案申请8702件、人民法院网上保全系统保全申请1405件、律师服务平台立案申请1.3万件。深化无纸化办案模式，全年收转各类材料6.47万次，扫描材料225.45万张，电子签名3.71万次，跨域材料收转872次，形成无纸化卷宗2.31万件，无纸化结案案件2.18万件。全力推进电子送达工作，发送各类送达任务33.38万次，其中电子送达19.67万次，电子送达适用率95.27%，电子送达成功率77.09%。

四、守正创新，激发改革新动能，提升司法治理效能

全面准确落实司法责任制。强化审判监督管理，紧盯节点办案，通过日报、周报、月报统计分析案件办理流程，共计发布日报249期、周报49期、月报12期。全面落实院庭长监督管理职责，强化院庭长对“四类案件”监管，共计监管各类案件1295件。加强对案件审限的管理，全年无超审限案件，审限内结案率达98.54%。严格执行新的审判质效管理指标体系，以审判质量、效率、效果有机统一作为目标导向，减少程序空转、促进矛盾实质化解。

完善机制统一法律适用标准。制定《关于加强类案及关联案件审理工作的意见》，从源头把控类案及关联案件分案。探索批量案件示范裁判，通过首案判决方式，妥善处理了江西昊达置业有限公司等29批群体诉讼案件。积极主动运用“法答网”，共在法答网提问145个，通过疑难问题分析请教，提升法官审判业务能力水平，促进法律准确统一适用。规范组织化行权，召开专业法官会5次，交流讨论各类案件23件，召开审判委员会18次，研究讨论重大疑难案件67件。

加强互联网司法体系建设。全面落实人民法院在线诉讼、在线调解、在线运行“三大规则”，完善远程视频系统、金融简案快办服务平台、集约立案系统等配套设施。稳定运行收转发e中心，实现上诉案件卷宗无纸化移送，上诉案件平均移送时间较上一年度减少5天。推进政法跨部门大数据平台建设，实现网上换押等功能，提升刑事案件办理、移送执行的效率。构建金融审判智审新模式，探索“现场办”转向“掌上办”，提升金融审判效率，速裁案件平均审理期限缩短了40%以上。

五、举旗铸魂，夯实管党治院根基，锤炼过硬法院队伍

建强政治素质。严格落实“第一议题”制度，坚持以习近平新时代中国特色社会主义思想为指导，全面贯彻党的二十大精神和习近平法治思想，深入学习贯彻习近平总书记考察江西重要讲话精神，开展党组理论学习中心组学习17次，党支部集中学习23次，主题党日活动12次，举办政治轮训2次。扎实推进主题教育，设立党员示范岗8个，梳理整改整治问题2个，提出整改措施7条。深化党建责任“清单式”管理模式，以列清单明确目标任务、盯清单强化过程控制，深化模范机关打造，擦亮模范机关政治本色，荣获区2022年度“打造模范机关工作先进单位”。

抓实业务素质。注重干部招录培养，选拔调入、省考招录年轻干部25人，建立新录用公务员导师帮带制，选派干警到信访局跟班学习，举办教育培训20场覆盖1770人次，提升干警综合能力素质。强化法学理论研究，参与法学会组织的法治论坛，获得中部崛起法治论坛一等奖，长江中游城市群法治论坛二等奖，苏区法治论坛三等奖，并获得省法院学术讨论会优秀奖，一篇案例入选《江西法院案例选》。加强同高校之间交流合作，与江西科技师范大学合作共建实习基地，推动司法实践与法学研究互促共赢。

涵养职业道德素质。切实加强党风廉政建设，召开全面从严治党暨党风廉政建设和反腐败工作会议，签订党风廉政建设责任书，院党组专题研究党风廉政工作2次。严格执行防止干预司法"三个规定"、新时代政法干警"十个严禁"等铁规禁令，"有问必录、应报尽报"已成常态，填报"三个规定"1079条。持续改进司法作风，开展日常督查150次，教育提醒7人次。筑牢监督智能化"防火墙"，通过"赣法廉韵系统"平台对违纪违法问题多发易发领域和节点的全方位防控，红灯预警19条、黄灯预警2609条。常态化开展警示教育，召开警示教育大会5次，传达学习上级文件精神和违纪违规案例通报12次。

六、自觉主动诚恳虚心，全面接受各方监督

主动接受人大监督和政协民主监督。加强与代表、委员联络沟通，邀请代表、委员视察法院、出席会议、旁听庭审、见证执行16人次，办结代表意见建议1件、委员提案1件，向区人大常委会专题报告民商事审判工作服务优化营商环境工作。依法接受检察机关诉讼监督。邀请检察长列席审委会3次，支持配合检察机关抽查案件87件，及时办理检察建议1份，落实纠正检察机关纠正违法通知3件，共同维护司法公正。广泛接受社会监督。畅通渠道接受群众监督，赣法民意中心受理解决群众诉求1585件，诉事速办平台受理工单5.94万件，收到群众来信来访反映问题102个，均及时答复。深化法律职业共同体良性互动，院领导带队走访辖区律所81家，邀请律师参加座谈会7次，尊重和保障律师权益。加强与新闻媒体沟通，召开新闻发布会1场。

各位代表，区法院工作成绩的取得，根本在于习近平新时代中国特色社会主义思想和习近平法治思想的科学指引，是区委坚强正确领导，区人大及其常委会关心和有力监督的结果，是区政府、区政协、各位代表及社会各界大力支持的结果。在此，我谨代表区法院及全院干警表示崇高敬意和衷心的感谢！

在看到成绩的同时，我们也清醒地认识到，法院工作还存在一些困难和不足：一是群众满意度有待提高，上半年公众安全、政法部门群众满意度排名靠后；二是司法能力、业务水平跟不上经济社会的发展需要，新知识的转化能力与新类型矛盾的处理要求上仍有差距。三是党风廉政建设还需加强，司法作风还需进一步压实。对此，我们将直面问题，在今后的工作中切实加以解决。

红谷滩区人民检察院工作报告（摘要）

——在红谷滩区第一届人民代表大会第四次会议上

红谷滩区人民检察院代检察长　高　虹

（2024年1月11日）

2023年，在区委和市检察院的坚强领导下，在区人大及其常委会的有力监督下，区检察院坚持以习近平新时代中国特色社会主义思想为指导，以学习宣传贯彻党的二十大精神为统领，深入贯彻习近平法治思想和习近平总书记考察江西重要讲话精神，聚焦"走在前、勇争先、善作为"目标要求，忠诚履行法律监督职责，自觉为大局服务，为人民司法，为法治担当，各项检察工作在稳步落实中取得新进展。荣获全国检察机关打击治理洗钱违法犯罪工作成绩突出集体、全省先进基层检察院等集体荣誉12项，荣获全省检察机关案件管理业务标兵、全省公诉能手等个人荣誉19项。

一、立足检察职能，在助力平安建设中彰显检察担当

坚定维护安全稳定。全年共办理审查逮捕案件582件766人、审查起诉案件692件920人，办案数同比上升27.9%。严厉打击影响人民群众安全感的犯罪，批捕故意杀人案件2件2人，起诉抢劫、强奸、放火等暴力犯罪案件31件37人，"盗抢骗"等多发性侵财犯罪案件107件121人，"黄赌毒"等妨害社会管理秩序犯罪案件28件34人，促社会秩序持续向好。认真落实《中华人民共和国反有组织犯罪法》，深入摸排线索，积极开展法治宣传，推动常态化扫黑除恶斗争走深走实。

有效护航金融安全。坚持依法打击、社会稳控、追赃挽损同步推进，妥善办理非法吸收公众存款、贷款诈骗等金融犯罪案件16件30人。办理王某某等5人骗取银行贷款一案，涉案金额3100万元，联合公安机关开展释法说理，依法适用认罪认罚，引导犯罪嫌疑人主动退赃2470万元。坚持"一案双查"、深挖彻查，从24件上游犯罪案件中发现并办理洗钱案件8件，涉案金额6400万元，反洗钱工作质效稳居全省前列。坚持多方联动、形成合力，联合区金融办、区市场监管局、区公安分局、区法院建立风险防控联席会议、金融案件线索移送、青年干部双向交流培养等工作机制，聘请区金融办业务专家担任“特邀检察官助理”，推动构建金融犯罪全链条一体化打击和治理体系。

深入推进依法治网。坚持分层分类处置，全链条纵深打击电信网络诈骗及其关联犯罪，起诉116件165人；对情节较轻或受骗、胁从参与帮助电信网络犯罪的从宽处理，不起诉36件52人。提前介入、高效办理“缅北”回流人员涉诈案件16件16人，从严从快批捕14件14人。进一步延伸监督触角，发布全省首份《电信网络犯罪检察白皮书（2021.4—2023.4）》，针对性提出治理建议，进一步提升网络犯罪治理实效。网络犯罪检察工作获评全区政法基层基础十大优秀项目一等奖。

积极参与社会治理。全面准确落实宽严相济刑事政策，在严惩严重犯罪的同时，充分发挥“宽”的教育作用，分化瓦解犯罪分子，最大限度减少社会对立面，增进社会和谐。刑事案件不捕率51.6%，不诉率26.4%，诉前羁押率32.9%，认罪认罚从宽制度适用率89.1%，确定刑量刑建议采纳率95.8%，一审服判息诉率96%。逐案开展羁押必要性审查，及时变更强制措施12人。联合区公安分局推进“非羁码”应用，实现对非羁押人员的“云上”监督、“码上”管理。坚持抓前端、治未病，充分发挥检察建议职能作用，以检察履责“我管”促职能部门依法“都管”，就司法办案中发现的拖欠农民工工资等问题发出检察建议8件，均获相关单位采纳并得到有效落实。

二、坚持融入大局，在护航改革发展上依法能动履职

着力营造法治化营商环境。深化落实全省“一号改革工程”部署，起诉制假售假、非法经营、合同诈骗等破坏市场经济秩序犯罪案件58件92人，追赃挽损4008万元。胡某某等人非法从事期货代理服务，涉案金额8720万元，严重扰乱证券市场经营秩序，我院依法起诉2名主犯，追诉其他合伙人、代理商26人。加大对企业内部腐败的打击力度，办理职务侵占、挪用资金等犯罪案件15件19人，助力企业良性发展。深化对辖区企业的服务保障，以检察联系点、检侨联络站为依托，积极开展“百名检察官进千企”活动，先后走访民企、侨企81家，开展法治宣传、提供法律咨询、解决实际问题45件次。

协同保障绿色发展。深入践行习近平生态文明思想，持续助力打好蓝天、碧水、净土保卫战。织密生态环境资源法治保护网，切实守护“绿水青山”，起诉非法捕捞、非法占用农用地等犯罪案件4件17人。针对段某某、万某某在鄱阳湖水域使用“地笼”非法捕捞，破坏湖区生态环境的行为，提起刑事附带民事公益诉讼，要求赔偿生态环境损害修复金，并公开赔礼道歉。针对我区林地野生动物保护方面存在的问题，发出检察建议，督促有关部门加强野生动物的保护与宣传，推动设立野生动物禁猎区与禁猎期。聚焦人居环境改善开展监督，提升城乡靓丽“颜值”，针对固体垃圾违规堆放、河道垃圾漂浮、医疗废物违规处置等问题开展公益诉讼监督15件，督促有关部门开展整治，共护绿色清洁家园。

促进打赢反腐败斗争。充分发挥职务犯罪检察职能作用，进一步完善监检衔接机制，坚持受贿行贿一起查，起诉贪污受贿案件2件2人、行贿案件2件2人、渎职侵权案件1件1人。同步审查贪污贿赂犯罪赃款去向，依法追诉熊某某洗钱案，追缴违法所得425万元。持续深化招投标领域乱象整治，依法打击串通投标、行贿索贿、操纵招投标结果等腐败行为，起诉9件13人，推动追赃挽损3600万元，有力维护公平有序市场秩序。

三、站稳人民立场，在回应民之所需中倾注检察情怀

用心呵护未成年人成长。对侵害未成年人犯罪坚持“零容忍”，依法严惩性侵、暴力伤害未成年人案件11件11人。对涉罪未成年人坚持“保护、教育、管束”一体落实，共办理未成年人犯罪案件68件85人，不捕率61.1%，不诉率51.6%，附条件不起诉率34.5%。开展帮教42人，封存犯罪记录15条，发出“督促监护令”17份。构建未成年人检察综合履职模式，聚焦办案中发现的适龄少年辍学，部分商家违规雇用童工、向未成年人出售烟酒、提供文身服务等问题，开展公益诉讼监督13件，促进堵漏建制。以“小红伞”未检工作室为依托，推动法治进校园工作不断深化。积极开展“防溺水小小宣传员”评选、“小小检察官”评选等互动宣传活动8次，法治副校长授课28次。

妥善化解信访矛盾。深入践行新时代“枫桥经验”“浦江经验”，充分发挥12309检察服务中心作用，巩固深化“群众信访件件有回复”，对89件群众来信来访，均在7日内进行程序性答复，3个月内答复办理过程或结果。发挥领导带头作用，包案办理首次刑事申诉、立案监督及重复访等案件13件，已化解9件。深化检察听证制度，重点针对拟不起诉、信访等可能存在争议的案件开展听证155件，让当事人把事说清、听证员把理辨明、检察官把法讲透，实现定分止争、案结事了。

努力保障特殊群体合法权益。加强国防利益和军人军属权益保护，与武警江西总队南昌支队建立“六项机制”，常态化开展沟通联络、党团共建、联动普法，助力强军建设。加强劳动者权益保护，综合运用刑事追诉、检察建议等职能手段，帮助207名农民工追回工资183.9万元，让打工人不再烦“薪”忧“酬”。加强妇女权益保护，起诉性侵、家暴、侮辱诽谤等案件20件26人。开展公益诉讼守护“她”权益专项监督，立案5件，推动整治母婴机构、美容机构经营管理乱象。加强对因案致生活陷入困境者的关怀和帮助，进一步规范司法救助工作机制，开展救助82件，发放救助金78.6万元。

认真讲好检察故事。以群众需求为导向开展选题创作，弘扬社会主义法治精神，助力法治社会建设。在“两微一端”发布普法宣传作品1560篇，被中国长安网、正义网等市级以上媒体转发109篇，《孤勇者·未检版》宣传片获评中央政法委第七届“三微”比赛一等奖，反诈宣传视频被正义网评为全国新媒体优秀作品。加入410个社区网格群、小区居民群，覆盖群众10万余人，创新开展网络直播、有奖竞答等检民互动活动，让“检察好声音”真正融入百姓朋友圈。“红谷滩检察”微信公众号月度影响力多次位居全省检察系统首位，“依托新媒体打开法治宣传新格局”经验做法被评为首届法治时代创新论坛2023年法治宣传教育创新案例。

四、深耕主责主业，在维护公平正义中把握价值追求

刑事检察持续优化。加强刑事立案和侦查活动监督，与区公安分局建立检察官“常驻 + 轮值”、24小时沟通、办案数据共享机制，进一步发挥侦查监督与协作配合机制作用，监督立案37件，监督撤案8件，纠正漏诉37人，纠正违法通知书采纳率100%。加强刑事审判监督，对认为确有错误的刑事裁判提出抗诉5件。强化法检良性互动，完善与法院交流会商机制，检察长列席区法院审委会3次。加强刑事执行监督，开展社区矫正集中大点验、社区矫正巡回检察等监督检查活动30次，对发现的脱管漏管等问题及时予以纠正。以大数据赋能法律监督，自主研发和应用7个法律监督模型，唤醒、盘活检察数据，提升监督质效。“同一辩护人为两名以上关联被告人辩护”监督模型获省检察院采纳。

民事行政检察稳中有进。综合运用检察建议、提请抗诉等方式，对法院生效裁判、执行活动等开展监督21件。加强与市司法局、南昌铁路运输检察院、区法院的沟通联系，化解行政争议案件2件。加强行政执法与刑事司法“反向衔接”，对应接受行政处罚的被不起诉人，提出检察意见，移送行政主管机关处理76件，共同做好不起诉“后半篇文章”。

公益诉讼检察提质增效。坚持“双赢多赢共赢”的办案理念，针对居民区消防安全、公共场所无障碍设施建设、市民出行安全等方面存在的问题，通过与职能部门磋商、发出检察建议等方式促主动履职，推动公益损害问题在诉前得以解决。共开展诉前磋商18件，发出诉前检察建议39份，采纳率、整改回复率均为100%。紧紧围绕省人大常委会开展的“公益诉讼江西行”活动，推进“助力耕地保护 护航粮食安全”公益诉讼专项监督。采取“检察建议 + 调研报告”的办案模式，对辖区耕地抛荒、“非粮化”等问题立案4件，相关职能部门、属地乡镇高度重视，积极履职，共整治耕地5400亩。深入开展调查研究，撰写遏制耕地“非粮化”调研报告提交区人大、区政府，当好法治参谋。

五、强化自身建设，在锻造过硬队伍中坚守初心使命

大力推进政治建检筑忠诚。坚定捍卫“两个确立”、坚决做到“两个维护”，将党对检察工作的绝对领导落实到检察工作各环节、全过程。扎实开展学习贯彻习近平新时代中国特色社会主义思想主题教育，组织开展政治轮训、集中研讨、实地参观教学等学习活动47次，进行专题调研13项，办理民生实事14件，将检视问题与政治督查反馈意见整改融合推进，切实做到以学铸魂、以学增智、以学正风、以学促干。认真贯彻《中国共产党政法工作条例》，向区委、区委政法委和市检察院党组请示报告重大事项21次。积极打造“红心向党”党建品牌，推动党建与业务深度融合，用“党旗红”凝聚奋进力量。我院被评为红谷滩区打造模范机关工作先进单位。

大力推进业务建设提素能。坚持以赛促学，以学促干，积极组织干警参加全省、全市检察业务竞赛，开展检察业务培训36次，检警、检律同堂培训6次，提升干警综合能力。实施人才强检“青蓝工程”，安排业务骨干与青年干警“师徒结对”11对，通过点对点帮带，加快青年干警成长成才。推动检察实务与检察理论同向发力，承办“中国式司法现代化下检察改革的理论与实践”学术研讨会，积极与中国政法大学法律援助研究院交流合作，共同开展检察理论研究。《数据要素的刑法规治研究》成为全省基层检察院唯一获最高人民检察院立项的课题。

大力推进从严治检转作风。压实全面从严管党治检主体责任，坚持将作风建设融入日常、抓在经常、严在平常，开展纪律作风督查和检务督察18次、警示教育15次、廉政谈话32人次。完善司法办案廉洁风险防控机制，严格落实防止干预司法“三个规定”，填报“三个规定”等重大事项107件，切实推进廉洁司法。坚持严的总基调，严格执行中央八项规定及其实施细则精神，扎实开展作风专项整治，深入落实新时代政法干警“十个严禁”，做到真管真严、敢管敢严、长管长严。

2023年，区检察院各项工作虽然取得了一定成效，但还存在一些问题和不足：一是服务经济社会高质量发展的针对性实效性还有待进一步提高，检察产品供给还不够优质。二是“四大检察”融合发展还不够，综合运用多种法律监督手段提升、放大办案效果的本领仍有不足。三是检察队伍专业素养与新形势新任务新要求相比还不完全适应，专业化建设仍需进一步发力。

红谷滩区 2023 年国民经济和社会发展计划执行情况与 2024 年国民经济和社会发展计划的报告

——在红谷滩区第一届人民代表大会第四次会议上

红谷滩区发展和改革委员会主任提名人选　戴廷坪

（2024 年 1 月 10 日）

一、2023 年国民经济和社会发展计划执行情况

2023 年是全面贯彻落实党的二十大精神的开局之年，是实施“十四五”规划承上启下的关键之年，是为全面建设社会主义现代化国家奠定基础的重要一年。一年来，红谷滩区坚持以习近平新时代中国特色社会主义思想为指导，在区委的坚强领导和区人大的监督支持下，高标准高质量推动各项重点工作，主要经济指标增幅持续回稳向好，社会大局和谐稳定。2023 年，地区生产总值增长 4.6%；地方一般公共预算收入预计同口径增长 7.4%；固定资产投资增长 0.3%；社会消费品零售总额增长 6.3%；规上工业增加值增长 0.8%；实际利用外资突破 1 亿美元；外贸出口完成 38.73 亿元；城镇、农村居民人均可支配收入分别增长 4.1%、7.1%。

（一）促创新强实体，产业发展量质双升

创新活力持续激发。研发经费投入强度从 1.16% 提高到 1.35%。创新主体持续壮大，新入库 404 家科技型中小企业，目标完成率居全市第 1；新认定高新技术企业 54 家；新认定独角兽、瞪羚企业 7 家，新认定数较上年增长 75%，种子独角兽继 2019 年认定 1 家后取得新突破。48 家中小企业成功认定为 2023 年省级创新型中小企业，18 家企业成功认定为 2023 年省级“专精特新”中小企业，目标完成率 180%。技术合同登记成交额达 29.2 亿元，同比增长 160.7%；推荐提名省科学技术奖 14 项，推荐数量同比增长 100%。每万户市场主体商标拥有量 2050.71 件，有效发明专利累计达 3321 件，“万人发明拥有量”达 59.75 件。

数字经济加速布局。全区数字经济核心产业企业达 5818 家，新增 438 家，总量和增量均为全市第 1；规上信息传输、软件和信息技术服务业新增企业 15 家，总数达 45 家，营收突破 84 亿元，营收增量位居全市第 1。蚂蚁集团全国服务共享中心、科大讯飞江西区域总部于今年投产运营，推动浪潮通软江西总部、美团江西区域总部等 8 个区域总部项目落户。

现代金融蓬勃发展。新引进德邦证券、国贸期货、和谐瑞安股权投资基金等金融机构和企业 58 家，累计落户各类金融机构和金融服务企业 1360 家，汇集了全省 80% 以上的法人金融机构和省级区域性总部，初步形成全牌照、多层次的区域金融服务体系。全区新增上市企业 1 家（江盐集团），新三板创新层挂牌企业 2 家（时刻互动、格如灵）、股改企业 2 家（格如灵、博美环保），区金融办荣获全省金融领域担当作为先进集体。启动建设江西国控基金产业园、江西金控数字金融创新产业园，推动注册基金规模首次突破千亿元，达到 1181 亿元。

建筑产业持续壮大。全年新引进中铁建设集团江西工程有限公司、江西奎安建设工程有限公司等 6 家中央与国有建筑企业全资子公司，现在我区注册全资子公司的中央与国有建筑企业达到 11 家，产值占建筑业总产值的 42.36%。建筑业“五上”新增企业 43 家，全区建筑业总产值超 1000 亿元，增速排名全市前列。

（二）扩投资促消费，内生动力持续增强

精准扩大有效投资。全力推进总投资 2823.77 亿元，年度计划投资 545.82 亿元 238 个区重大重点项目，构建了“统一调度、分块负责，全程服务、挂图作战，齐抓共管、督查问效”的“项目大会战”工作格局。华润万象天地金融街店、江西求是高等研究院一期等 60 个项目竣工并陆续交付；江西金控数字金融创新产业园、建发商业综合体等 82 个项目新开工建设，保利文化艺术城、流量经济产业园等 100 余个项目加速推进；华南城高铁商务中心城、绿地国博商业 2 号地块等 5 个长期停工项目实现复工。全区 18 个省大中型项目投资完成率为 122.8%，6 个省重点建设项目投资完成率为 133%，108 个市重大重点项目投资完成率为 110%，8 个市重点推进项目投资完成率为 132%，项目建设均实现年度目标。

持续释放消费潜力。全年投入 1900 万元开展“乐购红谷・悦享生活”促消费品牌活动，带动消费超 15 亿元。成功举办迎新春烟花晚会、中国南昌国际龙舟赛、千人横渡赣江、国庆烟花晚会等重大活动。地铁大厦天虹、华润万象天地开业运营。赣江新天地商业街区成功获评全省首批省级高品质美食街区，万达金街获评南昌市第一批市级夜间经济街区。成功举办第 81 届中国教育装备展、中国(中部)工业博览会等55场展会活动,展览面积超133万平方米,参展参观人数超200万人次,现场交易额超100亿元,带动综合消费超800亿元。

全面畅通要素保障。抢抓国家政策机遇,成功争取江西省南昌市红谷滩区凤凰洲体育公园等中央预算内投资计划项目3个、资金4875万元。已发行专项债红谷滩区雨污管网及污水处理综合改造工程、九龙湖片区起步区生米镇朱岗村拆迁安置房建设项目等项目9个,共发行专项债券13.06亿元。落实稳经济系列政策措施,累计为企业减税降费超10亿元。提升政策兑现速度,"惠企通"平台累计兑现政策奖励金额超33900万元。深入推广省、市普惠金融服务平台,我区注册企业357家,实现放款金额11.49亿元。组织政银企融资对接活动超7次,解决融资金额1550万元。全年获批新增建设用地3690亩;征收集体土地5381亩,位居全市第1;累计供应土地28宗4565亩,其中出让土地8宗,总面积820亩,成交价款54.3847亿元,位居全市第1;批而未用、批而未供、闲置土地等存量土地消化任务均超额完成,位居全市前列,为高质高效推进全区项目建设提供了充足的要素保障。

(三)优环境深开放,发展活力显著提升

营商环境持续优化。推进落实《红谷滩区关于持续推进营商环境优化升级"一号改革工程"2023年行动方案》。全省首创鸿鹄智办"叮叮抢单"系统,率先上线全省首台"小赣事"数字人自助政务一体机,开辟了24小时无人值守智能自助政务服务大厅新应用场景。率先发布全省首批政务服务事项口语化清单,有效解决部分政务服务事项看不懂、找不到、易混淆等问题,促进群众办事便利。创新"一件事就近办",实施"四个延伸",全区事项网上可办率为100%,全程网办率为99.38%,"就近办"月均办件约7800件,基本实现"网上办、就近办、不见面、不求人"。区财政实现与中小微企业签订政府采购合同总金额超3.62亿元,占总金额的98%。全区各级领导干部深入开展"红谷连心会"企业大走访活动,为企业送政策上门。

招商引资持续发力。瞄准华为、阿里、科大讯飞、海康威视等已落户链主企业,紧密跟踪上下游生态伙伴,精准实施链主招商。48次赴长三角、粤港澳大湾区等发达地区招商考察,对接华胜天成华中区域总部、新华三阅动数字产业孵化园等项目100余个,全年新引进项目及总投资额超全市平均水平,优强产业项目数量和投资总额居省市前列。办好2023世界VR产业大会、南昌未来科学城招商推介会等系列招商活动。成功引进了互联网百强美团江西区域总部、大数据行业龙头上市公司华胜天成华中区域总部等数字经济知名企业,落户了中铁建设集团江西工程有限公司等5家知名建筑类企业,促进了总出让面积超300亩,总投资额超百亿元江西省金控数字金融创新产业园、建发九龙观塘、明正集团总部等供地类项目摘牌。省外引才2996人,其中博士8人、硕士462人、本科1288人,人才招引稳步提升。

改革攻坚持续深入。深化国资国企改革,区财政统筹资金超9亿元,支持区城投做大做强,企业信用评级一直维持AA+,各项经营指标持续向好,市场化实体化改革成效显著。出台《2023年度红谷滩区属国有企业综合考核实施方案》等规范性管理制度文件,健全国有企业管理制度,促进区属国有企业规范良性发展。完成支出标准体系建设,制定了区级支出标准体系建设工作方案。强化支出标准在预算编制中的应用,发挥支出标准体系在预算管理中的长期性、稳定性和基础性作用。利用金融商务区优势,积极开展与政策性金融机构合作,实现首个资产盘活项目九龙湖综合管廊一期存量资产盘活项目变现。"十四五"中期评估报告如期完成。

市场主体持续壮大。新增经营主体3.67万户,总量达9.13万户。全区累计新增"五上"企业289家,总数达1057户,位列全市前列。切实做好第五次全国经济普查,提前谋划单位清查工作,形成了区属名录底册,提前组织"两员"上户清查,为正式清查打好基础。

(四)抓建管促提升,城乡融合加快发展

城市建设更加完善。完善未来科学城洪州大道快速化、明月山大道、复兴大道、三清山大道等重点城市主干道建设。大力建设南昌中学、行知中学、健康职业学院、技师学院等项目周边道路。谋划未来科学城科教研发区、数字创新区的路网配套,重点谋划推进狮子山大道南延、杨岐山大道南延、宜春大街西延、上饶大街西延、临川街西延、会仙坛街等城市主干道,形成科教研发区"三纵五横"骨架路网。打通芳雅路、天城路等5条"断头路"。全力推进绿色节能建筑、海绵城市建设、装配式建筑。完成居住建筑节能改造7.2万平方米,公共建筑完成7.9万平方米,完成海绵城市建设32.85平方千米,建成区面积占红谷滩区城区面积的49.6%,远超市级建设要求。

城市管理更加精细。持续深化"马路本色"行动,固化"洗城"机制,实行"三全三化"保洁模式(全时段、全方位、全闭环,标准化、精细化、品质化),创新开展"烟头革命"行动,打造了全市首批"席地而坐"城市会客厅示范点——长天广场,全面提升精细化管理水平,今年来城市精细化考核稳居全市前三。完成风筝广场、中央绿廊绿化提升,"城市绿肺"成为网红打卡点。全区绿化覆盖率达47.13%,位居全市前列。坚持抓好城市环境综合整治八大行动,城市顽疾日益减少。科学设置537座分类投放亭,建成垃圾分类示范小区22个。建成全市首家垃圾分类科普馆,年累计接待人次过万。华鑫府邸小区、丰和小区一区等7个老旧小区完成改造。新建改造公厕5座。完成5个"物管城市"建设。完成江市民公园五期停车场、丰和花园停车泊位改造等4个停车场共842个车位建设。完成九龙湖健康公园、樱花园建设。全面整改更替1560个城市窨井盖,推广使用新型井盖256个,打造了2条智慧井盖示范路,真正守护百姓"脚下安全""耳边清净"。

乡村振兴更加深入。打造了1个乡村振兴示范村、18个共同富裕样板村。完成35个新农村建设点(省级13个)建设。厚田乡詹杨村胡家自然村打造为特色的生态文明村。推进高标准农田建设1.5万亩。农村水利基础设施提升改造工程、城乡供水一体化建设项目加速推进。全年完成粮食播种面积22.69万亩,较去年种植面积增加了3.24万亩,增长了16.7%,年粮食产量达1.8亿斤以上,油菜播种面积超3.6万亩,粮食实现大丰收。完成3家农业产业化市级以上龙头企业申报,总量达17家(省级4家、市级13家)。按照省、市要求,与23个应急供应网点、2个配送中心和1个储运中心完成签约,超额完成了全区粮食应急供应网点的布点目标,全力确保粮食安全。

生态环境更加优美。红谷滩区PM2.5平均浓度33微克/立方米,优良天数比率93.2%。红谷隧道断面、朝阳水厂断面等7个断面平均达到地表水Ⅱ类标准,无Ⅴ类及劣Ⅴ类水质断面。集中式饮用水水源水质达到或优于Ⅲ类比例为100%。开展潼溪水库(市委党校段)生态修复、赣江排口整治、市政管网缺陷修复等工作,水环境取得看得见、摸得着的变化。全区土壤环境质量总体良好,未发生不良社会影响事件。积极探索医废物资处置新模式,试点推行医废物资转移电子联单制,打通医废物资收集、转运、处置全流程通道。流湖镇获评第十六批江西省生态文明建设示范乡镇。顺利完成第二轮省生态环境保护督察工作,信访件办结率100%。

(五)惠民生优保障,民生福祉全面增进

保障体系持续完善。财政民生支出同口径保持增长,19件市区人大代表票决民生实事项目圆满完成。组织"百场校招"招聘活动232场,发放创业担保贷款超1亿元,全区新增城镇就业7987人、失业再就业1040人,分别同比增长124.23%、33.5%。吸纳1.38万名大学生和技能人才来区创业就业。区就业创业服务中心获评"2023年南昌市工人先锋号"。办结劳动人事争议案件1400余件。为5368名劳动者追回工资8615.6万元。城乡居民养老保险新增参保1200余人。为3611名困难人员代缴城乡居民基本养老保险费36.11万元。城乡居民基本医保累计参保缴费人数超22.98万人,参保率位居全市第1。最低生活保障提高至915元,特困人员供养标准提高至1190元。累计发放困难群众基本生活补助超4700万元。建设社区居家养老服务中心7个,进一步健全城市"15分钟养老服务圈"。对全区18个社区幸福食堂实施标准化建设。全区共建成家庭养老床位264户,上门服务老人超1.2万人次,发放高龄老人生活补贴730.71万元。严格落实优待抚恤政策,发放定期抚恤补助和自主就业补助900余万元。

社会事业加快发展。2023年新改扩建中小学校、幼儿园18所,预计新增学位2.27万个。万达M区等5所普惠性幼儿园顺利开园。投入8000万元对40学校(幼儿园)余所进行设备采购及提升改造,城乡学校办学条件不断改善。南昌市急救中心九龙湖院区竣工验收,南昌市第一医院九龙湖分院、南昌市洪都中医院二期建成启用。中南大学湘雅医院江西医院等5个项目开工建设。推动江西省基层人工智能辅助智慧医疗系统在3家卫生院、5家社区卫生服务中心和50家村卫生室的建设落地。创新性启用"智能语音外呼助手"。完成8个公立性基层医疗机构中医馆建设,打造沙井社区卫生服务中心、九龙湖社区卫生服务中心两个"市级示范中医馆"。获评省级优秀健康县区。组建家庭医生团队171个,签约总人数超32万人,签约率超48%。建设完成各类托育机构66家,每千人口托位数达4.0个。万达星城分馆、绿湖豪城分馆等4个"孺子书房"建成。开展各类文化惠民活动超百余场,服务群众超200万人次。完善三级全民健身设施网络和城市社区15分钟健身圈,着力构建城市社区10分钟健身圈。

社会治理巩固提升。坚持和发展新时代"枫桥经验",在全市率先建成区矛盾纠纷多元化调解中心,探索运用"四诊"工作法,精心打造了"鸿鹄连心桥、调解520"特色调解品牌,矛盾纠纷化解质效持续提升。社会矛盾风险排查综合系统等10个治理项目落地生根。聚焦民生民安民财,推进常态化扫黑除恶斗争等,辖区社会治安持续向好,今年以来累计破获各类刑事案件713起,追赃挽损发还金额1038万余元。圆满完成世界VR产业大会、烟花晚会、龙舟赛、跨年夜、南昌马拉松等各类安保任务316个,省市核心城区政治社会大局持续安全稳定。全力做好非法集资监测预警和风险处置,有力推进P2P机构风险出清工作,不良贷款额和不良贷款率持续下降。强化安全生产风险隐患排查整治,筑牢安全生产防线,率先启动九龙湖街道遗留多年的农房征收安置回迁工作,社会和谐稳定局面持续巩固。国防人防、工会、共青团、双拥共建、民族宗教、外事侨务、妇女、儿童、慈善、残疾人、红十字、关心下一代等工作取得新成绩。

总体上看,今年全区经济持续稳定恢复,发展动力不断增强,但也要清醒地看到,在复杂严峻的宏观形势下,不确定不稳定因素较多,一些矛盾和困难依然存在,保持经济社会持续向好发展仍需付出不懈努力。一是经济发展后劲不足。当前我区经济增速与首府首区的地位还不相匹配,同中部地区兄弟省份差距明显,增速放缓、后劲不足的问题逐渐凸显。二是现有产业结构不优。我区三次产业的结构性失衡现象没有从根本上改变,经济对房地产的依赖性仍然较强,农业发展底子薄,工业发展基础弱，服务业发展还不均衡。三是城乡协同发展不够。厚田、流湖、生米部分区域与九龙湖建成区的发展水平差距还较大，城乡交通路网体系需加快提升改造，农村人居环境、路域环境还需完善、改造和建设。四是民生保障有待加强，公共服务设施建设与人民群众期待还有差距，教育、医疗、养老、托幼等社会事业发展还有待进一步提升。

二、2024 年国民经济和社会发展计划安排

2024 年是中华人民共和国成立 75 周年，是实施“十四五”规划的关键一年。要以习近平新时代中国特色社会主义思想为指导，全面贯彻落实党的二十大和二十届二中全会精神，牢记习近平总书记考察江西的重要讲话精神，围绕“走在前、勇争先、善作为”目标要求，积极履职尽责，主动担当作为，坚持稳中求进工作总基调，完整、准确、全面贯彻新发展理念，加快构建新发展格局，扎实推动高质量发展，切实增强经济活力、防范化解风险、改善社会预期，巩固和增强经济回升向好态势，持续推动经济实现质的有效提升和量的合理增长。

2024 年的经济社会发展主要预期目标是：地区生产总值增长 5% 以上；一般公共预算收入增长 5.2% 左右；固定资产投资增长 5% 以上；规模以上工业增加值增长 7% 左右；社会消费品零售总额增长 7.2% 左右；实际利用外资促稳提质；外贸出口促稳提质；城乡居民可支配收入分别增长 5% 左右、7.5% 左右。

（一）聚焦产业转型、提质增效，推动经济增长再提速

发展巩固优势产业。推动现代金融业高质量发展。大力引进持牌机构，全力支持省级金融监管机构落户，完善全区金融业态，加快推进一批机构和项目落地，力争 2024 年实现金融类机构总数超 1400 家。重点打造江西国控基金产业园、江西金控数字金融创新产业园，推动增设 100 亿元未来科学城智能制造产业基金，加速推动各类产业基金规模向 1400 亿元迈进。推动现代服务业高质量发展。坚持系统推进，大力发展服务经济，加快做大服务业总量，加快产业结构优化，不断提升发展活力。聚焦新经济、新业态，加快总部经济、楼宇经济发展，持续繁荣网红经济、夜间经济、平台经济，大力引进知名首店、旗舰店、高端商业综合体。重点发展生产性服务业，加快培育亿元楼宇。

谋划布局未来产业。推动高端制造业集群发展，加快推进省人工智算中心建设，力促第三代半导体生产基地等一批示范性智能制造项目率先落地，力争智能制造项目 2024 年实现“零的突破”。深化与建筑头部企业合作，积极布局绿色建筑、智能建造等新兴领域，打造高端智能建造基地暨装配式建筑产业园，大力引进 4 家以上建筑业央国企子公司，加速推动建筑业总产值向 1300 亿元迈进，持续做优做精千亿级智能制造集群。推动新兴产业加速成长。聚焦软件和信息服务业，大力促进数字经济和实体经济深度融合，积极引育数字经济核心产业企业，力争 2024 年软件业全产业链营收超 100 亿元。聚焦高端会展业，主动承办培育一批规模大、质量高、成效好的全国大型品牌展会项目，加速推动年度会展总销售额向 1000 亿元迈进。

全面建设未来科学城。全力推动未来科学城概念性规划出台，围绕数字产业、智能制造“2 + N”产业方向，加快编制未来科学城产业规划，进一步细分赛道，错位发展，抢位发展。全面完善未来科学城路网建设，促进复兴大桥、昌南大桥建设，持续推进 320 国道改扩建、洪州大道快速化、西二环绕城高速等重大路网，加快赣江南大道南延、三清山大道南延、九龙大道南延等主干路网，全面衔接周边高速公路、国省干道。

（二）聚焦项目引领、招大引强，推动有效投资再发力

加强重点项目建设。聚焦项目带动引领，持续优化政府投资项目管理办法，加快构建“统一调度、分块负责，全程服务、挂图作战，齐抓共管、督查问效”的项目推进机制，力促签约项目快开工、开工项目快建成、建成项目快投产。2024 年全年共谋划储备重大重点项目超 240 个，总投资超 2550 亿元，年度计划投资超 500 亿元，计划新开工项目 130 个左右，积极稳住政府投资，大力促进民间投资。

持续扩大有效投资。深入推进项目谋划建设攻坚，全力做好项目建设保障，围绕开工、竣工、达产等关键节点，强化项目跟踪服务，全力以赴推动项目建设，确保有效投资增长。紧盯各级政策资金投向，强化项目包装策划，聚焦产业、民生、基础设施等领域谋划一批重点项目，加强预算内资金、专项债等项目储备，力争各类资金超 20 亿元。加快闲置资源盘活和土地出让，推动超 1000 亩经营性用地出让。

加大招商引资力度。紧盯优质企业扩建扩产、上市、设立区域总部等意向，导入高质量项目。瞄准华为、阿里、科大讯飞、海康威视等已落户链主企业，精准实施链主招商。发挥区内行业商协会、总部企业、园区楼宇等资源优势，大力开展以商招商。创新开展基金招商、资本招商。加大外资招商力度，围绕虚拟现实、高端智造等产业链展开布局，推动中国电信（南昌）数字科技园。力争新引进产业项目超 70 个，总投资额超 300 亿元。

（三）聚焦创新驱动、深化改革，推动发展能级再提升

大力提升创新水平。创新平台加快建设。加快培育科研平台，建好用强国家虚拟现实制造业创新中心、江西求是高等研究院、南昌虚拟现实检测技术有限公司院士工作站等创新平台，全力争取国家、省、市重点实验室落户，力促研究与试验发展（R&D）经费投入强度超 1.5%。

创新主体发展壮大。加强创新企业培育，力争培育

40 家高新技术企业、10 家专精特新中小企业、420 家科技型中小企业、1 家独角兽企业、3 家瞪羚企业，力争新增经营主体 1.2 万户，总量超 10 万户。力争新增“五上”企业 300 家，总量突破 1300 家。

深化重点领域改革。确定并推动年度重点改革任务。持续健全灵活高效的市场化经营机制，加快建立现代企业制度。完善国资监管体制机制，推进融资平台公司市场化转型，提高政府投资项目执行效率。推进财税体制改革，不断完善资金预算、评审、管理机制，加快打造综合治税数字平台，不断提高财税自动化、智能化、智慧化水平。

持续优化营商环境。全面推进营商环境优化升级“一号改革工程”。不断提升网上可办率、全程网办率，全力打造全省政务服务标杆。规范惠企政策事项清单，持续优化兑现流程、简化申报材料提升兑现效率，让企业“少跑快办”。全力促进民营经济发展壮大，高标准打造企业服务平台，建立三级联系服务企业常态化机制，定期开展“企业沙龙”“政银企”活动，积极构建亲清政商关系，做到“亲”而有度“清”而有为。

积极扩大对外开放。坚持“走出去”与“引进来”双向发力，主动融入江西内陆开放型经济试验区建设大局，探索建立与粤港澳大湾区、长三角重点城市常态化互动平台，持续深化与南昌都市圈城市、先进对标地区深度交流融合机制，广泛开展链主招商、基金招商、平台招商、会展招商、以商招商，大力吸收央企、链主企业设立区域总部、子公司、科研机构，支持省市属单位扩大投资，落地转化一批具有核心竞争力的优质项目、成长企业。

（四）聚焦融合发展、生态宜居，推动城乡环境再优化

全力改善乡村环境。建成 8400 亩高标准农田，稳定粮食作物面积 22.16 万亩以上，完成冬种油菜 3.57 万亩以上。统筹 2000 万元用于农业产业升级改造，加快培育省市龙头企业。全面完成农村户厕改造工程，加快建成生米街道摄溪村摄溪等 7 个农村污水处理点。全面完成 130 座农村桥梁安全检测，实现农村临水临崖、桥梁隐患整改全覆盖。高标准打造流湖镇柏树村雷家等 22 个共同富裕样板村。高规格打造流湖镇莲塘村湖洲岗等 126 个新农村示范点。提升改造 70 条 100 千米农村公路，加快健全农村人居环境。

提升城区功能品质。扎实开展供电红谷小区等 5 个城镇老旧小区改造。完善 10 个城郊公厕建设，新增 1000 个以上公共充电桩车位供给。持续打造“物管城市”，常态化整治违法建设、违章建筑。新建改造红岭花园等 6 个垃圾中转站，不断提高垃圾分类水平。持续巩固提升全国文明城市和国家卫生城市创建成果，不断提升市民文明素质和城市文明程度。

持续改善生态环境。牢固树立和践行绿水青山就是金山银山理念，积极推进碳达峰碳中和，深入打好蓝天、碧水、净土攻坚战，统筹抓好河湖长制、林长制，力争空气优良率、PM2.5 浓度持续好转。高标准建成鱼目山生态体育公园，加快推动 6 个裸生态修复项目。持续做好潼溪水库生态治理、赣江排口整治、市政管网缺陷修复，全面落实“前湖水系治理十条”，全力守护赣江最美风景线。

（五）聚焦以人为本、共享发展，推动民生福祉再改善

提升社会保障水平。持续深化就业质量提升行动，抓好高校毕业生、农民工、退役军人等重点群体就业。举办百场校招活动，统筹提供 2 万个就业岗位，力争新增留区就业大学生超 7000 人。扎实开展就业创业培训，力争新增职业技能培训人员超 4000 人。稳步提升城乡居民养老保险待遇，精准开展扩面征缴，努力实现社会保险法定人群应缴尽缴。加快建设重庆医科大学附属儿童医院江西医院等 3 个国家区域医疗中心，启动建设南昌大学第一附属医院九龙湖分院等 3 家综合医院，稳步推进红谷滩区“五位一体”公共卫生服务中心、江西省疾控中心建设。

提升社会事业水平。积极推动九溪嘉园等 4 所幼儿园开园、石钟山路等 5 所中小学建设。持续建设社区嵌入式养老院，试点打造一批城市 15 分钟便民生活圈。积极发挥区级托育综合服务中心指导作用，广泛布局社区托育点，实现每千人口托位数达 4 个的目标。大力丰富孺子书屋、城市书房、文化站点等功能内涵，高效组织优秀群众文化作品巡演等群众文化活动，着力构建 10 分钟健身圈、15 分钟阅读圈的城市社区。

提升社会治理水平。保持严打高压态势，推进扫黑除恶常态化，聚力攻坚电信网络诈骗、跨境赌博新型犯罪，重拳打击涉黑涉恶、涉枪涉爆和侵害弱势群体利益等违法犯罪。做好信访工作，有效化解矛盾纠纷。抓好人防、安防、网络安全、全域科普等工作。统筹推进房地产、金融等重点领域风险防范化解，确保不发生系统性风险，强化安全生产、森林火灾、道路交通安全、食品药品安全监管，全面推进质量强区建设，提高防火减灾和重大突发公共事件处置保障能力。做好工会、共青团、宗教、新闻出版广电、外事、人防国防、妇女儿童、老人、慈善、残疾人、红十字、关心下一代等工作。

红谷滩区2023年全区和区级财政预算执行情况与2024年全区和区级财政预算草案的报告

——在红谷滩区第一届人民代表大会第四次会议上

红谷滩区财政局局长　刘峰

（2024年1月10日）

2023年是踔厉奋发、意义非凡的一年，面对错综复杂的国内外环境，在区委、区政府的坚强领导下，在区人大、区政协的监督支持下，全区财政工作牢牢把握“稳住、进好、调优”原则，充分发挥财政职能作用，全力应对风险挑战，扎实有效开展各项工作，为全区经济社会高质量发展提供了有力的财政支撑。

一、2023年财政预算执行情况

2023年是踔厉奋发、意义非凡的一年，面对错综复杂的国内外环境，在区委、区政府的坚强领导下，在区人大、区政协的监督支持下，全区财政工作牢牢把握“稳住、进好、调优”原则，充分发挥财政职能作用，全力应对风险挑战，扎实有效开展各项工作，为全区经济社会高质量发展提供了有力的财政支撑。

（一）全区预算执行情况

1. 一般公共预算收支执行情况

（1）收入情况

全区一般公共预算收入34.88亿元，同口径增长7.4%（考虑一次性退税因素，同比增长3.4%），税占比62.2%。其中，税收收入21.69亿元，增长18.5%，主要是上年增值税留抵退税造成税收基数较低。主要税种完成情况为：增值税完成3.01亿元，增长96.3%，主要是上年增值税留抵退税形成低基数；企业所得税完成4.47亿元，下降8.2%，主要是部分重点企业减收；土地增值税完成3.64亿元，增长21%，主要是加大房地产企业土地增值清算清缴入库力度；契税完成4.93亿元，增长18.3%，主要是加快土地出让交易缴交契税增收。非税收入13.19亿元，下降14.7%，主要是资产盘活收入下降。其中，专项收入完成0.28亿元，行政事业性收费收入完成0.21亿元，罚没收入完成0.5亿元，国有资产有偿使用收入完成12.15亿元，政府住房基金收入完成0.05亿元。

（2）支出情况

全区一般公共预算支出59.86亿元，下降26.6%。支出项目情况是：一般公共服务支出6.87亿元，增长17.2%，主要是区划调整及人员增加增支；国防支出0.48亿元，增长565.9%；教育支出9.58亿元，增长20.7%，主要是保障教师待遇增支；科学技术支出1.08亿元，增长24.2%，主要是兑现科技奖励增支；文化旅游体育与传媒支出0.55亿元，增长150.1%，主要是全民健身设施补短板工程中央基建投资奖补增加；社会保障和就业支出5.14亿元，增长27.2%，主要是区划调整新增流湖厚田低保人员以及退休人员增加导致增支；卫生健康支出3.7亿元，下降27.4%，主要是疫情防控减支；节能环保支出1.49亿元，增长24.8%，主要是新增拨付红谷滩区雨污管网及污水处理综合改造工程预付款0.8亿元、2022年城市管网及污水处理补助中央资金0.33亿元；城乡社区事务支出19.48亿元，下降56.2%，主要是上年城市建设投入较大；农林水事务支出2.36亿元，增长237.3%，主要是区划调整后农林水事务支出增加及“两整治一提升”项目增支；资源勘探工业信息等支出3.3亿元，增长19.3%，主要是增加兑现企业奖补资金；商业服务业等支出0.46亿元，下降52.2%，主要是行业优惠政策调整；金融支出0.19亿元，增长413.5%，主要是支持金融业平台发展；住房保障支出0.27亿元，下降88.4%，主要是上级转移支付减少；灾害防治及应急管理支出0.6亿元，下降3.9%；债务付息支出0.58亿元，增长2%。

（3）平衡情况

本级一般公共预算收入34.88亿元，加上上级补助收入预计数18.78亿元，调入资金10亿元，动用预算稳定调节基金15亿元，债务转贷收入4.05亿元，上年结余2.67亿元，收入总计85.38亿元。本级一般公共预算支出59.86亿元，加上上解支出预计数8.28亿元，债务还本支出1.25亿元，安排预算稳定调节基金13.33亿元，支出总计82.72亿元。收支相抵，年终预计结转数2.66亿元。

2. 政府性基金预算收支执行情况

（1）收入情况。全区政府性基金预算收入58.9亿元，其中，专项债券对应项目专项收入0.93亿元，上级补助收入44.61亿元，债务转贷收入13.23亿元，上年结余

0.13亿元。

（2）支出情况。全区政府性基金预算支出56.01亿元，其中，专项债券支出13.06亿元，本级基金支出32.53亿元，上级转移支付支出0.25亿元，债务还本支出0.17亿元，调出资金10亿元。

（3）平衡情况。政府性基金预算收入58.9亿元，与支出56.01亿元相抵，年终预计结余数2.89亿元。

3. 国有资本经营预算收支执行情况

全区国有资本经营预算收入79.13万元，其中，上年结转55万元，上级转移收入24.13万元；国有资本经营预算支出62.75万元。收支相抵，年终预计结余数16.38万元。

4. 社会保险基金预算收支执行情况

（1）收入情况。全区社会保险基金预算收入1.99亿元，其中：城乡居民基本养老保险基金收入1.06亿元，机关事业单位基本养老保险基金收入0.93亿元。

（2）支出情况。全区社会保险基金预算支出0.75亿元，其中，城乡居民基本养老保险基金支出0.26亿元，机关事业单位基本养老保险基金支出0.49亿元。

（3）结余情况。收支相抵，当年收支结余预计数1.24亿元，年末滚存结余预计数2.51亿元。

5. 其他需要报告的事项

（1）预备费。2023年区级预备费年初安排1亿元，当年未使用。

（2）上年结转资金情况。2023年初，上年结转资金2.67亿元，使用1.6亿元，主要是原途径安排结转的上级转移支付支出。

（3）地方政府债务情况。

一是债务限额。2023年12月26日省厅发文收回我区债务限额15.04亿元（一般债务限额6.24亿元，专项债务限额8.8亿元）。限额收回后，2023年末我区政府债务限额为59.38亿元（一般债务限额18.75亿元，专项债务限额40.63亿元）。在批准的限额内，当年新增发行政府债券17.28亿元，其中，新增债券15.87亿元（一般债券2.81亿元，专项债券13.06亿元），再融资债券1.41亿元（再融资一般债券1.24亿元，再融资专项债券0.17亿元）。

二是债务余额。2023年末，我区政府债务余额为56.39亿元，其中，一般债务17.95亿元，占31.82%；专项债务38.44亿元，占68.18%。

三是支出情况。2023年，我区新增政府专项债券13.06亿元，用于水利基础设施建设7.1亿元，占比54.36%；用于城镇垃圾处理0.07亿元，占比0.52%；用于棚改安置房建设5.89亿元，占比45.11%。新增一般债券2.81亿元，用于西客站、保利高尔夫花园小学和红谷南大道学校建设1.14亿元，九龙湖市政基础设施建设三期和四期工程0.92亿元，抚州大街、明月山大道和南斯友好路建设工程0.75亿元。

四是地方政府债务还本付息情况。2023年，我区偿还政府债务本金1.42亿元，其中一般债券还本1.25亿元（再融资偿还1.24亿元），专项债券还本0.17亿元（全部为再融资偿还）；支付地方政府债务利息1.49亿元，其中一般债务利息0.57万元，专项债务利息0.92万元。以上是全区2023年财政预算执行情况，年度决算编制完成后还会有少许变动，待决算编制完成经市财政批复后，再向区人大常委会详细报告。

（二）2023年全区财政工作情况

2023年以来，以疫情防控平稳转段为转折点，我区经济步入了疫后恢复轨道，呈现出回升向好态势，财政部门认真落实区人大一届三次会议的相关决议，紧紧围绕“项目为先、实干奋进，争分夺秒拼经济”工作主线，加力提效实施积极的财政政策，扎实做好“稳增长、防风险、保稳定、惠民生”各项工作，为彰显首府首区担当贡献财政力量。

1. 着力强化统筹，确保收支平稳运行

一是全力做大财政蛋糕。有序、合理组织财政收入，实现一般公共预算收入量的合理增长和质的有效提升，总量稳居全市县（区）第二位。二是持续强化综合治税。充分发挥区综合治税专班作用，推进精诚共治综合治税工作，密切关注财政收入动态，认真分析财政收入形势，加强重点税源、重点企业调查分析，挖掘税收潜力。三是跑项争资再创新高。全面梳理省市专项资金支持政策，争取上级转移支付资金超18亿元，有力缓解财政支付压力。争取新增政府债券资金15.87亿元，其中专项债券资金13.06亿元，排名全市县（区）第一位，全力支持生米花园、生米镇朱岗村和南路村拆迁安置房建设，雨污管网及污水处理综合改造等重大重点项目建设。

2. 着力惠民利民，推进改善基本民生

全年各项民生支出累计完成44.15亿元，社会保障和就业、教育、科学技术、卫生健康、农林水等重点民生需求得到有力保障。一是促进教育事业优质均衡发展。全年教育支出9.58亿元，用于创新教师培养、扩充师资力量，改善办学条件、持续推进教育信息化，落实“双减”政策，推动教育事业优质均衡发展。二是支持社会保障体系健全完善。全年社会保障和就业支出5.14亿元，促进了创业就业工作，切实保障了困难群众的基本生活需求。三是全力保障人民生命健康。全年卫生健康支出3.7亿元，用于基本公共卫生、城乡居民基本医疗保险补助、改善基层医疗服务条件。四是打造乡村振兴新面貌。全年农林水支出2.36亿元，用于落实国家支农惠农政策，发放种粮补贴，改善农村人居环境，有力地促进了农业生产，提升了农民的生活水平。

3. 着力优化结构，提升财政资源效益

一是落实落细“过紧日子”政策要求。坚持勤俭节约办事业,大力压减一般性支出,"三公"经费预算安排只减不增,切实做到"不该花的钱一分不花",将有限的财力用于保障区委区政府重大决策、重要部署、中心工作。二是加大存量资金盘活力度。区财政积极开展存量资金盘活工作,累计盘活约1.13亿元财政存量资金,统筹用于"三保"支出、重点领域和刚性支出。三是全面开展资产清理盘活工作。开展全区行政事业单位固定资产清查,全面摸清国有资产家底,盘活了一批闲置资产。同时对收益较好或增长潜力较大的基础设施项目资产形成专项台账,有效盘活存量资产。

4. 着力保障重点,助推经济平稳运行

一是保障重大项目建设。扎实开展"项目大会战"活动,投入重大重点项目资金近30亿元,强力支撑洪州大桥、抚州大街西道、明月山大道、三清山大道、南昌大道、学校建设等重大重点项目建设。二是持续释放消费潜力。拨付0.2亿元开展"乐购红谷·悦享生活"等系列活动,拉动消费11亿元左右,有效地提振了市场主体信心;拨付购房补贴和建筑行业奖补资金952万元,积极推进我区房地产市场健康发展。三是扶持引导产业发展。拨付金融行业助企资金0.49亿元,兑现服务业企业资金360万元,用于推进红谷滩区金融中心核心承载区建设;兑现数字产业发展奖励扶持资金0.65亿元,有力地促进了VR、元宇宙等新兴产业发展。四是做好助企纾困工作。发挥"财园信贷通"融资杠杆作用,帮助36家中小企业取得银行授信贷款1.3亿元,有效地解决了中小微企业融资难、融资贵问题;推进"政采贷"助企引活水,协助中标企业通过"政采贷"方式获得0.31亿元流动贷款资金,为企业发展增添内生动力;加大政府采购对中小企业支持力度,全区政府采购授予中小企业合同金额达5.56亿元,占全区政府采购金额的97.9%。

5. 着力提质增效,深化财政管理改革

一是积极推进乡镇(街办)财政体制改革。通过理顺和规范区与各属地分配关系,逐步解决区与各属地财政运行过程中存在的问题,把财政收支压力及时传导给属地,树立干多干少不一样的鲜明导向,充分激发属地生财、聚财的工作积极性。二是加强政府采购监管。进一步夯实采购主体责任,规范政府采购行为,进一步简化政府采购程序,降低供应商投标成本。优化政府采购营商环境,全面推进政府采购电子卖场制度。定期开展政府采购检查,认真受理政府采购投诉,积极营造公开、公平、公正政府采购市场环境。2023年,全区政府采购规模6.04亿元,累计节约资金0.36亿元,节支率5.97%。三是深化国资国企改革。出台《2023年度红谷滩区属国有企业综合考核实施方案》等规范性管理制度文件,不断健全国有企业管理制度,发挥考核的导向作用,规范企业运行管理。充分发挥考核"指挥棒"作用,拟定2023年度红谷滩区属国有企业综合考核相关指标目标值,客观公正评价其经营业绩,促进区属国有企业规范良性发展。以督促改,督促区城投公司对国有房屋"四风"问题开展自查自纠,进一步规范国有资产经营管理。四是加大投资评审力度。出台《南昌市红谷滩区投资评审管理办法》《红谷滩区财政局评审中介机构管理办法》等管理制度,厘清评审单位和项目单位的职能边界,加强评审中介和内聘复核人员的管理,有效提升了评审质量和评审效率。全年共审核工程结算项目89个,核减成本5.43亿元;审核工程预算项目40个,核减成本5.36亿元,政府采购项目40个,核减预算0.39亿元,有效地节省了财政资金。

6. 着力风险防控,保障地方财政安排

把财政可持续运行摆在更加突出位置,为保持安全稳定的社会经济环境提供"压舱石"作用。加强政府债务风险防控。在全面摸清隐性债务底数的基础上,统筹各类化债资源,稳妥化解债务存量,坚决遏制债务增量,超额完成累计化债进度。增强基层"三保"保障能力。按照上级要求,制定《2023年红谷滩区"三保"应急预案》,强化"三保"预算审核,设立"三保"资金财政专户,库款优先保障"三保"支出。强化财经纪律刚性约束。根据省市统一部署,开展地方财经纪律重点问题专项整治,确保中央和省市有关减税降费政策、加强基层"三保"保障等重大决策部署落地生效。

2023年全区财政工作取得的成绩是区委、区政府坚强领导、科学决策的结果,是区人大依法监督和区政协民主监督的结果,是全区上下坚定自信、砥砺奋斗的结果。同时我们也清醒地看到当前财政运行还面临一些问题和困难,主要是:税收形势严峻,收入质量不高,经济发展不确定性依然存在,产业结构单一,财政增收压力较大;支出结构有待进一步优化,财政资源统筹力度需要进一步加强;防范化解隐性债务风险压力仍然较大,财政可持续性有待提升;财政收支矛盾日益显现,财政紧平衡成为常态。对此,我们将坚持问题导向,认真研究、强化举措、积极解决。

二、2024年财政工作思路和财政总预算草案

2024年是全面贯彻落实习近平总书记考察江西重要讲话精神的开局之年,是实施"十四五"规划取得成效的攻坚之年,做好财政工作责任重大、意义重大。2024年财政工作的指导思想是:以习近平新时代中国特色社会主义思想为指导,全面贯彻落实党的二十大和二十届二中全会精神,深入贯彻习近平总书记考察江西重要讲话精神,认真落实中央和省、市、区经济工作会议要求,紧紧围绕区委、区政府决策部署,坚持稳中求进工作总基调,完整、准确、全面贯彻新发展理念,加快构建新发展格局,着力推动高质量发展,保障和改善民生,全面提升防风险能力,深化预算管理制度改革,巩固提升零基预算改革成果,优化支出结构,保障"三保"等重点支出的优先顺序,推进预算绩效管理提质增效,为充分彰显首府首区担当,全面建设社会主义现代化红谷滩提供坚实的财政保障。

(一)2024 年预算安排的主要原则

一是增强财政持续运行能力的原则。加大部门预算收入统筹力度,在单位自有资金可以满足本单位支出需要时,原则上不再安排财政拨款预算。健全预算约束机制,严格执行人大批复预算,除应急、救灾等支出外,执行中原则上不再出台新增当年支出的政策,必须出台的政策纳入以后年度预算安排。

二是严格落实"过紧日子"要求的原则。充分发挥预算编制源头管控作用,腾出资金惠民生、保重点。坚持勤俭办一切事业,2024 年"三公"经费较上年压减 5% 以上,部门单位其他运转经费在 2023 年的基础上一律压减 20%,一般性支出应压尽压。

三是持续优化财政支出结构的原则。深化零基预算改革,按照"规范、优化、保重点"的原则,从紧从实重新核定部门支出。坚持"三保"支出在财政支出中的优先顺序,足额编制人员工资、债券还本付息等刚性支出,增强重大战略任务财力保障。

四是实施项目全生命周期管理的原则。牢固树立"先谋事后排钱"预算理念,提高预算编制科学性和精准性。严控项目储备,提前做好项目储备和申报入库等工作,避免年底突击安排项目。对申报入库项目,需完整反映必要信息,确保入库信息真实、全面、准确,提高项目储备质量。

五是加快预算与绩效管理融合的原则。所有资金预算都应编制绩效目标,对未编报绩效目标或绩效目标不符合绩效管理要求的项目一律不安排预算。加强绩效评价管理,对实施效果不明显、发现问题较为突出的项目和单位,不安排或减少安排预算,对低效无效资金一律削减或取消。

(二)全区预算安排情况

1. 一般公共预算收支安排情况

2024 年全区地方一般公共预算收入预期数 36.69 亿元,较 2023 年执行数增长 5.2% 左右,税收收入占一般公共预算收入比重达到 65% 左右。根据收入预算和现行财政体制初步测算,2024 年全区一般公共预算收入 36.69 亿元,加上返还性收入 7.53 亿元,财力性一般转移支付收入 1.93 亿元,提前下达的补助收入 0.86 亿元,动用预算稳定调节基金 23 亿元,上年结余 2.66 亿元,减去上解上级支出 4.88 亿元,可用财力预计 67.79 亿元。根据收支平衡原则,2024 年全区一般公共预算支出拟安排 67.79 亿元,比 2023 年执行数增长 12.85%;其中,人员支出安排 14.21 亿元,公用经费安排 2.24 亿元,项目类资金安排 51.34 亿元。

主要项目支出情况是:

一是全力支持扶持产业发展,安排 11.28 亿元。其中,大力支持科技创新、实施数字经济,安排科技及数字经济产业扶持专项 2.19 亿元;大力促进商贸、文旅消费体制扩容,安排商贸流通领域产业扶持 0.99 亿元、文旅发展专项 0.2 亿元;大力发展金融行业,安排金融领域产业扶持专项 0.64 亿元;大力促进红谷滩经济楼宇经济发展,安排楼宇经济扶持专项 0.15 亿元;促进房地产业健康发展,安排扶持资金 0.6 亿元;支持国有企业做大做强,安排城投公司注资 4.3 亿元;预留科技及商业扶持资金 2.2 亿元。

二是全力支持城市建设管理,安排 15.66 亿元。保持城市长效管理,安排"三合一"等养护专项 4.42 亿元、水环境治理专项 1.46 亿元;增加城市亮度,安排路灯养护相关项目 0.34 亿元;持续完善基础设施,安排城市路网基础设施建设 7.62 亿元、园林绿化及道路提升改造相关工程 1.32 亿元、市政维护相关工程 0.3 亿元、文明卫生城市创建专项 0.2 亿元。

三是全力支持做好"三农"工作,安排 2.6 亿元。其中,加强长效管护,持续改善农村人居环境,安排"两整治一提升"专项 0.91 亿元、农村人居环境及长效管护 0.11 亿元;促进农村产业发展,安排产业扶持专项 0.2 亿元;开展高标准农田建设、积极兑现粮油奖补政策,安排高标准农田建设 0.17 亿元、粮油奖补资金 0.24 亿元。

四是全力支持保障民生幸福,安排 4.53 亿元。其中,投入稳定增长,安排学校建设资金 1.2 亿元,校舍提升改造和教育质量提升等专项 0.87 亿元,教师提升及聘用教师经费 0.56 亿元;提升卫生健康服务水平,安排医疗、基本公卫服务能力提升、疫情防控等专项 0.41 亿元,疾控中心大楼及生米卫生院建设 0.6 亿元;关爱社会弱势群体,安排困难群众救助资金 0.33 亿元、安排养老服务工作经费 0.16 亿元,统筹安排康养养老中心建设运营、创业园运营费等 0.4 亿元。

五是全力保障乡镇街道基层运转,安排 3.08 亿元。根据不同属地的经济特点,科学制定考核目标和方案,重新核定各属地收支基数,安排综合治税考核经费共计 1.4 亿元,定额标准工作经费 0.2 亿元,村级工作经费 0.21 亿元,工程项目经费(建设工程、执法外包、校车服务等)0.41 亿元。保障社区稳定,安排基层政权和社区治理经费 0.86 亿元。

2. 政府性基金预算收支安排情况

2024 年全区政府性基金预算收入预期数 1.21 亿元,加上上级补助收入 21.39 亿元,上年结余 2.89 亿元,政府性基金可用财力预计 25.49 亿元。2024 年全区政府性基金预算支出拟安排 25.05 亿元。支出安排情况是:征地和拆迁补偿支出 20.78 亿元,城市建设支出 2.43 亿元,其他项目支出 0.66 亿元,专项债付息 1.18 亿元。政府性基金收支相抵,结余 0.44 亿元。

3. 国有资本经营预算收支安排情况

2024年全区国有资本经营预算收入预期数997.3万元,其中,利润收入596.92万元,股利、股息收入360万元,上级补助收入24万元,上年结余16.38万元。2024年全区国有资本经营预算支出拟安排997.3万元,其中,国有企业退休人员社会化管理补助支出40.38万元,国有企业资本金注入支出956.92万元。

4. 社会保险基金预算收支安排情况

2024年全区社会保险基金预算收入预期数1.41亿元,其中,城乡居民养老保险基金预算收入0.5亿元,机关事业单位基本养老保险基金预算收入0.91亿元。较2023年预计执行数下降28.9%,主要因行政区划变更,我区自2022年11月开始承接城乡居民养老保险业务,2023年新建区将城乡居民养老保险个人账户收入0.6亿元一次性划转至我区。

2024年全区社会保险基金预算支出拟安排0.82亿元,较2023年预计执行数增长8.9%,主要是机关事业养老保险增支;其中,机关事业单位基本养老保险基金支出拟安排0.53亿元,城乡居民基本养老保险基金支出拟安排0.29亿元。2024年社会保险基金收支相抵,当年结余0.59亿元,上年滚存结余2.51亿元,累计结余3.1亿元。其中,机关事业单位养老保险滚存结余2.1亿元、城乡居民养老保险滚存结余1亿元。

(三)重点审议单位区农业农村局部门预算情况

1. 收入预算。2024年安排收入预算总额为2.77亿元,其中0.96亿元编入农业农村局部门预算,1.81亿元编入政府集中安排预算。区级财政拨款(补助)收入2.67亿元,占收入预算总额的96.39%;上级补助收入0.1亿元,占收入预算总额的3.61%。

2. 支出预算。2024年支出预算总额为2.77亿元,其中0.96亿元编入农业农村局部门预算,1.81亿元编入政府集中安排预算。其中,基本支出0.07亿元,占支出预算总额的2.5%,占部门预算总额的7.23%;项目支出0.89亿元,占支出预算总额的32.14%,占部门预算总额的92.77%。政府集中安排预算1.81亿元全部为项目支出,占支出预算总额的65.36%。按支出功能科目和方向划分:社会保障和就业支出0.02亿元,占支出预算的0.66%;住房保障支出0.003亿元,占支出预算的0.10%;农林水支出2.75亿元,占支出预算总额的99.24%。主要包括行政运行支出0.05亿元,占支出预算的1.74%;农业农村支出1.76亿元,占支出预算总额63.54%,重点支出:保障粮食安全类支出共计0.48亿元、改善农村环境类支出共计1.02亿元、农业产业提升类支出共计0.2亿元、其他工作经费0.06亿元;林业和草原支出0.26亿元,占支出预算总额9.39%,重点支出:区政府批次用地植被恢复备用金0.16亿元、森林防火及林业生态保护建设资金0.08亿元、林长办及林业工作经费0.02亿元;水利支出0.55亿元,占支出预算总额19.77%,重点支出:水利项目建设资金0.44亿元、水利工程及设施工程运营维养费0.03亿元、水利事务工作经费0.07亿元;巩固拓展脱贫攻坚成果衔接乡村振兴支出0.13亿元,占支出预算总额4.8%。按支出经济分类划分:工资福利支出0.07亿元,占支出预算总额的2.45%;商品和服务支出1.15亿元,占支出预算总额的41.69%;对个人和家庭补助支出0.0014亿元,占支出预算总额的0.051%;资本性支出(基本建设)1.48亿元,占支出预算总额的53.39%;资本性支出0.07亿元,占支出预算总额的2.41%。

三、扎实做好2024年财政改革发展工作

2024年区财政部门将深入贯彻习近平总书记考察江西重要讲话精神,紧紧围绕区委、区政府的决策部署,坚持稳中求进、以进促稳、先立后破,坚决扛起财政部门责任,铆足干劲奋力拼搏,认真做好各项工作。

(一)"稳"字当头,聚焦财源建设稳大盘

一是稳健组织收入。把稳收入作为财政工作的重中之重,健全财税收入协同共治机制,实施财源建设和税收共治专项行动,千方百计稳住收入盘子,确保财政收入可持续有质量。二是谋好土地文章。强化资规部门协同联动,谋划好做地出地文章,加快土地资金回笼速度,强化土地收入收支管理,保障重点项目支出。三是向上争取资金。用好增量政策工具,加强与发改、住建、资规跨部门协同,做优专项债券项目储备、发行申报与使用管理,力争更多债券资金加快我区经济社会建设发展。

(二)"准"字导向,聚焦重点保障促发展

一是织牢织密民生保障网。落实就业优先政策,强化就业创业补助资金投入,加大职业技能培训力度,持续实施公益性岗位补贴、社保补贴和创业担保贷款政策,扶持重点人群就业创业;持续加大教育投入,推动优质教育均衡发展;支持加快社区嵌入式养老院建设,推动综合康养养老中心建设;推进基本公共卫生服务补短板、堵漏洞、强弱项,全力办好各项民生实事工程。二是推动城市品质提升。整合财政资源,创新融资手段,推进产城融合,支持城市建设;进一步优化国土空间布局,完善城市功能,提高城市建设品质;围绕人民群众关心的"岗位、学位、床位、车位、厕位、梯位"问题,进一步加大投入;加快推进马咀山生态公园、鱼目山生态公园建设,打造更多特色丰富、主题鲜明的生态公园、口袋公园。三是全面推进乡村振兴。聚焦城乡一体化发展,纵深推进"两整治一提升"三年行动,聚力打造宜居宜业、富裕富足、各美其美的农村现代化景象。四是坚持产业发展。落实各类助企纾困政策,重点支持数字经济、金融商贸等主导产业和龙头企业发展,推动数字经济与实体经济融合发展;深入实施创新驱动战略,全力支持未来科学城建设,充分发展智能制造新模式、新业态,加快构建具有红谷滩特色、支撑红谷滩发展的现代化产业体系;充分运用财园信贷通融资杠杆,帮助企业解决融资难题;充分发挥政府产业引导基金作用,打好稳定经济增长的“组合拳”;不断优化营商环境,提振市场体信心,挖掘消费潜力,支持开展各类商文旅活动,持续释放消费潜力。

(三)“严”字为先,聚焦优化支出调结构

一是树牢“过紧日子”思想。始终坚持“严”和“紧”的主基调不放松,坚决落实中央和省市有关“过紧日子”要求,坚持控制预算“总盘子”,强化预算刚性约束,严格预算追加审批,确保“三公”经费只减不增,加强政府采购管理,严控会议、培训、庆典、论坛、活动以及委托业务费等一般性经费支出。二是强化存量资金盘活。完善结余结转资金盘活机制,将盘活存量资金融入日常工作,“打好铁算盘、当好铁公鸡”,科学控制预算支出,项目确实未开展或不能开展的,核减预算或作为结余资金收回财政统筹使用,实现存量资金与预算安排紧密衔接。三是不断严肃财经纪律。贯彻落实中央和省市关于进一步加强财会监督工作的意见精神,强化财会监督体系和工作机制,突出重大政策、重点领域和重大专项等监督重点,严格落实先有预算、后有支出的原则,严禁超政策、超标准、超范围支出,加强财政与各类监督贯通协同,不断提升监督效能。

(四)“控”字托底,聚焦风险防控稳运行

一是加强政府债务风险防控。综合考虑经济周期变化和财政运行等因素,保持举债规模与财政经济状况相适应。加强地方政府债务管理,稳妥化解隐性债务存量,坚决遏制隐性债务增量,合理控制政府债务规模,切实防范债务风险。

二是坚决防范“三保”风险。坚持“三保”支出优先顺序,足额保障“三保”支出,强化“三保”执行监测预警,严格执行财政“三保”资金专户管理制度,兜实兜牢基层“三保”底线。三是推进财政承受能力评估机制。根据中央、省、市部署安排,稳步推进落实财政承受能力评估机制,出台涉及增加财政支出的重大政策和实施重大政府投资项目前,按规定进行财政承受能力评估,防止过高承诺、过度保障。

(五)“效”字为重,聚焦财政改革增质效

一是深化预算管理改革。持续推进零基预算和预算支出标准体系建设,强化标准应用;推动预算评审管理改革,深化预算绩效管理改革,提高财政资源配置效率;持续推进财政预算统筹,加快建立现代财税体制。二是加强财政资源统筹。增强“四本”预算统筹,加大财政拨款收入和非财政拨款收入统筹。将依托行政权力、国有资源资产获取的收入等全面纳入预算管理,推动长期低效运转、闲置资产调剂使用,实现资产长效管理。三是持续推动国企改革。聚焦国企改革发展导向,建立健全国资监管一系列制度文件,加强国企党建工作,深化清廉国企建设,持续盘活国企闲置资产,稳步推进国企改革目标任务落实落地。

名词解释:

预算:指遵循统筹兼顾、勤俭节约、量力而行、讲求绩效和收支平衡的原则编制,经法定程序审核批准的国家年度集中性财政收支计划。政府的全部收入和支出都应当纳入预算,地方各级预算一般不列赤字。

政府预算体系:由一般公共预算、政府性基金预算、国有资本经营预算和社会保险基金预算共同组成。四本预算保持完整、独立并相衔接,全面反映政府收支总量、结构和管理活动。

一般公共预算:对以税收为主体的财政收入,安排用于保障和改善民生、推动经济社会发展、维护国家安全、维持国家机构正常运转等方面的收支预算。政府性基金预算:对依照法律、行政法规的规定在一定期限内向特定对象征收、收取或者以其他方式筹集的资金,专项用于特定公共事业发展的收支预算。政府性基金预算应当根据基金项目收入情况和实际支出需要,按基金项目编制,做到以收定支。

国有资本经营预算:对国有资本收益作为支出安排的收支预算。国有资本经营预算应当按照收支平衡的原则编制,不列赤字,并安排资金调入一般公共预算。社会保险基金预算:对社会保险缴款、一般公共预算安排和其他方式筹集的资金,专项用于社会保险的收支预算。社会保险基金预算应当按照统筹层次和社会保险项目分别编制,做到收支平衡。

预算稳定调节基金:指财政通过超收收入和支出预算结余安排的具有储备性质的基金,视预算平衡情况,在安排下年度预算时调入并安排使用,或用于弥补短收年份预算执行的收支缺口。预算稳定调节基金的安排使用接受本级人大及其常委会监督。

一般性转移支付:指上级政府为均衡地区间基本财力,根据下级政府在组织财政收入能力、必要支出需求、各地自然经济和社会条件差异等因素,按照基本标准和计算方法测算,将其无偿转作下级政府收入来源,并由下级政府统筹安排使用的转移支付。结转资金:指当年预算已执行但工作目标未完成,或者因故未执行,下一年度需要按原用途继续使用的资金。

上解支出:指下级政府按照有关法律法规及财政体制规定,按照一定标准和计算方法测算,上交上级政府,并由上级政府统筹安排的资金。调入(出)资金:指不同性质资金之间的调入(出)。

预备费:指用于当年预算执行中的自然灾害等突发事件处理增加的支出及其他难以预见的开支。按照新预算法要求,一般公共预算应当按照本级一般公共预算支出额的百分之一至百分之三设置预备费。部门预算:指与财政部门直接发生预算缴、拨款关系的国家机关、社会团体和其他单位，依据国家有关法律、法规规定及其履行职能的需要编制的本部门年度收支计划。部门预算的实施，严格了预算管理，增加了政府工作的透明度，是防止腐败的重要手段和预防措施之一。

预算绩效管理：指在预算管理中融入绩效理念，将绩效目标设定、绩效跟踪、绩效评价及结果应用纳入预算编制、执行、监督全过程，以提高预算的经济、社会效益为目的的管理活动。预算绩效管理是一种以资金使用绩效为导向的预算管理模式，要求政府部门不断改进服务水平和质量，有效提高财政资金使用效益，并成为实施行政问责制和加强政府效能建设的重要抓手，是政府绩效管理的重要组成部分。

“三公”经费：指因公出国（境）费、公务用车购置及运行维护费和公务接待费。其中，因公出国（境）费反映单位公务出国（境）的国际旅费、国外城市间交通费、住宿费、伙食费、培训费、公杂费等支出；公务用车运行维护费反映单位按规定保留的公务用车租用费、燃料费、维修费、过路过桥费、保险费、安全奖励费用等支出；公务接待费反映单位按规定开支的各类公务接待（含外宾接待）支出。

政府债务：指需由财政资金偿还的债务，分为一般债务和专项债务。其中，一般债务是指为没有收益的公益性事业发展举借的、主要以一般公共预算资金偿还的政府债务；专项债务是指为有一定收益的公益性事业发展举借的、主要以对应的政府性基金预算资金或专项收入偿还的政府债务。

红谷滩区2023年国民经济和社会发展统计公报

2023年，红谷滩区坚持以习近平新时代中国特色社会主义思想为指导，全面学习贯彻习近平总书记考察江西重要讲话精神。紧扣“项目为先、实干奋进，争分夺秒拼经济”工作主线，勠力同心，克难攻坚，扎实完成各项目标任务，全区经济社会呈现稳中有进的发展态势。

一、综合

经济总量：初步核算，全年实现生产总值（GDP）842.02亿元，按可比价计算，同比增长4.6%。其中，第一产业增加值10.6亿元，增长5.7%；第二产业增加值103.33亿元，增长12.27%；第三产业增加值728.08亿元，增长86.47%。三次产业结构由2022年的1.32:11.2:87.48调整为2023年的1.26:12.27:86.47。

非公有制经济：全年全区非公有制经济实现增加值420.6亿元，按可比价计算，同比增长4.7%，占生产总值比重为50%，较上年提高0.2个百分点。

人均地区生产总值：2023年人均地区生产总值129717元，增长2.6%。

财政收支：全年一般公共预算收入34.87亿元，同比增长7.4%。税收收入21.68亿元，同比增长18.7%；非税收入13.18亿元，同比下降14.7%。

全年地方一般公共预算支出59.86亿元，下降26.6%。其中教育支出9.58亿元，增长20.7%；社会保障和就业支出5.13亿元，增长27.2%；医疗卫生支出3.69亿元，下降27.4%。

二、农业

全年农业实现总产值17.87亿元，可比增长5.59%，其中农业产值8.98亿元，可比增长4.4%；林业产值0.14亿元，可比增长−33.7%；牧业产值6.36亿元，可比增长9.7%；渔业产值1.21亿元，可比增长0%；农林牧渔服务业产值1.18亿元，可比增长4.4%。

全年粮食播种面积14773.4公顷，蔬菜播种面积17714.8公顷，油料播种面积3609.6公顷；全年粮食产量9.4万吨，其中，早稻产量2.61万吨，双季晚稻产量3.48万吨；全年蔬菜产量3.9万吨；油料产量0.6万吨；全年肉类总产量1.0万吨，其中，猪肉产量0.5万吨；禽肉产量0.4万吨。生猪年末存栏2.09万头；生猪出栏6.1万头。家禽存笼172.7万羽；家禽出笼273.7万羽。禽蛋产量0.6万吨；全年水产品产量0.47万吨，其中，养殖水产品产量0.47万吨。

三、工业和建筑业

工业：全年全部工业增加值0.43亿元，比上年增长0.9%。规模以上工业增加值同比增长0.8%。全年规模以上工业企业营业收入0.34亿元，同比下降21.8%；利润总额负0.015亿元，同比增长25%。

建筑业：全年全区有资质建筑企业174家，实现增加值102.89亿元，比上年增长16.3%。建筑业总产值1094.96亿元，比上年增长14.2%；其中建筑工程995.45亿元。

四、固定资产投资

全年500万元以上固定资产投资同比增长0.3%。其中5000万元以上项目、5000万元以下项目和房地产开发项目投资额占比为59.47%:2.83%:37.7%；房地产开发投资同比下降11.75%。

五、国内贸易

消费品市场:全年全区完成社会消费品零售额341.53亿元,同比增长6.3%,其中限额以上零售额完成285.97亿元,同比增长4.5%。按行业分,批发零售业实现零售额300.8亿元,增长3.1%;住宿餐饮业实现零售额40.73亿元,增长37.7%。从销售产品结构看,主要产品大类中:书报杂志类零售额61.6亿元,比上年增长3%,占消费品零售总额的18.04%;汽车类零售额94.73亿元,比上年下降4%,占消费品零售总额的27.74%。

商品交易市场:全年亿元以上商品交易市场2个,总摊位数588个,总成交额31.98亿元。

六、重点服务业

全年全区规上服务业单位228家,实现营业收入283.31亿元,同比增长4.4%。从各行业占比来看,道路运输业、商务服务业与电信、广播电视和卫星传输服务是全区重点服务业的支柱行业,分别占全行业收入的21.61%、18.77%与16.07%。从各行业发展速度来看,增速排名前列的分别是社会工作同比增长134.56%,娱乐业同比增长82.96%,广播、电视、电影和录音制作业同比增长44.40%。

七、招商引资和对外经济

招商引资:全年实际利用外资10382万美元,同比增长414%。实际利用内资125.76亿元,同比增长24.1%。

对外贸易:全年区内外贸企业出口总额38.73亿元,同比下降16.98%。

八、教育和科技

教育:根据2023年教育事业统计,全区共有区属义务教育学校47所,在校学生64338(小学51643人、初中12695人),教学班1586个,专职教师541人。幼儿园(保育院)78所,在园幼儿19492人,教学班776个,专职教师1527人。

科技:全区共有138家高新技术企业家,其中,本年新增54家;全区技术合同登记1181项,技术合同登记额29.2亿元。

九、公共文化和医疗卫生

公共文化:2023年,全区公共文化场所273个,人均接受文化场馆次数总计252万余人次。建设完成4个孺子书房并免费向公众开放。开展送戏下乡活动40场,送电影下乡638场。组织开展"百馆千万场服务来共享"系列群众文化活动暨文化进万家、文艺志愿服务活动共计65场。

医疗卫生:红谷滩区辖区内各类医疗机构共有385家(含驻区省市机构7家),执业(助理)医师6419人(含驻区省市机构5032人),注册护士8527人(含驻区省市6891人),病床数9071张(含驻区省市8419张)。

十、城市建设和环境保护

城市建设:全年共清掏窨井座(75000次),维修更换窨井5867座,维修人行道19046.8995平方米,维修沥青路面23878.45平方米,维修补栽路沿石6929.96米,机械疏通下水道30000米,清运余土淤泥2100立方米。辖区小街巷维修安装路灯约140杆。

园林绿化:截至2023年底,区内(建成区)园林绿地面积3484.50公顷,绿化覆盖面积3730公顷,城区绿化覆盖率为47.25%。

环境保护:全年PM2.5平均浓度为33微克/立方米,环境空气质量优良率93.2%,同比改善5.8个百分点;集中式饮用水水质达标率为100%;辖区内共布设声功能区噪声监控点位4个,昼间达标率87.5%,夜间达标率62.5%。

十一、人口、人民生活和社会保障

人口:2023年末,全区户籍总人口465072人,其中城镇人口330897人,乡村人口134175人,城镇化率达到71.15%,其中男性235027人,女性230045人。出生人口5129人,其中男性2806人,出生率为0.11‰,死亡人口863人,死亡率为0.019‰,自然增长率为0.091‰。

人民生活:全年全区城镇居民人均可支配收入56939元,比上年增加2218元,同比增长4.1%;农村居民人均可支配收入25869元,比上年增加1705元,同比增长7.1%。

社会治安:去年共破获各类刑事案件743起,侦查经济案件39起,暂扣涉案资金405.4296万元。

安全生产:2023年全年未发生较大、重大、特大安全事故,发生一般安全责任事故2起,因事故造成2人死亡。

城镇就业:全年城镇新增就业人员7987人,就业困难人员实现就业326人,新增转移农村劳动力570人。全年发放创业担保贷款10195.5万元,直接扶持个人创业297人次。

社会保障:年末城镇职工养老保险参保人数(含机关事业养老保险)110640人,基金征缴8.14亿元;全区基本医保参保总人数270696人,其中城镇职工医保参保36271人,城乡居民医保参保234425人;工伤保险参保人数55056人;失业保险参保人数44806人;城乡居民养老保险参保人数为50125人。城镇居民生活保障最低标准提高到915元/月;年末纳入兜底保障人员5934人,其中特困户306人,低保户5628人;累计发放低保生活费4212.55万元,特困人员生活费429.7万元,护理费63.86万元。

组织机构及负责人名录

区级几大家

中共红谷滩区委

吴江辉　区委书记(任至6月)
涂晓晖　区委书记(6月任)
刘光荣　区委副书记,区政府党组书记、区长
万晓娟　(女)区委副书记
帅　志　市纪委副书记、市监委副主任(8月任),区委常委、区纪委书记、区监委主任
邱　胜　区委常委,副区长、二级调研员
仇海泉　区委常委(任至1月),副区长(任至2月)
邓越峰　区委常委、宣传部部长、三级调研员(1月任)
江　龙　区委常委(1月任),区政府党组副书记(1月任)、副区长(2月任)
胡　军　区委常委、组织部部长
陈　敏　(女)区委常委、统战部部长
唐　武　区委常委、政法委书记、三级调研员(1月任)
沈　平　区委常委(任至3月)
黄小明　区委常委(3月任)

红谷滩区人大常委会

吴韶宸　党组书记、主任
吉　丽　(女)党组副书记、副主任
刘　琴　(女)副主任、三级调研员(1月任)
汤长才　党组成员、副主任
王瑞芳　(女)党组成员、副主任
余小标　党组成员、副主任
李重苏　二级调研员(4月任)
胡明清　二级调研员(1月任,7月退休)
刘明华　二级调研员(4月任)

红谷滩区人民政府

刘光荣　区委副书记,党组书记、区长
仇海泉　区委常委(任至1月),党组副书记(任至1月)、副区长(任至2月)
江　龙　区委常委(1月任),党组副书记(1月任)、副区长(2月任)
邱　胜　区委常委,党组成员、副区长、二级调研员
杨雨晨　副区长(任至2月)
熊　锋　党组成员、副区长
张莲波　党组成员、副区长、三级调研员(1月任)
熊　飞　党组成员、副区长
吴梅萍　(女)党组成员、副区长(任至8月)
皮　斌　党组成员、副区长(挂职,任至12月)
罗国亮　党组成员、副区长(挂职)
陈　羽　(女)副区长(8月任)
徐　辉　党组成员、副区长(12月任)

政协红谷滩区委员会

陶国强　党组书记、主席
陈　敏　(女)党组副书记
邓万清　党组副书记、副主席
刘文皓　副主席
田　艳　(女)副主席
吴一建　副主席
刘国平　副主席
罗贤明　党组成员、副主席
魏小根　党组成员、副主席
罗少琴　二级调研员(4月任)

南昌未来科学城

涂晓晖　党工委书记(兼,6月任)
刘光荣　党工委副书记(兼,6月任)、管委会主任(6月任)
皮　斌　党工委委员、管委会副主任(9月任)
陈　婷　(女)党工委委员、管委会副主任(挂职,7月任)

红谷滩区纪委区监委

帅　志　市纪委副书记、市监委副主任(8月任),区委常委、区纪委书记、区监委主任
陈　勇　区纪委副书记、区监委副主任
姜昌松子　(女)区纪委副书记、区监委副主任
罗　琴　(女)区纪委副书记、区监委副主任
刘林峰　区纪委常委、区监委委员(正科级)
叶　剑　区纪委常委、区委巡察办主任,市纪委市监委第七纪检监察室副主任(挂职,正科级)
邓爱民　区纪委常委、区监委委员
罗　深　区纪委常委
吕　海　区纪委常委、区监委委员
聂寒冰　区监委委员、副科级室主任(任至12月)
陈　佐　区监委委员、派驻纪检监察组组长(任至12月)
罗偲娟　(女)市纪委市监委派驻市文广新旅局纪检监察组、副组长(正科级,5月任)、区纪委常委(挂职)
王小燕　(女)区委第一巡察组正科级巡察专员,派驻纪检监察组组长、区公安分局党委委员
刘晓娟　(女)派驻纪检监察组组长
熊玉林　区政府办党组成员(12月任)、派驻纪检监察组组长

刘大兰　(女)副科级室主任(任至12月),派驻纪检监察组组长(12月任)
涂伟玮　(女)区委教体工委委员(12月任)、派驻纪检监察组组长
王　辉　副科级室主任(任至12月),区城管执法局党组成员、派驻纪检监察组组长(12月任)
刘　辉　区委卫健工委委员(12月任)、派驻纪检监察组组长
方　建　区财政局党组成员(12月任)、派驻纪检监察组组长
毛文全　副科级室主任
李萍萍　(女)副科级室主任
万　全　(女)副科级室主任(1月任)
李　珏　副科级室主任(1月任)
张观源　副科级室主任(1月任)
熊光耀　副科级室主任
安昊维　副科级室主任
刘　超　副科级室主任
邓　文　(女)副科级室主任

区直单位

区委办公室

邓　骏　主任
王明珠　(女)区委保密机要局局长(12月任)
江　奕　(女)副主任
谢兴东　副主任
吴　敏　(女)副科级督查专员
彭　俊　副科级督查专员(任至12月)
罗　玮　(女)档案馆副馆长
肖　琴　(女)档案馆副馆长(1月任)

区人大常委会机关

樊万良　监察司法和教科文卫工委主任
熊墨强　选任联工委主任
夏贤平　办公室主任(任至2月)、农业和城建环保工委主任(2月任)
罗国珍　(女)法制委主任委员
符　强　财经委主任委员(1月任)
胡世昇　社会委主任委员(任至1月)
赵　敏　财经委主任委员(任至1月)、社会建设委主任委员(1月任)
李忠云　办公室副主任(2月任)
熊琼珺　(女)监察司法和教科文卫工委副主任
彭　兵　财经委专职副主任
王　林　办公室副主任
王文志　选任联工委副主任
黎　莉　(女)监察司法和教科文卫工委副主任
熊卫东　农业和城建环保工委主任(任至1月)
刘庆福　农业和城建环保工委副主任
刘　斌　代表履职服务中心主任

区政府办

王云华　区政府党组成员,区政府办党组书记、主任
郭名弟　创新发展中心负责人(1月任)
刘　芳　(女)党组成员、副主任
漆旎宜　(女)党组成员、副主任
胡信斌　党组成员、副主任
熊　波　创新发展中心党组成员、副主任
龚伟兵　创新发展中心党组成员(1月任)、副主任(2月任)

区政协机关

熊健峰　党组成员、秘书长
袁庐庐　办公室主任(任至12月),社法民宗委主任(12月任)
詹红跃　办公室主任(12月任)
梅彦武　(女)提案委主任
王明珠　(女)社法民宗委主任(任至12月)
章　炜　农业和农村委主任
漆春云　(女)教卫文体文史委主任
涂继震　经济科技人资环境委主任
昌增波　办公室副主任
莫　讯　(女)农业和农村委副主任
吕梦萦　(女)社法民宗委专职副主任
古　杰　(女)经济科技人资环境委专职副主任
杨　井　提案委员会专职副主任(3月任)
熊淑华　(女)政协委员履职服务中心主任

区委组织部

胡　军　区委常委、组织部部长
宋家俊　(女)常务副部长
刘红霞　(女)副部长(兼),区人社局党组书记、局长
朱　莎　(女)副部长(兼),区委编办主任
熊墨强　副部长、区人大常委会选任联工委主任、区委“两新”工委书记(兼,1月任)
赵　宇　副部长

区委宣传部

邓越峰　区委常委、宣传部部长、三级调研员(1月任)
梅　蓉　(女)常务副部长
贾　潇　(女)副部长
郭彤烽　区融媒体中心主任
易志宏　区融媒体中心副主任(1月任)
黄　芳　(女)区融媒体中心副主任(1月任)

区委统战部

陈　敏　（女）区委常委、统战部部长
叶小群　常务副部长
孙圆圆　（女）区工商联党组书记、副部长（兼）
周则河　副部长
齐　琦　（女）副部长
刘小勇　区民族宗教事务服务中心主任

区委政法委

唐　武　区委常委、政法委书记、三级调研员（1月任）
饶接华　常务副书记
李家忠　副书记
刘文光　副书记（正科级，1月任）
谢　非　政治部主任
余名伟　区综治中心副主任（1月任）
毛远祥　区综治中心副主任

区委编办

朱　莎　（女）主任
徐慧鹏　副主任
杨　倩　（女）副主任
魏　力　区机构编制实名制中心主任

区委巡察办

叶　剑　区纪委常委、区委巡察办主任
梁　丹　（女）副主任

区委第一巡察组

魏发根　组长
王小燕　（女）正科级巡察专员
谢雪华　（女）副组长

区委第二巡察组

杜光明　组长
熊　艳　（女）副组长

区委第三巡察组

赖勇明　组长
裴　慧　（女）正科级巡察专员
徐　荞　（女）副组长（8月任）

区委信访局

周少鹏　局长
刘文光　正科级信访督查专员（任至1月）
袁小燕　（女）正科级信访督查专员（2月任）
吴梦琼　（女）副局长
周建荣　副科级信访督查专员（1月任）

区委党校

万晓娟　（女）校长
龚晓琳　常务副校长
吴　欣　副校长（1月任）
李　莹　（女）副校长

区法院

陈小青　党组成员、副院长
魏丽丽　（女）党组成员、副院长
刘许根　党组成员、政治部主任
蔡小贞　（女）党组成员、审委会专职委员
毛永忠　党组成员、审委会专职委员
左莉娜　（女）副院长
帅学农　党组成员、卫东人民法庭庭长

区检察院

杜迎春　（女）党组书记、检察长（任至4月）
高　虹　（女）党组书记、代检察长（4月任）
夏　季　党组副书记（任至1月）、副检察长（任至4月）
谌鲤强　党组成员、副检察长
蔡泽文　副检察长
万怡佳　（女）党组成员、副检察长（4月任）、
　　　　政治部主任（任至1月）
涂鹤松　党组成员、检委会专职委员
涂　坤　检委会专职委员（1月任）

区总工会

王瑞芳　（女）党组书记、主席
申海鹏　党组副书记，常务副主席
王仪吉　党组成员、副主席
黄荣广　党组成员（任至1月）
雷　明　（女）党组成员（1月任）、副主席（2月任）
殷　芳　（女）党组成员、经费审查委员会主任

团区委

王宇恬　（女）书记
江　娜　（女）副书记

区妇联

廖小萍　（女）党组书记、主席
高赛妹　（女）党组成员、副主席（1月任）
彭　琼　（女）党组成员、副主席

区工商联

吴一建　区政协副主席，区工商联主席
孙圆圆　（女）党组书记
罗　成　专职副主席

欧阳玉珍　(女)党组成员、专职副主席

区侨联

黄建新　党组书记、主席
张　焕　(女)副主席(任至 2 月)
李嫣丽　(女)党组成员、副主席
黄荣广　党组成员(1 月任)、副主席(3 月任)

区残联

贺学风　党组书记、理事长
雷先云　党组成员、副理事长
高　勤　党组成员、副理事长

区科协

俞卫花　(女)党组书记、主席
周　涛　党组成员、副主席
方玫娜　(女)党组成员、副主席

区红十字会

李世涌　党组书记、常务副会长
马千平　党组成员、专职副监事长
罗　敏　(女)党组成员、专职副会长

区发改委

詹红跃　党组书记、主任(任至 12 月)
戴廷坪　党组书记、主任(12 月任)
简耀华　党组成员(任至 1 月)、副主任(任至 2 月)
刘殿毅　党组成员、副主任
彭　俊　党组成员、副主任(12 月任)
廖承琴　(女)区经济发展服务中心主任

区教体局

汪海燕　(女)工委书记、局长
王　皓　工委委员、副局长
赵春燕　(女)工委委员、副局长,总督学

区科工局

龚　烃　党组书记、局长
廖海根　党组成员、副局长
李　森　党组成员(任至 1 月)、副局长(任至 2 月)
张　焕　(女)副局长(2 月任)

区民政局

熊　林　党组书记、局长(任至 4 月)
卢瑾萍　(女)局长(4 月任)
雷常月　(女)党组成员、副局长
袁文刚　党组成员(1 月任)、副局长(2 月任)

邬江华　(女)区民政事务服务中心主任

区司法局

周东亮　党组书记、局长
徐府李　(女)党组成员、副局长
熊佳佳　(女)党组成员、副局长
王　杞　政治部主任

区财政局

刘　峰　党组书记、局长
周　磊　党组成员(任至 1 月)、副局长(任至 2 月)
焦旭晖　党组成员(正科级,1 月任)、副局长(2 月任)
周东明　党组成员、副局长
熊　尧　财政公共服务中心主任(2 月任)

区人社局

刘红霞　(女)党组书记、局长,区委组织部副部长(兼)
姜　涛　党组成员、副局长
但志丽　(女)党组成员、副局长
唐清源　区就业创业服务中心主任
邹列列　区社会保险事业服务中心主任

区住建局

丁　菠　党组书记、局长、三级调研员(9 月任)
黄绍武　党组成员(正科级)、副局长
刘庆火　党组成员、副局长
高赛妹　(女)党组成员(任至 1 月)、副局长(任至 2 月)
占建权　党组成员、副局长
林　彤　党组成员(12 月任)、副局长(挂职)
李　强　党组成员、副局长

区城管执法局

杨文广　党组成员、副局长
胡剑峰　党组成员、区城管执法大队党组书记、大队长
张三怀　党组成员、副局长

区农业农村局

杨楼勇　党组书记、局长
张国保　党组成员(正科级,1 月任)、副局长(2 月任)
杨国庆　党组成员、副局长
江　岚　(女)农业农村产业发展服务中心

区商务局

洪　姗　(女)党组书记、局长
刘锡纲　党组成员、副局长
胡汉明　党组成员(1 月任)、副局长(2 月任)
卢　上　(女)区投资促进服务中心主任

区文广新旅局
钱 妤 （女）党组书记、局长
邹景波 党组成员、副局长
程 婷 （女）党组成员、副局长
徐 强 区文化事业发展中心主任

区卫健委
兰瑞强 工委书记、主任
洪海滨 工委委员、副主任
杨小威 工委委员（1月任）、副主任（2月任）
肖红茂 工委委员，区疾病预防控制中心主任
卢瑾萍 （女）副主任（任至2月）
周丽敏 （女）区卫生健康综合监督执法局局长（2月任）
万春萍 （女）区计生协会专职副会长（副科级，2月任）

区退役军人事务局
付平平 党组书记、局长
周兰洪 党组成员、副局长
王莉伟 （女）党组成员、副局长
黄水根 党组成员、副局长（兼）

区应急管理局
单小健 党委书记、局长
陈 寒 党委委员、副局长
陈会团 党委委员、副局长

区审计局
李 媛 （女）党组书记、局长
刘 筠 （女）党组成员、副局长
周晓梅 （女）党组成员、副局长
熊 华 总审计师

区金融办
彭晓辉 党组书记、主任
周 磊 党组成员（1月任）、副主任（2月任）
高 群 （女）副主任

区市场监管局
邓必红 党组书记、局长
曾纪松 党组成员、副局长
肖 冰 党组成员、副局长
段军明 党组成员、副局长
万光华 党组成员、沙井分局局长

区统计局
黄同佑 党组书记、局长
毛益畴 党组成员、副局长
杨 薇 （女）副局长

区医保局
陈 丹 （女）党组书记、局长
王蓬兴 党组成员、副局长
肖洪钰 （女）副局长
蒋 登 （女）医疗保障服务中心主任

区政数局
邵 华 （女）党组书记、局长
金 鹏 党组成员、副局长
严 露 （女）党组成员、副局长
张蓓莉 （女）党组成员、副局长

区中小企业服务局
罗春霞 （女）党组书记
刘绘芳 （女）局长

西站综合服务中心
李 春 副书记、副主任（任至1月），书记（1月任）
赵 勇 副主任
曾 剑 副主任
余长明 综合科科长
章 媛 （女）监督科科长（1月任）
刘 俊 市政管护科科长（1月任）
闵件水 服务保障科科长
罗亚清 （女）信息科科长（1月任）
祖国强 协调联络科科长（1月任）

区执法大队
胡剑峰 党组书记、大队长
陶俊平 党组成员、副大队长
龚旭辉 党组成员（1月任）、副大队长（2月任）

区机管中心
徐 戎 党组书记、主任
杨 贞 （女）党组成员、副主任

区项目推进中心
李 丹 党组书记、主任
张而冰 党组成员、副主任
万小平 党组成员、副主任
贾永龙 副主任（9月任）

区城投公司
勒伟栋 党委副书记、总经理
熊挽澜 党委副书记（5月任）、纪委书记（任至5月）

郭　浩　党委委员、副总经理
谌伟强　党委委员、副总经理

乡、镇、街道

流湖镇

肖芳东　党委书记(1月任)
刘　强　党委副书记(1月任)、镇长(3月任)
缪新华　人大主席(3月任)
陈小武　党委副书记(1月任)
刘　军　党委副书记、政法委员(1月任)
付　涛　党委委员、纪委书记(1月任)
邓大毛　党委委员、宣传委员(1月任)
郭　艳　(女)党委委员、组织委员、统战委员(1月任)
熊志平　党委委员(1月任)
陈　阳　党委委员(1月任)、副镇长(3月任)
曹国俊　党委委员(兼,1月任)、派出所所长
梁　洁　(女)党委委员、副镇长(挂职,8月任)
骆　翔　副镇长(3月任)
王　燕　(女)副镇长(3月任)
龚良俊　副镇长(3月任)
邹丽芳　(女)人大副主席(3月任)
丁忠女　公共服务办公室(便民服务中心)主任(副科级,2月任)
聂　阳　行政执法办公室(综合行政执法队)主任(队长)(副科级,2月任)
邹龙德　流湖司法所所长(2月任)
程　蒙　市场监督管理局流湖分局局长(2月任)

厚田乡

刘开颂　党委书记(1月任)
程　超　党委副书记(1月任)、乡长(3月任)
李婕华　(女)人大主席(3月任)
夏　彬　党委副书记、政法委员(1月任)
唐书义　党委委员、纪委书记(1月任)
夏绍华　党委委员、组织委员、宣传委员(1月任)
戴光权　党委委员、统战委员(1月任)
杨新彦　党委委员(1月任)、副乡长(3月任)
文　辉　党委委员(兼)、厚田派出所所长(1月任)
徐　峰　副乡长(3月任)
王　偏　(女)副乡长(3月任)
高　武　人大副主席(3月任)
邹瑞洁　(女)厚田司法所所长(2月任)
朱　俊　行政执法办公室(综合行政执法队)主任(队长)(副科级,2月任)
沈　霞　(女)公共服务办公室(便民服务中心)主任(副科级,2月任)

沙井街道

卢　鑫　党工委书记(任至8月)
聂　华　(女)党工委副书记、办事处主任
杨俊雄　人大工委主任
王　璠　(女)党工委副书记(任至1月)
熊娇娇　(女)党工委副书记(正科级,挂职,2月任)
万国强　党工委委员(兼)(1月任)、沙井派出所所长
刘陆发　党工委委员、纪检监察工委书记
雷　明　(女)党工委委员(任至1月),办事处副主任(任至2月)
张　砚　(女)党工委委员(1月任)、办事处副主任(2月任)
张　滨　党工委委员(1月任)、政法委员(兼,4月任)
刘　玲　(女)人大工委副主任(4月任)
缪　丽　(女)公共服务办公室(便民服务中心)主任(副科级)
熊　新　行政执法办(综合行政执法队)主任(队长,副科级)
彭静逢　(女)沙井司法所所长

卫东街道

帅冬根　党工委书记
余作华　党工委副书记、办事处主任
胡月辉　人大工委主任、政法委员
李　苑　党工委委员(兼,1月任)、沙井派出所所长
刘成忠　党工委委员(1月任)
李夏青　(女)党工委委员、办事处副主任
苏　丽　(女)党工委委员、纪检监察工委书记
熊俊鹏　人大工委副主任
张雯霄　(女)办事处副主任(2月任)
赵送云　卫东司法所所长
李　芳　(女)公共服务办公室(便民服务中心)主任(副科级)

生米街道

徐　欢　党工委副书记、办事处主任
熊　强　人大工委主任(2月任)
屈晓晟　(女)党工委副书记、组织委员(1月任)、政法委员(兼,4月任)
万新华　党工委委员(兼,1月任)
徐　驰　党工委委员(1月任)、副主任(2月任)
谭力峰　党工委委员(1月任)、副主任(2月任)
万　莉　(女)党工委委员、纪工委书记(1月任)
李永华　党工委委员(1月任)
杨　骥　人大工委副主任(4月任)
喻　健　公共服务办公室(便民服务中心)主任(副科级)(2月任)

杨　祺　生米司法所所长

红角洲街道

龙　冰　党工委书记
王　雯　(女)党工委副书记、办事处主任
李　森　人大工委主任(1月任)
胡乃嘉　党工委副书记、组织委员(1月任),政法委员(兼,4月任)
庄信阳　党工委委员(兼,1月任)
李伟军　党工委委员(1月任)
邵　晨　(女)党工委委员(1月任)、办事处副主任(2月任)
邵晓婷　(女)党工委委员、纪检监察工委书记(1月任)
杨　羽　(女)人大工委副主任(4月任)
邓红荣　行政执法办公室(综合行政执法队)主任(队长)(副科级,2月任)
张家乐　公共服务办公室(便民服务中心)主任(副科级,2月任)
刘　琳　(女)红角洲司法所所长(2月任)

凤凰洲街道

雷　鸣　党工委书记
舒　丹　(女)党工委副书记、办事处主任
伍　辉　党工委副书记、组织委员(1月任),政法委员(兼,4月任)
赵安淮　党工委委员(兼)、凤凰洲派出所所长(1月任)
郭国荣　党工委委员(1月任)、办事处副主任(2月任)
殷　磊　党工委委员(1月任)
王　璠　(女)人大工委主任(2月任)
胡华丽　(女)人大工委副主任(4月任)
黄礼平　凤凰洲司法所所长(2月任)

九龙湖街道

王　强　党工委书记
王　鑫　党工委副书记、办事处主任
简耀华　人大工委主任(2月任)
雷妍妍　(女)党工委副书记、组织委员(1月任),政法委员(兼,4月任)
章　慧　(女)党工委副书记(正科级,挂职,8月任)
舒俊国　党工委委员(兼,1月任)、九龙湖派出所所长
刘文勇　党工委委员(1月任)、办事处副主任(2月任)
林良炎　党工委委员(1月任)
徐　勇　党工委委员、纪委书记(1月任)
何曦玮　(女)人大工委副主任(4月任)
秦庆龙　办事处副主任(2月任)
辛俭建　(女)公共服务办公室(便民服务中心)主任(副科级,2月任)
万冬妹　(女)九龙湖司法所所长(2月任)

龙兴街道

彭小惠　(女)党工委书记
万世华　党工委副书记、办事处主任
胡俊华　人大工委主任(2月任)
肖丽华　党工委委员(兼,1月任)、龙兴派出所所长
彭敢凌　党工委委员、纪工委书记(1月任)
方子兴　党工委委员(1月任)、副主任(2月任)
罗思敏　党工委委员(1月任)
曾玉萍　(女)人大工委副主任(4月任)
杨双红　龙兴司法所所长(2月任)

索　引

说　　明

一、索引采用主题分析法编制，大部分选用关键词。

二、索引按标引词汉语拼音字母顺序排列，标目后数字为页码，字母 a 为左栏，b 为中栏，c 为右栏。

三、分目标题用黑体字表明。

数字索引

字母索引

主题索引

A

K

L

M

N

Y

Z